ISBN 978-0-332-02428-8
PIBN 11023116

Geschichte

des

Preußischen Staats.

Von

Dr. Felix Eberty,
Professor in Breslau.

Fünfter Band.
1763—1806.

Breslau,
Verlag von Eduard Trewendt.
1870.

Inhalt des fünften Bandes.

Erstes Kapitel.

~~~~~~

Preußen nach dem Hubertsburger Frieden.

Der siebenjährige Krieg brachte eine gänzliche Um=
wandlung der deutschen Verhältnisse hervor. Die große
Zweitheilung des Reiches war dem Wesen nach voll=
zogen, indem Preußen sich zu der Stellung einer Groß=
macht von europäischer Bedeutung emporschwang. Denn
wie gering auch der Flächenraum und die Einwohner=
zahl des jungen Königreichs im Vergleich mit Frank=
reich, England und Rußland erscheinen mochte, —
Friedrichs Persönlichkeit und der Glanz seiner Thaten
wogen diesen Unterschied reichlich auf, und die Blicke
der Welt blieben mit ängstlicher Spannung auf ihn,
und auf das was er beschließen würde, gerichtet.

Das alte, einst so mächtige deutsche Kaiserthum,
welches schon seit 1648 nur noch ein Scheindasein
geführt, und sich unter den schwerfälligen Formen seiner
verwickelten Verfassung gespenstisch fortbewegt hatte,

unterschrieb in der That sein Todesurtheil, als es sich
im Hubertsburger Frieden von Einem der Kurfürsten
des Reichs besiegt erklären mußte.

Die Zeitgenossen sahen ohne Bedauern, sogar mit
Spott und Hohn den morschen Bau zusammenbrechen.
Hatten sie doch der Gewaltthat des brandenburgischen
Gesandten zugejubelt, als dieser recht sichtlich den Be=
weis für die Ohnmacht des verfallenden Reichskörpers
führte, indem er den Reichsnotarius sammt der kaiser=
lichen Achtserklärung die Treppe hinabbeförderte.

Vielleicht wäre die immerhin beklagenswerthe Zer=
spaltung unsers Vaterlandes vermieden worden, wenn
das Haus Oesterreich im 16. Jahrhundert die Bedeu=
tung der Reformation begriffen, und nicht durch seinen
Fanatismus die intelligentere Hälfte der Nation sich
auf immer entfremdet hätte. Allein die Habsburger
legten größeres Gewicht auf ihre persönlichen religiösen
Ueberzeugungen und auf die Interessen ihrer Familien=
und Hausmacht, als auf die Wohlfahrt des gesammten
deutschen Reiches; — und als im dreißigjährigen Kriege
dann jede der beiden Parteien die Fremden in's Land
rief, und gestattete, daß Schweden und Franzosen Stücke
deutscher Erde an sich reißen durften, da war der Ver=
fall nicht mehr abzuwenden, und es kann nur als ein
Glück erscheinen, daß der jugendkräftige Preußische
Staat Schritt vor Schritt auf seiner Bahn voranging,
welche zwar zunächst eine vollständige Zerreißung, dereinst

aber hoffentlich eine desto festere Wiedervereinigung des gesammten Deutschlands herbeiführen soll.

Doch das sind Betrachtungen, welche 1763 noch nicht angestellt werden konnten. Damals gab es vollauf zu thun, um zunächst die schweren Folgen des langen grausamen Kampfes zu überwinden.

Der siebenjährige Krieg hatte die Grenzen des preußischen Staates nicht erweitert, die Einwohnerschaft verringert, zahllose Städte und Dörfer zerstört und in Aschenhaufen verwandelt, den Wohlstand der Unterthanen durch die Kriegslasten, noch mehr durch die unseligen Folgen der Münzverschlechterung anf's tiefste erschüttert, Handel und Verkehr in's Stocken gebracht[1]), selbst die Wehrhaftigkeit des Staates so geschädigt, daß die zusammengerafften Schaaren der Soldaten, deren beste Führer den Feinden zum Opfer gefallen waren, einem neuen Angriffe kaum widerstanden hätten. Und trotz alledem wurde dieser Krieg nicht nur von den Zeitgenossen, sondern er wird noch heut als die glorreichste That des Jahrhunderts angestaunt, als eine That, der wenig andere Ereignisse der gesammten Weltgeschichte sich gleichstellen dürfen. Der Beherrscher eines verhältnißmäßig kleinen und armen Landes hatte durch

---

[1]) In Berlin war in den letzten Jahren die Noth so groß, daß sich an jedem Morgen vor den Bäckerläden die Leute um das schlecht gebackene Brot rauften. König's Berlin zum Jahre 1763.

seines Geistes Kraft und Ausdauer dem Bündniß der
mächtigsten Reiche des Erdtheils widerstanden, und
nach jeder Niederlage sich nur immer höher und glän=
zender wieder aufgerichtet. An der Glorie, die ein
solcher Kampf um den königlichen Helden verbreitete,
nahm das Preußische Volk Theil, welches durch sieben
schwere Jahre seinem Herrscher willig Gut und Blut
zum Opfer gebracht, und jeder der Unterthanen des
großen Friedrich fühlte sich als ein lebendiges Glied in
dem gewaltigen Organismus, dessen Haupt der König
war. Die Preußen durften stolz darauf sein, daß ihr
Monarch auch den fremden Völkern und deren Be=
herrschern wie ein Wesen höherer Art erschien, auf
welches die Freunde und Bundesgenossen mit fast
abgöttischer Verehrung, die Feinde mit ingrimmiger
Bewunderung schauten. Schon während des Krieges
hatten dieselben ihren ursprünglichen Plan aufgegeben,
den gewaltigen Gegner niederzubeugen. Kaum durfte
man hoffen, ihn in seine alten Grenzen zurückzubannen.
„Wie sollen wir ihn bezwingen," schrieb 1761 der nach=
malige Kaiser Joseph II. an seine Mutter, „da eine
halbe Million Menschen seit fünf Jahren das nicht ver=
mocht hat? Und wer wird in Zukunft uns gegen die
Angriffe eines so furchtbaren unversöhnlichen Wider=
sachers beschützen [1]?"

---

[1] v. Arneth, Maria Theresia und Joseph II. Wien 1867.
Bd. I. p. 2.

Unerschöpflich an Hilfsmitteln erschien Friedrich seinen Feinden; in noch höherem Maße waren die eigenen Unterthanen von der nie versiegenden Kraft seines Genius überzeugt. Nur von seinem Willen, glaubten sie, hänge es ab, den ganzen unermeßlichen Schaden wieder gut zu machen, den der Krieg dem Lande zugefügt.

Da ist es denn in der That ein wunderwürdiges Schauspiel, wie Friedrich nach den beispiellosen Arbeiten dieser sieben Jahre, ohne einen Augenblick sich Ruhe zu gönnen, sofort mit Anspannung aller Kräfte an das neue Werk schreitet, das ihm nunmehr oblag. Glücklicherweise sind uns gerade aus den ersten Tagen nach dem Friedensschlusse Berichte von Augenzeugen erhalten, welche anschaulich machen, mit welcher klaren geschäftsmäßigen Thätigkeit der König sofort die zweckmäßigsten Maßregeln zur Wiederherstellung seiner verödeten Staaten ergreift. Ein Gutsbesitzer, der von der Reise heimkehrend eines seiner Vorwerke abgebrannt fände, würde kaum anders mit seinem Verwalter sprechen, wie der König am 30. März 1756 auf dem Heimwege nach Berlin sich zwei Meilen vor den Thoren seiner Hauptstadt mit dem Landrath[1]) des Niederbarnim'schen Kreises unterhielt. Die Bewillkommnungs-

---

[1]) Der mehrfach erwähnte Herr v. Nüßler, dessen Memoiren Büsching aufbewahrt hat, bekleidete diese Stelle.

reden und Glückwünsche wegen des glorreichen Sieges
wurden kurz abgeschnitten. Inmitten der herbeigeström=
ten staunenden Menge, welche in Taßdorf beim Pferde=
wechsel den Wagen umstand[1]), fragte der König:
Woran es im Kreise am meisten fehle? An Saat=
korn und Pferden, antwortete der Landrath. Der
König versprach Saatkorn, Pferde habe er nicht. Der
Beamte faßte sich ein Herz und wies darauf hin, daß
Sr. Majestät bereits anderen Kreisen ausrangirte
Artilleriepferde versprochen. Der König firirte ihn
scharf und fragte nach seinem Namen: „Ich bin der
Nüßler, welcher von Ew. Majestät bei der schlesischen
Grenzregulirung beschäftigt worden.“ „Ja, ja, jetzt
kenne ich Ihn! Bringt mir alle Landräthe der Kur=
mark übermorgen nach Berlin auf's Schloß zusammen,
da wollen wir weiter sehen!“

Am bestimmten Tage fanden die Bestellten sich ein.
Nüßler war der Sprecher. Er stellte vor, was das
Land durch die Plünderung der Russen gelitten, und
wie die Unterthanen hofften, Se. Majestät würden
geruhen, ihnen nach gnädigstem Ermessen Ersatz für
ihre Verluste zu gewähren. — Man sieht, das Publikum
hielt den König unmittelbar nach diesem erschöpfenden
Kriege noch für reich und mächtig genug, um so weit=
gehende Erwartungen zu befriedigen. Der König unter=

----

[1]) Büsching's Beiträge I. 401—405.

brach den Redner mit den Worten: „Hat Er Crayon?
Nun so lasse Er sich von jedem dieser Herren diktiren,
was sein Kreis an Saat und Brodkorn, Ochsen, Pfer=
den und Kühen bedarf, aber nur zur äußersten Noth=
durft, denn viel kann ich nicht geben. Uebermorgen
erwarte ich das Verzeichniß." Dies wurde dann über=
bracht, bezog sich aber nur auf die Bedürfnisse der land=
ständischen abligen Rittergutsbesitzer, was der König
auch billigte, indem er bemerkte: „Ich kann nicht Allen
geben; wenn aber sonst noch Ablige im Kreise sind, die
sich auf keine Weise helfen können, so will ich auch diese
unterstützen." Nachdem auch die zweite Liste gefertigt
war, bestimmte der König die jedem Kreise zu gewäh=
rende Summe. Das Geld stand ihm zur Verfügung,
weil die Mittel zu einem neuen Feldzuge für den Fall
bereit lagen, daß der Frieden nicht zu Stande gekom=
men wäre. Er besaß noch Millionen (allerdings in
schlechter Münze), während seine Feinde alle tief ver=
schuldet waren. Und großer Summen beburfte es, um
nur die bringendsten, schlimmsten Schäden auszubessern.

Der Neumark allein wurden, um die zerstörte
Festung Küstrin, und die von den Russen verbrannten
Dörfer und Höfe wieder aufzubauen, sofort 1,049,000
Thaler, zu demselben Zweck für Pommern 1,307,000
Thaler angewiesen[1]). Noch im Lanfe des Jahres 1763

---

[1]) Hertzberg, huit dissertations p. 175.

bereiste der König die Provinzen und überzeugte sich
durch den Augenschein, wo seine Hilfe zunächst geboten
wäre. Er ließ genaue Listen von den zerstörten Woh=
nungen anfertigen, und bei jeder Nummer vermerken,
wie es mit den Vermögensverhältnissen des Eigen=
thümers stehe, und ob derselbe Willens sei wieder zu
bauen, — wo nicht, sollte die Stelle an andere Bau=
lustige gegeben werden, die dann Unterstützung erhielten.
Mit großem Scharfblick wußte Friedrich an jedem Ort
die rechten Leute herauszufinden, die ihn bei diesem
Wiederherstellungswerke unterstützen sollten. Die Auf=
zeichnungen [1]) des nachherigen Geheimen Finanzrath
Roden, dem am 6. Juni 1763 die Kriegsentschädigungs=
sachen in Wesel übertragen wurden, geben von der
gewissenhaften Genauigkeit Zeugniß, mit welcher der
König auf die kleinsten Details einging [2]).

Die Wiederherstellung der alten Ordnung wurde
besonders dadurch erschwert, daß während des Krieges
die bewährten pflichttreuen Räthe und Minister aus
Friedrich Wilhelms Zeit nach einander gestorben waren,
und es viel Mühe machte, gleich tüchtige Männer für
ihre Stellen ausfindig zu machen. Zu den Leiden, die
der Krieg angerichtet, kamen unmittelbar nach dem

---

[1]) Rödenbeck II. 217. Auch bei Preuß II. 442 aus Roden's
handschriftlicher Autobiographie.

[2]) Oeuvres VI. 74.

Frieden noch neue durch Krankheiten und Feuers-
brünste, welche namentlich in der Zeit von 1765—1769
in verschiedenen großen Städten arge Verwüstungen
anrichteten.

Bevor aber in wirksamer Weise etwas zur Hebung
des Landeswohlstandes, und des völlig danieberliegenden
Handels und Wandels geschehen konnte, mußte zuerst
die Grundlage alles Verkehrs, die Münze, wieder in
Ordnung gebracht werden. Das Geld war in den letzten Kriegsjahren zu kaum $\frac{1}{6}$ des Nennwerthes ausgeprägt worden, und dieses entsetzliche Uebel verzehn-
fachte sich noch dadurch, daß die Münzentrepreneurs
Erlaubniß erhalten hatten, auch außerhalb Landes,
namentlich in Bernburg, Münzstätten anzulegen, welche
sich jeder Controle entzogen. Noch mehr! Diesen
Bernburg'schen Münzen legte der König 1762 Zwangs-
cours bei, wonach jeder Privatmann dieselben bei
schwerer Strafe für voll annehmen mußte, d. h. für
6—8 Mal soviel, als sie werth waren, während die
königlichen Kassen nur altes Brandenburgisches Geld
annehmen sollten, was auf keine Weise beschafft werden
konnte, weil es theils durch die Münzunternehmer, theils
durch Wucherer in die neue schlechte Währung umge-
prägt oder außer Landes gebracht war [1]). Keiner der

---

[1]) Riedel, der Brandenb.-Preuß. Staatshaushalt. Berlin
1866. p. 88. — Nov. C. C. von 1761, Nr. 83. 89.

Minister wagte dem Könige Vorstellungen gegen diese
harten Maßregeln zu machen, durch welche Tausende
von Familien, namentlich Gewerbtreibende, an den
Bettelstab gebracht wurden.

Nun wäre es nach dem Frieden unzweifelhafte
Pflicht des Staates, oder was damals gleichbedeutend
war, des Königs gewesen, entweder den Einzelnen ihre
durch die Falschmünzerei erlittenen Verluste auf irgend
eine Weise zu ersetzen, und die schlechten Münzen gegen
neu zu prägende vollwichtige umzutauschen, oder wenig=
stens, wenn dazu die Mittel nicht ausreichten, den
Schaden durch eine allgemeine Kriegssteuer gleichmäßig
auf alle Schultern zu vertheilen. Das geschah aber
nicht, sondern die schlechten Münzen wurden am
21. April für ungültig erklärt, und an deren Stelle
neues brandenburgisches Geld von der Art ausgegeben,
wie es 1758 ausgeprägt worden war, und welches in
den königlichen Kassen nur mit einem Aufgelde von
41 pCt. angenommen wurde. Am 28. Mai verbot
der König das bernburgische und das in Sachsen nach=
geprägte Geld gänzlich.

Kaum hatte das Publikum Zeit gehabt, sich in diese
neue Verordnung zu finden, was natürlich wiederum
nicht ohne erhebliche Verwirrung und große Verluste
abging, so erschien am 29. März 1764 der Befehl, daß
von nun ab nur noch wirklich vollwichtiges Geld circu=
liren dürfe, was denn auch in genügender Masse aus=

geprägt wurde. Dies führte er mit solcher Strenge
durch, daß in der That seitdem in Preußen von der
Münzverschlechterung nicht mehr die Rede war.

Wenn von diesen Maßregeln die Bevölkerung im
allgemeinen sehr hart betroffen wurde, so waren doch
am schlimmsten die Civilbeamten fortgekommen. Schon
seit 1757 wurde denselben ihr Gehalt und Pension
nicht baar, sondern in Kassenscheinen gezahlt, mit dem
Versprechen, sie nach dem Frieden wegen des Verlustes
zu entschädigen. Diese Kassenscheine verloren von Tage
zu Tage an ihrem Course, und mußten für ein Spott=
geld weggegeben werden. Nach dem Frieden hielt der
König sein Versprechen nicht. Es wurden nur die
Scheine für das letzte Jahr eingelöst, und zwar blos
für die Gehälter und nicht für die Pensionen, und die
Einlösung erfolgte noch dazu in dem neuen branden=
burgischen Gelde, also mit einem Verluste von 41 pCt.
— Wie die armen Leute die Kriegsjahre durchgemacht,
wie sie überhaupt nur das Leben gefristet haben, ist
heut schwerlich zu ermitteln. Wahrscheinlich sind viele
von ihnen als unblutige Kriegsopfer für das Bedürfniß
des Vaterlandes gefallen.

Diese für unsere Zeiten unglaubliche Härte gegen
das Publikum, und am meisten gegen die Staats=
beamten, findet ihre Erklärung einmal in dem bestimm=
ten Widerwillen des Königs gegen Auferlegung neuer
directer Steuern. Er war stolz darauf, solche während

seiner ganzen Regierung, selbst während des siebenjäh=
rigen Krieges nicht eingeführt zu haben, und übersah
seltsamer Weise, daß die vielen Steigerungen der indi=
recten Abgaben, und gar die Münzfälschungen viel
schlimmer und drückender, und in ihren Folgen ver=
derblicher waren, als hohe Steuern. Sodann aber
tritt uns bei diesem ganzen Verfahren des Königs
wiederum jenes Doppelleben, auf welches früher hin=
gewiesen worden, recht deutlich vor Augen.

Der alte Hohenzollern'sche Grundsatz, den der große
Kurfürst und Friedrich Wilhelm I. mit vollster Rück=
sichtslosigkeit durchgeführt hatten, wonach das Wohl
und Wehe des Einzelnen in keinen Betracht kommt,
sobald das öffentliche Interesse in Frage steht, wurde
von Friedrich dem Großen bis zur äußersten Consequenz
getrieben. Lord Malmesbury, welcher Jahre lang als
englischer Gesandter in Berlin Gelegenheit hatte den
König zu beobachten, und der allerdings nicht zu den
enthusiastischen Bewunderern desselben gehört, schildert
das Verhältniß vollkommen richtig, wenn er sagt:
„Der König ist als Individuum oft menschlich, wohl=
wollend und freundlich; aber diese Eigenschaften ver=
lassen ihn von dem Augenblick an, wo er als König
handelt Ich sah ihn in einem Schauspiele weinen;
ich erfuhr, daß er für einen kranken Hund sorgte wie
eine Mutter für ihr Kind, — und derselbe Mann gab
am nächsten Tage Befehl zur Verheerung eines Land=

strichs, oder machte durch willkürliche Steigerung der Abgaben eine ganze Provinz unglücklich."

Durch die Erlebnisse des siebenjährigen Krieges mußte sich die Härte dieser Gegensätze im Charakter des Königs nothwendig bis zur äußersten Schroffheit steigern. Während des Kampfes gegen die erdrückende Uebermacht der gegen ihn verbündeten Armeen konnte von einer Wahl der Mittel bei dem Widerstande nicht die Rede sein. Das Staatsschiff schwebte in Gefahr, und drohte in jedem Augenblick an den Klippen zu zerschellen, — da kam der Einzelne nicht in Betracht, der über Bord flog. Brauchte ein Armeecorps tausend Wispel Getreide, so mußten sie beschafft werden, sollten auch die Bauernschaften, denen man es wegnahm, darüber Hungers sterben. Zu solcher, durch die Umstände gebotenen rücksichtslosen Härte gesellte sich nun noch der Ingrimm über die Beharrlichkeit der Feinde, die ihm den Untergang geschworen. Der erbitterte Kampf verbitterte des Königs Gemüth. Sodann aber hatte er in diesem Kriege auf's klarste erkannt, daß er denselben nur deshalb ehrenvoll zu Ende bringen konnte, weil Er, der Einige und Alleingebietende einer vielköpfigen, mit einander im Hader liegenden Genossenschaft gegenüberstand. Deshalb wollte er nun auch daheim im Frieden einzig nach seinem Willen alles leiten und regieren, unzugänglich für jeden Widerspruch, selbst für die bescheidenste Einwendung gegen seine

Befehle. Er hielt sich für klüger und einsichtsvoller als alle seine Minister und Räthe zusammengenommen; und wie hätte er auch von sich selbst geringer urtheilen sollen als die öffentliche Meinung der ganzen Welt, die ihn für den größten Feldherrn und Regenten seiner Zeit erklärte. Das Alles kam zusammen, um ihn gleichsam auf eine steile Höhe hoch über sein Volk zu erheben; die Ehrfurcht, die er einflößte, war mit der Furcht nahe verwandt, — sogar die Prinzen und Prinzessinnen des Hauses wagten in seiner Gegenwart kaum den Mund zu öffnen[1]). Die Erlebnisse und Arbeiten der sieben schweren Kriegsjahre hatten überhaupt eine gewaltige Veränderung in dem innersten Wesen des Königs hervorgebracht. Obgleich er beim Friedensschlusse erst 51 Jahre zählt, war sein Ansehn fast greisenhaft geworden. Die Haltung nachläßig und gebückt, das Antlitz tief durchfurcht von den Spuren sorgenvollen Nachdenkens und den Wirkungen unerhörter geistiger und körperlicher Anstrengung. Der Anzug, von jeher vernachläßigt, fiel jetzt durch die verblichenen Farben der abgetragenen Kleider, auch wohl durch Unsauberkeit auf; die lange hellfarbige Weste namentlich zeigte überall die Spuren des unmäßigen Gebrauchs von

---

[1]) Vergleiche die merkwürdigen Berichte Kaiser Joseph's an Maria Theresia über die Zusammenkunft in Neisse bei Arneth I. 300—302.

Spaniol; auch hinderte den König seine Kurzsichtigkeit, die Flecken zu bemerken, die bei dem hastigen Speise= genuß und besonders nach Tische nicht ausblieben, wenn er mit den Fingern die Mahlzeit für seine Lieblings= hunde zurecht machte. Auch die Gemüthsstimmung des sonst so heiteren Monarchen war verändert. Der Freundeskreis umgab nicht mehr die Tafelrunde in Sanssouci. Wohl wurde hie und da mit neuen Ge= nossen ein Versuch gemacht, aber sie konnten die Stelle der hingeschiedenen oder in ihre Heimath zurückgewan= derten Tischgenossen nicht ersetzen. Sogar das Flöten= spiel fing an beschwerlich zu werden. Immer ernster und ausschließlicher richteten sich die Gedanken und Arbeiten auf die Hebung des Staates im Innern und nach Außen, immer mehr traten die Lieblingserheite= rungen in den Hintergrund. Die Oper wurde ver= nachläßigt, nur das nothdürftigste geschah zu ihrem Fortbestehen; Bilder hat der König nach dem sieben= jährigen Kriege fast gar nicht gekauft, — nur die Aufführung des neuen Palais im Garten bei Sans= souci, welches mit unerhörter Pracht und einem Kosten= aufwande von vielen Millionen in den nächsten Jahren sich erhob, bildet einen seltsamen Gegensatz mit den sparsamen Lebensgewohnheiten, die Friedrich in immer knapperer Weise sich aneignete, um jeden Groschen für nothwendige und nützliche Dinge verwenden zu können.

Ernst und streng forderte er von Jedermann, namentlich von den Staatsdienern, denselben unbedingten Gehorsam, den der Feldherr im Lager heischt. Wer gegen den erhaltenen Befehl eine Vorstellung oder Einwendung wagt, wird barsch zurückgewiesen, oft wie ein Empörer behandelt. „So kam es, daß bald sogar die Minister sich lediglich als blinde Werkzeuge zur Ausführung königlicher Willenserklärungen betrachteten [1]), und von ihm auch so behandelt wurden." Das hatte die üble Folge, daß dem Könige die Nachtheile verheimlicht wurden, welche viele seiner Maßregeln, namentlich auf dem Gebiete des Handels und der Besteuerung, dem Wohl des Landes zufügten. Bis zu welchem Maße die Behörden in dieser Beziehung eingeschüchtert wurden, möge folgendes Beispiel darthun: Die unmittelbar nach dem Frieden getroffenen Anordnungen zur Hebung des Handels und der Industrie hatten nicht den gewünschten Erfolg. Die strengen Aus- und Einfuhrverbote hemmten den Verkehr, — die Grundsätze, auf welchen die in Berlin eingerichtete Bank beruhte, veranlaßten die Kaufleute, ihre Gelder lieber auswärts anzulegen, und ganz besonders äußerten die Monopole, die der König einzelnen Personen und Gesellschaften für den Handel mit den wichtigsten Lebensbedürfnissen verlieh, eine nachtheilige Wirkung. Dem Generaldirectorium

---

[1]) Riedel l. c.

wurde deshalb unter dem 26. September 1766[1]) befoh=
len, die Ursachen des Mißerfolges anzuzeigen. Mit
Zagen erstattete diese Behörde den geforderten Bericht
unter der feierlichen Versicherung, daß man ohne alle
Nebenrücksichten nach Eid und Gewissen lediglich das=
jenige vortrage, „was eine auf überzeugende Erfahrung
gegründete Kenntniß an die Hand gebe. Die Geschäfts=
losigkeit erkläre sich nicht nur durch die Nachwirkung der
Münzverschlechterung und durch den Ruin, den der
lange Krieg über das Land gebracht, sondern haupt=
sächlich dadurch, daß dem Handel die Freiheit entzogen
sei, deren er zu seinem Gedeihen bedürfe. Die soge=
nannte Levantische Compagnie habe durch das ihr
ertheilte Privilegium den Baumwollenhandel von sich
abhängig gemacht, den gesammten Handel nach Ruß=
land habe der König einem einzigen Hause übertragen,
welches von allen nicht durch seine Vermittelung gehen=
den Producten einen Zoll von 8 pCt. erheben dürfe,
während es doch wider die Natur alles Handels sei,
einen Kaufmann zwingen zu wollen, daß er seine
Waaren bei einem bestimmten Comptoire kaufe." Die
beiden Minister, welche diesen Bericht unterzeichneten,
hoben noch besonders die Schädlichkeit des Tabaks=
monopols und die Verkehrtheit des von einem gewissen
Calzabigi für die Berliner Bank entworfenen Statuts

---

[1]) Preuß. Urkundenbuch III. 87—102.

hervor und weisen auf die unverhältnißmäßigen Ver=
brauchssteuern hin, welche auf allen Lebensmitteln und
dem Brennholze lasteten.   Sie deuteten an, daß die
Idee des geschlossenen Handelsstaates, welche allen die=
sen Maßregeln zu Grunde liegt, aufgegeben werden
müsse, wenn die Finanzen des Landes gehoben werden
sollten.

Diese Ansichten standen in so schroffem Gegensatze
mit den vom Vater ererbten staatswirthschaftlichen Be=
griffen des Königs, daß derselbe darüber in den hef=
tigsten Zorn gerieth.   Eigenhändig schrieb er unter den
Bericht: „Ich erstaune über der impertinenten Relation
so sie mir schicken.   Ich entschuldige die Ministres mit
ihrer ignorance, aber die Malice und Corruption des
Concipienten muß exemplarisch bestraft werden; sonsten
bringe ich die Canaillen niemals in der Subordination.‟

Der unglückliche Concipient wurde in der Person
des Geheimen Finanzrath Ursinus ermittelt und ohne
weiteren Prozeß zeitlebens nach Spandau geschickt. Das
Generaldirectorium aber erhielt den Bescheid, daß die
von ihnen gewagte Befürwortung der Einfuhr fremder
Waaren darauf schließen lasse, daß die Mitglieder
bestechlich und dem Meistbietenden feil sein müßten, daß
Se. Majestät sich, wiewohl höchst ungern, genöthigt
sähen zu declariren, daß Sie Dero lediglich zum Besten
des Landes abzielenden Intentionen schlechterdings sou=
tenirt und befolgt wissen wollen, und daß alle die=

jenigen, welche sich dagegen auf unrichtigen Wegen, oder wohl gar Corruption werden betreten lassen, sicher sein könnten, daß S. K. Maj. mit selbigen, es mögen Räthe oder Ministers sein, wie jetzo mit dem Ursinus verfahren, und sie ohne alle Umstände arretiren, und Zeit Lebens zur Festung bringen lassen.

Damit war denn, wie man sich denken kann, den Behörden die Lust, dem Könige Vorstellungen zu machen, ein für alle Mal gründlich benommen.

Er war von der Richtigkeit des Satzes: daß der Reichthum der Länder auf der Menge des geprägten Geldes beruhe, welches sie besitzen, so fest durchdrungen, daß er glaubte, es könne vernünftiger Weise auch keiner seiner Minister an demselben zweifeln. Deshalb war ihm die Redlichkeit eines Rathgebers verdächtig, welcher eine Aufhebung der Absperrungsmaßregeln befürwortete, mittelst deren die Idee des geschlossenen Handels=staates möglichst befördert werden sollte.

Daß der National=Reichthum nicht sowohl auf Fabriken und Handel, als auf dem Ackerbau beruhe, war damals eine ganz neue Ansicht, welche zuerst 1757 durch den Franzosen Quesnay aufgestellt wurde, der als Begründer des sogenannten physiokratischen Systems in der Staatswirthschaftslehre gilt. Erst in neuester Zeit hat sich bekanntlich die Ansicht allmählich Geltung verschafft, daß allgemeine Freiheit sämmtlicher Gewerbe und gleiche Vertheilung aller Lasten am sichersten zu

2*

allgemeinem Wohlstande führe. Friedrich der Große
nun, von Natur einer der conservativsten Geister, war
durchaus nicht geneigt, seine vom Vater überkommenen
Ansichten durch ein neuauftauchendes System erschüttern
zu lassen; er glaubte vielmehr im besten Interesse des
Staates zu handeln, wenn er mit abschreckender Strenge
jeden Versuch unterdrückte, seinen wohlerwogenen Re-
gierungsmaßregeln entgegen zu arbeiten. Sein ganzes
Bestreben ging dahin, die Unterthanen fähig zu machen,
alle ihre Bedürfnisse durch Anlegung neuer Fabriken,
oder durch Verbesserung der alten, im Lande selbst zu
befriedigen, und wo möglich soviel zu produciren, daß
auch das Ausland mit einem Theil der Waaren versorgt werden könnte, wodurch fremdes Geld in das
Inland gezogen und der Nationalreichthum also erhöht
würde. Er machte sich nicht klar, daß die Absperrung
der einzelnen Provinzen durch binnenländische Grenz-
zölle, vorzüglich aber die vielen, einzelnen Personen für
die wichtigsten Gewerbe ertheilten Monopole und Privilegien, lähmend und hemmend auf allen Verkehr
wirkten. Dergleichen Monopole verlieh der König in
großer Zahl, und zwar gegen Bezahlung von verhältnißmäßig geringen Summen, welche mit dem Nachtheile, den das Publikum dadurch erlitt, in gar keinem
Verhältniß standen. Dies im Einzelnen nachzuweisen,
wäre die Aufgabe einer besonderen Darstellung der von

Friedrich dem Großen befolgten Handelspolitik. Ganz
beſonders läſtig für den Verkehr war die ſtrenge Abſper=
rung gegen das Ausland, welche aus dem Syſtem
folgte. Auch nach der Eroberung Schleſiens, und bis
zur ſpäteren Erwerbung von Weſtpreußen, blieb der
Staat Friedrich des Großen auf der Landkarte noch
immer ſo unglücklich geformt, daß die Ausdehnung ſei=
ner Grenzen im Verhältniß zu dem Flächenraum über=
mäßig groß iſt. Büſching behauptet, es ſei kein Ort
im ganzen Lande weiter als vier Meilen von einer
Grenze entfernt geweſen, was, wenn man die abgeſon=
derte Lage von Oſtfriesland, Cleve, Minden und Oſt=
preußen, ſo wie die vielen Enklaven kleiner Reichs=
fürſten in Betracht zieht, kaum übertrieben war. Alle
dieſe Grenzen ſollten auf's ſorgfältigſte bewacht, die
Aus= und Einfuhr unzähliger Artikel verhindert werden.
War hierzu ſchon früher eine ganze Armee von Beam=
ten nöthig geweſen, wie wir das im zehnten Kapitel des
dritten Bandes geſehen, ſo dehnte ſich die Zahl derſelben
nunmehr in ſolcher Weiſe aus, daß ſie zu einer förm=
lichen Landplage wurden. Bei ſpärlichem Gehalt
hauptſächlich auf Denunciantenantheile angewieſen,
behandelten ſie jeden Reiſenden wie einen Schleich=
händler und zeichneten ſich durch Härte, Grobheit und
Ungerechtigkeit aus. Zwiſchen dieſen Beamten und
den wirklichen Schleichhändlern beſtand ein fortwäh=

reuber Krieg, oft kam es zu förmlichen Schlachten, die
vielen Menschen das Leben kosteten [1]). Die hohen Ab=
gaben nicht blos bei der Einfuhr, sondern auch bei dem
Transit fremder Waaren, die Plackereien und Verzöge=
rungen durch die Zollbedienten hielten Fuhrleute und
Schiffer von den preußischen Grenzen zurück, — man
schlug alle Wege ein, um den preußischen Boden nicht
zu berühren, und zog den weiten, kostbaren Weg zu
Lande, der um das gefürchtete Gebiet herumführte, der
kürzeren, wohlfeileren Wasserfahrt durch dasselbe vor.
So wurde in erheblichem Maße der Nutzen vereitelt,
den Friedrich durch das Netz von Canälen, mittelst
deren er Elbe, Oder und Weichsel verband, zu gewin=
nen hoffte [2]), und welcher das Land zum Sitze eines
blühenden Handels hätte machen können. —

Unter diesen Umständen vermehrten sich natürlich
die Staatseinnahmen nicht in dem Maße und nicht so
schnell, wie der König gehofft hatte. Die Hebung der
Fabrikthätigkeit sollte dafür Ersatz schaffen, was aller=
dings erst von der Zukunft zu erwarten war, da die
neuen Anlagen im Anfange vielmehr Kosten und Aus=
lagen veranlaßten, als daß sie sofortigen Gewinn abge=
worfen hätten. Zum Abwarten aber schien die Lage

---

1) Dohm's Denkwürdigkeiten IV. 432. Der Verfasser schil=
dert diese Zustände aus eigner Anschauung.

2) Daselbst 422.

des Staates nicht geeignet; vielmehr berechnete der König, daß er schon jetzt einer um wenigstens zwei Millionen jährlich gesteigerten Einnahme aus den indirecten Steuern bedürfe, um seine Armee wieder in solchen Stand zu setzen und zu erhalten, daß den Nachbarn dadurch ein für alle Mal die Lust benommen werde, die Erfolge des siebenjährigen Krieges in Frage zu stellen und einen neuen Angriff auf Preußen zu wagen. Außerdem ergeben verschiedene Andeutungen, daß Friedrich der Große zwar für die nächsten Jahre an neue kriegerische Unternehmungen nicht dachte, sondern seine Kräfte ausschließlich den inneren Angelegenheiten des Staates widmen wollte, daß er aber gleichzeitig beabsichtigte, einen Kriegsschatz von bedeutendem Umfange zu sammeln, um später, falls eine günstige Gelegenheit zur Vergrößerung des Staates sich bieten sollte, sogleich die Mittel zur Hand zu haben, um nach freier Entschließung ungehindert einzugreifen.

Die sämmtlichen Accise=, Zoll= und sonstigen indirecten Steuern hatten im Etatsjahr 1764/65 nach Abzug der Verwaltungskosten nur 3,437,820 Thaler eingetragen[1]). Der König verlangte nunmehr von dem Generaldirectorio, daß dasselbe für die von ihm gewünschte Erhöhung dieser Summe Sorge trage, allein man erwiederte, daß das durch den Krieg

---

[1]) Preuß III. 9. aus handschriftlichen Aufzeichnungen.

erschöpfte Land an eine Erhöhung der Abgaben nicht denken lasse. Friedrich hatte schon während des Krieges von der Umsicht und Geschäftsgewandtheit dieser Behörde eine schlechte Meinung gefaßt und unter anderem in einem Briefe an General Wedell vom 19. Januar 1761 [1]) erklärt, daß das Generaldirectorium in allen Sachen, „die nicht von dem täglichen Schlendrian sein," sich nicht zu helfen wüßte. Er kam deshalb auf den Gedanken, eine gänzlich neue Art der Steuerverwaltung und zwar nach französischem Muster zu versuchen, weil ihm wohl bekannt war, wie große Summen die dortige Regierung durch ihre Steuerpächter und namentlich auch durch das Tabaksmonopol sich verschaffte. Um sich über das dortige Verfahren bis in's Einzelste unterrichten zu lassen, beschied der König den als Finanzmann und Schriftsteller damals hochberühmten, ehemaligen Generalpächter Helvetius zu sich und behielt denselben mehrere Monate lang (von Ende 1765 bis Juni 1766) in Potsdam [2]). Mit diesem, nach dem Zeugnisse der Zeitgenossen durchaus ehrenwerthen, und trotz seiner atheistischen Grundsätze sittlich achtbaren Manne, berieth der König seine Pläne

---

[1]) Urkundenbuch II. 811.

[2]) Helvetius, geb. 1715, gest. 1771. Wegen seines materialistischen Buches: L'esprit, welches in Paris auf Anstiften der Jesuiten verbrannt wurde, verlor er seine Stelle und mußte nach England flüchten.

zur Erhöhung der Staatseinkünfte, und erklärte durch
Cabinetsordre vom 9. April 1766, daß er sich bewogen
finde, Pächter aus Frankreich kommen zu lassen, denen
er die Verwaltung der Accise übergeben wolle. In der
That erschien alsbald ein gewisser de la Haye de Lannay,
den Helvetius nebst vier Anderen geschickt hatte, um die
neue Einrichtung in's Leben zu rufen. Da dieselben
dem Könige erklärten, daß sie für den Erfolg nur dann
einstehen könnten, wenn auch das ganze Personal der
Unterbeamten aus Franzosen bestehe, so folgte ihnen
ein großer Schwarm ihrer Landsleute, deren Anzahl
sehr verschieden angegeben wird; sicherlich waren ihrer
nicht weniger als 500[1]). De Launay selbst, der Chef
des ganzen Personals, war der Einzige von Allen, der
bis zu des Königs Tode in Wirksamkeit blieb und
dessen unbedingtes Vertrauen genoß. Derselbe soll in
der That ein ehrenwerther Mann gewesen sein, welcher

---

[1]) Die Hauptschriften über diese Regie sind: 1. Compte
rendu au Roi par etc. de Launay in Mirabeau de la monarchie
prussienne IV. 258. 2. de Launay Justification du système
etc. de Frederic II. (deutsche Uebersetzung davon Berlin 1789).
3. v. Beguelin, Darstellung der Accise und Zollverfassung in dem
Preußischen Staate. Berlin 1797. 4. Preuß III. 13. folgende.
5. Riedel, Staatshaushalt ꝛc. p. 103. Die Zahl der französischen
Regiebeamten giebt de Launay selbst auf 200 an, Zimmermann
spricht von 3000, Thiebaut sogar von 5000. Dohm's Angabe
(Denkwürdigkeiten IV. 516), der 500 nennt, dürfte der Wahrheit
nahe kommen.

sich bestrebte, die Härten der neuen Maßregeln, wo es anging, zu mildern. An die Stelle der vier anderen Directoren traten später auch einige Deutsche.

Eine förmliche Verpachtung der Zölle nach französischer Art lag nicht in der Absicht des Königs, der nur eine strengere und einheitlichere Art der Steuererhebung einführen wollte. Die neue Behörde, welche im Publikum kurzweg die Regie genannt wurde, führte den amtlichen Titel: administration générale des accises et péages. Ihr wurde die gesammte, bisher vom General-directorium geleitete indirecte Steuerverwaltung in der Art übertragen, daß die im Etatsjahre 1765/6 eingekommenen Beträge fixirt, und von den Administratoren auch ferner an diejenigen Kassen abgeführt werden sollten, denen sie bisher zugeflossen. Von dem Ueberschusse aber, den die Administration erzielen würde, sollte jeder der fünf an der Spitze stehenden Entrepreneurs ein Jahrgehalt von 12,000 Thalern und bedeutende Tantiemen erhalten, der Ueberrest aber in die königliche Dispositionskasse gezahlt werden[1]). Diese fünf Regisseurs ernannten zwölf Directoren für die verschiedenen Provinzen. Nur Westpfalen, Ostfriesland und einige andere westliche Districte wurden auf drin-

---

[1]) Riedel, Staatshaushalt p. 104. Declarationspatent vom 14. April 1766. Edictensammlung von 1766, Nr. 36. Als Einer von den Fünfen, de Candry, im Duell erschossen wurde, theilten die vier Anderen auch dessen Gehalt noch unter sich.

gendes Verlangen der Einwohner von der Verwaltung dieser Regie befreit, und ihnen ein festes Quantum zu zahlender Steuern auferlegt.

Sicherlich hatte der König, als er die Franzosen in's Land rief, nicht die Absicht, seine Unterthanen zu bedrücken; vielmehr darf man annehmen, daß er aus voller Ueberzeugung sprach, wenn er in der Einleitung zu dem oben angeführten Patent vom 14. April 1766 betheuerte, daß er durch eine gleichmäßigere und gerechtere Vertheilung der Steuern dem Volke Erleichterung verschaffen und nur die eigentlichen Luxusgegenstände hoch impostiren wollte. Eigenhändig schrieb er an de Launay[1]): „Besteuert die fremden Weine, die Gewürze, kurz jede Art von Luxus so hoch Ihr wollt, — denn das trifft den armen Mann nicht. Ich betrachte mich als Sachwalter der Soldaten und der Arbeiter und muß deren Interesse vertheidigen." Die Franzosen hatten eine bedeutende Erhöhung der Steuer auf Fleisch und einheimisches Bier vorgeschlagen. Der König gestattete nur die bisherige Abgabe bei Fleisch auf 1 Sgr. 7 Pf., beim Bier von 9 auf 12 Pf. zu erhöhen. Ganz konnte er die Steigerung nicht verbieten, weil der Ausfall zu groß gewesen wäre. Einer wirklich gerechten und gleichmäßigen Steuervertheilung stand als unübersteigliches Hinderniß die Steuerfreiheit des

---

[1]) Urkundenbuch III. 12. b. 16. März 1766.

Adels entgegen, die Friedrich nach seinen eigenen Wor=
ten als ein Grundrecht des Staates betrachtete[1]).

Es blieb deshalb die ganze Steuerlast auf den
Schultern der Bürger und Bauern, und bald zeigte
sich, daß die geforderten Summen von der Regie nicht
beschafft werden konnten, wenn man nicht, mit fast
alleiniger Ausnahme des Brotes, jedes Lebensbedürf=
niß und jedes Landesproduct, ja jedes einzelne Erzeug=
niß des Gewerbfleißes mit besonderen Abgaben belegte.
Das Verzeichniß der steuerbaren Gegenstände füllt
z. B. in der Ediktensammlung von 1769 von p. 5397
bis p. 5528 nicht weniger als 131 Foliospalten, durch=
schnittlich 25 Artikel auf der Spalte, also mehr als
3000 verschiedene Artikel.

Der Unwille, den diese neue Einrichtung hervorrief,
war allgemein, noch größer aber der Haß gegen die
französischen Beamten, die von Jedermann wie eine
Bande von Räubern und Blutsaugern betrachtet wur=
den. Das war sehr erklärlich durch die Härte, mit
der die Abgaben beigetrieben und der Schleichhandel
verfolgt wurde[2]). Die Accisebedienten hatten das
Recht, zu jeder Zeit bei Tag und Nacht in die Woh=
nungen einzubringen, alle Zimmer und Behältnisse
öffnen zu lassen und bei jedem steuerbaren Gegenstande

---

[1]) Daselbst p. 36. Nr. 76. ad 3.
[2]) Dohm a. a. O. p. 522.

(und das waren faft alle Dinge) den Nachweis der ent=
richteten Abgabe zu fordern. Konnte dieser nicht als=
bald beschafft werden, so wurde die verdächtige Sache
vorläufig confiscirt, und wenn der Eigenthümer sich
nicht mit den Beamten [1]) abzufinden wußte, wurde er
in weitläufige, kostspielige Prozesse verwickelt und ver=
fiel oft unschuldiger Weise in die schwersten Strafen. Die
Franzosen standen sogar allgemein im Verdacht, daß sie
Contrebande in die Häuser einschleppten, um von den
Bewohnern Strafen oder Bestechungen zu erpressen.
Alle Steuersachen der Art waren den gewöhnlichen
Gerichten entzogen und einem besonderen Accifegerichte
zugewiesen, welches dem Minister v. Horst untergeben
war. Dieser wohlwollende Mann wurde aber durch
die Härte, die er ganz gegen seine Meinung ausüben
mußte, so unglücklich, daß er nach kurzer Zeit seinen
Abschied forderte und erhielt.

War die Regie durch die Art, wie sie verfuhr, für
die ruhigen Bewohner der Städte eine große Last, so
wurden die Reisenden von ihr noch ärger behelligt.
Alle Fußgänger und Wagen auf den Landstraßen wurden
beliebig oft untersucht. Die unbedeutendsten Vorräthe
an Lebensmitteln, sogar an Arzeneien, die ein Reisender
bei sich führte, gaben zu denselben Verdrießlichkeiten

---

[1]) Die zur Durchsuchung der Häuser gebrauchten Regiebeamten hießen officiell: rats de cave, Kellerratten.

und Erpressungen Anlaß, wie die Visitationen in den
Häusern.   Der Schmuggelhandel verbreitete sich dabei
immer weiter und die Kämpfe zwischen den Schleich=
händlern und Zollbedienten wuchsen zu immer größerem
Umfange an.   Die Unzufriedenheit mit diesen Zustän=
den nahm so überhand, daß es nur der maßlosen Ver=
ehrung und Liebe, welche Friedrich als Regent und als
Held bei seinem Volke genoß, gelingen konnte, den
üblen Eindruck nach und nach abzuschwächen.   Dennoch
haben sich die Bewohner des Preußischen Staates mit
dieser ihnen aufgezwungenen Herrschaft französischer
Beamten niemals ganz versöhnt, vielmehr erhielten sie
im Laufe der Jahre noch mehrfach Gelegenheit, ihre
Geduld gegenüber den verhaßten Fremdlingen zu üben.

Obgleich nämlich die Regie keineswegs so glänzende
Resultate lieferte, wie man sich versprochen hatte, so
blieb doch des Königs Zutrauen zu der ganzen Ein=
richtung und besonders zu be Launay unerschüttert[1]),

---

[1]) Die Rechnungen, welche derselbe vorlegte, schienen für
jedes Jahr bessere Erträge zu verheißen.   Zwei Millionen Thaler
jährliche Mehreinnahme hatte der König verlangt, und in der
Denkschrift, welche der erste Regisseur beim Regierungsantritt
Friedrich Wilhelm's II. dem neuen Herrscher vorlegte (Riedel,
Staatshaushalt 105), wird in der That behauptet, daß die Regie
während ihres 21jährigen Bestehens von 1765/66 bis 1786 ein
Plus von 42,718,656 Thaler Bruttoeinnahme verschafft habe.
Allein theils setzen die amtlichen Ermittelungen diese Summe
auf 32,725,000 Thaler herab, theils würde auch jene höhere Zahl

wenn er auch gelegentlich über die Franzosen schimpfte und sie für „Schurkenzeug" erklärte[1]).

1766 übergab er die gesammte Postverwaltung einem französischen Generalintendanten, welcher ver=
sprochen hatte, bedeutende Ueberschüsse an die königliche Dispositionskasse abzuliefern. Allein schon 1769 wurde dieser Beamte wegen Betrügereien mit seinem Personal

---

noch ungenügend sein, weil man in Betracht ziehen muß, daß zu den im Jahre 1765/6 fixirten Zolleinkünften seit 1773 aus Westpreußen und dem Netzdistricte jährlich 10 Millionen Brutto=
einnahme hinzugetreten waren, und daß wohl ebenso hoch der Ertrag der in diesem Zeitraume eingetretenen neuen Abgaben, so wie die Erhöhung alter Abgaben und Strafen angeschlagen werden muß. Wird ferner die den Beamten von der Mehr=
einnahme bewilligte Tantieme noch in Rechnung gezogen, so hätte, wie Riedel überzeugend nachweist, bei einer der Regie gün=
stigsten Aufstellung, dieselbe in 21 Jahren nur etwa 16 Millionen Bruttoeinnahme mehr beschafft, als wenn das Einkommen von 1765/6 unverändert fortbestanden hätte. Noch ungünstiger stellt sich die Berechnung, wenn man in Betracht zieht, daß das dicht auf den Krieg folgende Normaljahr bei dem noch tief danieder=
liegenden Handel und Verkehr nur einen verhältnißmäßig geringen Steuerertrag liefern konnte. So muß man einsehen, daß ein so geringer Mehrgewinn durch die schweren Bedrückungen und Plackereien, welche die Fremdlinge über das Volk brachten, sehr theuer erkauft war (Riedel, daselbst 106), und daß sicherlich in den 21 Friedensjahren, welche ein schnelles Wachsthum der Be=
völkerung und ihres Wohlstandes herbeiführten, sich ein weit größerer Mehrertrag der Besteuerung herausgestellt haben würde, wenn der König die Accise und Zollverwaltung wie früher der Gewissenhaftigkeit, Treue und Ehrlichkeit seiner Altpreußen über=
lassen hätte.

[1]) Preuß III. 19.

entlassen und unter Beibehaltung der von demselben
eingeführten Kassenverwaltung das Postwesen dem General Derschau untergeben.

Die Regiebeamten erhielten 1766 ferner den Auftrag, das Tabaksmonopol, welches der König sich vorbehalten, für dessen Rechnung auszubeuten. Eine
Gesellschaft Berliner Kaufleute hatte das Geschäft 1765
für eine Pacht von 1,000,000 Thlr. übernommen, zu
welchem Ende sie eine Aktiengesellschaft gründete, die
aber so schlechte Geschäfte machte, daß der König sie
am 11. Juli 1766 ihre Verpflichtung entband und die
Angelegenheit der Regie übergab[1]). Auch dies Verhältniß hatte nur kurzen Bestand. Der König errichtete
bald nachher eine selbstständige, von ihm allein ressor-
tirende Behörde unter dem Titel einer Generaltabaks-
administration, und widmete sich unablässig den Geschäften derselben mit großer Vorliebe. Durch seine
Sorgfalt für den Anbau und die Verbesserung der
Tabakspflanze und deren Zubereitung gelang es über
Erwarten, den Abfluß des Geldes für Tabak in's Ausland zu vermindern. Die Administration konnte durchschnittlich in jedem Jahre eine Million Thaler Ueberschuß an die königliche Dispositionskasse abliefern, und
Friedrich der Große bezeichnete wiederholt diese Anstalten, deren Gelingen ihm besondere Freude machte, als

---

[1]) Ediktensammlung von 1766, p. 499.

sein eigenstes Werk. Dessenungeachtet nahm er für seine Person an dem Genusse, den die inländischen Erzeugnisse seinen Unterthanen bereiten sollten, keinen Theil, sondern ließ die großen Massen von Schnupftabak, die er gebrauchte, nach wie vor aus Spanien kommen.

War auch dieses Tabaksmonopol mit großer Belästigung für das Publikum verbunden, so verschwanden doch alle Beschwerden und Klagen desselben im Vergleich mit dem Hasse, welchen die letzte und drückendste Einrichtung Friedrich des Großen auf diesem Gebiete hervorrief.

Es ist bereits erwähnt worden[1]), wie sehr dem Könige seit dem Beginne seiner Regierung alle Gegenstände, die für baares Geld vom Auslande bezogen wurden, zum Aergerniß gereichten; — kein Handelsartikel aber machte ihm so viel Sorge, wie der Kaffee, den er doch leider für seine Person nicht entbehren konnte. Trotz aller Abmahnungen und Verbote verbreitete sich der Gebrauch dieses belebenden Getränkes schnell bis in die untersten Volksklassen, und der König mußte aus seinen Tabellen ersehen, daß jährlich mehr als 700,000 Thaler dafür in's Ausland gingen[2]). Durch hohe Besteuerung des Kaffee's hoffte er dem entgegenzuwirken und legte eine Abgabe von 7¼ Groschen

---

auf das Pfund[1]); allein auch dieser unverhältniß-
mäßige Satz that keine Wirkung. Das Volk trank
immer mehr Kaffee, und der Schmuggelhandel, dem
sich hier ein unermeßlicher Gewinn darbot, steigerte sich
auf eine entsetzliche Höhe. Gleichzeitig wurde die
theure Waare von den Kaufleuten durch Ersatzmittel
aller Art gefälscht, so daß man das Pfund Kaffee in
Berlin für 10 Groschen verkaufte, was bei der hohen
Steuer auf rechtlichem Wege nicht geschehen konnte[2]).
Die Engländer hatten in jener Zeit ebenfalls den Kaffee
sehr hoch, sogar weit über den Werth der Waare mit
Zöllen belegt, und waren darauf verfallen, lediglich den
Verkauf gebrannten Kaffee's zu gestatten, um dadurch
den Schmuggelhandel wirksamer zu verhindern. Friedrich erfuhr das und beschloß, in Preußen einen ähnlichen Versuch zu machen.

Am 21. Januar 1781 erschien das berühmte Kaffee-
Edict, welches große Staatskaffeebrennereien zu errichten
befahl, und die Oberaufsicht der Regie, als Nebenver-
waltung, übertrug. Nur der Adel, die Geistlichkeit,
das Militair und die höheren Beamten, nebst einigen
anderen bevorzugten Personen sollten ferner noch ihren
Kaffee selbst brennen dürfen, unter der Bedingung, daß
jeder von ihnen mindestens 20 Pfd. jährlich verbrauchte.
Das gesammte übrige Publikum durfte nur gebrannten

---

[1]) Riedel, Staatshaushalt 107.　　[2]) Preuß III. 28.

Kaffee kaufen, der in amtlich verschlossenen Büchsen, 24 Loth für einen Thaler, an den privilegirten Verkaufsstellen in Berlin und in den Provinzen feil gehalten wurde.

Keine der Maßregeln des Königs hat im Volke eine so große Aufregung hervorgerufen, wie diese Beschränkung des Verkehrs. An die Belästigungen der Accise und der Regie hatte man sich allmählich gewöhnt, auch war die Praxis zuletzt milder geworden[1]). Nun aber sah der Bürger sich genöthigt, ein ihm zum Bedürfniß gewordenes Lebensmittel für das Dreifache des Preises zu kaufen, während der Adel und die anderen Privilegirten ihren Kaffee dreimal billiger erhielten (zu 10 Groschen das Pfund), dazu kam die empörende Spionage, welche dem Schmuggelhandel auf diesem Felde begegnen sollte. Eine ganze Legion von Steuerbeamten, vom Volke Kaffeeriecher genannt, ging auf den Straßen umher und spürte dem Geruch von gebranntem Kaffee nach. Diese Leute hatten das Recht, in die Häuser zu dringen und in allen Winkeln nach ungebranntem oder unversteuertem Kaffee zu suchen. Die Erbitterung, welche ein solches Verfahren erregte, war so nachhaltig, daß noch im ersten Viertel unseres Jahrhunderts die älteren Leute nicht ohne Ingrimm

---

1) Dohm berichtet im vierten Bande seiner Denkwürdigkeiten als Augenzeuge über diese Gegenstände.

und Hohn von dieser Kaffeeriecherwirthschaft sprachen. Dieselbe gab auch Anlaß zu dem bekannten Vorfall, daß der König einst, durch die Jägerstraße in Berlin reitend, vor einem Hause eine große Menschenmenge sah, die sich, wie ein abgeschickter Page berichtete, an einer Carricatur belustigte, auf der Friedrich der Große sitzend dargestellt war, mit einer Kaffeemühle zwischen den Knieen, die nebenherfallenden Bohnen sorgfältig auflesend. Der König lachte und befahl, das Bild niedriger zu hängen, damit die Leute es bequemer sehen könnten. Mit unendlichem Jubel empfingen die für jeden Scherz empfänglichen Berliner diesen Bescheid, — man ließ den König hochleben und zerriß das Spott=bild[1]).

Die hohe Besteuerung des Kaffee brachte übrigens nicht den Gewinn, welchen die Regie sich davon versprach. Erst als man die ursprüngliche Abgabe auf beinahe den dritten Theil herabsetzte, stieg der Ertrag der Steuer schnell von 300,000 Thalern auf 574,000 Thaler.

In ebenso lästiger Weise wie dies Kaffeemonopol wurde unter Friedrich dem Großen das Salzmonopol ausgebeutet. Das Edict vom 17. Dezember 1765[2])

---

[1]) Preuß III. 275 nach dem Berichte eines Augenzeugen, des Kapellmeisters Haffner, im Berliner Conversationsblatt von Förster und Häring. 1827. Nr. 253.

[2]) Edictensammlung zu 1765, Nr. 114. Ferner die Edicte vom 8. April und 16. Juni 1774 in dem betreffenden Jahrgange.

bestimmte ein Minimum von Salz, welches für jeden
Menschen und für jedes Thier aus den königlichen Salz=
magazinen entnommen werden mußte. Jeder Hauswirth
auf dem Lande erhielt ein Salzbuch, welches von beson=
deren Salzrevisoren jährlich durchgesehen wurde und
durch welches er nachweisen mußte, daß er für jedes über
neun Jahr alte Glied seiner Familie vier Metzen, für
jede milchende Kuh zwei Metzen, für fünf Schafe eine
Metze u. s. w. entnommen habe. Für den Gebrauch
bei den verschiedenen Gewerben wurden ebenfalls ver=
hältnißmäßige Massen Salz bestimmt. Die Städte
sollten mit dieser Einrichtung verschont bleiben, weil
daselbst die Thorcontrolle dafür sorgte, daß alles Salz
versteuert wurde. Diese Maßregeln hatten den Erfolg,
daß das Etatsquantum, welches die Obersalzkasse abzu=
liefern hatte, von 373,000 Thalern, die 1740 einkamen,
bis zum Jahre 1786 auf 643,000 Thaler stieg, wozu
noch 289,757 Thaler kamen, welche die besonders ver=
waltete schlesische Obersalzkasse an den König ablieferte.
Da nun von den anderen Lebensbedürfnissen die
Zuckerfabrikation dem Hause Splittgerber als Monopol
verliehen war, der Wachs= und Baumwollenhandel,
der Handel mit Russischen Producten und unzähliges
Andere ebenfalls besonderen Handelscompagnien aus=
schließlich zustand, sogar der Handel mit Brennholz für
Berlin und Potsdam einer Gesellschaft von Kaufleuten
übertragen, und anderen Privatpersonen verboten war,

mit diesem Artikel zu handeln, so ist es erklärlich, daß
die kleinen Kaufleute in Berlin sich jammernd an den
König wendeten und ihm klagten, sie wüßten nicht
mehr, womit sie noch Handel treiben sollten? Der
König erwiederte ihnen [1]): „Daß der entsetzliche Schmug=
gelunfug, der mit dem Kaffee getrieben worden, ihn zu
seinen Maßregeln veranlaßt, und er davon um so weniger
abgehen könne, als den Materialhandlungen, statt
sich mit dergleichen schelmischem Handel weiter abzu=
geben, noch viele andere Waaren, als Hammel, Kälber
und anderes Schlachtvieh, so wie, außer den Gewürzen,
auch noch Butter und Eier übrig bleiben, welche sie aus
den Provinzen auhero schaffen, und dadurch den vielen
Abgang von Kaffee ihrem Handel auf eine dem Vater=
lande weit vortheilhaftere Art ersetzen kann.“

Diese Beispiele mögen genügen, um darzuthun, wie
auf dem Gebiete des eigentlichen Handels die Maß=
nahmen des Königs vielmehr lähmend als fördernd
wirken mußten. Was aber nach dieser Seite hin ver=
sehen wurde, sollte auf der anderen, nach Friedrich's
Ueberzeugung, überreichlich durch die eifrige Unter=
stützung ausgeglichen werden, die er den Fabrikangele=
genheiten angedeihen ließ. Wenn es ihm nämlich
gelang seine Absicht zu erreichen, die, wie wir wissen,
auf nichts Geringeres ging, als alle menschlichen Be=

---

[1]) Preuß III. 32.

bürfniffe im Lande felbft zu erzeugen, fo wären dadurch
dem Handel die Quellen, die ihm nach Außen hin abge=
fchnitten waren, unfehlbar im Innern wieder erfetzt
worden. Für eingehende Thätigkeit auf diefem Gebiete
hatte der König von jeher eine ganz befondere Neigung,
ja fein Eifer fteigerte fich im Laufe der Jahre zu einer
wahren Leidenfchaft, die feinen klaren Blick oftmals
über die Unausführbarkeit von Unternehmungen ver=
blendete, auf die er fich fonft ficher nicht eingelaffen
hätte. An gutem Willen und ausdauerndem Fleiße
und Beharrlichkeit fehlte es ihm am allerwenigften.
Wenn man feine Inftructionen auf diefem Gebiete tieft,
fo erftaunt man darüber, den größten Feldherrn und
anerkannt erften Staatsmann feiner Zeit, wie einen
geborenen Kaufmann und Fabrikherrn reden zu hören.

Ein Beifpiel genüge ftatt vieler. Aus der Corre=
fpondenz des Königs mit dem Geheimen Finanzrath
Tarrach, welcher in Fabrikfachen arbeitete, theilt Preuß[1])
folgendes Schreiben vom 6. Juli 1780 mit: „Was die
Uhren anlangt, fo muß ich erftlich wiffen: wieviele
Uhren werden in Berlin gemacht? Wieviel Ouvriers
aller Art find dazu nöthig, welche die Räder, die Res=
forts, die Ketten und alle die differenten Sachen, die
zur Uhr gehören, verfertigen? Auch, wieviel verdient
eine folche Familie in Neufchatel, und was kann fie

---

[1]) Bd. III. p. 51.

hier kriegen? 2) wenn wir hier eine solche auf dem
Lande ansetzen, wo es zum allerwohlfeilsten ist, so muß
man berechnen, was der Lebensunterhalt kostet hier und
in Neufchatel: Ist es hier theurer zu leben, so müssen
sie nothwendig etwas mehr haben, das muß aber mit
aller Ueberlegung und so gemacht werden, daß die
Ouvriers leben können und die Fabrik bestehen kann.
3) Wenn man weiß, wieviel Uhren der Truitte (der
Unternehmer, der sich gemeldet hatte) macht, so muß er
auch sagen, was die Ressorts und die übrigen Fourni-
tures, so er dazu aus der Fremde kommen lassen, ihm
gekostet? Werden solche nun hier gemacht, so erspart er
die Transportkosten aus der Schweiß; hingegen kommen ihm die Ouvriers hier höher zu stehen, weil er
ihnen hier etwas mehr geben muß als dorten. Wenn
dann die Balance richtig gezogen ist, so kann man
daraus sehen, ob er die Preise mit den andern halten
kann oder nicht? Geht das an, daß er die Preise mit
den Schweitzern halten kann, so kann er auch hier, und
das ganze Land, Polen, Rußland, Schweden und
Dänemark an sich ziehen. Nach diesen Principiis muß
alles gemacht werden, daß man sieht, wie weit die
Sache kann poussiret werden, oder wie man dann
anhalten muß."

Es würde zu weit führen, wenn wir auf alle die
einzelnen Fabrikzweige näher eingehen wollten, welche
der König in seinen Ländern zu fördern bemüht war.

Aus einer Liste, welche nach dem Kriege angefertigt wurde, ergab sich, daß mehrere hunderte von Gegenständen bis dahin im Inlande gar nicht angefertigt wurden, also vorläufig noch deren Einfuhr aus der Fremde, wenn gleich gegen starken Zoll, gestattet werden mußte. Hier gab es ein weites Feld für die rastlose Thätigkeit des Regenten. Durch Vorschüsse, durch Ueberlassung von Gebäuden, durch Prämien und Belohnungen aller Art suchte er zur Anlage der noch fehlenden Fabriken aufzumuntern, und ließ sich trotz wiederholten Mißlingens einzelner Unternehmungen dennoch herbei, immer neue Summen für den angestrebten Zweck herzugeben. So z. B. hat die erwähnte Uhrenfabrik den König nach und nach 140,000 Thaler gekostet[1]), und dennoch endete die Sache mit dem Bankrott der Unternehmer, so daß nur 31,000 Thaler gerettet wurden, welche 1783 ein neuer Unternehmer zu nochmaligem Versuche erhielt, der nun endlich bessere Erfolge erzielte. Metallarbeiter jeder Art wurden unterstützt, Papierfabriken angelegt, um die Einfuhr des feinen holländischen und italienischen Papiers unnöthig zu machen u. s. w. Auch bei dem letzterwähnten Gegenstand zeigte sich des Königs bis in's Kleinste gehende Umsicht, indem er ermahnte, die nützlichen Lumpen

---

[1]) Nicolai's freimüthige Anmerkungen zu Zimmermann's Fragmenten II. 84. bei Preuß III. 52.

nicht mehr zu Zunder zu verbrennen. Die Lumpen-
sammler sollten zu dem Ende Feuerschwamm bei sich
führen und dagegen Lumpen eintauschen.

Mit besonderer Liebe hielt Friedrich der Große die
Hoffnung fest (Band III. p. 306), daß es ihm gelingen
werde, die Zucht der Seidenwürmer im Inlande so
weit zu bringen, um allmählich Sammet und Seiden-
waaren aus einheimischen Rohstoffen zu erzeugen, und
in der That bewirkten die unablässigen Ermahnungen
zur Pflege dieses Gewerbszweiges ein allmähliches Aufblühen desselben, welches jedoch nach dem Tode des
Königs wieder in's Stocken gerieth[1]). Daneben hatte
die Porcellanfabrik in Berlin sich der beständigen persönlichen Sorgfalt des Königs zu erfreuen. Derselbe
besuchte oft die Arbeitssäle, machte vielfache Bestellun-
gen Behufs kostbarer Geschenke an fürstliche Personen,
und hatte die Freude, daß an Schönheit der Formen
und der Malerei, wenn auch nicht an Weiße und Leichtigkeit, das Berliner Porcellan sich neben dem berühmten Meißner sehen lassen durfte. Von dorther hatte
Friedrich im siebenjährigen Kriege nicht nur eine große
Menge fertiger Waare als gute Beute entführt, sondern auch die Formen mitgenommen, und Arbeiter-

---

[1]) Nach Mauvillon's Angabe betrug die Seidenernte in
Preußen 1751 nur 50 Pfund, dagegen 1757 schon 700 Pfund.
Das steigerte sich bis 1783 auf 11,000 Pfund und 1785 sollen
17,000 Pfund erzeugt worden sein.

familien aus Sachsen nach Berlin übergesiedelt, sondern
es waren lange Züge von Wagen mit Meißner Por-
cellanerde beladen während vieler Wochen in die Mark
gesendet worden, um daselbst theils rein, theils als
Beimischung der minder feinen einheimischen Erde ver-
arbeitet zu werden.

Die Hebung der Fabrikthätigkeit nach allen Seiten
hin war dem Könige nicht blos in gewerblicher Hin-
sicht von größter Wichtigkeit, sondern er erblickte in derselben, gemäß den damaligen Zeitanschauungen, zugleich
das sicherste Mittel zur Vermehrung der Bevölkerung.
Der siebenjährige Krieg hatte einen großen Theil der
männlichen Jugend hinweggerafft, aus welcher die
Armee ergänzt werden mußte. Die durch neu angelegte Fabriken aus der Fremde herbeigerufenen Arbeiter
und deren Familien schienen das Material zu dem
Nachwuchs zu bieten, dessen man dringend bedurfte.
In der That wiesen auch die Bevölkerungslisten von Jahr
zu Jahr ein befriedigendes Wachsen der Einwohnerzahl nach, wobei man allerdings übersah, daß Fabrik-
arbeiter, wegen ihrer Lebensweise und Beschäftigungs-
art, in der Regel nicht dem kräftigen Menschenschlage
angehören, der für den Kriegsdienst der tauglichste ist,
und daß außerdem die meisten der neu Ankommenden nur
unter der Bedingung in's Preußische gezogen werden
konnten, daß sie für ihre Person, oft auch für ihre
Nachkommenschaft von der Einstellung in die Armee

befreit blieben, und daß außerdem viele derselben offen
und heimlich wieder auswanderten, wenn das, was sie
fauden, ihren Erwartungen nicht entsprach. Durch
solche Rücksichten wurde indessen Friedrich's leidenschaft=
liche Vorliebe für das Fabrikwesen nicht verringert.
Sein Bestreben blieb fortwährend auf Vermehrung
solcher Anlagen gerichtet und auf der Reise, die er jähr=
lich mit altgewohnter Regelmäßigkeit durch alle Pro=
vinzen machte, forschte er aller Orten nach dem Mate=
rial, welches jede Gegend für das Aufblühen einer
neuen Gewerbsthätigkeit darbiete, die im Stande wäre
irgend ein bisher aus der Fremde bezogenes Erzeugniß
künftig im Inlande zu verfertigen.   Es wird erzählt,
daß er unterwegs wohl selbst die Packen der Hausirer
untersucht, und wenn er darin Waaren fand, die man
bis dahin in Preußen noch gar nicht, oder nicht in
gleicher Güte verfertigte, sofort Anlaß nahm, die Be=
hörden aufmerksam zu machen und mit Anweisungen
zu versehen.   So befahl er, daß die kleinen bunten
Nürnberger Spiegel künftig durch einheimische ersetzt,
daß die Heiligenbilder, die man aus katholischen Län=
dern bezog, im Inlande verfertigt werden müßten, und
man sich genau zu erkundigen hätte, welche Heiligen
an jedem Orte besonders beliebt wären[1]).   Eine 1771
eingesetzte Fabrikencommission sollte über die neuen

---

[1]) Preuß III. 49.

Anlagen die Aufsicht führen und genaue Listen über das Gedeihen derselben einreichen.

Man müßte ein förmliches Wörterbuch von allen möglichen Handelsartikeln zusammenstellen, wenn die Gegenstände erschöpft werden sollten, auf welche des Königs Aufmerksamkeit allezeit mit reger Theilnahme gerichtet blieb.

Die alten, gleichsam angestammten Gewerbe, welche seit Jahrhunderten in den Preußischen Provinzen geblüht, und nächst dem Ackerbau hauptsächlich zum Wohlstande des Landes beigetragen hatten, die Wollmanufacturen in den Marken, die Metall= und Leinwandfabriken in Westphalen und die schlesische Weberei erfreuten sich ebenfalls der stetigen Sorge des Königs. Er ließ, zuerst unter den deutschen Regenten, spanische Böcke zur Veredlung der Wolle kommen, ohne jedoch denselben Erfolg zu erzielen, welchen bald darauf die Elektoralschafe in Sachsen hatten. In Schlesien wurden Spinnschulen eingerichtet. Allein diese Gewerbe waren bereits so gut im Gange, daß sie einer besonderen Unterstützung und Aufmunterung nicht bedurften und sich am wohlsten befunden hätten, wenn die Regierung sich gar nicht um sie kümmerte, sondern sie gewähren ließ. Es wirkte z. B. nur schädlich, daß der König im Interesse der schlesischen Weber die Ausfuhr des Garns verbot; denn der Anbau des Flachses verminderte sich seitdem in der Provinz. In ähnlicher

Weise schädlich wirkten die alten grausamen Gesetze
gegen die Wollausfuhr, welche Friedrich aufrecht erhielt
und noch verschärfte. Die Wollpreise sanken zum Scha=
den der Gutsbesitzer, und die Schäfereien verringerten
sich, trotzdem bei 1000 Dukaten Strafe verboten war,
eine Schäferei eingehen zu lassen[1]). Die Westphä=
tischen Metallwaaren durften zum Theil gar nicht, zum
Theil nur gegen schwere Eingangszölle in die Provinzen
diesseits der Weser eingeführt werden, weil durch dieses
Schutzzollsystem das Fortkommen der neuangelegten
Fabriken in der Mark erleichtert werden sollte.

Wenn nun bei diesem Verfahren, welches nach den
heut geltenden Ansichten zum großen Theil auf irrigen
Grundsätzen beruhte, dessenungeachtet der Wohlstand
des Landes sich zwar langsam, doch stetig emporhob
und die Wunden sich schlossen, die der blutige Krieg
geschlagen, so erklärt sich das dadurch, daß für jene
Zeiten und für die damaligen Verkehrsverhältnisse vieles
heilsam sein konnte, was heut verderblich wirkt, ganz
besonders aber dadurch, daß die strenge und sparsame
Gewissenhaftigkeit des Königs dafür sorgte, daß die
eingehenden Staatsgelder allein für Staatszwecke und
nicht für unnütze und überflüssige Dinge verwendet
werden durften.

---

[1]) Dohm IV. 427. Preuß III. 43. Mylius, Ediktensamm=
lung von 1763, Nr. 88; von 1776, Nr. 26; von 1777, Nr. 25.

Dergleichen Betrachtungen bräugen sich ganz beson=
ders auf, wenn man die Einrichtung der Bankinstitute
betrachtet, welche Friedrich der Große in der Haupt=
stadt des Landes und in den Provinzen in's Leben rief.
Der ursprüngliche Plan war, unter Gotzkowsky's Bei=
rath von einigen Hamburger Kaufleuten entworfen
und bei der Berliner Bank, zu welcher der König 1764
acht Millionen aus dem Staatsschatze herzuleihen ver=
sprach, in Anwendung gebracht. Schon 1765 aber
befahl Friedrich II., das von dem schon erwähnten ita=
lienischen Schwindler Calzabigi ausgearbeitete Project
in's Leben zu rufen, vermöge dessen die Bank ein
Zwangsrecht erhielt, um alle 150 Thaler übersteigende
Zahlungen im ganzen Lande dermaßen an sich zu ziehen,
daß dergleichen Gelder zur Erhebung bei der Bank
angewiesen wurden. Ebenso erhielt dieses Institut
das Privilegium, daß alle auf Ausländer gezogenen
Wechsel über 100 Thlr. und mehr, ausschließlich bei
ihm bezahlt werden mußten. Wer dergleichen Wechsel
mit Umgehung der Bank selbst bezahlen ließ, sollte
den ganzen Betrag desselben als Strafe entrichten[1]).
Obgleich die Minister, in dem bereits oben erwähnten
Gutachten, über dieses Bankproject sich mit den Wor=
ten äußerten: „Wir sind überzeugt, daß die Feinde

---

[1]) Edict vom 17. Juli 1765. Edictensammlung Nr. 63 und
Nr. 90 dieses Jahres.

Ew. Maj. sich freuen werden, wenn dieser Plan zur
Execution gebracht würde, der hauptsächlich aus dem
berüchtigten Law'schen Project in Frankreich entlehnt ist
und dessen Folgen für uns betrübter sein werden, als
jemals diejenigen in Frankreich," so ließ der König sich
von seinem Vorhaben dadurch nicht abbringen [1]), sondern errichtete bald nachher in Königsberg, Breslau,
Magdeburg und andern Provinzialstädten Filialbanken,
die mit den gleichen exorbitanten Privilegien ausgestattet wurden.

Die verheißenen acht Millionen Thaler wurden
niemals hergegeben; der ursprüngliche Fonds der Bank
bestand in der That nur aus 450,000 Thalern. Bis
zum 1. Juui 1767 hatte die neue Anstalt einen Verlust
von circa 160,000 Thalern, und am 1. Jannar 1768
ein Deficit von 13,854 Thalern [2]). Hierauf befahl der
König durch Cab.-Ordre vom 16. Juli 1768, alle
gerichtlichen Depositen- und Pupillengelder, die nicht
binnen sechs Wochen auf höhere als 3 procentige Hypo-
theken angelegt wären, ohne Ausnahme an die Banken
von Berlin und Breslau gegen 3 pCt. abzuliefern.
Im folgenden Jahre wurde dies auf alle Capitalien
der Hospitäler und sonstige milde Stiftungen aus-
gedehnt. Von Capitalien, bei denen Majorenne bethei-

---

[1]) Urkundenbuch III. 98.
[2]) Bergius, Grundsätze der Finanzwissenschaft p. 235.

ligt waren, sollten sogar nur 2½ pCt. gezahlt werden. Dessenungeachtet soll die Bank in 39 Jahren, von 1767—1806 nur circa 9 Millionen Thaler, also durchschnittlich im Jahr 250,000 Thaler Gewinn gebracht haben, was mit dem Zwange und dem unberechenbaren Verluste, den diese gewaltsamen Anordnungen den Minorennen und den Stiftungen zufügten, in gar keinem Verhältniß stand.

Die Absicht des Königs, daß die Bank auch Girogeschäfte machen sollte, kam nicht zur Ausführung. Das betreffende Reglement erschien den Kaufleuten zu lästig, um sich demselben zu fügen.

Ein zweites großes Geld- und Handelsinstitut errichtete Friedrich der Große durch Patent v. 14. Oct. 1772 unter dem Namen der Seehandlung. Er habe beschlossen, heißt es in dieser Urkunde, eine Handelsgesellschaft zu dem Zwecke zu gründen, um unter preußischer Flagge die fremden Häfen zu beschiffen, nud tüchtigen Gewinn an den Ein- und Ausfuhren zu machen. Der Fonds solle aus königlichen Kassen hergegeben, und die Unterthanen zur Betheiligung aufgefordert werden. Der Handel mit Seesalz und mit dem aus Polen kommenden Wachs wurde der neuen Gesellschaft als Monopol verliehen. Von den 2400 Aktien à 500 Thlr., aus denen der Fonds bestand, nahm der König 2100 für sich, und nur 300 wurden dem Publikum angeboten, so daß also diese beiden neuen Monopole auf Wachs

trocken gelegt wurden.   Schon 1763 begannen der-
gleiche Arbeiten an der Netze und Warthe in der Gegend
von Driesen, Landsberg und Friedeberg. 1769 bis 1771
wurden in Pommern und auf der Insel Usedom weite
Bruchländer trocken gelegt, und 1774 von einer besonderen Immediatcommission ein allgemeiner Meliora-
tionsplan für das ganze Land ausgearbeitet, zu dessen
Ausführung der König stets bereitwillig Gelder hergab.
In ausgedehnterem Maße noch, als durch diese Urbar-
machungen, entstand für neue bäuerliche Ansieblungen
dadurch Raum, daß die abligen Gutsbesitzer mit unnach-
sichtiger Strenge angehalten wurden, die kleinen Besitzungen, welche sie während des Krieges eingezogen
und zu ihren Dominalhöfen geschlagen hatten, wiederum
von denselben zu trennen und mit Ackerwirthen zu
besetzen.   Das kam dem finanziellen Interesse des
Königs ebenso zu Gute, wie es zur Vermehrung der
Bevölkerung beitrug, indem das Land aus den Händen
des steuerfreien Adels nunmehr an eine neue, abgaben-
pflichtige Landbewohnerschaft überging.

Bei diesen auf die Landbewirthschaftung bezüglichen
Maßregeln bediente sich der König nach dem Kriege
vorzugsweise des Geheimen Finanzraths von Brenkenhof, der bis 1762 Dessauischer Kammerdirector gewesen war.   Im Laufe seiner Feldzüge hatte Friedrich II.
von den zweckmäßigen Anordnungen Kenntniß genommen, welche dieser Mann in dem kleinen Lande seines

Fürsten getroffen, und namentlich hatten ihn die vor-
züglichen Verpflegungsanstalten für das preußische Heer
überrascht, als dasselbe nach der Schlacht bei Torgau
das Dessauische Gebiet berührte[1]).

Eine der glänzendsten Seiten seines Verwaltungs-
talents offenbarte Friedrich der Große durch die Maßregeln, welche er in Bezug auf den Kornhandel und
das Magazinwesen traf. Für unsere Zeit freilich, wo
durch die hohe Entwicklung der Verkehrsmittel der Fall
nicht mehr eintreten kann, daß in einem Theile von
Deutschland Ueberfluß herrscht, während nicht weit
davon die Menschen zu Tausenden Hungers sterben,
wären die Mittel, welche man vor hundert Jahren
anwenden mußte, vollkommen verkehrt und geradezu
verderblich, allein damals bewirkten sie, daß der preußische Staat in Zeiten des Mißwachses, welcher über
einen großen Theil von Europa Hungersnoth, und im
Gefolge davon Krankheiten und Pest verbreitete, fast
ganz von solchen Calamitäten verschont blieb; diesem
Resultate gegenüber schien es dem Könige ein geringes
Uebel, wenn er durch seine plötzlichen Ausfuhrverbote,

---

¹) Ueber Brenkenhof vergl. dessen Biographie von Meißner,
Leipzig 1782. Der wackere Mann setzte im Dienste des Königs
sein Vermögen zu, so daß er noch auf dem Sterbebette um Nach-
sicht bitten mußte, weil sich die von ihm verwaltete Kasse in dem
verwickeltsten Zustande befand. Nach B.'s Tode ließ Friedrich II
dessen Güter schonungslos verkaufen. Preuß III. 89.

und durch zwangsweise herabgesetzte Getreidepreise den
Handel beeinträchtigte und großartige Spekulationen
der Kaufleute unmöglich machte, weil dieselben in kei=
nem Augenblick wissen konnten, in welcher Art am
nächsten Tage eine Cabinetsordre ihre Berechnungen
durchkreuzen würde [1]). — Außer den Militärmagazinen
nämlich, in welchen stets der Kornbedarf der Armee
für einen Feldzug aufgespeichert lag, und welche mit
umsichtigster Rücksichtsnahme auf die Preise im In=
und Auslande für möglichst geringe Kosten angefüllt
wurden, waren noch Land=Magazine eingerichtet, welche
der König öffnen ließ, sobald die Kornpreise eine
bestimmte Höhe überstiegen, und die Besorgniß eines
Nothstandes eintrat. Alsdann erhielten die Bedürf=
tigen Brod= und Saatkorn zu einem geringeren Preise
als der Marktpreis, was ohne Verlust der königlichen
Kasse, sogar noch mit Gewinn derselben geschehen
konnte, weil Friedrich II. persönlich auf's genaueste
darüber wachte, daß die Einkäufe immer nur in reichen
Kornjahren, also sehr billig gemacht wurden. Mit der
Oeffnung der Magazine wurde jedesmal für die Dauer
derselben die Ausfuhr von Getreide in's Ausland auf's
strengste verboten, damit die Empfänger das Korn
nicht zum Handel benutzten. So hatte z. B. das
Jahr 1769 eine überaus reiche Ernte geliefert, und die

---

[1]) Dohm's Denkwürdigkeiten IV. 411.

Getreidepreise sanken ungemein herab. Friedrich befahl sogleich die Magazine zu füllen. Als nun 1770—1772 drei schlechte Ernten auf einander folgten, und im ganzen übrigen Deutschland Hungersnoth eintrat, konnte der König sogar noch den benachbarten kleinen Staaten Getreide ablassen, und außerdem gestatten, daß zahllose, durch den Hunger in's Preußische getriebene Austäuder an den Wohlthaten seiner Magazineinrichtung Theil nahmen. Damals, sagt der bekannte Friedrich Nicolai[1]), wurde Vielen erst klar, daß der König von Preußen, den man bisher als großen Feldherrn bewundert hatte, auch ein Regent von ungemeiner Weisheit sei.

Neben diesen Maßregeln, welche das Umsichgreifen allgemeiner Nothstände verhindern sollten, lag dem Könige natürlich vor allen Dingen die Pflicht am Herzen, nach und nach in den einzelnen Provinzen die

---

[1]) In der Vorrede zum 1. Bande seiner Anecdoten. Dohm l. c. p. 415. Merkwürdig ist, daß in ganz Deutschland neben Friedrich dem Großen nur noch der Fürst v. Neuwied im Stande war, die Hungersnoth von seinem kleinen Lande fern zu halten, und zwar durch ganz entgegengesetzte Maßregeln. Er gab nämlich den Getreidehandel vollständig frei und bewirkte dadurch, daß in Neuwied immer Korn im Ueberfluß vorhanden, und der Preis desselben im Verhältniß zu anderen Ländern mäßig war. — Die Noth der Jahre 1771—1772 war so groß, daß allein in Sachsen 150,000 Menschen Hungers gestorben sein sollen, obgleich gerade dort 1769 die Ernte so reichlich ausgefallen war, daß man an vielen Orten das Korn nicht einbringen konnte, sondern auf dem Felde verderben ließ.

Spuren des Krieges zu vertilgen. Von dem Umfang
der Arbeiten, die hier vorlagen, giebt u. A. die bekannte
Aeußerung des Königs gegen Voltaire einen Begriff[1]):
„Wollen Sie den ganzen Umfang der Verwüstungen
kennen lernen, die der fanatische Ehrgeiz meiner Feinde
in meinem Lande angerichtet hat, so mögen Sie wissen,
daß ich in Schlesien 8000, in Pommern und der Neumark
6500 Häuser habe wieder aufbauen müssen, was nach
Newton und d'Alembert 14,500 menschliche Wohnungen ergiebt." Was aber das wunderbärste bei
dieser Sache ist, und vielleicht als einziges Beispiel in
seiner Art betrachtet werden muß, ist der Umstand, daß
der König alle diese Arbeiten wirklich aus eigenen Mitteln, gewissermaßen aus seinen Ersparnissen herstellte.

Um zu begreifen, wie dies möglich war, wollen wir
an dieser Stelle uns mit der eigenthümlichen Art und
Weise bekannt machen, wie Friedrich der Große die
Verwendung der eingehenden Staatsgelder unmittelbar
in seiner Hand behielt[2]). Gleich beim Antritt der
Regierung gab er den Willen kund, stets über größere
Summen ohne Mitwirkung der Minister und der Behörden zu verfügen. Er ließ deshalb nicht mehr, wie
das bisher geschehen war, die sämmtlichen Staatseinkünfte an die beiden Generalkassen (die Domainen- und

---

[1]) Oeuvres XXIII. 112. vom 24. Oktober 1766.
[2]) Riedel, Staatshaushalt 112.

die Kriegskasse) abführen, sondern bildete sich eine eigne
Dispositionskasse, in welche nicht nur alle Einkünfte
aus den neuen Finanzspeculationen, der Regie, der
Monopole, der königlichen Fabriken u. s. w. abflossen,
sondern auch große Summen aus der Domainen= und
Kriegskasse gezahlt werden mußten. Aus letzterer in
jedem Jahre der Ueberschuß, um welchen die Einnahme
sich höher erwies als die aufgestellten Ausgabe=Etats.
Außer verschiedenen anderen Quellen, die sonst noch in
diese Dispositionskasse geleitet wurden, ließ der König
auch die Pensionen und Besoldungen, die aus anderen
Kassen gezahlt werden mußten, nach dem Tode der
betreffenden Personen nicht aus den Listen streichen,
sondern an sich selbst zahlen, wie er z. B. die auf
50,000 Thaler bestimmte Apanage der Königin Mutter
seit deren Tode 1757 sich alljährlich verabfolgen ließ,
und davon nur die Pensionen an den Hofstaat derselben
berichtigte, die bei dem Absterben der betreffenden Per=
sonen auch allmählich fortfielen. Aus solchen und ähn=
lichen Einnahmen wuchs der Bestand der königlichen
Dispositionskasse allmählich bis zu einer Jahresein=
nahme von 5,750,000 Thalern[1]). Dazu kam, daß
Friedrich der Große von den 1,200,000 Thalern, welche
er für seine persönlichen Bedürfnisse und für die Apa=
nagen des königlichen Hauses ausgesetzt hatte, durch=

---

[1]) Genaueres bei Riedel p. 119.

schnittlich kaum mehr als 200,000 Thaler verbrauchte, also wiederum eine Million zur Disposition behielt. Alle diese Summen betrachtete Friedrich als Erspar= nisse, über welche er ausschließlich zum Besten des Lan= des zu verfügen sich verpflichtet hielt, und er führte das mit einer Gewissenhaftigkeit durch, welche in der Ge= schichte aller monarchischen Staaten wohl als einziges Beispiel dasteht. Da fehlte es denn niemals an Mit= teln, einem wirklichen Bedürfnisse abzuhelfen und große Anlagen zur Verbesserung des Landes durchzuführen, woneben dann alljährlich noch eine bedeutende Summe in den Staatsschatz floß, den der König, trotz aller von ihm geführten Kriege, seinem Nachfolger mit min= destens 55 Millionen gefüllt zurückließ[1]).

Zweites Kapitel.

Die Armee. Die Rechtspflege. Kirche und Schule. Wissenschaften und Künste.

Nach einem blutigen siebenjährigen Kriege befand sich die preußische Armee natürlich in solcher Verfassung, daß sie so gut wie neu organisirt werden mußte. Die Lücken in den Regimentern hatte man in den letzten

---

[1]) Daselbst 120, Note 1.

Jahren durch zusammengeraffte Rekruten nothdürftig
auszufüllen versucht, doch konnten diese schlechtexercierten
Mannschaften den Verlust der altgedienten Cameraden
nicht ersetzen. Die Officierstellen waren zum großen
Theil an halbe Kinder aus den Cadettenhäusern ver=
geben, und dennoch war der König genöthigt gewesen,
ganz gegen seine Neigung vielen Bürgerlichen Patente
zu ertheilen. Der Staat erschien halb wehrlos; nur
das diente zur Beruhigung, daß auch die anderen
Staaten, welche einen Angriff hätten wagen können,
in gleichem Maße und noch mehr erschöpft waren.
Dennoch wäre es leichtsinnig gewesen, auf lange Dauer
des Friedens zu rechnen. Das deutsche Reich stellte in
der That jetzt einen Körper dar, wie ihn der Wappen=
adler mit seinen zwei Köpfen symbolisch andeutete, —
nur wurden die beiden Häupter, Oesterreich und
Preußen, nicht von Einem Willen und Einer Seele
regiert, sondern sie mußten in wachsam eifersüchtiger
Feindschaft verharren, und es galt, sich im eintretenden
Falle nicht überraschen zu lassen; deshalb hielt Friedrich
es für dringend nöthig, seine Heeresmacht so schnell wie
möglich wieder auf den alten Achtung gebietenden Fuß
zu setzen, den dieselbe vor dem Kriege eingenommen
hatte. Wir haben bereits früher seinen Ausspruch mit=
getheilt, daß blinder Gehorsam, eiserne Disciplin und
maschinenmäßige Einübung der Truppen die wesent=
liche Grundlage für eine Armee bilden, mit der man

große Erfolge erzielen will. An dieser Ueberzeugung
hielt er um so mehr fest, weil er die Erfahrung gemacht,
daß seines Vaters Truppen, welche 25 Jahre lang nur
auf feindlichen Exercierplätzen eingeübt und gedrillt
worden, unter Leitung ihres ebenfalls nur durch theo=
retische Studien zum Feldherrn gebildeten Königs als=
bald eine Reihe der glänzendsten Waffenthaten zu voll=
bringen im Stande waren.

Der siebenjährige Krieg hatte nicht blos die besten
Generale und Officiere, und den Kern der Truppen
selbst hinweggerafft, sondern auch die kriegerische Zucht
einigermaßen gelockert, weil selbstredend im Felde und
im Lager die parademäßige Pünktlichkeit und Sauber=
keit nicht vollständig aufrecht erhalten werden kann; um
so weniger, wenn nach den blutigen Schlachten die
Lücken in den Reihen ohne Auswahl wieder gefüllt
werden mußten.

Der König fühlte selbst am besten, daß seine Armee
jetzt nicht mehr die alte war; er wollte versuchen, ob er
den erloschenen Geist wieder wachrufen könnte. Dazu
schien ihm ein geeignetes Mittel, wenn er die bürger=
lichen Officiere durch adlige ersetzte, denen er ja allein
wahres Ehrgefühl zuschrieb. Mit großer Unbarmher=
zigkeit führte er das durch. Die Bürgerlichen, welche
während des Krieges voll Hingebung Leben und Ge=
sundheit auf's Spiel gesetzt, wurden ohne weiteres ent=
lassen, — kaum erhielt Einer oder der Andere eine

kleine Pension. Doch fanden sich nicht genug junge
Adlige für den Bedarf der Armee, denn viele Familien
hatten ihre ganze männliche Jugend, andere den größ=
ten Theil derselben dem Könige auf dem Felde der Ehre
geopfert. Kaum konnten die Linienregimenter und die
schwere Cavallerie von bürgerlichen Eindringlingen frei
gehalten werden[1]). Auch die Freicorps, welche im
Kriege so gute, und zum Theil einträgliche Dienste
geleistet, wurden ohne weiteres aufgelöst und die Mann=
schaften entlassen, die sich größten Theils bettelnd im
Lande umhertrieben. Bei den Regimentern wurden
umfangreiche Beurlaubungen vorgenommen, um die
Kosten zu verringern; die im Dienst behaltenen Trup=
pen aber mit Exercieren und Uebungen aller Art gar
sehr geplagt, so daß es nicht selten zu unruhigen Auf=
tritten kam, die aber alsbald durch die grausamen,
damals üblichen Militairstrafen unterdrückt wurden.
Einst, so wird erzählt, war eine Truppe der Potsdamer
Garde sogar, um einige Erleichterungen zu ertrotzen,

---

[1]) Von dem widerwärtigen Kampfe zwischen des Königs
Ueberzeugung und der Noth giebt das Edict vom 28. März 1768
Zeugniß, welches bestimmt: „daß Söhne der bürgerlichen Be=
sitzer abliger Güter, wenn sie in den (ziemlich verachteten) Gar=
nisonregimentern oder der Artillerie zehn Jahre lang Capitains
gewesen, in den Adelstand erhoben zu werden sich gewärtigen
sollten." Diese Standeserhöhung sollte den Mißlaut, den man
nicht vertilgen konnte, wenigstens verdecken. Courbières, Ge=
schichte der Heeresverfassung. Berlin 1852. p. 114. 115.

ohne ihre Officiere in Reihe und Glied nach Sanssouci
marschirt. Der König, durch einen Eilboten unter=
richtet, legte Uniform an und trat ihnen auf der Ter=
rasse vor dem Schlosse entgegen. Bevor der Rädels=
führer zu Worte kommen konnte, commandirte er:
„Halt!" Alle standen sofort regungslos. „Richtet
Euch!" — „Linksum kehrt!" — „Marsch!" — Laut=
los gehorchten Alle und waren froh, ohne Strafe fort=
gekommen zu sein, wie denn auch der König froh war,
daß ein so gefährlicher Vorgang ohne ruchbar zu wer=
den und als böses Beispiel zu wirken, unterdrückt wer=
den konnte. .

Diese Potsdamer Garde, und besonders das Leib=
bataillon des Königs hatte überhaupt eine ganz aus=
nahmsweise Stellung in der Armee. Dasselbe war
aus dem kronprinzlichen Regimente hervorgegangen
und wurde in vieler Weise ebenso bevorzugt, wie einst
das Riesenregiment Friedrich Wilhelm's. Kein Mann
durfte in dieses Bataillon eingestellt werden, den der
König nicht selbst ausgesucht hatte. Seit 1763 galt
als Bedingung, daß der Aufzunehmende nicht unter
9 Zoll groß, nicht über 30 Jahr alt, nicht verheirathet
und noch mit keiner Regimentsstrafe belegt sei. Es
befanden sich Menschen aus aller Herren Länder in
diesem 800 Mann starken Bataillon, doch durfte spä=
ter kein Franzose mehr aufgenommen werden, weil
diese sich in die strenge Disciplin nicht fügten, auch

keine Polen, weil der König einen Widerwillen gegen
die mit ky endenden Namen hatte. Dies Bataillon
bildete gewissermaßen ein militairisches Kloster. Die
Verpflichtung war lebenslänglich. Nie wurde ein Mann
entlassen. Die alten, nicht mehr Dienstfähigen kamen
in das kleine Städtchen Werder, wo sie, so lange ihre
Kräfte ausreichten, auf Deserteure und Schleichhändler
aufzupassen hatten. Ohne Paß durfte kein Mann die
Stadt Potsdam verlassen. Nur wenn sie exercierten,
kamen sie vor das Thor. Uebrigens hatten sie wenig
Dienst und ein für jene Zeiten sehr hohes Tractament.
Da sich diese 800 zum Theil noch jungen Leute sehr
langweilten und nach einem freieren Leben sehnten, so
wurden ihnen allerlei Zerstreuungen gemacht. Sie
mußten auf der Straße Ball spielen, im Winter auf
dem Bassin in der Stadt Schlittschuh laufen, und
unter Anleitung der Gebildeteren unter ihnen, zuweilen
öffentlich Komödie spielen. Um sie für die versagte
Verheirathung schadlos zu halten, bekamen sie das Pri=
vilegium, sich nach ihrem Gefallen Bürgermädchen als
Freundinnen auszusuchen. Willigte eine solche ein, mit
einem Gardisten zu leben, so erhielt derselbe von dem
Commandeur einen Zettel des Inhalts: Der N. N.
hat die Erlaubniß die N. N. als Liebste zu sich zu neh=
men; worauf die Person alsdann von den Eltern oder
der Dienstherrschaft ohne weiteres verabfolgt werden
mußte. Der Soldat erhielt dann ein eigenes Quartier

in der Stadt, wo er so lange blieb, als er das Mädchen
bei sich behalten wollte. War er ihrer überdrüssig, so
kehrte er in die Kaserne zurück; seiner Geliebten durfte,
nach ausdrücklichem Befehl des Königs, Niemand des=
halb einen Vorwurf machen. Man hatte sich an dies
ganz exorbitante Verfahren in Potsdam mit der Zeit
so gewöhnt, daß man es für selbstverständlich nahm.
Das Leibbataillon war übrigens keinesweges ein bloßes
Spielzeug des Königs, der dasselbe vielmehr zu einer
Musterschule für die ganze Armee ausbildete. Bis 1756
hatte er es stets in eigner Person commandirt, und jede
neuangeordnete Aenderung des Exercitiums selbst auf's
genaueste einstudirt. Die Pünktlichkeit und Schnellig=
keit der Bewegungen, die Präcision des Gewehrfeuers
u. s. w. wird als wunderbar geschildert. Abwechselnd
wurden Officiere von den auswärtigen Regimentern
nach Potsdam befohlen, um die neuen Handgriffe ken=
nen zu lernen; auch schickte der König zuweilen einen
seiner Leibofficiere in die Provinzen, um den dortigen
Regimentern, die bei der Revue nicht genügt hatten,
Unterricht zu ertheilen [1]).

---

1) Briefe eines alten Preuß. Officiers, Charakterzüge Friedrich
des Einzigen betreffend. Hohenzollern 1790. Dies kleine Buch
enthält zwar viele durch Flüchtigkeit und persönliche Antimosität
des Verfassers gegen einzelne Widersacher veranlaßte thatsäch=
liche Unrichtigkeiten; allein von der ganzen Art und Weise wie
der König, namentlich seit 1763, sich der Armee gegenüber ver=

Auf seinen Revuereisen, die mit der alten Regel=
mäßigkeit fortgesetzt wurden, verfuhr er mit noch größerer
Strenge als sonst, und strafte auch oft ohne Veran=
lassung. War seine Stimmung gerade noch durch die,
immer häufiger wiederkehrenden, Gichtleiden gereizt, so
ließ er sich wohl zu schreienden Ungerechtigkeiten fort=
reißen, in Folge deren mancher unschuldige Officier in's
Unglück gerieth.

Die Regimenter, welche sich nach des Königs Mei=
nung bei Zorndorf nicht gut gehalten, so wie die, welche
bei Maxen gefangen worden, konnten niemals seine
Gnade wieder erlangen. Auch andere Regimenter traf
sein Zorn oft, ohne daß irgend Jemand wußte weshalb.
War ihm ein Obrist mißliebig, den er dennoch nicht
fortschicken wollte, so erhielten dessen Officiere oft Jahre=
lang jedesmal Einschub, sobald eine Vakanz eintrat.
Anfangs gab das viel Verdruß, und die eingeschobenen
Officiere mußten sich mit den Uebergangenen der Reihe
nach duelliren. Allmählich aber gewöhnte man sich
daran, dergleichen Vorfälle wie eine höhere Schickung
zu ertragen, und die Armee schloß gleichsam einen still=
schweigenden Vertrag, Keinen, der ohne sein Verschulden
unglücklich wurde, ganz sinken zu lassen. War ein

---

hielt, bekommt man ein treues Bild. Jene Irrthümer sind
übrigens in Gegenschriften widerlegt. Die Literatur im letzten
Bande von Dohm's Denkwürdigkeiten.

Officier ohne erheblichen Grund cassirt, und erhielt der=
selbe wie gewöhnlich dann nicht einmal eine Pension,
so schossen die Kameraden zusammen und gewährten
ihm einen standesgemäßen Unterhalt[1]). Man war
keineswegs blind dafür, daß der König aus Laune oder
Eigensinn oft dem Einzelnen oder ganzen Regimen=
tern Unrecht thue[2]), allein die Liebe und Verehrung,

---

[1]) Briefe eines alten Officiers II. 25. Courbières 115.

[2]) Bekannt ist die Ordre an Tauenzien vom 7. Sept. 1784,
in welcher der König seine Unzufriedenheit über die eben abge=
haltenen schlesischen Revuen kund giebt: Die Regimenter sind so
schlecht, als hätte ich lauter Schuster und Schneider zu Generalen
gemacht. Wären die Manöver Ernst gewesen, so hätte die feind=
liche Infantrie unsere Kavallerie zusammengehauen, und die
Schlacht war verloren. Ich habe gar nicht die Absicht durch
die schlechte Führung meiner Generale Schlachten zu verlieren.
General Erlach kommt sechs Wochen in Arrest u. s. w. Röbben=
beck III. 311. Der König wußte so gut wie die Armee, daß bei
solchen allgemeinen Strafexecutionen dem Einzelnen oft Unrecht
geschah, aber unerbittliche, wenn gleich manchmal allzugroße
Strenge schien ihm nothwendig. „Nach dem Kriege,“ sagt er
Oeuvres VI. 5, „war keine Ordnung mehr, die Disciplin war
so schlaff geworden, daß die alten Regimenter nicht besser als die
neuen Rekruten exercierten. Es bedurfte der äußersten Anstren=
gung, um die entarteten Schaaren zur alten Tüchtigkeit zurück=
zuführen.“ Daß dies böses Blut machte, war dem Könige nicht
unbekannt. Als einst der Fürst v. Ligne ihm bei Tafel in Gegen=
wart vieler Generale Complimente machte, antwortete der König:·
Ihr urtheilt zu günstig von mir; fragt nur diese Herren, was
ich für Launen und Capricen habe. Die werden Euch schöne
Dinge erzählen! Pr. de Ligne, mémoires et mélanges I.
22—40.

welche er bei Hoch und Niedrig in der ganzen Armee
genoß, war deſſenungeachtet ſo groß, daß Jeder ſich
glücklich ſchätzte einem Fürſten zu dienen, der nicht nur
nach dem einſtimmigen Urtheil der Welt der erſte
Monarch ſeiner Zeit war, ſondern der auch als Menſch
und Regent immer noch unendlich weniger Fehler und
Schwächen beſaß, als irgend einer der anderen Fürſten.
Sang doch ſelbſt der verkrüppelte Invalide, der ſein
Brod an den Thüren betteln mußte, Friedrich's Lob,
und fühlte ſich bis an ſeinen Tod durch den Gedanken
gehoben, einſt unter ſeinen Fahnen gefochten zu haben.

Inzwiſchen arbeitete der König ohne Raſt an der
Vervollſtändigung und Verbeſſerung der Armee in
ihrem weiteſten Umfange. Die Geſchützgießereien blie=
ben in beſtändiger Thätigkeit, die Zeughäuſer und
Montirungsdepot's füllten ſich mit Vorräthen jeder
Art, die Feſtungen wurden in Stand geſetzt, Schweid=
nitz, Graudenz, Glatz mit ſtärkeren Werken verſehen,
Silberberg zu einer neuen Feſtung gemacht. Durch
fortwährende Erhöhung der Truppenzahl, und durch
zeitweiſe Errichtung von neuen Regimentern wuchſen
die 76,000 Mann, welche Friedrich bei der Thron=
beſteigung von ſeinem Vater überkommen, nach und
nach bis zur Zahl von faſt 200,000 Mann. —

Was auch Friedrich der Große ſelbſt an dieſer Armee
auszuſetzen haben mochte, dennoch galt dieſelbe nach
wie vor für die Erſte in Europa. — Fürſten und hohe

Officiere aller Länder bewarben sich um die Erlaubniß,
den Paraden und Revuen als Zuschauer beiwohnen zu
dürfen, was ohne eigenhändige schriftliche Genehmigung
des Königs Niemandem gestattet war. Auch die Gesuche um Eintritt in die Reihen der Armee waren
fortwährend zahlreich; vornehme Engländer, Franzosen, Italiener und Spanier erbaten sich die Ehre, in
das Officiercorps Friedrich des Großen aufgenommen
zu werden, der sich solchen Gesuchen gegenüber mit
Recht sehr spröde erwies; namentlich wollte er die
jungen Lords nicht haben, deren Luxus auf die Sitten
im preußischen Heerlager verderblich wirken konnte,
wo ja im Felde nicht einmal der Gebrauch eines silber-
nen Löffels gestattet war. Ueberhaupt strebte Friedrich
dahin, die leiblichen Bedürfnisse der Officiere nach spar-
tanischer Weise einzuschränken, während er andererseits
sich bemühte, die geistige Bildung derselben auf jede
Weise zu heben. Schon 1765 errichtete er eine Mili-
tairacademie, 1775 eine Ingenieurschule. Auch wurden jeder Inspection einige Ingenieurofficiere beigegeben,
um die jüngeren Cameraden im Planzeichnen und in
allen Zweigen der Befestigungs- und Belagerungskunst
zu unterrichten[1]).

Die Cadettenhäuser neu zu organisiren wurde dem
General Buddenbrock übertragen; eine neue dergleichen

---

[1]) Oeuvres VI. 95.

Anſtalt für 56 Söhne pommerſcher Adelsfamilien
errichtet. 200 der befähigtſten Cabetten erhielten in
der Akademie alsdann höhere Ausbildung von den
beſten Lehrern, die oft weither verſchrieben wurden.
Dabei war der König fortwährend mit der Ausarbei=
tung von Inſtructionen für die Generale beſchäftigt, die
er denſelben zu eifrigem Studium mit dem Befehle
ſtrengſter Geheimhaltung übergab [1]). In die Einzeln=
heiten dieſer Inſtructionen einzugehen, iſt nicht unſere
Aufgabe. Für die Männer von Fach wird das Studium
derſelben aber ſtets von größter, nicht blos hiſtoriſcher
Wichtigkeit bleiben. Der Ruhm, eine ſo große Armee
zu beſitzen [2]), war übrigens theuer erkauft. Nicht nur
überſtieg die perſönliche Kriegslaſt der Unterthanen
Alles, was vorher und vielleicht auch nachher von einem
Lande getragen war, ſondern der Koſtenaufwand war
in Bezug auf die Staatseinkünfte ebenſo unverhältniß=
mäßig hoch. Denn wenn auch, wie es beabſichtigt war,
unter den Truppen ſich 50,000 angeworbene Ausländer
befunden hätten (eine Zahl, die in der Wirklichkeit nie

---

[1]) In den drei letzten Bänden der Oeuvres jetzt veröffentlicht.

[2]) Der König giebt die von ihm neu formirten Truppentheile
Oeuvres VI. 102 folgendermaßen an: 4 Garniſonbataillone und
Grenadiercompagnien 3150. — 2 Bataillone Artillerie 2500.
Fünf Infantrie=Regimenter, auf Friedensfuß 8500. Ein Regi-
ment Huſaren 1400. Bei 36 Infantrieregimentern 20 Mann
Verſtärkung bei jeder Compagnie 8640. Neue Jäger 300, eine
Compagnie Mineurs 150, zuſammen 24,640 Mann.

erreicht wurde), ſo waren noch immer an 150,000 In=
länder im ſtehenden Heere. Rechnet man die Bevöl=
kerung des Staates unter Friedrich II. nach der höchſten
Angabe auf ſechs Millionen, ſo ſtand von 40 lebenden
Menſchen immer Einer unter dem Gewehr. In einem
1776 geſchriebenen Aufſatze [1] berechnet Friedrich ſelbſt
ſeine geſammten Einkünfte auf 21,700,000 Thaler, die
Koſten der Armee auf 16,000,000 Thaler, d. h. $\frac{5}{7}$, alſo
mehr als $\frac{2}{3}$ der Staatseinnahmen. Von den übrig=
bleibenden fünf Millionen habe er zwei Millionen jähr=
lich in den Staatsſchatz gelegt, und nachdem von dem
Reſte von 3,700,000 Thalern noch die Koſten für die
Feſtungen in Abzug gekommen, mußte das übrige für
alle Friedensbedürfniſſe des Staates ausreichen.

Nicht genug damit, daß die Armee ſo ungeheure
Summen verſchlang, laſtete dieſelbe auch noch ſchwer
beſonders auf der ländlichen Bevölkerung, durch die
Verpflegung der Cavalleriepferde, welche den Sommer
über zu den Bauern auf Graſung geſchickt wurden, und
durch die Vorſpannfuhren für das Geſchütz und den
Train, die bei allen Märſchen und Manövern ohne
Vergütigung geleiſtet werden mußten.

---

[1] Exposé du Gouvernement prussien etc. Oeuvres IX.
183. — Officiell ſind die Koſten der Armee nicht bekannt gemacht.
Mirabeau und Mauvillon IV. 312 rechnen heraus, daß ſie $\frac{11}{14}$ der
Staatseinnahmen verſchlungen hätten.

Der Staat Friedrich des Großen war ein Militair=
staat, wie Europa ihn bis dahin noch nicht gekannt
hatte. Die Einrichtungen desselben erhielten eine beson=
dere Färbung durch den Umstand, daß die Armee nicht
in dem Sinne wie heutzutage ein organisches Glied
des ganzen Volkskörpers war; sondern vielmehr ein
lediglich dem Willen des Königs dienstbares Werkzeug.
Abgesehen davon, daß die gemeinen Soldaten fast alle
nur gezwungen dienten, so gehörte auch die eigent=
liche militairische Ehre dem Officiercorps allein, welches
als ein geschlossenes Ganze dem Haufen der Gemeinen
gegenüberstand. Die Scheidewand zwischen diesem
abligen Officiercorps und den aus dem niederen Bürger=
und Bauernstande und den angeworbenen Fremden,
befestigte der König seinen Grundsätzen gemäß vielmehr,
als daß er darauf bedacht gewesen wäre, dieselbe zu
durchbrechen. Der gemeine Soldat wurde in mensch=
licher Beziehung von der übrigen Welt mit Verachtung
angesehen, und es ist bezeichnend, daß selbst unter den
Verworfensten des weiblichen Geschlechts der Ausdruck
„Soldatenliebste" für das ehrenrührigste Schimpfwort
galt [1]).

Fast härter noch als während des Dienstes war das
Loos der armen Soldaten nach ihrer Entlassung. Zwar

---

[1]) Schiller's Verbrecher aus verlorner Ehre.

hatte Friedrich der Große[1]) bereits 1748, zuerst unter den deutschen Fürsten ein Invalidenhaus in Berlin errichtet: laeso sed invicto militi! Allein hier fanden nicht ganz 600 Mann Unterhalt und nothdürftige Verpflegung. Für alle Uebrigen gab es keine geregelte Versorgung. Ein Pensionsgesetz existirte weder für Officiere noch für Gemeine; vielmehr betrachtete der König es als Ausfluß seiner persönlichen Gnade, wenn er einem ausgedienten Krieger irgend etwas gewährte[2]). Die Officiere wurden hin und wieder mit Civilversorgungen bei der Post und im Finanzfach abgefunden, die Unterofficiere häufig zu Schulmeistern ernannt, sofern

---

[1]) Röbenbeck, Anhang I. p. 167.

[2]) An den Major v. Poser, dessen der König sich oft zu geheimen Missionen bedient hatte, und der 1776 wegen Krankheit den Abschied nehmen mußte, schrieb er: Ich bin entschlossen, Euch zum Andenken meiner für Euch im Dienst gehabten vielen Gnade etwas von Eurer bisherigen Pension auf Lebenszeit zu lassen. Er bekam 400 Thaler. — Dem Major v. Platen wurden 200 Thaler — zwei anderen Majors ebenfalls 200 Thaler bewilligt. Preuß, Urkundenbuch III. 218. 221. Weil Ich erfahren, daß der Lieutenant v. Renner einer der besten und fleißigsten Officiere gewesen, und nur Krankheitshalber außer Dienst gekommen, so habe ich ihm eine Pension von monatlich 5 Thalern ausgesetzt. (1774.) Daselbst 241. Ritt der König in Potsdam aus, so folgte ihm gewöhnlich ein Schwarm bettelnder Invaliden mit ihren Stelzfüßen und abgeschossenen Armen. Gelegentlich wurde ihnen ein Thaler zugeworfen. War der Monarch aber ungnädig, so erhielten die begleitenden Pagen den Befehl, die Canaillen auseinander zu jagen. Briefe eines alten Officiers I. 43.

sie nothdürftig lesen und schreiben konnten, wobei allenfalls die Disciplin, nicht aber der Unterricht der Dorfkinder gewinnen konnte. — Nächst der Armee lag Friedrich dem Großen kein Zweig der Staatsverwaltung so sehr am Herzen als die Rechtspflege. Was er seit seiner Thronbesteigung für dieselbe gethan, wie er die Idee der Gerechtigkeit in ihrer vollen Reinheit erfaßt, und im Leben zu verwirklichen strebte, wie er die Rechtshändel abzukürzen und minder kostspielig zu machen suchte, und einen wie trefflichen Gehilfen bei diesen Arbeiten er in seinem Großkanzler Cocceji gefunden, haben wir bereits im dritten Bande erwähnt. Wir nehmen den dort abgebrochenen Faden hier wieder auf, um die Thätigkeit des Königs auf dem Gebiete der Gesetzgebung in der Zeit nach dem siebenjährigen Kriege zu schildern.

Cocceji hatte bereits erkannt, daß die Maßregeln zur Beschleunigung des Gerichtsverfahrens nur dann wahrhaft segensreich wirken könnten, wenn zugleich eine Reform des materiellen Rechts in's Leben träte und man sich entschlösse, das in einer fremden Sprache geschriebene Römische Recht durch ein deutsches Gesetzbuch zu beseitigen[1]), welches blos auf die natürliche Vernunft und die Landesverfassung begründet wäre. Er glaubte ein solches binnen Jahresfrist selbst abfassen,

---

[1]) Stobbe, Geschichte der deutschen Rechtsquellen II. 451 ff.

und den Ständen und Provinzialcollegien zur Begut-
achtung vorlegen zu können. Besondere Provinzial-
statuten für die einzelnen Landschaften wollte er in
einem Anhange beifügen. Wirklich erschien bereits 1749
der erste und 1751 der zweite Theil des Werkes, dem
Cocceji den Titel: Project des Corpus juris Fridericiani
gab. Er bezeichnet daffelbe als ein Landrecht, worin
das Römische Recht in eine natürliche Ordnung und
richtiges System gebracht — — alle Fictionen und Sub-
tilitäten ausgemerzt, alle zweifelhaften Fragen entschieden, und dadurch ein sicheres und allgemeines Recht
für alle Provinzen hergestellt wird. Der erste Theil
behandelt das Personenrecht. Der zweite das Sachen-
recht. Ein dritter, welcher das Vertragsrecht umfaffen
sollte, ist nicht erschienen, und leider auch Cocceji's
Manuscript bis auf ein geringes Fragment über das
Eherecht verloren gegangen [1]). Es lag nicht in des
Verfaffers Absicht, ein neues Recht zu schaffen, sondern
nur das bestehende Landesrecht in eine klare, allgemein
verständliche Form zu bringen, und mittelst deffelben
nicht nur das Römische Recht, sondern wesentlich auch
die Rechtswiffenschaft der Gelehrten zu verdrängen,
welche nach des Königs Ansicht nur die Entscheidungen
der Richter verwirrten. In der Vorrede wurde sogar
bei schwerer Strafe verboten, Commentare über das

---

[1]) v. Kampß, Jahrbücher LIX. p. 146.

neue Landrecht oder einzelne Theile desselben zu schrei=
ben, weil das nur zu verderblichen Disputen Gelegen=
heit gebe.

Der siebenjährige Krieg unterbrach die gesetzgebe=
rischen Bestrebungen des Königs; außerdem besaßen
Cocceji's Nachfolger, v. Jariges, 1755—1774 und
v. Fürst, 1774—1779, nicht das Vertrauen des
Monarchen in dem Maße wie ihr großer Vorgänger,
namentlich auch deshalb, weil sie nicht im Stande
waren zu bewirken, daß kein Prozeß länger als ein
Jahr dauerte, was Friedrich der Große von Anfang an
verlangt hatte. Inzwischen wurde der schlesische Justiz=
minister v. Carmer, welcher durch seine Leistungen des
Königs Aufmerksamkeit erregt hatte, 1755 nach Berlin
entboten, und übergab im December desselben Jahres
das Project eines revidirten Codicis Fridericiani, nach
welchem der Richter von Amtswegen bei jedem Rechts=
streite die erheblichen Thatsachen untersuchen, und keine
Zwischenerkenntnisse mehr über die Beweislast, sondern
nur ein endgültiges Urtheil über den Streit selbst
erlassen sollte. v. Fürst widersprach diesen Ansichten,
und wußte den König dahin zu bringen, daß für's Erste
von der Durchführung derselben Abstand genommen
würde, wogegen inzwischen eine anderweite Verord=
nung zur Abkürzung von Prozessen erschien[1]). Unter

---

[1]) v. Kamptz XLVIII. p. 37 und 313 ff. Simon's Bericht
in Mathis Jur. Monatsschrift für 1811, p. 192 ff.

diesen Umständen mußte Friedrich der Große, sehr wider
seinen Willen die Gesetzgebung im Ganzen noch beim
Alten lassen, wodurch seine Stimmung, den Gerichts=
behörden gegenüber, eine höchst gereizte wurde.   Dazu
kam noch folgender Umstand: Die gesammte Geistes=
richtung der Voltaire'schen Schule, welcher der König
auf's eifrigste anhing, stand im Widerspruch mit den
strengen Standesunterschieden, die er aus politischen
Gründen aufrecht erhalten zu müssen glaubte; nament=
lich die Leibeigenschaft der Bauern sprach der Erkennt=
niß von der Gleichberechtigung aller Menschen Hohn.
Der König begriff die ganze Verwerflichkeit dieses In=
stituts und hätte demselben gern ein Ende gemacht,
ja es gab Augenblicke, wo er das durch einen einfachen
Cabinetsbefehl durchzusetzen hoffte.   Als er nach dem
Hubertsburger Frieden die Provinz Pommern bereiste [1]),
ließ er am 25. Mai 1763 durch den Präsidenten Ben=
kendorf an die dortigen Stände den Befehl ergehen;
Es solle absolut, und ohne das geringste Raisonniren
alle Leibeigenschaft, sowohl in Königlichen als abligen
Dörfern von Stund an gänzlich abgeschafft, und Alle,
die sich dagegen opponiren würden, mit Güte oder
mit Force dahin gebracht werden, daß diese Ideen
Sr. Majestät zum Nutzen der ganzen Provinz in's
Werk gesetzt würden.   Als aber hierauf der Adel in

---

[1]) Röbenbeck II. 395.

einer sehr eindringlichen Vorstellung seine alten Gerecht=
same geltend machte, siegte Friedrich's Vorliebe für
diesen Stand, an dessen Privilegien er sich nicht mit
Gewalt zu rütteln getraute, und jene Ordre hatte wei=
ter keine Folgen. Ueberhaupt war seine Absicht in
Bezug auf die Leibeigenschaft keineswegs soweit gegan=
gen, als man nach heutigen Begriffen denken möchte;
denn als er am 8. November 1778 in der Provinz
Preußen die „Leibeigenschaft und Sklaverei" wirklich
aufhob, so blieb dessenungeachtet die Erbunterthänig=
keit und die glebae adscriptio, d. h. der Zwang der
Landbevölkerung, das Gut nicht ohne Erlaubniß der
Herrschaft zu verlassen und die Kinder in den Dienst
derselben zu geben, mit allen Robotsdiensten und Lei=
stungen nach wie vor bestehen, und nur für gewisse
beschränkte Fälle wurde der Loskauf gestattet[1].

Um nun das Unrecht, welches er im Großen und
Ganzen nicht ausrotten konnte und wollte, wenigstens
im Einzelnen minder fühlbar zu machen, erklärte sich
der König mit großer Energie in allen Streitigkeiten
zwischen Gutsherrschaft und Gesinde für den Beschützer
der kleinen Leute; ja er hegte ein beständiges Miß=
trauen, daß die Gerichte mit ihren abligen Präsidenten
sich auf die Seite der Unterdrücker stellten. So oft

---

[1] In der Mylius'schen Edictensammlung von 1778 das Edict
vom 2. November.

daher ein Bauer sich direct an seine Person wendete, ließ er die Sache auf's Genaueste untersuchen und wachte mit größter unermüdlicher Sorgfalt darüber, daß der Arme nicht von dem Reichen und Mächtigen unterdrückt würde. Sein mit den Jahren stets zunehmendes Mißtrauen gegen die Unparteilichkeit der Gerichte erzeugte den Wunsch, einmal, wenn die Gelegenheit sich darböte, durch recht auffallende Strenge „ein Exempel zu statuiren," wozu denn ein Rechtsfall ihm besonders passend schien, der in seinen Folgen für die gesammte Preußische Gesetzgebung so weitreichend geworden ist, und eine so weltkundige Berühmtheit erlangt hat, daß auf die Einzelnheiten desselben hier näher eingegangen werden muß.

Der Müller Arnold besaß mit seiner Frau zusammen die sogenannte Krebsmühle bei Pommerzig im Krossener Kreise in der Neumark[1]), und hatte dem Besitzer des Gutes, dem Grafen v. Schmettau, eine jährliche Erbpacht in Korn zu entrichten. Seit dem Jahre 1773 zahlte er diesen Zins nicht mehr, unter dem Vorwande, daß der Landrath v. Gersdorf, dem das oberhalb der Mühle gelegene Gut Kay gehörte, 1770 einen Karpfenteich angelegt habe, durch welchen

---

[1]) Die auf diese Angelegenheit bezüglichen Aktenstücke sind ziemlich vollständig zusammengedruckt im Anhange zum III. Band von Preuß, Friedrich der Große, p. 489—526.

der Zufluß des Wassers zur Mühle gehemmt werde.
Graf Schmettau war der Ansicht, daß die Handlung
des Gersdorf ihn in seinen Rechten um so weniger
beeinträchtigen könnte, als die Mühle fortwährend im
Gange geblieben war und also Wasser genug haben
mußte.   Dennoch wollte er sich mit Arnold in Güte
vergleichen und bot ihm mäßige Zahlungstermine an.
Arnold wollte sich darauf nicht einlassen; es kam zum
Processe, in Folge dessen die Mühle am 7. Sept. 1778
für 600 Thlr. an den Meistbietenden verkauft wurde.
Die Arnold'schen Eheleute beschwerten sich bei der Neu=
märkischen Regierung zu Küstrin, wo sie abgewiesen
wurden, und sich darauf mit einer Bittschrift unmittel=
bar an den König wandten, den sie um eine militai=
rische Commission ersuchten, welche das ihnen durch
Gersdorf zugefügte Unrecht feststellen sollte.   Dies son=
derbare Verlangen war damals nicht auffallend, weil
der König oftmals einen zuverläßigen Officier beauf=
tragte, sich von dem Grund oder Ungrund einer Be=
schwerde zu überzeugen und ihm Bericht zu erstatten.
Diesmal wurde vorläufig der Müller am 21. August 1779
in Potsdam zu Protokoll vernommen, wobei nur dessen
Klage gegen Gersdorf zur Sprache kam, das Ver=
hältniß zum Grafen Schmettau aber unerwähnt blieb.
Schon Tages darauf wies der König die Regierung zu
Küstrin an, einen Commissarius zu ernennen, welcher
in Gemeinschaft mit dem in Züllichau stehenden Obrist

v. Heyking die Sache untersuchen sollte. Die Regie=
rung übertrug die Commission ihrem Rathe Neumann.
Der Obrist indessen, anstatt nach des Königs Befehl
sich selbst an Ort und Stelle zu begeben, beauftragte
seinen Auditeur mit der Sache. Dieser, ein von der
Regierung in Küstrin wegen schlechten Betragens ehe=
mals cassirter Advokat, benutzte aus Rache die ihm
gebotene Gelegenheit, um den Bericht so zu entwerfen,
daß die Regierung dadurch beim Könige in den Ver=
dacht der Parteilichkeit kommen mußte, um so mehr,
als Heyking denselben selbstständig einschickte, während
die Regierung ihrerseits ebenfalls selbstständig berichtete,
und zwar in dem Sinne, daß der Müller Wasser genug
habe und seine Mühle in vollem Gange sei, woraus
der Ungrund seiner Beschwerden sich von selbst ergebe.
Der Bericht des Obristen dagegen stellte die Sache so
dar, als hätte man den Müller durch Entziehung des
Wassers in die Unmöglichkeit versetzt, den Erbzins zu
zahlen. Beide widersprechende Berichte trafen gleich=
zeitig bei dem Könige ein. Groß wie sein Mißtrauen
gegen die Civilbehörden war das Vertrauen, welches er
in seine Officiere setzte. Er hielt deshalb den Heyking'=
schen Bericht für zuverläßig, und befahl der Regierung
in harten Ausdrücken, den Müller klaglos zu stellen.
Hätte dieselbe, so fügte er hinzu, die Sache gründlicher
untersucht, so hätten Höchstdieselben nicht nöthig gehabt,
andere Leute dahin zu schicken. Es ist ja nicht zu

verantworten; Sr. Majestät werde sie Alle zum Teufel schicken und Andere dahin setzen, denn sie sind nicht das Brod werth.

Die Regierung ernannte nun eine neue Commission, ließ viele Zeugen vernehmen, und berichtete in einem ferneren motivirten Gutachten, daß der Müller Unrecht habe, und der Obrist sich im Irrthum befinde. Der König war indessen von seiner Meinung nicht abzubringen. Nach verschiedenen Zwischenverfügungen, deren Umständlichkeit und schnelle Aufeinanderfolge uns ein Beispiel von Friedrich's grandioser Arbeitskraft giebt, die es ihm möglich machte einem einzelnen Rechtsfalle soviel von seiner Zeit zu widmen, erging am 28. November ein Befehl an das Kammergericht zu Berlin, die Sache kurz und ohne viel Weitläufigkeiten abzuthun, und ohne Anstand zu berichten. Das Kammergericht ließ sogleich durch einen reitenden Boten die Akten von Küstrin holen und ernannte am 7. Dezember den K. G. Rath Ransleben zum Referenten, welcher mit solchem Eifer arbeitete, daß er schon Tags darauf zwei Relationen in Sachen Arnold contra v. Gersdorf und contra v. Schmettau dem in Pleno versammelten Collegio vortragen konnte. Nur in einem geringen Nebenpunkte wurde die Küstriner Entscheidung abgeändert, in allen übrigen aber bestätigt. Das Kammergericht beschloß, an den Wortlaut des königl. Rescripts sich haltend, und wohl auch böser Dinge gewärtig, nur

kurz zu berichten, daß die Sache abgemacht, und die
Akten nach Küstrin zurückgeschickt seien. Allein damit
kam man schlecht an. Am 10. Dezember erließ der
König folgende Ordre als Erwiderung: „Wenn ich
jemals einen abgeschmackten Bericht erhalten habe, so
ist es derjenige des Kammergerichts vom gestrigen
Dato, — — Ich hätte meinem Kammergericht doch
mehr Vernunft und Ueberlegung zugetraut — — als
daß es sich hat einfallen lassen, mir über eine Rechts=
sache einen so unvernünftigen Bericht abzustatten, in
welchem nicht einmal die ausgefallene Sentenz und
deren Gründe auch nur mit einem einzigen Worte
angezeigt sind. Noch alberner aber wird solches dadurch,
— — daß Ihr wohl wissen konntet, wie ich auf deren
Entscheidung vorzügliche Aufmerksamkeit richte, — —
und ich kann nicht anders als Euch diese Nachlässigkeit
zu verweisen, — und eine deutliche Anzeige des End=
urtheils und dessen Gründe bis spätestens gegen 2 Uhr
Nachmittags zu erfordern." Natürlich gehorsamte man
sofort. Ueber den ferneren Verlauf besitzen wir die
eigene handschriftliche Aufzeichnung des bei der Sache
zunächst betheiligten Referenten Ransleben, der im
Wesentlichen Folgendes erzählt: Am nächsten Tage,
Sonnabend, kam gegen 11 Uhr eine andere Cabinets=
ordre an den Großkanzler v. Fürst, worin der König
ihm befahl, er solle mit denjenigen drei Räthen, welche
das Urtheil in der Arnold'schen Sache minutiirt hätten,

um 2 Uhr auf das Schloß vor ihn kommen. Der
Präsident v. Rebenr kam um ¾ auf 12 zu mir gefahren
und notificirte mir, daß, da der König nur drei Räthe
zu sprechen verlange, er die K. G. Räthe Friedel,
Graun und mich dazu ernenne. Ich, als Referent,
sollte das Wort führen. Meiner lieben Frau sagte ich
hiervon nichts, sondern allein meinem Schwiegervater,
welcher mir guten Muth zusprach, so wie ich denn über=
haupt keine Furcht bei mir verspürte, weil ich in mei=
nem Gewissen überzeugt war, nur nach meiner besten
Ueberzeugung gehandelt zu haben. Gegen 2 Uhr fuhr
der Großkanzler mit uns Dreien in seinem Wagen auf
das Schloß. Gleich nachher wurden wir vor den König
geführt. Wir gingen durch drei Zimmer, — in dem
vierten, einem kleinen Zimmer mit Einem Feuster, war
Sr. Majestät. Der König saß mitten in der Stube, so daß
er uns geradezu ansehen konnte, mit dem Rücken gegen
das Kamin, worin das Feuer brannte. Er hatte einen
schlechten Hut nach der Form der Predigerhüte auf,
einen Ueberrock von Moll oder Sammet, schwarze
Beinkleider und Stiefeln, so ganz in die Höhe gezogen
waren. Er war nicht frisirt. Drei kleine Bänke mit
grünem Tuch beschlagen standen vor ihm, worauf er
die Füße zu liegen hatte. Er hatte die eine Hand, an
welcher er große Schmerzen zu leiden schien, in einer
Art von Muff stecken, in der anderen hielt er die
Arnold'sche Sentenz. Er lag auf einem Lehnstuhl, zur

Linken stand ein Tisch, worauf verschiedene Papiere
lagen und zwei goldene Dosen, reich mit Brillanten
garniret, aus welchen er von Zeit zu Zeit Tabak nahm.
Ein Geheimer Cabinetsrath war im Zimmer, der sich
zum Schreiben fertig machte. Der König sah uns an
und sagte: „Tretet näher," worauf wir noch einen Schritt
vorwärts thaten, so daß wir nicht zwei Schritt von
ihm entfernt waren. Er frug uns Drei: „Seid Ihr
Diejenigen, welche die Arnold'sche Sentenz gemacht
haben?" Wir beantworteten dies mit einer Verbeugung,
indem wir Ja sagten. Der König wandte sich hierauf
an den Kammergerichtsrath Friedel und frug ihn diejenigen Fragen, welche in der Zeitung vom 14. December 1779 aufgeführt sind, und sagte uns alles dasjenige, was das daselbst abgedruckte, sogleich mitzuthei-
lende Protokoll enthält, und welches der Cabinetsrath
nachschrieb. Jedoch ist nicht das ganze Protokoll in
unserer Gegenwart abgehalten worden, sondern das
Ende muß der König, nachdem wir abgetreten waren,
dictirt haben. Als der König sagte: das hiesige Tri-
bunal habe die neumärkische Sentenz confirmirt, so
wollte ihm Herr v. Fürst einhelfen und sagte: „das
Kammergericht," worauf der König dictirte: das Kam-
mergerichtstribunal; zugleich aber befahl er ihm in sehr
harten Ausdrücken, er solle sich entfernen, er habe seine
Stelle schon wieder besetzt, worauf der Großkanzler
ohne ein Wort zu sagen vor uns Dreien mit der größten

Geschwindigkeit vorbei wegging. Der König bediente sich noch sehr harter Ausdrücke gegen uns, und entließ uns endlich ohne zu sagen, was er mit uns machen wolle. Kaum hatten wir das Zimmer verlassen, als er hinter uns herkam, und uns befahl zu warten. Kurz darauf kam ein Adjutant, welcher uns in einem Wagen nach dem gemeinen Stadtgefängnisse, dem Kalands= hofe, abführte. Unser Arrest daselbst dauerte vom 11. December 1779 bis zum 5. Januar 1780. Den 13. December wurde uns eine Cabinetsordre publicirt, nach welcher der König eine Untersuchungscommission ernannt, dieser aber im Voraus anbefohlen hatte, auf keine geringere Strafe als ein Jahr Festung, Cassation und die Ersetzung alles Schadens an die Arnold'schen Eheleute zu erkennen, welches denn freilich eine üble Perspective war. Der König hatte während der Unter= redung mit uns die von mir abgefaßte Sentenz in der Hand, und schien darüber in Sonderheit aufgebracht zu sein, daß sie in seinem Namen abgefaßt war, welches immer geschieht. Er schlug deshalb öfters auf selbige mit der andern Hand und sagte dabei zu wiederholten Malen: Meinen Namen cruel gemißbraucht! — So= weit Ransleben. Die erwähnte Bekanntmachung in den Zeitungen vom 14. December 1779 lautete folgen= dermaßen:

Von Sr. Königl. Majestät Höchstselbst abgehaltenes Protokoll den 11. Decbr. 1779 über die drei Kammer=

gerichtsräthe Friedel, Graun und Ransleben: Auf die
allerhöchste Frage: Wenn man eine Sentenz gegen
einen Bauer sprechen will, dem man Alles genommen
hat, wovon er sich nähren und seine Abgaben bezahlen
soll. Kann man das thun? Ist von selbigen mit Nein
geantwortet. Ferner kann man einem Müller, der kein
Wasser hat und also nicht mahlen und auch nichts verdienen kann, die Mühle deshalb nehmen, weil er keine
Pacht bezahlet hat, ist das gerecht? Wurde auch mit
Nein beantwortet. Hier ist aber nun ein Edelmann,
der will einen Teich machen, und um mehr Wasser in
dem Teiche zu haben, so läßt er einen Graben machen,
um das Wasser aus einem kleinen Fluß, der eine Wasser-
mühle treibt, in seinen Teich zu leiten. Der Müller
verliert dadurch das Wasser und kann nicht mahlen,
und wenn das noch möglich wäre, so ist es, daß er im
Frühjahre 14 Tage und im Herbst 14 Tage mahlen
kann. Dennoch wird prätendirt, der Müller soll seine
Zinsen nach wie vor geben, die er sonst entrichtet hat,
da er noch das volle Wasser von seiner Mühle gehabt.
Was thut die Küstrin'sche Justiz! Sie befiehlt, daß die
Mühle verkauft werden soll, damit der Edelmann
seine Pacht kriegt, und das hiesige Kammergerichtstri-
bunal approbirt solches. Das ist höchst ungerecht, und
dieser Ausspruch Sr. Königl. Majestät landesväterlichen
Intentionen ganz entgegen. Höchstdieselben wollen
vielmehr, daß Jedermann, er sei vornehm oder geringe,

reich oder arm, eine prompte Justiz administrirt, und
einem Jeglichen ohne Ansehn der Person und des
Standes durchgehends ein unparteiisches Recht wider=
fahren soll. Se. königliche Majestät werde dahero in
Ansehung der wider den Arnold abgesprochenen höchst
ungerechten Sentenz ein nachdrückliches Exempel statui=
ren, damit sämmtliche Justizcollegia sich daran spiegeln
und keine dergleichen groben Ungerechtigkeiten begehen
mögen. Denn sie müssen nur wissen, daß der geringste
Bauer, ja, was noch mehr ist, der Bettler ebensowohl
ein Mensch ist, wie Seine Majestät sind, indem vor
der Justiz alle Leute gleich sind, es mag sein ein Prinz,
der wider einen Bauer klagt, oder auch umgekehrt.
— — Ein Justizcollegium, das Ungerechtigkeiten aus=
übt, ist gefährlicher und schlimmer wie eine Diebsbande.
Vor die kann man sich schützen, aber vor Schelmen,
die den Mantel der Justiz gebrauchen, um ihre üble
Passiones auszuführen, vor die kann sich kein Mensch
hüten. Uebrigens wird den Justizcollegiis zugleich
bekannt gemacht, daß Se. Majestät einen neuen Groß=
kanzler ernannt haben, und befehlen auch hiermit auf's
Nachdrücklichste — — daß mit égalité gegen alle Leute
verfahren wird, die vor die Justiz kommen, es sei ein
Prinz oder ein Bauer; denn da muß alles gleich sein
— — wonach sich also sämmtliche Justizcollegia zu
richten haben.

Friderich.

An dem nämlichen 11. December befahl der König
dem Etatsminister v. Zedliß, dafür zu forgen, daß die
drei Räthe mindeſtens mit Caſſation und Feſtung
beſtraft würden: Das Criminalkollegium prüfte nochmals auf's Genaueſte die Akten und es zeigte ſich ganz
klar, daß Heyking's Bericht ſachwidrig und ungenau
abgefaßt worden. Zedliß überreichte die Darlegung
des Sachverhältniſſes und fügte in dem Begleitſchreiben
die Worte hinzu: Ich habe Ew. Majeſtät Gnade jeder-
zeit als das höchſte Glück meines Lebens vor Augen
gehabt, — — würde mich aber derſelben für unwürdig
erkennen, wenn ich eine Handlung gegen meine Ueberzeugung vornehmen könnte. Aus den von mir und
dem Criminalſenat angezeigten Gründen werden Ew.
Majeſtät zu erwägen geruhen, daß ich außer Stande
bin ein condemnatoriſches Urtheil gegen die arretirten
Räthe abzufaſſen. — Die höchſt merkwürdige Antwort
des Königs lautet: Wenn Sie nicht ſprechen wollen,
ſo thue Ich es und ſpreche das Urtheil folgendermaßen:
Die — — Juſtizbedienten werden hiermit caſſirt und
zu einjährigem Feſtungsarreſt condemnirt. Dieſelben
ſollen den Werth der Arnold'ſchen Mühle ſowohl, als
allen Schaden des Müllers nach einer Taxe erſeßen
und der Müller ſoll in integrum reſtituirt werden.
Uebrigens, ſo ſchließt das Schreiben an Zedliß, will ich
Euch noch ſagen, wie es mir lieb iſt, daß Ich Euch bei
dieſer Gelegenheit ſo kennen lerne, und werde nun ſchon

sehen, was Ich weiter mit Euch mache, — und bin Ich
sonsten Euer Wohlaffectionirter König. Darunter hatte
er eigenhändig geschrieben: Fikfakereien bei den Herren,
weiter nichts. — Hiergegen war nach damaligen
Verhältnissen weiter nichts zu machen, und ging die
Erklärung der Kammergerichtsräthe Graun und Friedel,
charakteristisch für die Zeitanschauung, dahin: daß, nach=
dem die Entscheidung Sr. Majestät höchstselbst erfolgt,
sie keinen höheren Richter in dieser Zeitlichkeit wüßten,
und daher die in ihrer Person getroffenen Verfügungen
erdulden wollten; was aber den Civilpunkt betreffe, sie
sich das Nöthige vorbehalten.

Die Verurtheilten blieben bis zum 5. September,
also neun Monat, in Spandau, worauf sie, nachdem
Arnold von ihnen befriedigt war, entlassen wurden,
ohne jedoch wieder angestellt zu werden. Erst nach dem
Regierungsantritt Friedrich Wilhelm's II. erfolgte eine
Revision des ganzen Verfahrens, die abgesetzten Beam=
ten wurden für vollkommen unschuldig erklärt, und der
König erstattete ihnen, so gut es anging, ihre Verluste.

Der Eindruck, welchen diese ganze Angelegenheit
im Publikum machte, war überwältigend. Am unschul=
digsten schien der Großkanzler Fürst gelitten zu haben,
in dessen Departement die ganze Sache gar nicht
gehörte. Wenn man die Räthe des höchsten Gerichts=
hofes einsperren, den Großkanzler absetzen konnte, weil
eine Civilsache nicht nach des Königs Willen entschieden

wurde, so schienen die Grundlagen des Rechts und der
Gerechtigkeit aus den Fugen gerissen. Die heftigste
Opposition erhob sich namentlich unter der Berliner
Einwohnerschaft und äußerte sich mit einer Kühnheit,
welche für damalige Zeiten wunderbar genannt werden
muß. Gleich am nächsten Tage dräugte sich Vornehm
und Gering zu Herrn v. Fürst, um ihm Beileid zu
bezeigen. Alles, was Equipage hatte, Civil und Mili=
tair, fuhr bei seinem Hause vor. Er wohnte hinter
dem Gießhause, wohin man allerdings vom königlichen
Schlosse aus nicht sehen konnte, allein der Zug war so
lang, daß das Ende desselben vor den Fenstern des
Königs noch sichtbar war. Der neu angekommene
österreichische Gesandte wurde durch dies Schauspiel
zu der Aeußerung veranlaßt: Es scheine, daß man in
Berlin den in Ungnade gefallenen Ministern dieselben
Huldigungsbezeigungen darbringe, die man sonst für
neuberufene Minister in Bereitschaft habe. Auch für
die gefangenen Räthe wurde Alles herbeigeschafft, was
nur zur Erleichterung derselben dienen konnte. Frie=
drich der Große ließ das geschehen, ohne durch klein=
liche Polizeimaßregeln einzugreifen. Das ganze Ver=
hältniß trug den patriarchalischen Charakter einer
Familie, welche die gelegentliche üble Laune eines
strengen, aber deßhalb nicht minder geliebten Ober=
hauptes sich gefallen läßt. Daß der König selbst seinen
Irrthum später eingesehen hat, ist erwiesen. Es existirt

ein merkwürdiges Schriftſtück[1]); welches ſich in Raus=
leben's Nachlaß vorgefunden, wonach der König bald
nach den erzählten Ereigniſſen gegen ſeinen Kammer=
huſaren geäußert: Er habe ein abſchreckendes Beiſpiel
geben müſſen, damit der Große nicht den Kleinen unter=
drücke. „Diesmal freilich,“ fügte er hinzu, „bin ich
hinter's Licht geführt worden. Der Kleine hatte Un=
recht. Nehme ich aber mein Wort zurück, ſo werden
die Unterdrückungen noch ärger. Es iſt hart, es iſt
ungerecht, aber es geht nun nicht anders, ich habe mich
übereilt. Der verfluchte Kerl!“

Der verſtorbene Geheimrath Carl Georg v. Raumer
erzählt, daß unmittelbar nach dieſer Müller Arnold'=
ſchen Begebenheit täglich Hunderte von Bauern mit
Bittſchriften in den Händen unter des Königs Fenſtern
auf dem Schloßplaße ſtanden und riefen, ſie ſeien noch
viel ärger behandelt als Arnold. Es war eine Zeitlang
ſo ſehr um alle Autorität geſchehen, daß die Gerichte
kein Erkenntniß ohne große Widerſeßlichkeit vollſtrecken
konnten[2]).

Im Auslande, wo man den eigentlichen Hergang
nicht richtig beurtheilen konnte, erregte jenes Zeitungs=
inſerat vom 11. December 1779 die größte Begeiſterung.

---

[1] Preuß III. 522. Neumann hat das oben angegebene
nachher, obgleich ſehr vorſichtig, doch im Weſentlichen nochmals
ausdrücklich beſtätigt. Ebendaſelbſt p. 523.

[2] Daſelbſt 500.

Ganz Europa freute sich über diesen, die glühendste
Gerechtigkeitsliebe athmenden Erlaß; die Kaiserin
Katharina ließ denselben in's Russische übersetzen und
an alle ihre Richtercollegia vertheilen.

In der That war für den Rechtszustand in Preußen
diese Arnold'sche Begebenheit einem reinigenden Gewitter zu vergleichen, welches in seiner unmittelbaren
Wirkung verderblich, in seinen Folgen aber fruchtbrin-
gend und segensreich ist. Wie Friedrich der Große in
seinen Kriegen sich immer da am bewunderungswürdigsten zeigt, wo er begangene Fehler wieder gut macht,
so war es auch hier ein offenbarer Fehler in der Ausübung der königlichen Richtergewalt, welcher zu den
größten Fortschritten auf dem Gebiete der Gesetzgebung
die Veranlassung war.

Nachdem der Kanzler v. Fürst beseitigt, und an
demselben Tage noch v. Carmer[1]) zu dessen Nachfolger
ernannt war, konnten nunmehr des Königs Pläne in
Bezug auf die Justizreform wirksam in Angriff genommen werden. Carmer hatte sich den Oberamtsregie-
rungsrath Suarez[2]) aus Breslau mitgebracht, einen
der klarsten Köpfe und unermüdlichsten Arbeiter, welche
jemals dem Preußischen Beamtenstande zur Zierde

---

1) Geb. 1720, im Dienste bis 1798, gestorben 1801.

2) Geb. 1746 in Schweidnitz, damals also erst 33 Jahr alt,
gestorben 1798. Ueber ihn v. Kampß, Jahrbücher XLI. p. 3,
p. 76 ff. ,

gereicht haben. Die Grundzüge für die künftige Gesetz=
gebung, zunächst das Proceßrecht, zeichnete der König
dem neuen Minister in den Cabinets=Ordres vom 6.
und 14. April 1780 vor. Er will, daß der Richter die
Parteien mit ihrer Klage und Verantwortung selber
hören, ihre Erzählungen und mitzubringenden Beweis=
thümer gegeneinander halten, und so den wahren Zu=
sammenhang der Sachen eruiren, demnächst aber billige
Vergleichsvorschläge machen soll. Schon am 26. April
1781 erschien die nach diesen Absichten ausgearbeitete
Proceßordnung, Corpus Juris Fridericianum, I. Buch,
welches die Grundlage für die unsere in den meisten
Stücken noch heut geltende allgemeine Preußische Ge=
richtsordnung geworden ist.

Was nunmehr die Abfassung des II. Theils des
Corpus Juris Fridericiani betrifft, welcher das eigent=
liche Landrecht enthalten sollte, so war es nicht des
Königs Absicht, für alle Provinzen des Staates gleich=
lautende Gesetze zu erlassen, sondern er wollte die
geschichtlich hergebrachten Verschiedenheiten derselben
beachtet wissen, und deshalb besondere Statuten für
die einzelnen Landschaften anfertigen lassen. Daneben
oder vielmehr über diesen Statuten sollte ein, nach dem
Naturrecht und nach den vernünftigen Bestimmungen
des Römischen Rechts ausgearbeitetes allgemeines Gesetz=
buch verfaßt werden, zu welchem der Richter in den
Fällen seine Zuflucht zu nehmen habe, die in den Pro=

vinzialrechten nicht vorgesehen wären. Die Ausfüh=
rung der Arbeit sollte einer Gesetzcommission übertragen
werden, welche auch später, mit Ausschluß jeder anderen
Autorität, das Recht besäße die Gesetze auszulegen und
zu verbessern. Ein ausführlicher Plan zu der großen
Arbeit wurde in 27 Paragraphen entworfen und vom
Könige am 27. Juli 1780 bestätigt. Vor allen Din=
gen wollte man, um das Material übersehen zu können,
einen Auszug aus dem gesammte Corpus juris anfer=
tigen lassen, um dann bei jedem einzelnen Gesetze zu
entscheiden, ob es beizubehalten oder abzuändern sei [1]).
Nach den auf diese Weise gewonnenen Vorarbeiten ver=
faßte Snarez den nach und nach im Druck erschienenen
ersten Entwurf eines Allgemeinen Gesetzbuches für die
Preußischen Staaten, dessen letzter Theil erst zwei Jahre
nach Friedrich's Tode erschien. Die einzelnen Abschnitte
wurden, sobald der Druck vollendet war, an die berühm=
testen Juristen des In= und Auslandes zur Begut=
achtung geschickt, und Preise für die gründlichsten
Arbeiten ausgesetzt. Es kam dadurch ein ungeheures
Material zusammen, welches noch jetzt in 88 Folio=

---

[1]) Die Namen der Mitarbeiter u. A. bei Stobbe p. 460.
Obgleich das Landrecht bekanntlich erst nach des Königs Tode
vollendet wurde, so ist es angemessen, diese Gesetzgebung schon
hier im Ganzen zu besprechen, weil der Gedanke und die Art
der Ausführung wesentlich Friedrich's Verdienst ist, und sein
Nachfolger das Werk durch das, was auf seinen Befehl geändert
wurde, nicht verbessert hat.

bänden aufbewahrt wird. Auf Grund eines aus demselben gefertigten Auszuges erfolgte die Umarbeitung
des ersten Entwurfs, wobei Snarez das Hauptsäch-
lichste selbst that, und dadurch von neuem einen Beweis
seines Genies und seines unglaublichen Fleißes ablegte [1]).
Zu jedem einzelnen Paragraphen mußte unter Anderem
bemerkt werden, was die Landesgesetze über diese
Materie enthalten, ob neue Vorschläge dazu gemacht
worden, und Präjudicien oder anerkannter Gerichts-
gebrauch dabei zu berücksichtigen seien. Nachdem auch
diese Umarbeitung nochmals auf's sorgfältigste revidirt
war, schritt man zum Druck des „Allgemeinen Gesetzbuches für die Preußischen Staaten," welches vom
1. Juni 1792 an Gesetzeskraft haben sollte. Inzwischen
war aber aus Gründen, welche wir später kennen lernen werden, und hauptsächlich in Folge des Schreckens,
welchen der Ausbruch der Französischen Revolution veranlaßte, in Berlin eine Partei von Dunkelmännern
an's Ruder gekommen, welche das Gesetzbuch an vielen
Stellen zu freisinnig fanden, und den neuen König
bewogen, die Suspension desselben bis zu einer erfolgten
nochmaligen Umarbeitung auszusprechen.

In der That waren die Stellen, welche von der
obersten Staatsgewalt, von der Unabhängigkeit der
Gerichte, der Gewissensfreiheit, von den Machtsprüchen,

---

[1]) Simon p. 228.

den Regalien und dergleichen handeln, in einer Weise
abgefaßt, daß man sich nicht wundern darf, wenn dieselben einem Könige, der nicht Friedrich der Große war,
sehr bedenklich erschienen.   Als Grund der verzögerten
Einführung des Gesetzbuches wurde angegeben, daß
das Publikum nicht Zeit gehabt habe, sich mit dem
Inhalt desselben bekannt zu machen; in der That aber
beeilte man sich, die dem Könige anstößigen Stellen
trotz Carmer's Widerspruch auszuscheiden, und durch
andere zu ersetzen, worauf dann das so umgeänderte
Gesetzbuch endlich die Genehmigung Friedrich Wilhelm's II. erhielt, und nachdem man den Titel Allgemeines Landrecht als den passenderen für die großartige
Arbeit gewählt hatte, wurde das Publikationspatent
am 5. Februar 1794 vollzogen, und unser noch heute
geltendes Landrecht erhielt vom 1. Juni 1794 an Gesetzeskraft.   Die in den drei ersten Titeln des zweiten Theils
enthaltenen Bestimmungen über Familien- und Erb-
rechte sollten suspendirt bleiben, bis die Provinzialgesetz-
bücher vollendet wären, von denen aber nur diejenigen
für Ost- und Westpreußen wirklich erschienen sind.

Von dem Inhalt dieses Preußischen Landrechts werden wir später noch zu reden haben. Ueber die Vorzüge
und Mängel desselben sind von jeher widersprechende
Stimmen laut geworden, allein im Ganzen und Großen
ist Eichhorn's Urtheil zu unterschreiben, welcher sich in

seiner Rechtsgeschichte[1]) folgendermaßen ausspricht:
„Die Bearbeiter haben ohne Zweifel Alles geleistet,
was die Zeit, in der sie wirkten, hervorzubringen vermochte.   Die Klarheit der aufgestellten Bestimmungen
und die Reinheit des Ausdrucks übertrifft Alles, was
früher in Deutschland in der Gesetzgebung geleistet
worden, und es wird stets anerkannt werden müssen,
daß mit dieser Arbeit eine neue Epoche anhebt, die auf
das, was nachher geleistet worden ist, einen sehr günstigen Einfluß geübt hat.   Alle Mängel, welche die
Kritik auszumitteln vermocht hat, kann man zugestehen,
ohne dem hohen Verdienst der Verfasser des Allgemeinen Landrechts zu nahe zu treten, weil jene in der Zeit
lagen, und daher unvermeidlich waren."

Wenn die Abfassung des Allgemeinen Landrechts
für die gründliche Gelehrsamkeit, den Fleiß und die
Ausdauer der Preußischen Richter unter Friedrich dem
Großen das ehrenvollste Zeugniß ablegte, so ist nicht
minder ehrenvoll die Pflichttreue, Gewissenhaftigkeit
und Unbestechlichkeit der Präsidenten und Räthe, welche
durch keine Drohung des Königs sich bewegen ließen,
anders als nach Recht und Gesetz zu entscheiden, und
die lieber auf die Festung wandern, als ihrem Eide
untreu werden wollten.   Ganz besonders erfreulich aber

---

1) Bd. IV. p. 696.

ist das Benehmen des wackern Ministers Zedlitz[1]), das
auch bei Friedrich dem Großen, sobald dessen Hitze ver-
raucht war, volle Anerkennung fand.

Wir haben bisher betrachtet, was Friedrich der Große
mit unablässigem Eifer und unwandelbarer Arbeitskraft für die Finanzen, das Heer und die Gesetzgebung
seines Landes gethan. — Die geringen Mittel, welche
ihm von den Staatseinkünften nach Befriedigung dieser
bringendsten Bedürfnisse übrig blieben, reichten nicht
aus, um auch für Kirche und Schule, für Wissenschaft
und Kunst in entsprechender Weise zu sorgen. Ueber
das Verhalten des Königs der Kirche und den einzelnen
Bekenntnissen gegenüber bleibt dem, was darüber im
dritten Bande (p. 327—335) beigebracht ist, kaum
etwas hinzuzusetzen. Seine Gleichgültigkeit gegen die
Dogmatik, und sein Abscheu vor jeder unduldsamen
Verfolgung Andersgläubiger, blieben immer dieselben;
und vieles, was in dieser Beziehung heutzutage selbstverständlich ist, oder doch selbstverständlich sein sollte,
erscheint als ein nicht geringes Verdienst in jenen Zeiten, wenn man daran denkt, daß 1756 in Baiern ein
dreizehnjähriges Mädchen als Hexe verbrannt, 1762
Jean Calas in Toulouse hingerichtet, und noch 1782

---

[1]) Zedlitz war ein eifriger Verehrer des Philosophen Kant.
Er ließ sich ein ganzes Semester hindurch jede Vorlesung desselben
in Abschrift durch die Post zusenden. Kant's Leben von Kuno
Fischer p. 34. 35. Carlyle XIII. 298.

in Glarus an einer Magd der schauderhafteste Justiz=
mord verübt wurde, weil dieselbe von dem boshaften
Kinde eines Patriciers beschuldigt war, ihr durch Zau=
berei Nadeln und Nägel in den Leib gebracht zu haben.
Solchen Ereignissen gegenüber ist es wohl erklärlich,
daß ein klarer Kopf, wie Friedrich II., in der kirch=
lichen Frömmelei nur die Quelle blutiger Verfolgungs=
sucht und thierischer Verdummung erblickte, und sich
mit Verachtung von diesem ganzen Gebiete abwendete.
Dagegen war es ihm ganz recht, wenn der gemeine
Mann am Glauben festhielt, weil er für die ungebil=
dete Menge in der Religion das wirksamste Gegen=
gewicht gegen die schlechten menschlichen Leidenschaften
erblickte. Deßhalb sorgte er auch für die Aufrecht=
haltung alles dessen, was zur Feier des Gottesdienstes
im Volke nöthig war, und ließ zahlreiche protestantische
Kirchen und Bethäuser in den Städten und auf dem
Lande, namentlich in Schlesien errichten, jedoch mußte
das stets auf's Sparsamste ausgeführt werden. Ge=
schmackvolle Prachtbauten zur Ehre Gottes anzuordnen,
lag nicht in seinem Sinne. Eine charakteristische Er=
läuterung für diese Anschauung geben die beiden schö=
nen, gegen das Ende der Regierung errichteten Thürme
auf dem Gensd'armenmarkt in Berlin, indem der
Gottesdienst daselbst nicht unter den hohen, reich
verzierten Kuppeln, sondern in einem Paar alten,
ganz geschmacklosen Baulichkeiten abgehalten wird,

7*

denen die stattlichen Thürme nur mechanisch ange=
klebt sind.

Eine solche Denkungsart des Regenten hatte den
Vorzug, daß sich das kirchliche Leben nach allen Rich=
tungen hin frei, ohne Beeinflussung von oben, entfalten
konnte; auch sehen wir in jener Zeit die verschiedensten
Sekten innerhalb des protestantischen Bekenntnisses
entstehen, und, weil sie nicht verfolgt wurden, auch bald
wieder spurlos verschwinden. Den meisten Anklang im
Volke fand eine Anzahl von aufgeklärten Geistlichen,
die sich durch ihr sittliches Leben die Achtung der Ge=
meinden erwarben. Die Namen Spalding, Sack und
Teller werden noch heut mit Hochachtung genannt;
unter ihrem Einflusse verlor sich auch, namentlich in
Berlin, das gegenseitige Verketzern der Reformirten
und Lutheraner, und es wurde als ein allerdings noch
auffälliges Zeichen der Versöhnung zwischen beiden
Religionsparteien betrachtet, daß 1770 der jüngere
Sack, ein reformirter Prediger, sich mit der Tochter des
lutherischen Probstes Spalding vermählte [1]).

Für das Ausfechten ihrer Streitigkeiten war den
Theologen von der in politischer Beziehung sehr strengen
Censur volle Freiheit gelassen, wobei man nicht ver=
gessen darf, daß der Begriff der Gedankenfreiheit in

---

[1]) Eine Tochter aus dieser Ehe war die Gattin des bekannten
Kultusminister Eichhorn.

damaliger Zeit ganz anders aufgefaßt wurde, als heut
zu Tage. Im höchsten Maße charakteristisch in dieser
Beziehung ist eine Aeußerung Lessing's, der aus Ham=
burg am 25. August 1769 an seinen Freund Nicolai
schreibt: „Sagen Sie mir von Ihrer Berlinischen Frei=
heit zu denken und zu schreiben ja nichts! Sie reducirt
sich einzig auf die Freiheit, gegen die Religion soviel
Sottisen zu Markte zu bringen, als man nur will.
Lassen Sie es aber einmal Einen in Berlin versuchen
über andere Dinge so frei zu schreiben, lassen Sie Einen
in Berlin auftreten, der für die Rechte der Unterthanen,
der gegen Aussaugung und Despotismus seine Stimme
erheben wollte, wie es jetzt sogar in Frankreich und
Dänemark geschieht, und Sie werden bald die Erfah=
rung haben, welches Land bis auf den heutigen Tag
das sklavischste Land in Europa ist!" — Nicht minder
charakteristisch ist Nicolai's Antwort vom 29. August:
Er habe von der gelehrten, nicht von der politischen Frei=
heit gesprochen. „Sobald ich in einem monarchischen
Staate lebe, und also an der Regierung keinen Antheil
habe, kann ich diese entbehren, — ich kann schweigen [1]."

---

[1] Das Censuredict vom 11. März 1749 (Mylius, Cont. IV.
p. 149—152), welches bis zu des Königs Tode in Kraft blieb,
setzte ein Obercensurkollegium aus verschiedenen Fachgelehrten
ein. Nur die Akademien und Universitäten hatten für ihre Druck=
schriften Censurfreiheit, doch mußten auch sie für politische Schrif=
ten die Genehmigung des Auswärtigen Ministeriums einholen.

Daß Friedrich der Große übrigens den Willen und die
Ueberzeugung hatte, in Censurangelegenheiten möglichst
freisinnig zu verfahren, ergeben viele Stellen seiner
Schriften, nur muß man auch hier wie immer den Phi=
losophen von Sanssouci und den König unterscheiden [1]).
Sehr nachsichtig war er in der That bei Angriffen und
Spöttereien gegen seine eigene Person. „Ich denke
über die Satyre," schreibt er an Voltaire[2]), „wie
Epiktet: Sagt man Böses von Dir, und ist es wahr,
so bessere Dich; sind es Lügen, so lache darüber. Ich
bin mit der Zeit ein gutes Postpferd geworden, lege
meine Station zurück und achte nicht auf die Kläffer,
die am Wege bellen!"

Es ist auffallend, daß Friedrich der Große, der doch
sein ganzes Leben lang mit größtem Eifer schriftstelle=
risch und dichterisch thätig war, so wenig für die Bil=
dungsanstalten seines Landes gethan hat. Zwar bezeugte
er in seinen Erlassen und in Briefen stets das größte
Interesse für den Volksunterricht, und rühmte sich auch
wohl gegen Voltaire und d'Alembert seiner Leistungen
auf diesem Gebiete, allein der Aufwand für das Militair

---

[1]) In solchem Sinne spricht sich auch die Cabinets-Ordre
vom 7. Februar 1780 (Preuß III. 260) aus: Daß die den Schriftstellern ohnehin äußerst lästige Censur soviel als möglich eingeschränkt, und in Fällen, wenn wider Religion und Sitten nichts
vorkommt, der Druck nicht versagt werden soll ꝛc.

[2]) Den 2. März 1775. Oeuvres XXIII. 319.

ließ ihm kein Geld übrig, um durchgreifend das auszuführen, was er doch für höchst nothwendig erkannte.
Zwar erging am 12. August 1763 eine ausführliche,
wahrscheinlich von dem gleich näher zu erwähnenden
Consistorialrath Hecker verfaßte Schulordnung, die nicht
nur in der Einleitung treffliche allgemeine Grundsätze
über Erziehung aussprach, sondern auch eingehende
Vorschriften enthielt, wie alle Kinder bis zum 14. Jahr
im Lesen, Schreiben, Rechnen und der Religion unterrichtet werden, und eine bessere Besetzung der Lehrer-
stellen bewirkt werden sollte. Die Ausführung unterblieb aber der Kosten wegen[1]). Acht Schullehrer,
welche der König aus Thüringen verschrieb, sollten den
Stamm für die neuen besseren Lehrer bilden. Diese
Zahl war aber natürlich nicht ausreichend. Zu prak-
tischem Eingreifen in das Schulwesen schritt der König
mit seinem gewohnten Eifer nur da, wo sich der Ausführung eines von ihm in Schulsachen erlassenen Be-
fehles Schwierigkeiten entgegenstellten, die er mit ähnlicher Beharrlichkeit wie in der Müller Arnold'schen
Sache zu beseitigen wußte, bis er seinen Willen durchgesetzt hatte. So hielt er sich z. B., man weiß nicht
aus welchen Gründen, überzeugt, daß der Abt der
Schule Klosterbergen diese Anstalt durch seine fröm-
melnde Richtung herunterbringe, und er ruhte trotz

---

[1]) Dohm's Denkwürdigkeiten IV. 442. Preuß III. 114.

aller Gegenvorstellungen nicht eher, als bis derselbe
entfernt und ein Anderer an seine Stelle gesetzt war[1]).
Von dem schlechten Zustande der Schulen auf dem
Lande war er wohl unterrichtet. Die Bauern schickten
ihre Kinder im Sommer gar nicht, und im Winter
sehr unregelmäßig in den Unterricht. Der König befahl,
daß die Kinder höchstens drei Monate im Sommer die
Schule versäumen dürften, doch wurde das keineswegs
ausgeführt. Auch die Lage der Schullehrer wünschte
er zu verbessern, und befahl dem geistlichen Departe=
ment, ein Verzeichniß der Lehrer und ihrer Gehalts=
verhältnisse einzureichen; da sich aber herausstellte, daß
in der Kurmark allein 500 Landschulmeister existirten,
die 10 Thaler und weniger jährliches Einkommen hat=
ten, so schreckte die Höhe der Summe, welche danach
erforderlich gewesen, von weiteren Maßregeln zurück.
Fand sich jedoch einmal eine außergewöhnliche größere
Einnahme, so ergriff der König gern eine solche Gele=
genheit, und wies z. B. einen Theil der Zinsen von
den acht Millionen, die er 1772—76 dem Pom=
merschen Adel gegen zwei Procent vorgestreckt hatte,
zur Besoldung tüchtiger Landschullehrer in Pommern

---

[1]) Büsching's Beiträge V. 62 ff. Am 11. Juni 1770 schrieb
er eigenhändig unter eine hierher gehörige Eingabe: Der Abt
Taugt nichts, Man mus Einen Andern in der Stelle haben,
Kein Mensch wil jetzt Seine Kinder dahin Schikken, weil der
Kerel ein übertriebener pietistischer Narr ist.

an[1]). Allein das blieben vereinzelte Bestrebungen, und leider wurde, was auf diese Art etwa Gutes zu bewirken gewesen, dadurch wieder vereitelt, daß man fortfuhr ganz unfähige Invaliden mit Schulmeister-posten zu versorgen. Was Gutes in jener Zeit für den Volksunterricht geschah, verdankt man zum größten Theil den Bemühungen von Privatpersonen. Einzelne große Gutsbesitzer, von den herrschenden philanthro-pischen Ideen durchdrungen, legten für ihre Unterthanen Musterschulen an, aus denen nach und nach eine Reihe tüchtiger Volksschullehrer hervorgingen, auch errichteten verschiedene Regimenter auf eigene Kosten durch Bei-träge der Officiere Garnisonschulen, die theilweise sehr gerühmt wurden. Herr v. Rochow auf Rekahne im Brandenburgischen, ein Verehrer Rousseau's, wurde durch dessen Emil veranlaßt auf seinen Gütern eine treffliche Schule einzurichten, für die er selbst Jugend-schriften verfaßte. Auch der treffliche Minister v. Zed-litz, der die philosophischen Grundsätze seines Lehrers Kant im Leben zu verwirklichen sich bestrebte, sorgte mit allen Kräften für Verbesserung des Unterrichts auf dem Lande. Seit 1771 war er, was man heut Cul-tusminister nennen würde, und blieb in dieser Stellung bis 1788, wo er von Wöllner verdrängt wurde. Er ging so sehr in die Einzelnheiten des Dorfschulwesens

---

[1] Büsching p. 59.

ein, daß er mehrfach Reisen unternahm, um dasselbe
an Ort und Stelle zu beaufsichtigen, „damit die Herren
Inspectores die Schulvisitationen nicht mehr als unter
ihrer Würde ansähen, und die pastores loci aufpassen
lernten[1]." Neben diesen beiden Männern ist besonders noch der Prediger Hecker an der Dreifaltigkeits-
kirche in Berlin zu nennen, welcher mit des Königs
Bewilligung und gelegentlicher Unterstützung die noch
jetzt bestehende, und in mehrere einzelne Anstalten
getheilte Realschule gründete, und derselben den sogenannten Schulgarten, einen ehemaligen Begräbnißplatz
vor dem Brandenburger Thore überwies, wo er zum
Besten seiner Schule Gärtnerei und Maulbeerpflan-
zungen zur Seidenzucht anlegte. Auch die unter ver-
änderter Firma noch jetzt blühende Realschulbuchhand-
lung gründete er und wies die Einkünfte daraus seiner
Stiftung zu. Ein anerkennendes Schreiben des Königs
bezeugte die Zufriedenheit, welche er empfand, wenn
Privatpersonen auf dem Gebiete der Volkserziehung
dasjenige ausführten, wozu er selbst die Mittel nicht
hergeben zu können glaubte[2]. In jenen Zeiten, wo
das Volk von aller Theilnahme an Staatsangelegen-
heiten ausgeschlossen war, wendete eine auffallend große
Zahl von Privatpersonen ihre Thätigkeit und ihr Vermögen öffentlichen Wohlthätigkeitszwecken zu. Waisen-

---

1) Preuß III. 125.   2) Daselbst I. 191.

häuser, Schuleu, Hospitäler und derartige Stiftungen
wurden in allen Theilen Deutschlands errichtet, und in
vielen Städten und Dörfern sieht man noch heut
stattlich=altmodige, solchen Zwecken dienende Gebäude,
über deren Eingangspforte eine Inschrift den Namen
des Stifters der Nachwelt kundmacht.

Die Gymnasien im Lande, einst von den Kurfürsten
mit Vorliebe gepflegt und zum Theil reichlich ausge=
stattet, konnten die Unterstützung des Königs leichter
entbehren als die niederen Schulen. Es herrschte auf
jenen noch das alte System, wonach hauptsächlich Latein
und Griechisch, letzteres vorzüglich aus dem neuen
Testament gelehrt, alles andere aber als Nebensache
betrachtet und vernachläßigt wurde. Die Schüler der
oberen Klassen ahmten in Tracht und Sitten das rohe
Betragen der damaligen Studenten nach, und es war
ein großes Glück, daß in den siebziger Jahren sich
Männer fanden, welche diesem Unwesen gründlich ein
Ende machten. Unter diesen ist besonders Meierotto [1])
zu nennen, der 1775 die Leitung des Joachimsthal'schen
Gymnasiums übernahm, und daselbst Zucht und Ord=
nung und eine vernünftige Lehrmethode einführte,
welche für die anderen Gymnasien ein heilsames Vor=
bild ward und zu deren Hebung wesentlich beitrug.
Spalding und Sulzer wurden mit Beaufsichtigung der

---

[1]) Seine Biographie von Brunn. Berlin 1862.

übrigen Gymnaſien betraut, und bereiſten zu dieſem
Zweck die Provinzen, wo ſie überall auf die Diſciplin
und die Lehrmethode beſſernd einwirkten. 1775 kam
das Vermächtniß des zu Padua verſtorbenen Kauf=
manns Streit, eines geborenen Berliners, zur Hebung,
und wurde nach deſſen Willen zur Gründung des noch
hent in Blüthe ſtehenden Gymnaſiums zum grauen
Kloſter in Berlin verwendet. Perſönlich intereſſirte der
König ſich beſonders für den Geſangunterricht auf dieſen
Schuleu, theils wegen ſeiner ausgeſprochenen Liebe zu
dieſer Kunſt, theils im Intereſſe der Chöre in ſeinen
Opern. Was er über Jugenderziehung im Allgemeinen
dachte, hat er in einem Sendſchreiben an den Genfer
Gelehrten Burlancqui [1]) zuſammengeſtellt. Doch finden
ſich hier mehr allgemeine Deklamationen als practiſche
zur Einführung in's Leben geeignete Vorſchläge.

Um die Univerſitäten bekümmerte ſich Friedrich II.
im Ganzen ſehr wenig. Die auf dieſelben bezüglichen
Verordnungen betreffen meiſt nur die finanzielle und
die äußerlich geſchäftliche Seite dieſer Anſtalten, oder
ſie bezwecken die Herſtellung einer ſtrafferen Zucht der
Studenten. Die ſpärlichen Fonds dieſer höchſten
Unterrichtsanſtalten wurden nicht vermehrt, kaum
findet ſich ein vereinzelter Fall, daß er das Gehalt

---

[1]) Oeuvres IX. 115 ff.

eines Profeſſors erhöht hatte[1]). Die deutſchen Gelehrten ließen ſich aber dadurch nicht irre machen, ſondern
fuhren fort ſich ihren gründlichen Forſchungen in der
damals üblichen ſchwerfälligen Weiſe zu widmen, während Kant in Königsberg bereits zu der vollſtändigen
Reform des wiſſenſchaftlichen Lebens den Grund gelegt
hatte, und 1781 ſeine Kritik der reinen Vernunft
erſcheinen ließ.

Daß Friedrich der Große durch ſeine franzöſiſche
Erziehung, und durch den Umſtand, daß ſeine Jugend
in eine Zeit fiel, wo die geſammte deutſche Literatur
auf allen Gebieten noch durch und durch geſchmacklos
war, macht es erklärlich, wie er den gelehrten und dich-
teriſchen Beſtrebungen ſeines Volkes gegenüber ein vollkommener Fremdling blieb. Nur von den, einem unmittelbar nützlichen Zwecke dienenden deutſchen Schriften
nahm er Notiz und wies alles andere verächtlich von
ſich, wie die auffallenden Beiſpiele beweiſen, welche
bereits im dritten Bande mitgetheilt ſind. Selbſt am
Ende ſeines Lebens, wo die größten der Leſſing'ſchen
proſaiſchen und dramatiſchen Werke, die ſchönſten von

---

[1]) Und das war noch dazu ein Mißgriff. Der bekannte Götze
in Halle, welcher durch Leſſing's antiquariſche Briefe für ewige
Zeiten lächerlich und verächtlich geworden, bekam, als er nach
Warſchau berufen war, 300 Thaler Zulage, um ihn in Preußen
zurückzuhalten. Büſching's Beiträge V. 81. .

Göthe's lyriſchen Gedichten und Schiller's erſte Dra=
men bereits erſchienen waren, wo Werther's Leiden
und Göß von Berlichingen das deutſche Volk in die
höchſte Aufregung und Begeiſterung verſeßten, lebte der
König noch immer in dem Glauben, daß die deutſche
Sprache ſich auf dem alten Gottſched'ſchen Stand=
punkte befinde.   Gellert war ihm noch der erſte unter
den vaterländiſchen Dichtern, und in einer übrigens
wohlgemeinten Abhandlung über die deutſche Literatur,
welche der Monarch 1780 zur Belehrung ſeiner Unter=
thanen verfaßte, findet ſich folgende merkwürdige Stelle:
„Da geht jeßt ein Göß von Berlichingen in Berlin über
die Bretter, eine erbärmliche Nachahmung der ſchlechten
engliſchen Stücke, und das Parterre klatſcht Beifall
und fordert mit Entzücken die Wiederholung dieſer
abgeſchmackten Plattheiten.   Die widerwärtigen Shake=
ſpeare'ſchen Comödien giebt man bei uns in deutſchen
Ueberſeßungen, und das Publikum freut ſich dieſer
lächerlichen Poſſen, die ſich kaum für die Wilden in
Canada ſchicken würden.   Und dennoch, ſo ſchließt dieſer
wunderliche Aufſaß, ſind die beſſeren Tage unſerer
Literatur nicht mehr fern!   Sie werden kommen.   In
meinen Jahren darf ich nicht mehr hoffen ſie noch
zu erblicken, aber ich ſchaue wie Moſes von Weitem
in das gelobte Land, welches ich nicht mehr betreten
ſoll.   Wohl kann es geſchehen, daß die deutſche Sprache
einſt ſich ſo vervollkommnet, daß der Ruhm unſerer

Schriftsteller sich von einem Ende Europas bis zum andern verbreitet[1])."

Zum Glück ließen sich die deutschen Dichter und Schriftsteller durch diese Mißachtung des großen Königs nicht niederschlagen, vielmehr wirkte das Verkennen ihrer Bestrebungen wunderbarer Weise anregend auf dieselben, wie das Göthe, welcher diese Zeiten in vollem Bewußtsein mit durchlebt hat, in seiner unübertrefflichen Weise ausspricht[2]): „Der erste wahre und höhere eigentliche Lebensgehalt kam durch Friedrich den Großen und die Thaten des siebenjährigen Krieges in die deutsche Poesie. An dem großen Begriff, den die Preußen von ihrem König hegen durften, bauten sie sich erst heran, und um desto eifriger, als derjenige, in dessen Namen sie alles thaten, ein für allemal nichts von ihnen wissen wollte. Die Abneigung Friedrich's gegen das Deutsche war für die Bildung des Literaturwesens ein Glück. Man that alles, um sich vor dem König bemerkbar zu machen, nicht etwa um von ihm geachtet, sondern nur beachtet zu werden. Man wollte, daß der König das deutsche Recht anerkennen und schätzen solle. Das geschah nicht und konnte nicht geschehen; denn wie kann man von einem König, der geistig leben und genießen will, verlangen, daß er seine

---

1) Oeuvres VII. 122.
2) Dichtung und Wahrheit. 7. Buch.

Jahre verliere, um das, was er für barbarisch hält, nur allzuspät entwickelt und genießbar zu sehen [1])?"

Wie in der Literatur so begünstigte Friedrich der Große auch in der Kunst fast ausschließlich das Fremd= ländische. Die Oper war italienisch, und das Publi= kum hatte sich so daran gewöhnt diese Art Aufführungen mit einer den meisten Zuhörern unverständlichen Sprache in Verbindung zu denken, daß Zelter erzählt, es wäre ihm in seiner Jugend das Italienische für die Dar= stellung so wunderbarer Dinge durchaus nothwendig vorgekommen. Die Musik befand sich damals in einer Uebergangsperiode. An das Ende von Bach's und Händel's strengclassischer Zeit knüpften sich alsbald die Anfänge der modernen Tonkunst. Zwischen beiden standen Bach's Söhne, Hasse, Graun und die ihnen verwandten Meister. Noch kurz vor seinem Tode konnte der König sich die Partitur von Belmonte und Constanze vorlegen lassen. Die Berliner Oper führte in der Carnevalszeit alljährlich fast nur Sachen von

---

[1]) In wunderbarer Weise hat einst der König sein Verhältniß zu den deutschen Schriftstellern vollkommen richtig charakterisirt, mit Worten, die in seinem Munde einen ganz andern Sinn hatten. Als Mirabeau bei seinem Besuche in Potsdam ihn fragte: Warum ist der Cäsar der Deutschen nicht auch ihr August geworden? antwortete Friedrich: Was hätte ich für die deutschen Gelehrten vortheilhafteres thun können, als daß ich gar nicht an sie dachte, und ihre Bücher nicht las. Mirabeau und Mau= villon I. 163.

Graun und Hasse auf. Unter den Sängern und Sän=
gerinnen scheinen viele vorzügliche Künstler gewesen zu
sein, — vor Allen glänzte als einzige Deutsche in der
Truppe die Mara, geb. Schmeling, welche erst 1833 im
höchsten Alter verstorben ist. Biß in die letzten Jahre,
wo bei Friedrich das Interesse an der Oper abnahm,
war er, ungeachtet die Leitung der Schauspiele einem
Hofcavalier übertragen war, eigentlich selbst der In=
tendant der Oper. Die zahlreichen auf diese Dinge
bezüglichen Cabinetsordres in Preuß's Urkundenbuch
beweisen, wie er über die kleinsten Fragen selbst ent=
schied und den Ausschlag gab, ob für einen Sänger ein
neues Costüm gefertigt, oder ein altes abgeändert wer=
den sollte.

Die deutschen Schauspiele blieben der Unterneh=
mungslust von Privatgesellschaften überlassen, und es
war für die Bildung der Schauspieler nur vortheilhaft,
daß sie in Ermangelung äußerer Pracht darauf hin=
gewiesen waren, sich durch gediegene Kunstleistungen
Beifall zu erwerben.

Wie viel ernster man es damals mit der drama=
tischen Kunst nahm als heutzutage, beweisen die Beur=
theilungen der Stücke und der Künstler in Lessing's
Dramaturgie; auch hat sich die Ueberlieferung von dem
Eindruck, den Männer wie z. B. Eckhof erzielten, in
so übereinstimmender Weise bis auf unsere Zeit fort=
gepflanzt, daß es in der That den Anschein hat, als

wären die Leistungen der Besten unter den damaligen Schauspielern später nicht wieder erreicht worden.

Die Maler und Bildhauer, welche Friedrich II. begünstigte, waren ebenfalls fast ausschließlich Fremde. Der Niederländer Tassaert und die Franzosen Adam und Michel fertigten die Bildsäulen der Helden aus dem siebenjährigen Kriege, welche den Wilhelmsplatz schmückten; auch die zahlreichen mythologischen Statuen für die Potsdamer Gärten waren von französischer Arbeit. Eigentlicher Hofmaler des Königs war Pesne, der bereits das Rheinsberger Schloß in der kronprinz= lichen Zeit ausgeschmückt hatte. So lange Friedrich noch Bilder kaufte, deren Ansammlung ihm viel Freude machte, waren es hauptsächlich italienische und franzö= sische Sachen, namentlich aus der Watteau'schen Schule, die er wählte, obgleich es damals durchaus nicht an tüchtigen deutschen Malern fehlte, wie denn der geniale fleißige Chodowiecky und Graff, jeder in seiner Art, noch heut unübertroffen sind[1]). Es möge bei dieser Gelegenheit erwähnt werden, daß der größte deutsche Kupferstecher des vorigen Jahrhunderts, Georg Friedrich

---

[1]) Chodowiecky (geb. 1726, † 1801) war zuletzt Director der Berliner Akademie der Künste. Obgleich jetzt hauptsächlich durch seine fast zahllosen Kupferstiche und Radirungen bekannt, leistete er doch auf allen Gebieten der Malerei das Trefflichste. Seine Portraits namentlich sind von höchster Naturwahrheit. In der Charakteristik kann ihm selbst Hogarth nicht den Rang streitig machen.

Schmidt, in Berlin 1712 mit dem Könige am gleichen
Tage und in der gleichen Stunde geboren wurde, und
auch, nach manchen Wanderungen dahin zurückgekehrt,
in seiner Vaterstadt 1775 gestorben ist.

Unter allen Künsten war es in der Zeit Friedrich's II.
mit der Baukunst am schlechtesten bestellt. Auf diesem
Gebiete war damals der tiefste Verfall des Geschmacks
in Deutschland herrschend. Im Anfang der Regierung
ließen sich noch die Nachwirkungen aus Schlüter's Zeit
erkennen, wie denn das von Knobelsdorf erfundene
und heut in seiner ursprünglichen Form fast genau
wieder hergestellte Opernhaus immerhin ein stattliches
Gebäude ist. Auch die von demselben Architekten entworfenen Terrassen in Sanssouci, über denen der Lieb-
lingsaufenthalt des Königs sich erhebt, machen auf den
Beschauer den angenehmsten heitersten Eindruck. Nach
Knobelsdorf's 1753 erfolgten Tode aber wurden die
zahlreichen Gebäude, welche Friedrich der Große, namentlich in Berlin und Potsdam, aufführen ließ, immer
geschmackloser. In Potsdam ließ er eine große Reihe
von alten schlechten Häusern auf seine Kosten mit gran-
diosen, antik sein sollenden Fronten verzieren, hinter
denen die schlechten Zimmer mit ihren geschmacklosen
Verhältnissen den Eintretenden in fast komischer Weise
überraschten, wie dem Verfasser aus seiner Jugend
noch wohl erinnerlich ist. Wie sehr den Architekten
alles Verständniß für einfache Schönheit abhanden

8*

gekommen war, beweiſt die lächerliche Façade der könig=
lichen Bibliothek, welche man dem herrlichen Zeughauſe
ſchräg gegenüber aufſtellte. Die Augen der Deutſchen
waren damals für die Herrlichkeit der Bauwerke ihrer
Voreltern noch nicht geöffnet, ſo daß Friedrich der Große
bei ſeinen Zeitgenoſſen kaum Widerſpruch gefunden
haben mag, wenn er ſagte[1]): „Die Brücke und das
japaniſche Palais in Dresden kommen zwar den Bau=
ten in Athen und Rom nicht gleich, allein ſie über=
treffen doch weit die gothiſche Architektur unſerer Vor=
fahren." Auf dieſe Weiſe erklärt es ſich auch, daß der
König, als ſpäter die Perle aller Bauwerke des Nor=
dens, das Marienburger Schloß, in ſeinen Beſitz kam,
daſſelbe zu einer Kaſerne einrichten ließ, den großen
Remter zum Exercierhauſe machte, und den Ritterſaal
in acht Coloniſtenwohnungen einzutheilen befahl[2]).
Wurden doch in den Schriften der damaligen Zeit die
Ausdrücke gothiſch und geſchmacklos für gleichbedeutend
gehalten, bis der Geſchmack allmählich ſich läuterte,
wozu bekanntlich der Aufſatz des jungen Göthe über
deutſche Baukunſt (1770) das ſeinige beigetragen hat.

Das Verhalten des Königs zu den verſchiedenen
Zweigen des Staatslebens, zur Kirche, zur Kunſt und
Wiſſenſchaft, wie wir es hier in allgemeineren Umriſſen
gezeichnet haben, iſt bis an ſeinen Tod weſentlich

---

[1]) Oeuvres II. 40. [2]) Preuß IV. 73.

das gleiche geblieben. Seine unermüdliche Thätigkeit
steigerte sich eher, als daß sie bei zunehmendem Alter nach=
gelassen hätte. Die Zeit, welche Friedrich der Große
täglich dadurch gewann, daß er nicht mehr Flöte blies
und nicht mehr lange an der Abendtafel verweilte,
füllte er mit ununterbrochener Arbeit aus. Ein Stau=
nen ergreift uns über die Beharrlichkeit, mit welcher er
sich den verschiedenartigsten Dingen in der Art zu wid=
men vermochte, daß vom Größten bis zum Kleinsten
herab immer dasjenige, was er in jedem Augenblicke
zu thun hatte, sein volles ausschließliches Interesse in
Anspruch zu nehmen schien. Während er die Vervoll=
kommnung der Armee mit der Sorgfalt eines Exercier=
meisters und zugleich mit dem Ueberblick des großen
Feldherrn beaufsichtigte, verlor er darüber in keinem
Augenblick die Sorge für die verschiedensten bürger=
lichen Gewerbszweige aus dem Gesichte, und verfolgte
das Aufblühen oder den Verfall derselben in jeder
Provinzialstadt. Dabei stand er mit seinen Gesandten
an den verschiedenen europäischen Höfen in fortwäh=
render Correspondenz, und diktirte bogenlange Instruc=
tionen für dieselben, oder schrieb auch wohl dergleichen
eigenhändig nieder, so oft am politischen Horizonte
irgend etwas ungewöhnliches aufzutauchen schien. Er
war über alle Vorgänge in den fremden Cabinetten so
gut unterrichtet, daß die preußischen Gesandten deshalb
mit einer an Furcht grenzenden Bewunderung angestaunt

wurden; und doch waren sie unter allen ihren Collegen am schlechtesten bezahlt. „Gehe Er nur immer zu Fuß," schrieb Friedrich seinem Gesandten in London, der sich beschwerte, daß er nicht im Stande sei sich ein Paar Pferde zu halten. „Gehe Er nur zu Fuß, die Welt weiß doch, daß eine Armee von 200,000 Mann hinter Ihm dreingeht!"

Wie kein anderer Monarch verstand es der König von Preußen, seine Beamten in allen Verwaltungs= zweigen mit einem solchen Maße von Pflichttreue und Diensteifer zu erfüllen, daß er sich auf jeden Einzelnen verlassen, und so das ganze Getriebe des Staates von Einem Punkte aus zu leiten, anzutreiben oder zu hem= men vermochte. Wie karg er auch mit seinem Lobe und wie bereit er mit seinem Tadel war, den er nicht immer in den zartesten Ausdrücken selbst über Minister und Generale ergoß, so that das der unbegrenzten Liebe und Verehrung keinen Abbruch, welche der König nicht nur bei seinen unmittelbaren Dienern, sondern im ganzen Volke genoß. Man murrte wohl über die Kaffeeriecher, seufzte über die hohen Abgaben und unterwarf sich mit Aerger den Plackereien, die jeder in ein Stadtthor einfahrende Fremde sich von Visitatoren und Thorschreibern gefallen lassen mußte, aber man war zugleich überzeugt, daß der eigenmächtige absolute Herr, der diesen Druck ausübte, stets nur das Beste des Landes im Auge habe. Die überschwenglichen Lob=

sprüche, welche die Dichter Gleim und Ramler ihrem Könige darbrachten, für den der Name des Großen nicht mehr auszureichen schien, und den sie „den Einzigen" nannten, darf man keineswegs auf gleiche Stufe mit den Beräucherungen stellen, welche von den Hofpoeten überall nach hergebrachter Weise vorgenommen werden; denn die Preußischen Dichter wußten, daß sie keine Belohnungen, keine Ehrenstellen und Orden zu erwarten hatten, ja sie wußten, daß der König ihre Verse niemals ansah. Seine gewaltige Persönlichkeit hatte eben ein Verhältniß geschaffen, wie es nie vorher dagewesen und wie es auch nicht wieder vorkommen wird, so daß in dieser Weise die Bezeichnung Friedrich der Einzige wohl gerechtfertigt erscheint.

Drittes Kapitel.

Die Theilung Polens.

Die politische Lage des Preußischen Staates war, nach dem Abschluß des Hubertsburger Friedens, trotz der vielen erfochtenen glänzenden Siege keineswegs beruhigend[1]). Von den Mächten, die einander noch so eben mit dem Schwerdte in der Hand gegenüber-

---

1) Oeuvres VI. 5.

gestanden, bedurfte keine so sehr eines dauernden Frie=
dens als Preußen, welches von allen die geringsten
natürlichen Hilfsquellen besaß, um die Wunden zu hei=
len, aus denen das Land beinahe zu verbluten schien.

Dessenungeachtet kam es vor allen Dingen darauf
an, so bald wie möglich wieder so gerüstet dazustehen,
wie vor 1756; denn König Friedrich hatte unter den
Herrschern in Europa keinen Freund, und war deßhalb
in der Nothwendigkeit dieselben in Respect zu halten,
wenn er bei der ersten sich darbietenden Gelegenheit
vor einem neuen Angriffe sicher sein wollte. Das alte
Bundesverhältniß mit England war gelöst und hatte
sogar einer offenbar feindseligen Gesinnung Platz
gemacht, da Friedrich der Große es als eine persönliche
Beleidigung empfand, daß nach dem Regierungsantritt
Georg's III. der neue Minister Bute die bisher gezahl=
ten Subsidien zurückhielt[1]). Frankreich war noch immer
Oesterreichs Alliirter, und daß Maria Theresia niemals
den Gedanken aufgegeben, das geraubte Schlesien
wiederzugewinnen, galt als weltkundig und machte
jeden Gedanken an eine Verbindung mit dem Kaiser=
staat unmöglich. So war es Rußland, welches allein
als Bundesgenosse übrig blieb, weßhalb Friedrich auch

---

[1]) Friedrich befahl aus Aerger, daß sein Reitpferd, dem er den
Namen Bute gegeben, als Zugthier vor die königlichen Pack=
wagen gespannt werde.

sogleich Alles that, um sich den Beistand dieses mäch=
tigen Reiches für vorkommende Fälle zu sichern, und,
was beinahe noch wichtiger war, der Gefahr überhoben
zu sein, daß bei einem künftigen Kriege seine Länder
noch einmal von den wilden asiatischen Horden ver=
wüstet würden.

Zu einer unabweißlichen Nothwendigkeit wurde ein
solches Bündniß, als am 5. Oktober 1763 König
August III. von Polen starb, auch einige Monate
darauf (17. Dezember desselben Jahres) sein Sohn
Kurfürst Christian von Sachsen mit Tode abging.
Derselbe hinterließ einen erst 13jährigen Sohn unter
vormundschaftlicher Regierung, der also nach den dor=
tigen Gesetzen nicht zur polnischen Krone gelangen
kounte. Zwar suchte die Mutter desselben, Marie
Antonie, Tochter Kaiser Carl's VII., eine große Freun=
din und eifrige Correspondentin Friedrich's des Großen,
diesen zu bewegen, daß er dem kleinen Prinzen zur
polnischen Krone verhelfe, und ward nicht müde diese
Bitte immer von neuem anzuregen, allein der König
lehnte das mit sehr höflichen Ausdrücken ab, indem er
offen erklärte, daß er in dieser Angelegenheit durchaus
nach den Wünschen der Kaiserin von Rußland zu han=
deln entschlossen sei, welche einen polnischen Edelmann
auf den Thron setzen wollte[1]). Für jetzt mußte bei

---

[1]) Oeuvres XXIV. p. 60.

ihm in dieser ganzen Angelegenheit der Gedanke an die
Erhaltung des europäischen Friedens allein maßgebend
sein, weil ein neuer ausbrechender Krieg den völligen
Ruin seines Staates nach sich gezogen hätte. Die
Gefahr lag nahe genug; denn die Geschichte lehrte, daß
seit 200 Jahren die polnische Königswahl fast jedesmal
den Ausbruch offener Feindseligkeiten in Europa befürch=
ten ließ, oder wirklich zur Folge hatte, weil beim Ein=
tritt dieses Ereignisses die Eifersucht und Leidenschaft
der verschiedenen Mächte, welche auf die Wahl einzu=
wirken suchten, den Zusammenstoß derselben veranlaßte.
Diesmal war es die Aufgabe, den sächsischen und fran=
zösischen Intriguen, welche sich dem preußischen Interesse
stets feindlicher bewiesen hatten als die russischen, die
Spitze zu bieten. Durch eine Einigung zwischen den
Höfen von Berlin und Petersburg konnte das am
Sichersten erreicht werden. Achtzigtausend Russen waren
schon an die polnische Grenze gerückt. Die Preußische
Armee stand von der anderen Seite in Bereitschaft, —
ein Widerstand der Polen war kaum denkbar. Daß
es aber diesmal sich nicht blos um eine polnische
Königswahl handle, sondern daß das Schicksal der
ganzen Republik in Frage stehe, war Niemandem
verborgen. Sprach doch der Primas des Reiches,
welcher verfassungsmäßig bis zur Besetzung des erle=
digten Thrones die Zwischenregierung führte, in seinem

Universale[1]) schon 1763 sich folgendermaßen aus: „Das Inland und das Ausland sehen den Verfall, ja den Untergang unseres Vaterlandes als gewiß an und sind nur verwundert, wies es bis jetzt hat bestehen können. Das Reich ist banquerutt, der Starke thut was er will, der Arme und Schwache findet keine Rechtshilfe, die Grenzen stehen ringsum jedem Feinde offen, kein Heer ist zur Vertheidigung, kein Geld zur Unterhaltung der Soldaten vorhanden. Polen muß entweder ein Raub seiner Feinde, oder, sich selbst über-lassen, eine tartarische Wüste werden."

Es bleibt wunderbar, daß Zustände, wie sie hier geschildert werden, erst so spät eintraten, denn sie muß-ten mit Nothwendigkeit aus der polnischen Staats-verfassung folgen, welche man als die organisirte Anarchie bezeichnen würde, wenn von irgend welcher Ordnung in Mitten der vollkommensten Unordnung überhaupt die Rede sein könnte.

Bis in's 14. Jahrhundert war Polen, der That nach, ein von unumschränkten Königen beherrschtes Reich gewesen. Erst unter Kasimir dem Großen, 1333—1370, wurde auf Grund innerer Streitig-keiten dem Adel ein Theil der schrankenlosen Rechte eingeräumt, welche derselbe später besaß. Unter der

---

[1]) Dem Sendschreiben zur Berufung des Reichstages.

folgenden Regierung erhielt er 1374 durch das Kaschauer Privilegium ein unbedingtes Steuerbewilligungsrecht; jedoch findet sich eine feste Form der Nationalvertretung erst unter Kasimir dem Jagellonen (1445—1492), wie sich solche im Wesentlichen bis zum Untergange des Reiches erhalten hat. Durch den dreizehnjährigen Krieg gegen den Preußischen Orden war des Königs Schatz geleert; er konnte seinem Heere den Sold nicht bezahlen und berief deshalb 1468 den ersten polnischen Reichstag. Die Macht dieser Körperschaft erweiterte sich allmählich, so oft die Könige in neue Verlegenheit geriethen. Schon 1496 mußte Johann Albrecht das Recht des Krieges und Friedens so wie der Gesetzgebung von der Einwilligung des Reichstages abhängig erklären, der damit so gut wie allmächtig wurde. Als mit Siegismund August 1572 der Jagellonische Mannsstamm ausstarb, durften die Könige sich nicht mehr „erblich" nennen, und Polen wurde förmlich für ein Wahlreich erklärt, so daß der Reichstag außer seinen übrigen Befugnissen nun auch die Königswahl in Händen hatte. Diese übermächtige Versammlung war dabei nichts weniger als eine Vertretung der Nation, sie war eine vom Adel aus dem Adel gewählte Körperschaft, denn auch die hohe Geistlichkeit, welche an den Berathungen Theil nahm, gehörte diesem Stande an. Der polnische Bürgerstand hat sich niemals zu politischer Bedeutung aufzuschwingen vermocht, und das Landvolk

war leibeigen. Der Adel sollte gesetzlich nur Einen
Stand von gleichberechtigten Mitgliedern bilden. Er
war zahlreicher als in irgend einem andern Lande, nicht
nur weil die Vorrechte sich auf die gesammte Nachkommenschaft vererbten, sondern auch weil die Könige
mehrmals nach siegreichen Feldzügen ganze Corps in
den Adelstand erhoben, wie denn Johann Sobiesky
1683 nach dem Entsatz von Wien seine ganze Cavallerie
zu Edelleuten machte. So erklärt es sich, daß fast $\frac{1}{14}$
der Gesammtbevölkerung adlig war, in manchen Dörfern waren alle Einwohner Szlachcicen (Adlige). Jeder
grundbesitzende Edelmann war ohne sonstige weitere Er-
fordernisse in den Reichstag wählbar. Es saßen zuweilen Jünglinge von 16 Jahren in demselben [1]). Berufen
wurden diese Versammlungen vom Könige, während
eines Zwischenreichs vom Primas. Die Berathungen
erfolgten in zwei Kammern, in der Senatorenkammer
unter Vorsitz des Königs, in der Landbotenkammer
unter einem selbstgewählten Marschall. In wichtigen
Fällen beriethen beide Kammern gemeinschaftlich. Die
Landboten, ungefähr 200 an der Zahl, erhielten Diäten.
Ihre Personen waren unverletzlich, Beleidigung eines
Abgeordneten galt für crimen laesae majestatis. Die
Sitzungen waren in der Regel öffentlich. Dabei hatte
sich die seltsame Gewohnheit gebildet, daß eine große

---

[1]) Weißenhorst, Studien in der poln. Geschichte I. 193. 207.

Menge von abligen Zuhörern, meist junge Leute, oder
Solche welche ihre Prozesse und Privatangelegenheiten
durch den Reichstag gefördert zu sehen hofften, sich
zwischen die Landboten setzten, auch wohl im Eifer der
Debatte mit dreinredeten, und sich gelegentlich wider=
setzten, wenn der Marschall ihnen, um die Ruhe herzu=
stellen, oder weil man geheime politische Dinge berathen
wollte, befahl den Saal zu räumen.   Es kam dann
nicht selten zu Schlägereien und blutigen Kämpfen in
den Sitzungen.

Schon das bisher gesagte macht es begreiflich, daß
gar bald in Europa der Ausdruck polnischer Reichstag
als Bezeichnung für die wildeste Unordnung gebraucht
werden konnte.   Allein von allen Seiten traten noch
die verkehrtesten Einrichtungen hinzu, um jede gedeih=
liche Entwickelung des staatlichen Lebens in Polen
unmöglich zu machen.   Der durch das ganze Mittel=
alter, namentlich bei den germanischen Stämmen gel=
tende Grundsatz, daß Niemand verpflichtet sei, Gesetzen
zu gehorchen, zu denen er nicht seine Einwilligung
gegeben, wurde in Polen auf die Spitze getrieben,
indem man zur Gültigkeit eines Reichstagsbeschlusses
volle Einstimmigkeit verlangte, wovon die nothwendige
Folge war, daß jedes Mitglied durch seinen Widerspruch
das Zustandekommen eines Gesetzes, ja den Beschluß
über jede auch noch so nothwendige Maßregel vereiteln
konnte.   Seit der Mitte des 17. Jahrhunderts wurde

dieſes liberum veto des Einzelnen, das berüchtigte Nie
poz walam für das koſtbarſte Palladium des freien
Polen, für den „Augapfel der Freiheit" angeſehen.
Man nannte es das einzige und eigentliche Hauptrecht
des Staates. Daſſelbe wurde, nachdem es bisher ſchon
ſtillſchweigend Geltung erlangt hatte, 1718 förmlich
zum Geſetze erhoben, was zur Folge hatte, daß ſeitdem
faſt jeder Reichstag ohne Ausnahme durch den Gebrauch
und Mißbrauch dieſes Rechts auseinander geſprengt
wurde[1]). Und doch will ſogar das Alles noch nichts
bedeuten im Vergleich mit der nun zu erwähnenden
Einrichtung, welche gleichſam ein Gegengift gegen das
liberum veto ſein ſollte und auch in ſo weit geweſen iſt,
als ohne daſſelbe der ganze Staat ſchon viel früher
dem Untergange verfallen wäre. Daß durch die Reichs=
tage ein für alle Mal etwas Heilſames nicht erreicht
werden konnte iſt klar, weil Jedermann, der ein Intereſſe
daran hatte ihre Wirkſamkeit zu lähmen, nur Einen
der beiſitzenden Edelleute zu gewinnen brauchte, der
dann ſein veto einlegte. Es werden Beiſpiele ange=
führt[2]), daß man für 600 Thaler, ja in Einem Falle
ſogar für 100 Thaler die Zerſprengung des Reichstages
erkaufen konnte; und die Verſammlung von 1683, in

---

1) Jekel, Polens Staatsveränderung I. 32. Raumer, Polens
Untergang 11.

2) Jekel a. a. O. 34, Note 48.

welcher das Bündniß mit Oesterreich beschlossen wurde,
kam nur deshalb zu Stande, weil ein von Frankreich
erkaufter Landbote sich am Abend vor dem entschei=
denden Tage absichtlich so betrank, daß er die Sitzung
verschlief, die er zu sprengen versprochen hatte. Zustände
der Art drängten den Vaterlandsfreund, der die Unmög=
lichkeit erkannte, auf geordnetem Wege Heilsames für
den Staat durchzusetzen, zur Selbsthilfe. Wie in
Deutschland zur Zeit des Faustrechts die Städte den
Bund der Hansa stifteten, so bildeten sich in Polen,
natürlich nicht nach der ruhigen gesetzmäßigen deutschen
Art, sondern in wilder gewaltsamer Weise die soge=
nannten Conföderationen. Um die Maßregeln durch=
zusetzen, welche auf den Reichstagen nicht hatten zur
Annahme gelangen können, oder die daselbst ausdrück=
lich verworfen wurden, traten die opponirenden Edel=
leute in den einzelnen Woiwodschaften, oder in noch
größeren Landstrichen zusammen, wählten einen Mar=
schall aus ihrer Mitte und bildeten Versammlungen,
bei denen die Stimmenmehrheit entschied, das liberum
veto also ausgeschlossen war. Solche Versammlungen
nannten sich Conföderationen, mit näherer Bezeichnung
nach der Stadt, wo man zuerst zusammengekommen
war. Erwies sich die Sache, die man durchsetzen
wollte, von allgemeinerem Interesse, so bildeten sich
bald auch an anderen Orten Conföderationen zu dem
gleichen Zweck, ja es entstanden allgemeine Conföde=

rationen, welche über das ganze Reich sich erstreckten, an deren Spitze sich dann der König selbst stellte. Gelang es nicht die überwiegende Mehrheit des Adels für sich zu gewinnen, so griff man zum Schwerdte, und Bürgerkriege, mit unglaublicher Rohheit und Grausamkeit geführt, waren die gewöhnliche Folge. Diese Conföderationen waren zwar durch kein förmliches Gesetz geregelt und anerkannt, allein sie wurden wie eine wohlhergebrachte Staatseinrichtung betrachtet, und der Lehre von denselben ein besonderes Kapitel in den Staatsrechtsbüchern der Polen gewidmet.

„Zur Bildung einer Conföderation," heißt es daselbst, „wird zu schreiten sein, sobald der König oder die Republik sich in einer Gefahr befinden, welche der Reichstag nicht beseitigen will, oder weil er zersprengt wird, nicht beseitigen kann." Damit ist die Selbsthilfe und der Aufruhr zu einem Theil der Reichsverfassung erhoben, als nothwendige äußerste Consequenz des Grundirrthums der polnischen Anschauungen, welche davon ausgehen, daß es nur darauf ankomme den Unterdrückungen entgegenzuwirken, die von der gesetzlichen Gewalt verübt werden könnten, nicht aber den Ausschreitungen der Einzelwillkür, welche man für gleichbedeutend mit der Freiheit hielt.

Zu allen diesen ungeheuren Mißständen gesellten sich aber immer noch neue, und es schien als habe das Schicksal beschlossen, den ganzen Inhalt der Pandora-

büchse über das unglückliche Land auszuschütten. Zu
den politischen Kämpfen und Parteiungen traten noch
Religionsstreitigkeiten der schlimmsten Art.

Die Kirchenreformation hatte gleich nach Luther's
Auftreten in Polen zahlreiche Anhänger gefunden,
wodurch die katholische Partei veranlaßt wurde, als=
bald auf Mittel zur Unterdrückuug derselben zu sinnen;
eigene Behörden wurden errichtet, um die Ketzer zu
verfolgen, die dessenungeachtet, besonders in den großen
Städten, sich immer weiter ausbreiteten, so daß Thorn,
Danzig und Elbing in überwiegender Zahl lutherische
Einwohner hatten. Auch die Socinianer und andere
Sekten gewannen, zumal in Lithauen, soviel Terrain,
daß daselbst 1563 die bürgerliche und politische Gleich=
stellung aller christlichen Confessionen ausgesprochen
wurde. Als nun 1569 die Vereinigung Lithauens mit
Polen erfolgte, beanspruchten die Dissidenten, wie man
die nichtkatholischen Christen nannte, dieselben Rechte
in dem gesammten Königreich, ohne das jedoch durch=
setzen zu können; vielmehr mußten sie sich damit begnü=
gen, daß in den Krönungseid der Könige das Versprechen
aufgenommen wurde, Niemanden wegen seines Glau=
bens zu verfolgen oder zu strafen [1]). Unter dem Ein=
fluß der Jesuiten jedoch, die sich sofort nach der päbst=
lichen Bestätigung des Ordens (1540) in Polen nieder=

---

[1]) Jekel II. 103.

ließen, begannen Verfolgungen der Dissidenten; man
riß ihre Kirchen ein, verjagte die Geistlichen und
wüthete gegen die Lebenden und gegen die Gräber der
Todten. Dergleichen Vorgänge wiederholten sich in
der Folge mehr oder weniger häufig und gewaltsam, je
nach der Gesinnung der Könige. Die Unterdrückungen
nahmen besonders während der Kriege mit Schweden
überhand, weil man die Protestanten des Einverständ-
nisses mit dem glaubensverwandten Feinde beschuldigte. Blutige Verfolgungen blieben seitdem an der
Tagesordnung. Die entsetzlichen Grausamkeiten, welche
1724 in Thorn stattfanden, und bei welchen, wie wir
hörten, Friedrich Wilhelm I. vergeblich Einsprache that,
stehen keineswegs vereinzelt da, und hätten leicht schon
in jener Zeit das Ausland zu gewaffneter Einmischung
veranlaßt; denn Peter der Große, welcher als Gewährleister des Friedens von Oliva für die griechischen Be-
kenner auftrat, weil dieselben ähnlichen Verfolgungen wie
die Protestanten ausgesetzt waren, hatte bereits ein Heer
von 30,000 Mann an der Grenze zusammengezogen,
als sein rascher Tod den Ausbruch des Krieges verhin-
derte. Die Bedrückungen der Dissidenten nahmen nun
ihren Fortgang. Die Wenigen von ihnen, die in den
Senat oder in verschiedenen Aemtern Eingang gefunden, wurden verdrängt; ihre Klagen tönten immer
lauter, ohne Gehör zu finden. So blieben die Sachen
bis zum Ende des siebenjährigen Krieges. Der Zwie-

spalt der Parteien war doppelt gefährlich, weil die
Unterdrückten sich um Hilfe an das Ausland wandten,
und namentlich Rußlands gewaffnete Dazwischenkunft
herbeizuführen wünschten. Es war hier Alles beisam=
men, was das Bestehen eines Staates unmöglich zu
machen scheint. Wie es dennoch geschehen konnte, daß
ein so eingerichtetes Gemeinwesen Jahrhunderte lang
bestehen und zeitweise zu großer Macht und Ansehen
gelangen konnte, — das auszuführen wäre hier zu
weitläufig. Es genüge darauf hinzuweisen, daß die
Tugenden der Einzelnen oft schwerer wogen als die
Fehler der Allgemeinheit. Die glänzende Tapferkeit,
die ritterliche Ehrliebe des polnischen Adels, die nuver=
gleichliche, durch nichts zu besiegende Vaterlandsliebe
der Polen bewirkte dies Wunder. Allein seitdem das
Gebiet der Republik von mächtigen Staaten umgeben
war, seitdem Rußland und Preußen gewaltige Kriegs=
heere in jedem Augenblicke an die Grenzen senden konn=
ten, war Polens Untergang nur noch eine Zeitfrage.
Schon Peter der Große hatte erkannt, daß die Anarchie
daselbst die beste Handhabe sei, um sich einst des ganzen
unglücklichen Landes, oder einzelner Provinzen desselben
zu bemächtigen. Deshalb wurde in dem 12. Artikel
des Vertrages, den der schlaue Czar am 16. Novbr. 1720
mit den Türken abschloß, ausdrücklich festgesetzt, daß
man beiderseits nicht dulden wolle, daß die Krone
Polens erblich und mächtig würde, oder daß die geltende

Verfaffung der Republik eine Aenderung erleide. So
ging das Intereffe der Landesfeinde mit dem Standes=
intereffe des polnifchen Adels Hand in Hand, und von
Innen und Außen wurde gleichmäßig auf den Verfall
der unglücklichen Republik hingearbeitet. Ein Schutz=
und Trußbündniß zwifchen Preußen und Rußland war
das Zeichen, daß die Kataftrophe herannahe.

Seit dem Abfchluffe des Hubertsburger Friedens
hatten Sachfen und Oefterreich durch ihre Gefandten in
Petersburg die größten Anftrengungen gemacht, um
das Zuftandekommen eines Ruffifch=Preußifchen Bünd=
niffes zu verhindern. Die Oefterreicher beriefen fich
darauf, daß fie die natürlichen Alliirten der Ruffen
gegen den gemeinfchaftlichen Türkenfeind wären; Sach=
fen hoffte noch immer dem Kurhaufe die Nachfolge auf
den polnifchen Thron zu erhalten, und Brühl, welcher
erft nach Auguft III. ftarb, that bis zu feinem letzten
Athemzuge alles Mögliche, um die Abfichten des Königs
von Preußen, den er perfönlich haßte, zu vereiteln.
Inzwifchen gelang es dem Grafen Solms, Gefandten
Friedrich's des Großen am Petersburger Hofe, die Kai=
ferin für die Abfichten feines Herrn zu gewinnen, wozu
die fchmeichelhaften Briefe, welche derfelbe an Katha=
rina richtete, das ihrige beitrugen. Bittere Erfahrun=
gen hatten ihn belehrt, wie feine Spöttereien und Witz=
reden ihm nicht nur den Haß mächtiger Feinde zuge=
zogen, fondern fein Reich an den Raub des Abgrunds

gebracht hatten. Obgleich er nun die Schwächen und
Laster der Kaiserin sehr genau kannte[1]), so hütete er
sich doch, von ihr anders als in Ausdrücken der höchsten
Verehrung zu sprechen. Es ist zwar in den Werken
des Königs aus der umfangreichen persönlichen Corre=
spondenz beider Potentaten nur ein einziger Brief
Catharina's und Friedrich's Antwort auf denselben
abgedruckt, allein diese Probe genügt, um den Ton des
ganzen Briefwechsels sich vorzustellen. Die Kaiserin
wird als Gesetzgeberin neben Lykurg und Solon gestellt,
ihre Regentenweisheit höher gepriesen als die der Köni=
ginnen Semiramis und Elisabeth von England, und
dem Gesandten, der diesen Brief zu übergeben hatte,
wird eingeschärft, mündlich noch ein größeres Maß von
Schmeicheleien hinzuzufügen, welches in dem Schreiben
selbst nur deshalb nicht enthalten ist, weil derselbe sonst
übertrieben scheinen könnte.

Das durch alle diese Mittel herbeigeführte gute
Einvernehmen hatte denn auch schon am 11. April 1764
(neuen Styls) den Abschluß eines feierlichen Allianz=
vertrages zur Folge. Derselbe war vorläufig nur auf
acht Jahre verabredet, wurde aber noch zwei Mal, bis
1781 verlängert. Beide Theile versprachen einander
für den Kriegsfall 12,000 Mann Hilfstruppen zu stellen.

---

[1]) Vergleiche Friedrich's Aeußerungen über die Kaiserin nach
Peter's III. Tode in den Briefen eines alten Preuß. Officiers.

Sollte jedoch Preußen am Rhein, oder Rußland an
der türkischen Grenze angegriffen werden, so sollte statt
der Mannschaften eine jährliche Subsidienzahlung von
480,000 Thalern eintreten. Dann aber trafen Preußen
und Rußland in Bezug auf Polen dieselbe Uebereins
kunft, welche einst zwischen Peter dem Großen und der
Pforte stattgefunden, daß man nämlich keine Aenderung
in der Verfassung der Republik gestatten, und nament=
lich die Umwandlung derselben in eine erbliche Monarchie
verhindern wollte; mit anderen Worten: die anarchischen
Zustände daselbst sollten fortbestehen und der einzige
Weg versperrt werden, auf welchem Polen zu einer sei=
nem Umfang und der Zahl der Bevölkerung entsprechen=
den Macht gelangen könnte. Den Dissidenten wird
Schutz gegen die katholische Majorität zugesichert, und
werden beide Mächte dahin wirken, daß die bevor=
stehende Königswahl auf den Piasten Stanislaus
Poniatowsky falle, einen ehemaligen Günstling und
Geliebten Katharina's, dem sie noch immer wohlwollte,
und den sie durch die Königskrone nicht nur für die
verlorene Liebesgunst zu entschädigen, sondern auch als
ein gefügiges Werkzeug für ihre Pläne in Bezug auf
Polen zu gebrauchen dachte.

Dieser lithauische Edelmann war in seiner Jugend
nach England gekommen, hatte von dort den Gesandten
Sir William Haubury als Attaché nach Petersburg
begleitet, und vor den Augen der Großfürstin Katha=

rina, der nachherigen Kaiserin, Gnade gefunden.
August III. ernannte ihn mit Rücksicht hierauf zum
polnischen Gesandten am russischen Hofe. Stanislaus
blieb bis 1761 in Petersburg, zu welcher Zeit Katha=
rina ihn zwar als Liebhaber bereits verabschiedet hatte,
dennoch aber dem schönen jungen Manne ihre Freund=
schaft erhielt. Da es nach König August's Tode in
ihre politischen Pläne paßte, einen von ihr in vielfacher
Beziehung abhängigen Edelmann auf den Thron zu
bringen, so bewog sie Friedrich den Großen dahin, daß
derselbe erklärte, die Wahl Poniatowsky's mit ihr
gemeinschaftlich durchsetzen zu wollen, der alsdann in
der That mehr russischer Statthalter, als König von
Polen sein sollte. Nach ihrer intriguanten und eitlen
Weise beschloß sie zugleich bei dieser Veranlassung den
Ruhm einer weisen und philosophischen Monarchin
noch zu erhöhen, den sie hauptsächlich durch eifrigen
Briefwechsel mit den damals in der Literatur einfluß=
reichsten Celebritäten, namentlich mit Voltaire, um sich
verbreitet hatte, indem sie diese Männer mit Schmeiche=
leien und Aufmerksamkeiten aller Art überhäufte, wofür
sie von denselben die Semiramis des Nordens genannt
wurde. Sie erklärte nunmehr aller Welt, daß ihre
Einmischung in die polnischen Angelegenheiten nur den
Schutz der unterdrückten Dissidenten und die Abschaf=
fung einiger der schreiendsten Mißbräuche zum Zweck
habe, durch welche die Verfassung des unglücklichen

Landes entstellt sei. In der Sache selbst ließ sie sich
angelegen sein, die einflußreichsten Mitglieder des Wahl-
körpers zu bestechen, und um die Erfüllung ihrer Absichten noch nachdrücklicher zu unterstützen, schickte sie
ein Armeecorps nach Kurland, befahl die Festung Graudenz, angeblich zum Schutz der aus den Kriegszeiten
noch daselbst befindlichen russischen Vorräthe, zu besetzen,
und schickte außerdem eine Anzahl von Regimentern in
das Herz des Landes, vorgebend, dieselben seien nur
auf dem Durchmarsch nach ihren russischen Quartieren;
in der That aber sollte diese bewaffnete Macht jeden
Widerstand der sächsischen Partei unterdrücken, Falls
dieselbe sich zu regen versuchte. So war es nicht zu
verwundern, daß am 7. September 1764 die sogenannte freie Königswahl Poniatowsky's durchgesetzt
wurde. Viele polnische Große, unter ihnen Fürst Radzivil und General Mokranowsky, wagten es, gegen
ein so gewaltsames Verfahren Einspruch zu erheben [1]);
Mokranowsky begab sich sogar im Sommer 1764 nach
Potsdam, um den König von Preußen zu bitten, er
möge seinen Bruder Heinrich als Bewerber um die
polnische Krone auftreten lassen. Allein Friedrich wies
das Ansinnen ohne Weiteres zurück und traf sogar
solche Maßregeln, daß der Prinz von der ganzen Sache

---

[1]) Rulhière, histoire de l'anarchie en Pologne. Herman,
Geschichte des russischen Staates VI. 358 ff.

nichts erfuhr. Der polnische General mußte schleunigst
heimkehren, und ihm und dem Fürsten Radzivil gelang
es nur durch die Flucht, sich der Rache Rußlands zu
entziehen. Beide begaben sich nach der Türkei, um die
Hilfe des Sultans anzurufen, welcher im Vertrage
von 1720 die polnische Verfassung gewährleistet hatte;
doch ließen die Türken sich jetzt noch nicht zum Ein=
schreiten bewegen. Stanislaus Poniatowsky wurde am
25. November 1764 gekrönt. Nach dem Rathe seiner
Oheime, der beiden Czartorysky, suchte derselbe nun
den einzigen Weg einzuschlagen, welcher zu einer Wie=
dergeburt Polens und zur Beseitigung der Anarchie
führen konnte. Er wollte den Adel bewegen, das Ein=
spruchsrecht der Einzelnen auf den Reichstagen zu besei=
tigen und bei den Berathungen desselben die Entschei=
dung durch Stimmenmehrheit eintreten zu lassen.
Gleichzeitig sollte die polnische Armee umgestaltet und
vergrößert, die innere Verwaltung durch Errichtung
geordneter Behörden geregelt werden, um der Willkür
ein Ende zu machen, mit welcher bisher die sogenann=
ten Großkronbeamten, jeder in seinem Bereiche, über
die verschiedenen Zweige des Staatshaushaltes verfügt
hatten. Eine geregelte Besteuerung sollte die Finanzen
in Ordnung bringen, man hoffte mit Einem Worte
einen Staat aufzurichten, der neben den anderen euro=
päischen Staaten eine geachtete Stellung einzunehmen

verbiente. Katharina hatte von dieser Absicht kaum
die erste Kunde empfangen, als sie auch schon durch
ihren Gesandten Repnin, der in Polen den Herrn
spielte und viel gefürchteter war als der König, Ein=
spruch thun ließ. Sie verlangte ferner die unbedingte
Gleichstellung der Dissidenten mit den Katholiken, was
das sicherste Mittel war, um die fanatischen Gegner
dieser Maßregel zum Aufruhr zu reizen und das ganze
Land in Verwirrung zu bringen. Wirklich bildeten sich
sofort in verschiedenen Städten Conföderationen. Zu
Radon traten im November 1764 die Dissidenten
zusammen, und Repnin beeilte sich, die Conföderation
derselben für den ordentlichen Reichstag der Republik
zu erklären, und berief die Theilnehmer nach Warschau.
Die Bischöfe von Krakau und Kiew, nebst mehreren
Großen des Reichs, welche Widerspruch erhoben, ließ
er verhaften und nach Sibirien transportiren. Warschau
wurde von russischen Truppen eingeschlossen. Der soge=
nannte Reichstag erklärte nun das liberum veto für zu
Recht bestehend, und ertheilte den Dissidenten die gefor=
derte Gleichstellung mit den Katholiken[1]). Repnin
erzwang sogar die Absendung einer Bittschrift an die
Kaiserin, worin dieselbe flehentlich ersucht wurde, ihre
Truppen im Lande zu lassen. Natürlich wurde diese

---

[1]) Jekel I. 202. II. 341.

Bitte gewährt, mit der heuchlerischen Redensart: die Kaiserin wolle nichts als die Glückseligkeit des mensch= lichen Geschlechtes und die Freiheit!

Das Benehmen des Königs Stanislaus diesen Vorgängen gegenüber, war schwach und albern. Ihn vom Throne zu stoßen bildete sich, gleich nachdem der Reichstag jene Beschlüsse gefaßt hatte, die Conföbe= ration von Bar. Auf französische und türkische Hilfe rechnend, wollte dieselbe den Russen mit den Waffen in der Hand Widerstand leisten. Die Conföberirten wur= den geschlagen, Bar und Krakau von den Russen ein= genommen. Grausamkeiten, wie die Geschichte kaum ihres Gleichen keunt, fielen hier vor. Man ließ die Gefangenen umbringen, um sie nicht bewachen zu dürfen. Hunderte von Menschen gruben die Barbaren bis an den Hals in die Erde und mähten die Köpfe mit Sensen ab. Als besonders verrucht wird ein Obrist Drewitz erwähnt, welcher den Gefangenen beide Arme abhauen und sie dann laufen ließ [1]). Der Räubereien und anderen schmutzigen Gräuel zu geschweigen. Ganz Europa schien diesen empörenden Vorgängen ruhig zuzusehen, bis endlich die Türken bewogen würden am 30. Oktbr. 1768 an Rußland den Krieg zu erklären. Unmittelbare Veranlassung gab der Umstand, daß die Russen ein zersprengtes Corps Conföberirter bis über

---

[1]) Brenkenhof's Leben, 71.

die türkische Grenze verfolgten und die kleine Stadt
Balka niederbrannten. Allein auch diese Kriegserklärung
flößte den Polen wenig Hoffnung ein. „Die Türken in's
Land rufen, um die Russen zu verjagen,“ schrieb der
Bischof Krasinsky, „heißt das Haus anzünden, um das
Ungeziefer zu vertilgen [1].“

Endlich entschloß sich 1770 auch Frankreich, den
Polen einigen Beistand zu leisten. Man schickte den in
den Revolutionskriegen später berühmt gewordenen
Dumouriez nebst mehreren Officieren ab, welche nicht
unbedeutende Geldsummen überbrachten. Die Confö=
derirten faßten neuen Muth. Sie erklärten den König
für abgesetzt, und 1771 wurde sogar der Versuch
gemacht, sich seiner Person zu bemächtigen, was auch
gelang. Man schleppte denselben in einen Wald, wo
indessen die Schaar von Räubern überfallen wurde.
Stanislaus verstand es durch seine Bitten solchen Ein=
druck zu machen, daß man ihn entkommen ließ.

Inzwischen schritten auch die Türken zum ernstlichen
Angriff, und es begann ein Krieg mit Rußland, dessen
nähere Schilderung nicht hierher gehört. Derselbe
währte mehrere Jahre. Die Russen blieben Anfangs
überall zu Lande und zur See im Vortheil; dennoch
erlangten sie, als am 22. Juli 1774 der Friede zu
Kutschuk Kairnadge abgeschlossen wurde, nur unbedeu=

---

[1] Rulhtère III. 232, bei Raumer 51.

tende Vortheile, weil sie inzwischen, wie wir bald sehen
werden, sich anderweit reichlich entschädigt hatten.

Wir kehren, nach dieser Abschweifung, nunmehr zu
unserer eigentlichen Erzählung zurück, was nicht besser
als mit den Worten Friedrich's des Großen geschehen
kann[1]). „Der Ausbruch des Krieges zwischen den
Türken und Russen," schreibt er in seinen Memoiren,
„veränderte das ganze politische System in Europa.
Ich hätte sehr ungeschickt oder sehr dumm sein müssen,
um eine so vortheilhafte Gelegenheit nicht zu benutzen.
Eingedenk des Dichterwortes, daß man die Gelegen=
heit, wo sie sich bietet, beim Schopfe fassen müsse,
gelang es mir, durch Unterhandlungen und Intriguen
meinen Staat für die Verluste zu entschädigen, die er
während des Krieges erlitten, indem ich das polnische
Preußen mit meinen alten Provinzen vereinigte."

Damit hatte es folgende Bewandniß: Durch den
Allianzvertrag mit Rußland war der König genöthigt,
alljährlich die bedungenen Subsidien im Betrage von
fast einer halben Million zu zahlen, was ihm äußerst
zuwider war. Um sich einigermaßen zu entschädigen,
bewirkte er eine Erneuerung des Vertrages unter Hinzu=
fügung der für ihn wichtigen Bedingung, daß bei dem
voraussichtlich binnen Kurzem zu erwartenden Aus=
sterben der männlichen Nachkommenschaft in den Für=

---

1) Oeuvres VI. 7.

stenthümern Anspach und Baireuth die Kaiserin den
Heimfall dieser brandenburgischen Besitzungen an Preu=
ßen garantirte, wogegen der König versprach dafür zu
sorgen, daß in Schweden die Verfassung von 1720
nicht geändert würde, welche die Regierungsgewalt
wesentlich in die Hände des abligen Reichstags gelegt
und die königliche Macht zu einem Schatten herab=
gedrückt hatte, was dem Einfluß und dem Golde des
Auslandes die Einmischung ebenso sehr erleichterte, wie
dies in Polen in Folge der dortigen schlechten Ver=
fassung der Fall war. Rußland hatte daher auch in
Schweden dasselbe Interesse wie in Polen, zu verhüten,
daß das Königthum nicht erstarke. Friedrich der Große
erklärte sich mit dieser Forderung Katharina's ohne
Weiteres einverstanden, er versprach in schwedisch
Pommern einzurücken, falls die Schweden versuchen
sollten ihre Verfassung gegen den Willen Rußlands zu
ändern. Diesen Zusatzvertrag unterzeichnete er am
12. Oktober 1769, ohne sich im geringsten dadurch irre
machen zu lassen, daß der Inhalt desselben wesentlich
gegen seine Schwester Ulrike und deren Gemahl, den
König Adolph Friedrich von Schweden gerichtet war.

Inzwischen gewannen die Russen im Felde so große
Vortheile über das türkische Heer, daß Friedrich, wie er
sagt, mit Recht besorgen mußte, das Anwachsen dieses
Reiches könnte ihm gefährlich werden, und er in die
Lage kommen, von Petersburg Befehle annehmen zu

müssen. Aehnliche Betrachtungen stellte man in Wien
an, wodurch von selbst eine Annäherung beider Höfe
herbeigeführt wurde. Schon 1766 hatte Kaiser Joseph II.
den Wunsch gehabt, Friedrich's persönliche Bekanntschaft
zu machen, vor dessen Feldherrn= und Regententalenten
er großen Respect hatte. Maria Theresia und Kaunitz
hatten das damals verhindert. Jetzt überwogen die
politischen Rücksichten den grollenden Widerwillen der
Kaiserin = Königin; — es wurde für die Zeit der Revue=
reisen Friedrich's des Großen in Schlesien eine Zusam=
menkunft mit Joseph II. verabredet, die denn auch am
25. August 1769 in Neisse stattfand, und bis zum 28.
dauerte. Der König hatte den Prinzen Heinrich, den
Prinzen von Preußen, seinen Neffen, den Markgrafen
von Anspach und mehre Generale bei sich. Der Kaiser
erschien mit wenig zahlreichem militairischen Gefolge
unter dem strengbewahrten Incognito eines Grafen
Falkenstein, so daß alles unter den leichtesten geselligen
Formen von Statten ging. Friedrich wollte dem
ankommenden Kaiser entgegengehen, und stieg eben die
Treppe in dem bischöflichen Palaste herunter, wo er
Wohnung genommen hatte, als Joseph ihm schon auf
den Stufen entgegenkam. Beide umarmten einander
auf's Wärmste und tauschten schmeichelhafte Versiche=
rungen aus. Der König sagte, er betrachte diesen Tag
als den glücklichsten seines Lebens, weil derselbe die
Wiedervereinigung zweier Fürstenhäuser bezeichne, die

darauf angewieſen ſeien einander beizuſtehen, nicht aber ſich Schaden zuzufügen. Joſeph bediente ſich der Redensart: „Für Oeſterreich giebt es kein Schleſien mehr." Dennoch betrachteten Beide einander natürlich mit Mißtrauen [1]). Das Hauptintereſſe, welches ſie für den Augenblick vereinigte, war die Beſorgniß vor dem Anwachſen der ruſſiſchen Uebermacht. Der Kaiſer konnte leicht in die Lage gerathen, ſich dem Vordringen der-ſelben mit den Waffen widerſetzen zu müſſen, wenn etwa die Ruſſen dauernd im Beſitz der Moldau und Wallachei bleiben wollten, die ſie den Türken abgenom-men, wodurch Oeſterreich eine gefährliche, nicht zu dul-dende Nachbarſchaft bekommen hätte.

Neben den ſonſtigen Unterhaltungen der beiden Monarchen bildete das alſo den Hauptgegenſtand der Geſpräche. Von Polen war ſo gut wie gar nicht die Rede. Als einziges erhebliches Reſultat der Zuſam-menkunft iſt der Austauſch zweier eigenhändiger Erklä-rungen zu erwähnen, durch welche die Herrſcher von Preußen und Oeſterreich ſich zu einer bedingten beider-ſeitigen Neutralität für gewiſſe eintretende Fälle ver-pflichteten. In Friedrich's Schreiben, welches er dem Kaiſer unter dem Siegel der größten Verſchwiegenheit

---

1) Seit dem Erſcheinen von Arneth's Maria Thereſia und Joſeph II., 3 Bände, Wien 1867, 1868, iſt über dieſe Zuſammen-kunft, ſo wie über vieles andere ganz neues Licht verbreitet.

selbst übergab, lautet die wesentlichste Stelle folgender=
maßen: „Ich verspreche auf mein königliches Wort
und als ehrlicher Mann, daß, wenn sich die Kriegs=
flamme zwischen England und den Bourbonen ent=
zünden sollte [1]), ich den zwischen uns hergestellten Frie=
den getreulich halten will. Sollte ein anderer Krieg
ausbrechen, dessen Entstehung sich jetzt noch nicht
vorhersehen läßt, so werde ich dem österreichischen Ge=
biete gegenüber die strengste Neutralität beobachten,
wie Seine kaiserliche Majestät in Bezug auf meinen
Staat das Gleiche versprochen hat [2])."

Unter den freundschaftlichsten Versicherungen trennte
man sich. Indessen ergeben Joseph's Berichte an seine
Mutter, daß der Kaiser von wesentlichem Mißtrauen
gegen den König von Preußen erfüllt war; während
dieser seinerseits befürchtete, daß ihm die Annäherung
an Oesterreich in Petersburg übel gedeutet werden
könnte, weshalb er alles mögliche that, um Katharina
hierüber zu beruhigen. Joseph fühlte sich erleichtert,
als die Zusammenkunft vorüber war. In seinen No=
tizen über die Ereignisse jener Tage ließ er zwar den
hohen Geistesgaben des Königs volle Gerechtigkeit

---

[1]) Was damals wegen gewisser Vorfälle zwischen einem eng=
lischen und einem spanischen Kriegsschiffe nicht unwahrschein=
lich war.

[2]) Arneth I. 313.

wiederfahren, an die Freundschaft desselben aber glaubte
er ebensowenig, als es ihm mit der Entsagung seiner
Ansprüche auf Schlesien Ernst war. Wie zum Scherze
ließ er die Aeußerung fallen, man verbreite das Gerücht,
Friedrich wolle die eroberte Provinz zurückgeben, wenn
er Danzig dafür erhielte. Der König erwiederte in
gleichem Tone: „Ich soll wohl König von Polen wer=
den?" Charakteristisch für das ganze Verhältniß sind
Joseph's Schlußworte: „Ihn Einmal gesehen zu haben
war für mich sehr interessant; aber Gott bewahre mich
vor einem zweiten Male. Er droht mir mit einem
Gegenbesuche in Kolin."

Noch sei hier bemerkt, daß der Kaiser seiner Mutter
schreibt, Friedrich der Große sehe den von ihm verbrei=
teten Portraits gar nicht ähnlich.

Dieser spricht sich seinerseits über den Eindruck, den
Joseph II. auf ihn gemacht hatte, folgendermaßen
aus[1]): „Dieser junge Fürst trägt eine Offenherzigkeit
zur Schau, die ihm natürlich zu sein scheint. Sein
liebenswürdiger Charakter ist eine Mischung von Hei=
terkeit und Lebhaftigkeit. Er hat den Wunsch, aber
nicht die nöthige Ausdauer sich zu unterrichten; seine
hohe Stellung macht ihn oberflächlich. In unbewach=
ten Augenblicken gewahrt man den glühenden Ehrgeiz,
der ihn verzehrt." Viel später hat Friedrich die ganze

---

[1] Oeuvres VI. 25.

Handlungsweise des Kaisers mit den treffenden Worten gezeichnet: „Er will stets den zweiten Schritt thun, bevor er den ersten gethan hat."

Der von Joseph gefürchtete Gegenbesuch fand vom 3. bis 7. September 1770 zu Neustadt in Mähren statt [1]). Damals war Fürst Kaunitz in des Kaisers Begleitung. Das Interesse beider Höfe, dem Vordringen der Russen Schranken zu setzen, war auf's Höchste gestiegen, weil die Siege derselben den völligen Untergang der Türkei, und damit die Zerstörung des Europäischen Gleichgewichts befürchten ließen.

Ueber das, was hier vorging, besitzen wir die ausführlichen und höchst geistreichen Aufzeichnungen des bekannten Fürsten von Ligne [2]), an dessen Unterhaltung Friedrich großes Vergnügen fand, die sich aber nicht auf

---

[1]) Unterwegs besuchte der König den Grafen Hoditz auf Roßwalde, der mit einer brandenburgischen Prinzessin aus einer der Nebenlinien vermählt war, und dem Friedrich sehr wohl wollte. Dieser Hoditz hatte aus seinen Gärten eine märchenhafte Zauberwelt geschaffen, die Gebüsche waren von Dryaden, die Bäche von Wassernymphen belebt, in welche Rollen die armen Leibeigenen sich zu theilen hatten. Für den König wurden noch besondere Lustbarkeiten veranstaltet und Alles aufgeboten, um demselben durch Wasser- und Feuerkünste Ueberraschungen zu bereiten. Der Erfinder dieser Seltsamkeiten vergeudete durch solche Spielereien sein Vermögen und lebte zuletzt in Potsdam von der Gnade des Königs.

[2]) Prince de Ligne, Mémoires et Mélanges historiques. Paris 1827.

den diplomatischen, sondern mehr auf den geselligen
Charakter der Zusammenkunft beziehen. Es ging dabei
nicht so formlos zu wie in Neisse. Friedrich der Große
scheint mit Absicht dem Kaiser gegenüber die Rolle
eines Kurfürsten von Brandenburg gespielt zu haben,
was für Joseph II. zuweilen beängstigend war. Wenn
z. B. Joseph II. zu Pferde stieg, ergriff der König den
Zügel und half dem rechten Fuße des Kaisers in den
Steigbügel; dessenungeachtet, fügt de Ligne hinzu, war
der Kaiser stets beflissen, seinem Gaste die Ehrerbietung
zu erweisen, die ein junger Fürst einem viel älteren
Könige, und ein junger Soldat dem größten Feldherrn
seiner Zeit schuldete. Der König seinerseits zeichnete
unter den anwesenden österreichischen Generalen beson=
ders seinen großen Gegner Loudon aus, den er stets
mit dem Titel Feldmarschall anredete, obgleich derselbe
diesen wohlverdienten Rang erst viel später erhielt.
Bekannt ist, daß Friedrich der Große ihn eines Tages
bat, sich bei Tafel an seine Seite zu setzen, er habe ihn
stets lieber neben sich, als sich gegenüber gehabt. —

Das Resultat der politischen Unterhandlungen,
welche zwischen dem Könige und Kaunitz persönlich
stattfanden, läßt sich kurz mit den Schlußworten ihrer
Hauptunterredung zusammenfassen: „Es komme alles
darauf an, zwischen Rußland und der Türkei einen
erträglichen Frieden zu Staude zu bringen, ohne daß
man genöthigt würde selbst zu den Waffen zu greifen."

Der König setzte den jungen Kaiser von allem in
Kenntniß, worüber er mit Kaunitz gesprochen, was einen
sehr guten Eindruck machte, weil Maria Theresia noch
immer eifersüchtig darauf bedacht war, ihren Sohn
von den wesentlichsten Staatsverhandlungen fern zu
halten. —

Durch ein wunderbares Zusammentreffen langte
am Morgen nach jener Unterredung [1]) ein am 12. August
aus Constantinopel abgesendeter Courier in Neustadt
an, welcher von Seiten des Sultans an die Höfe von
Berlin und Wien das Gesuch überbrachte, sich der
Friedensvermittelung zu unterziehen. Der Kaiser, der
wohl wußte, daß dieser Antrag in Folge der von dem
preußischen Gesandten bei der Pforte gethanen Schritte
erfolgt sei, war dem Könige dafür in der That dankbar.
Daß übrigens der Frieden nicht so schnell, sondern erst
im Jahre 1774 zu Stande kam, ist bereits oben
erwähnt; die Russen waren für jetzt zu sehr im Vortheil, um mit ihnen auf gemäßigte Bedingungen unter-
haudeln zu können. Ein unmittelbar bedeutendes
Ergebniß hatte also diese zweite Zusammenkunft beider
Monarchen ebensowenig als die erste. Der Ausbruch
eines allgemeinen Krieges schien kaum mehr abzuwenden. Oesterreich zog bereits ein Armeekorps an der
ungarischen Grenze zusammen. Die Polen schienen zu

---

[1]) Oeuvres VI. 30.

jeder Gewaltthat fähig, da sie gerade damals durch eine
im Lande wüthende, grausam verheerende Pestkrankheit
vollends zur Verzweiflung gebracht waren; und doch
mußte Friedrich der Große, so schwer es auch schien, auf
jede Weise versuchen den Frieden zu erhalten; denn
kam es zum Kriege zwischen Oesterreich und Rußland,
so verpflichtete ihn der Allianzvertrag von 1764 zur
Theilnahme, und sein dem Kaiser in Mähren gegebenes
Versprechen, neutral zu bleiben, würde ihn nicht von der
Verpflichtung befreit haben, den Russen 12,000 Mann
Hilfstruppen zu stellen. Da verfiel er auf den Gedan=
ken die alte, seit dem 15. Jahrhundert immer von
neuem wieder aufgetauchte Idee einer Theilung Polens
anzuregen. Gelang es zwischen Oesterreich, Rußland
und Preußen eine Vereinigung hierüber zu bewir=
ken, so war ein Object vorhanden, um Rußland eine
Entschädigung zu bieten, die reichlich das aufwog, was
es durch den Krieg gegen die Türken zu erwerben hoffen
konnte. Der Sultan blieb alsdann im Besitz der
Moldau und Walachei, wodurch Oesterreich von der
Furcht befreit war, Rußland bis an die ungarische
Grenze vorrücken zu sehen, und für Preußen war dabei
ein Zuwachs an Gebiet zu erwarten, durch dessen Besitz
es im Stande war, die Vergrößerung des russischen
Reiches mit mehr Ruhe anzusehen. Daß der Unter=
gang Polens in jedem Falle nur noch eine Zeitfrage
sein konnte, haben wir oben auseinandergesetzt. Die

Zustände daselbst hatten von jeher bei den Nachbarn
den Gedanken wach erhalten, daß sie sich früher oder
später durch Losreißung polnischer Districte bereichern
könnten.   Hatte doch schon vor länger als 200 Jahren
der preußische Orden mit dem Kaiser Sigismund des=
halb unterhandelt, der bei seinen vielfachen Verlegen=
heiten in der Wahl seiner Mittel niemals sehr gewissen=
haft war.   Daß später unter Friedrich I. von Preußen,
und zuletzt unter Friedrich Wilhelm I. zu ähnlichen
Zwecken Verhandlungen stattfanden, haben wir gesehen,
und im 9. Kapitel des 2. Bandes ist erzählt, wie
Grumbkow deshalb mit August dem Starken kurz vor
dessen Tode eine Zusammenkunft hatte.   Die Könige
aus dem Sächsischen Hause hofften, durch Abtretungen
an die Nachbarn, also dem Wesen nach durch eine
Theilung, die erbliche Souverainität über den Rest des
Königreichs erkaufen zu können.

Daß diese Sache gerade jetzt wieder zur Sprache
kam, muß ohne Weiteres auf Rechnung Friedrich's des
Großen gesetzt werden, der in seinen Schriften selber
daraus gar kein Hehl machte[1]).   Er ging dabei sehr

---

[1]) In der Ausgabe der Oeuvres posthumes von 1788 hatte
man die entscheidende Stelle, die sich jetzt Oeuvres VI. p. 26,
Zeile 4 von unten befindet, gestrichen.   Ebenso fehlen p. 7 daselbst
Zeile 5 von oben hinter: à force de négocier die Worte: et
d'intriguer.   Die ganze Angelegenheit war bekanntlich damals
noch nicht abgeschlossen, woraus diese Vorsicht erklärlich ist.

vorsichtig zu Werke, indem er zuerst, wie er das bei
verschiedenen Gelegenheiten auch sonst gethan, unter
fremdem Namen (diesmal unter dem des uns bekann=
ten Grafen Lynar, der die Convention vom Kloster
Zeven vermittelt hatte [1]), dem Petersburger Hofe durch
die dritte Hand ein Schriftstück zur Kenntnißnahme
überreichen ließ, welches die Besitznahme einiger pol=
nischer Provinzen durch Rußland, Oesterreich und
Preußen in Vorschlag brachte, unter Hinweisung
darauf, daß, wenn man sich hierüber einigte, die Russen
nicht zu fürchten hätten, bei der Kriegsführung gegen
die Türkei von Oesterreich behindert zu werden, welches
sonst leicht im Stande wäre, durch ein am Dniester
aufgestelltes Korps die russische Armee von Polen abzu=
schneiden und ihnen unmöglich zu machen, von dort die
nothwendigen Kriegs= und Lebensmittel zu beziehen.

Wie einleuchtend auch die Vortheile waren, welche
auf diese Weise allen Interessenten geboten wurden, so
befanden sich doch gerade damals die Russen zu sehr im
Glück (sie hatten die Moldau und Walachei eingenom=
men und einen Seesieg im Archipel erfochten), um
gemäßigten Vorschlägen Gehör zu geben. Das Project
hatte also für den Augenblick keine weiteren Folgen.

Die Russen hielten seit Peter dem Großen an der
Ueberzeugung fest, daß Polen früher oder später in

---

[1] Oeuvres VI. 26.

ihren Besitz kommen müsse. Sie wollten nur den
Moment abwarten, wo die überreife Frucht von selbst
abfalle, um eingeerntet zu werden. Schon standen die
russischen Truppen im Lande, Katharina hatte den
Thron nach ihrem Willen mit einem ihr ergebenen
Günstling besetzt, die Conföderirten, welche sich aufzu-
lehnen wagten, waren niedergeworfen, — wie sollte sie
unter diesen Umständen dem sogenannten Lynar'schen
Vorschlage günstig sein, der ihr zumuthete, das zu theilen, was sie bald allein zu besitzen hoffte! Dennoch
traten inzwischen Umstände ein, welche der Sache ein
anderes Ansehen gaben.

Wir haben erwähnt, daß bereits im 15. Jahrhundert Kaiser Sigismund an eine Theilung Polens
gedacht hatte, um sich aus seiner Geldnoth zu helfen.
Da der Plan damals nicht ausführbar war, so sah er
sich statt der gehofften Besitzvergrößerung im Gegentheil
genöthigt, 1412 einen ungarischen District an dasselbe
Polen zu verpfänden, auf dessen Kosten er sich hatte
vergrößern wollen. Die Zipser Gespannschaft, etwa
65 Quadratmeilen groß, an der ungarisch=galizischen
Grenze belegen, wurde der Krone Polen gegen eine
beträchtliche Summe in Versatz gegeben und niemals
wieder eingelöst; es verzichtete sogar des Kaisers Nach=
folger 1589 durch einen förmlichen Vertrag auf das
Einlösungsrecht, und die Zipser Landschaft hatte sich
seitdem in unbestrittenem Besitze des polnischen Staates

befunden. Jetzt nun, im Jahre 1770, wo Polen von inneren und äußeren Feinden bedrängt, und das Land noch überdies durch eine schreckliche Pest verheert wurde, hielten Joseph II. und Kaunitz den Zeitpunkt für gün= stig, um jene längst verjährten, ausdrücklich für erloschen erklärten Rechte wieder in's Leben zu rufen. Im Monat Juli 1770 ließen sie ohne Weiteres das Gebiet militärisch besetzen, und errichteten überall österreichische Grenzsteine, wobei sie ganz willkürlich den Umfang des einstmalig ungarischen Gebietes nach mehreren Seiten hin erweiterten. Auf den Protest König Stanislaus' wurde keine Rücksicht genommen.

Dieser Vorfall war noch ziemlich neu, als im Okto= ber 1770 Prinz Heinrich von Preußen von Schweden aus, wo er seine Schwester Ulrike besucht hatte, einer Einladung Katharina's nach Petersburg folgte. Der Prinz, nur zwei Jahre älter als die Kaiserin, hatte in seiner Jugend häufig mit derselben verkehrt, als sie noch bei ihrem Vater in Stettin lebte und von da aus Besuche am Berliner Hofe machte. Jetzt wollte die Kaiserin in der Person dieses befreundeten Prinzen zugleich ihrem Alliirten, dem Könige von Preußen, eine Ehre erweisen, und veranstaltete für dessen Bruder eine Reihe der glänzendsten Feste. Der Feldherrnruhm des Prinzen machte denselben znm Gegenstande der Bewunderung für den russischen Hof, obgleich seine Persönlichkeit durchaus nichts Anziehendes hatte. Er

wird als ein kleiner steifer Herr geschildert, dessen große
blaue Augen ein schielender Blick entstellte[1]).   Die
Kaiserin scheint sich in seinem Umgange gefallen zu
haben, der sie an alte Zeiten erinnerte, wo sie sich weder
von dem Glanze ihrer jetzigen Lage, noch von den Verbrechen träumen ließ, durch welche sie auf den Gipfel
der Macht gelangen sollte.

In den Unterhaltungen mit dem Prinzen kamen
natürlich auch die polnischen Angelegenheiten zur
Sprache, worüber Heinrich seinem königlichen Bruder
unter dem 8. Januar 1771 Bericht erstattete[2]).

Die Kaiserin sagte, wenn die Oesterreicher zwei
polnische Starostien in Besitz genommen und Grenzsteine mit den kaiserlichen Adlern hingestellt haben,
warum sollen die Anderen nicht auch zngreifen? Es
scheint ja, fügte sie nach andern Berichten hinzu, daß
man sich in Polen blos zu bücken braucht, um etwas
aufzuheben; worauf Czernitscheff sich an den Prinzen
wandte und demselben zu verstehen gab, Preußen möge
Ermeland nehmen, damit doch Jeder etwas bekomme.
Das war allerdings scheinbar scherzhaft hingeworfen,
allein es schien in soweit voller Ernst, als die Russen sich
überzeugten, man müsse den beiden andern Nachbarn

---

[1]) Richardson Anecdotes of the Russian Empire bei Carlyle XIII. 141.

[2]) Oeuvres XXVI. 354.

Polens auch etwas gönnen, wenn man das übrige später ungestört für sich behalten wolle.

Friedrich der Große nahm diese Mittheilungen
anscheinend sehr kühl auf. Ermeland sei nicht sechs
Dreier werth, schrieb er seinem Bruder zurück[1]). Dennoch erkundigte er sich in aller Stille bei seinem preußischen Präsidenten Domhardt nicht nur nach dem wirklichen Ertrage dieses Bisthums, sondern auch nach dem
von Marienburg und Pomerellen mit Ausschluß von
Danzig. In der Hauptsache war er überzeugt, daß,
wenn es zwischen Rußland und Oesterreich zum Kriege
käme, diese kleinen Erwerbungen gegenüber den großen
Interessen, die da zur Sprache kämen, verschwinden
würden. „Wollte ich," sagte er, „mich eifrig nach dem
Erwerb einer so kleinen Landstrecke drängen, so würde
ich dadurch den Ruf der unersättlichen Habgier nur
noch verschlimmern, die man mir ohnehin schon in
Europa zur Last legt[2]). Galt es dagegen den Erwerb
eines größeren Gebietes, noch dazu eines solchen, welches
für den preußischen Staat von dem erheblichsten Nutzen
war, so konnte man die üble Nachrede gern mit in den
Kauf nehmen." Nun wissen wir, daß Friedrich II.
bereits als Kronprinz die Nothwendigkeit erkannt und
klar ausgesprochen hatte, bei eintretender Gelegenheit

---

[1]) Oeuvres XXVI. 343, vom 24. Januar 1771.
[2]) Daselbst p. 350.

sich des polnischen Preußen zu bemächtigen, um die
Verbindung zwischen seinen getrennten Landestheilen
herzustellen.   Jetzt schien der Augenblick gekommen,
um ein solches Ziel zu erreichen.   Die politischen Ver=
hältnisse drängten zur Entscheidung.   Rußland hatte
den Türken so übertrieben lästige Friedensbedingungen
gestellt, daß diese voraussichtlich niemals einwilligen
konnten, eine Fortsetzung des Krieges also gewiß war.
Aber gesetzt auch, die Pforte hätte die geforderten Zu=
geständnisse machen wollen, so mußte das zum Zerwürf=
niß mit Oesterreich führen.   Rußland hatte nämlich
unter anderem auch den Besitz der Moldau und Wa=
lachei, vorläufig zwar nur auf eine Reihe von Jahren,
in der That aber mit der Absicht beansprucht, diese
Fürstenthümer niemals wieder herauszugeben, wodurch
für Oesterreich eine gefährliche, nicht zu duldende Nach=
barschaft entstanden wäre.   Friedrich der Große suchte
zwischen diesen widerstreitenden Absichten zu vermitteln
und ging dabei von sehr praktischen Ansichten aus, die
nach seinen eigenen Worten sich ungefähr in Folgendem
zusammenfassen lassen [1]): „Meine Stellung," sagt er,
„war sehr delikater Natur; das Anwachsen der ohnehin
schon furchtbaren Russischen Macht lief meinen Interessen
entgegen, und doch war ich durch den Allianzvertrag
genöthigt, der Kaiserin Hilfstruppen zu schicken, wenn

---

[1]) Oeuvres VI. 39.

sie von Oesterreich angegriffen würde. Ich mußte also
entweder meine Bundespflicht erfüllen, oder auf die
Vortheile verzichten, welche das Bündniß mir bringen
sollte. Neutral zu bleiben wäre das allergefährlichste
gewesen, Oesterreich und Rußland hätten dann zuletzt
leicht auf meine Unkosten Frieden schließen können;
außerdem hätte ich dem Ansehen des Staates und mei=
nem eigenen geschadet; Niemand würde sich mehr mit
mir eingelassen haben, und gänzliche Isolirung Preußens
wäre die Folge einer so fehlerhaften Haltung gewesen."

Vermehrt wurden diese Schwierigkeiten noch durch
ein Bündniß, welches Oesterreich am 6. Juli 1771 mit
der Pforte schloß, und sich in demselben verpflichtete,
Rußland zur Rückgabe aller im letzten Kriege gemach=
ten Eroberungen zu zwingen, ohne daß die Unabhän=
gigkeit und Freiheit Polens, welche ja den Anlaß zu
dem Kriege gegeben, dabei Eintrag leide. Die Pforte
sollte dafür die Kriegskosten tragen und einen Theil der
Walachei an Oesterreich abtreten [1]). Hier stand also,
was Friedrich der Große am eifrigsten zu vermeiden
suchte, ein neuer gewaltiger Krieg in Aussicht. Immer
mehr befestigte sich bei ihm der Gedanke, daß das ein=
zige Mittel, aus diesen Verlegenheiten herauszukom=
men und alle Parteien zu entschädigen, die Theilung
Polens sei. Er begann nun in Petersburg, auf Grund

---

[1]) Fr. v. Raumer, Polens Untergang p. 60.

jener Aeußerungen Katharina's, mit derselben ernstlich
über die Antheile zu unterhandeln, welche jede der drei
Mächte erhalten sollte. Die Russen erhoben übermäßige Ansprüche, und es währte eine geraume Zeit,
bis dieselben auf ein billiges Maß herabgestimmt werden konnten. Die Forderungen, welche Preußen für
sich selbst stellte, wurden im Wesentlichen bald bewilligt,
nur Danzig wollte Katharina um keinen Preis ihrem
Verbündeten überliefern, angeblich, weil sie die Freiheit
dieser kleinen Handelsrepublik gewährleistet habe, in
der That aber, weil sie wußte, daß England niemals
darein willigen würde diesen Hafenplatz, mit dem ein
einträglicher Verkehr getrieben wurde, in die preußischen
Zollschranken einschließen zu lassen. Friedrich der Große
gab zuletzt nach, weil, wie er selbst sagte, die Erwerbung Danzigs doch nur eine Zeitfrage sein konnte,
wenn Preußen in Besitz der Weichsel und des Danziger
Hafens kam. So wurde dann am 17. Februar 1772
in Petersburg ein geheimer Theilungsvertrag unterzeichnet, welchen man dem österreichischen Hofe vorlegen und diesen zur Theilnahme einladen wollte. Hier
stieß man aber auf neue Schwierigkeiten. Vor allen
Dingen empörte sich Maria Theresia's Rechtlichkeits-
gefühl gegen die Art und Weise, wie man zum Aus-
gleich der Streitigkeiten einen fremden, wesentlich unbe-
theiligten Staat plündern und zerstückeln wollte. Ihr
war die ganze Vergrößerungspolitik zuwider, welche

von Joseph II. ausging und von Kaunitz unterstützt wurde. Schon bei Gelegenheit des letzten Bündnisses mit der Türkei schrieb sie an den Kaiser, ihren Sohn[1]): „Unser verstecktes Betragen gegen unsere Verbündeten sowohl als gegen unsere Widersacher kommt nur davon her, daß man den Krieg Rußlands mit der Pforte dazu benutzen will, um unsere Grenzen zu erweitern. Man möchte in preußischer Manier verfahren, und doch dabei den Schein der Ehrlichkeit retten; — aber wenn wir auf diesem Wege auch ein Stück von der Walachei, wenn wir selbst Belgrad bekommen, würde ich das zu theuer erkauft ansehen, denn es geschieht auf Kosten der Ehre, des Ruhmes unserer Monarchie und auf Kosten des Vertrauens, welches wir bei andern genießen.“

Man kann sich denken, wie ihr bei solchen Gesinnungen der Gedanke an die Theilung Polens zuwider war. Nur durch das unbedingte Vertrauen in die Weisheit ihres Ministers Kaunitz wurde sie dahin gebracht, in ein Verfahren zu willigen, welches sie geradezu wie eine Räuberei betrachtete. Ihre schönen hierauf bezüglichen Worte sind bekannt: „Als alle meine Länder angefochten wurden,“ schrieb sie an Kaunitz, „und gar nicht mehr wußte wo ruhig wiederkommen sollte, steifte ich mich auf mein gutes Recht und den Beistand Gottes. Aber in dieser Sache, wo nicht

---

allein das offenbare Recht himmelschreiend wider uns,
sondern auch alle Billigkeit und die gesunde Vernunft
wider uns ist, muß bekennen, daß zeitlebens nicht so
beängstigt mich befunden und mich sehen zu lassen
schäme. Bedenke der Fürst was wir aller Welt für ein
Exempel geben, wenn wir um ein elendes Stück von
Polen unsere Ehre und Reputation in die Schanze
schlagen. Ich merke wohl daß ich allein bin, und nicht
mehr en vigueur, darum lasse ich die Sache, allein
nicht ohne meinen größten Gram ihren Weg gehen [1])."
In gleichem Sinne setzte sie unter den ihr vorgelegten
Theilungsentwurf: „Placet, weil so viel große und
gelehrte Männer es wollen; wenn ich aber schon längst
todt bin, wird man erfahren, was aus dieser Verletzung
von allem, was bisher heilig und gerecht war, hervor=
gehen wird."

Troß dieser Gesinnung der Kaiserin=Königin wurde
gerade von Wien aus der Abschluß des ganzen Geschäfts
durch die übertriebenen Forderungen, die man daselbst
aufstellte, verzögert, und war mehrmals in Gefahr
ganz zu scheitern, bis endlich am 5. August 1772 der
Vertrag nach den Punkten, über die man sich schließlich
einigte, unterzeichnet werden konnte [2]). Nach denselben

---

[1]) Preuß IV. 38. aus Hormayr's Taschenbuch 1831. 66.

[2]) Die Verträge zwischen den drei Mächten finden sich im
zweiten Bande von Marten's Recueil.

erhielt Rußland die Woiwodschaften Witepsk und Mieceslav, verschiedene Stücke von Minsk, ungefähr 1975 ☐ Meilen mit 1,800,000 Einwohnern. Oester= reich behielt die Zipser Gespannschaft, einen Theil von Krakau und Sandomirien, und überhaupt die Länder, aus welchen unter der neuen Herrschaft das Königreich Galizien und Lodomirien gebildet wurde, im Ganzen etwa 1280 ☐ Meilen mit 2,700,000 Einwohnern. Friedrich der Große nahm das polnische Preußen mit Ausnahme von Thorn und Danzig und Großpolen bis zur Netze, 629 ☐ Meilen mit 504,800 Einwohnern[1]). Obgleich an Umfang bei weitem der kleinste, war der Preußische Erwerb für seinen neuen Besitzer dennoch der werthvollste. Nicht nur wurde durch denselben Pommern mit Ostpreußen in Zusammenhang gebracht, sondern was man erhielt war zum überwiegenden Theil altes deutsches Land mit Städten von deutscher Cultnr und Sitte, und auch die polnischen Districte hatten eine mit Deutschen gemischte Bevölkerung, so daß man hoffen durfte hier einen besseren Zustand herbeizuführen, als er unter der anarchischen Wirth= schaft bisher sich bilden konnte.

Bis jetzt hatte man die Republik und den König Stanislaus noch gar nicht um ihre Einwilligung in

---

[1]) Die Flächenmasse und die Einwohnerzahl wird verschieden angegeben, was bei der geringen Genauigkeit damaliger stati= stischer Arbeiten nicht auffallen kann.

die Zerreißung des Landes gefragt, welches unge=
fähr ⅞ seines gesammten Gebietes hergeben sollte. Am
18. September 1772 erschien eine Erklärung der drei
Mächte des Inhalts[1]): „Sie wären entschlossen die
zweckmäßigsten und wirksamsten Maßregeln zu ergreifen,
damit Ruhe und Ordnung in Polen hergestellt und die
alte Verfassung, sowie die Freiheiten des Volkes auf
sicheren Grundlagen befestigt würden — — demgemäß
fordere man alle Polen auf, Zwist und Täuschung bei
Seite zu setzen, und für solche trefflichen Zwecke eifrigst
mitzuwirken!!"

Auf Befehl der Theilungsmächte mußte ein Reichs=
tag berufen werden, und Friedrich und Katharina,
welche bisher stets die Einstimmigkeit der Beschlüsse
und das liberum veto für einen unantastbaren Bestand=
theil der polnischen Verfassung erklärt hatten, ordneten
jetzt an, daß diesmal die Mehrheit der Stimmen ent=
scheiden solle, und daß kein Angehöriger der abzutre=
tenden Gebietstheile gewählt werden dürfe.

Dennoch konnte der so zusammengesetzte Reichstag,
obgleich die russischen Bajonette ihn drohend umgaben,
nicht zu der geforderten Einwilligung gebracht werden.
Die Landboten erklärten das ganze Verfahren für das,
was es in der That war, für eine ungesetzliche und

---

[1]) Flassan, histoire de la diplomatie. VII. 89. bei Raumer 67.

unerhörte Gewaltthat. Da ließen die Verbündeten am
4. Dezember 1772 und 2. Februar 1773 neue Mah=
nungen ergehen: Sie erklärten jeden Widerstrebenden
für einen Feind seines Vaterlandes. Die bisherigen
Zögerungen setzten sie in unaussprechliches Erstaunen,
ihre Würde, so wie die Gerechtigkeit schrieben ihrer
Mäßigung gewisse Grenzen vor. Nur Täuschungen,
Parteiungen und Eigennutz der Polen (!) seien schuld,
daß man ihre gerechten Ansprüche nicht anerkenne.
Zuletzt traten der preußische, russische und österreichische
Gesandte mit der Drohung hervor, ihre Gebieter wür=
den ganz Polen unter einander theilen, wenn man ihre
Forderungen nicht alsbald erfüllte. Nun blieb nichts
übrig, als sich in das Unvermeidliche zu fügen. Die
Majorität des ohnehin sehr schwach besuchten Reichs=
tages gab den Widerstand auf, um wenigstens das zu
erhalten, was man der Republik für jetzt noch lassen
wollte. Nun schritt man von allen drei Seiten zur
Besitznahme, und ließ im Eifer darüber sogar die Dissi=
denten im Stich, deren Rechte man doch heuchlerisch
einst an die Spitze der Beweggründe gestellt hatte,
welche das unerhörte Theilungsverfahren beschönigen
sollten. Jetzt, da man hatte was man wollte, gestat=
tete man den Katholiken alle Andersgläubigen von den
Staatsämtern auszuschließen; die Protestanten durften
auf ihren Kirchen keine Glocken mehr haben und der=
gleichen mehr. Die Manifeste, welche die drei Höfe

erließen, um ihre Anrechte auf die ihnen zufallenden
Gebietstheile nachzuweisen, übergehen wir; sie ent=
hielten natürlich nichts als die frivolsten Behauptungen
und Deductionen. Friedrich der Große scheint sich selbst
der in seinem Namen von Herzberg ausgearbeiteten
Proclamation geschämt zu haben. „Die Theilung
Polens," sagt er, „war zur Erhaltung des europäischen
Friedens nothwendig; auf eine Ausführung der Berech=
tigung wollen wir uns nicht weiter einlassen."

Wir besitzen in der Lebensbeschreibung Brenkenhof's
eine ebenso ausführliche als wahrheitsgetreue Schilde=
rung der Art und Weise, wie Preußen bei der Besitz=
nahme der ihm zugefallenen Gebietstheile verfuhr. Da
in dem Theilungsvertrage dem Könige der volle Besitz
des Netzeflusses zugesprochen war, so beanspruchte man
alles südlich davon gelegene Gebiet (den sogenannten
Netzdistrict), weil der Fluß denselben einst überschwemmt
hätte, und man rückte die Grenzsteine mit solcher Miß=
achtung von Recht und Billigkeit in das polnische Gebiet
hinein, daß an Einer Stelle der Fluß das Land 12 Mei=
len, über die dortigen Berge hinweg überschwemmt
haben mußte. Da war es nicht zu verwundern, daß
die Polen der Inschrift dieser Grenzsteine: suum cuique,
das Wort rapuit hinzufügten.

Es waren nicht weniger als 159 ☐ Meilen mit
150,000 Einwohnern, die man sich auf diese Art
zueignete. Brenkenhof, der die Besitznahme leitete,

schloß u. A. auf Bitten seiner Freundin, der Generalin
Skorzewska, deren Güter mit 2000 Familien ohne
Weiteres in das preußische Gebiet mit ein, was der
König nachher guthieß[1]), und im Februar 1773 schriftlich und mündlich befahl, die Grenzen nur noch etwas
weiter hinauszurücken; dies wurde in der Art befolgt,
daß man noch 15 Städte und 516 Dörfer mit beinahe
47,000 Einwohnern incorporirte. Die Oesterreicher
verfuhren nicht besser, und als die Polen zuletzt in ihrer
Verzweiflung sich bittend an die Kaiserin Katharina
wendeten, bewirkte diese durch eindringliche Vorstellungen, daß wenigstens ein kleiner Theil des ganz
unrechtmäßig genommenen zurückerstattet wurde.

Wunderbar, und nur durch die damals allgemeine
politische Erschlaffung erklärlich, ist die Gleichgültigkeit,
mit welcher ganz Europa diesen unerhörten Vorgängen
zusah. Das englische Cabinet war, wie die Tagebücher
und Correspondenz Lord Malmesbury's ausweisen,
durch seinen Gesandten in Berlin von dem Gange der
Ereignisse vollständig unterrichtet, ertheilte aber auf die
Anfrage vom 7. August 1772 den Bescheid: Se. Groß-
britannische Majestät halte die Angelegenheit nicht so
wichtig, um thätig einzuschreiten. In Frankreich war,
seit Choiseul's Rücktritt (1770), der erbärmliche Herzog
Aiguillon, ein Günstling der du Barry, am Ruder,

---

1) Brenkenhof's Leben 111.

und hielt an der Friedenspolitik fest. .Auch wäre der
völlig erschlaffte Ludwig XV. kaum noch zu einem kräf=
tigen Entschlusse zu bringen gewesen.   Daß Polen von
Frankreich im Stich gelassen wird, ist außerdem eine
Erscheinung, die sich zu allen Zeiten wiederholt.

So konnte dann die Losreißung der polnischen Pro=
vinzen ungestört vor sich gehen.   Friedrich der Große
hatte sich bereits am 13. September 1772 in Polnisch
Preußen, von jetzt an Westpreußen genannt, huldigen
lassen, und nahm nunmehr, statt des Titels König in
Preußen, welcher den Verhältnissen nicht mehr ent=
sprach, den Titel König von Preußen an, was ein
Protest Stanislaus August's natürlich nicht hindern
konnte.   Im Mai 1775 erfolgte zu Inowraclaw die
Huldigung für das nachträglich in Besitz genommene
Netzgebiet, wo die Preußen bis dahin mit großer Härte
und Gewaltsamkeit gehaust und namentlich fast uner=
schwingliche Lieferungen ausgeschrieben hatten, die sie
noch dazu mit eigens für diesen Zweck geprägten leichten
Dukaten bezahlten.   Jetzt wurde das Land wie eine
Preußische Provinz behandelt, womit diese Bedrückun=
gen aufhörten und eine Menge anderer alter Mißbräuche
beseitigt wurden [1]).

---

[1]) Besonders übel hauste der berühmte Husarengeneral Bel=
ling, der deshalb auch bei dem Könige in Ungnade fiel. Bei
dem Belling'schen Corps stand damals Blücher als Rittmeister.
Auch er ließ sich Excesse zu schulden kommen und mußte, wahr=

Nachdem nun auch Oesterreich und Rußland zuge=
griffen und nicht selten das ihnen bestimmte Maß
gewaltsam überschritten hatten, war die erste Theilung
des unglücklichen Polens vollendet.

Kaum hat ein anderes Ereigniß in der Geschichte
soviel moralische Entrüstung hervorgerufen als diese,
nicht durch das Schwerdt, sondern durch die Federn der
Diplomatie verübte Gewaltthat; und allerdings, wenn
man sich derselben gegenüber auf den privatrechtlichen
Standpunkt des Mein und Dein stellt, von welchem
z. B. Maria Theresia mit ihrem gesunden, weiblichen
Rechtsgefühle sich nicht verdrängen ließ, so kann man
sich kaum eine offenbarere und dabei ehrlosere Räuberei
vorstellen, als wenn drei übermächtige, wohlgerüstete
Staaten sich verbinden, um über den schwächeren, fast
wehrlosen Nachbar herzufallen, um demselben von sei=
nem Gebiete das zu entreißen, was einem jeden von
ihnen am bequemsten gelegen ist, — allein historisch
betrachtet, ergeben sich doch noch ganz andere An=
schauungen, die hier maßgebend sind. Polen war durch
eigne Schuld und durch den Verlauf seiner inneren

scheinlich wegen Mißhandlung eines polnischen Priesters, aus
dem preußischen Dienste scheiden, in den er erst nach des Königs
Tode wieder aufgenommen wurde. Preuß IV. 81 ff., wo sich
über die den Preußen gemachten, zum Theil sehr übertriebenen
Vorwürfe ausführliche Nachrichten mit Bezugnahme auf die
betreffende Literatur zusammengestellt finden.

und äußeren staatlichen Verhältnisse dem Untergange
geweiht. Weder seine Verfassung noch der Charakter
der Nation machte es möglich, daß die Republik sich
neben den in der Cultur ihr weit voraneilenden Nach=
barländern erhalten konnte. Jene prophetischen Worte
des polnischen Erzbischofs: „Das Reich muß entweder
ein Raub seiner Feinde, oder sich selbst überlassen, eine
tartarische Wüste werden!" sollten nur zu bald in Er=
füllung gehen. Die Gesammtheit der unglaublichen
Mißbräuche, welche in dem Polenlande durch politische
Unfähigkeit und Verstocktheit sich aufgethürmt hatten,
konnten zu keinem anderen Ende führen. Kurz und
treffend hat Häußer[1]) in seiner unvergleichlichen Weise
dieses Chaos geschildert: „Ein Volk von Sklaven,
tumultuarisch geleitet von einer leichtfertigen und aben=
teuernden Aristokratie, in welcher sich die Untugenden
der Barbarei mit Lastern der Civilisation verschmolzen,
rohes Sarmatenthum und überfeines verfaulendes
Franzosenthum aneinander geklebt, — das alles unter
einer sogenannten republikanischen Verfassung, welche
die Anarchie der Einzelwillkür, das liberum veto jedes
der hunderttausend Edelleute, und die Gedanken= und
Gesetzesverwirrung auf den Thron erhob, wer wollte
von diesem unheilbaren Wuste eine gedeihliche Ent=
wicklung erwarten?" Als zuletzt die Könige aus dem

---

[1]) Deutsche Geschichte I. 138.

sächsischen Hause und ein Theil des besonneneren Adels
den Versuch machten, den einzig möglichen Weg einzu=
schlagen, der vielleicht zum Bessern führen konnte,
indem sie ein Erbkönigthum errichten und jenes liberum
veto beseitigen wollten, — da war es bereits zu spät.
Die Nachbarn, welche in dem Untergange Polens ihren
Vortheil erblickten, verhinderten die Ausführung solcher
Absichten, — und das ist bei allen diesen Vorgängen
moralisch am meisten zu verdammen: Man versperrte
mit eigennütziger bewußter Absicht dem unglücklichen
Volke die letzte Möglichkeit, aus seinem Elende heraus=
zukommen.

Was nun insbesondere Friedrich den Großen betrifft,
so ist es nach seinen eigenen Aeußerungen ebensowohl
als nach seinen Handlungen, besonders auch nach der
von ihm, unter dem Namen des Grafen Lynar verfaß=
ten Denkschrift, eine vergebliche Mühe, die moralische
Urheberschaft dieser ersten Theilung Polens von ihm
abwälzen zu wollen. Eine ganz andre Frage bleibt
es, ob man ihn deßhalb verdammen muß! Zu retten
war Polen nicht. Rußlands Armeen standen im Lande,
der russische Gesandte befahl als unumschränkter Ge=
bieter und schickte Bischöfe und Magnaten nach Sibi=
rien, wenn sie den Absichten seiner Kaiserin entgegen=
zuwirken wagten. Ein polnisches Heer, welches für
die Freiheit des Vaterlandes hätte kämpfen können,
war nicht vorhanden. Stanislaus August genoß weder

Macht noch Ansehn und wurde bereits als Vasall Ruß=
lands betrachtet. Somit war vorauszusehen, daß Polen
sehr bald aus einem selbstständigen Staat in eine
russische Provinz umgewandelt sein würde. Friedrich
hatte bereits im siebenjährigen Kriege diese Macht
fürchten gelernt, keiner seiner Feinde hatte ihm größeren
Schaden zugefügt, und ohne ein fast sichtliches wunder=
ähnliches Eingreifen der Weltregierung schien er ver=
loren, als der Tod Elisabeth's ihn rettete. Diese
russische Macht noch durch den Besitz Polens vergrößert
und bis an die alten preußischen Provinzen vorgeschoben
zu sehen, mußte der König, dem Gebote der Selbst=
erhaltung folgend, auf alle Weise zu verhüten suchen.
Dazu kam im damaligen Augenblick die Erwägung,
daß eine Theilung Polens zugleich das einzige Mittel
sei, den Ausbruch eines europäischen Krieges zu ver=
hüten und ihm selbst einen Antheil an der Beute zu
sichern, die sonst ganz dem gefürchteten Nebenbuhler in
die Hände gefallen wäre, — man versteht nun erst recht
jenes Wort des Königs: „Ich hätte sehr dumm oder
sehr ungeschickt sein müssen, um diese Gelegenheit nicht
bei der Stirnlocke zu ergreifen [1])!"

---

[1]) Daß Friedrich sich vor seinen Zeitgenossen nicht zu der
Urheberschaft einer Maßregel bekennen wollte, die so allgemein
verdammt wurde, versteht sich von selbst. An Voltaire, der auf
die öffentliche Meinung den größten Einfluß hatte, schreibt er
am 9. Oktober 1773, Oeuvres XXIII. 256: „Ich weiß, daß

Abgesehen aber von diesen Zeitverhältnissen und von den äußerlichen Vortheilen, welche sich gleichsam von selbst entgegendrängten, war es eine große geschichtliche Nothwendigkeit, die sich hier geltend machte, ohne daß der König ein klares ausdrückliches Bewußtsein von derselben gehabt hätte. Man kann die ganze Entwicklung und das Anwachsen des Preußischen Staates bezeichnen als einen fortwährenden Kampf und allmählichen Sieg über das Slaventhum, ausgehend von dem kleinen deutschen Kern, welcher einst den ursprünglichen Keim des jetzigen mächtigen Reiches gebildet hatte. Jetzt sollte wieder ein solcher Schritt geschehen, den die deutsche Cultur nach Osten that, um sich auf polnischem Gebiete weiter zu verbreiten. Der Gedanke, daß man Polen wo möglich erhalten und kräftigen sollte, um in diesem Staate eine Vormauer Deutsch-

---

ganz Europa mich für den Urheber der Theilung Polens erklärt, die ich durch meine politischen Machinationen bewirkt haben soll. Aber nichts ist falscher. Ich hatte erst alles andere vergeblich versucht, und kam zuletzt auf diese Theilung zurück, als auf das einzige Mittel, um den europäischen Frieden zu erhalten." Eigentlich wird auch in diesen Worten die erhobene Anklage im Wesentlichen als richtig zugestanden, und nur durch das Friedensbedürfniß motivirt. Viel unumwundener aber sprechen sich die oben angeführten Stellen der Memoiren von 1763—1775 aus. Voltaire hatte am 18. November 1772 geschrieben: „Der Gedanke der Theilung Polens soll von Ew. Majestät ausgegangen sein. Ich glaube es, weil dieser Gedanke ein genialer ist." Ibid. p. 225.

lands gegen Rußland aufzuführen, konnte bei dem damaligen hilflosen Zustande der Republik nicht gefaßt werden, und ist dem Könige so wenig wie den anderen Zeitgenossen in den Sinn gekommen. Ein Bündniß der größten Staaten mit der Zeit zu bilden, um dem Vordringen Rußlands zu steuern, hielt er, wie aus einem Briefe an seinen Bruder Heinrich hervorgeht, für das einzige wirksame Mittel.

Wir sind heutzutage gewohnt, den Untergang Polens zwar als ein selbstverschuldetes, nichtsdestoweniger aber als ein hochtragisches Geschick zu betrachten. Davon findet sich in den Aufzeichnungen Friedrich's des Großen keine Spur; er verfaßte im Gegentheil auf diese Begebenheit ein satyrisch-komisches Gedicht in sechs Gesäugen, welches darauf hinausläuft, daß die Polen und namentlich die polnische Geistlichkeit durch ihre Laster und ihre Uneinigkeit das Tischtuch ausgebreitet hätten, auf dem die Nachbarn bequem den Kuchen theilen könnten. Voltaire ging auf diesen Ton ein und suchte die Sache mit dem Witzworte abzuthun: „Wenn es beim Nachbar brennt, geht man in sein Haus und mischt sich in seine Angelegenheiten.‟ Dabei vergaß er, daß man das thut um zu löschen und zu retten, nicht aber um zu rauben und zu zerstören[1]). Dennoch hat

----

[1]) Raumer p. 76.

sein Ausspruch in sofern eine gewisse Berechtigung, als die Masse von ungesunden gefährlichen Stoffen, die sich in Polen angehäuft hatten, die Nachbarn wohl veranlassen konnte, gegen eine gefährliche Ansteckung Maßregeln zu treffen. — Sei dem wie ihm sei; der König hielt sich bei theoretischen Betrachtungen nicht lange auf, sondern schritt sofort zur Erfüllung der Pflichten, welche die Erwerbung großer, zum Theil durch und durch verwahrloster Landschaften ihm auferlegte. Mit seiner gewohnten Ausdauer und Energie, die hier ganz besonders scharf ausgeprägt hervortritt, beschloß er der polnischen Wirthschaft ein schnelles Ende zu machen und die straffe, ordentliche, gewissenhafte Preußische Verwaltungsart an deren Stelle zu setzen.

In dem Kampfe der Deutsch = protestantischen und der Polnisch=katholischen Elemente waren die an Preußen grenzenden Landstriche zu Grunde gegangen.

Raubend und plündernd durchzogen die Banden der Conföderirten das Land, Habsucht und Fanatismus wetteiferten mit einander in Zerstörungswuth und Verfolgungssucht. Unglaublich war das Elend, welches die Preußen vorfanden. Nur in wenigen Westpreußischen und Ermeländischen Districten hatten sich durch besonders günstige Umstände erträgliche Zustände erhalten. Desto schlimmer stand es in den übrigen Landen, namentlich in dem Netzdistricte. Von den Häusern in den

Städten lag oft mehr als die Hälfte in Schutt und Ruine [1]); die Bewohner hausten in den Kellerräumen. In den Dörfern sah man nur halbverfallene Lehmhütten, durch dereu Wände der Wind sanste. Schornsteine gab es nicht, der Ranch zog durch die Risse des Strohdachs; angezündete Kienspäne, wie sie noch heut sich hie und da in schlesischen Dörfern finden, bildeten das einzige Beleuchtungsmittel. Die Felder waren schlecht und nachläßig, oft gar nicht bestellt. Das leibeigne Landvolk wurde von den abligen Gutsherren mit unmenschlicher Rohheit behandelt, der Kantschu galt als einziges Verständigungsmittel; Recht und Gerechtigkeit gab es nicht. Von Schulen war keine Rede. Postanstalten fehlten im ganzen Lande. Die wenigen Menschen, welche schreiben konnten, mußten ihre Briefe durch Boten bestellen. Selbst in den Städten gab es kaum einen Arzt oder eine Apotheke, während fast alljährlich pestartige Krankheiten im Lande hausten und ganze Ortschaften entvölkerten. Kartoffeln, die sich hier schneller als in Deutschland verbreitet hatten, und Schnaps waren fast die einzigen Nahrungsmittel der Bauern; viele von ihnen hatten niemals Brod gekostet. Wölfe durchstreiften heerdenweise die Wälder und drangen in die Gehöfte, wo zahlreiche Kinder und Erwachsene von ihuen erwürgt wurden.

---

[1]) G. Freitag: Neue Bilder aus dem Leben des deutschen Volkes. 8. Kapitel.

Gegenüber einem Gemeinwesen, welches solche Früchte getragen, durften sich die Nachbarn wohl wie Europäische Entdecker vorkommen, die von einer Insel der Wilden Besitz nehmen. Mag immerhin das National= gefühl und die Vaterlandsliebe vieler Einzelner, nament= lich des Polnischen Adels, schwer verwundet worden sein, unleugbar bleibt, daß an Gesittung, Bildung und Wohlstand, an geordnetem Rechts= und Staatsleben die abgerissenen Provinzen unter Preußischer und Oester= reichischer, selbst unter Russischer Herrschaft unendlich gewinnen mußten. Sie lernten hier die ersten Bedin= gungen menschlichen Zusammenlebens, Ordnung und Gehorsam kennen. Bei den Eroberern konnte wohl das Bewußtsein der politischen Reformation, die sie bewirkten, den Gedanken an die Unrechtmäßigkeit des ganzen Verfahrens zurückdrängen. Dies war in vor= züglichem Maße bei Friedrich dem Großen der Fall, der vom ersten Tage an nicht müde ward, die Wohl= thaten eines geordneten Zustandes über seine neuen Provinzen auszuschütten.

Schon drei Monate bevor noch der Theilungs= vertrag förmlich abgeschlossen war, ließ Friedrich den uns von Wesel her bekannten Präsidenten Roden nach Sanssouci kommen und beauftragte ihn, das Land, welches er nächstens in Besitz nehmen werde, zu klassi= ficiren, und die Contribution auf Preußischen Fuß ein=

zurichten[1]). Ja, bereits im Oktober 71 hatte der
Oberpräsident v. Domhardt den eigenhändigen Befehl
erhalten, die Starostien und geistlichen Güter des neu
zu erwerbenden Landes als Domainen einzuziehen und
zu verpachten, Landräthe anzustellen, ein Justizcollegium in Marienwerder zu errichten, die Accise in den
Städten einzuführen, und die Kantons für das Militair in der Art zu ordnen, daß die Zahl der Kanto-
nisten in der Friedenszeit auf drei Procent der männlichen Bevölkerung sich belaufe. Domhardt wurde
zum Oberpräsidenten über alle vier Preußische Kammern ernannt. An jede derselben erging der Befehl,
die tüchtigsten ihrer Kriegsräthe zu bezeichnen; diese
wurden mit einer großen Anzahl von Ingenieuren in
das Land geschickt, um die Arbeiten auszuführen. Jeder
Kreis erhielt einen Landrath, ein Untergericht, einen
Kreisarzt, eine Postexpedition u. s. w. Kirchen und
Schulen wurden eingerichtet und mehrere Hundert
deutsche Schullehrer nach Polen geschickt. Mit größter
Strenge drang der König darauf, daß in den Städten
die verfallenen Häuser hergestellt, die Straßen von
dem Unflath, der sie bedeckte, gesäubert wurden. Da
es überall an Handwerkern fehlte, selbst an Schustern
und Schneidern, so ermunterte er die Ansetzung derselben auf jede Weise, und bekümmerte sich eingehend

---

[1]) Preuß IV. 57.

darum, welche Art von Arbeitern in jeder einzelnen
Stadt noch nicht vertreten wäre. Unermüdlich bewil=
ligte er die nöthigen Geldsummen, befahl die Anlegung
neuer Deutscher Colonistendörfer, die Urbarmachung
sumpfiger Gegenden, und ordnete schon im ersten Jahre
nach der Besitzergreifung die Anlage des Canals an, wel=
cher die Weichsel mit der Netze über Bromberg bis Nakel
verbindet, und von da ab weiter durch Schneidemühl
die Wasserstraße zwischen Weichsel, Oder und Elbe ver=
vollständigt, wozu Brenkenhof den Entwurf und die
Veranschlagung ausgearbeitet hatte. Mit solcher Energie
griff man das Werk an, daß 6000 Arbeiter aus allen
Gegenden Deutschlands dazu verschrieben wurden. Die=
selben hatten kein leichtes Loos; das ungünstige Klima,
die fortwährende Beschäftigung im feuchten Moraste
erzeugten Krankheiten, die so um sich griffen, daß eigene
Lazarethe für diese Canalgräber gebaut werden mußten.
Ein großer Theil derselben erlag den Anstrengungen
und Seuchen. Aber rücksichtslos verlangte der König
die Förderung der Arbeiten. Der einzelne Mensch
schien für ihn nur als Werkzeug für den gemeinnützigen
Zweck von Werth zu sein; die auf dem Platze blieben,
wurden hier so wenig gezählt·wie die Soldaten in der
Schlacht. Es war eben auch eine gewaltige Schlacht
der Cultur gegen die Verwilderung und Rohheit eines
Landes, dem man zu einem besseren Dasein verhelfen
wollte. Der vierte Band des Urkundenbuches von Preuß

läßt erkennen, wie in der Zeit von 1771 bis 1776 fast
kein Tag verging, wo der König nicht irgend eine per=
sönliche Anordnung zur Hebung seines neuen Landes
getroffen hätte. Gerade die Schwierigkeit der Arbeit
schien seine Lust an derselben zu steigern. Das rastlose
Treiben und Drängen hatte denn auch zur Folge, daß
der große Kanal binnen Jahresfrist vollendet war, und
als Friedrich im Sommer 1773 nach Bromberg kam,
hatte er die Freude, schon beladene Oderschiffe auf dem=
selben nach der Weichsel fahren zu sehen. Gleichzeitig
nahm der Bau an anderen schiffbaren Gewässern unter
Brenkenhof's Leitung seinen Fortgang. Große Land=
strecken wurden durch die zweckmäßige Ausführung
dieser Arbeiten entsumpft und konnten mit Colonisten
besetzt werden. Ueberall wurden Accise= und Zollhäuser,
Kasernen, Exercierhäuser, Lazarethe, Wachthäuser und
Magazine erbaut. Jede Garnisonstadt erhielt ihre
Militairkirche. Mit einem Aufwande vieler Millionen
wurde Graudenz unter Leitung des Ingenieurcapitains
Gonzenbach zu einer Festung gemacht[1]), und in jeder
Weise und nach allen Seiten von der Kriegs= und Frie=
densverwaltung dahin gestrebt, das neue Gebiet mit den
alten Provinzen allmählich auf denselben Fuß zu setzen.
Ein großer Uebelstand in diesen Gegenden war die unter
der Polnischen Herrschaft tief verkommene jüdische Be=

---

[1]) Preuß IV. 70—73.

völkerung. Auch hier verfuhr Friedrich nach seiner
durchgreifenden Manier, und ließ 4000 Betteljuden
ohne weiteres über die Grenze jagen. Die übrigen
wurden in die accißbaren Städte gewiesen, auf dem
platten Lande aber nicht geduldet. Um die Stadt
Danzig, die man mürbe machen wollte, auf alle Weise
zu „chikaniren," versetzte Friedrich eine große Anzahl
wohlhabender Juden in das ihm zugefallene äußere
Gebiet dieser Stadt, wo sie dem Handel derselben sehr
gefährliche Nebenbuhler wurden. Daß er auf das
Fabrikwesen sein besonderes Augenmerk richtete, braucht
kaum gesagt zu werden, da wir wissen, welchen hohen
Werth er auf dasselbe legte. Für alle seine unablässige
Sorge, mit der er die Arbeiten beaufsichtigte, antrieb,
tadelte, strafte und belohnte, hatte der König dann auch
die Genugthuung, die Früchte seiner Mühen von Jahr
zu Jahr reifen zu sehen, und noch wenige Wochen
vor seinem Tode (16. Juni 1786) schrieb er dem
Minister v. Gaudi[1]), wie es ihn freue, daß die neuen
Unterthanen anfangen etwas industriöser und aufge=
klärter zu werden, und daß die Fabriken guten Fort=
gang haben. Es ist rührend die Sorgfalt zu sehen,
mit der er fast sterbend noch an fortwährender Nach=
hilfe und Verbesserung jedes einzelnen Erwerbszweiges
in den Landstrichen dachte, deren Bewohner er aus

---

[1]) Preuß IV. 383.

halbverwilderten, oft kaum menschlichen Geschöpfen, zu nützlichen und freien Staatsbürgern herangebildet und den Grund dazu gelegt hat, daß Westpreußen allmäh= lich zu einem organischen tüchtigen Gliede des Staates geworden ist.

Viertes Kapitel.

Der Bairische Erbfolgekrieg.

Die politischen Verhältnisse innerhalb des deutschen Reiches gestatteten Friedrich dem Großen nicht, sich bis an's Ende seiner Regierung ungestört den Arbeiten für die Hebung seines Landes, namentlich für die Germa= nisirung der neuerworbenen polnischen Provinzen hin= zugeben. Eine nie versiegende Quelle zu Befürchtungen lag in dem Umstande, daß Preußen und Oesterreich zu groß und mächtig waren, als daß der eine dieser Staa= ten sich dem andern hätte unterordnen wollen, — zwei Herren aber konnten in unserem Vaterlande nicht friedlich nebeneinander das gebietende Wort führen. Das Haus Habsburg=Lothringen, stolz auf seinen uralten Glanz und auf die Ausdehnung seines Landgebietes, betrachtete den König von Preußen ein für alle Mal wie einen Emporkömmling, den man gelegentlich auf das beschei= dene Maß von Macht und Ansehn zurückdrängen müßte,

welches ihm als Kurfürsten des Reiches gebührte; und
wenn auch zunächst die Wiedereroberung der Provinz
Schlesien, welche Friedrich mit fast übermenschlicher
Kraft durch sieben Jahre des Kampfes sich gesichert
hatte, nicht in Frage kam, so war es natürlich, daß
Kaiser Joseph nach einer irgendwo zu erlangenden
anderweiten Entschädigung umherblickte. Mit Eifersucht
beobachtete deshalb jede der beiden deutschen Mächte die
Schritte der anderen.   Die Vergrößerung des Einen
schien dem Andern gefährlich, und doch wollte keiner
der beiden Staaten sich ein für alle Mal mit seinem
Besitzthum zufrieden erklären. Das Jahr 1777 brachte
ein Ereigniß, welches die wechselseitige Eifersucht auf's
höchste spannen und zu einem neuen feindlichen Aus=
bruche führen sollte.   Am 30. Dezember dieses Jahres
starb Kurfürst Maximilian Joseph von Baiern ohne
Hinterlassung directer männlicher Erben.

Die Schicksale des Hauses Wittelsbach waren ganz
eigenthümlicher Natur. Von den verschiedensten Sei=
ten her schien alles darauf angelegt, demselben den Weg
zu einer hervorragenden Stellung in Europa zu ebnen,
und dennoch wurde die aufkeimende Hoffnung jedesmal
zerstört. Zweimal hatten Bairische Fürsten den Deutschen
Kaiserthron bestiegen, und wenn auch der unglückliche
Carl VII. mehr das Schattenbild der Macht, als die
wirkliche Majestät des heiligen Römischen Reiches in
seiner Person darstellen mochte, so fühlte das Bairische

Fürstenhaus sich deshalb nicht mtnder durch die Ehre
des kaiserlichen Titels geschmeichelt und gehoben. Auch
Königskronen hatten ihnen mehr als einmal in Aus=
sicht gestanden, so oft der nie ganz unterdrückte Wunsch
Oesterreichs, das Baiernland durch Tausch zu erwerben,
in verschiedenen Epochen der Geschichte auftauchte. Da
sollte bald ein Burgundisches Reich, bald das König=
thum von Neapel und Sicilien den Baiern für ihren
Kurhut geboten werden. Waren doch Wittelsbacher
auf den Schwedischen Thron gelangt und hatten durch
die Kraft ihrer Persönlichkeit den alten Glanz dieser
Nation vorübergehend wieder zu größter Bedeutung in
Europa erhoben. Noch größere Ehren standen dem
kleinen Bairischen Kurprinzen in Aussicht, den 1699 zu
Brüssel die Pockenkrankheit hinwegraffte, bevor er in
Besitz der ihm zugedachten Herrschaft über Hispanien
und Indien gelangen konnte. Zu alle dem kamen noch
Ansprüche von mehr oder weniger zweifelhafter Be=
gründung, welche aus den Ehebündnissen zwischen Bai=
rischen und Oesterreichischen Prinzen und Prinzessinnen
sich herschrieben, und deren Geltendmachung man
herüber und hinüber oft von neuem versuchte. Nach
dem Aussterben des Habsburgischen Hauses war Kur=
fürst Carl Albert nahe daran gewesen, durch Frankreichs
Hilfe seine Erbansprüche verwirklicht zu sehen, ja er
hätte vielleicht seinen Einzug in Wien gehalten, wenn
er Friedrich's des Großen Rathschlägen gefolgt wäre,

und nicht durch Eitelkeit verblendet, auf Französischen
Rath sich nach Prag gewendet hätte, um dort eilig die
Böhmische Krone für kurze Zeit auf sein Haupt zu setzen
und darüber die wichtigeren Erfolge zu verlieren. Statt
der gehofften Eroberung des Oesterreichischen Erblandes
traf ihn der Verlust seines eigenen Kurfürstenthums.
Sein Sohn und Nachfolger, 1745 bei des Vaters Tode
kaum 18 Jahr alt, durfte, nachdem er am 22. April
desselben Jahres durch den Frieden zu Füssen allen An=
sprüchen auf das Habsburgische Erbe entsagt und die
pragmatische Sanktion anerkannt hatte, wieder in seine
Hauptstadt München einziehen. Die Baiern schätzten
die persönliche Liebenswürdigkeit und den wohlwollen=
den Charakter des jungen Herrschers so hoch, daß
Maximilian Joseph für den populärsten Fürsten seines
ganzen Stammes galt, obgleich die Lage des Landes
unter seiner Regierung durchaus nicht beneidenswerth
war, und der Kurfürst weder Kraft noch Einsicht genug
besaß, um die zahllosen Mißbräuche abzustellen, die
unter dem Pfaffen= und Beamtenregiment in Baiern
fortwucherten, nachdem sie anderwärts längst aus=
getilgt waren. Als der kinderlose Kurfürst, 50 Jahr
alt, die Augen schloß, erregte sein Tod ein Jammern
und Wehklagen im Lande, als sei jedem einzelnen
Unterthanen der Vater gestorben[1]).

---

[1]) Zschokke, Bairische Geschichte IV. 246. — E. Reimann's
Schrift über den Bairischen Erbfolgekrieg erschien zu rechter Zeit,

Nächster erbberechtigter Agnat war Carl Theodor, Kurfürst von der Pfalz, geb. 1724[1]). Er besaß außer den Fürstenthümern Neuburg und Sulzbach die Herzogthümer Jülich und Berg nebst der Grafschaft Ravenstein. Durch Vereinigung dieser Länder mit dem Kurfürstenthum Baiern kamen 1100 □ Meilen mit fast zwei Millionen Einwohnern unter seine Herrschaft, d. h. fast ebensoviel als Friedrich der Große bei seiner Thronbesteigung besessen. Dieser Carl Theodor war es, von welchem Kaiser Joseph II. einst gesagt hatte: „Gott gebe, daß er nicht auch den Geist Friedrich's

um noch bei diesem Kapitel benutzt werden zu können. Wer sich über nähere Details der Verhandlungen und Begebenheiten unterrichten will, sei hiermit ein für alle Mal auf das 237 Seiten umfassende Buch verwiesen.

[1]) Gemeinschaftlicher Stammvater war Ludwig der Strenge, Kurfürst von der Pfalz und Herzog von Oberbaiern, † 1294. Die Pfälzischen und Baierschen Linien, die seitdem auseinander gingen, blieben durch wiederholte Familienverträge in Verbindung. Von besonderer Wirkung blieb der berühmte Vergleich von Pavia, den Kaiser Ludwig der Baier mit seinen Neffen Rudolph und Ruprecht und seinem Großneffen Ruprecht II. am 4. August 1329 abschloß, und durch welchen bestimmt war', daß die Kurwürde in den Häusern Pfalz und Baiern wechseln sollte. Jede Linie regiert ihre Länder unabhängig, kein Bairischer Fürst darf aber etwas veräußern, das Ganze bleibt, trotz der Theilung, Stammgut der Wittelsbacher, und beim Absterben einer Linie fällt deren Landbesitz an die andere. Ein solcher Fall trat eben 1777 ein. — Vergl. die Hausgesetze der Deutschen Fürsten von Hermann Schulze, Jena 1862, p. 228. Dieser Vertrag wurde seinem wesentlichen Inhalt nach mehrmals erneuert, zuletzt 17. Mai 1724.

besitze, dem allein er einst an Macht und Landbesitz in
Deutschland nachstehen wird."

Oesterreichs Eifersucht mit Recht befürchtend und
von allerlei Ansprüchen in Kenntniß gesetzt, die man in
Wien in Bereitschaft hielt, hatte Maximilian Joseph
bereits 1766 und dann 1771 mit seinem muthmaß=
lichen Erben durch einen geheimen Hausvertrag die
Untheilbarkeit des alten Wittelsbach'schen Familien=
besitzes für die Zukunft festgestellt, und zugleich bestimmt,
daß auch die neuen Erwerbungen in dieses Ganze mit
eingeschlossen sein sollten. Ja, Beide erklärten schon
damals, daß sie sich Dritten gegenüber als rechtliche
Mitbesitzer ihrer Länder wechselseitig betrachten wollten.
Da auch Carl Theodor kinderlos war und man nicht
wissen konnte, welcher von beiden Fürsten vor dem
Andern sterben würde, so ließ man die Stelle für den
eintretenden Todesfall in der entworfenen Urkunde
offen, um dieselbe nach dem Hinscheiden Eines derselben
auszufüllen und sofort zu veröffentlichen. Inzwischen
war auch Oesterreich schon seit 1770 bemüht gewesen,
sich womöglich im Voraus Gewährleistungen für seine
Ansprüche zu verschaffen, namentlich von Seiten Frie=
drich's des Großen, dem man anbot, ihm den Heim=
fall der Fürstenthümer Anspach und Baireuth (bekannt=
lich zwei Sekundogenituren des Brandenburgischen Hau=
ses) an die regierende Linie zu garantiren; das konnte
aber keine Wirkung haben, weil der König bereits 1752

durch ein pactum Fridericianum sich mit seinen Brü=
dern und Vettern über die Aufhebung der betreffenden
Bestimmungen des Testaments des Kurfürsten Albrecht
Achilles geeinigt hatte.   Dagegen ließ der König gegen
den hinhorchenden Oesterreichischen Gesandten fallen,
daß es ihm lieb wäre, wenn bei der Eröffnung jener
Fürstenthümer sich vielleicht eine Vertauschung derselben
mit einem entsprechenden Theile der Sächsischen Lausitz
bewirken lasse, weil Anspach und Baireuth für Sachsen
eben so günstig gelegen wären, als die Lausitz für ihn,
und weil dadurch Oesterreich der Furcht überhoben
würde, Preußen zum unmittelbaren Nachbar zu be=
kommen.

Jenes Abkommen zwischen Maximilian Joseph und
Carl Theodor sollte nach dem Wunsche des Ersteren
von Oesterreich geheim gehalten werden, wogegen man
Pfälzischer Seits nichts ohne Zustimmung des Kaisers
abmachen wollte.   Carl Theodor schickte deshalb ohne
Wissen seines Lehnsvetters den Baron Ritter nach
Wien, um zu unterhandeln.   Diesem zeigte man
daselbst eine Urkunde von 1426 vor, in welcher Kaiser
Sigismund mit seinem Schwiegersohne Albrecht von
Oesterreich vereinbart hatte, daß nach Aussterben der
herzoglich Bairischen Linie Niederbaiern und alle Böh=
mischen und Reichslehen Baierns an Oesterreich zurück=
fallen sollten.   Carl Theodor erkannte diese Ansprüche

durch seinen Gesandten unter der Voraussetzung an,
daß man ihn nach Maximilian Joseph's Tode die
übrigen Länder desselben ruhig in Besitz nehmen lasse.
Auch wurde verabredet, daß Oesterreich viele der zer=
streut liegenden von ihm beanspruchten Districte später
gegen die obere Pfalz vertauschen sollte. Man fertigte
darüber eine Vergleichsurkunde aus, der nur noch die
Unterschriften und die nach dem Vertrage von Pavia
und den späteren Hausverträgen erforderliche Zustim=
mung der Bairischen Agnaten fehlte, ohne welche von
den Familiengütern nichts veräußert werden durfte.
Man wandte sich deshalb an den zunächst betheiligten
Pfalzgrafen von Zweibrücken mit der Aufforderung zur
Genehmigung.

So standen die Sachen, als am 30. Dezember 1777
Maximilian Joseph ganz unerwartet durch den Tod
hinweggerafft ward. Die Bairischen Minister, welche
von den Abmachungen mit Oesterreich unter der Hand
Kunde erhalten haben mochten, sahen gleich dem ganzen
Bairischen Volke die drohende Zerreißung des alten
Baierlandes für das größte Unglück an, welches man
auf jede Weise verhüten müsse. Sie beeilten sich daher,
ohne den neuen Kurfürsten zu befragen, die nach dem
Vertrage von 1771 im voraus gefertigte Besitzergrei=
fungsurkunde im ganzen Lande zu veröffentlichen. Der
Oesterreichische Gesandte meldete dies durch Eilboten

nach Wien, wo man durch eine solche, den Verabre=
dungen mit Carl Theodor direct zuwiderlaufende Kunde
auf's Unangenehmste überrascht wurde. Es lag nahe
zu vermuthen, daß dieser Fürst die Absicht habe, jenen
bereits im Wesentlichen abgeschlossenen Vertrag zu
widerrufen und die förmliche Unterschrift zu verweigern.

Joseph II. beschloß sogleich, mit Kaunitz's Zustim=
mung die beanspruchten Bairischen Gebiete militairisch
zu besetzen, vorher aber wo möglich die Unterschrift des
Vertrages von dem Gesandten des Kurfürsten zu erlan=
gen. Der Baron Ritter befand sich im Besitz der for=
mellen Vollmacht zum Abschluß, und Kaunitz brachte
denselben (durch welche Mittel ist nicht bekannt) schon
am 3. Januar 1778 dahin, den Abtretungsvertrag zu
vollziehen und sofort nach München abzusenden.

Maria Theresia verhielt sich diesen Vorgängen gegen=
über ganz ähnlich wie bei der Theilung Polens. Die
Vergrößerungsgelüste ihres Sohnes waren ihr verhaßt.
Nur auf Kaunitzen's Andringen willigte sie in Maßre=
geln, welche leicht einen neuen allgemeinen Krieg zur
Folge haben konnten, weil nicht anzunehmen war, daß
Preußen und Frankreich, letzteres als Gewährleister des
Westphälischen Friedens, ruhig zusehen würden, wie das
Oesterreichische Haus sich auf Kosten eines Mitfürsten
vergrößerte, und somit ein gefährliches Uebergewicht im
Westen von Deutschland erhielt. Die Kaiserin warnte
dringend vor der Verfolgung von Ansprüchen, welche

ihr unbegründet und verjährt schienen[1]). Nach ihren
Erfahrungen in der Politik könne sie das als gute
Hausmutter nicht billigen. Auf den ehrgeizigen und
habsüchtigen Joseph II. machte dies keinen Eindruck, er
beschloß die militärische Besetzung der Bairischen Provin=
zen, und Maria Theresia fügte sich auch diesmal dem
Beschlusse der Männer.

Am 19. Januar 1778 rückten 16 Bataillone und
20 Schwadronen Oesterreicher mit 80 Kanonen in Baiern
ein, und besetzten das Land in der Richtung von Strau=
bing bis Kehlheim. Der 31. Januar war für die Hul=
digung an das Haus Oesterreich angesetzt. Nur wenige
von der Ritterschaft erschienen und gaben widerwillig
durch Handschlag das geforderte Versprechen. Finster
schweigend schaute das Volk dem unerhörten Ereignisse
zu, und schlich unter Jammern und Verwünschungen
davon [2]).

Eine Mittheilung über den Zusammenhang dieser
Ereignisse an den nächsten Erben des Kurfürstenthums,
den Herzog Carl von Zweibrücken, ließ sich nun nicht län=
ger aufschieben. Daß dies so spät geschah, versuchte Carl
Theodor (22. Januar 1778) mit dem Drängen des
Oesterreichischen Hofes zu entschuldigen, der ihm keine

---

[1] Maria Theresia an Joseph den 2. Januar 1778, bei Ar=
neth II. 170.

[2] Zschokke IV. 269.

Zeit gelassen. Er hätte schnell den Vertrag unterzeich=
nen, oder befürchten müssen, daß man sein ganzes Land,
sogar München mit Waffengewalt in Besitz nehme. —
Herzog Carl konnte zu keinem Entschlusse kommen. Die
angeborne Ehrfurcht vor dem Kaiserhause und die gerechte
Besorgniß vor den Gewaltmaßregeln desselben hinderte
ihn, mannhaft für die Erhaltung seiner gerechten Erban=
sprüche aufzutreten. Nahm er doch sogar (6. Febr. 1778)
den ihm gleichsam im Voraus als Lohn seiner Gefügig=
keit verliehenen Orden des goldnen Vließes an, und bat
nur, denselben nicht eher tragen zu dürfen, als bis die
ganze Erbschaftssache geregelt wäre. Er schickte seinen
Gesandten Hofenfels nach Wien um dort zu unterhan=
deln, und wenigstens die Vorlegung der Urkunde, auf
die man sich stützte, zu fordern, während man von ihm
verlangte, er solle den Vertrag vom 3. Jannar unter=
zeichnen, ohne dieselbe gesehen zu haben.

So schien sich alles anzulassen, um dem Kaiser die
Erreichung seiner Wünsche zu sichern. Da legte sich
eine Frau in's Mittel und that den einzigen Schritt,
welcher dem Hanse Wittelsbach sein Erbe retten konnte.
Maria Anna, Wittwe des 1770 verstorbenen Herzogs
Clemens von Baiern, eine Prinzessin aus dem Sulz=
bach'schen Hanse, zeigte sich gewissermaßen als der ein=
zige Mann in der Familie. Mit Hilfe einiger patrio=
tischer Männer beschloß sie, nachdem ihre Vorstellungen
und Bitten bei Carl Theodor fruchtlos gewesen, im

Geheimen auf eigene Hand zu Werke zu gehen. Sie
bat den Herzog von Zweibrücken auf's Dringendste,
nicht seine eigene Beraubung und seines Hauses Schande
zu unterzeichnen. Gleichzeitig aber rief sie den Bei=
stand Friedrich's des Großen an, von dem allein unter
den Monarchen Europas zu erwarten stand, daß er sich
den Oesterreichischen Ansprüchen wirksam widersetzen
könnte; denn England war durch den eben ausge=
brochenen Abfall seiner amerikanischen Colonien vollauf
beschäftigt, Rußland fürchtete täglich in neue Verwicke=
lungen mit der Pforte zu gerathen, und in Frankreich
saß seit dem 10. Mai 1774 Kaiser Joseph's Schwester
Marie Antoinette neben dem jungen Ludwig XVI. auf
dem Thron.

In Berlin dagegen kam die Bitte der Herzogin sehr
erwünscht. Der König hatte schon an demselben Tage,
wo er den Tod Maximilian Joseph's erfahren (3. Ja=
nuar), den Beschluß gefaßt, durch einen geheimen
Unterhändler zu erforschen, welche Ansprüche Oester=
reich erheben und welcher Widerstand von den Agnaten
des Kurfürsten zu erwarten wäre. Er wählte mit
seinem gewohnten Scharfblick für dieses Geschäft sogleich
den rechten Mann in der Person des Weimar'schen
Prinzenerziehers Grafen v. Görtz, den er bei seinem
Besuche am dortigen Hofe kennen gelernt. Friedrich's
Generaladjutant v. Görtz, ein Bruder desselben, wurde
deshalb nach Weimar geschickt und beredete leicht seinen

Bruder zur Uebernahme der Mission, die derselbe denn auch mit der größten diplomatischen Geschicklichkeit und unermüdlichem Eifer zu Ende führte. Er hat später selbst einen Bericht über seine Sendung veröffentlicht, der ein anschauliches und lehrreiches Bild davon giebt, wie dergleichen Dinge vor 90 Jahren behandelt wurden, wo die damals herrschende allgemeine Geheimthuerei und die Beschwerlichkeit und Unsicherheit aller Kommunikationsmittel noch nicht die Schnelligkeit und Leichtigkeit des diplomatischen Verkehrs gestatteten, an die wir heutzutage gewöhnt sind[1]).

Es kam darauf an, womöglich den neuen Kurfürsten Carl Theodor selbst, oder wenn dieser bereits durch Verträge gebunden wäre, den nächsten Agnaten Carl von Zweibrücken zum Widerstand aufzustacheln. Ließ auch dieser sich nicht bearbeiten, so sollte man den jüngeren Bruder desselben, Maximilian Joseph v. Birkenfeld, der als französischer Officier in Straßburg lebte, zu einem Proteste zu bewegen suchen.

Bei Carl Theodor war nichts zu machen. Als Görtz, der sich nach Regensburg an den Sitz des Reichstages begeben, durch den pfälzischen Gesandten Brentano den Schutz des Reiches und die Unterstützung des

---

[1]) Memoire historique de la négotiation — confiée par Frédéric le Grand au comte Eustache de Görtz. Frankfurt und Paris 1812.

Königs von Preußen insbesondere anbieten ließ, falls
der Kurfürst gegen Oesterreichs Prätensionen Protest
erheben wollte, lehnte der Kurfürst das entschieden ab.
Die feierlichen Verpflichtungen, die er eingegangen,
könne er, schon aus Furcht vor den bereits eingerückten
Truppen, nicht brechen.   Carl v. Zweibrücken dagegen
hatte seine Zustimmung zu dem Vertrage vom 3. Januar
noch nicht förmlich ertheilt, obgleich er im Begriff stand,
dem Verlangen des Wiener Hofes nachzugeben.   Er
hatte seinen Minister v. Hofenfels nach München
geschickt, um dort seine Gerechtsame wahrzunehmen.
Dieser Mann war ein braver, unbestechlicher Patriot[1])
und ein offener Gegner Oesterreichs.   Er vernahm mit
Freuden die Anträge, welche Görtz zu überbringen hatte,
und machte sich sogleich auf den Weg, seinen Herrn zu
benachrichtigen.   Er traf denselben in Augsburg, auf
der Reise nach München, wohin ihn Carl Theodor
berufen hatte.   Als er dem Herzog die Aussichten auf
Preußischen Beistand eröffnete, versicherte dieser auf sein
Ehrenwort, daß er in München nur dem Kurfürsten
seine Aufwartung machen wollte, aber nicht daran
dächte den Vertrag zu unterzeichnen.   Nun begab sich
auch Görtz in's Geheim nach München, wo ihm die
Herzogin Anna Maria in ihrem vor dem Thore gele=

---

[1]) Görtz sagt, er hätte 40,000 Gulden für seine Unterschrift in
Wien erhalten können.   Memoire p. 60.

genen Garten eine verborgene Wohnung einräumte.
Hier verhandelte er mit den Zweibrücker Räthen, und
man gelangte nach mehrfachem Hin= und Herreden
dahin, daß Herzog Carl bewogen wurde, sowohl an
den König von Preußen als auch an Ludwig XVI., als
Garanten des westphälischen Friedens, zu schreiben und
beide Mächte um Schutz gegen Oesterreichs Ansprüche
zu bitten, dieselben auch zu benachrichtigen, daß er ohne
Einwilligung Frankreichs keine ferneren Schritte thun,
und gleichzeitig dem Regensburger Reichstage eine
Rechtsverwahrung einlegen werde. Die Herzogin Anna
Maria hatte dabei die Vermittlerrolle übernommen.
Die Briefe, die man der Post nicht anvertrauen wollte,
wurde von einem Mönche durch die von den Oesterrei=
chern besetzten Orte hindurch bis zur Grenze befördert.
Am 12. Febr. erhielt Friedrich der Große die Briefe des
Herzogs [1]) und der Herzogin Anna Maria, zugleich auch
den Bericht des Grafen Görtz, mit dessen Erfolgen er
aufs Höchste zufrieden war. „Sie thun Wunder,"
schrieb er demselben „aber die Beharrlichkeit des Herzogs
von Zweibrücken muß das Werk krönen." Der Herzo=
gin schrieb er: „Ach, warum sind Sie nicht Kurfürst?
Wir würden dann die Ereignisse nicht erlebt haben, über

---

[1]) Reimann p. 43. Der Brief steht vollständig in Görtz's
Memoire p. 95.

die jeder Deutsche erröthen muß! — — Wenn der Her=
zog fest bleibt, verzweifle ich an nichts, — die Urheber
dieser Ungerechtigkeit werden ihrer Strafe nicht entge=
hen!" Carl Theodor gerieth in die größte Wuth, als
er von den Unterhandlungen mit Preußen Kunde erhielt.
„Der Herzog will mir die Hände binden," rief er aus,
„und meint schon Herr meiner Lande zu sein! Aber er
soll sich schändlich betrogen haben!" Unversöhnlich haßte
er seitdem seinen Lehnsvetter. Gegen die Herzogin
Anna Maria sollte eine förmliche Untersuchung einge=
leitet werden. Nicht minder empört war man in Wien.
Joseph II. nannte es gradezu eine Unverschämtheit des
Herzogs, den Reichstag zum Schiedsrichter in der Bai=
rischen Sache machen zu wollen [1]).

Der an Ludwig XVI. gerichtete Brief des Zweibrücker
Fürsten gab in Paris zu eingehenden Erwägungen Anlaß.
Man mußte daselbst, wegen den freundlichen Beziehun=
gen zu den neu entstandenen nordamerikanischen Frei=
staaten, dem Ausbruche eines Krieges mit England ent=
gegensehen, und wollte, belehrt durch die Erfahrungen
des siebenjährigen Krieges, um jeden Preis vermeiden,
gleichzeitig in einen Landkrieg verwickelt zu werden.
Es kam ferner in Betracht, daß das Versailler Bündniß

---

[1]) Arneth II. 185. Er fügt hinzu: Man müßte, um ihm
unser Mißfallen zu zeigen, sein Regiment jemand Anderem geben.

mit Oesterreich von 1756 noch fortbestand, während
Frankreich als Garant des westphälischen Friedens verpflichtet war, dafür einzustehen, daß die Oberpfalz im
Besitz des Wittelsbach'schen Hauses bleibe. Das End-
ergebniß dieser nach verschiedenen Seiten zu nehmenden
Rücksichten, war die Erklärung Ludwigs XVI.: Er
werde im Einverständnisse mit dem Könige von Preußen alle Mittel der Versöhnung ergreifen, und seine Interessen nicht von denen des Herzogs trennen, auch alle
Pflichten erfüllen, welche die Garantie des westphälischen Friedens ihm auferlege.

Inzwischen waren auch zwischen Berlin und Wien
Erklärungen und Gegenerklärungen in höflicher Form,
aber in ernstem Sinne gewechselt worden, nnd die Verhältnisse verwickelten sich immer mehr, als auch von
anderer Seite her Ansprüche an die bairische Erbschaft
erhoben wurden. Die verwittwete Kurfürstin von
Sachsen, Maximilian Joseph's Schwester, verlangte als
Allodialerbin ihres Bruders ungeheure Summen;
Maria Theresia machte ähnliche Ansprüche wegen ihrer
Verwandtschaft mit dem bairischen Hause; Mecklenburg
erinnerte sich einer Anwartschaft, welche Kaiser Maximilian den dortigen Herzögen in Bezug auf die Herrschaft Leuchtenberg ertheilt hatte; das Erzstift Salzbrunn stellte eine Rechnung wegen entzogenen Besitzes
der Herrschaft Reichenhall, und alten Schuldforderun-
gen aus Salzlieferungen auf, im Ganzen nicht weniger

als 12,160,648 Gulden [1]). Die Stadt Augsburg, das Stift Kempten, brachten ebenfalls Forderungen vor. Rechtsausführungen, deren Sammlung viele Bände füllt, wurden über das alles gedruckt und verbreitet. Friedrich der Große suchte den Beistand der Kaiserin von Rußland, Oesterreich die Unterstützung Frankreichs sich zu sichern. So nahm die Sache einen immer feindseligeren Charakter an, — der Ausbruch eines Krieges schien kaum zu vermeiden.

Jetzt erinnerten sich die Archivbeamten in München eines Schriftstückes, durch welches Albrecht von Oesterreich allen Ansprüchen entsagt hätte, die ihm aus jener Sigismundischen Belehnung zuständen, welche das Grundfundament der Oesterreichischen Erbforderungen bildeten. Allein die Entsagungsurkunde war aus dem Repositorium verschwunden, und faud sich erst später unerklärlicher Weise unter den Papieren des Hessischen Regierungsrathes Carl Renatus v. Senkenberg wieder [2]). Allein die Nichtigkeit der Oesterreichischen Ansprüche war auch ohne dies Dokument juristisch nachweisbar. Keinenfalls durfte der Kaiser, ohne die Bestimmungen der goldnen Bulle und seines Krönungseides zu verletzen, sich einem Kurfürsten des Reichs gegenüber selbst Recht

---

1) Aus handschriftlichen Nachrichten bei Zschokke IV. 277.

2) Geb. 1751, gest. 1800. Er wurde deshalb heftig angefeindet, auf einer Reise nach Wien verhaftet, aber bald entlassen und für immer aus Oesterreich verwiesen.

nehmen. — In einer Note, welche der Preußische Ge=
sandte dem Fürst Kaunitz Anfangs März 1778 über=
gab [1]), als man in Berlin von jener Senkenberg'schen
Urkunde noch gar nichts wußte, heißt es: Es ist schwer
zu begreifen, wie man nach 350 Jahren, während das
Wittelsbach'sche Haus noch in den drei Pfälzischen Linien
fortbesteht, die Vollziehung eines verjährten Lehnbriefes
verlangen kann, der nicht nur ohne die nothwendige
Zustimmung des Reichs gegeben, sondern später durch
ein in aller Form ausgesprochenes Urtheil desselben
Kaiser Sigismund, der die Belehnung gegeben haben
soll, zurückgenommen und vernichtet worden.   Hätten
sie jemals einen Werth gehabt, so wäre dieser ohne wei=
teres mit dem Erlöschen des Habsburgischen Manns=
stammes zugleich erloschen u. s. w. Die mit dem Wiener
Hofe gepflogenen Verhandlungen ließ Friedrich alsbald
auf dem Reichstage mittheilen.

Das Oesterreichische Cabinet ließ sich durch solche Vor=
stellungen um so weniger abbringen, weil man der Ueber=
zeugung war, Friedrich der Große, jetzt 62 Jahr alt,
und von der Gicht geplagt, würde es nicht zum Kriege
kommen lassen, weil er, selbst außer Stande den Ober=
befehl zu übernehmen, zu eifersüchtig auf seine Generale
wäre, um einem derselben eine große Gewalt anzuver=
trauen.   Daß Rußland ihm beistehen sollte, glaubte

---

[1]) Hertzberg, Recueil II. 65 ff.   Reimann 58.

man um deßhalb nicht, weil die Czarin vielmehr der
Preußischen Hilfe gegen die Türken bedürfen würde, als
daß sie geneigt sein sollte, ihren Preußischen Bundesgenossen gegen Oesterreich zu unterstützen. —

Trotz dieser Betrachtungen schien es doch gerathen,
sich für den möglichen Ausbruch des Krieges zu rüsten.

Während dieser Verhandlungen war es Friedrich
dem Großen gelungen, den Kurfürsten von Sachsen
ganz für sein Interesse zu gewinnen, was im Falle eines
Krieges von höchster Wichtigkeit war. Außer den
erwähnten Allodialerbansprüchen, welche Sachsen und
Oesterreich gegen Baiern einander streitig machten, war
der Kurfürst noch durch Eingriffe erbittert, die der Kaiser
in Bezug auf die Rechtsverhältnisse der Fürstlich Schönburg'schen in Sachsen eingeschlossenen Besitzungen sich
erlaubte. In dieser Stimmung ließ er sich dazu bewegen, ebenfalls die Hülfe der Kaiserin von Rußland in
einem Schreiben anzurufen, welches Friedrich der Große
mit den wärmsten Empfehlungen begleitete: „Ich weiß,"
heißt es in diesem Briefe „Ew. Majestät werden mir
nicht zutrauen, daß ich in einer Zeit, wo Ihnen Verwik-
kelungen mit der Türkei in Aussicht stehe, um irgend
welchen Preis Ihre Streitkräfte von der Vertheidigung
Ihrer eigenen Staaten abziehen möchte. Nein, müssen
Sie die Türken noch einmal demüthigen, so werde ich
der Erste sein, der Ihnen räth, alle Ihre Macht auf
diesen Zweck zu verwenden. Legt sich aber diese Gäh-

rung, dann hofft ganz Deutschland mit mir, Ew. Kai=
serliche Majestät werden sich, nachdem Sie Ihr neues
Vaterland so sehr verherrlicht, daran erinnern, wie das
gesammte Deutsche Reich sich rühmt, daß Sie hier das
Licht der Welt erblickt haben."

Die Absicht des Königs ging dahin, durch seinen
Gesandten Podewils, der die Briefe überbringen sollte [1]),
die Kaiserin zu bewaffneter Vermittelung zu bewegen,
oder wenigstens zu bewirken, daß dieselbe Truppen in
Polen einrücken lasse, damit Oesterreich außer Stande
wäre, daselbst Unruhen zu veranlassen, welche für das
benachbarte Preußen gefährlich sein würden.

Daß man sich von allen Seiten in Frankreich eben=
falls bemühte, Unterstützung zu erhalten, haben wir gese=
hen. Ludwig XVI. ließ aber schließlich, sowohl in Ber=
lin als in Wien, und ebenso in Zweibrücken erklären,
daß er bei einem etwa in Deutschland ausbrechenden
Kriege die strengste Neutralität beobachten werde, weil
er sich überzeugt habe, daß der Wortlaut des Versailler
Bündnisses in gegenwärtigen Falle ihn nicht verpflichte
dem österreichischen Hofe mit den Waffen in der Hand
Beistand zu leisten.—In der That war Frankreich, auch
wenn es gewollt hätte, jetzt nicht in der Lage, sich auf

---

[1]) Podewils war ein ausgezeichnet schöner Mann, was bei
der Wahl desselben als Abgesandter an Katharina gewiß mit in
Betracht kam. Le plus joli garçon nennt ihn Maria Theresia
in einem Briefe an Joseph II. vom 20. April 1778. Arneth II. 211.

einen Krieg in Deutschland einzulassen. Am 13. März
1778 hatte Ludwig XVI. in London erklärt, daß er die
Vereinigten Staaten von Nordamerika anerkenne und
einen Handelsvertrag mit denselben abgeschlossen. Das
war einer Kriegserklärung gleich, die auch bald darauf
förmlich erfolgte; Grund genug, allen andern Verwik=
kelungen möglichst fern zu bleiben. Wenige Tage darauf
(28.) erließ Friedrich der Große seinerseits eine Bekannt=
machung an den Herzog von Zweibrücken, die ebenfalls
für eine Kriegserklärung gelten konnte, indem er demsel=
ben versprochen, mit seiner ganzen Macht die Ansprüche
des Pfälzischen Hauses auf die Baiersche Erbschaft zu
unterstützen, und die ungerechten Forderungen des Wie=
ner Hofes zurückzuweisen; wogegen der Herzog sich ver=
pflichtete ohne Zustimmung des Königs von Preußen
kein Abkommen mit Oesterreich zu treffen. Zu bemer=
ken ist noch, daß Friedrich der Große, eben sowie den
Kurfürsten von Sachsen, auch die Herzoge von Mecklen=
burg und Zweibrücken veranlaßte, den Schutz der
Kaiserin von Rußland anzurufen, damit dieselbe „den
unterdrückten Freiheiten des deutschen Reiches zu Hilfe
kommen möchte." Nur zu bereitwillig übernahm Ruß=
land diese Protektorrolle, und hat bekanntlich erst in
unseren Tagen durch den Krimkrieg der Einfluß aufge=
hört, den das Petersburger Cabinet seitdem auf die
Geschicke unseres Vaterlandes geübt hat. Friedrich der
Große kann von dem Vorwurfe nicht freigesprochen

werden, dies unerfreuliche Verhältniß wissentlich in's
Leben gerufen zu haben. Seine unter den andern
Mächten isolirte Stellung, und der bringende Wunsch
einen mächtigen Bundesgenossen zu besitzen, erklärt es
genugsam, weßhalb er an der Clientel festhielt, in die
er sich seit 1763 freiwillig begeben.

Während dieser Verhandlungen hatte man Preußi=
scher und Oesterreichischer Seits mit großer Schnellig=
keit an den Vorbereitungen zum Kriege gearbeitet.
Schon am 23. März zeigte Joseph II. seinem Bruder
Leopold von Toscana an, daß er marschbereit sei[1]), und
die Feldequipage sich am 27. in Bewegung setzen werde.

Am 6. April reiste Friedrich der Große von Berlin
ab, um das Commando einer Armee zu übernehmen,
die er in Schlesien zusammenzog. Eine zweite Armee,
zu welcher der Kurfürst von Sachsen sich verpflichtet
hatte 18000 Mann stoßen zu lassen, sollte unter Prinz
Heinrichs Commando über Dresden in Böhmen ein=
rücken.

Man kann ohne Weiteres sagen, daß der König von
Preußen allein es war, welcher diesen Krieg wollte.
Seine Minister stimmten dagegen. Die alten Generale
glaubten durch das was sie sieben Jahre lang geleistet und
gelitten, ein Recht auf Ruhe für den Rest ihres Lebens
erworben zu haben. Die Prinzen des Hauses gehörten

---

[1]) Arneth II. 142.

ebenfalls der Opposition an, vor allem Prinz Heinrich [1]),
der einen vortheilhaften Vergleich viel lieber gesehen
hätte. — Daß Maria Theresia durchweg friedlich gesinnt
war, und auf die Ansprüche an Baiern, die sie für unge=
rechtfertigt hielt, am liebsten ganz verzichtet hätte, wissen
wir. Auch Joseph II. war eines Erfolges keineswegs
so sicher, daß er nicht lieber durch einen Vergleich zu
einem Theile des in Besitz genommenen Landes gelangt
wäre, als Alles auf's Spiel zu setzen. Sein Ehrgeiz
verblendete ihn weder über seine militärischen Fähigkeiten,
gegenüber einem Feldherrn wie Friedrich der Große,
noch über die Vorzüge der Preußischen Armee, keines=
wegs soweit, daß er nicht einen diplomatischen Feldzug
einem kriegerischen vorgezogen hätte, wenn es mit Ehren
sich thun ließe. Allein Friedrich der Große war ent=
schlossen, der beabsichtigten Vergrößerung Oesterreichs
mit den Waffen Einhalt zu thun. Alle anderen Sor=
gen und Rücksichten traten für jetzt in den Hintergrund.
So ausschließlich wollte er sich seinem Feldherrnberufe
widmen, daß er vor der Abreise den Behörden befahl,
ihn mit keinerlei Civilsachen zu behelligen, sondern die
Entscheidung in diesen Angelegenheiten seinen Ministern
übertrug. Todesurtheile sollten während der Abwesen=

---

[1]) Vie privée, politique et militaire du Prince Henri de
Prusse p. 189. — Goertz, Memoire historique 147—150.
Prinz Heinrich hielt es vortheilhafter für den König de donner
les mains à un accommodement. Bei Preuß IV. 95.

heit des Königs nicht vollstreckt, sondern die Verbrecher
bis zu seiner Rückkunft in Verwahrsam gehalten werden[1]).

Nach diesen Anordnungen stand der Abreise zur
Armee nichts mehr im Wege. — Der König war erfüllt
von der Ueberzeugung, daß der Ausspruch: Wer nicht
vorwärts schreitet, der geht zurück, nirgends größere
Anwendung finde als auf den Preußischen Staat. Jedes
Anwachsen des Oesterreichischen Hauses aber war einem
Rückschritt Preußens gleich zu achten. Er durfte und
wollte das nicht dulden. „Es haudelt sich," schrieb er
an seinen Bruder Heinrich[2]), „bei der gegenwärtigen
Angelegenheit nicht um Erwerbungen uud Vergrößerungen, sondern darum, den Oesterreichischen Ehrgeiz
ein für alle Mal zurückzudrängen, damit diese Macht
nicht zu unserem größten Nachtheile ein despotisches
Regiment in Deutschland übe. — — Ich bin entschlossen
den Degen nicht in die Scheide zu stecken, bis der Kaiser
alles zurückerstattet hat, was er unrechtmäßig in Besitz
genommen. — — Die Oesterreicher wissen noch nicht,
daß Frankreich mit mir einig ist. Nun erbietet sich
auch noch der König von Sardinien eine Diversion in
das Mailändische zu machen, — da wären denn die
Oesterreicher von allen Seiten beschäftigt, und alle ihre

---

[1]) Mylius VI. p. 1247.
[2]) Oeuvres XXVI. 405. b. 16. Febr. 1778. 24. Febr. p. 406.

Anerbietungen kämen jetzt bei mir zu spät. Unsere Lage ist also nichts weniger als schlecht!"

Prinz Heinrich sieht die Sachen keineswegs in so rosigem Licht und wünscht nur, der König möge glück= lich aus dem Labyrinthe entkommen, in welches er sich begeben hat[1]).

Friedrich der Große schlug sein Hauptquartier in Schönwalde unter der Festung Silberberg auf, und blieb daselbst vom 8. April bis zum 2. Juli 1778[2]). Hier empfing, er wahrscheinlich zu seiner großen Ueber= raschung ein, Olmütz den 13. April datirtes eigen= händiges Schreiben des Kaisers mit Vergleichsvor= schlägen, die darauf hinausliefen, daß der König den mit Carl Theodor am 3. Januar abgeschlossenen Ver= trag und die in Folge desselben geschehene militairische Besetzung der Bairischen Districte als gerechtfertigt anerkennen sollte, wogegen Oesterreich den Heimfall von Anspach und Baireuth genehmigen und dem Könige gestatten wollte, diese Gebiete gegen einen nicht unmit= telbar an Oesterreich grenzenden Theil der Sächsischen Lausitz zu vertauschen[3]).

---

[1]) Daselbst 410.

[2]) Nicht vom 18., wie Preuß sagt, denn der erste Brief an Joseph II. ist bereits vom 14. datirt.

[3]) Oeuvres VI. 183 ff.

Gleich am folgenden Tage (14.) antwortet Friedrich eigenhändig, indem er wegen der Form seines Briefes um Entschuldigung bittet, weil er auf 40 Meilen in der Runde Niemanden habe, den er über das Ceremoniell zu Rathe ziehen könnte. Die Frage, um die es sich handle, sei einfach die, ob ein Kaiser eigenmächtig über die Reichslehen verfügen kann. Kein Fürst wird das zugeben, fährt er fort, und dadurch die Gewalt eines Despoten befestigen wollen, der früher oder später ihn und seine Kinder der alten angestammten Besitzungen berauben kann. Die ganze Angelegenheit wegen der Baireuthischen Fürstenthümer gehört gar nicht hierher, dagegen ließe sich davon sprechen, ob man den Herzog von Zweibrücken nicht durch einen Ländertausch entschädigen und Sachsen und Mecklenburg wegen ihrer Ansprüche abfinden könnte.

Ebenso schnell wie der König war auch der Kaiser mit einer Antwort bereit. Er schreibt am 16. aus Littau: Er habe in der Bairischen Angelegenheit nicht als Kaiser, sondern als Oesterreichischer Erzherzog und Kurfürst von Böhmen einen freundschaftlichen Vergleich mit dem Pfalzgrafen geschlossen. Von einer Beraubung könnte dabei keine Rede sein, und den Ausdruck Despot hätte der König sich ersparen mögen, da Despotismus ihm ebenso zuwider sei wie irgend wem. Der Herzog von Zweibrücken habe jetzt noch gar nicht mitzusprechen. Mit diesem sich auseinanderzusetzen würde

Zeit sein, wenn die Baierische Erbschaft an ihn gelangte. Sachsen und Mecklenburg könnten ihre Ansprüche gegen Carl Theodor vor dem Reichsgerichte ausfechten.

In seiner Entgegnung vom 18. April suchte Friedrich diese, allerdings auf einer Verdrehung der wirklichen Verhältnisse beruhende Darstellung zu widerlegen, fügte aber sehr sachgemäß hinzu, daß die fernere Verhand= lung den Ministern übertragen werden müßte, um zu versuchen, ob das Chaos sich entwirren und die Grund= lagen eines dauernden Friedens herstellen ließen. Die beiden letzten am 19. und 20. April gewechselten eigen= händigen Briefe führten natürlich auch zu keinem Resul= tate. Joseph hatte dabei, wie er in denselben Tagen an seine Mutter schreibt, hauptsächlich den Wunsch, den König noch einige Wochen mit Briefen und Noten hin= zuhalten, um unterdessen die Oesterreichische Armee, der es hauptsächlich an Cavallerie fehlte, kampffertig zu machen [1]).

Der König ließ sich dadurch keineswegs einschläfern. Unermüdlich betrieb auch Er die Vorbereitungen zum Kriege, und setzte mit einer Selbstverleugnung ohne gleichen seinen alternden gichtbrüchigen Körper den größten Strapazen aus. Acht bis zehn Stunden saß er oft an Einem Tage zu Pferde.

---

[1]) v. Arneth II. 205.

Kaunitz setzte inzwischen seine Bemühungen fort, um Rußland und Frankreich in das Oesterreichische Interesse zu ziehen, und durch deren Vermittelung den Ausbruch des Krieges abzuwenden, den Maria Theresia für ihre Person ebenso fürchtete wie verabscheute. Mit Recht; denn die Sache stand vollkommen so, wie Kaunitz sie mit folgenden Worten charakterisirt [1]): „Zwei große Staaten, die freundschaftlich vereinigt die erste Rolle spielen könnten, sind im Begriff einander aufzureiben, um sodann von der Diktatur Frankreichs oder Rußlands abzuhängen." Daß Oesterreich durch seine unbegründeten Ansprüche auf Baiern daran schuld war, vergißt er hinzuzusetzen. Maria Theresia dagegen spricht das ihrem Sohne gegenüber offen aus. „Die Schuld," sagte sie, „ist auf unserer Seite. Wir trachten nach ungerechtem Gute und hoffen dasselbe zu erlangen, indem wir dem Könige die Lausitz als Köder hinhalten [2])."

Die Unterhandlungen, welche nun zwischen den beiderseitigen Ministern geführt wurden, brauchen wir nicht in ihren einzelnen Stadien zu verfolgen, weil sie schließlich den Ausbruch des Krieges doch nicht zu hindern vermochten. Merkwürdig, und fast wie eine Uebereilung Friedrich des Großen erscheint es, daß er in einem am 16. März an seine Minister gesandten Vergleichsplane

---

[1]) Belag bei Reimann 83.   [2]) Arneth II. 299.

den geheimen Wunſch laut werden läßt, bei Gelegenheit
dieſes Streites ſich die ganze ſächſiſche Lauſiß anzueig=
nen, wofür er dem Kurfürſten von Sachſen das Heim=
fallsrecht der fränkiſchen Herzogthümer und einige
angrenzende Bezirke als Tauſchobject bieten wollte.
Oeſterreich ſollte dann im Beſiße des größten Theils der
von ihm beſeßten baieriſchen Diſtricte bleiben, und Carl
Theodor etwa durch Limburg oder Geldern entſchädigt
werden. Mit Unwillen verwarf Joſeph dieſen Plan,
den er geradezu abgeſchmackt nannte[1]); doch freute er
ſich mit Recht darüber, daß der König ihm durch dieſen
Vorſchlag eine Waffe in die Hand gegeben habe, um der
allgemeinen Bewunderung ein Ende zu machen, welche
Friedrich dem Großen wegen der vermeintlichen Unet=
gennüßigkeit in dieſer Sache zu Theil geworden. —
Maria Thereſia iſt derſelben Anſicht, warnt aber in ihrer
Antwort, den König zu reizen, da von dieſem „Unmen=
ſchen" ſonſt das Schlimmſte zu erwarten ſei[2]). Schon
damals machte ſie übrigens den Verſuch Rußland und
Frankreich als Vermittler anzurufen, weil beide Mächte
ihrer politiſchen Verwickelungen wegen das gleiche In=
tereſſe hatten, den Frieden in Deutſchland aufrecht zu
erhalten. Ein eigenhändiges Schreiben an die Kaiſerin

---

[1]) Daſelbſt 259.

[2]) Arneth II. 262. Das Wort Unmenſch hat die Kaiſerin in
ihrem franzöſiſchen Briefe deutſch geſchrieben.

14*

Katharina hatte jedoch nur eine höfliche nichtssagende Antwort zur Folge, — man war in Petersburg noch nicht einig darüber, wie man sich gegen die Türkei verhalten sollte. Auch der französische Hof ließ sich von dem Entschlusse nicht abbringen, bei einem ausbrechenden Kriege zwischen Preußen und Oesterreich neutral zu bleiben, obgleich Maria Theresia, durch den Umstand, daß ihre Tochter Maria Antoinette ihrem Gemahl Hoffnung auf einen Thronerben gab, zu den besten Hoffnungen berechtigt schien, es werde gelingen, den König durch seine junge Gemahlin zu beeinflussen.

Wie in Wien, so war auch in Berlin eine große Friedenspartei thätig, allein Friedrich der Große hatte von jeher seine Entschlüsse so sehr jedem Einflusse dritter Personen entzogen, daß kaum des Königs Brüder ihre abweichenden Ansichten laut werden ließen. Als der jüngste derselben, Prinz Ferdinand, seine Mißbilligung der kriegerischen Pläne aussprach, erhielt er die kurze Weisung, zu Hanse zu bleiben, wenn man in's Feld rückte. Prinz Heinrich, auf dessen Feldherrntalent wesentlich gerechnet wurde, durfte sich schon eher etwas herausnehmen, allein auch ihm wurde, als er seine Bedenklichkeiten zu äußern nicht nachließ, deutlich zu verstehen gegeben, er möge dem jüngern Bruder Gesellschaft leisten, wenn des Königs Entschließungen ihm nicht genehm wären.

Wir haben gesehen, wie Kaiser Joseph die Verhand-

lungen zwischen Berlin und Wien nur um deßhalb hin=
zog, um inzwischen die Kriegsrüstungen zu vollenden.
Seiner Mutter war es dagegen mit ihren friedlichen
Absichten voller Ernst. Allein es konnte zu einer Eini=
gung nicht kommen, weil Oesterreich sich nicht davon
abbringen ließ, das Heimfallsrecht der Markgrafschaften
als ein wichtiges Entscheidungsobject anzubieten, wäh=
rend der König dies als einen ihm von selbst gebühren=
den Anspruch betrachtete. Als er am 24. Juni die letzte
Note von Kaunitz empfangen, welche wiederum keine
annehmbaren Vorschläge enthielt, glaubte er, daß die
Zeit für die Kriegserklärung da sei. Er befahl dem
Prinzen Heinrich, sich am 1. Juli durch das Sächsische
Gebiet gegen die Böhmische Grenze in Marsch zu setzen.
Am 3. Juli erfolgte die förmliche Ankündigung der
Feindseligkeiten. Es ist nicht unsere Absicht die Einzel=
heiten des nun folgenden Krieges zu erzählen, die we=
sentlich nur für Militärs von Fach Interesse haben kön=
nen. Es kam weder zu einer Schlacht noch zu einer
Belagerung. Die beiden preußischen Armeecorps unter
dem Könige und dem Prinzen Heinrich rückten von
Schlesien und Sachsen aus in Böhmen ein. Die Nach=
richt von diesem ernsthaften Vorgehen, an das man bis
zum letzten Augenblicke nicht hatte glauben wollen, ver=
breitete in Wien die größte Bestürzung[1]. Es schien,

---

[1] Geständnisse eines Oesterreichischen Veterans IV. 320.

als ob die Ereignisse von 1756 sich wiederholen sollten.
Maria Theresia gerieth in Verzweiflung bei dem Ge=
danken, daß ihr in ihren alten Tagen noch einmal alle
Angst und Gefahr zugedacht wäre, welche sie während
des siebenjährigen Krieges ausgestanden; — und jetzt
stand ihr nicht das volle Rechtsgefühl zur Seite, aus
welchem sie damals Muth und Ausdauer geschöpft hatte.
Sie konnte sich von der Gerechtigkeit der Ansprüche nicht
überzeugen, die man Oesterreichischer Seits gegen
Baiern erhob. Dazu kam die Sorge für ihre beiden
Söhne Joseph und Maximilian, und für ihren Schwie=
gersohn, den Herzog von Sachsen=Teschen, welche an
den Gefahren Theil nehmen wollten, denen die kaiser=
liche Armee entgegenging.

Dieselbe war in der Zeit, wo die beiden Monarchen
noch unterhandelten, aus ihren zerstreuten Standorten
an die Elbe vorgerückt, und bildete von Königgrätz über
Jaromirz, Schurz und Königinhof eine Kette bis nach
Hohenelbe, sich dort an das Gebirge anlehnend, theils
durch die steilen Ufer des Flusses, theils durch künstliche
Verschanzungen gegen jeden Angriff gedeckt. Prinz
Heinrich hatte die Absicht sich, in Verbindung mit den
Sachsen, gegen Loudons Corps zu wenden, welches in
der Richtung von Leutmeritz, Aussig und Teplitz aufge=
stellt war, und im Vertrauen auf die durch die Natur
schon befestigte Gegend, viele wichtige Punkte nur schwach
besetzt hatte. Friedrich ertheilte jedoch andere Befehle,

und erst nachdem Prinz Heinrich in Folge derselben seine ursprüngliche Richtung aufgegeben hatte, kam ein Gegen= befehl, welcher mit den ersten Absichten des Prinzen übereinstimmte [1]). Darüber war aber der günstige Augenblick versäumt und ein Angriff schien nicht mehr ausführbar. Der König selbst war am 5. Juli über Nachod in Böhmen eingerückt und bezog am 8. ein Lager bei Welsdorf. Ein Versuch, am 13. bei dem Dorfe Werdeck die feindlichen Linien zu durchbrechen und die Elbe zu überschreiten, mißglückte. — Zur Deckung Oberschlesiens stand eine dritte Preußische Armee unter dem berühmten Husarengeneral Werner in der Gegend von Neiße. So große Streitkräfte (die sämmtlichen feindlichen Heere zählten zusammen über 400,000 Mann, die Oesterreicher allein sollen mehr als 1500 Kanonen gehabt haben) in solcher Nähe ein= ander gegenüberstehend, ließen die blutigsten Kämpfe und die folgenreichsten Entscheidungen durch das Schwert erwarten. Allein von allen Seiten waren Gründe genug vorhanden, um die Kriegslust zu dämpfen. Friedrich der Große fühlte, ohne es sich eingestehen zu wollen, daß er, jetzt siebenundsechszigjährig, nicht mehr die Spannkraft des Leibes und der Seele besitze, über welche der Feldherr gebieten muß. Dazu war er gerade

---

[1]) Die Correspondenz der Brüder aus diesen Tagen sowohl bei Schöning als auch theilweise Oeuvres XXVI. 433 ff.

damals von der Gicht furchtbar geplagt, und hatte zeit=
weise den Gebrauch beider Füße und des linken Armes
verloren. Unter solchen Umständen mußte er wohl von
jedem Wagniß zurückschrecken, durch welches er doch
möglicherweise die mühevoll errungenen Lorbeeren auf's
Spiel setzen konnte, die sein greises Haupt schmückten.
Auch Prinz Heinrich fühlte sich kaum noch im Stande,
die Strapazen eines Feldzuges zu ertragen, und es
bedurfte seiner größten Willenskraft, um die Leiden zu
überwinden, welche auf eine tiefe Zerrüttung seines
Nervensystems deuteten [1]). Nicht minder als die großen
Preußischen Heerführer scheute auch Kaiser Joseph II.
troß seines Selbstgefühls und troß des brennenden
Wunsches, den Nebenbuhler zu demüthigen, den Kampf
mit einem Gegner wie Friedrich der Große, dessen
überwiegende Talente er, wenn auch unwillig, doch in
vollem Maße anerkannte. Vor Allen aber war es
Maria Theresia, welche um jeden Preis einen feind=
lichen Zusammenstoß verhüten wollte. Ohne Wissen
ihres Sohnes und Mitregenten schickte sie den Minister
Thugut [2]) zum Könige, mit der Vollmacht, eine Con=

---

[1]) Oeuvres XXVI. a. a. O.

[2]) Eigentlich Tunicotto; die Oesterreicher nannten ihn Thu=
nichgut. Maria Theresia kürzte ihm deshalb den Namen ab.
Zwei andere Ableitungen des Namens bei Vivenot: Thugut,
Clerfoyt und Wurmser. Wien 1869, p. XVIII.

vention laut den ihm mündlich ertheilten Weisungen
abzuschließen [1]).

Derselbe führte sich unter fremdem Namen in
Welsdorf ein und trug vor: Die Kaiserin wolle alles,
was in Baiern in Besitz genommen, wieder räumen,
bis auf einen Strich Landes, der eine Million Ein=
künfte brächte. Den Kurfürsten von Sachsen werde sie
dahin bringen, einen billigen Vergleich abzuschließen.
Der König hatte mit Thugut eine vierstündige Unter=
redung, in welcher er die Vorschläge desselben nicht ganz
abwies, sondern nur seinerseits fragte, ob man nicht
Mecklenburg durch ein Reichslehn abfinden, den Heim=
fall von Anspach und Baireuth nach dem Außsterben
der dortigen Fürsten anerkennen und gestatten wolle,
daß Sachsen sich in diesen Herzogthümern, Preußen
aber in der Sächsischen Lausitz huldigen lasse. Thugut
hatte ein eigenhändiges Schreiben Maria Theresia's
überbracht, dessen Abfassung ihr sicherlich viel Selbst=
überwindung gekostet hatte. Es folgten noch einige
wechselseitige Briefe in Folge dessen, bis die Kaiserin
zuletzt erklärte, sie wolle allen Ansprüchen an Baiern
entsagen, den ganzen Vertrag vom 3. Januar fallen
lassen und die Forderungen der übrigen Interessenten
den Reichsgerichten zur Entscheidung anheimgeben,

---

[1]) Oeuvres VI. 198.

wenn der König von Preußen dagegen erkläre, Anspach und Baireuth niemals mit seinen Staaten vereinigen zu wollen. Friedrich brach in Folge dessen die persön= lichen Unterhandlungen ab und verwies die Fort= setzung derselben an seine Minister. In der That kam nun auch Thugut mit Herzberg und Finkenstein am 13. August in Braunau zusammen, um sich über den Umfang dessen zu einigen, was Oesterreich und Preußen nehmen oder behalten sollten. Die Confe= renzen dauerten eine Reihe von Tagen, führten aber zu keiner Uebereinstimmung.

Prinz Heinrich erfuhr von allen diesen Unterhand= lungen erst, nachdem sie gescheitert waren. Friedrich wollte durch eine frühere Mittheilung über die dadurch angeregten Friedenshoffnungen nicht noch die Unlust steigern, mit der sein Bruder den ganzen Krieg betrach= tete. Die Schwierigkeiten, die man wegen Anspach und Baireuth erhob, erbitterten den König so, daß er nun den Abbruch der Berathungen dem Prinzen mit den Worten meldete: „Man muß diesen Schuften mit dem Degen in der Hand vernünftigere Ansichten bei= bringen [1]."

Die ganze Zeit hindurch hatten die Heere beobachtend einander gegenüber gestanden, schwerlich in Folge der

---

[1] Oeuvres XXVI. 439.

angeknüpften Verhandlungen; denn ein Waffenstill=
stand war nicht geschlossen, sondern weil die Oester=
reicher ihrem Vertheidigungsplane getreu jeder Gelegen=
heit zur Schlacht kaltblütig auswichen [1]).   Da beschloß
Friedrich, der langen Unthätigkeit müde (er stand
damals, Mitte August, im Lager von Burkersdorf),
noch einen Versuch zu wagen, ob er vielleicht den Feind
bei Hohenelbe umgehen und sich mit seinem Bruder
vereinigen könnte, der in gezwungener Unthätigkeit in
seinem Lager bei Niemes verharrte, wo er auch des
Königs letzterwähntes Schreiben erhalten hatte. Allein
auch diesen Plan führte er nicht aus, theils wegen der
Schwierigkeiten, welche die schlechten Wege zu bieten
schienen, theils weil Loudon in jenen Tagen seine
Truppen in bedrohlicher Weise verstärkt hatte. Ueber=
haupt kam es bis zum Ende des Krieges zu keiner ernst=
lichen Unternehmung mehr. Der König wollte nur
sich möglichst lange in Böhmen halten, das Land auf=
zehren (ausfouragiren war das Kunstwort dafür) und
auf diese Weise Schlesien von Oesterreich durch eine
Wüste trennen. Prinz Heinrich erhielt die Anweisung,
nach demselben Plane zu verfahren [2]). Ungewöhnlich
früh trat in diesem Jahre der Winter ein. Bereits am

---

[1]) Manso I. 64.
[2]) Reimann 158.

ersten September bedeckten sich in der Umgebung des
Preußischen Lagers die Berge mit dichtem Schnee. In
der Niederung strömte kalter Herbstregen herab und
verwandelte die Landstraßen in Sümpfe. Krankheiten,
namentlich die Ruhr, wütheten unter der Armee und
wirkten um so verderblicher, als die Medizinalanstalten
der Preußen entsetzlich schlecht waren. Man hatte beim
Ausrücken der Truppen 500 Unterwundärzte ausge=
hoben, allein da soviel gelernte Chirurgen nicht auf=
zutreiben waren, so mußte man sich größtentheils mit
Barbiergehülfen begnügen, von denen der damalige
Bericht eines Arztes sagt, daß sie „kaum den Bart
erträglich putzen und selten ein Pflaster streichen
konnten [1].‟

Die Preußischen Lazarethe wurden zum Gegenstande
mitleidigen Spottes für die Sachsen, welche sich weit
besser geordneter Anstalten erfreuten. — Zu den Krank=
heiten gesellte sich bald der Mangel an Lebensmitteln,
weil die ungeheuren Menschenmassen, die sich hier
auf engem Raume beisammen fanden, ungestraft alles
geplündert und verwüstet hatten. Ein Preußischer
Officier spricht sich schon im Juli folgendermaßen

---

[1] Die Mängel des Preußischen Feldlazareths aus Dokumen=
ten erwiesen von Dr. Fritze in Halberstadt. Leipzig 1780. Bei
Preuß IV. 116. Note. Friedrich ließ noch kurz vor seinem Tode
den Dr. Fritze nach Sanssouci kommen, um wegen Verbesserung
der Lazarethe mit ihm zu berathen.

darüber aus [1]): „Die Einwohner sind mit ihrem Vieh=
stande größtentheils in's Oesterreichische Lager geflohen.
Wir beschäftigen uns eifrig mit Plündern, und reißen
sogar die Häuser nieder. Lebensmittel sind bei uns
zwar noch zu haben, aber nur zu sehr hohen Preisen.“
Im September aber trat förmlicher Mangel ein. Zu
allen diesen Uebeln gesellte sich die täglich mehr über=
hand nehmende Desertion der Mannschaften, gegen
welche der König zu den seltsamsten Mitteln griff. Am
1. September 1778 schrieb er an Tauentzien [2]): „Ihr
müßt durch die Officiers unter die Regimenter aus=
bringen lassen, daß kein Tag verginge, wo die Oester=
reicher nicht 10—12 Kerls alle Tage todt prügelten
und sie kaum mal begrüben. Ingleichen hätten sie
Deserteurs, die sie wiedererkannten, aufhängen lassen.
Die Officiere müssen das unter sich so besprechen, daß
die Bursche solches hören, und ein Bißchen von der
Desertion abgeschreckt werden.“

Unter dem Zusammenwirken aller dieser ungünsti=
gen Umstände, und bei der allseitigen Abneigung gegen
jede ernsthafte Kriegsunternehmung war der Rückzug
in die Winterquartiere geboten. Prinz Heinrich brach
am 10. Sept. sein Lager ab, und führte die Hälfte

---

[1]) Militairischer Nachlaß des Grafen Henkel von Donners-
mark II. 2. 216. Bei Reimann 148.

[2]) Urkundenbuch IV. 222.

seiner Mannschaften über Leitmeritz und Teplitz nach
Sachsen, während die andere Hälfte über Zittau in die
Lausitz marschirte. Friedrich selbst, in übelster Laune,
welche er während des ganzen Feldzuges schon oft in
der härtesten und ungerechtesten Weise an seinen Umge=
bungen ausgelassen, beschloß so lange auszuharren, bis
der letzte Rest aller Vorräthe im feindlichen Lande auf=
gezehrt wäre. Noch am 21. Sept. bezog er bei Schatz=
lar ein neues befestigtes Lager, und erst nach dem
starken Schneefall, der daselbst am 12. October eintrat,
entschloß er sich zum Rückzug, der am 15. in der Rich=
tung von Landeshut nach Schlesien angetreten wurde.

Der Anblick der friedlichen, wohlangebauten schlesi=
schen Landschaften wirkte wunderbar wohlthuend auf
die aus dem zerstörten Feindeslande Heimkehrenden.
„Du kannst Dir nicht vorstellen,“ schrieb der König
seinem Bruder Heinrich, „welche Freude uns diese
belebten, bevölkerten Städte und Dörfer machen.
Einer, der aus Sibirien kommt, kann keine größere
Augenweide haben. Ich wohne bei einem Kaufmann,
dessen Haus mir im Vergleich zu den eben verlassenen
Hütten wie der Palast des Großmoguls erscheint.“
In demselben Briefe spricht Friedrich sich zum ersten
Mal belobend über den Thronfolger aus, der ihn wäh=
rend des Feldzuges begleitet hatte: „Ich kann,“ sagt er,
„zu meiner großen Genugthuung, Dir mittheilen, daß
ich mit unserem Neffen sehr zufrieden bin. Er hat eine

ganz andere Richtung genommen, und sich erstaunlich zu seinem Vortheil verändert, und ich fange an guten Muth zu haben." In wie weit diese Hoffnungen begründet waren, wird die Zukunft lehren!

Die Folgen dieses thatenlosen Feldzuges waren für die Armee so traurig, ja noch trauriger, als hätten große blutige Schlachten in ihren Reihen gewüthet. Wir erwähnten bereits wie verderblich die schlechte Verpflegung der Gesunden und Kranken, und das dadurch nur zu erklärliche Ueberhandnehmen der Desertion wirken mußten. Auch die noch unter den Fahnen blieben, waren mißmüthig geworden, um so mehr als unverdiente Zurücksetzung gar oft den besten Offizieren zu Theil wurde, wenn sie dem übelgelaunten Monarchen zum unrechten Augenblicke nahe kamen. In einem Schreiben am 25. Oct. 1778 [1] heißt es: Invalide Stabsoffiziere sind in Menge bei der Armee. Es muß ein entsetzliches Avancement in den Winterquartieren werden. Auch die nicht krank sind werden suchen fortzukommen. Ramin geht und Tauenzien seufzt. Kurz ich kenne die preußische Armee gegen die vorige nicht wieder. Es ist kein Leben unter Generals und Offiziers. Alles läßt den Kopf hängen, und es ist in keinem Stücke die mindeste Ordnung.

Troß dieser Uebelstände, nnd troß der allseitigen

---

[1] Reimann p. 172, aus Henkel's militairischem Nachlasse.

Abneigung gegen den Krieg wären dennoch im nächsten
Jahre die Feindseligkeiten wahrscheinlich mit größerem
Nachdruck eröffnet worden, wenn nicht inzwischen Ruß=
land und Frankreich zu vermittelndem Einschreiten sich
hätten bewegen lassen. Schon zur Zeit als Thugut an
den König abgeschickt wurde, suchte Maria Theresia
durch ihre Tochter den Französischen Hof zu bewegen,
eine Armee an die Grenze rücken zu lassen, oder wenig=
stens mittelst drohender Erklärungen den König von
Preußen einzuschüchtern. Sie führte der Königin
Marie Antoinette zu Gemüthe, daß eine feste Allianz
zwischen Frankreich und Oesterreich im Stande ist, die
Ruhe in Europa dauernd zu sichern. — Die Franzö=
sischen Minister stimmten darin bei, daß die Erhaltung
des Friedens in Deutschland höchst erwünscht sei, weil
Frankreich sich auf Seite der amerikanischen Colonien,
d. h. feindlich zu England gestellt hatte, und alle Kräfte
für den Seekrieg zusammenhalten mußte. Sie glaub=
ten aber eben deßhalb den König von Preußen nicht
reizen zu müssen, und riethen der Kaiserin zur Nach=
giebigkeit[1]).

Glücklicher als Maria Theresia mit ihren Anträgen
in Paris, war Friedrich II. bei seinen Bestrebungen am
Petersburger Hofe. Mit seinem praktisch politischen

---

[1]) Onno Klopp 427.

Scharfblick schlug er hier den rechten Weg ein, indem
er seinen Einfluß bei der Pforte geltend machte und
derselben vorstellte, daß es einer Begünstigung und
Stärkung Oesterreichs gleich komme, wenn die Türken mit
den Russen Krieg anfingen, und auf diese Art die letzteren
hinderten, Oesterreichischen Eroberungsgelüsten in der
Moldau und Walachei mit ihrer ganzen Macht entgegenzutreten. In der That zeigte der Sultan sich
zum Frieden geneigt, und erleichterte dadurch der Kaiserin Katharina die Einmischung in die deutschen Angelegenheiten; sie konnte jetzt für ihren Alliirten, den
König von Preußen, eintreten und denselben nöthigen
Falls durch Hilfstruppen unterstützen. Wirklich erließ
sie im October 1778 eine Erklärung, in welcher sie der
Kaiserin-Königin rieth, den Bairischen Erbfolgestreit
nach den Satzungen des Reiches gütlich auszugleichen,
— wo nicht, würde Rußland sich in den deutschen Krieg
einmischen und die Interessen der Fürsten, die Katharinas Beistand angerufen hätten (Preußens und Sach-
sens), vertreten müssen [1].

Maria Theresia war durch diese Mittheilung schmerzlich betroffen: „Die Nachrichten aus Rußland sind die
schlimmsten, die aus Frankreich die schwächsten!" schrieb
sie an ihren Sohn. Kam es dazu, daß Rußland sich

---

[1] Bei Reimann 183. Vollständige Sammlung V. 44.

durch thätigen Beistand an Preußens Seite stellte, so
war an Widerstand gegen diese vereinigten Mächte nicht
zu denken.

Da entschloß die bedrängte Fürstin sich zu einem
nochmaligen Hilferuf an Rußland und Frankreich
zugleich. Beide Mächte, bat sie, möchten die Mittel
angeben, durch welche der Friede schleunigst wiederhergestellt werden könnte, und für baldmöglichstes Zustandekommen eines Waffenstillstandes Sorge tragen.
Willig unterzogen sich die so Angerufenen dieser ihrem
Stolze schmeichelnden Vermittlerrolle. Die Haupt-
sachen waren im Großen nicht schwer festzustellen.
„Franzosen und Russen,“ schreibt Friedrich II. am
11. Dezember 1778 an seinen Bruder, „kommen dahin
überein, daß man dem Kaiserhofe, um seine Würde zu
retten, ein kleines Stück von Baiern zugestehen und
zur Herausgabe des Uebrigen nöthigen muß[1].“

Katharina beauftragte den Fürsten Repnin, der um
die Mitte Dezembers in Berlin eintraf; Ludwig XVI.
seinen Gesandten in Wien, den Baron Breteuil, mit
der Unterhandlung. Schon am 28. Dezember waren
die Grundlagen eines allgemeinen Friedens entworfen:
Oesterreich behielt einen Baierischen District, Preußens
Recht, die Fränkischen Herzogthümer mit der Krone zu
vereinigen, wird anerkannt, Sachsen und Mecklenburg

---

[1] Reimann 196.

werden entschädigt. Die weiteren Verhandlungen hat=
ten sich demnach nur mit der Abgrenzung jenes Bai=
rischen Districts, und mit der Höhe dieser Entschädi=
gungen zu beschäftigen. Friedrich II. machte für sich
weiter keine Ansprüche, und scheint die Verwirklichung
seiner Absichten auf die Sächsische Lausitz für eine gele=
genere Zeit zurückgestellt zu haben, wo ihm Baireuth
und Anspach ein passendes Tauschobject bieten würden.
Er erklärte sich mit dem Bewußtsein zufrieden, die
Oesterreicher gezwungen zu haben, dasjenige wieder her=
auszugeben, was sie ohne Recht in Besitz genommen [1]).

So lange noch kein Waffenstillstand, viel weniger
der förmliche Frieden abgeschlossen war, hatte der kleine
Krieg seinen Fortgang. In der Aussicht, daß 1779
beim Wiederbeginn der Feindseligkeiten, nicht sowohl
Böhmen als vielmehr Oesterreichisch=Schlesien und
Mähren den Kampfplatz hergeben würden, hatte ein
Preußisches Corps die Oesterreicher aus Jägerndorf
verjagt, und daselbst Winterquartiere bezogen, welche
man durch Befestigung der Stadt und der umliegenden
Höhen gegen Angriffe sicher zu stellen suchte. Dennoch
wurden die Truppen daselbst fortwährend beunruhigt,
wodurch General Wunsch sich veranlaßt sah, am
8. Januar 1779 von Glatz aufzubrechen, um die
Oesterreicher zurückzutreiben. Das mißlang jedoch,

---

[1]) Schöning 264. Bei Reimann 208.

weil die Oesterreicher die engen unwegsamen Durchlässe mittelst Gräben und Verhauen gesperrt und durch leichte Truppen besetzt hatten.   Wunsch mußte am 16. unverrichteter Sache zurückkehren.   Die Oesterreicher, hierdurch kühn gemacht, rückten in zwei Abtheilungen über Nachod und Reinerz gegen Glatz vor, nahmen in Oberschwedeldorf den Prinzen von Hessen-Philippsthal mit einem großen Theil seines Regiments gefangen, und verbrannten sogar ein zu den Festungswerken von Glatz gehöriges Blockhaus.   Nachdem jedoch der König von Breslau aus Verstärkungen gesendet hatte, zogen sie sich in's Böhmische zurück, und wurden daselbst von dem General Möllendorf so lange festgehalten, bis der Frieden zuletzt diesen und ähnlichen erfolglosen Kämpfen ein Ende machte[1]).   Im Kleinen wurde dadurch noch Unheil genug angerichtet, und namentlich in der Grafschaft Glatz viele Häuser in den Dörfern und kleinen Städten zerstört[2]).   Als der König bei seiner Bereisung der Gegend im März diese Verwüstungen sah, schrieb er seinem Bruder: „Ich bin so erbittert auf die ganze Brut, daß ich mein Leben darum gäbe, wenn ich mich nur ordentlich an ihnen rächen könnte!"

---

[1]) Oeuvres VI. 169.   Möllendorf erhielt auf Verwendung des Prinzen Heinrich den schwarzen Adlerorden.

[2]) Neustadt in Oberschlesien wurde bombardirt und fast ganz zusammengeschossen.

Die Friedensverhandlungen nahmen während dessen ihren Fortgang. In einer von ihm selbst als Ultimatum bezeichneten Erklärung hatte Friedrich II. die oft erwähnten Preußischen Forderungen mit einigen Zusätzen wiederholt. (10. Februar 1779.) Er sprach aus, daß er den beabsichtigten Austausch der Herzogthümer gegen die Lausitz fallen lasse. Auch den Ansprüchen auf Jülich und Berg wollte er nochmals feierlich entsagen, jedoch nicht unter französischer Garantie, sondern vermöge besonderen Vertrages zwischen ihm und dem Kurfürsten von der Pfalz. Wegen der Mecklenburgischen und Sächsischen Entschädigungsansprüche möchten die vermittelnden Mächte das Nähere festsetzen. Am 10. März trat die Friedenscommission in Teschen förmlich zusammen[1]), nachdem die Feindseligkeiten für die verschiedenen Armeen wenige Tage vorher durch Waffenstillstand beendet waren. Allein es dauerte noch bis zum 13. Mai bevor die Unterzeichnung der eigentlichen Friedensurkunde erfolgen konnte. Die Verzögerung entstand eines Theils durch die Verhandlungen über

---

[1]) Bei demselben waren die vermittelnden Mächte Rußland und Frankreich durch Repnin und Breteuil, Preußen durch Baron Riedesel, Oesterreich durch den Grafen Cobenzl vertreten. Für Kurpfalz erschien Graf Törring-Seefeld, für Zweibrücken v. Hofenfels, für Sachsen Graf Zinzendorf. — Vergleiche: Der Teschnische Friedensschluß von 1779, von Joh. Jac. Moser. Frankfurt a./M. 1779.

die genaue Bestimmung des Bairischen Gebietes, welches
Oesterreich behalten sollte.   Man einigte sich über den
District zwischen Donau, Inn und Salza, welcher zu
der sogenannten Generalität Burghausen gehört, —
andern Theils aber, und hauptsächlich war es der Kur=
fürst von der Pfalz, welcher den Abschluß dadurch hin=
zog, daß er sich durchaus nicht zur Zahlung der 4 Mil=
lionen Thaler verstehen wollte, die Sachsen für seine
Ansprüche erhalten sollte.   Er berief sich auf einen von
der Mutter Friedrich Augusts im Jahre 1747 ausge=
stellten Verzicht, in welchem sie sich aller Erbansprüche
zu Gunsten ihres Bruders Maximilian Joseph begeben
hatte.   Die Worte dieser Urkunde ließen jedoch eine
verschiedene Deutung zu, so daß man noch lange
darüber hätte disputiren könne, wenn nicht zuletzt Carl
Theodor durch die fast drohenden Erklärungen der Ver=
mittelungsmächte zur Nachgiebigkeit bewogen worden
wäre.   Er mußte die vier Millionen bewilligen,
obgleich er zuerst nur 250,000 geboten hatte, und sich
den Rest allmählich höchst widerwillig abbringen ließ.
Sein fast lächerlicher Zorn traf seitdem den König von
Preußen, dem er doch zum größten Danke verpflichtet
gewesen wäre.   „Der Kurfürst v. d. Pfalz," schreibt
Friedrich „thut mir die Ehre an sehr böse auf mich zu
sein, weil es mir gelungen ist ihn in den Wiederbesitz
seiner entrissenen Länder zu setzen, was freilich eine

große Anmaßung von mir war [1])." Preußen erhielt
in dieſem Frieden nichts als das Zugeſtändniß Oeſter=
reichs, ſich dem bevorſtehenden Heimfall von Anſpach
und Baireuth nicht zu widerſetzen.   Baiern wurde
von dem Vertrage vom 3. Januar 1778 entbunden,
Maria Thereſia erkennt die Rechte des Kurfürſten auf
die Verlaſſenſchaft ſeines Oheims an, und verleiht ihm
die Böhmiſchen Lehen in der Art, wie Letzterer ſie beſeſſen.
Die erledigten Reichslehen in Baiern und Schwaben
wird der Kaiſer ihm übertragen.   Oeſterreich behält das
Innviertel, mit Sachſen werden außer der Zahlung
jener vier Millionen Thaler noch alle Streitigkeiten
über die Schönburg'ſchen Beſitzungen ausgeglichen, und
Mecklenburg bekommt das jus de non appellando. —
Kaiſer und Reich traten dieſem Frieden bei.

Der Krieg, der nun zu Ende war, iſt bis auf den
heutigen Tag in den Augen der Menſchen mit einer
gewiſſen Lächerlichkeit behaftet, weil die erzielten Erfolge
mit den aufgewendeten großen Mitteln nicht im Ver=
hältniß zu ſtehen ſchienen.   In Preußen nannte man
ihn den Kartoffelkrieg, in Süddeutſchland den Zwetſch=
kenrummel.   Friedrich ſelbſt ſchreibt in dieſem Sinne [2]):

---

[1]) Oeuvres XXIV. 322.

[2]) Bereits am 25. Februar an de Catt.   Oeuvres XXIV.
p. 28.

„Ich glaube wohl, daß alle Welt sich über den Frieden freut; denn Bauer, Bürger und Edelmann haben nur Verluste, so lange der Krieg dauert. Aber dieser ganze Krieg und dieser Friede sind nur eine Erbärmlichkeit; das Werk eines matten Greises ohne Kraft und Schwung. Oft habe ich mir Boileau's Verse vorgesagt:

> Unglücklicher, laß nur den alten Gaul in Ruh!
> Wird seine schwache Kraft gewaltsam angespannt,
> So stürzt er hin und wirft den Reiter in den Sand."

Neunundzwanzig Millionen Thaler hatte der König geopfert, ohne die Erstattung dieser Kriegskosten zu verlangen oder zu erhalten. Die Armee büßte durch den Krieg fast ebensoviel Leute ein, als wären große Schlachten geschlagen worden. Auch der Geist der Truppen hatte gelitten. Dem ganzen Lande erwuchs eine lästige Beschwerde dadurch, daß nach dem Frieden die angeworbenen Freicorps in ebenso unbarmherziger Weise wie 1763 entlassen wurden; deren Mannschaften nun als ein Schwarm hungernder Bettler umherirrten. Dennoch ist der Erfolg, den der König erreicht hatte, nicht gering anzuschlagen. Es war der vierte Krieg, den er seit dem Beginne seiner Regierung gegen Oester-reich führte, und zum vierten Male hatte er dieser Macht gegenüber seinen Willen durchgesetzt und dieselbe gehindert, sich in Deutschland nach demselben Verhält-

nisse zu vergrößern, wie er selbst es durch den Erwerb
der Provinz Schlesien gethan. Das Schlimme bei der
Sache war nur, daß Rußland und Frankreich die ihneu
angetragene Vermittelung des Friedens in solcher Weise
üben durften, daß sie allerdings behaupten konnten, sie
hätten denselben dictirt. War es doch sowohl Ruß=
lands als Frankreichs eigenstes Interesse, welches sie so
geneigt machte, den Krieg in Deutschland aus der Welt
zu schaffen. Noch mehr! Der Teschner Frieden nimmt
ausdrücklich auf den Westphälischen Frieden Bezug und
bestätigt denselben von Neuem. Dadurch war nun
Rußland in die Zahl der Gewährleister desselben ein=
getreten, und hatte die seit Peter des Großen Zeiten
ersehnte Handhabe für die Einmischung in deutsche
Angelegenheiten erlangt. Der Vorwurf, den man des=
wegen gegen Friedrich den Großen erhoben hat, ist
nicht abzuweisen, nur darf man die Vorgänge von 1779
nicht aus dem Standpunkt von 1866 beurtheilen!
Damals war Deutschland so weit davon entfernt, sich
auf dem Wege zu einer staatlichen Einigung zu finden,
daß es vielmehr umgekehrt einer gänzlichen Zerrissenheit
entgegenging. Während die alten Formen des Reiches
und die einzelnen kleinen Staatengruppen innerhalb
desselben von Tag zu Tag tiefer verfielen, waren jene
neuen Kräfte emporgewachsen, von denen fortan die
Macht und die politische Entwickelung Deutschlands

bestimmt wurde[1]). Rücksichtnahme auf die Reichs=
interessen, wo dieselben mit den eigenen Landes=
interessen im Widerstreit lagen, konnte deshalb von
keinem der größeren Fürsten weder gefordert noch
erwartet werden. Ueberdies war Friedrich der Große
durch die Stellung, die er sich erobert hatte, weit über
seine Mitfürsten hinausgeschritten, ja er besaß wegen
seines Feldherrngenies, und durch die allzeitige Schlag=
fertigkeit, die man ihm zutraute, fast schiedsrichterliche
Gewalt in Europa. Aus diesem Gesichtspunkte schloß
er seine Allianzen und führte seine Kriege. Aber ihn
deshalb undeutsch zu nennen, ist keine Veranlassung.
Denn, was man Deutschland und Deutsches Reich
nannte, war so sehr zum blos geographischen Begriff
geworden, daß es kaum mehr für anstößig galt, die
Einmischung des Auslandes anzurufen[2]). Sicherlich
würde er den Fremden nicht gestattet haben, zu Gunsten
seiner Hausinteressen Stücke von dem großen Vater=
lande loszureißen, — wie es die Habsburger gelitten,
denen doch vermöge ihrer Kaiserwürde und des fast wie
Hohn klingenden Titels „allzeit Mehrer des Reiches"
die Bewahrung der deutschen Grenzen vor allen Dingen
Pflicht gewesen wäre. Ja, man darf behaupten, daß
kein anderer Deutscher Fürst so viel gethan hat als

---

[1] Häusser, Deutsche Geschichte I. Ausgabe I. 168.
[2] Häusser a. a. O. 169. Daselbst 197.

Friedrich der Große, um Deutschlands Selbstgefühl den Fremden gegenüber zu wecken. Bei Roßbach hat er ihnen die Wege gewiesen, zum Jubel der Mit- und Nachwelt, die noch heut nicht ohne erhebendes Gefühl den Namen dieser Schlacht nennen hört, obgleich seitdem die Tage von Leipzig und Belle-Alliançe uns geleuchtet haben.

Fünftes Kapitel.

Politische Thätigkeit Friedrich's des Großen in seinen letzten Lebensjahren 1779—1786.

Das im Jahre 1764 geschlossene und später erneuerte Bündniß mit Rußland lief 1780 zu Ende. Friedrich bemühte sich eifrigst eine Verlängerung desselben zu bewirken; allein in Petersburg hatten sich die Absichten und Anschauungen wesentlich geändert. Katharina, bei ihren Unternehmungen vom Glück überall begünstigt, verstieg sich zu immer weiter aussehenden Plänen, und hatte im Stillen nichts geringeres im Sinne als die völlige Unterwerfung der Türkei, auf deren Trümmern sie das alte byzantinische Reich wieder herzustellen, und in eine Sekundogenitur ihres Hauses zu verwandeln hoffte. Es gilt für ausgemacht, daß sie mit Rücksicht auf diese Pläne ihrem 1779 geborenen Enkelsohn den Namen

Constantin beilegte. Für solche weitgreifende Entwürfe
schien Oesterreichs Bundesgenossenschaft wirksamer und
wünschenswerther als die Preußische Allianz. Konnte
man sich mit dem Kaiser verständigen, und den ehrgeizigen Joseph II. dahin bringen, daß er, entsprechend
den Russischen Entwürfen seinerseits den Gedanken aufnahm, das Abendländische Kaiserthum gleichzeitig mit
jeneu russisch-morgenländischen wieder aufzurichten, so
hatte man im Osten freie Hand.

Diesen Verwickelungen suchte Friedrich der Große
durch seinen Gesandten Graf Görtz entgegenzuarbeiten,
und beschloß außerdem den Thronfolger Friedrich Wilhelm im Herbste 1780 nach Petersburg zu schicken, um
durch dessen persönlichen Einfluß die Kaiserin für Preußens Absichten günstig zu stimmen. Dem kam aber
Joseph II. zuvor. Er begab sich zu einer Zusammenkunft mit Katharina nach Mohilew am Dniepr
(25. Mai 1780), verweilte dort längere Zeit und begleitete die Kaiserin, die er in hohem Grade für sich einzunehmen verstand, nach Petersburg. Zwar vermied
Katharina[1]) persönlich jedes eingehende politische
Gespräch, allein sie ward nicht müde immer von Neuem,
wie im Scherze, auf ihre großen Projecte anzuspielen.

---

1) Durch den 3. Band von Arneth's Briefwechsel Joseph's II.
mit Maria Theresia, und die ganz kürzlich erschienene Correspondenz zwischen Joseph II. und Katharina ist vieles Einzelne
bei diesen Vorgängen erst jetzt klar geworden.

Am 18. Juli schreibt Joseph geradezu an seine Mutter[1]): „Man will uns Italien geben um mit der Türkei nach Belieben verfahren zu können. Ich erwiderte, daß wir keine Eroberungen wollten, aber auch dem Könige von Preußen keine Vergrößerung oder Arrondirung gestatten würden. Uebrigens verlasse ich mich nicht im mindesten auf die Aufrichtigkeit dieser Leute." Dennoch war der bevorstehende Abschluß eines Russisch-Oesterreichischen Bündnisses, und die Nichtverlängerung des Preußischen Allianzvertrages bald zwischen beiden Monarchen ausgemacht. Joseph verstand es außerdem, durch geschickte gelegentlich hingeworfene Aeußerungen der Kaiserin im Voraus eine unvortheilhafte Meinung von dem Preußischen Thronfolger beizubringen, so daß derselben der bevorstehende Besuch des Prinzen als ein nicht sehr erwünschtes Ereigniß erschien[2]); weshalb auch der Minister Panin, welcher bis zum letzten Augenblick seiner Amtsführung die festeste Stütze für die Preußischen Interessen blieb, gradezu den Rath ertheilte, den Besuch gar nicht stattfinden zu lassen[3]). Derselbe faud dennoch statt, erwies sich aber, wie nach diesen Vorgängen nicht anders zu erwarten war, als ein Miß-

---

[1]) Arneth III. 288.

[2]) Arneth III. 319, wo Katharina in sehr zweideutigen Ausdrücken von dem Prinzen spricht.

[3]) Dohm's Denkwürdigkeiten II. XVIII.

griff, denn obgleich der Prinz sich einige der Russischen Großen zu Freunden machte, so scheint er der Kaiserin selbst persönlich gradezu unangenehm gewesen zu sein. Man nöthigte ihn sogar in höflicher Form früher abzureisen als ursprünglich beabsichtigt war, und schnitt ihm dadurch die Theilnahme an den Geburtstagsfeierlichkeiten der Großfürstin Thronfolger (25. October) ab, auf die er sich sehr gefreut hatte[1]); und gerade mit dem Großfürsten Paul und dessen Gemahlin hatte Joseph II. ein wie es scheint wirklich inniges und herzliches Freundschaftsverhältniß geknüpft, so daß auch von dieser Seite her den noch vorhandenen Neigungen der Kaiserin für den König von Preußen entgegengearbeitet wurde. Dieser Sieg des Oesterreichischen Einflusses über den Preußischen mußte natürlich den alten Widerwillen beider Mächte gegen einander noch verschärfen.

Bis jetzt hatte Maria Theresias Friedensliebe den gewaltsam strebenden Ehrgeiz ihres Sohnes noch einigermaßen in Schranken gehalten. Am 29. November 1780 endete die schicksalsvolle Laufbahn der trefflichen Fürstin. Ihr Tod war edel und erhebend, wie ihr ganzes Leben. Ein Brustleiden raffte sie nach kurzer Krankheit hinweg. Als sie den letzten Augenblick nahe fühlte, lehnte sie das Haupt an die Polster des Sessels — sie konnte wegen Athembeschwerden in liegender

---

[1]) Daselbst XX.

Stellung nicht ausharren — und schien einzuschlum=
mern. Eine ihrer Damen rückte die Kissen zurecht,
und fragte, ob die Kaiserin schlafen wolle? „Nein,‟ ant=
wortete die Sterbende „Ich könnte schlummern, aber
ich will nicht. Der Tod naht heran. Seit den funf=
zehn Jahren meines Wittwenstandes habe ich mich für
diesen Augenblick vorbereitet; er soll mich wachend fin=
den!‟ Wenige Minuten darauf war sie hinüberge=
gangen [1]).

Joseph II. begann sofort seiner unruhigen Vielge=
schäftigkeit freien Lauf zu lassen. Was er im Innern
seiner Staaten vornahm, und wie er durch Uebereilung
alles verdarb, was er zum Theil in bester Meinung und
in großartigster Weise begann, und auf diese Weise
Friedrichs Urtheil rechtfertigte, daß er stets den zweiten
Schritt thue, bevor er den ersten gethan, — das gehört
nicht in den Rahmen unserer Erzählung. Aber auch
nach außenhin machte sich seine rücksichtslose Thätigkeit
den Nachbarn bald in widerwärtigster Weise fühlbar.
Alte längst verschollene kaiserliche Gerechtsame suchte er
wiederherzustellen, und erregte dadurch den Haß und
die Feindschaft der Reichsstände. Anmaßungen der
Gerichtsbarkeit, Ausweisung des liederlichen Gesindels
aus Wien, wobei namentlich Baiern mit einer wahren

---

[1]) Carlyle XIII. 305 aus Hormayr, Oesterreichischer Plu-
tarch IV. II. 94.

Landplage gar arg überschwemmt wurde, Versuche aller
Art, namentlich gegen die kleinen machtlosen deutschen
Fürsten mit Drohungen und Gewalt einzuschreiten,
entfremdeten ihm seine natürlichsten Verbündeten[1]).
Auch unmittelbar mit Preußen kam der Kaiser durch
dergleichen kleinliche Maßregeln in Conflict, indem er
das alte Recht wieder hervorsuchte, Panisbriefe an
Klöster zu erlassen, durch welche dieselben genöthigt
wurden beliebige ihueu überwiesene Personen zu bekösti=
gen und zu bekleiden. Als er das auch bei einigen
innerhalb des Preußischen Gebiets gelegenen Stiftern
versuchte, erfuhr er von Friedrich dem Großen die ent=
schiedenste Zurückweisung. Der König nannte das ein
ebenso unerhörtes als befremdendes Verfahren[2]), und
verbot den betreffenden Vorstehern der geistlichen An=
stalten, der kaiserlichen Zumuthung Folge zu geben.
Bedeutsamer als diese kleinlichen Neckereien war es, daß
der Kaiser die alten Oesterreichischen Absichten auf den
Besitz Baierns keineswegs aufgegeben hatte, sondern
nunmehr unter Begünstigung des Russischen Einflusses,
den Herzog von Zweibrücken zu einem Tauschvertrage zu
bewegen suchte, kraft dessen nach Carl Theodors Ableben
der größte Theil der Baierischen Erblande an Oesterreich
übergehen, der Kurfürst von der Pfalz aber dafür die
Oesterreichischen Niederlande, mit Ausschluß von Luxem=

---

1) Häusser I. 202.   2) Bei Preuß IV. 159.

burg und Namur, unter dem Titel eines Burgundischen
Königreichs erhalten sollte. Der Einwilligung von
Kurpfalz behauptete Joseph bereits versichert zu sein,
was wohl glaublich scheint, da dieser Fürst, selbst ohne
männliche Nachkommenschaft, und nur auf die Versor=
gung seiner Bastarde bedacht, wenig Interesse für seine
Agnaten hatte. Der bereits erwähnte Graf Romanzoff,
welcher unter dem Titel eines Gesandten beim ober=
rheinischen Kreise die Agenten= und Spiondienste für
seine Kaiserin besorgte, übernahm es, den Herzog von
Zweibrücken zu bewegen, daß er in den Tausch willige,
und sich sein Erbrecht abkaufen lasse. Man stellte ihm
trüglicher Weise vor, Rußland und Frankreich seien mit
dem Tausche einverstanden und würden für die Aus=
führung desselben Gewähr leisten. Carl Theodor habe
sich ebenfalls bereit erklärt. Dennoch weigerte sich der
Herzog. Er schlug denselben Weg ein, wie früher die
Herzogin Maria Anna. Er wandte sich unmittelbar
an Friedrich den Großen, meldete demselben am
3. Januar 1785 diese Vorgänge, und bat, auch jetzt
die Vernichtung eines Fürstenhauses abzuwenden, wel=
ches er durch den Bairischen Erbfolgekrieg schon Einmal
gerettet hätte.

Dieser Hilferuf brachte einen Plan zur Reise, mit
dem man sich bereits längere Zeit in Berlin und an
verschiedenen Deutschen Höfen beschäftigt hatte.

Das eigenmächtige Vorgehen des Kaisers gegen eine Anzahl von geistlichen und weltlichen Fürsten hatte im ganzen Reiche das Gefühl der Unsicherheit, und bei jedem Einzelnen die Besorgniß hervorgerufen, daß die Reihe nächstens auch an ihn kommen könnte. War doch sogar die Rede davon, daß Joseph mit Würtemberg einen ähnlichen Ländertausch wie mit Baiern im Sinne habe. Um nichts Geringeres schien es sich zu handeln, als ganz Süddeutschland, bis zur Französischen Grenze hin, der unmittelbaren Herrschaft Oesterreichs zu unterwerfen; oder, wo das sogleich noch nicht ausführbar war, wenigstens für die Zukunft den Besitz anzubahnen, indem man die wichtigsten Bischofssitze am Rhein und in Westphalen einem Oesterreichischen Erzherzoge zuwandte. Unter solchen Umständen mußte von selbst den Deutschen Fürsten die Nothwendigkeit eines engen Zusammenhaltens zum Schutz gegen Oesterreichische Anmaßung und Begehrlichkeit klar werden. Schon 1742 hatte Friedrich der Große dahin gearbeitet, eine Fürstenverbindung zum Schutz des Baierischen Kaisers Carl VII. in's Leben zu rufen, dessen Wahl ja an sich schon eine Demonstration gegen Oesterreich war. Als das damals nicht gelang, wiederholte er den Versuch im folgenden Jahre, jedoch ohne besseren Erfolg, weil die Angesprochenen von ihm Subsidien verlangten, die er nicht gewähren konnte und wollte. Im Mai 1744

war wenigstens die Frankfurter Union zwischen Preußen,
Kurpfalz und Hessen-Kassel zu Stande gekommen, welche
sich durch den Beitritt anderer Reichsfürsten noch erweitert haben würde, wenn nicht durch den Tod Carls VII.
ein gänzlicher Umschwung der politischen Verhältnisse
eingetreten wäre. Seitdem waren vierzig Jahre vergangen, als der König, durch seine eigene Lage gedrängt,
diese Pläne wieder aufnahm. Nach dem Aufhören der
russischen Allianz war Preußen von allen Seiten isolirt.
Mit Oesterreich in geheimer, mit England in fast offener
Feindschaft, ohne Verlaß auf Frankreich, welches theils
das Versailler Bündniß mit Oesterreich noch keineswegs
förmlich gelöst hatte, theils auch selbst in einem Zustande
der Schwäche und der Gährung sich befand, daß es mit
seinen eigenen Angelegenheiten genug zu thun hatte,
war der König darauf hingewiesen, sich im Deutschen
Reiche Verbündete zu suchen. Preußens politische
Vereinsamung empfand er als ein großes Uebel, was
er wiederholt seinen Ministern gegenüber offen aussprach. War es ihm auch gelungen, des Kaisers Absichten auf Baiern durch den Krieg von 1778/79 zu
vereiteln, so hatte er doch nicht verhüten können,
daß der Erzherzog Maximilian die Anwartschaft auf
das Kurfürstenthum Köln und das Bisthum Münster
erwarb. 1783 äußerte er gegen den Herzog von
Braunschweig: Es möchte wohl an der Zeit sein,

einen Bund wie den einstigen Schmalkaldischen zu
schließen [1]).

Die gleichen Verhältnisse hatten, ganz unabhängig
von diesem Gedanken Friedrich's des Großen, ähnliche
Erwägungen bei vielen Deutschen Fürsten veranlaßt.
Markgraf Carl Friedrich von Baden regte zuerst im
Stillen die Frage an, ob nicht die Häuser Sachsen,
Braunschweig, Hessen und Holstein sich zum Schutz der
Reichsverfassung verbinden, die Kurfürsten dann zu
gleichem Zwecke zusammentreten, und alle miteinander
alsdann eine große Deutsche Union bilden könnten, um
die Deutsche Freiheit (selbstredend nicht die Freiheit
des Volkes, sondern der kleinen Dynastien) dem Kaiser
gegenüber zu schützen. Die Erwiderungen auf die
dahin lautenden Anfragen waren zwar nicht ablehnend,
aber doch vorsichtig zögernd. Der Herzog von Braunschweig theilte den Entwurf dem Minister Herzberg,
nicht aber dem Könige Friedrich II. mit, und auch
Herzberg setzte nur den Prinzen von Preußen in Kenntniß. Es war im Januar 1784, also zu einer Zeit, wo
ein Thronwechsel in Preußen in naher Aussicht stand.
Man ertheilte, gleichsam hinter dem Rücken Friedrich's
des Großen, die Antwort, daß es sich empfehlen würde,

---

[1]) Ueber den Fürstenbund: W. A. Schmidt, Geschichte der
Preußisch-Deutschen Unionsbestrebungen. 1851. Dohm's Denkwürdigkeiten, 3. Band. Wir folgen hier hauptsächlich Häusser's
lichtvoller Darstellung, Band I. 204—246.

zunächst ein ganz geheimes Bündniß zwischen wenigen patriotischen Fürsten zu errichten, die sich ganz auf einander verlassen könnten. Bräche etwa ein Türken=krieg aus, oder gelange Zweibrücken nach Carl Theo=dor's Tode zur Kurwürde, oder trete in Preußen eine Veränderung ein, so wäre der Zeitpunkt für eine größere Verbindung gekommen.

Zu einer Zögerung rieth auch der Zweibrückische Minister Hofenfels bei den mit Herzberg darüber gehal=tenen Besprechungen. In der Denkschrift, die er des=halb ausarbeitete, ist besonders der Satz wohlthuend, daß eine kleine Union Deutscher Fürsten, die sich an das Ausland wenden müßte, nur zur Schwächung Deutsch=lands beitragen und den ehrgeizigen Absichten, z. B. Frankreichs, Vorschub leisten würde.

Waren die bisher angedeuteten Entwürfe haupt=sächlich von den protestantischen Reichsständen ausgegan=gen, so hatten die katholischen nicht minder Ursache gegen Oesterreich mißtrauisch zu sein. Joseph hatte sich gegen mehrere Kirchenfürsten, namentlich gegen die Bischöfe von Passau und Salzburg Eingriffe erlaubt, welche zu den schlimmsten Befürchtungen Anlaß gaben. Es soll deshalb auch bei dem Kurfürsten von Mainz in einer Zusammenkunft katholischer Reichsstände von einem Bündnisse die Rede gewesen sein, welches sich natürlich nicht an Preußen anlehnen, sondern den Schutz des katholischen Frankreichs suchen wollte.

Ohne von den Unterhandlungen, welche Herzberg
mit den deutschen Fürsten führte, Kenntniß zu haben,
drängte der König seinen Minister stets von Neuem,
Schritte zu thun, um einen Bund, wie er ihn in's Auge
gefaßt, wenigstens vorzubereiten. Es wurden deßhalb
Instruktionen an die Preußischen Gesandten bei den
Deutschen Höfen erlassen, doch waren die Antworten,
die man namentlich von den mächtigsten unter ihnen,
von Hannover nnd Sachsen erhielt, immer noch aus=
weichend. Da Herzberg aber, im Einverständniß mit
dem Prinzen von Preußen, die Angelegenheit, welche
der König bringend zu beschleunigen wünschte, durchaus
in die Länge ziehen wollte, so verging mit Unterhand=
lungen die Zeit so lange, bis der erwähnte Brief des
Herzogs von Zweibrücken in Berlin eintraf. Nun war
es unwidersprechlich klar, daß des Kaisers gefährliche
Entwürfe die schnellsten Gegenmaßregeln erheischten.
Das Gleichgewicht von Deutschland nicht nur, sondern
von ganz Europa schien bedroht, wenn Oesterreich durch
den beabsichtigten Ländertausch die angestrebte Ausdeh=
nung seiner deutschen Besitzungen durchsetzte. Der
König erließ einen feierlichen Protest gegen diese Absicht,
und die Folge davon war, daß der Kaiser und Carl
Theodor den ganzen Tauschplan in Abrede stellten.
Auch die Kaiserin Katharina, welche der Herzog von
Zweibrücken als Gewährleisterin des Teschner Friedens
anrief, erklärte durch ihren Gesandten in Berlin: daß

sie diesen Tauschhandel, der ihr für beide Theile vor=
theilhaft geschienen, dem Herzoge nur in der Voraus=
setzung zu genehmigen angerathen, daß derselbe mit
der freien Einwilligung aller Theile vor sich gehe, und
daß die Weigerung des muthmaßlichen Erben der bai=
rischen Kur hinreiche um den ganzen Plan hinfällig
zu machen[1]).   Von Frankreich gingen ähnliche Erklä=
rungen ein.

Waren hierdurch nun auch für's erste Joseph's Ab=
sichten vereitelt, so konnten doch die Ursachen zu gerech=
tem Mißtrauen um so weniger für beseitigt gelten, als
der Kaiser die Erklärung verweigerte, daß er ein für
alle Mal auf die Erwerbung Baierns verzichten wolle.

Durch die Gesammtheit dieser Vorgänge war den
Deutschen Fürsten die Nothwendigkeit einer engeren
Verbindung so klar geworden, daß der Abschluß einer
solchen verhältnißmäßig schnell und leicht erfolgen
konnte. — In einem merkwürdigen Schriftstücke hatte
Friedrich der Große bereits am 24. October 1784
seinen Ministern die Grundsätze auseinandergesetzt, die
er befolgt wissen wollte. „Die Ligue,‟ sagte er[2]), „soll
kein Trutzbündniß sein, sondern nur die Rechte der
Deutschen Fürsten bewahren, wie sie durch altes Her=

---

1) Herzberg, Recueil II. 1789, p. 320. Bei Preuß IV. 162.
Dohm's Denkwürdigkeiten III. 68.

2) Herzberg, Recueil II. 364.

kommen und durch die goldne Bulle feststeht. — — Wir wollen verhindern, daß nicht einst ein herrschsüchtiger Kaiser die Deutsche Verfassung umstürzt. Wenn man sich nicht bei Zeiten vorsieht, so wird der Kaiser alle seine Vettern mit Deutschen Bisthümern und Abteien versorgen, und dadurch zugleich auf allen Reichstagen über die Mehrheit der Stimmen gebieten. Wie hiernach die geistlichen Fürsten, so haben nicht minder die weltlichen ein Interesse dem Bunde beizutreten, der den Kaiser bei solchen Absichten hemmen soll, wie er sie neulich in Baiern verwirklichen wollte. Ferner müssen Maßregeln getroffen werden, um den Reichstag in Regensburg und das Kammergericht in Wetzlar gegen des Kaisers Eigenmacht zu schützen. Diese Interessen sind allen Fürsten gemeinsam, denn wenn sich erst einige von ihnen niedertreten lassen, so kommt die Reihe zuletzt auch an die Größten und Stärksten; denn diese werden nur die Begünstigung des Ulysses in Polyphem's Höhle haben, zuletzt aufgefressen zu werden u. s. w."

Herzberg und Finkenstein arbeiteten nach diesen Ideen den Entwurf der Bundesverfassung aus.

In Oesterreich ließ man, sobald von diesen Vorgängen etwas laut geworden war, es an beruhigenden Vorstellungen nicht fehlen, und äußerte sich anscheinend tief gekränkt, weil man ein friedliches Tauschgeschäft wie einen Angriff auf die Unabhängigkeit der Reichs-

fürsten betrachtete. Diese Erklärungen machten jedoch
selbstredend keinen Eindruck.

Schon am 29. Juni 1785 konnten in Berlin die
Conferenzen beginnen, zu welchen von Kursachsen der
Graf Zinzendorf, von Hannover Graf Beulwitz sich
eingestellt hatten. Am 23. Juli konnte dem Könige
bereits der vereinbarte Entwurf eines Tractats vor=
gelegt werden, auf dessen Wortlaut Hannover im mil=
dernden Sinne eingewirkt hatte [1]).

Den vertragschließenden Mächten schloß sich bald
eine ganze Reihe anderer Deutscher Fürsten an. Herzog
Carl von Zweibrücken und sein Bruder Maximilian
traten durch Accessionsnote vom 4. October bei. Der
Kurfürst von Mainz am 18. October. An diesen war
deshalb der Freiherr v. Stein, damals Bergrath in der
Grafschaft Mark (geb. 1756), abgesandt worden, welcher
wegen seiner Familienverbindungen in dortiger Gegend,
und durch die hohen Fähigkeiten, die derselbe schon
damals zu erkennen gab, für die geeignete Persönlichkeit
galt, um die schwierige Aufgabe zu lösen, den höchsten
katholischen Reichsfürsten für den in seinen Haupt=
bestandtheilen protestantischen Bund anzuwerben, was
ihm auch glücklich gelang. Ferner schlossen sich an:
Der treffliche Markgraf Friedrich von Baden, die Fürsten

---

[1]) Der Text des Tractats und der ihm angehängten geheimen
und geheimsten Artikel bei Dohm III. 185—219.

von Anhalt-Dessau, Cöthen und Bernburg (Zerbst hatte man in Betracht der Russischen Verwandtschaft nicht erst aufgefordert). Seinen Beitritt verzögerte der Land-graf von Hessen-Cassel, der persönlich gegen Friedrich den Großen erbittert war, weil derselbe ihm nicht zur Erlangung einer neunten Kurwürde behilflich sein wollte; doch besann auch er sich nach einiger Zeit. Anspach, Braunschweig, Mecklenburg und noch ver-schiedene kleine Fürsten folgten demnächst[1]).

Auf den Inhalt der 11 Artikel des Tractats im Einzelnen einzugehen, ist, da wir die vom Könige auf-gestellten Grundzüge kennen, nicht erforderlich. Der Hauptzweck war die Erhaltung der bestehenden Reichs-verfassung zum Schutz der kleinen Souverainitäten, die der Westphälische Friede dem Einfluß der kaiserlichen Macht in hohem Maße entzogen hatte. Man versprach einander von allen wichtigen, hierauf bezüglichen Vor-gängen in Kenntniß zu halten, und die Rechte eines jeden Reichsstandes gegen willkürliche Zumuthungen (wobei natürlich der Kaiser gemeint, aber nicht genannt wurde) durch alle gesetzlichen Mittel zu schützen. Ein geheimer Artikel war insbesondere gegen jeden Länder-tausch und jede Säcularisation geistlicher Gebiete

---

[1]) Hessen-Darmstadt, welches vom Französischen Hofe abhängig war, trat nicht bei. Die meisten geistlichen Fürsten erklärten, neutral bleiben zu wollen.

gerichtet. Den Kernpunkt des Ganzen bildete aber der sogenannte „geheimste" Artikel, durch welchen Sachsen, Brandenburg und Hannover einander für den Fall, daß ein Eingriff in die Reichsverfassung durch friedliche Mittel nicht zu beseitigen wäre, bewaffneten Beistand in Höhe von je 12,000 Mann Infanterie und 3000 Mann Cavallerie zusicherten.

Dieser Fürstenbund machte seiner Zeit viel von sich reden und wurde in weitläufigen Schriften, je nach der Parteistellung der Verfasser, gepriesen und geschmäht. Für uns ist es heut zu Tage nicht leicht, die Bedeutung desselben gerecht zu würdigen, denn die Ansichten über das Heil des Vaterlandes, und über die Zukunft und Bestimmung Deutschlands im Europäischen Staaten= verbande haben seitdem eine solche Umwandlung erfah= ren, daß man über die Grundsätze von Männern erstaunt, welche 1784 für hochpatriotisch galten. So spricht sich Dohm, welcher bei dem Zustandekommen des Vertrages im Auftrage des Königs nicht unwesent= lich thätig gewesen ist[1]), etwa folgendermaßen aus: „Daß Frankreichs Macht gegen Oesterreich nicht zu sehr geschwächt werde, ist für das Gleichgewicht Europas von äußerster Wichtigkeit. Allen Mächten muß daran gelegen sein, daß Oesterreich durch den Besitz der Nie= derlande seine schwache Seite nicht verliere, und durch

---

[1]) Denkwürdigkeiten III. 251.

den Erwerb von Baiern nicht im Stande sei zu ver=
hindern, daß Frankreich im Deutschen Reiche Alliirte
habe. Diese Macht muß vielmehr, wenn sie als Gewähr=
leisterin des Westphälischen Friedens auftreten will, mit
Leichtigkeit bis in's Herz der Oesterreichischen Staaten
vordringen können, — ein schon mehr als einmal ent=
worfener und in der That sehr einfacher Plan, der bisher
nicht durch die Stärke der Vertheidigung, sondern durch
die Fehler der Angreifer mißglückt ist."

Das sind Anschauungen, wie sie heut zu Tage kaum
ein Französischer Staatsmann im Interesse seiner Na=
tion im Stillen hegen könnte, die aber selbst ein solcher
sich scheuen würde offen auszusprechen. Man ersieht
daraus die vollständige Umkehrung aller politischen
Begriffe in Bezug auf Deutschlands Stellung in
Europa, und das wird man sich immer vergegenwärti=
gen müssen, wenn von dem Deutschthum des vorigen
Jahrhunderts, namentlich auch, wenn von der deutschen
Gesinnung Friedrich des Großen die Rede ist. Hätte
der König von Preußen, wie ihm das wohl unterge=
schoben ist, mit seinem Fürstenbunde etwas Höheres,
vielleicht das Zusammenfassen der zersplitterten Kräfte
des Reichs unter Preußischer Führung beabsichtigt, so
wären keiner der kleinen Fürsten zum Anschluß an ein
solches Bündniß zu bewegen gewesen. Dem durch und
durch morschen, seinem Einsturze nahen Gebäude der
alten Reichsverfassung konnte durch eine Reparatur

nicht mehr geholfen werden. Auch der Fürstenbund, wenn er jemals zur Wirksamkeit gekommen wäre, hätte nichts anders erreicht, als was seine klar ausgesprochene Absicht war, nämlich die Theilnehmer gegen Oesterreichische Uebergriffe und Eroberungsgelüste zu schützen. Aber auch dazu bot sich keine Gelegenheit, denn gar bald traten im Westen die gewaltigen Ereignisse ein, welche das gesammte Staatsrechtssystem Europas in tiefstem Grunde erschütterten und umgestalteten, und mit ihnen wurde auch jenes letzte Werk Friedrich des Großen spurlos von der Erde weggeschwemmt.

Es war übrigens dieser Fürstenbund keinesweges der einzige Gegenstand, welcher die politische Thätigkeit des greisen Königs während seiner letzten Lebensjahre in Anspruch nahm. Von jeher war es ihm unerträglich, seinen Willen gegen den Widerstand kleinerer und schwächerer Mächte nicht durchsetzen zu können. Der Aerger trieb ihn in solchen Fällen gar oft zur Ausübung einer kleinlichen Rache, welche mit seinem in so vieler Beziehung großartig angelegten Character im Widerspruch erschien. Der Fürst Sulkowsky im siebenjährigen Kriege, der unglückliche Trenk in seinem Gefängnisse hatte das zu erfahren. Jetzt fühlte er sich tief gekränkt, weil es bei der Theilung Polens ihm nicht gelungen war, das herrliche Danzig in seine Staaten einzuverleiben. Auf alle Weise suchte er die braven Bürger dieser Stadt, nach seinem eigenen Aus-

drucke, deshalb zu „chikaniren." Durch Anlegung von
Zöllen, Einrichtung von Märkten vor ihren Thoren,
suchte er den Wohlstand der blühenden Handelsstadt zu
untergraben, ja er ging so weit, daß er befahl, um den
Danzigern „biegsamere und gewierigere" Gesinnungen
beizubringen, ihnen das süße Waffer abzugraben, welches
der Fluß Radaune der Stadt zuführte[1]). Die Dan=
ziger ertrugen das lange Zeit mit größter Ausdauer
und Standhaftigkeit. Zuletzt aber ging ihnen die Ge=
duld aus und sie ließen sich auch ihrerseits zu Gewalt=
maßregeln fortreißen. Sie hielten 1783 einige Preu=
ßische Schiffe auf der Weichsel an, um das Stapel=
recht[2]) geltend zu machen, welches sie zu besitzen behaup=
teten. Das veranlaßte den König zu militairischem
Einschreiten, und da sich auf Anrufen der Danziger
Rußland und Polen in diese Streitigkeiten mischten, so
hätte es leicht zu einem förmlichen Kriege kommen kön=
nen, wenn nicht ein in Warschau zusammengetretener
Congreß von Abgesandten der betheiligten Mächte am
7. September 1784 einen Vergleich zu Stande gebracht
hätte[3]), den die Danziger am 22. Februar 1785 feier=

---

[1]) Preuß, Urkundenbuch IV. 61 ff.

[2]) Das heißt: Das Recht, zu verlangen, daß alle vorbeigehen=
den Waaren ausgeladen und bei ihnen eine Zeitlang zum Verkauf
aufgestellt werden mußten.

[3]) Herzberg, Recueil I. 444.　Preuß IV. 133.

lich vollzogen.   Die unangenehmen Streitigkeiten mit
den Preußischen Zollbehörden dauerten aber dessen=
ungeachtet fort, bis bei Gelegenheit der zweiten Thei=
lung Polens Danzig zuletzt doch eine Preußische Stadt
wurde.

Auch mit Holland gab es Streitigkeiten, bei denen
der König sich jedoch auf gütliche Vorstellungen be=
schränkte, und die erst unter der folgenden Regierung,
wie wir bald sehen werden, auf gewaltsame Weise zum
Austrag gebracht wurden.

Erwähnenswerth ist an dieser Stelle noch der Han=
delsvertrag, welchen Friedrich der Große am ·10. Sep=
tember 1785 zuerst unter allen Monarchen Europas
mit den neuen amerikanischen Freistaaten durch seinen
Gesandten im Haag abschloß.   Nachdem in dem
Frieden vom 3. September 1783 England die Unab=
hängigkeit seiner bisherigen Colonien anerkannt hatte,
waren Franklin, Jefferson und Adams herübergekom=
men, um das Bündniß mit Frankreich fester zu knüpfen
und zu versuchen, ob die anderen Staaten sich zum
Abschluß von Handelsverträgen bereit finden ließen.
Der König von Preußen war der Einzige, welcher schon
damals auf diesen Wunsch einging, während die übrigen
Staaten sich theils aus Rücksicht auf England, theils
auch darum, weil sie der neuen Republik noch keinen
sicheren Bestand zutrauten, ablehnend verhielten.   Für
Friedrich II. war aber außer den Vortheilen, welche er

sich für den Handel seines Landes versprach, vielleicht
auch gerade die Gelegenheit erwünscht, das ihm ver-
haßte Londoner Cabinet zu ärgern. Merkwürdig ist
der Inhalt des Vertrages, weil derselbe auf Grundsätzen beruht, die den Geist einer ganz neuen Zeit
athmen. Denn nachdem beide Theile einander in Bezug
auf ihren Handelsverkehr die Rechte der meistbegünstigten Nationen eingeräumt haben, werden für den
Fall eines ausbrechenden Krieges Bestimmungen getroffen, welche an Menschlichkeit und edler Denkungsart alles übertreffen, was selbst heutzutage als geltend
angenommen wird. Kriegsgefangene sollen in gesunden Gegenden und in geräumigen Wohnungen unter-
gebracht werden, wo sie frische Luft und freie Bewegung
genießen können. Officiere und Gemeine erhalten täglich solche Rationen, wie die eigenen Truppen der
betreffenden Macht, je nach ihrem Range. Jeder
Staat hat das Recht, einen Kommissar an den Canton-
nirungsorten der Gefangenen anzustellen, welcher dieselben besuchen und ihnen Unterstützungen von ihren
Freunden bringen, und in offenen Briefen über den
Zustand derselben berichten darf. — Alle Handelsschiffe
sollen auch während des Krieges überall frei passiren;
Kaperbriefe dürfen nicht ausgestellt werden. Den in
beiden Staaten handeltreibenden Personen wird neun
Monate nach dem Ausbruch der Feindseligkeiten Zeit
gelassen, ihre Geschäfte zu ordnen und ihr Vermögen

unbehindert aus dem Lande zu bringen u. s. w. — Man sieht wie die Amerikaner die philosophischen Ideen, mit denen man in Europa noch mehr oder weniger ein theoretisches Spiel trieb, unmittelbar auf das Leben anzuwenden verstanden. Daß Friedrich der Große darauf einging, wurde ihm noch in späten Zeiten in Amerika nachgerühmt[1]).

Sechstes Kapitel.

Friedrich's des Großen letzte Lebenszeit.

Schön und sinnig deutet ein voller Kranz, aus dem die einzelnen Knospen und Blüthen welk und entblättert nach einander zur Erde fallen[2]), auf die immer größere Vereinsamung des Königs in seinem letzten Lebensjahre. Die Jugendfreunde ruhten fast alle längst im Grabe, und die wenigen, die übrig geblieben waren, nahmen wohl noch des Königs Sorgfalt und Pflege in Anspruch, konnten aber zu seiner Erheiterung und Unterhaltung kaum etwas beitragen.

Kurz nach Beendigung des siebenjährigen Krieges hatte es einmal den Anschein gehabt, als sollte der

---

1) Das Nähere bei Preuß IV. 140.
2) In Kugler's und Menzel's Bilderwerk p. 538.

Männerkreis in Sanssouci auch den Schmuck weiblicher Reize nicht gänzlich entbehren. Die schöne und geistreiche Braunschweigische Prinzessin, mit welcher der Thronerbe 1765 vermählt wurde, gefiel dem Könige ungemein, so daß er sie in Begleitung anderer Damen oft an seine Junggesellentafel zog; allein des Prinzen Sittenlosigkeit vergiftete auch die Sitten der jungen Gattin, so daß schon 1769 die Scheidung erfolgen mußte[1]). Dieser Vorfall steigerte in des Königs Gesinnungen die Mißachtung gegen das weibliche Geschlecht auf's Höchste, und die trübe Stimmung, in welche ihn der kurz vorher (1767) erfolgte Tod seines Lieblingsneffen, des zwanzigjährigen Prinzen Heinrich versetzt, kehrte in doppelter Stärke zurück. Seit endlich auch Voltaire, vierundachtzigjährig, am 30. März 1778 gestorben war, fühlte der greise König sich gänzlich vereinsamt. Ein durch vierzig Jahre fast ununterbrochen fortgesetzter, im höchsten Maße anregender geistiger Verkehr war damit geendet, und der Zauber gebrochen, der diese beiden so ähnlichen und doch so verschiedenen Männer mit einander verknüpft hatte. Tief empfand Friedrich der Große diesen Verlust, und versuchte nach seiner Art den Schmerz durch schriftstellerische Thätig-

---

[1]) Sie wurde nach Stettin verbannt, wo sie noch länger als 70 Jahre gelebt hat, und im 94. Jahre ihres Alters 1840 gestorben ist. Vergl. Briefe eines alten Preuß. Officiers, p. 96.

keit abzuleiten, indem er eine Lobrede auf den Altvater
der Poeten verfaßte und in der Akademie zu Berlin
vorlesen ließ. Je stiller es um ihn her wurde, um
desto fester grub er sich in seine alten Gewohnheiten ein;
immer gewaltiger erschien seine Arbeitskraft und Ar=
beitsleidenschaft. Als großer Gutsbesitzer der Herrschaft
Preußen fuhr er fort für alles allein zu sorgen, und
sein eigener Verwalter zu sein. Die Anordnungen für
Hebung des Wohlstandes im Lande, namentlich in dem
hilfsbedürftigen Westpreußen, erlitten niemals eine Un=
terbrechung. Wo es einen Sumpf auszutrocknen, eine
Ansiedelung auf wüstem Bodon einzurichten, einen
Damm oder Canal zu führen gab, wo ein verfallendes
Dominialvorwerk der Aufbesserung bedurfte, eine
Straße, oft nur ein einzelnes Haus in einer Stadt
wieder aufzubauen war, — überall traf er selbst
die genauesten Bestimmungen. Ob eine kleine Stadt
ihre Straßen pflastern, oder sich noch ein Paar Jahre
mit ungepflasterten Wegen behelfen sollte, war der aller=
höchsten Entscheidung vorbehalten, uud wunderbarer
Weise bewahrte er bei diesen, bis in's Kleinste gehenden
Sorgen allezeit die großartigste Auffassung wo es
Wichtiges zu entscheiden gab. Ohne Unterlaß arbeitend
brachte er für jede Arbeit die passende Stimmung mit.
Ebenso große Sorgfalt wie der Cultur seines Staates
widmete er dem Heere, welches, wie er sehr wohl
wußte, seit dem Hubertsburger Frieden nicht mehr das

17*

alte war. Er wollte versuchen ob es nicht doch gelin=
gen könnte, dem Nachfolger einst eine Armee zu hin=
terlassen, wie er selbst sie von Sieg zu Siege geführt,
und nach jeder noch so großen Niederlage immer wieder
von Neuem um seine Fahnen gesammelt hatte. Die
regelmäßigen Revuetage, von jeher der Schrecken seiner
Generale und Officiere, wurden mit jedem Jahre ver=
hängnißvoller für die Regimenter, die bei ihm, oft ohne
allen ersichtlichen Grund in Ungnade gefallen waren.
Straffer und straffer zog er die Zügel der Disciplin
an, und war fast immer taub für Gnadengesuche bei
militärischen Strafen, die er oft aus eigner Machtvoll=
kommenheit noch verschärfte [1]). Auch die Officiere wur=
den hart behandelt. Drei Gardelieutenants, die auf
12 Stunden ohne Urlaub von Potsdam nach Spandau
gefahren waren (daß sie dabei dienstlich etwas versäumt
hätten, wird nicht gesagt), kamen sechs volle Monate
lang auf Festung [2]).

Nicht minder streng wurden die Civilbeamten vom
Könige behandelt. Er forderte von ihnen eine immer
gesteigerte Thätigkeit, Umsicht und Gewissenhaftigkeit;
sie waren für das, was sie anordneten oder unterließen
unbedingt verantwortlich, weil Er selbst sich, indem er

---

[1]) Zahlreiche Beläge für das Alles in Preuß's Urkundenbuch
und in den Briefen eines alten Preußischen Officiers.

[2]) Preuß IV. 176.

ihnen ihr Amt gegeben, für sie verantwortlich fühlte.
Seine 46jährige Regierung hat denn auch ein Beam=
tenthum geschaffen, welches noch heute an Ehrenhaftig=
keit kaum in irgend einem andern Staate seines gleichen
hat. Das Bewußtsein für des großen Königs Zwecke
unter seinen stets wachen Augen zu arbeiten, ent=
schädigte diese schlecht bezahlten und schlecht beförderten
Männer für die große Arbeit, die sie um geringen Lohn
und ohne Aussicht auf Versorgung im Alter zu leisten
hatten[1]). Namentlich aber muß ;der Preußische Rich=
terstand die hohe Achtung, welche er so lange Zeit bei
allen Nationen Europas genossen hat, auf Friedrich den
Großen und dessen unwandelbare Gerechtigkeitsliebe
zurückführen. — Seiner äußern Erscheinung nach war
der greise König jetzt schon vollständig der alte Fritz
geworden, wie wir ihn in tausend Bildern erblicken,
und wie unsere Großeltern seine Gestalt noch in der
Erinnerung bewahrten. Seine kleine gebeugte Gestalt,
die scharfen Gesichtszüge, der durchbringende Blick der
etwas hervortretenden Augen, die abgetragenen Kleider
mit den Spuren des Schnupftabaks, der Krückstock,
auf den er sich lehnte, und den er jezuweilen drohend

---

[1]) Als der Kriegsrath Scheffner, welcher den siebenjährigen
Krieg als Lieutenant mitgemacht hatte, 1775 um seinen Abschied
und eine Pension nachsuchte, schrieb der König eigenhändig:
„Mihr Müste der Teufel plagen, das ich en Kriegsrath Pension
gebe, da noch So vihl brav Officiers ohne versorgt Syndt.“

erhob, — das alles bildete unbestreitbar die interessan=
teste Erscheinung des vorigen Jahrhunderts. Auf jedes
seiner Worte lauschte die Welt, seine Großthaten boten
den Inhalt für das Gespräch in Hütten und Palästen.
Durch tausendfache Wiederholung vergrößerte und ver=
änderte sich allmählich die Erzählung, so daß den alten
Fritz, mehr fast als irgend eine andere historische Per=
sönlichkeit, schon bei Lebzeiten ein vollständiger Sagen=
kreis umsponnen hatte. Die dicken Bände voll Anek=
doten, die man über ihn sammelte, geben Zeugniß
davon; alle tragen das gemeinsame Gepräge größter
Geistesgegenwart und Schlagfertigkeit des Ausdruckes;
Züge des Wohlwollens gegen Unterdrückte und Geringe,
und strenge Gerechtigkeit gegen Hochgestellte und Vor=
nehme gehören zu den Lieblingserinnerungen des Volkes.
Eine große Anzahl dieser Erzählungen hat den unver=
kennbaren Charakter des eigenthümlichen Berliner
Witzes; die Gesammtheit derselben aber bewirkte bei
den Zeitgenossen, neben der heiteren Theilnahme an
den Worten und Thaten des königlichen Greises, zugleich
eine staunende Verehrung, wie sie kaum einem anderen
Manne der neueren Zeiten zu Theil geworden ist.
Unvermindert dauerte die Begeisterung fort, welche
während des siebenjährigen Krieges selbst die Feinde
für den Helden empfanden. Mochten auch die Herrscher
mit Mißtrauen und Widerwillen auf den gefährlichen .
Nachbar blicken, vor dessen Angriff sie keinen Augenblick

sicher zu sein glaubten, — die Völker jubelten seiner
großen, durch und durch originellen Erscheinung zu.
Mitten in Sicilien wurden dem Maler Hackert vom
Magistrate einer kleinen Stadt Früchte und Wein als
Ehrengeschenk überreicht, weil man hörte, daß er ein
Unterthan des großen Königs sei. Der Kaiser von
Marokko gab die Schiffsmannschaft eines Bürgers von
Emden, den die Seeräuber zu Sklaven gemacht, ohne
Lösegeld frei und entließ die Matrosen neugekleidet.
„Euer König,“ sagte er ihnen, „ist der größte Mann
der Welt, — kein Preuße soll in meinen Ländern gefan=
gen sein [1].“

Wenn auch im eigenen Lande gar Viele mit ihrem
Könige nicht in allen Stücken zufrieden waren, und
die fortwährenden Eingriffe in die persönliche Freiheit
schmerzlich empfanden, welche Friedrich's lästige Polizei=
und Steuerverordnungen zur Folge hatten, so mußte
doch Jedermann mit Bewunderung anerkennen, wie der
Monarch noch immer wie vor vierzig Jahren seine
ganze Zeit, und sein ganzes Sinnen und Arbeiten der
Sorge für den Staat widmete und seine Erholungs=
stunden nur dazu anwendete, um neue Kräfte für neue
Thätigkeit zu sammeln. Man wußte wie haushäl=
terisch er die Bedürfnisse für seine eigene Person mit
einer geringeren Summe bestritt, als irgend einer der

---

[1] Freitag, Neue Bilder p. 381.

kleinen Fürsten in Deutschland, und wenn die Steuern und Abgaben, welche von dem schwerbelasteten Volke gezahlt wurden, dem Einzelnen oft drückend genug waren, so wußte doch auch er, daß der König keinen Thaler für Befriedigung seines Luxus und seiner Privatleidenschaften vergeudete, während er Millionen für die Verbesserung und Hebung des allgemeinen Wohlstandes hergab, und daß er kein anderes Ziel hatte, als das Beste des Landes, und die immer größere Wehrhaftigkeit desselben; ja selbst der Aermste erzählte mit Stolz von den großen Summen, die jährlich in den Staatsschatz flossen, während die Nachbarländer unter dem Druck der Schulden und der Geldnoth seufzten.

Einen solchen König zu sehen, strömten die Fremden aus allen Welttheilen herbei. Mit Eifersucht strebten französische, englische, selbst amerikanische Officiere nach der nicht leicht zu erlangenden Erlaubniß, den Revuen in den verschiedenen Provinzen beiwohnen zu dürfen, um an dem größten Feldherrn zu lernen, wie man eine Armee auf die Höhe der Vollkommenheit bringe. Wem von solchen Besuchern es vergönnt wurde, sich persönlich dem Könige zu nahen, der kehrte selten heim, ohne für sich und seine Nachkommen jedes Wort aufzuzeichnen, welches er aus Friedrichs Munde vernommen. Verstand es ein solcher Gast, durch gewandtes Benehmen und geistreiche Bemerkungen Theilnahme zu erregen, dann belebten sich die Züge des

jetzt oft mürrischen und in sich gekehrten königlichen
Greises, und die große Liebenswürdigkeit, die er zu ent=
falten wußte, trat wieder zu Tage. Fürst de Ligne,
der noch von der Zusammenkunft mit Kaiser Joseph
her in gutem Andenken stand, kam 1780 nach Potsdam.
Er war nach Petersburg unterwegs, wo er dem Besuche
beiwohnen sollte, den der Kaiser daselbst abstattete.
Vom 9. bis 16. Juli behielt Friedrich der Große ihn bei
sich, und sprach täglich, oft viele Stunden lang mit ihm.
„Des Königs Rednergabe,“ sagt der Prinz [1]) „war
entzückend, und verbreitete sich mit gleicher Gewandt=
heit über alle denkbaren Gegenstände. Schöne Kunst,
Krieg, Arzneikunde, Literatur, Religion, Philosophie,
Moral, Geschichte, Gesetzgebung, ließ er Revue passiren.
Die Zeiten August's und Ludwigs XIV., die Sitten
und Gebräuche der guten Gesellschaft bei Griechen,
Römern und Franzosen, Heinrich's IV. edles tapferes
Wesen, die Ritterlichkeit Franz I., die Wiedergeburt der
Kunst und Wissenschaft unter Leo X., Anecdoten von
berühmten Männern aller Zeiten, Bemerkungen über
die Unbequemlichkeit des persönlichen Verkehrs mit
ihnen, wobei Voltaire und Maupertuis zur Sprache
kamen, — dann gedachte er seiner Freunde, Algarotti's
Anmuth im Umgange, Jordan's heitrer Witz wurde
erwähnt, und d'Argent's Hypochondrie, den der König

---

[1]) Mémoires et mélanges 23—40.

dazu bringen kounte sich 24 Stunden lang zu Bette zu legen, wenn er ihm sagte: Sie sehen heute nicht wohl aus! — kurz alles und jedes wurde auf's Tapet gebracht, mit sanftem angenehmen Redeton, eher ein wenig zu leise, aber überaus einschmeichelnd, und mit einem Spiel der Züge um den Mund, voll unaussprech= licher Anmuth. Die Unterhaltung war so entzückend, daß man darüber vergaß, wie der alte Herr doch eigent= lich ein wenig Vielredner war, aber in der That ein „sublimer," dem man zuzuhören nicht müde wurde [1])."

Hier muß anch der ansprechende Bericht seine Stelle finden, den uns der General v. d. Marwitz über Friedrich des Großen Erscheinung aus seinen letzten Lebensjahren hinterlassen hat [2]).

„Das dritte Mal, wo ich den König sah, war in Berlin am 21. Mai 1785 als er von einer Revue zurückkehrte: Da man wußte, daß er an solchem Tage seine Schwester, die Prinzessin Amalie jedesmal besuchte, so hatte mein Hauslehrer mich an das Halle'sche Thor geführt. Der König ritt auf einem großen weißen Pferde. Er trug eine einfache blaue Montirung mit rothen Aufschlägen und goldnem Achselband, alt und

---

[1]) Nicht minder interessant als des Prinzen Erzählung ist die des Marquis Bouillié, der, aus Amerika heimkehrend, im Au= gust 1784 der schlesischen Revue beiwohnte. René de Bouillié, Essai sur la vie du marquis de Bouillié. Paris 1853, p. 134. ff.

[2]) Nachlaß des Generals v. d. Marwitz I. 15—20.

bestaubt, die gelbe Weste voll Tabak; dazu hatte er
schwarze Sammethosen an, und einen alten dreieckigen
Hut mit der Spitze nach vorn.   Hinter ihm ritten eine
Menge Generale, dann die Adjutanten, endlich die
Reitknechte.   Das ganze Rondel (der jetzige Belle-
alliance-Platz) und die Wilhelmsstraße waren gedrückt
voll Menschen, alle Fenster voll, alle Häupter ent-
blößt, überall das tiefste Schweigen, und auf allen
Gesichtern ein Ausdruck von Ehrfurcht und Vertrauen, wie zu dem gerechten Lenker aller Schicksale.   Der König ritt ganz allein vorn, und grüßte,
indem er fortwährend den Hut abnahm.   Er beobachtete dabei eine sehr merkwürdige Stufenfolge, jenachdem
die aus den Fenstern sich verneigenden Zuschauer es zu
verdienen schienen.   Durch das ehrfurchtsvolle Schweigen tönte nur der Hufschlag der Pferde und das
Geschrei der Berliner Gassenjungen, die vor ihm her-
tanzten, jauchzten, die Hüte in die Luft warfen, oder
neben ihm hersprangen und ihm den Staub von den
Stiefeln abwischten.   Bei dem Palais der Prinzessin
Amalie war die Menge noch dichter, der Vorhof
gedrängt voll, doch in der Mitte, ohne Anwesenheit
irgend einer Polizei, geräumiger Platz für ihn und
seine Begleiter.   Er lenkte in den Hof hinein, die Flügelthüren gingen auf, und die alte lahme Prinzessin,
auf zwei Damen gestützt, die Oberhofmeisterin hinter
ihr, wandelte die flache Stiege herab, ihm entgegen.

So wie er sie gewahr wurde, setzte er sich in Galopp, hielt, sprang rasch vom Pferde, zog den Hut, umarmte sie, bot ihr den Arm, und führte sie die Treppe hinauf. Die Flügelthüren gingen zu, — alles war verschwunden, und noch stand die Menge, entblößten Hauptes, schweigend, aller Augen auf den Fleck gerichtet, wo er verschwunden war; und es dauerte eine Weile, bis ein jeder sich sammelte und ruhig seines Weges ging, — und doch war nichts geschehen, keine Pracht, kein Feuerwerk, keine Kanonenschüsse, keine Trommeln und Pfeifen, keine Musik, kein vorangegangenes Ereigniß, — nein, nur ein dreiundsiebenzigjähriger Mann, schlecht gekleidet, staubbedeckt kehrte von seinem mühsamen Tagewerk zurück, aber jedermann wußte, daß dieser Alte auch für ihn arbeite, daß er sein ganzes Leben an diese Arbeit gesetzt, und sie seit fünfundvierzig Jahren noch nicht einen einzigen Tag versäumt hatte. Jedermann sah auf die Früchte seiner Arbeiten nah und fern, rund um sich her, und wenn man auf ihn blickte, so regte sich Ehrfurcht, Bewunderung, Stolz, Vertrauen, kurz alle edleren Gefühle des Menschen." Wenige Monate nach diesem Besuche bei seiner Schwester hielt der König die große Revue in Schlesien ab, welche seine letzte sein sollte. Am 18. August 1785 war er in Hirschberg, wo die Einwohner mit wehmüthiger Freude den alten Herrn empfingen. Seine hinfällige Erscheinung, die zitternde Hand, mit der er grüßend den Hut hielt, deuteten darauf, daß er nicht mehr lange auf Erden weilen sollte. Hier war es, wo er den Greiffen=berger Kaufleuten, welche für die ihrer Stadt bewilligte Brandunterstützung zu danken kamen, die bekannte Antwort gab: „Ihr habt nicht nöthig Euch zu bedan=ken. Es ist meine Schuldigkeit, meinen verunglückten Unterthanen wieder aufzuhelfen. Dafür bin ich da!"

Am 20. August (Sonntag) kam er nach Groß=Tinz, wo vom 22.—25. großes Manöver war. Am 3. Tage desselben goß der Regen in Strömen herab. Dessen ungeachtet blieb der König von 4 bis 10 Uhr Morgens ohne Mantel zu Pferde. Er kam so durchnäßt zurück, daß das Wasser aus seinen Stiefeln wie aus Eimern ausgegossen wurde [1]). Nachdem er die Kleider gewech=selt, erschien er bei Tafel, und erheiterte die diesmal besonders zahlreich erschienenen fremden Gäste durch seine Unterhaltung. Lafayette war gekommen, Lord Cornwallis, der Herzog v. York [2]), und andere. Gegen Abend zeigten sich die Folgen der Erkältung, doch erleichterte heftiger Nachtschweiß den 73jährigen König in solchem Maße, daß er am nächsten Tage die Revue fortsetzen konnte. Dessenungeachtet war diese übermäßige Anstrengung von schlimmen Folgen. Der

---

1) Rödenbeck III. 332, 333.

2) Sohn Georg's III. Er vermählte sich 1791 mit der Tochter Friedrich Wilhelm's II. aus erster Ehe.

elastische Körper des Königs, der so lange allen Strapazen und Krankheitsfällen Trotz geboten, ging seit
diesem Herbste seiner Auflösung langsam entgegen.
Nachdem noch bei Berlin Revue abgehalten war,
erfolgte in der Nacht vom 15. zum 16. September ein
Erstickungsanfall, welcher zwar augenblicklich beseitigt
wurde, aber in seinen Folgen den Anfang der Wasser-
sucht herbeiführte, die sich seitdem allmählich ausbildete.
Bei der großen Potsdamer Musterung konnte Friedrich
der Große nicht mehr auf dem Platze der Uebungen
erscheinen, sondern erließ von seinem Zimmer aus die
Befehle für die Manöver der Truppen. Einsam und
traurig verbrachte er den Winter im Stadtschlosse zu
Potsdam. Am 25. Januar 1786 erschien Mirabeau
zum Besuche; derselbe war, seit man wußte, daß er der
Verfasser des berühmten essai sur le despotisme sei,
in Paris nicht mehr sicher, und hatte, wie er meinte für
immer sein Vaterland verlassen. Er kam auf seinen
Reisen nach Berlin, wo er die Zustände des Preußischen
Staates studirte, und dieselben in seinem, mit Mauvillon
gemeinschaftlich verfaßten Werke, mit einer für einen Ausländer wunderbaren Genauigkeit der Auffassung schil-
berte. Friedrich der Große, in dessen Persönlichkeit das
zur Neige gehende Jahrhundert gleichsam verkörpert war,
fand sich hier dem genialsten Vertreter der neuen Geistesrichtung gegenüber, die bald wie ein verheerender
Sturmwind über Europa dahinbrausen, und auf dem

Boden des schonungslos hinweggewehten Alten, das Gebäude des modernen Staates aufführen sollte. Leider hat Mirabeau seine Unterredung mit dem Könige nur flüchtig aufgezeichnet. Er erzählt, daß er an denselben unter anderem die Frage gerichtet, warum der Cäsar Deutschlands nicht auch der Augustus der Deutschen Literatur habe werden wollen? Friedrich soll geant= wortet haben: „Sie wissen nicht, was Sie sprechen! Indem ich das Geistesleben der Deutschen seinen Weg gehen ließ, habe ich ihnen mehr gegeben, als wenn ich ihnen eine Literatur gemacht hätte!“ — Allerdings stimmt dies mit des Königs kurz vorher verfaßten Ab= handlung über die Deutsche Sprache wenig überein, in der That aber war das, was er gesagt haben soll, voll= kommen begründet. Er hat durch seine Thaten die Deutschen aus der Region verschwebender Allgemein= heit, aus dem Spiel mit Römischen und Griechischen Allegorien, aus dem Getändel mit unempfundenen Liebesgedichten, auf den Boden der Geschichte gewiesen, in dem er ihr seit Jahrhunderten schlummerndes Natio= nalgefühl wieder erweckte und ihnen Thaten eines Deutschen Mannes vorführte, an denen sie sich begei= stern konnten. Göthe und Lessing haben das wohl zu schätzen und zu benutzen verstanden; und wenn auch der Despotismus Friedrich’s seinen Unterthanen nicht gestattete, sich mit dem Staate und dessen Einrichtungen zu beschäftigen und über dieselben zu reden und zu

schreiben, so ließ er dafür auf allen anderen Gebieten
des Denkens und Wissens eine fast ungebundene Frei=
heit, fast eine Zügellosigkeit walten, die uns noch heute
überrascht.   Da hatten die Denker und Dichter Raum,
die Schwingen des Geistes nach allen Richtungen hin
zu entfalten, und die Deutsche Literatur hat sich ganz
anders entwickelt, als es unter der Aufsicht des in sei=
nem Französischen Geschmacke befangenen Königs mög=
lich gewesen wäre.

Mirabeau's Gespräch mit dem Könige wurde, wie
er sagt, sehr lebhaft geführt.   „Ich selbst," fügte er
hinzu, „kürzte die Unterhaltung ab, weil ich sah, wie
schwach der Monarch sich fühlte, und wie beschwerlich
ihm das Athmen ward!" —

Dieser Besuch des Mannes, der bald wie ein
geschickter Steuermann das Ruder des Französischen
Staatsschiffes ergreifen sollte, welches auf den wilden
Wogen der Revolution dem Untergang entgegengetrie=
ben wurde, war nicht der einzige Bote der neuen Zeit,
welcher an den greisen König herantrat, der nicht mehr
die Kraft und den Beruf in sich fühlte, in die kommen=
den Dinge sich thätig einzumischen. Im Frühjahr 1786
spielte in Paris die verrufene Halsbandgeschichte, welche
dem Ansehen des absoluten Königthums, wie es Frie=
drich der Große als größter und letzter Repräsentant
vertrat, in der öffentlichen Meinung den Todesstoß
geben sollte. In einem Briefe voll Schmerz und Klagen

über die ihr angethane Schmach, schreibt die Königin Marie Antoinette an ihre Schwester in Brüssel zum Schluß: „Der König von Preußen ist krank, aber seine Geisteskraft scheint sich jedesmal um so höher zu schwingen, je schlimmer es ihm geht. Uns hat er viel Böses zugefügt; für sein Land war er ein König, für die übrige Welt aber ein Störenfried, der sich zum Schiedsrichter in Europa aufwarf, alle Nachbarn angriff und sie dann den Schaden bezahlen ließ!"

Jetzt sollte diese Kraft, welche der Welt unerschöpflich schien, gebrochen werden. —

Mit dem erwachenden Frühjahr erwachte auch in dem König eine unwiderstehliche Sehnsucht nach seinem Sanssouci. Am 17. April fuhr er im Wagen, mit untergelegten Pferden rasch, aber auf weitem Umwege durch Felder und Dörfer nach dem geliebten Ruhesitz. Hier unterzog er sich der ärztlichen Behandlung des Doctor Selle, und hatte noch einige Mal Kraft genug, sein Leibpferd, den Schimmelhengst Condé, zu besteigen. Am 4. Juli geschah das zum letzten Male. Als er 14 Tage später noch einmal auszureiten wünschte, waren seine Kräfte zu schwach, er mußte sich in sein Zimmer zurückführen lassen.

Körperlich hatte er schwer und viel zu leiden. Husten, Engbrüstigkeit, Athembeschwerden, die ihm unmöglich machten des Nachts im Bette zu liegen, so daß er auf einem Lehnstuhle den wenigen Schlummer

erwarten mußte, der sich spät einstellte, und früh vor
Tagesanbruch bereits wieder entfloh. Es entging ihm
nicht, daß Selle seinen Zustand für hoffnungslos ansah,
er selbst glaubte zwar nicht vollständig wieder zu genesen,
doch hielt er das Ende nicht so nahe bevorstehend.
Deshalb berief er auf Bitten seiner Schwester, der
Herzogin von Braunschweig, den berühmten Hanno-
verschen Leibarzt Zimmermann zu sich, der am 25. Juni
nach Potsdam kam, und bis zum 10. Juli blieb. Die=
ser wunderliche Mann, durch sein damals berühmtes
Buch über die Einsamkeit in weitesten Kreisen bekannt,
empfahl sich dem Könige durch seine gewandte Unter=
haltung, die er, ein geborner Schweizer, in gutem
Französisch zu führen verstand. Genützt hat er aber
seinem hohen Patienten gar nichts; das Hauptmittel,
welches er empfahl, war ein Syrup aus dem Saft des
Löwenzahns. Dem fortgesetzten Genuß der schweren
gewürzten Speisen, denen der König nicht entsagen
wollte, schrieb er die Wirkungslosigkeit dieses Heilmit=
tels zu [1]).

---

[1]) Er hat ein Buch: Zimmermann über Friedrich den Großen,
Leipzig 1788, herausgegeben, welches so viel Unrichtiges und
Unwahrscheinliches enthält, daß man es nicht benutzen kann.
Die Eitelkeit des Verfassers tritt darin so lächerlich auf, daß
Hippel in einer kritischen Satyre die Schrift: Zimmermann I.
und Friedrich II. nannte.

Nach Zimmermann's Abreise (10. Juli) wurde Selle von Neuem berufen. Friedrich aber schrieb der Herzogin am 10. August: „Meine theuerste Schwester, der Hannoversche Doctor hat sich bei Ihnen wichtig machen wollen; aber in Wahrheit hat er mir nichts genützt. Die alten Leute müssen den jungen Platz machen, damit das folgende Geschlecht auch Raum finde. Besteht doch das ganze Leben, genau betrachtet, darin, daß wir sehen, wie unsere Mitmenschen geboren werden und sterben. Mittlerweile habe ich seit ein Paar Tagen einige Erleichterung empfunden. Mein Herz bleibt mit unwandelbarer Zärtlichkeit Ihnen theuerste Schwester ergeben, und bin ich für alle Zeit Ihr treuer Bruder und Diener Friedrich." Wahrschein= lich ist dies das letzte, was der König außergeschäftlich geschrieben hat; denn seine Regierungsthätigkeit blieb bis zum letzten Augenblicke, wo der große Mann seiner selbst noch bewußt war, in ununterbrochenem Gange. Mit stoischer Ruhe ertrug er alle Qualen der entsetz= lichen Krankheit. Keine Klage kam über seine Lippen, und für seine Diener und Gesellschafter hatte er oft noch ein scherzhaftes freundliches Wort. Die tägliche Lebensordnung erfuhr keine Veränderung, als soweit die Krankheit das unabänderlich nothwendig machte. Jeden Tag begann er mit Besorgung der vielfachen Geschäfte und Correspondenz für die Armee. Die drei

Cabinetsräthe, denen er die Befehle in Civilsachen dictirte, hatten sich allezeit zwischen 6—7 Uhr früh bei ihm einfinden müssen. Jetzt beschied er sie schon um 4 Uhr Morgens zu sich. „Meine Lage," ließ er ihnen sagen, „zwingt mich denselben diese Last aufzulegen, die sie nicht lange tragen werden. Mein Leben geht auf die Neige, ich muß die Zeit benutzen, die mir noch übrig bleibt; sie gehört nicht mir, sondern dem Staate!" In der frühen Morgenstunde dictirte er denselben die Antworten auf die am vergangenen Tage eingelaufenen Berichte seiner Gesandten und Minister nicht allein, sondern auch auf alle zahllosen Bittschriften und Gesuche der Privatpersonen mit solcher Genauigkeit, daß die Cabinetsräthe kaum etwas anders als die Titel und das Datum hinzusetzen durften [1]).

Sobald die Secretaire entlassen waren, ließ er den Arzt und den Wundarzt kommen um das Nothwendige für seinen Zustand zu besorgen. Um 11 Uhr versammelte er fast täglich dieselben fünf Personen um sich: den Mini=ster Herzberg, den Marquis Lucchesini [2]), die Generale Görtz und Schwerin und den Obristen Grafen Pinto, mit denen er, wie einst mit seinen ihm vorangegange=

---

[1]) Herzberg, Memoire historique sur la dernière année de la vie de Fréderic II.

[2]) Von ihnen wird unter der folgenden Regierung noch die Rede sein.

nen Freunden sich über Literatur, Geschichte und Tages=
neuigkeiten unterhielt wie in seinen gesunden Tagen.
Die Mittagstafel mußte, da der Appetit fast bis zuletzt
aushielt, mit den gewohnten Leckerbissen besetzt sein,
und bis wenige Tage vor seinem Tode corrigirte er des
Morgens die Küchenzettel, und strich nach dem Essen
die Speisen an, über die er dem Koch eine Bemerkung
machen wollte[1]).   Nach Tische unterzeichnete er alle
Depeschen und Briefe, die er am Morgen dictirt hatte.
Um fünf Uhr erschienen die Gesellschafter zum zweiten
Mal und blieben bis acht.   Dann las der König die
am Tage eingegangenen Depeschen und ließ sich bis
zum Einschlummern vorlesen, meist aus den alten
Klassikern oder aus Voltaires Schriften.

Die selbst dictirten Erlasse aus den letzten Lebens=
tagen des Königs unterscheiden sich in nichts von seinen
sonstigen Cabinetsordres. Weder im geschäftlichen noch
im Privatverkehr wird das geringste Zeichen von
Schwäche oder Weichmüthigkeit sichtbar. Noch am
14. August dictirte er als Antwort auf den eingereich=
ten Rechenschaftsbericht der Regie: Der Bericht ist nicht
ausführlich genug.   Ich verlange einen detaillirteren,
aus welchem man bei jedem einzelnen Artikel die Ein=
nahme und Ausgabe gleich übersehen kann.   Die

---

[1]) Den letzten Speisezettel bei Preuß IV. 397.

Bureaukosten scheinen mir zu hoch, diese müssen speci=
ficirt werden.　Ich erwarte dies von Ihnen und
bleibe u. s. w.

Am nächsten Morgen, Dienstag, den 15. August
1786, wachte der König gegen seine sonstige Gewohn=
heit erst um elf Uhr auf.　Er konnte sich anfangs nicht
besinnen, kam aber bald zu sich, rief die Generale und
Cabinetsräthe herein, die im Vorzimmer bis dahin
gewartet hatten, und ertheilte, obgleich mit schwacher
Stimme, über alles und jedes die durchdachtesten
klarsten Befehle; namentlich waren die Ordres für ein
am 16. auszuführendes Manöver, welche General
Rohdich, der Commandant von Potsdam, empfing, mit
solcher Genauigkeit und unter Berücksichtigung aller
Eigenthümlichkeiten des Terrains, dictirt, daß die vor=
geschriebenen Truppenbewegungen genau nach des
Königs Worten ausgeführt werden konnten.　Nachher
dictirte der fast sterbende Monarch noch Einem der
Cabinetsräthe die Instruction für einen Gesandten,
welcher im Begriff stand nach seinem Bestimmungsorte
abzugehen.　Das Dictat füllte vier Quartseiten, und
würde, wie Herzberg sagt, dem erfahrensten Diploma=
ten Ehre gemacht haben. — Abends unterzeichnete er
noch die sämmtlichen Reinschriften.

Mittwoch, den 16., Morgens erschienen Generale
und Secretaire von Neuem.　Der König aber lag in
einem todesähnlichen Schlafe, aus dem er zuweilen,

wie es schien, mit unklarem Bewußtsein erwachte.
Endlich verlangte er Rohdich zu sehen. An den Bewe=
gungen des Königs bemerkte man, daß er versuchte das
Haupt aus der Ecke der Stuhllehne vorzubeugen, um
wie gewöhnlich die Parole zu ertheilen, — aber mit
einem klagenden Blick des halbgeschlossenen Auges
deutete er an, daß er zu kraftlos sei. — Mit Thränen
verließ der General das Gemach. Der Todeskampf
begann. Durch Eilboten wurde Selle aus Berlin
berufen, der um drei Uhr Nachmittags eintraf. Er
fand das Gesicht des Königs fieberisch geröthet, die
Augen hatten fast den alten Glanz wiedererhalten.
Gegen Abend ließ das Fieber nach. Der Kranke schlief
ein, erwachte aber bald wieder und klagte über Frost.
Er verlangte mit Kissen bedeckt zu werden. Der Arzt
untersuchte die Füße, und fand sie bis an's Knie erkaltet,
was er einem neben ihm Stehenden zuflüsterte. „Was
sagte er von den Füßen?" fragte der König einige Zeit
nachher. „Daß alles wie vorher ist!" gab man zur
Antwort. Der König schüttelte ungläubig den Kopf.

Als die Uhr elf schlug, sagte er: „Um vier will ich
aufstehen." Um Mitternacht bemerkte der König, daß
sein Hündchen vom Stuhle gesprungen war, er fragte
nach ihm, und befahl ihn mit Kissen zu bedecken. Ein
heftiger Hustenanfall trat ein, als dieser nachließ, sagte
der Kranke: „Nun ist der Berg überstiegen, es wird
besser gehen!" Das waren die letzten Worte, die er

gesprochen hat. Er war mit seinem Kammerdiener
Strützki allein. Im Nebenzimmer befand sich Herzberg und einige Generale. Um dem Könige seine
letzten Stunden zu erleichtern, kniete der treue Wächter
nieder und hielt den König mit beiden Armen umfaßt
in einer Stellung, die ihm das Athmen erleichterte, der
Kranke schien das dankbar zu empfinden. Selle, der
nach Mitternacht hereintrat, erkannte, daß der Tod in
wenig Stunden erfolgen müßte. Es war Donnerstag,
den 17. August, um 2 Uhr 20 Minuten, als der greise
König verschied. Nun erst ließ Strützki seinen Herrn
aus den Armen, und drückte ihm die Augen zu[1]).

Das war ein trauriges Sterbelager für einen großen
mächtigen König! Einsam und losgelöst von Denen,
die ihm durch die Bande des Blutes hätten nahe stehen
sollen, berief er keines von seinen noch lebenden vier
Geschwistern an sein Krankenbett. Die Königin ahnte
nicht einmal, wie nahe das Ende sei. Auf ihre Anfrage, wahrscheinlich wenige Tage vor seinem Tode,
hatte er erwidert: „Ich bin Ihnen für Ihre Theilnahme sehr verbunden, aber ein heftiges Fieber macht
mir unmöglich zu antworten." In der Nacht, wo

---

1) Professor Brunn hat Strützki's eigene Erzählung von des
Königs letzten Augenblicken nach dessen Worten niedergeschrieben
und in dem Jahrbuche der Preußisch-Brandenburgischen Staaten-
geschichte VII. 315—319 (Berlin 1796) abdrucken lassen. Bei
Preuß IV. 267.

Friedrich der Große starb, war bei seiner Gemahlin in
Schönhausen große Gesellschaft. Mirabeau befand sich
unter den Gästen; er war dem Pagen begegnet, der in
wildem Galopp von Potsdam nach Berlin ritt, um
den Leibarzt zu holen. Er ahnte, was sich ereignen
sollte. Dem englischen und französischen Gesandten
flüsterte er seine Vermuthung zu, doch glaubten diese
ihm nicht. So wenig Aufhebens hatte der König von
seiner Krankheit gemacht, daß alle Welt sich über seinen
wahren Zustand in Unkenntniß befand. Keine Bülle=
tins wurden ausgegeben, — und wie hätte man glau=
ben können, daß ein Sterbender es sei, der noch am
15. August seine Befehle und Anordnungen mit vollster
Geisteskraft in alle Theile des Reiches ergehen ließ!
Mit derselben Ruhe, wie unzählige Male auf dem
Schlachtfelde, hatte er auf seinem Krankenlager dem
Tode in's Auge geblickt. Seinen religiösen Ueberzeu=
gungen nach betrachtete er den Abschied vom Leben als
ein alltägliches Ereigniß der Natur, dem man ohne
Hoffnung, aber auch ohne Furcht entgegengeht. Er
glaubte an Gott; aber dieser Gott stand ihm zu hoch
über der erschaffenen Welt, zu hoch über dem Getreibe der
Menschen, als daß er sich um das Schicksal eines Einzelnen
kümmern sollte. Tausendmal hat Friedrich der Große
das in seinen Schriften und seinen Briefen ausgesprochen.
Er wiederholt diese Ueberzeugung noch in seinem Testa=
mente. „Ich gebe gern und ohne Bedauern," sagt er

daſelbſt, „dieſen Lebenshauch, der mich beſeelt, der
wohlthätigen Natur zurück, die mir ihn geliehen hat,
meinen Leib aber den Elementen, aus denen er gebildet
iſt.“   Sein Leben und ſein Tod haben bewieſen, daß
er mit dieſen Worten ſeine vollſte Ueberzeugung, ſein
innigſtes Gefühl ausdrückte.   Er hatte nur Eine Auf=
gabe, an die er ſein Leben ſetzte.   Verließ ihn die Kraft,
dieſe Aufgabe ferner zu erfüllen, ſo war ihm das Leben
nichts mehr werth.   Auch das hat er in ſeinem Teſta=
mente mit klarſtem Bewußtſein ausgeſprochen: „Unſer
Leben,“ ſo beginnt dieſe denkwürdige Urkunde, „iſt ein
flüchtiger Uebergang vom Augenblick der Gebnrt zu
dem des Todes.   Die Beſtimmung des Menſchen iſt,
für das Wohl der Gemeinſchaft zu arbeiten, deren Mit=
glied er iſt.   Seit ich zur Leitung der öffentlichen Ge=
ſchäfte gelangt bin, habe ich mit allen meinen Kräften,
und nach Maßgabe meiner geringen Einſicht mich
beſtrebt, den Staat, den ich die Ehre habe zu regieren,
glücklich und blühend zu machen.   Ich habe Geſetz und
Gerechtigkeit herrſchen laſſen; habe Ordnung in die
Finanzen gebracht; ich habe bei der Armee die Manns=
zucht eingeführt, durch welche ſie vor allen Truppen
Europas den Vorzug erhalten hat.   Ich habe meine
Pflichten gegen den Staat erfüllt.“   Mit dieſem Be=
wußtſein hat Friedrich der Große gelebt, — in dieſem
Bewußtſein iſt er geſtorben. —

Er war der letzte Vertreter des alten Königthums. — Kein Fürst hat seitdem die Selbstherrschaft in vollster Bedeutung des Wortes zu führen vermocht, wie Friedrich der Große; Keinem nach ihm ist es gelungen, ein Volk mit so unbedingtem Vertrauen in seine Weisheit, mit so unbedingter Hingebung an seinen Willen, selbst wo er hart und drückend schien, zu erfüllen. Aber Er, der letzte der patriarchalischen Landesväter, war zugleich der Größte von Allen; nicht allein durch seine unerreichte Feldherrn- und Regentenbegabung, sondern mehr noch durch die Gewissenhaftigkeit, mit der er seinen Herrscherlauf sechsundvierzig Jahre lang Tag für Tag erfüllte, bis zu dem Augenblick, wo er das Haupt nicht mehr von dem Sterbekissen zu heben vermochte, — durch die Selbstverleugnung, mit der er seine eigenen Interessen, seine Ruhe und Bequemlichkeit in jedem Augenblick dem Dienste des Staates zum Opfer brachte. Er hatte die riesige Arbeit auf seine Schultern genommen, alleiniger Regierer der gesammten Staatsmaschine zu sein, und die Bewegung derselben bis zum kleinsten Rade täglich selbst zu leiten und im Gange zu erhalten. Er löste diese anscheinend übermenschliche Aufgabe durch weise Befolgung der Einen Hauptregel.: Niemals etwas aufzuschieben, und jeden Tag die Geschäfte dieses Tages vollständig zu erledigen, — auf jede Eingabe, selbst das Geringste, sofort Bescheid zu ertheilen. Seine

Menschenkenntniß hatte ihn gelehrt, daß eine mitunter
unrichtige oder verletzende Antwort immer noch besseren
Eindruck macht, als lange Verschleppung oder gänzliches
Stillschweigen. Die unwandelbare Befolgung dieses
Grundsatzes befähigte ihn bei seiner großen Geschäfts=
gewandtheit, binnen wenigen Stunden täglich die lau=
fenden Arbeiten zu erledigen. Er entschied oft nach Laune
und Willkür — aber stets durchdrungen von der Ueber=
zeugung, nur das Beste zu wollen und kein anderes Ziel
zu verfolgen, als sein Preußisches Vaterland groß, reich
und mächtig unter den Völkern Europas hinzustellen,
und dieses Ziel hat er auf's Glänzendste erreicht.

Die Fehler und Irrthümer, von denen man seine
Regierung nicht freisprechen kann, gehörten fast alle der
Zeit an, in der er lebte; — er theilte dieselben mit den
größten und weisesten Männern des achtzehnten Jahr=
hunderts.

Am schwersten trifft ihn der Vorwurf, daß er die
Zukunft des Staates, den er zu einer Großmacht umge=
schaffen, zu sehr und ausschließlich von seiner Persön=
lichkeit abhängig machte, ohne dafür zu sorgen, daß
Preußen sich auch unter einem minder kräftigen und
gewissenhaften Nachfolger auf seiner Höhe zu halten
vermöge, und daß er namentlich während seiner langen
Regierung es versäumt hat, das Volk zur Theilnahme
an den öffentlichen Angelegenheiten, oder auch nur zur
Mitwirkung bei der eigenen Gemeindeverwaltung heran=

zubilden. Allerdings fand er bei seiner Thronbestei=
gung die Bewohner der Städte und des platten Landes
so tief versunken in das engste Pfahlbürgerthum, so
erdrückt von den gutsherrlichen Lasten, daß weder die
Fähigkeit zur Selbstverwaltung, noch auch nur der Wunsch
danach sich irgendwo regte. Noch viele Jahre nachher
verhielt sich das selbst bei den Gebildetsten der Nation
nicht anders, wie die oben mitgetheilte Antwort Nico=
lai's auf Lessing's Bemerkung über die Tyrannei beweist,
welche das Preußische Volk sich von seinem Könige
schweigend gefallen ließ. Dessenungeachtet dräugt sich
die Frage auf, ob der König nicht im Stande gewesen
wäre, den schlummernden Sinn für das Gemeinwesen
nach und nach bei seinen Unterthanen zu wecken, und
seinem Volke dadurch einen großen Theil der Drangsale
zu ersparen, die Preußen zwanzig Jahr nach Friedrichs
Tode erdulden mußte, um aus dem langen politischen
Stumpfsinne aufgerüttelt zu werden. Man ist um so
mehr berechtigt, dem großen Könige nach dieser Rich=
tung hin einen schweren Vorwurf zu machen, weil er
seinen Thronfolger genugsam kannte, um zu wissen, wie
unfähig derselbe sein würde, die Lücke auszufüllen, die
der Tod eines solchen Herrschers eröffnen mußte.

Es hatte nicht an warnenden Stimmen gefehlt,
welche darauf hinwiesen, daß die künstlich zusammen=
gesetzte, auf's Aeußerste angespannte Staatsmaschine
den Dienst versagen würde, sobald die kräftige Hand

des Meisters nicht mehr das Triebrad in Bewegung
setzte. In einer bereits 1772 verfaßten Schrift hatte
Guibert [1]) das ausgesprochen. „Wenn," sagte er „nach
dem Tode Friedrich des Großen, dessen Genius allein den
unvollkommenen Bau des Preußischen Heeres zusam=
menhält, ein schwacher und talentloser Fürst auf den
Thron gelangen sollte, so würde binnen wenigen Jah=
ren die Preußische Kriegsmacht in Verfall gerathen,
und der Staat, der sich in übernatürlicher Weise schnell
erhob, müßte dann auf das bescheidene Maß sich
beschränken, welches ihm von Natur bestimmt scheint,
und vielleicht schwer büßen für ein Paar kurze Jahre
des Ruhmes [2])." Dieser Prophezeiung schließt sich
Mirabeau an, in seinem mit Mauvillon herausgege=

---

[1]) Geb. 1743, gest. 1790 als französischer Marschall in Paris.
Er hatte sich bereits im siebenjährigen Kriege, namentlich 1761
in der Schlacht bei Vittingshausen ausgezeichnet, diente dann mit
Ruhm 1767 im Korsischen Kriege, wo er, erst 24 Jahr alt, zum
Obristen ernannt wurde. 1773 kam er nach Sanssouci und
wurde als berühmter Soldat und militärischer Schriftsteller von
Friedrich dem Großen mit Auszeichnung empfangen, worüber er
in seinem Journal d'un voyage en Allemagne, fait en 1773,
interessante Berichte veröffentlicht hat. Die oben angeführte
Stelle ist aus seinem Essai général de Tactic, welches der
König nicht nur mit Vergnügen las, sondern auch seinen Generalen zum Studium empfahl. Preuß IV. 214. Rödenbeck, Anhang III. p. 80, 81. Note.

[2]) Oeuvres militaires de Guibert. Paris 1803, p. 89—91.

benen Werke über die Preußische Monarchie. Schon
1787 stellt er als Lebensbedingung für diesen Staat
die freiheitliche Entwickelung hin, zu der man sich erst
zwanzig Jahre später entschloß, nachdem die Ereignisse
jene traurigen Vorhersagungen nur zu sehr gerechtfer=
tigt hatten. Er fordert das Aufgeben des Merkantil=
princips, Vernichtung aller mittelalterlicher Lehnsein=
richtungen, Befreiung des Bauernstandes vor dem
Druck der abligen Gutsbesitzer, und gänzlichen Neuge=
staltung der Armee, welche, so lange sie zum großen
Theil aus angeworbenen Fremden bestehe, immer nur
eine unzuverlässige Stütze bleiben werde.

Wie begründet diese Ansichten waren, hat die
Geschichte der nächsten zwanzig Jahre bewiesen. Allein
die Umwälzung aller Europäischen Verhältnisse, welche
seit 1789 von Frankreich ausging, und welche das Ein=
treffen jener Prophezeiungen beschleunigte, konnte bei
Friedrich des Großen Lebzeiten wohl von ferne geahnt,
aber keineswegs in ihrer ganzen Ausdehnung vorher=
gesehen werden, am allerwenigsten kounte der König
dieselbe bei seinen Staatseinrichtungen in Rechnung
ziehen. Auch war es dem greisen Monarchen nicht
zuzumuthen, am Ende seiner Tage in ganz neue Bah=
nen einzulenken. Das wäre die Aufgabe seines Nach=
folgers gewesen, wenn derselbe dazu die nöthige Einsicht
und Willenskraft besessen hätte.

Friedrich II. schuf seinen Staat nach den Begriffen seiner Zeit, und nach seiner, diesen Begriffen oft vorauseilenden Regentenweisheit, und wohl durfte er am Ende seiner Regierung mit voller Befriedigung auf das Erreichte zurückblicken. Er hatte, als er den Thron bestieg, einen Landbesitz von etwa 2300 Quadratmeilen mit 2,240,000 Einwohnern überkommen; seinem Nachfolger hinterließ er 3600 Quadratmeilen mit einer Bevölkerung von fast sechs Millionen. Die Einkünfte des Staates waren von 12 Millionen auf 22 Millionen Thaler gestiegen, die Armee von 76,000 Mann auf 200,000 Mann. Der gefüllte Schatz enthielt nach den niedrigsten Angaben mehr als fünfzig Millionen. Diese Ergebnisse, schon an sich bewunderungswürdig, schienen doppelt wunderbar in Betracht der langen blutigen Kriege, welche das Land verwüstet, und zahllose Menschen verschlungen hatten; und doch war in noch größerem Verhältnisse als das Flächenmaß und die Einwohnerzahl, das Ansehen des Staates unter dieser Regierung gewachsen. Durch seine für unüberwindlich gehaltene Armee, und die allezeit bereiten Mittel zum Kriege, nahm der König von Preußen die Stellung eines Schiedsrichters in Europa ein. Mit voller Einstimmigkeit erklärten ihn die Zeitgenossen für den ersten Mann des Jahrhunderts. Seine Schicksale hatten durch den jähen Wechsel von Glück und Unglück während der vier glorreich zu Ende geführten Kriege etwas

Zauberhaftes. Un regne de féerie, nennt Mirabeau Friedrich's Regierung [1]).

So blendend wirkte der Glanz seiner Thaten, daß sogar die Besiegten ihm zujauchzten. Sein Name war nach der Schlacht bei Roßbach in Paris nicht minder gefeiert als in Berlin. Dem eigenen Volke erschien er fast wie eine Gottheit, der keine irdische Gewalt beikommen konnte. Von ihm ertrug man, was kein anderes Volk von seinem Herrscher ertragen. Immer neue Lieder zu seinem Preise ertönten von den Lippen der Deutschen Dichter, die nicht müde wurden einen König zu preisen, der ihre Verse niemals las, ihre poetische Sprache kaum verstand, und nicht ahute, wie bald die goldene Zeit der Deutschen Dichtkunst erblühen sollte. Zwar fluthet immerdar der Strom der kommenden und scheidenden Geschlechter, und im Schoße jeder untergehenden Epoche bildet sich die zukünftige neue, um lebendig an's Licht der Welt zu treten. Kaum aber umschließt ein Abschnitt der Geschichte so eng neben einander die Größen der schwindenden Zeit neben den Genien einer neuen Geisteswelt, wie jene sieben großen Jahre des dritten Schlesischen Krieges von 1756 bis 1763.

Während dieses glänzendsten Abschnittes von Friedrich's Regierung waren bereits die Männer erschienen, welche nach dem jähen Zusammensturz seiner Monarchie

---

[1] Histoire sécrète de la Cour de Berlin p. 121.

die Hauptpfeiler des Wiederaufbaues bilden sollten: Blücher und Gneisenau, Stein und Hardenberg. Schon lebte und lehrte Kant, dessen kategorischer Imperativ eine Verkörperung der selbstlosen Aufopferung für den Staat und die höchsten Ideen desselben darstellt, wie Friedrich sie übte und von den Seinen heischte. Auch Fichte, der begeisterte Apostel der Freiheitskriege, ist während des siebenjährigen Krieges geboren. In denselben sieben Jahren schied sich, auf anderem Gebiete, die alte Kunst und Wissenschaft gleichsam von der neuen. Gellert, Rammler, Hagedorn und ihre Genossen waren die gepriesenen Sänger jener Tage; aber schon hatten Klopstock und Lessing die Welt auf die Entfaltung der höchsten Blüthen vorbereitet, welche unsere klassischen Dichter den Deutschen bringen sollten. Als der Friede zu Hubertsburg geschlossen wurde, war Göthe vierzehn, Schiller vier Jahre alt. Noch lebte Händel, als schon Gluck und Haydn die Welt durch neue Offenbarungen im Reiche der Töne überraschten, und Mozart in zarter Kindheit die ersten Zeichen seines wunderbaren Genius erkennen ließ.

Es wäre thöricht zu behaupten, daß Friedrich der Große der Urheber dieses neuerwachenden geistigen Lebens in Deutschland gewesen, aber sicherlich war das Selbstgefühl, welches er der Nation einflößte, nicht ohne Einfluß auf diesen Aufschwung. Seine Thaten lebten in Aller Munde, an seinem Beispiel kräftigte sich

die Gewissenhaftigkeit und die pflichttreue Gesinnung;
— unter dem Schutz der Freiheit, welche er den Erör=
terungen auf allen Gebieten des Wissens und des Glau=
bens gestattete, gediehen die gründlichen und freisin=
nigen Untersuchungen der Deutschen Denker. So muß
in Verbindung mit allem Großen und Edlen seiner
eigenen Zeit und der folgenden Zeiten, als vielbedeu=
tender Klang immer der Name Friedrich's des Großen
genannt werden.

Sein unmittelbares Wirken und Walten hatte nun
ein Ende. Als er die Augen schloß, schien eine große
Weltbegebenheit sich vollzogen zu haben. „Wir wissen,"
sagt Johannes v. Müller [1]), „aus manchen Provinzen,
Republiken und Königreichen, daß, als die so oft fälsch=
lich ausgebreitete Nachricht nun gewiß wurde, von den
Thronen bis in die Hütten, von den grauen Zeit=
genossen seiner ersten Siege bis auf das unmündige
Alter, wenige Menschen von einigem Gefühl ohne ganz
besondere Rührung das Wort seines Todes nachge=
sprochen." Göthe schreibt am 28. April 1787 aus
Sicilien: „In Caltanisetta saßen die angesehensten
Einwohner in antiker Weise auf dem Markte umher;
sie unterhielten sich und wollten von uns unterhalten
sein. Wir mußten von Friedrich dem Zweiten erzählen,
und ihre Theilnahme an diesem großen Könige war

---

[1]) Sämmtliche Werke IX. 299. Bei Preuß IV. 27.

so lebhaft, daß wir seinen Tod verhehlten, um nicht durch eine so unselige Nachricht unseren Wirthen verhaßt zu werden."

Freilich fehlte es auch nicht an Menschen, denen der König zu lange regiert hatte. In Berlin namentlich war seit der Errichtung der Regie, und besonders durch die Maßregeln über den Kaffeeverkauf in weiten Kreisen große Mißstimmung entstanden; man fühlte sich durch diese Eingriffe in das Privatleben täglich, ja stündlich gedrückt und unangenehm berührt. Von einer neuen Regierung durfte man die Abstellung dieser und anderer verhaßter Maßregeln hoffen, und äußerte unverhohlen im Voraus seine Freude über das Aufhören einer verhaßten kleinlichen Aufsicht und Bevormundung.

Von größtem Interesse ist ein Bericht des, später durch den Brand von Moskau so berühmt gewordenen Rostopschin[1]), der 1784 den Russischen Militärdienst verlassen hatte, um sich auf Reisen zu begeben. Mit dem damaligen Russischen Gesandten am Preußischen Hofe befreundet, hielt er sich längere Zeit in Berlin auf, und eilte bei der Nachricht von des Königs Tode sofort nach Sanssouci. Er erzählt: „Auf dem Wege war Alles in gewohnter Ruhe. Die Bauern arbeiteten: die Kinder in den Dörfern spielten; das Vieh weidete

---

[1]) Magazin für Literatur des Auslandes 1855, Nr. 94, vom 7. August.

ungestört auf dem Felde. Was gab es Größeres auf der Welt als den großen Friedrich? Er hatte aufge= hört zu sein, aber um ihn ging alles seinen gewöhnlichen Gang. — Wir fuhren geradenwegs nach Sanssouci. Nachdem wir durch zwei Zimmer gekommen, erreichten wir das Schlafgemach. Ich wandte die Augen mit Ehrfurcht nach der Nische, in welcher das Bett stand, da ich dort den Körper des großen Friedrichs vermuthete. Aber in demselben Moment erblickte ich etwas einem Menschen Aehnliches in einem Lehnstuhl sitzend, und von einem blauen Mantel bedeckt. Ein kalter Schweiß trat auf meine Stirn; nicht aus Furcht, da ich die Todten nicht fürchte, sondern vor dem Gedanken, daß der des Herrschens so Würdige nun in Nichts verwan= delt sei, und gleich einem entsetzlichen Anblick dem Auge entzogen werde. Nie hätte ich die Bitte gewagt, daß man die Leiche enthülle, damit ich den verehrten Todten zum ersten und letzten Mal betrachten könne, allein der Schweizer, mein Gefährte, wandte sich zu dem Leib= husaren, den wir im Gemache antrafen, mit der Frage, ob man den Verstorbenen sehen dürfe? „Warum nicht?" erwiderte der gefühllose Diener; „ich zeige ihn Jedermann!" und mit diesen Worten schlug er den Mantel zurück und entblößte das Gesicht und die Gestalt des großen Friedrich. Den Empfindungen meiner Seele gehorchend, beugte sich mein Körper unwillkürlich zur Erde, um dem großen Manne die

letzte Ehre zu erweisen. Ich weiß nicht, ob ich ihn
lange oder kurze Zeit betrachtete; aber was ich sah
werde ich niemals vergessen. Die ziemlich dichten
Haare waren ganz weiß, das Gesicht wie es in allen
Portraits abgebildet ist. Ruhe, Majestät und Helden=
muth waren auf allen Zügen des todten Königs zu
lesen. Er schien zu schlafen, aber in der Geschichte
wird er immer wachen. Unbeweglich, von Trauer und
Bewunderung erfüllt, starrte ich auf den todten Helden;
betrübt, daß ich ihn nicht mehr am Leben traf, seinen
Blick nicht schauen, seine Stimme nicht vernehmen
sollte; erzürnt, daß der Tod einem niedrigen Knechte
das Recht gegeben, den Helden zur Schau zu stellen.

Stunden, Tage, Wochenlang hätte ich die Leiche
des Helden betrachten mögen. — Aber plötzlich bedeckte
der Husar den großen Friedrich von neuem mit dem
Mantel, und entzog ihn so, wie mit der Hülle des
Todes, meinen Blicken auf ewig."

Friedrich der Große hatte kaum die Augen geschlos=
sen, als der Thronfolger, der sich in der Nähe
aufgehalten, herbeieilte, und sofort thatsächlich die
Regierung antrat. Noch im Sterbezimmer hing er
dem Minister Herzberg den schwarzen Adlerorden um,
und ließ sich sodann die in den beiden letzten Tagen
eingelaufenen Gesuche und Depeschen vorlegen, die er
öffnete, und mit Hilfe der Cabinetssecretäre erledigte.
Friedrich hatte in seinem Testamente den Wunsch aus=

gesprochen, in einer zu diesem Zweck auf der Terrasse von Sanssouci erbauten Gruft beerdigt zu werden, unfern von der Stelle, wo seine Lieblingshunde begraben liegen. Der Nachfolger hielt die Erfüllung dieses Wunsches mit der königlichen Würde nicht verträglich, und befahl die Leiche, nachdem dieselbe unter großem Zulauf einen Tag lang im Potsdamer Stadtschlosse ausgestellt gewesen, feierlich neben dem Sarge Friedrich Wilhelm des Ersten in der Garnisonkirche daselbst beizusetzen. Dort ruht noch heute die Hülle des großen Geistes, der fast ein halbes Jahrhundert lang für Preußens Ruhm und Größe gelebt und gearbeitet hat.

Siebentes Kapitel.

Regierungsantritt Friedrich Wilhelm's II.

Mehr als die Geschichte der meisten Staaten ist die Preußische Geschichte bis zum Jahre 1786 wesentlich eine Regentengeschichte. Der große Kurfürst, Friedrich Wilhelm I. und Friedrich der Große haben durch ihre Persönlichkeit ein kleines, armes, seiner Lage nach zerrissenes Landgebiet zu einer Machtstellung erhoben, auf die es weder durch die Zahl der Bewohner, noch durch die Erheblichkeit seiner Erzeugnisse Anspruch machen

durfte. Der Glanz der letzten sechsundvierzigjährigen
Regierung steigerte das Mißverhältniß zwischen den
Mitteln und der durch dieselben erzielten Wirkung in's
Unglaubliche, und nur der unerschütterliche, das ganze
Staatsgetriebe bis in die feinsten Adern durchdringende
Herrscherwille Friedrichs II. konnte verhindern, daß
Preußen nicht, gleich einem Schmetterling mit Adlers=
schwingen durch die mächtigen Flügelschläge zerrissen
wurde, welche das Reich den größten Staaten des
Welttheils ebenbürtig zu Seite stellten.

Der Tod dieses Selbstherrschers ohne Gleichen, der
in jedem Kreise des Staatslebens seinen Willen aus=
schließlich zur Geltung gebracht und keinen andern
Willen neben sich geduldet hatte, wurde im ganzen
Lande als ein gewaltiges, tief eingreifendes Ereigniß
empfunden. Die Zügel der Regierung, welche der
große König so fest in seiner Hand gehalten, hingen
nnn schlaff am Boden. Das Räderwerk des Staates,
bis zur äußersten Grenze der Leistungsfähigkeit ange=
spannt, mußte den Dienst versagen, als das Auge des
Meisters sich schloß, welcher rastlos und unermüdlich,
allein im Stande gewesen war, die verwickelte Maschine
im Gange zu erhalten.

Seit dem Augenblicke, wo Friedrich II. die Augen
schloß, eilte sein Land der Auflösung entgegen — kaum
zwanzig Jahre vergingen, — da lagen die Trümmer
desselben zu den Füßen des französischen Eroberers.

Nach dem Lauf der Dinge konnte man nicht erwarten, daß Friedrich's Nachfolger demselben an Kraft und Weisheit gleich stehen sollte, allein es hätte nicht einmal der ganzen Fülle seines Geistes bedurft, um wenigstens den schmählichen Zusammensturz des fest und künstlich aufgerichteten Gebäudes zu verhüten; schon ein Bruchtheil der Feldherrn= und Regentengaben des großen Friedrich hätte genügt, um die Niederlage, wenn auch nicht abzuwenden, doch zu einer ehrenvollen zu machen; denn zu halten waren die veralteten Zustände nicht gegenüber der neuen hereinbrechenden Zeit. Aber dem Thronfolger fehlten gerade alle die Eigenschaften, deren er am meisten bedurft hätte, um das so großartig Begonnene nicht sinken zu lassen. Er war körperlich und geistig das wahre Widerspiel seines Vorgängers. Seine hohe und breite Gestalt machte einen plumpen Eindruck, — das Volk nannte ihn bald den Dicken. Die gewaltige Gliedermasse war von keinem kräftigen Geiste beseelt, und entbehrte der bestimmenden Macht eines festen Willens. Weit geöffnete etwas hervortretende Augen hatte er mit Friedrich dem Großen gemein, aber die unwiderstehliche Kraft des Königsblicks hatte er nicht von ihm geerbt. Von der unbegrenzten Erhabenheit seiner Würde war er ebenso tief durchdrungen wie Friedrich II., allein während dieser in jedem Augenblicke zugleich den vollen Umfang der Pflichten sich gegenwärtig erhielt, welche der erste Diener

des Staates zu erfüllen hatte, so betrachtete der Neffe
die ihm überkommene Krone wesentlich als ein persön=
liches Vorrecht, kraft dessen er auf Erfüllung jedes
Wunsches, ja jeder Laune Anspruch machen durfte, —
und seine Wünsche und Launen waren fast alle sinn=
licher Natur und hatten die Befriedigung einer maß=
losen Genußsucht zum Zweck. Auch Friedrich der Große
war in früheren Jahren den Versuchungen unterlegen,
denen kein junger Mann, am wenigsten ein Prinz, ent=
geht; allein er hatte mehr durch Eitelkeit als aus Tem=
perament sich zu Ausschweifungen fortreißen lassen, die
seiner innersten Natur entgegen waren. In dem Augen=
blick seiner Thronbesteigung warf er alle diese Thor=
heiten weit hinter sich. Nicht so sein Nachfolger. Am
25. September 1744 geboren, stand er bei des Oheims
Tode bereits in einem Alter, wo man kaum noch seine
ganze bisherige Lebensweise ändert. Von Jugend auf
hatte er den Umgang mit liederlichen Weibern geliebt,
um so leidenschaftlicher, weil er diese Sünden vor dem
strengen Könige verbergen, und sich verstohlen die Geld=
mittel dazu verschaffen mußte, die seine knappgemessene
Apanage ihm nicht gewährte. Die Vermählung mit
Elisabeth von Braunschweig (1766) konnte den 22jäh=
rigen Prinzen nicht aus den Netzen befreien, in die er
schon damals tief verstrickt war; — denn die Gemahlin,
statt den Gatten zu erheben, versank selbst in ähnliche
Verirrungen. 1769 erfolgte die Scheidung. Die zweite,

noch in demselben Jahre geschlossene Verbindung mit
Louise von Darmstadt erwies sich ebenfalls unwirksam
für die Veredlung der Sitten des Thronfolgers. Eine
Maitressenwirthschaft, wie sie in der Geschichte des
Hauses Hohenzollern unerhört war, wurde erst im nur
zu durchsichtigen Geheimniß, dann seit der Thronbesteigung ganz öffentlich geführt und hatte ein Günstlings-
regiment zur Folge, fast ärger und verderblicher wie
einst unter Friedrich I. Die zur Gräfin Lichtenau erhobene Tochter des Potsdamer Kammermusikus Enke verstand es, den neuen König durch ihre Künste bis an
dessen Tod an sich zu fesseln. Sie machte sich ihm
dadurch unentbehrlich, daß sie, ohne Eifersucht zu zeigen, seine anderweiten Liebschaften begünstigte, in der
nur zu gut begründeten Ueberzeugung, Friedrich Wilhelm werde jedes Mal doch wieder zu ihr zurückkehren.
Zum Scheine mit dem königlichen Kammerdiener Rietz
vermählt, machte sie mit diesem und den anderen Günstlingen gemeinschaftliche Sache, und diese ganze Sipp-
schaft verstand es, dem nicht sehr scharfsichtigen Monarchen
die Fäden zu verbergen, an denen man ihn gängelte,
und ihm den Glauben beizubringen, daß er ein eben so
unumschränkter Selbstherrscher sei wie Friedrich der
Große.

-In die schmutzigen Einzelnheiten dieser Intriguen
einzugehen ist der Geschichte unwürdig. Wir können
uns der eklen Aufgabe überheben, die Franen und

Mädchen aus den ersten Adelsfamilien des Landes zu nennen, deren Väter und Brüder sich zu der Ehre drängten, ihre Angehörigen den Lüsten des Monarchen zu überliefern. Nur diejenigen unter den Maitressen und Günstlingen, welche auf die Leitung des Staates besonderen Einfluß gewannen, müssen ihres Orts gebührend Erwähnung finden.

' Dem Könige hätte es nicht an Einsicht und Bildung gemangelt, um ein guter Regent zu sein[1]). Sein weiches Gemüth und ein gewisser ritterlicher Zug seines Wesens, machten ihn geneigt, Gutes zu thun und seine Unterthanen zu schonen; allein die Uebermacht der Sinnlichkeit, und später, als Rückschlag, ein durch Gewissensregungen erzeugter Hang zu verkehrter Frömmelei, verdarben Alles, was Edleres in ihm lag. Ohne es zu ahnen, wurde er ein Werkzeug in den Händen gemeiner Menschen, und beschleunigte durch verkehrte

---

· [1]) Er scheint eine nicht ungenügende Schulbildung gehabt zu haben. Musik liebte er ebenso leidenschaftlich wie sein Oheim, und war auch wie dieser ausübender Künstler. Bei den trefflichen Concerten in seinen Gemächern spielte er Violoncell; sogar während der Theaterproben wirkte er mit seinem Instrumente mit. Sänger und Tonkünstler belohnte und beschenkte er in wahrhaft königlicher Weise. Bekannt ist des Königs Absicht, den großen Mozart nach Berlin zu ziehen, wo ihm 3000 Thaler Gehalt versprochen wurden. Durch persönliche Bitten des „guten" Kaiser Franz ließ Mozart sich bestimmen in Wien zu bleiben, und erhielt dafür eine Pension von 800 Gulden als „Dank vom Hause Oesterreich."

Maßregeln auf allen Gebieten des Staates den Sturz der Monarchie, die er in so glänzendem Zustande über= kommen hatte.

An der Spitze einer gewaltigen Armee, die, umstrahlt von der Glorie des siebenjährigen Krieges, für die tüch= tigste in Europa galt, im Besitze des gefüllten Schatzes, den der Oheim aufgespeichert, nahm Preußens König ohne Weiteres eine achtunggebietende Stelle unter den Fürsten Europas ein. Die auswärtigen Angelegen= heiten leitete der alte Herzberg im Sinne des großen Königs; die Würde der Rechtspflege hielt der edle, freisinnige Zedlitz aufrecht, welcher zugleich oberster Chef der kirchlichen und Schulsachen war. Man wußte im Lande, daß diese Männer, und mit ihnen viele gleich= gesinnte alte Diener Friedrich's II. die Geschäfte zwar in dessen Geiste weiter führen, aber gleichzeitig geneigt sein würden, viele der Härten zu mildern, die in den letzten Regierungsjahren des greisen, vereinsamten und mürrisch gewordenen Königs sich mehr und mehr fühl= bar gemacht hatten. So konnte der Staat, auch nach= dem mit Friedrich dem Großen die eigentliche Seele aus demselben gewichen war, dennoch, dem natürlichen Gesetze der Bewegung folgend, noch eine Zeitlang auf den gewohnten Bahnen weiterschreiten. Dazu kam, daß Friedrich Wilhelm den Wunsch hegte, sich beim Volke beliebt zu machen, und alsbald auf Beseitigung solcher Einrichtungen dachte, welche dem Publikum

besonders lästig waren, weil sie jeden Einzelnen in seinem Privatleben und in seiner häuslichen Freiheit
beschränkten; man erwartete vor allen Dingen die
Aufhebung der Regie, und des allverhaßten Kaffee-
monopols.

Von dem Charakter des Königs hatte man die
günstigste Meinung, und war um so geneigter, ihm seine
Schwäche gegen die Weiber zu verzeihen, als in dieser
Beziehung damals, und namentlich in der Hauptstadt,
eine große Erschlaffung der Sitten eingetreten war.
Friedrich's Großheit und der Glanz seiner Heldenthaten hatten die Blicke von den moralischen Uebeln abge-
zogen, welche unter dem Schirm des Französischen Philosophenthums sich seit der Mitte des achtzehnten Jahrhunderts breit machten, und die man mit einem
sentimentalen Schleier bedeckte, um Laster und Sünde
nicht bei ihrem rechten Namen nennen zu dürfen.
Waren doch Werthers Leiden bereits vierzehn Jahre vor
Friedrich's Tode erschienen, ein Buch, welches zwar den
Dichter von der Unklarheit verschrobener Verhältnisse
befreite, aber dafür das Publikum recht eigentlich in
dieselben einweihte. Die empfindsamen Freundschaften
zwischen Männern und Frauen waren an der Tagesordnung, das Institut der sogenannten Hausfreunde
stand in Blüthe, und selbst die edelsten und tiefsten
Geister blieben von der Begriffsverwirrung auf diesem
Gebiete nicht frei. Schleiermacher's und Wilhelm

v. Humboldt's Briefwechſel mit Henriette Herz läßt uns einen Blick in dieſe ſeltſamen Verkehrtheiten thun.

In ſolcher Zeit erſchien ein weicher, allen Eindrücken zugänglicher Monarch, dem man den beſten Willen zutraute Alles um ſich her glücklich zu machen, gar trefflich zu paſſen. Deshalb wurde auch Friedrich Wilhelm überall mit unbeſchreiblichem Jubel empfangen[1]) als er nach ſeiner Thronbeſteigung ſich in den Hauptſtädten der Provinzen huldigen ließ; und obgleich er ſich bei den Begrüßungen der Bürger und der Stände faſt ganz ſchweigſam verhielt, ſo genügten doch die drei Worte: „Ich danke Ihnen!" die er zu erwidern pflegte, um ihm alle Herzen zu gewinnen; denn es ſchien das Anbrechen einer neuen humaneren Zeit zu bekunden, daß der Bürger von ſeinem Monarchen nicht mehr mit „Er" angeredet wurde. Die Bitte des Königsberger Magiſtrats, dem einziehenden Herrſcher den Namen des „Vielgeliebten" geben zu dürfen, nahm er beifällig auf; — es ſchien alles auf eine frohe Zukunft zu deuten. Man wiederholte einander mit Genugthuung die Reden und Handlungen des neuen Monarchen, welche von deſſen Gerechtigkeitsliebe Zeugniß gaben. Daß er die noch

---

[1]) Die Lobgedichte, die man ihm überall entgegenbrachte, übertreffen an ſchwülſtiger Ueberſchwenglichkeit jede Vorſtellung. Ganze Bände ſolcher Poeſieen werden u. A. in der Breslauer Bibliothek unter der Rubrik: Biographica Fr. W. II. aufbewahrt.

immer unbezahlten Schulden Friedrich's II. aus dessen
kronprinzlicher Zeit sofort berichtigte, die in der Müller
Arnold'schen Sache so ungerecht verurtheilten Kammer=
gerichtsräthe wieder zu Ehren brachte, rechnete man
ihm hoch an, obgleich die letztgedachten Männer keines=
weges ausreichend für ihre Verluste entschädigt wurden.
Auf diese Weise erschienen die Anfänge der inneren
Regierung nur lobenswerth.

Auch die politischen Verhältnisse konnten für Preußen
kaum günstiger stehen, als das 1786 der Fall war. —
Durch den Fürstenbund, dessen Entstehung Herzberg
schmeichelnd auf den neuen Regenten zurückzuführen
sich den Schein gab, war der Berliner Hof mit den
mächtigsten Deutschen Herrschern in engster freundlich=
ster Beziehung, während der Kaiser, durch die Gewalt=
samkeiten, die er sich gegen mehr als Einen Reichsstand
zu Schulden kommen ließ, alles Vertrauen verscherzt
hatte.   Joseph II. empfand diese Folge seines hochfah=
renden Benehmens so schmerzlich, daß ihm seine Kaiser=
würde zur Last wurde.   Wenn man geglaubt hatte, er
werde unmittelbar nach Friedrich's Tode zu einem
Angriff gegen Preußen schreiten, um das niemals ver=
schmerzte Schlesien wieder zu gewinnen, so war davon
nun, da dieser Fall eingetreten war, nicht mehr die
Rede; man begnügte sich damit, auf dem Gebiete der
Etiquettenfrage dem gegenseitigen Mißwollen Ausdruck

zu geben [1]). Zu ernstlichen politischen Verwickelungen hätte allenfalls der Ausbruch von Feindseligkeiten zwischen Rußland und der Pforte, oder die Parteikämpfe in Holland Anlaß geben können, — allein beides lag noch in der Zukunft, so daß der neue König mit aller Ruhe im Innern seines Staates zu den Maßregeln schreiten konnte, deren es bedurfte, um Preußen auf der Höhe zu erhalten, auf welche Friedrich der Große es erhoben. Worin diese Maßregeln bestehen mußten, wurde schon damals von vielen Einsichtigen erkannt; namentlich war es der berühmte Franzose Mirabeau, dessen unglaublicher Scharfblick auf allen Staatsgebieten dasjenige klar hervorhob, was geschehen müsse, was aber erst zwanzig Jahre später unter dem Druck der äußersten Noth geschah, als die Wahl zwischen völligem Untergang oder völliger Umgestaltung der ganzen Staatsverfassung mit unabweislicher Dringlichkeit an die Regierung herangetreten war. Mirabeau hielt sich damals, ohne förmliche Beglaubigung, als diplomatischer Beobachter im Auftrage des Ministers Calonne in Berlin auf, und überreichte dem Könige unmittelbar nach dessen Thronbesteigung eine Denkschrift [2]), welche

---

[1]) Politisches Journal 1786, p. 948 bei K. A. Menzel, zwanzig Jahre Preußischer Geschichte, p. 12.

[2]) Lettre remise au roi regnant de Prusse etc. par le comte de Mirabeau.   Berlin 1787.

mit fast prophetischer Voraußsicht alle Mängel der
Friedrich'schen Staatsverwaltung aufdeckte, die der neu=
anbrechenden Zeit gegenüber verschwinden mußten. Vor
Allem verlangte er die Beseitigung der bisherigen Han=
delspolitik, welche die Fabriken auf Kosten des Ackerbaues
begünstigte und dem Verkehr durch Zölle, Monopole
und lästige Beschränkungen aller Art die Freiheit entzog.
Demnächst wird die Abschaffung der Leibeigenschaft und
der Adelsprivilegien gefordert; — die Rittergüter müß=
ten auch von Bürgerlichen erworben werden können,
und die auf allen Ständen lastende, unerträgliche Be=
vorzugung des Soldatenstandes aufhören. Die Volks=
bildung erheische Vermehrung und Verbesserung der
Schulen, uud die natürliche Gleichheit aller Menschen
müsse auch den Juden gegenüber durch Ertheilung des
vollen Bürgerrechts anerkannt werden. — Allein diese
trefflichen Rathschläge waren zu früh ertheilt. Staaten
entgehen so wenig wie einzelne Personen dem Fehler,
daß sie die Erfahrung jedes Mal sehr theuer kaufen
müssen, welche sie so wohlfeil borgen könnten! Man
wiegte sich [1]) in einem Gefühle stolzer Sicherheit, und gefiel
sich in dem Glauben, daß Preußen durch seine Verwal=
tung und seine Armee nach wie vor der wohlgeordnetste
und schlagfertigste Staat in Europa sei, ohne zu beden=
ken, daß nur der Geist und die unermüdliche Sorge

---

[1]) Häußer, Deutsche Geschichte I. 196.

und Arbeit Friedrich des Großen solche Ergebnisse
erzielt hatte, und daß mit seiner Persönlichkeit zugleich
die Stütze fortgefallen war, welche das Sinken des
Baues verhindern konnte. Statt durchgehender gründ=
licher Reformen begnügte man sich mit einzelnen unzu=
sammenhängenden Maßregeln, die Keinen ganz befrie=
digten, und nur das Verlangen nach dem Nichtgewähr=
ten verschärften.

Am 6. Januar 1787 ward zu allgemeiner Freude
die Aufhebung der verhaßten Regie, und zugleich das
Versprechen verkündet, daß vom Juni ab jedermann
nach Belieben Tabak bauen, und Kaffee aus der Fremde
beziehen dürfe. Gegen de Launay wurde eine Unter=
suchung eingeleitet, die aber mit völliger Freisprechung
endete, weil er im Stande war, jede seiner Handlungen
mit den eigenhändigen Anweisungen Friedrichs des
Großen zu rechtfertigen.

Es kam nur darauf an, den Ausfall zu decken,
welcher aus der Beseitigung der Monopole entstand.
Den Plan eine Kopfsteuer zu dem Ende einzuführen,
ließ man alsbald wieder fallen, und legte statt dessen
erhöhte Abgaben auf Mehl, Zucker, Syrup und andere
unentbehrliche Dinge, nebst einem Zuschlag zur Stem=
pelsteuer und zur Accise, was alles gar bald fast lästiger
erschien als die aufgehobenen Monopole. Der erste
Jubel verstummte sehr bald und machte den bittersten
Schmähungen Platz. In einer damals großes Auf=

sehen erregenden Schrift[1]) gab sich diese Stimmung in der bezeichnenden Aeußerung kund: das Volk solle nunmehr alle Lebensbedürfnisse jährlich theurer bezahlen, damit müßige Weibsleute und weibische Mannsleute wohlfeileren Kaffee trinken könnten.

Der König war wüthend über diese Angriffe, und befahl den Verfasser, der ihm die Liebe seiner Unterthanen zu entziehen trachte, zu ermitteln und auf's strengste zu bestrafen. Als sich aber der Ungenannte in der Person des dem Hofe nahe stehenden Geheimrath v. Bork selbst angab, wurde die Sache niedergeschlagen. — Uebrigens hatte, was man nicht übersehen darf, eine gründliche Verbesserung des Finanzwesens damals ihre sehr großen Schwierigkeiten. Vor allen Dingen fehlte die Uebersicht der Gesammteinnahmen und Ausgaben des Staates, weil Friedrich der Große sich wohl die genauesten Etats über jeden einzelnen Verwaltungszweig einreichen ließ, die Aufstellung eines Generaletats aber nicht anordnete, oder wenigstens keinem Dritten mittheilte. Er selbst hatte das alles so fest im Kopfe, daß er manche, für jeden andern unentbehrliche Hilfsmittel nicht brauchte. Demnächst aber waren die leitenden Grundsätze die er befolgte, jetzt bereits als unrichtig erkannt. Man war darüber im Klaren, daß

---

[1]) Was ist für und was ist gegen die Tabaksadministration zu sagen? Berlin 1786.

seine und seines Vaters Meinung, der Reichthum eines
Landes stehe durchaus mit der Menge des baaren
Geldes im Verhältniß, unhaltbar, und daß ein
geschlossener Handelsstaat keinesweges das zu erstre-
bende Ideal sei. Ob aber der neu aufgestellte Grundsatz, wonach Ackerbau und Viehzucht für die alleinige
Quelle alles Wohlstandes zu gelten hätten, sich bewähren würde, galt noch keineswegs für ausgemacht. Es
war eine Uebergangszeit, in welcher man sich befand.
Das von Frankreich heraufziehende Gewitter sollte in
wenigen Jahren losbrechen, um mit seinen gewaltigen
Schlägen die dicke Atmosphäre zu reinigen, welche
über dem alten Europa lagerte. Die vorhergehende
Schwüle war nicht dazu angethan, um unter dem
Druck derselben durchgreifende Umgestaltungen vorzubereiten oder auszuführen, und solcher hätte es bedurft,
wenn die eintretende neue Zeit den Staat zu ihrem
Empfange gerüstet finden sollte. Zwar hatte Friedrich
Wilhelm II. in den ersten Tagen nach seinem Regierungsantritt sich scheinbar zur Thätigkeit aufgerafft, indessen
trat gar bald desto größere Erschlaffung ein. Er hatte
gehofft, gleichzeitig das bisherige Genußleben fortsetzen,
und dabei doch seine Regentenpflichten erfüllen zu
können, aber dazu reichten weder seine geistigen noch
seine körperlichen Kräfte aus. Die Unthätigkeit des
Hauptes theilte sich gar bald wie ein schleichendes Gift
den Gliedern mit, und wenn auch in den ersten Jahren

auf verschiedenen Gebieten manche Verbesserungen
angeordnet, und große Geldsummen zum Zweck der
Landescultur hergegeben wurden, so glichen die Erfolge
solcher Maßregeln dennoch nur dem kränklichen Hervor=
brechen junger Triebe an einem Stamme, dessen
Lebenswurzel durchschnitten ist.

Auf der Preußischen Armee sollte, nach Friedrich's
Ausspruch, der Staat so sicher ruhen, wie die Welt auf
den Schultern des Atlas; allein nach dem siebenjähri=
gen Kriege war dieselbe nur durch die beispiellose
Energie des Königs einigermaßen wieder dem ähnlich
geworden, was sie früher gewesen. Es bedurfte eines
Oberhauptes, in dem sich die Eigenschaften eines Feld=
herrn und Exerciermeisters vereinigten, um das möglich
zu machen; strenge oft grausame Zucht war allein im
Staude, das noch immer zum großen Theil aus ange=
worbenem Gesindel bestehende Heer zusammenzuhalten,
und den Uebermuth der abligen Officiere einigermaßen
zu zügeln, die nur durch die stets wache Furcht vor des
Königs vernichtender Ungnade, von den ärgsten
Excessen gegen Bürger und Bauern zurückgehalten
wurden. — Friedrich Wilhelm II. kounte nicht daran
denken die unermeßliche Arbeitslast auf sich zu nehmen,
welche sein Vorgänger getragen, der mit Hilfe weniger
Generale und Adjutanten die sämmtlichen Angelegen=
heiten des Heeres bis in's Kleinste aus seinem Cabinette
besorgt hatte. Wem die thatsächliche Oberleitung der

Armee übertragen werden sollte, darüber entspann sich
ein stiller aber desto leidenschaftlicherer Intriguenkampf
zwischen dem Prinzen Heinrich und einer Gegenpartei,
die sich um den berühmten Herzog Ferdinand von
Braunschweig schaarte. Prinz Heinrich hatte sich mit
Grund von seinem Bruder zurückgesetzt gefühlt, und
die letzten Jahre schmollend in Rheinsberg verlebt.
Jetzt glaubte er seine Zeit sei gekommen, um den Einfluß und die Stellung zu erlangen, zu welcher ihn sein
großes Feldherrntalent berechtigte. Sicher hätte er
sein Ziel erreicht, wenn er klug genug gewesen wäre,
sich scheinbar unterzuordnen, und dem königlichen
Neffen die Zügel zu verbergen, an welchen er denselben
zu leiten dachte; denn bei aller Willensschwäche, oder
vielmehr gerade wegen derselben, hielt Friedrich Wilhelm II. mit krankhafter Eifersucht an dem Schein der
unumschränkten Alleinherrschaft fest. So kam es bald
zu Reibungen zwischen ihm und seinem Oheim [1]), in
Folge deren die Gegenpartei obsiegte. Es wurde ein
Oberkriegscollegium gebildet, welches in sieben Abtheilungen getheilt, die gesammten Angelegenheiten der
Armee zu verwalten hatte. An der Spitze standen
der zum Feldmarschall ernannte Herzog von Braunschweig und General Möllendorf.

---

[1]) Einzelnheiten in Mirabeau's histoire sécrète de la cour
de Berlin. Vergl. auch Ségur, histoire du règne de Fr. Guil-
laume II. I. 67.

Die Grundübel, an denen die Heeresorganisation
krankte, wurden nicht beseitigt. Das verderbliche Werbe=
system blieb bestehen, ebenso die Einrichtung, wonach
die Commandeurs und Hauptleute aus dem Solde der
Beurlaubten, und durch die Lieferung der Montirungs=
stücke, ihre knappen Tractamente zu verbessern hatten.
Nach wie vor mußte das Landvolk zu seiner größten
Belästigung die Cavalleriepferde während des Som=
mers auf Grasung übernehmen, und was dergleichen
Mißbräuche mehr waren. Die barbarischen Strafen
und die Willkür, mit welcher der gemeine Soldat den=
selben Preis gegeben war, suchte Möllendorf zwar durch
wiederholte wohlgemeinte Ermahnungen zu mildern,
da aber die Strafarten bestehen blieben, und ein gesetz=
licher Schutz gegen die Willkür der Vorgesetzten nicht
ertheilt wurde, so blieb auch auf diesem Gebiete Alles
ziemlich beim Alten. Die Ueberzeugung von der Un=
übertrefflichkeit der Preußischen Militaireinrichtungen
stand viel zu fest, als daß man für nöthig gefunden
hätte, etwas Wesentliches zu ändern. Die Generale
und Officiere erkannten ebenso wenig als der König
selbst, daß die großen Erfolge, die man im Kriege
errungen, dem Geiste und Geute Friedrich's des Großen
fast ausschießlich entsprungen waren, und daß man alle
Ursache hatte, sich nach dem Tode dieses Kriegsfürsten
nicht in ein übermäßiges Selbstbewußtsein von der eige=
nen Vortrefflichkeit und Ueberlegenheit einzuwiegen.

Da dies aber dennoch im höchsten Maße der Fall war, so konnten auch die Vermehrungen der Truppen, die Ausbesserungen der Festungen, und was sonst noch mit großem Kostenaufwande auf diesem Gebiete ange= ordnet wurde, für die Dauer keinen erheblichen Erfolg haben.

Erfreulicher und nachhaltiger dagegen erwies sich, was in den ersten Jahren Friedrich Wilhelm's für die Schulen des Landes geschah. Seit 1740 war, wie wir gesehen haben, dieser hochwichtige Zweig des Staats= wesens fast ganz vernachläßigt worden; namentlich lagen die Dorfschulen unter dem Regiment der Invaliden, die man zu Schullehrern gemacht hatte, in tiefstem Verfall. Wo in einzelnen Gegenden Besseres geleistet worden, war das meist ein Verdienst wohlmeinender Privatpersonen; wie denn namentlich der Minister v. Zedlitz auf seinen Gütern wahre Musterschulen errichtet hatte. Da war es ein Glück, daß dieser treff= liche Mann an die Spitze des gesammten Preußischen Unterrichtswesens gestellt wurde[1]). Mit verhältniß= mäßig geringen Summen, die er zur Verfügung erhielt, bewirkte er höchst anerkennungswürdige Verbesserungen. Er errichtete ein Oberschulcollegium für sämmtliche höhere und niedere Unterrichtsanstalten aller Provinzen, mit Ausnahme Schlesiens, wo diese Angelegenheiten

---

[1]) 7. Februar 1787. Constitut. Pr. Br. No. 25.

dem Präsidenten v. Seidlitz „mit besonderer Rücksicht auf seine strenge Rechtgläubigkeit" vom Könige über= tragen wurden.

Die thätigsten Mitglieder jenes Oberschulcollegii waren die beiden damals weitberühmten Berlinischen Gymnasialdirectoren Meierotto und Gedike, die durch ihr neues Amt gewissermaßen Vorgesetzte der Univer= sitäten wurden, zu nicht geringem Verdruß der Pro= fessoren, welche darin eine Zurücksetzung sahen. — Im Augusthefte der Berliner Monatschrift von 1787 ver= öffentlichte Zedlitz die Grundsätze, die er befolgt wissen wollte, und die so klar, verständig und auf das prak= tische Leben berechnet sind, daß sie noch heut als muster= gültig erscheinen. Es sollten Bauern=, Bürger= und Gelehrtenschulen mit verschieden abgegrenztem Lehrplan errichtet werden, denn „es ist Unrecht, den Bauer wie das Thier aufwachsen, und ihn blos einige Redensarten, die ihm nie erklärt werden, auswendig lernen lassen, — und es ist thöricht, die künftigen Schneider, Tischler und Krämer wie künftige Consistorialräthe zu erziehen." Dem Bauern sollen außer Religion, Lesen, Schreiben und Rechnen, auch Erfahrungssätze aus der Mechanik, Naturgeschichte und Naturlehre beigebracht werden, ferner einige diätetische Regeln, und einige Kenntniß der Landesverfassung, so wie Anleitung zur Beschäftigung mit Spinnen, Korbflechten und dergleichen für die Zeit außer den Unterrichtsstunden. Die Landschullehrer sollten in einzurichtenden Seminarien gebildet, und auskömmlich besoldet werden[1]). Gleich zweckmäßig sind die Anordnungen für die Bürger und Gelehrten= schulen. Leider wurden für alle diese Zwecke nur 13,000 Thaler jährlich ausgeworfen, wovon 3000 für ein Schullehrerseminar; doch gelang es gleichzeitig dem Minister den Universitäten Halle und Königsberg jähr= liche Zuschüsse aus dem Ertrage der in Schlesien ver= tauften Jesuitengüter zu erwirken.

Die damalige Zeit war den Verbesserungen auf dem Schulgebiete sehr günstig. Die Menschen hatten sich unter dem Einflusse des französischen Philosophenthums zum großen Theil von dem alten frommen Kirchen= glauben abgewendet, und huldigten der sogenannten Aufklärung, im Gegensatze zu der strengen Rechtgläu= bigkeit, welche besonders auch durch Lessing's siegreiche Kämpfe gegen den Hauptpastor Götze sich in den Augen gar Vieler lächerlich gemacht hatte, während die strenge Logik der bekannten Wolfenbüttel'schen Fragmente und die schonungslose Kritik der Bibel, welche in denselben geübt wird, der Gegenpartei zahlreiche Anhänger erwarb. Für das, was man an innerer Befriedigung auf dem Gebiete des Glaubens verloren hatte, suchte

---

1) In Brandenburg und Schlesien 120 Thaler nebst freier Wohnung, Garten, und Weide für eine Kuh. In Pommern und Preußen würden 80 Thaler genügen.

man Erſatz in gemeinnützigem Wirken und Streben,
und gerade auf dem Schulgebiete zeigte ſich ein Feld
ſegensreichſter Thätigkeit, der es an äußerer Anregung
nicht fehlte.   Schon 1774 hatte der wunderliche Ba-
ſedow, in Gemeinſchaft mit den angeſehenſten Päda-
gogen ſeiner Zeit, mit Wolke, Gutsmuth, Campe und
Salzmann, unter dem Schutze des edlen Herzog Leopold, das Deſſauer Philantropium gegründet, und er
verſtand es, das große Publikum, beſonders auch viele
hochgeſtellte Perſonen, für ſeine Beſtrebungen zu gewinnen.   Sein Bemühen, die ſteife Pedanterie aus dem
Unterrichtsweſen zu verbannen, und eine gleichmäßige
Ausbildung des Leibes und der Seele zu erzielen,
ſtimmte trefflich mit den Aufklärungs- und Humanitäts-
ideen jener Tage überein.   Von der Schweiz her wirkten Peſtalozzi's einfache, naturgemäße Lehren (Lienhardt
und Gertrud war bereits 1781 erſchienen).   Auf dem
Gebiete der höheren ſprachlichen Gelehrſamkeit war der
große Philologe Friedrich Auguſt Wolf (ſeit 1784 Pro-
feſſor in Halle) der Begründer einer neuen, edleren und
geſchmackvolleren Auffaſſung geworden, und erzog die
trefflichſten Schüler und Verbreiter ſeiner Anſchauungen
in dem Seminar ſeiner Hochſchule, — alles dies zuſam-
mengenommen bewirkte, daß unter einer Regierung,
der ſonſt leider nicht viel Rühmliches nachzuſagen iſt,
gerade für das Schulweſen Bedeutſames geleiſtet wurde.
Damals wurde auch (23. Dezember 1788) zuerſt die

noch heute geltende Verordnung erlassen, daß dem Besuch der Universitäten eine Prüfung vor der Staats-
behörde vorangehen müsse.

Leider befand sich unter den Mitgliedern des Ober-
schulcollegiums, von welchem diese und ähnliche lobenswerthe Anordnungen ausgingen, eine Persönlichkeit,
deren unseliger Einfluß fast alles Gute, welches der freisinnige Zedlitz in's Leben rufen wollte, wieder zu Nichte
machte. Joseph Christoph Wöllner hieß der Mann,
dessen Namen noch hent in Preußen überall mit ver-
dientem Haß und Verachtung genannt wird. Er war
der Sohn eines Landgeistlichen, 1732 geboren, hatte
Theologie studirt, und wurde Hauslehrer bei dem
Herru v. Itzenplitz auf Großbenitz. Er begleitete den
Sohn desselben auf Reisen, und vermählte sich nachher
mit der Schwester seines Zöglings. Dadurch kam er
in vornehme Verbindungen, widmete sich den Staats-
wissenschaften, ward Kammerrath des Prinzen Heinrich,
und auf dessen Fürsprache in den Adelstand erhoben.
Man trug ihm auf, dem damaligen Kronprinzen
Friedrich Wilhelm Vorträge über Staatsverwaltung
zu halten, was er so geschickt einrichtete, daß er sich die
vollste Zuneigung seines hohen Schülers erwarb,
besonders dadurch, daß er die Phantasie desselben mit
Vorspiegelung von geheimen Wissenschaften erfüllte, in
dereu Besitz sich der Orden der Rosenkreuzer, dem er
angehörte, durch uralte Ueberlieferungen befinden sollte.

Als Friedrich Wilhelm II. den Thron bestieg, berief er
Wöllner sofort zu hohen und immer höheren Ehren=
stellen, und übertrug ihm im Jahre 1788 die oberste
Aufsicht über alle kirchlichen Angelegenheiten in einer
Ausdehnung, wie sie heutzutage dem Cultusminister
zusteht.   Zedlitz zog sich tiefgekränkt zurück, und Wöll=
ner verstand es meisterlich, den König täglich mehr an
sich zu fesseln.   Die ursprünglich edler angelegte Natur
desselben ließ sich nämlich niemals ganz durch den
Strudel von Genüssen betäuben, denen zu entsagen er
zu schwach war.   Als Gegengift griff er begierig zu
dem berauschenden Trank religiöser Schwärmerei, den
Wöllner und seine Genossen ihm reichten.   Was man
ihm vorgaukelte, und durch welche Täuschungen man
seine Vernunft und seine Sinne umnebelte, ist jetzt
schwer zu ermitteln.   Soviel steht fest, daß in Berlin
allgemein erzählt wurde, es werde auf die Entschlüsse
des Königs durch Geistererscheinungen eingewirkt, die
man ihm durch optische Kunststücke vorzuführen wußte,
namentlich durch die Gestalt eines frühverstorbenen
Sohnes der Lichtenau, desselben, dem der untröstliche
Vater ein so schönes Denkmal von Schadow's Hand
in der Dorotheenkirche errichten ließ.   Neben Wöllner
hatte Hans Rudolph von Bischofswerder einen gleich
großen und eben so verderblichen Einfluß auf die Ent=
schlüsse des Königs erlangt, dem er in der Zeit des
Baierischen Erbfolgekrieges bekannt geworden war.   An

verschiedenen Höfen zum vollendeten Weltmann aus=
gebildet, besaß er die Kunst, seine Person stets in den
Hintergrund zu stellen, und sich wie ein gehorsames
Werkzeug des Prinzen zu geberden, den er beherrschte ;
zugleich fesselte er denselben durch den Reiz überfinnli=
cher Geheimnisse, die er ahnen ließ, aber nie enthüllte. —

Während Wöllner seinen Einfluß mehr in Bezug
auf die inneren Angelegenheiten des Staates benutzte,
machte Bischofswerder's Herrschaft sich vorzüglich nach
Außen geltend, und auf diese Weise gelang es ihm
Herzberg's Ansehen zu untergraben, und den Preußi=
schen Hof auf die Wege einer Politik zu lenken, welche
den von Friedrich dem Großen eingeschlagenen geradezu
entgegenliefen.

Mit diesen beiden Männern theilte sich der Schein=
gemahl der Gräfin Lichtenau, Kämmerer Rietz, in die
Herrschaft über den schwachen Monarchen. Als Werkzeug
für die Befriedigung der niedern Leidenschaften seines
Herrn, besaß er nach der Meinung des Publikums die
Macht, königliche Gnadenbezeigungen jeder Art zu
erwirken, wofür er sich dann gehörig bezahlen ließ.
Rechnet man zu dieser Gesellschaft noch die Lichtenau
selbst,. und die im gegebenen Augenblicke neben ihr
regierende Geliebte des Königs, so kann man sich vor=
stellen, wie da gewirthschaftet wurde.

Wöllner soll sich in der Herrschaft auf dem kirchli=
chen Gebiete namentlich dadurch befestigt haben, daß er

den König zu der Ueberzeugung brachte, er könne durch
Aufrechthaltung der Rechtgläubigkeit in seinem Lande,
und dadurch, daß er die Kirche von dem ansteckenden
Gifte der Aufklärung und der Freigeisterei bewahre, die
Gnade Gottes, und volle Vergebung für seine Aus=
schweifungen erlangen. Den bestimmbaren Monarchen
in die Netze einer herrschsüchtigen Geistlichkeit zu locken,
war um so leichter, als Friedrich Wilhelm damals der
Hilfe der Kirche bedurfte, um die glühende Leidenschaft
zu befriedigen, die er für eine junge Gräfin Dönhof
gefaßt hatte. Diese hatte sich nämlich in den Kopf
gesetzt, ihrem Anbeter nur unter der Bedingung zu
Willen zu sein, daß er sie sich als zweite Gemahlin
neben der regierenden Königin antrauen lasse. Das
geschah denn auch in der That, und es ist wohl zu
glauben, daß als Vergeltung für den Beistand, den ein
Geistlicher bei dieser Komödie leisten mußte, der Erlaß
des berüchtigten Religionsedicts zugestanden wurde,
welches das ganze Land, ja die ganze protestantische
Welt in unglaubliche Aufregung und Entrüstung ver=
setzte. Das seltsame Edict wurde am 9. Juli 1788
vom Könige unterzeichnet. Die Fassung desselben ist
an sich schon so unlogisch und voll von Widersprüchen,
daß dadurch für die Auslegung und Anwendung ein
weites Feld der gröbsten Mißbräuche eröffnet wurde.
Die drei Hauptconfessionen der christlichen Religion,
heißt es daselbst, sollen in ihrer bisherigen Verfassung

bleiben und geschützt werden, den übrigen Sekten wird
Duldung verheißen, so lange deren Anhänger ihre
Meinung für sich behalten, und sorgfältig vermeiden,
andere in ihrem Glauben wankend zu machen. Das
geistliche Departement habe darauf zu achten, daß im
Lehrbegriff der evangelischen Confession (die katholische
erwähnte man klüglich nicht) nichts Wesentliches geän=
dert werde. Dieser Befehl sei um so nothwendiger,
als der König schon längst zu seinem Leidwesen bemerkt,
wie manche Geistliche in ihrer Lehrart einen Modeton
annehmen, der die Grundsäulen des Christenthums am
Ende wankend machen würde. Man entblöde sich
nicht die elenden, längst widerlegten Irrthümer der
Socinianer, Deisten, Naturalisten 2c. aufzuwärmen,
und solche unverschämterweise durch den gemißbrauchten
Namen der Aufklärung unter dem Volke zu verbreiten.
Solchem Unwesen zu steuern, sei die erste Pflicht eines
christlichen Regenten. Er befehle daher, daß bei Strafe
der Cassation und noch härterer Strafe kein Geistlicher
sich unterfange, dergleichen Irrthümer zu verbreiten.
Ebensowenig wie ein Richter an den Gesetzen, dürfe ein
Geistlicher an den Glaubenswahrheiten mäkeln, und
seine Grillen an deren Stelle setzen. Der Preußische
Staat habe sich bei dem Festhalten an der Glaubens=
norm immer wohl befunden, weshalb auch aus politi=
schen Gründen nicht zu dulden sei, daß an derselben
gerüttelt werde. Aus großer Vorliebe für Gewissens=

freiheit wolle indeſſen der König auch jeßt noch nach=
geben, daß ſelbſt die von jenen Irrthümern mehr oder
weniger angeſteckten Geiſtlichen in ihren Aemtern
bleiben, nur müßten ſie bei Belehrung der Gemeinden
die Vorſchriften des Lehrbegriffs heilig und unverleßlich
halten u. ſ. w.

Dieſe leßte Beſtimmung, wonach den Geiſtlichen
befohlen wurde, das zu lehren, was ſie ſelbſt nicht
glauben, wurde hauptſächlich von den Gegnern erfaßt,
und in zahlreichen Schriften mit Spott und Ernſt
gegeißelt. Wöllner ließ ſich aber nicht irre machen,
und ſuchte mit eben ſo großer Verblendung als Dreiſtig=
keit die Saßungen dieſes Edicts in's Leben zu führen.
Für den Religionsunterricht in Kirchen und Schulen
wurden veraltete, längſt als unbrauchbar beſeitigte
Lehrbücher eingeführt; den Candidaten des Prediger=
amtes mußte eine Reihe von Fragen zur Beantwor=
tung vorgelegt werden, die an Albernheit und ſcholo=
ſtiſcher Sylbenſtecherei alle Vorſtellungen übertreffen [1]),
und das alles benußte er, wie man ſich denken kann,
dazu, um unliebſame Perſönlichkeiten zu beſeitigen, und
unwürdige Günſtlinge in die Aemter derſelben ein=
zuſeßen.

Der literariſche Kampf der gegen dieſe Maßregeln
ſich entſpann, wurde der herrſchenden Partei ſehr bald

---

1) Vergleiche Menzel, 20 Jahre p. 65, Note 2.

unbequem, und da man die Angriffe nicht mit Ver-
nunftgründen zurückweisen konnte, so griff man zu dem
Mittel, die Schreibefreiheit, die unter Friedrich dem Großen auf allen nichtpolitischen Gebieten fast unbeschränkt
gewesen war, durch ein Censuredict (vom 19. December 1788) zu ertödten und zwar wurde das Richteramt
über jede Gattung von Schriften solchen Personen
übertragen, die das meiste Interesse dabei hatten,
keinen Tadel der bestehenden Verhältnisse aufkommen zu lassen. An der Spitze der Verordnung steht
natürlich die Versicherung, daß der König eine vernünftige Preßfreiheit durchaus begünstige. Die Ausschreitungen der Schriftsteller machten aber eine Censur
nöthig, welche jedoch keinen unnöthigen Zwang auf-
legen, sondern nur Ausfälle gegen die Religion, den
Staat und die Moral verhindern, und die persönliche
Ehre und den guten Namen der Einzelnen schützen
solle. Die Censur der theologischen und philosophischen
Schriften wird den Consistorien, die der juristischen den
Obergerichten, die der medizinischen den Medizinal-
collegien überwiesen, d. h. es wird ein geistiger Zunft-
zwang eingeführt, wie er ärger gar nicht sich denken
läßt. Die Folgen einer solchen Maßregel bleiben
nicht aus: Die Ansichten der Civil- und Militärbehör-
den erstarrten in ihrer Einseitigkeit und Beschränktheit,
der denkende Theil der Nation war von aller Betheiligung an den innern und äußern Angelegenheiten des

21*

Vaterlandes ausgeschlossen, und nur untergeordnete Dinge konnten die öffentliche Meinung beschäftigen [1]).

Mit dem tiefsten Widerwillen wandten sich alle Besseren von den frömmelnden Zumuthungen Wöllners und seiner Genossen ab. Man sträubte sich gegen den Gewissenszwang, welcher den Geistern im Namen eines Königs auferlegt werden sollte, der selbst allen Geboten der Sittlichkeit Hohn sprach, während man nur zu wohl sich erinnerte, wie Friedrich der Große durch sein Beispiel und seine gesammte Regierung bewiesen, daß strengste Pflichterfüllung und aufopfernde Hingebung an das Staatswohl nicht von rechtgläubiger Kirchlichkeit abhängig sei.

Da die Censur die öffentliche Kundgebung des allgemeinen Unwillens unterdrückte, so ließ man der Erbitterung auf den Gebieten Raum, die der Besprechung noch offen gelassen waren. Das geheimnißvolle Ordenswesen, welches zum Theil an die Freimaurer anknüpfend, sich im Stillen über die weitesten Kreise verbreitete, gab zu endlosen Streitigkeiten und Erörterungen Anlaß. Die Partei der Aufgeklärten, welche durch die Namen Biester, Nikolai und Gedike gekennzeichnet wird, kämpfte ihrerseits gegen Alles, was sich dem Gebiete der hausbackenen Vernunft entziehen wollte, und war doch dabei von einer förmlichen Ge-

---

[1]) Menzel a. a. O. p. 67.

spensterfurcht vor den dunklen Männern, namentlich
vor den Jesuiten, beseſſen, denen ſie die Urheberſchaft
alles Böſen zuſchrieben. Ueberall witterte man ver=
kappte Katholiken, und als ſich gar ein angeſehener
proteſtantiſcher Geiſtlicher, der Oberhofprediger Starck
in Darmſtadt¹), von dem Verdachte des Kryptokatho=
licismus nicht zu reinigen vermochte, kannte die allge=
meine Aufregung keine Grenzen mehr.

Unter dem Drucke der verkehrten Maßregeln und
des entſittlichenden Beiſpiels, welches vom Throne
herab gegeben wurde, riß zuerſt in der Hauptſtadt, und
bald auch auswärts eine unglaubliche Verderbtheit ein,
namentlich in den Beamtenkreiſen, wo nach der Aus=
ſage der Zeitgenoſſen faſt Alles durch Fürſprache unwür=
diger Perſonen und durch Beſtechung zu erhalten war.
Die Juſtiz allein machte eine rühmliche Ausnahme.
Nicht vergeblich hatten die ehrenwerthen Räthe des
Kammergerichts dem vernichtenden Zorne Friedrich's
des Großen Trotz geboten. Sie hielten auch jetzt an
der Pflichttreue feſt, der Viele von ihnen unbedenklich
ihre Freiheit und ihr ganzes irdiſches Wohl zum Opfer
darbringen mußten. Sie auch waren es, die ſpäter faſt

---

¹) Geb. 1741, geſt. 1810. Verfaſſer der damals vielgeleſenen
Schrift: „Theobul's Gaſtmahl.“ Erſt nach ſeinem Tode ſtellte
ſich heraus, daß er in der That bereits 1766 in Paris katholiſch
geworden war. Man fand in ſeiner Wohnung ein zum Meſſe=
leſen eingerichtetes Gemach.

allein auf dem Boden der Pflichterfüllung ohne Wan=
ken stehen blieben, als Alles umher in Trümmer
zusammenbrach.

Es wird nach dem bisher gesagten kaum noch nöthig
sein, durch fernere Beispiele zu zeigen, wie die gesammte
Staatsverwaltung ohne gesunde leitende Grundsätze,
durch ungeschicktes Hineintappen in das Bestehende,
und haltlose Versuche zu stellenweiser Ausbesserung sich
kennzeichnete.   Das Grundübel, an welchem nicht blos
der Preußische Staat, sondern die gesammte mensch=
liche Gesellschaft in Europa damals litt, die Unfreiheit
und Ueberlastung des Nährstandes, ließ sich freilich
nicht beseitigen, weil weder die Bedrücker noch die Be=
drückten zum vollen Bewußtsein des geübten und erlit=
tenen Unrechts gekommen waren.   Hatte doch auch
Friedrich der Große, wie wir wissen, auf diesem Ge=
biete niemals gründlich durchzugreifen versucht, son=
dern sich damit begnügt, allzugroßes Unrecht in einzelnen
Fällen zu verhindern.   Zu dem Ende hatte er eine Kom=
mission niedergesetzt, welche im ganzen Lande genaue
Register über die Verpflichtungen und Lasten der Land=
bevölkerung aufnehmen und in sogenannte Urbarien
zusammentragen sollte.   Die hierüber gepflogenen Ver=
handlungen hatten vielfach zu Prozessen geführt, welche
dem neuen Könige verderblicher erschienen, als der will=
kürliche Druck, der dadurch beseitigt werden sollte; er
befahl deshalb das Aufhören der Arbeiten und gestattete

die Fortsetzung der Urbarienverzeichnungen nur da, wo dieselben bereits zu Streitigkeiten vor den Gerichten geführt hatten.

Man muß die Gesammtheit dieser Verhältnisse sich gegenwärtig erhalten, um die politischen Vorgänge unter dieser Regierung, zu welchen wir nunmehr übergehen, auf dem richtigen Hintergrunde zu erblicken.

Achtes Kapitel.

Auswärtige Angelegenheiten während der ersten Regierungsjahre Friedrich Wilhelm's II.

Friedrich Wilhelm II. hatte im Sterbezimmer seines Oheims dem Minister Herzberg das Band des schwarzen Adlerordens umgehängt, und denselben bei der Huldigung in Preußen in den Grafenstand erhoben. Er deutete dadurch an, daß er in den auswärtigen Angelegenheiten die von seinem Vorgänger und dessen Minister eingeschlagenen Wege weiter verfolgen, d. h. sich wesentlich feindlich gegen Oesterreich verhalten würde. Der schlaue Herzberg that alles mögliche, seinen neuen Herrn in dieser Gesinnung zu befestigen. Er machte sich förmlich zum Lobredner desselben, und ließ nacheinander drei Vorträge drucken, welche die ersten Regierungsjahre (1786—1789) verherrlichen sollten; vielleicht

hoffte er ihn dadurch anzuspornen, das ertheilte Lob
auch in der That zu verdienen, und ihn fähig zu machen,
„die glorreiche Rolle eines Schiedsrichters der Euro=
päischen Angelegenheiten und des Gleichgewichts" auf
sich zu nehmen, die Friedrich II. in den letzten Jahren
seiner Regierung mit soviel Glanz durchgeführt[1]).

Die ersten Anfänge schienen dem zu entsprechen.
Der König trat als Beschützer eines kleinen unterdrück=
ten Reichsstandes gegen einen mächtigeren Nachbarn
auf, indem er zuerst durch gütliche Vorstellungen, und
als dies nicht fruchtete, durch Zusammenziehung eines
Heeres von 10,000 Mann den Landgrafen Wilhelm IX.
von Hessen zwang (Februar 1787), seine ungerechten
Ansprüche auf die Grafschaft Lippe=Schaumburg fahren
zu lassen, und den Sohn des letztverstorbenen Grafen,
gegen dessen standesmäßige Geburt unbegründete Ein=
wendungen erhoben waren, als successionsfähig anzu=
erkennen[2]).

Das machte einen um so besseren Eindruck, als der
König, während er fremden Uebergriffen sich entgegen=
stellte, gleichzeitig ein altes Unrecht wieder gut machte,
welches seine eigenen Vorfahren begangen hatten, als
sie beharrlich verweigerten, gewisse unter Friedrich
Wilhelm I. für Kriegsexekutionskosten mit Beschlag
belegte Mecklenburgische Aemter wieder herauszugeben.

---

1) Häusser I. 262.   2) Herzberg, Recueil II. 410 ff.

Friedrich der Große namentlich hatte allen billigen Vor=
stellungen in dieser Beziehung das Gehör versagt, und
die Besetzung der Aemter dazu benutzt, um Mecklen=
burgische Unterthanen zum Preußischen Kriegsdienst zu
zwingen. Am 13. März 1787 wurden nun jene Aemter
(Plauen, Wredenhagen, Warnitz und Eldina) gegen
eine Ablösungssumme von 172,000 Thaler zurück=
gegeben.

Die Stiftung des Fürstenbundes, welchen Friedrich
der Große als das richtige Mittel erkannt hatte, um
auf friedlichem Wege das Ansehen Preußens innerhalb
Deutschlands zu erhöhen, nahm nicht die Entwickelung,
die man gehofft hatte. Zwar legte der später so berühmt
gewordene Freiherr v. Stein, damals noch ein sehr
junger Mann, eine glänzende Probe von seinen Fähig=
keiten ab, indem er den Kurfürsten von Mainz, trotz
der eifrigsten Gegenbemühungen Oesterreichs, zum Bei=
tritt bewog[1]); auch traten Mecklenburg=Schwerin,
Mecklenburg=Strelitz bei, und der junge Carl August
von Weimar ließ sich keine Mühe verdrießen, sondern
reiste mit solchem Eifer werbend und vermittelnd an
den einzelnen Höfen umher, daß man ihn den Courier
des Deutschen Fürstenbundes nannte, — allein nach=
dem die dringende Gefahr der Einverleibung Baierns
durch Oesterreich für jetzt verschwunden war, erkaltete

---

[1]) Pertz, Stein's Leben I. 39 ff.

das Interesse überall, und die kleineren Fürsten zogen
sich nach und nach schmollend zurück, weil.sie sich von
Brandenburg, Sachsen und Hannover nicht in der Art,
wie sie gehofft hatten, berücksichtigt und um Rath
gefragt sahen. Zugleich machte es einen üblen Ein=
druck, daß ein Glied des Bundes, der Landgraf von
Hessen, bei der oben berührten Veranlassung, gewalt=
sam gegen ein schwächeres Mitglied ein vermeintes
Recht geltend zu machen versucht, — mit Einem Worte,
die ganze Angelegenheit gerieth in's Stocken und kam
kurz nachher durch den Ausbruch der Französischen Re=
volution völlig in Vergessenheit. —

Besser und anscheinend glänzender endete die erste
größere Kriegsunternehmung des Königs, zu welcher
die inneren Wirren in Holland Veranlassung gaben.

Schon zu Friedrich's II. Zeiten war dort wieder
einer der unruhigen Ausbrüche erfolgt, welche von jeher
durch den Widerspruch hervorgerufen wurden, daß freie
republikanische Institutionen neben einem stehenden
Heere sich behaupten sollten. Dieser Widerspruch war
noch unversöhnlicher geworden, seit man, 1747, die
Oberfeldherrnwürde der oranischen Statthalter zu einer
erblichen gemacht hatte. Wilhelm .IV. Friso, der dies
während eines allgemeinen Aufstandes durchgesetzt
hatte, war 1751 mit Hinterlassung eines dreijährigen
Sohnes Wilhelm V., gestorben. Seine Wittwe, Anna
von England, erhielt die Vormundschaft über den

jungeu Erben der Statthalterschaft, während Herzog
Ludwig Ernst von Braunschweig herbeigerufen wurde,
um im Namen desselben den Oberbefehl über die
Truppen zu führen.

Herzog Ludwig gewann den größten Einfluß auf
das Gemüth des jungen Wilhelm, dem er auch nach
dem Eintritt der Großjährigkeit (1766) als Rathgeber
zur Seite blieb. Beide strebten dahin, die Rechte des
Erbstatthalters auf Kosten der Generalstaaten zu ver=
größern, was zu den heftigsten Reibungen Anlaß gab.
Diese erreichten ihre Höhe, als Holland, zu größtem
Nachtheil seines Seehandels, in den Krieg verwickelt
wurde, den England gegen die abgefallenen nord=
amerikanischen Provinzen führte. Frankreich und Spa=
nien unterstützten aus altem Hasse gegen England, die
Aufständischen; die den Oraniern feindliche Partei in
den Niederlanden schloß sich an Frankreich an, weil
man den Erbstatthalter, wegen seiner nahen Verwandt=
schaft mit dem Englischen Königshause in Verdacht
hatte, daß er mehr das Englische, als das Holländische
Interesse im Auge habe. Als sodann im Verlauf des
Krieges die Republik fortwährende Niederlagen und
Verluste erlitt, und zuletzt der Friede durch große Abtre=
tungen in den Kolonien erkauft werden mußte, — da
beschuldigte man den Erbstatthalter ganz offen, er habe
absichtlich verkehrte Maßregeln begünstigt, um die hol=
ländische Flotte herunterzubringen und das Landheer

zu vergrößern. Er wollte, so warf man ihm vor, das
Land gegen England wehrlos machen und seiner
Familie in der vergrößerten Armee ein Werkzeug berei-
ten, mittelst dessen Hilfe die absolute Herrschaft der
Oranier aufgerichtet werden sollte. Man erließ ein
Sendschreiben an das niederländische Volk[1]), rief zur
Abänderung der Verfassung auf, und verlangte, daß
der Erbstatthalter künftig nur noch die Befehle der
Generalstaaten vollziehen, und als Generalcapitän und
Oberadmiral unter die Controlle derselben gesetzt
werden müßte. In allen Städten sollten zu dem Ende
die Bürger sich bewaffnen, und die Anhänger der Oranier aus den öffentlichen Aemtern verdrängen. — In
unzähligen Abbrücken wurden dergleichen aufreizende
Schriften verbreitet, von den Kanzeln rief die Geistlichkeit zum Aufruhr, bald bewaffneten sich die Bürger in
den Städten, und in vielen Provinzen das Landvolk.
Es kam zu blutigem Zusammenstoß, in welchem die
Truppen des Statthalters sich als unzuverlässig erwiesen (1786). Er selbst wurde seiner Aemter und Würden verlustig erklärt und mußte aus dem Haag entfliehen, um sich in eine der aristokratisch=oranisch

---

1) Menzel a. a. O. p. 91. Wer sich näher über diese Nieder-
ländischen Wirren unterrichten will, sei auf Grattan, history of
the united Provinces (deutsch von G. Friedenberg, Berlin 1831)
verwiesen.

gesinnten Provinzen zurückzuziehen. Schon bei Leb=
zeiten Friedrich des Großen, mit dessen Nichte, der
Schwester des Thronfolgers, er vermählt war, hatte
der Statthalter sich in Voraussicht der schlimmen
Dinge, die ihm bevorstanden, um Beistand an seinen
Oheim gewendet. Dieser aber zeigte keinesweges Lust
sich am Ende seiner Tage, wegen der Unbesonnenheit
Wilhelm's V. in neue auswärtige Streitigkeiten einzu=
lassen, die ihn nicht unmittelbar angingen. Er begnügte
sich damit, beide Theile zur Mäßigung zu ermahnen,
was bei der Erregtheit der Streitenden natürlich keinen
Erfolg hatte.

Auch Friedrich Wilhelm II. war, als er den Thron
bestieg, noch keinesweges zu thätlichem Eingreifen
geneigt, obgleich ihn die Klagen und Bitten seiner
Schwester mit lebhafter Theilnahme erfüllten. Es
wurde zuvörderst Graf Görtz, den wir bei Gelegenheit
der Baierischen Erbfolgeangelegenheit bereits kennen
gelernt haben, als Unterhändler nach Holland geschickt.
Gerade damals war es zu den heftigsten Auftritten
gekommen; zwei Städte, im Norden der Provinz,
standen im offenen Aufruhr, und erhielten von allen
Seiten Zuzüge von Freiwilligen. Der Prinz von
Oranien und dessen Gemahlin ergingen sich in den
leidenschaftlichsten Anklagen, und verlangten stürmisch
gewaffneten Beistand von Preußen. Der König fuhr

fort, seiner Nichte Mäßigung zu empfehlen. Noch im
Dezember 1786 schrieb er eigenhändig unter eine
Depesche: „Wenn der Prinz von Oranien nicht bald
sein Benehmen ändert, so wird er sicherlich den Hals
brechen[1]." Man wußte in Berlin sehr gut, daß die
Patrioten einen Rückhalt an Friedrich hatten, und
mußte fürchten durch Einmischung in die niederländi-
schen Händel in einen Krieg mit dieser Macht zu
gerathen. Da änderte ein, vielleicht von der Prinzessin
von Oranien absichtlich herbeigeführter Zwischenfall die
Lage der Sache. Diese mit fast männlichem Muthe
ausgestattete Dame unternahm nämlich auf eigene
Hand eine Reise nach dem Haag, angeblich um zu vermitteln. An der Grenze der Provinz Holland ver-
wehrte man ihr jedoch die Weiterreise, und hielt sie,
nicht gerade auf beleidigende, doch auf ziemlich unhö-
fische Art so lange zurück, bis sie sich zur Umkehr
entschloß (27. Juni 1787[2]). Die Prinzessin und
ihr Gemahl schlugen nun in den übertriebendsten Ausdrücken an allen Höfen Lärm über diesen Angriff auf
die Freiheit ihrer allerhöchsten Person, und brachten es
dahin, daß Friedrich Wilhelm II. sich verpflichtet fühlte,

---

[1] Häusser p. 210. — Görtz Denkwürdigkeiten II. 179.

[2] Details über den tragikomischen Vorfall im Politischen
Journal für 1787, p. 691. Menzel a. a. O. 95.

für die beleidigte Ehre seiner Schwester einzutreten.
Die Vermittelungsversuche, die in Gemeinschaft mit
Frankreich bisher gemacht worden waren, brach man ab.
Das persönliche Interesse trug über das politische den
Sieg davon, und die weise Aufforderung des Preu=
ßischen Gesandten in Paris: „Görtz möge doch nicht
immer von der geliebten Schwester des Königs, sondern
von der Republik sprechen,‟ fand jetzt kein Gehör
mehr. Man erfuhr überdies in Berlin, daß bei der
bedrängten Lage des Königs von Frankreich von dorther
keine Dazwischenkunft zu befürchten sei, und so entschloß
sich Friedrich Wilhelm, seiner Schwester mit Waffen=
gewalt Genugthuung zu verschaffen. Nach dem Haag
erging eine, in starken Ausdrücken abgefaßte Auffor=
derung, die Beleidiger der Prinzessin zu bestrafen, und
dieser dann selbst schriftliche Abbitte zu leisten. Die
Generalstaaten, noch immer in der Hoffnung auf fran=
zösischen Beistand, lehnten das mit dem Bemerken ab, es
sei keine Beleidigung beabsichtigt gewesen, sondern man
habe nur eine, die öffentliche Ruhe gefährdende Reise
verhindern wollen. — Hierauf ergieng am 9. Septem=
ber ein Ultimatum des Berliner Hofes, und als auch
dies wirkungslos blieb, rückte am 13. September
ein inzwischen bereitgestelltes Preußisches Corps von
34,000 Mann unter dem Oberbefehl Ferdinand's von
Braunschweig in drei Colonnen über die Grenze.

Nach sieben Tagen war die Expedition beendet und ganz Holland in der Gewalt der Preußen [1]). So leicht hatte man sich trotz allen Selbstgefühls, die Sache doch nicht vorgestellt. Schon am 16. September ließ der Reichsgraf v. Salm, Feldmarschall der ständischen Truppen, das von ihm mit 8000 Mann besetzte Utrecht ohne Schwertstreich im Stiche, und verschwand vom Kriegsschauplatze. Eine einzige Bombe genügte, um Gorkum zur Uebergabe zu bringen. Die von den Holländern versuchte Unterwassersetzung des Landes mißlang wegen der vorangegangenen Dürre. Am 20. September war der Erbstatthalter unter Zujauchzen der Oranisch gesinnten Menge in den Haag zurückgekehrt, nachdem er zwei Jahre lang vertrieben gewesen. Amsterdam allein leistete einigen Widerstand. Man dachte sogar daran, die Schleusen zum Zuidersee zu durchbrechen, und die Preußen zu ersäufen; doch unterblieb das in Anbetracht, daß man dadurch dem eigenen Lande noch größeren Schaden als dem Feinde zugefügt hätte. Am 10. Oktober kam eine Capitulation zu Stande. Die Oranischen Flaggen wehten wieder auf den öffentlichen Gebäuden und die Prinzessin durfte Rache üben, indem sie 17 Personen bezeichnete, welche

---

[1]) Weitläufig beschrieben von General v. Pfau, Geschichte des Preußischen Feldzuges in der Provinz Holland. Berlin 1790. Menzel 95—99.

Aemter und Würden verloren und fast Alle auswan-
dern mußten. —

Allgemein glaubte man, daß diese so wunderbar
schnell und glücklich abgelaufene Preußische Unternehmung von den nachhaltigsten Folgen sein mußte. „Der
Statthalter," sagt Ségur[1]), „kam wieder in Besitz
seiner ganzen Macht, England gewann seine unbeschränkte Herrschaft über die Meere zurück, Preußen
setzte Europa durch seine nachdrückliche Machtentfaltung
in Erstaunen, und Frankreich war um alles Ansehn
gebracht, welches dieses mächtige Reich seit uralten Zeiten genossen. In Holland folgte auf die wilde Gährung des Aufstandes eine traurige Ruhe des unumschränkten Despotismus während einiger Jahre." Doch
war, wie die nächste Zukunft beweisen sollte, diese Auffassung der Begebenheiten eine sehr einseitige. Schon
nach wenigen Jahren stand Frankreich mächtiger und
gefürchteter da als jemals, während Preußen durch den
leicht und schnell errungenen Erfolg über das Maß seiner wirklichen Kräfte verblendet wurde, und die Wider-
standsfähigkeit eines aufgeregten Volkes gegen ein wohl-
geschultes Heer unterschätzen lernte, was ihm bald genug
zum Verderben gereichen sollte. Friedrich Wilhelm II.
wurde durch die Erfolge seiner Armee in so glückliche

---

¹) Geschichte der vorzüglichsten Begebenheiten unter der Regierung Friedrich Wilhelm's II. Deutsche Uebersetzung p. 78.

Stimmung versetzt, daß er, seinem natürlichen Hange zu ritterlicher Großmuth den besiegten Holländern gegen= über sich hingebend, ohne irgend welchen Ersatz für die aufgewendeten Kosten zu fordern, das siegreiche Heer aus dem eroberten Lande zurückzog. Er versäumte sogar bei dieser Gelegenheit, für sein Volk irgend welche Handels= und Verkehrsvortheile sich auszubedingen, die man ihm ohne Weiteres in reichstem Maße bewilligt hätte. So mußten die steuerpflichtigen Preußischen Unterthanen für die Beleidigung zahlen, die der Schwe= ster ihres Königs, nicht ohne dereu Verschulden, zngefügt worden war [1]).

Der König hatte diese Holländische Expedition, wie man heutzutage sagen würde, aus Gefühlspolitik unter= nommen. Nichtsdestoweniger paßte dieselbe trefflich in die Pläne des klugen Herzberg, der es für die Aufgabe seines Lebens hielt, dem neuen Herrscher die Rolle eines Schiedsrichters der Völker zu sichern, und ihn als

---

[1]) Der ganze Feldzug war sicherlich nicht im Sinne Friedrich's des Großen unternommen. In seinen Memoiren, wo er die 1767 geschlossene Ehe seiner Nichte mit dem Prinzen von Oranien erwähnt, sagt er: „Politische Folgen konnte diese Verbindung nicht haben, man dachte nur daran, eine Prinzessin des Hauses anständig zu versorgen." — Auch der Herzog von Braunschweig war gegen die Expedition gewesen, und hatte nur aus höfischer Gefügigkeit den Oberbefehl übernommen. — Vergl. Schlosser, Geschichte des 18. Jahrhunderts IV. 252. Matériaux par servir à l'histoire des années 1805—1807 (von Lombard) p. 73.

Hort des Gleichgewichts von Europa, auf derselben Achtung gebietenden Höhe zu erhalten, welche Friedrich der Große bis an's Ende seines Lebens zu behaupten verstand [1]). Diese Idee vom Gleichgewichte der Staaten ist sehr alt, und wurde zuerst im 15. Jahrhundert durch Frankreichs Streben nach Uebergewicht erzeugt. Allgemein verbreitet finden wir dieselbe im 18. Jahrhundert, wo die Furcht vor dem allzugroßen Einflusse, den Oesterreich und Rußland mit einander im Bunde, üben könnten, zu der Ueberzeugung führte, es sei der Beruf der übrigen Staaten, namentlich Preußens und der Seemächte, durch festes Zusammenhalten und dadurch, daß sie den Plan der Gegner vereitelten, die sich durch Zerstückelung der Türkei zu vergrößern wünschten, gegen jene beiden gewaltigen Mächte das Gegengewicht zu bilden. Von diesen Ideen, denen auch Friedrich der Große huldigte, waren die Politiker jener Tage, und mit ihnen Graf Herzberg, so erfüllt, daß sie von den wirklichen und wesentlichen Beziehungen, durch welche die Verhältnisse der Völker zu einander bestimmt werden sollten, kaum eine Ahnung hatten. Sie begriffen nicht, daß gemeinsame Sprache und Abstammung und gemeinsame Handels= und Verkehrsinteressen ein viel mächtigeres Band zwischen den Staaten bilden müssen, als die Abwägung eines erklügelten Gleichgewichts.

---

[1]) Häusser I. 212.

In die Theorie dieses Gleichgewichts paßte es nun vor=
trefflich, daß der Feldzug gegen Holland eine Tripel=
allianz zwischen England, Preußen und dem Erbstatt=
halter zur Folge hatte, die am 15. April und 13. Juni
1788 abgeschlossen ward [1]). Den Inhalt der betreffen=
den Verträge bezeichnet Menzel [2]) sehr richtig als bedeu=
tungslos für Preußen, da die in demselben ausgesprochene
Gewährleistung für die bestehenden Zustände eben so
wenig wirkliche Vortheile brachten, als die allgemein
hingestellte Zusage, man wolle einander gegenseitig auf
den Fuß der meistbegünstigten Nationen behandeln, für
die Handels= und Verkehrsverhältnisse von praktischen
Folgen war. Von Ersatz der Kriegskosten konnte
natürlich nicht erst die Rede sein, da, wie gesagt, der
König von Preußen auf denselben großmüthig verzichtet
hatte.

Verwunderlich nimmt es sich aus, wenn wir bald
nach dieser Affaire, auf Anlaß der Zwistigkeiten des
Lütticher Bischofs mit seinen Unterthanen, den König
von Preußen in der Rolle eines Deutschen Reichsstandes
auftreten sehen. Constantin von Hönsbroeck, seit 1784
Fürstbischof, war 1789 über die Grenzen seiner welt=
lichen Befugnisse mit den Ständen des Landes in
Streit gerathen. Schon machten sich die Wirkungen

---

[1]) Der Text der Verträge in Marten's Recueil III. p. 133 ff.
[2]) a. a. O. p. 99.

der ausbrechenden Französischen Revolution überall in
den angrenzenden Gegenden fühlbar. Die Belgier,
durch die von Joseph II. in seiner übereilten Manier
unternommenen Reformen auf geistlichem und welt=
lichem Gebiete, und durch die kundgewordene Aussicht
einer Vertauschung ihres Landes gegen Baiern, zu
voller Empörung aufgereizt, theilten den Geist der
Unabhängigkeit den durch Sprache und Sitte ihnen
nahe verwandten Lüttichern mit.   Der Bischof zeigte
scheinbar Nachgiebigkeit, entfloh aber alsdann heimlich
(27. August[1]), und erwirkte einen Befehl des Reichs=
kammergerichts, welcher den widerspenstigen Unter=
thanen bei Vermeidung der Reichsexecution unbe=
dingte Unterwerfung unter ihren geistlichen Landes=
herrn anbefahl. Merkwürdiger Weise war dieser Befehl
gerade vom 27. August, dem Tage der Flucht des
Bischofs, datirt, wodurch die Hinterlist seines Beneh=
mens klar wurde. Zugleich mußte es höchlich auffallen,
daß das sonst so schwerfällige Reichsgericht in diesem
Falle sich entschlossen hatte, mit übereilter Schnelligkeit
zu handeln; — die Furcht vor den freiheitlichen Be=
strebungen in Frankreich, deren ansteckendes Gift man
um jeden Preis von dem deutschen Reichskörper fern
halten wollte, hatte dieses Wunder bewirkt.

Die ausschreibenden Fürsten des Niederrheinisch=

---

[1] C. W. v. Dohm: Die Lütticher Revolution im Jahre 1789.

Westphälischen Kreises, Preußen (wegen Cleve), Jülich und Köln (wegen des Bisthums Münster), erhielten den Auftrag, mit gewaffneter Hand dem Unfug zu steuern, und die Störer des Landfriedens zur Ruhe zu bringen. Der König von Preußen versuchte anfangs durch seinen Gesandten von Dohm eine gütliche Vermittelung herbeizuführen, und den Bischof, der sich in Trier aufhielt, zur Rückkehr zu bewegen. Dieser aber forderte hartnäckig die Vollstreckung des Kammergerichtsspruches, indem er vorgab, in Lüttich für seine Sicherheit besorgt zu sein. Nun blieb nichts übrig, als die empörte Stadt zu besetzen. Das geschah, — doch auch jetzt noch suchte Preußen einen billigen Vergleich herbeizuführen, wozu die Mehrzahl der Bürger sich bereit zeigte. Die beiden andern Reichsstände aber steiften sich darauf, daß es ihre Pflicht sei, den erhaltenen Befehl des Kammergerichts wörtlich zu vollstrecken, und erwirkten alsbald ein anderweites Mandat, wonach die Unterwerfung der Lütticher schonungslos in's Werk zu setzen sei. Auch jetzt noch versuchte Friedrich Wilhelm II. sogar durch eigenhändige Schreiben den Bischof zur Milde zu bewegen, und durch den ganzen Winter zogen sich diese Unterhandlungen erfolglos hin. Da hielt es der König unter seiner Würde sich noch länger zum Werkzeug der Rache des Priesterfürsten machen zu lassen; er rief seine Truppen zurück (16. April 1790), was freilich zur Folge hatte, daß die

Empörung nun erst recht hell aufloderte. Erst nachdem der Brand in den benachbarten Oesterreichischen Nieder= landen gelöscht, und diese bezwungen waren, gelang es dem Bischof, durch Herbeirufung von 6000 Mann Oesterreichern, seine Unterthanen gewaltsam zum Ge= horsam zu bringen, und seine absolute Herrschaft wieder aufzurichten. Er beeilte sich nun durch Verfolgungen und Bestrafungen aller Art seine Rache zu kühlen, bis 1794 durch den Einmarsch der Franzosen, die das Bis= thum ihrem Reiche einverleibten, der gesammten Lütti= cher Pfaffenherrschaft ein Ende gemacht wurde.

Preußens Benehmen in dieser Sache erregte selbst= redend den Zorn der andern geistlichen Fürsten. Nament= lich mit Köln und Mainz kam es zu sehr unliebsamen Erörterungen[1]), welche leider auf's Klarste bewiesen, daß der Fürstenbund, dem Mainz mit so viel Eifer beigetreten war, sich vollständig unwirksam bewies, wo das Sonderinteresse eines einzelnen Mitgliedes im Spiele war. Es wäre vergebens, leugnen zu wollen, daß Preußischerseits bei Begründung und Erweiterung des Bundes nicht vor allen Dingen die Feindschaft gegen Oesterreich maßgebend gewesen wäre; auch trat, so lange Herzberg am Ruder blieb, der Widerwille und die Eifersucht zwischen beiden Staaten selbst in solchen

---

[1]) Politisches Journal von 1790, p. 175 ff. Menzel, a. a. O., p. 113.

Fällen zu Tage, wo man von der größten Protestanti=
schen Macht Deutschlands ein ganz anderes Verfahren
erwartet hätte. Kurz vor der eben erzählten Lütticher
Angelegenheit hatte sich das in recht auffallender Weise
kund gegeben. 1773 war der Jesuitenorden vom
Pabste Clemens XIV. aufgehoben worden. Die klugen
Väter von der Gesellschaft Jesu hatten aber deshalb
nicht aufgehört im Geheimen ihre Ziele mit Beharrlich=
keit weiter zu verfolgen; ja sie schienen jetzt, im Dun=
keln wirkend, noch gefährlicher und bedrohlicher als
zuvor. Ihnen entgegenzuarbeiten, und Bildung und
Aufklärung unter der katholischen Bevölkerung zu ver=
breiten, hatte Professor Weishaupt in Ingolstadt, selbst
einst dem Orden angehörig, die geheime, sich schnell
ausbreitende Gesellschaft der Illuminaten gegründet,
welche bald viele der besten Männer Deutschlands zu
Mitgliedern zählte. Die Baierische Regierung, von
jeher der Priesterwirthschaft hold, hob diese Verbindung
auf, und verfolgte mit großer Härte die Theilnehmer
an derselben. (1784. 1785.) Ein päbstlicher Nuntius
wurde in München mit großer Zuvorkommenheit
empfangen, einen anderen sandte der Pabst in die
Rheingegenden, um überall die, durch die illumina=
tischen Neuerungen bedrohte Autorität des römischen
Stuhles wieder herzustellen. Das schien um so nöthi=
ger, als die mächtigsten der Deutschen Erzbischöfe sich
von den neuen Ideen soviel angeeignet hatten, als ihnen

paſſend vorkam, um ihre Gewalt möglichſt unabhängig
vom Pabſte zu machen, und ſich eine, dem abſoluten
Regimente der weltlichen Fürſten entſprechende Stellung
in ihren Sprengeln und Landgebieten zu verſchaffen.
Im Auguſt 1786 verbanden ſich die Erzbiſchöfe von
Mainz, Trier, Cöln und Salzburg zu gemeinſchaftli=
chem Haudeln, und ſetzten in Bad Emß eine Punkta=
tion auf, welche ihre Beſchwerden enthielt, und
namentlich auf Erweiterung der Erzbiſchöflichen Ge=
richtsbarkeit, und Beſchränkung der Zahlungen und
Leiſtungen hinauslief, die man dem Papſte zu entrichten
hatte. Kaiſer Joſeph II. begünſtigte ſeiner ganzen
Geiſtesrichtung nach dieſe Beſtrebungen, — der engere
Anſchluß der oberſten Kirchenfürſten an Oeſterreich,
welche demgemäß zu befürchten war, ſchien eine Gefahr,
der man Preußiſcherſeits um ſo mehr entgegentreten zu
müſſen meinte, weil der Kurfürſt von Mainz, der ſich
ſoeben erſt für den Fürſtenbund hatte gewinnen laſſen,
durch das Gelingen jener gemeinſchaftlichen kirchlichen
Oppoſition leicht zum Uebertritt in das Oeſterreichiſche
Lager hätte geführt werden können. Dies auf alle
Weiſe zu verhindern, wurde von Berlin aus der Mar=
quis Luccheſini abgeſendet, der in den letzten Tagen
Friedrichs II. zu den täglichen Geſellſchaftern des großen
Königs gehört, und deſſen diplomatiſche Gewandtheit
Herzberg richtig erkannt hatte. Ihm gelang es in der
That, den Kurfürſten von Mainz in den Glauben zu

verſetzen, der Pabſt wolle aller Eingriffe in die Kur-
fürſtliche Regierung ſich enthalten, wenn der Erzkanzler
ſich nur von der Emſer Verbindung lossage. Dies
geſchah, und die übrigen Theilnehmer hielten, nachdem
der angeſehenſte unter ihnen abgefallen war, nun auch
nicht mehr an jener Punktation feſt, womit denn die
Gefahr beſeitigt war. Der Pabſt erkannte ſehr wohl,
welchen Dienſt ihm Friedrich Wilhelm II. durch dieſe
Dazwiſchenkunft geleiſtet hatte. Er bezeigte ſich dankbar, indem er jetzt zum erſten Male die Preußiſche
Königswürde öffentlich anerkannte, und zugleich geſchehen ließ, daß der freiſinnige, ſpäter vielgenannte, und
dem Preußiſchen Hofe, wie man glaubte, ſehr ergebene
Freiherr v. Dalwig zum Coadjutor in Mainz erwählt
wurde, nachdem derſelbe verſprochen hatte, dereinſt als
Erzbiſchof und Primas des Reichs den Grundſätzen
des Fürſtenbundes getreu zu bleiben.

. Gar bald ſollte ſich zeigen, daß der Kurfürſt durch
ſeine Nachgiebigkeit gegen Rom keineswegs das erreicht
hatte, was er gehofft. Der Pabſt nahm ſeine alten Prä-
tenſionen wieder auf, und es kam zu heftigen Streitigkeiten, die indeſſen von dem aus Frankreich hereinbrechenden Strom der Ereigniſſe ſpurlos mit fortge-
ſchwemmt wurden.

Die bisher erzählten politiſchen Vorgänge waren
allerdings von keinem erheblichen Erfolg für die Macht-
ſtellung des Preußiſchen Staates, ja ſie verringerten

nicht unbeträchtlich den Schatz, welchen Friedrich der
Große wohl für ganz andere Unternehmungen so sorg=
sam angehäuft hatte, dennoch erregte es den Neid und
die Eifersucht der übrigen Mächte, die mit ansehen
mußten, wie Preußen sich überall einmischte, und fast
überall seinen schiedsrichterlichen Willen durchsetzte.

In gleicher Art, wie bei der Holländischen Expedi=
tion die persönlichen Neigungen des Königs mit Herz=
berg's politischen Absichten zusammenwirkten, war das
auch nachher bei den schwereren Verwickelungen der
Fall, die zwischen Preußen und Oesterreich hervor=
traten.

Herzberg strebte vor allen Dingen dahin, dem
Uebergewichte entgegenzuarbeiten, welches Rußland
und Oesterreich in ihrer nahen Verbindung auszuüben
vermochten, und keinem derselben eine Vergrößerung zu
gestatten, wenn nicht auch Preußen einen entsprechenden
Zuwachs erhielt. Diesen Bestrebungen war in hohem
Maße die persönliche Abneigung Friedrich Wilhelms
gegen die Kaiserin Katharina förderlich, die ihm in der
That Anlaß zum Hasse gegeben. Wir wissen, wie
unglücklich der Versuch Friedrich des Großen ablief,
durch die Sendung seines Neffen nach Petersburg, dem
Oesterreichischen Einflusse, und namentlich den vertrau=
ten persönlichen Beziehungen entgegenzuwirken, welche
sich zwischen der Czarin und Joseph II. gebildet hatten.
Der Prinz hatte der Kaiserin so wenig gefallen, daß sie

ihn mit fast beleidigender Eile wieder heimschickte, und bis an's Ende äußerte sie sich in verächtlichem, oft wenig fürstlichen Ausdrücken über seinen Charakter und seine Erscheinung[1]). Friedrich Wilhelm II. ließ sich nun leicht überreden seinen persönlichen Haß auf das politische Gebiet zu übertragen, und den förmlichen Bruch mit Rußland herbeizuführen, den Friedrich II. bis an sein Ende sorgfältig zu verhüten bemüht gewesen. Er hatte in den Oesterreichisch-Russischen Absichten gegen die Türkei weder für Preußen noch für Europa eine gerade bringende Gefahr erblickt, und wollte namentlich erst sicher sein, daß es ihm gelänge Frankreich von Oesterreich zu trennen, und zum Bündniß mit Preußen zu bewegen, bevor er sich mit Rußland geradezu feind- lich stellte[2]). Er wolle, sagte er, nicht den Don Quichote der Türken spielen.

Herzberg dachte hierüber anders. Als nämlich Katharinens Triumphzug durch ihre neuen, den Tür- ken abgenommenen Provinzen und ihre Zusammen- kunft mit Kaiser Joseph in Cherson, nebst so manchen anderen zusammentreffenden Anzeichen es nicht mehr

---

[1]) 1796 schrieb sie an einen ihrer Generale: „Le Roi de Prusse est uue méchante bête et un grand cochon. Thugut, Clerfoyt und Wurmser, von Vivenot. Wien 1869, p. XXXII.

[2]) Dohm's Denkwürdigkeiten II. 39. Bei Röpell, die Preu- ßische Politik 1783—1787, in den Abhandlungen der Schlesischen Gesellschaft für vaterländische Cultur.

zweifelhaft erscheinen ließ, daß ein Angriff gegen die
Türkei im Werke war, und daß Rußland dem Kaiser
bei dessen Vergrößerungsplänen in Deutschland, und
namentlich bei dem noch immer beabsichtigten Baierischen Ländertausch gute Dienste leisten wollte, wenn
dafür den Russen in der Türkei freie Hand gelassen
würde, — da glaubte der Sultan, dieser Verschwörung
durch eine plötzliche Kriegserklärung zuvorkommen zu
müssen (24. August 1787). Er rechnete dabei auf die
Unterstützung Preußens, welches gleichzeitig Rußland
angreifen und dessen Kräfte auf diese Weise theilen
sollte. — In Berlin war man indessen zu einem solchen
Schritte noch keineswegs entschlossen, und es scheint,
daß erst auf die Nachricht von der Türkischen Kriegserklärung die weitaussehenden Projecte Herzberg's eine
feste Gestalt gewannen. Er wollte die Vermittlerrolle,
die er so eben in Holland glänzend durchgeführt, nun
im Orient weiter fortsetzen. Auf seinen Rath sollte die
Türkei sich zu Abtretungen an Rußland und Oesterreich
verstehen, wofür Preußen die alsdann festzustellenden
Grenzen des Osmanischen Reiches gegen die Christen-
heit auf alle Zeiten zu garantiren übernahm. Als
Dank für dieses Arrangement sollte Oesterreich und
Rußland dem Könige von Preußen die langersehnten
Gebiete von Thorn und Danzig zusprechen.

Bevor diese schönen Vermittlungsversuche in's
Leben treten konnten, begann der Kampf. Joseph II.

machte plötzlich in der Nacht vom 2. zum 3. Dezember
1787 den Verſuch Belgrad zu überrumpeln, und
erklärte erſt, als dies mißlungen war, den Krieg
(9. Februar 1788). Seine Armee hatte er, 200,000
Mann ſtark, an der türkiſchen Grenze aufgeſtellt. Der
Krieg, auf deſſen Einzelheiten hier nicht einzugehen iſt,
lief in dieſem Jahre ſo unglücklich für Oeſterreich ab,
daß Joſeph II., nachdem er 40,000 Mann eingebüßt,
im November auf drei Monate Waffenſtillſtand ſchloß,
und krank und mißmuthig nach Wien zurückkehrte.
Auch die Ruſſen hatten einen ſchweren Stand und
konnten erſt am Ende des Jahres mit Mühe die
Feſtung Oczakow erobern und zerſtören. — 1789 da=
gegen waren die Türken überall unglücklich im Felde;
ſie wurden in zwei Schlachten von den Ruſſen geſchla=
gen, und Loudon eroberte am 8. October Belgrad.
Auch der mit der Pforte verbündete König Guſtav III.
von Schweden, welcher die Zeit wo Rußland im Süden
beſchäftigt war, zu einem Einfall in Finnland benutzen
wollte, mußte ſich nach erfolgloſen Kämpfen zu Lande
und auf der See zum Frieden bequemen, wodurch die
Gefahr für die Türken ſich erheblich vergrößerte. Eine
Schwächung der Türkei aber, zu Gunſten Oeſterreichs
und Rußlands, war nach den Gleichgewichtsideen Herz=
berg’s das größte Unglück für Preußen und mußte
daher auf alle Weiſe abgewendet werden. Ein Bünd=
niß mit der Pforte, ſo glaubte man in Berlin, werde

hinreichen durch den Respect, den die unüberwindliche
Armee Friedrichs des Großen einflößte, die Kriegführen=
den zur Nachgiebigkeit zu bewegen, und für diese Ver=
mittlerrolle wollte man sich dann als Lohn, wie gesagt,
die Erwerbung von Danzig und Thorn ausbedingen,
wogegen Oesterreich den Polen das ganze Galizien oder
wenigstens ein Stück dieser Provinz zurückgeben sollte.
Dies schien um so eher durchzusetzen, als Joseph II.
damals durch seine gewaltsamen Maßregeln Ungarn in
die heftigste Gährung, und seine belgischen Provinzen
in offenen Aufruhr versetzt hatte, also nicht im Stande
war, seine ganze Macht ungetheilt gegen die Türkei
zu entfalten. Der Preußische Gesandte, welcher das
Bündniß mit der Pforte zu Stande bringen sollte, stieß
dabei unerwarteter Weise auf die größten Schwierig=
keiten. Die Türken zeigten ein sehr sprödes Verhalten,
welches erst begreiflich wurde, als man erfuhr, daß sie
sich durch List in Besitz der Correspondenz des Berliner
Hofes mit dem Gesandten gesetzt hatten, also genau
wußten wie weit sie gehen konnten. In der That
verstanden sie dem Vertrage eine solche Fassung zu
geben, daß Herzberg, als die Ausfertigung zur Ratifica=
tion nach Berlin gelangte, nichts weniger als erbaut
davon war. Preußen hatte darin versprochen gegen
Rußland und Oesterreich Krieg zu führen, und den=
selben fortzusetzen, bis die Türkei die ihr entrissenen
Provinzen, und namentlich auch die Krim, zurück=

erhalten hätte, wogegen die Türken sich nur verpflich=
teten, keinen Frieden zu schließen, ohne Preußen, Polen
und Schweden darin einzubegreifen, und wenn künftig
eine dieser Mächte von Rußland oder Oesterreich an=
gegriffen würde, mit aller Macht an einem solchen
Kriege Theil zu nehmen, für jetzt aber zu bewirken,
daß Oesterreich alle bei der Theilung Polens in
Besitz genommenen Länder, namentlich auch Galizien,
zurückgebe.

Diesem Türkischen Bündnisse folgte bald (29. März
1790) ein Bündniß mit der Krone Polen, welche, durch
jenen Angriff Gustav's III. gegen Rußland zu dem Ver=
suche ermuthigt ward, sich wo möglich dem erdrückenden
Russischen Einflusse zu entziehen.

Alle mit diesen weiteraussehenden Allianzen zu=
sammenhängenden Verhältnisse erlitten indessen eine
plötzliche Umwandlung, als am 20. Februar 1790
Kaiser Joseph starb, nachdem, wie er gramerfüllt in
seiner letzten Stunde ausrief, alle seine Pläne gescheitert
waren.

Des Kaisers Bruder und Nachfolger, Leopold von
Toscana, begriff sofort den ganzen Umfang der Schwie=
rigkeiten, in welche seines Vorgängers leidenschaftliches
Verfahren alle Theile der Monarchie versetzt hatte; er
beschloß die drohende Gefahr womöglich abzuwenden.
Sein klarer Verstand, verbunden mit einem geschmeidi=
gen Wesen und vieler politischer Schlauheit, die er sich

in Italien angeeignet, waren einer solchen Aufgabe
wohl gewachsen, — und wahrlich, er hatte Anlaß sein
Benehmen auf das vorsichtigste einzurichten. Nicht
nur die Niederlande und Ungarn, sondern auch Böhmen
und Galizien standen wegen der ihnen entzogenen Son=
derrechte in voller Gährung. Auch in den Deutschen
Provinzen hatten Joseph's Eingriffe in althergebrachte
Gewohnheiten auf geistlichem und weltlichem Gebiete,
seine Neuerungen bei der Steuererhebung, die Um=
wandlung der bäuerlichen Verhältnisse, die theilweise
Aufhebung der Klöster und der Leibeigenschaft, allge=
meines Mißvergnügen und Unruhe bei der Geistlichkeit
und dem Adel erzeugt, und man glaubte sogar zu
wissen, daß der Preußische Hof mit allen diesen unzu=
friedenen Elementen Verbindungen angeknüpft habe,
wofür außer andern verdächtigen Anzeichen besonders
der Umstand zu sprechen schien, daß General Schön=
feld, einer der Anführer der aufständischen Brabanter
Schaaren, Aufnahme und schnelle Beförderung im
Preußischen Dienste gefunden hatte. Dazu kam, daß
Oesterreich politisch fast isolirt dastand, von seinem noch
fortdauernden Bündnisse mit Frankreich, bei den
daselbst ausgebrochenen Unruhen nichts zu hoffen hatte,
und auch aus der Genossenschaft mit Rußland keinen
Segen erwachsen sah, während Preußen nicht nur mit
England und Holland, sondern jetzt auch mit der
Pforte und mit Polen Allianzen geschlossen hatte.

Abgeſehen aber von der Gefahr, die ein Krieg gegen
Preußen unter ſolchen Umſtänden drohte, bedurfte
Leopold wegen ſeiner bevorſtehenden Kaiſerwahl der
Brandenburgiſchen Kurſtimme.   So vereinigte ſich
alles, um ihn auf den Weg verſönlichen Entgegenkom=
meus zu drängen.   Er begann damit im Innern ſeines
Landes ſelbſt.   Den Ungarn wurde die Wiederher=
ſtellung der alten feudalen Verfaſſung zugeſagt, dem
Adel und der Geiſtlichkeit Abhilfe ihrer Beſchwerden in
Ausſicht geſtellt, auch den Böhmen verſprach man, die
alten Stände wieder zu berufen, und überhaupt von
den Joſephiniſchen Reformen alle diejenigen zu beſeiti=
gen, welche den meiſten Anſtoß erregt hatten.   Sobald
dieſe Maßregeln eingeleitet waren, wandte Leopold ſich
im freundſchaftlichſten und friedfertigſten Ton an den
König von Preußen.   Er wies alle Eroberungsgedan=
ken weit von ſich, und verſicherte, daß Oeſterreich nur
deshalb Truppen in Mähren, Böhmen und Galizien
zuſammengezogen habe, weil man gefürchtet, Preußen
werde die Türken im Kriege mit den Waffen unter=
ſtützen.   Er ſelbſt wünſche den Frieden, und ſei ſogar
nicht abgeneigt, ſich an dem Fürſtenbunde zu betheiligen,
wenn gegenſeitige Gleichheit aller Genoſſen deſſelben
zugeſichert würde[1]).

---

[1]) Die Urkunden zum Theil im dritten Bande von Herzberg's
Recueil. — Vieles aus den Preußiſchen Archiven hat Häuſſer bei
ſeiner Darſtellung (Band I. p. 249 ff.) benutzt.

Von Berlin aus wurde erwidert, daß wenn alle
großen Mächte den ferneren Bestand, und eine feste Ab=
grenzung der Türkei sicher stellten, sich auf solchen Grund
hin eine friedliche Uebereinkunft treffen lassen würde,
daß aber der König von Preußen ohne Zustimmung
seiner Alliirten jetzt noch keine bindende Erklärung
abgeben könnte. Es wurden nun rasch hintereinander
Vorschläge und Gegenvorschläge gewechselt, die aber
zu keinem Resultate führten, weil weder England noch
Oesterreich dem Preußischen Staate die Erwerbung
von Thorn und Danzig gönnte, beide Mächte es viel=
mehr vorgezogen hätten, den Stand der Dinge, wie er
vor dem Kriege gewesen, wiederhergestellt zu sehen, und
diesen Status quo als Basis für einen zu schließenden
Frieden anzunehmen. Davon wollte natürlich Herz=
berg nichts wissen. Die Sachen nahmen eine drohende
Gestalt an, indem Preußen für alle Fälle ein Heer in
Schlesien zusammengezogen hatte, an dessen Spitze der
König sich des Sieges so fest versichert hielt, daß er auf
schnelle Entscheidung drang. In Schönwalde, zwischen
Glatz und Reichenbach hatte er am 18. Juni sein
Hauptquartier aufgeschlagen. Zur Capitulation, sagte
er, sei jetzt keine Zeit mehr, wenn der König von Preu=
ßen sich im Lager seiner Truppen befinde. —

Friedrich Wilhelm II. hatte nur seinen Minister des
Auswärtigen mit sich genommen, die Begleitung des
Englischen und Holländischen Gesandten aber ausdrück=

lich verbeten. Diese jedoch fühlten sich durch eine solche
Ausschließung beleidigt und verlangten, daß bei den bevorstehenden Verhandlungen die Vertreter der Seemächte
jedenfalls zugezogen werden müßten. Oesterreichischer
Seits hatten sich Fürst Reuß und Baron Spielmann
im Preußischen Hauptquartier eingefunden. Am
27. Juni begannen die förmlichen Conferenzen. Herzberg trug seinen Plan vor, wonach Oesterreich den Polen
das ganze Galizien, oder einen Theil desselben abtreten,
dafür durch einen Strich des türkischen Gebietes entschädigt werden, und Preußen Danzig und Thorn
erhalten sollte. Es schien Aussicht vorhanden, daß diese
Grundlagen angenommen würden, als die Gesandten
von England und Holland ankamen und erklärten,
sie seien durch die Allianz mit Preußen nicht verpflichtet
auf diese Tausch- und Entschädigungspläne einzugehen,
sondern würden nur zum Abschluß eines Friedens mit-
wirken, der den Status quo, wie er vor dem Kriege
gewesen, als Grundlage habe. Inzwischen war auch
Lucchesini, damals Gesandter in Polen, aus Warschau
eingetroffen, und berichtete, daß die Polen ebensowenig
zu einem Tausche, als die Türken zu einer Gebiets-
abtretung an Oesterreich geneigt wären. So schien kein
Ende abzusehen. Der König von Preußen, an ernste
Beschäftigung nicht gewöhnt, fand die Conferenz-
verhandlungen, das Lesen der Protokolle, das Anhören
der fremden Gesandten, und das fortwährende Drän-

gen Herzberg's äußerst lästig, und sehnte sich aus dem
Kriegslager in den üppigen Kreis seiner Potsdamer
Umgebungen zurück.   Seine Ungebuld machte ihn den
Einflüsterungen der Feinde des Ministers zugänglich,
und Bischofswerder und seine Genossen verstanden es
trefflich, den Monarchen an seiner schwachen Seite zu
fassen, indem sie demselben vorstellten, es biete sich hier
eine neue Gelegenheit, seine allgemein bewunderte
Großmuth zu üben, wenn er, zufrieden mit der er=
habenen Rolle eines Vermittlers und Schiedsrichters
zwischen der Pforte und den kriegführenden Mächten,
den Frieden auf die ihm wohlgefälligen Bedingungen
hin dictire und den König von Ungarn und Böhmen
nöthige seine Eroberungen, namentlich Belgrad heraus=
zugeben, während auch Preußen seinerseits auf jeden
Vortheil verzichte; denn die Erwerbung der Städte·
Danzig und Thorn wäre gering anzuschlagen gegen den
Glanz der hochherzigen Gesinnung, welcher das Haupt
des uneigennützigen Friedensstifters umstrahlen würde.

Herzberg merkte bald wie man auf solche Art seine
Pläne vernichtete und ihn selbst allmählich seines Ein=
flusses beraubte.   Vergebens machte er mündlich und
schriftlich die dringendsten Gegenvorstellungen.   „Ich
bestehe darauf,“ antwortete ihm der König, „daß alle
Weitläufigkeit vermieden wird.   Ihre Absichten sind
gut, aber Sie schaden dem Staatswohl, wenn Sie
nicht jede Verzögerung kurz abschneiden.   Wenn ich auf

Thorn und Danzig verzichte, so kann der Wiener Hof
kein Ausflüchte machen, sondern muß den Status quo
annehmen." Man sieht, der König war überredet
worden, er nöthige den Oesterreichern ein Zugeständniß
ab, während Leopold doch unter den obwaltenden Umständen von selbst bereit war, viel lieber auf die letzte
Eroberung zu verzichten, als den Preußen eine so erhebliche Erwerbung, wie den Seehafen von Danzig
zuzugestehen, den überdies die Polen nicht ohne heftigen
Widerstand, und nicht ohne Anspruch auf eine bedeutende von Oesterreich zu leistende Entschädigung hergegeben hätten. Da somit die Hauptsache, d. h. die
Herstellung des Status quo ante bellum von beiden
Theilen zugestanden war, so betrafen die weiteren
Verhandlungen eigentlich nur Nebensächliches[1]). Am
27. Juli 1790 wurde der Reichenbacher Vertrag ratificirt, durch welchen Oesterreich versprach, der Pforte
alles zurückzugeben, was sie vor dem Kriege besessen,
und falls Oesterreich eine Gebietserweiterung an den
Grenzen erhalte, was nur unter freier Genehmigung
der Pforte geschehen könnte, so müsse Preußen eine
entsprechende Entschädigung erhalten. Oesterreich verpflichtet sich, den Russen nicht mehr gegen die Türkei

---

1) Auch hier verweisen wir in Betreff der Einzelheiten auf
das von Häusser in der Deutschen Geschichte a. a. O. Mitgetheilte.

beizustehen; — den künftigen Frieden soll Preußen mit
seinen Alliirten, den Seemächten garantiren, welche auch
ihren Einfluß anwenden wollen, daß die Oesterreichischen
Niederlande sich unterwerfen, und ihre alte Verfassung
wiedererhalten.

Das war nun der dritte Act preußischer Politik seit
Friedrich Wilhelm's Thronbesteigung. Er zeigte sich in
seinen Folgen ebenso unfruchtbar und noch kostspieliger
als die beiden früheren. Herzberg berechnete, daß aus
dem Schatze Friedrich des Großen nun bereits
40 Millionen verschwunden waren. — Oesterreich hatte
alle Ursache sich zu freuen, so ehrenvoll aus seinen
äußeren und inneren Wirren herausgekommen zu sein,
und Rußland behielt freie Hand, seine Unternehmungen
gegen. die Pforte und gegen Polen fortzusetzen. Herz=
berg's Plan, durch eine kriegerische Demonstration die
Gegner einzuschüchtern und dabei für Preußen Vor=
theile zu erzielen, war vollständig zunichte geworden.
Die Art und Weise wie die Reichenbacher Convention
zur Ausführung gebracht wurde, gab kein günstiges
Zeichen von dem Respect, den man vor Preußen hegte.
Zwar schloß Leopold (inzwischen am 30. Septem=
ber 1790 zum Kaiser gewählt) am 4. August 1791 zu
Szistowa Frieden mit der Pforte, allein er setzte es
durch, daß in demselben weder des Reichenbacher Ver=
trages, noch der Garantie Preußens und der Seemächte
Erwähnung geschah, und die verheißene Zurückgabe

aller Eroberungen umging er theilweise dadurch, daß
er behauptete, der Status quo vor dem Kriege müsse
hergestellt werden, nicht wie er wirklich gewesen, sondern
wie er nach dem Abkommen im Belgrader Frieden von
1739 hätte sein sollen. Oesterreich behielt die Donau=
festung Orsowa und bedeutende Waldreviere in Croa=
tien, ohne dafür, wie nach der Reichenbacher Conven=
tion hätte geschehen müssen, Preußen zu entschädigen,
— ja Kaunitz sprach gleichsam zum Hohne gegen den
Preußischen Gesandten aus, daß nachdem die Oester=
reichischen Eroberungen an die Pforte zurückgegeben
worden, Preußen gehalten sei, für immer auf alle
Erwerbungen in Polen zu verzichten[1]. Nur zu schnell
wurde es klar, daß das Schiedsrichteramt in Europa,
welches Friedrich II. verwaltete, nicht ein Attribut des
Preußischen Staates, sondern nur ein Ausfluß der
Geistesgröße dieses Königs gewesen, und daß sein
schwacher Nachfolger nicht im Stande war, dasselbe
fortzuführen, sobald er in Herzberg's Person den
Repräsentanten der alten Politik bei Seite geschoben,
und sich den Lucchesini's und Bischofswerder's in die
Arme geworfen hatte. Den alten Minister Friedrich
des Großen ohne weiteres zu entlassen, schämte man
sich zwar, allein man griff zu dem kleinlichen Auswege,

---

[1] Politisches Journal von 1791, p. 659. Herzberg Recueil
III. 109 bei Manso I. 199.

ihn durch wiederholte Kränkungen dahin zu bringen, daß er sich scheinbar freiwillig zurückziehe. Am 1. Mai 1791 setzte ihm der König zwei neue Minister des Auswärtigen, Schulenburg=Kehnert und Alvensleben an die Seite, und verbot künftig die Depeschen aus Wien und Petersburg dem Grafen Herzberg mit=zutheilen. Darauf forderte derselbe am 5. Juli seine Entlassung, die ihm in gnädigen Ausdrücken mit der Aufforderung gewährt wurde, die Leitung der Akademie und des Seidenbaues beizubehalten, auch die Geschichte Friedrich's des Großen aus den Archiven zu schreiben. — Tiefgekränkt zog Herzberg sich zurück. Bis an sein Ende wurden ihm kleinliche Kränkungen aller Art nicht erspart. Am tiefsten schmerzte ihn der Gedanke, daß Preußen die Wege der Politik verließ, die er für die einzig richtigen und heilsamen hielt, und daß an die Stelle des Kampfes gegen Oesterreich nunmehr eine enge Verbindung mit diesem Erbfeinde treten sollte. — Herzberg war schwach genug, 1794 noch einmal seine Dienste anzubieten, um Preußen aus den drohenden Gefahren zu retten. Zurückgewiesen starb der siebzig=jährige Greis tiefgekränkt 1795.

Wie sehr man gleichzeitig in Wien und Berlin bemüht war die eingetretene Umwandlung der politi=schen Anschauungen an den Tag zu legen, bewies die zwar in anständiger Form, aber dennoch ebenso wirk=same Beseitigung des achtzigjährigen Kaunitz, des unversöhnlichsten Preußenfeindes. Unter dem Anscheine eines Gehilfen wurde demselben noch bei Lebzeiten der Nachfolger an die Seite gesetzt.

Neuntes Kapitel.

Ursachen des Krieges gegen Frankreich.

Ueberblickt man die eben erzählten Vorgänge und die Verhandlungen, welche mit so vielem Eifer und so großem Aufwand von Intriguen geführt wurden, so betrafen dieselben doch nur geringfügige Gebiets= abtretungen und kleinliche diplomatische Schachzüge zwischen zwei deutschen Mächten, welche beide nicht ein= mal den ernsten Willen hatten, einander mit dem Schwerdte in der Hand zu bekämpfen. Macht man sich dabei klar, daß über diesen Gegnern bereits wahr= nehmbar das drohende Gewitter am Himmel stand, welches binnen Kurzem sich entladen, und mit seinen gewaltigen Schlägen Feind und Freund zertrümmern, und ihre Macht auf lange Zeit vom Erdboden wegfegen sollte, — so kann man sich eines wehmüthigen Gefühles über die Kurzsichtigkeit und Eitelkeit der Fürsten und Staatsmänner nicht erwehren, die wie Kinder am Fuße eines Vulkans, sich ihren Spielen hingaben, ohne die Gefahr zu begreifen, die über ihren Häuptern schwebte.

Oesterreich und Preußen hielten zunächst noch ihre Blicke auf Rußland gerichtet, welches eigentlich allein den Vortheil von jenen Reichenbach'schen Abmachungen gezogen, weil nun von keiner Seite mehr seinem Vordringen gegen Constantinopel ernstlich gewehrt werden konnte; denn was dem entgegen von den anderen Mächten geschah, hatte keinen Erfolg.

Zunächst schickte England den Lord Elgin, Preußen den Obrist Bischofswerder nach Wien, um den Kaiser zum Beitritt zu der Tripelallianz zu bewegen, damit man mit vereinten Kräften den Frieden zwischen Rußland und der Türkei vermitteln könnte. Bei dieser Gelegenheit kamen allerdings auch die inneren Angelegenheiten Deutschlands, und die Maßregeln zur Sprache, welche das Reich den Ereignissen in Frankreich gegenüber ergreifen sollte; allein man glaubte dazu volle Zeit zu haben, um das alles mit althergebrachter Gründlichkeit und Weitschweifigkeit in Erwägung zu ziehen[1]). Unbegreiflich war die Verblendung, mit der

---

[1]) Häusser I. 275 schreibt auf Anlaß ähnlicher Betrachtungen: Sollte man es z. B. für möglich halten, daß die Baufälligkeit des Kammergerichtsgebäudes zu Wetzlar, namentlich Fragen wie die: Ob der Maurermeister Schneider die Schuld trage, und die Reparatur im Betrage von 1500 Gulden sogleich vorzunehmen, oder zu verschieben sei, die deutsche Reichsversammlung in einem Augenblick beschäftigte, in welchem die ganze alte Ordnung Europas in voller Auflösung begriffen war? Und diese Sache zieht sich in den zwei Jahren 1790 und 1791 durch die Reichsverhandlungen hin.

man gemächlichen Schrittes auf der zerbröckelnden
Oberfläche weiter ging, unter der bereits aller Orten
die Flammen glühten, welche Europas staatliche und
gesellschaftliche Verhältnisse in ganz neue Formen
umschmelzen sollten. Daß dieser Vulkan zuerst in
Frankreich zum Ausbruch kam, war durch die Natur
der dortigen Verhältnisse geboten, weil nirgends schwerer
als in diesem Lande der Druck Jahrhunderte alter
feudaler Mißbräuche auf dem Volke tastete, nirgends
das Unwesen des Zunftzwanges und der Aemterverkäuf=
lichkeit zu solcher Höhe gediehen war wie in Frankreich,
wo noch überdies eine verkehrte Finanzwirthschaft den
Staatsbankerot herbeizuführen schien, dem unter der
schmachvollen Regierung Ludwig's XV. ein liederlicher
und verschwenderischer Hof mit vollen Segeln entgegen=
gesteuert war, während die von oben her über immer
weitere Kreise sich ausbreitende Unsittlichkeit, wie ein
Pesthauch die Bevölkerung vergiftet hatte. Zwei
Drittel des gesammten Grund und Bodens befand
sich in den Händen des Adels und der Geistlichkeit.
Die bäuerlichen Wirthe, welche den Ueberrest besaßen,
waren zwar nicht Leibeigene, wie in den meisten übrigen
Ländern, dafür aber hatten sie ihre Aecker in so kleine
Theile zersplittert, daß dem Einzelnen zu wenig zum
Leben, und kaum zu viel zum Verhungern übrig blieb.
Unerschwinglich hohe Abgaben mußten sie den großen
Gutseigenthümern zahlen, die ihre Einkünfte in Paris

vergeudeten, und die Landleute durch hartherzige Pächter und Verwalter ausplündern ließen. Persönliche Dienste, so niedriger oft unglaublicher Art hatten die Hintersassen dem Adel zu leisten, daß sie fast unter das Thier herabgewürdigt wurden; und wenn der Deutsche Leibeigne mit seinen Herren noch einigermaßen in patriarchalischem Zusammenhange stand, und in Kranheits- und Unglücksfällen zu ihm seine Zuflucht nehmen konnte, so bestand ein solches Band in Frankreich nicht [1]). Die Hälfte des Rohertrages war der gewöhnliche Pachtschilling, den der Bauer zu entrichten hatte, — gerade das Doppelte von dem Betrage, der in dem reichen England gefordert wurde; und der so bedrückten Landbevölkerung war außerdem noch fast die ganze Last des Staatshaushaltes aufgebürdet, weil Adel und Geistlichkeit eine schrankenlose Abgabenfreiheit genossen. Ohne Bildung und Unterricht wuchsen die Bewohner der Dörfer heran, nur in wenigen Provinzen, z. B. in der Vendée, fand sich ein menschliches Verhältniß zwischen Gutsbesitzern und Bauern. Im übrigen Lande war durch jene unnatürlichen Zustände ein leicht

---

1) Eine überaus anschauliche Darstellung dieser Verhältnisse findet man in dem trefflichen Buche: Histoire d'un paysan 1789. par Erckmann-Chatrian. Vierte Ausgabe 1868. On aurait cru que les seigneurs et les couvents avaient entrepris d'exterminer les malheureux paysans, et qu'ils cherchaient tous les moyens d'y parvenir. p. 12.

erklärlicher Ingrimm gegen die Unterdrücker groß ge=
zogen worden.

Zu diesen Unterdrückern zählte das Volk auch die
hohe Geistlichkeit, welche als Grundherrschaft dieselben
Lasten wie der Adel auf die Schultern des gemeinen
Mannes wälzte.   Der Kirche selbst galt dieser Haß in
keiner Weise, denn die Masse des Volkes war in Frank=
reich stets eifrig katholisch, und mit ihren Landpfarrern
vertrugen sich die Bauern sehr gut, da diese geistlichen
Hirten in der Regel eben so arme Proletarier waren,
wie der Bedürftigste in der Gemeinde.

Vielleicht nicht ganz so groß wie auf dem Lande,
war in den Städten die Summe des Elends, doch
gingen auch hier die Zustände mit erschreckender Eile
der Auflösung entgegen.   Unter den Handwerkern
hatten sich dadurch, daß seit Ludwig XIII. das Meister=
recht von der Krone erkauft werden mußte, eine ge=
schlossene Gewerbsaristokratie gebildet, die mit der in
diesen Kreisen heimischen Eifersucht alle nicht zünftigen
Arbeiter ausschloß, so daß man in Paris allein 80,000
Gesellen zählte, die heimlich gegen das Verbot ihr
Handwerk trieben, und bei ausbrechenden Unruhen eine
furchtbare Genossenschaft bildeten.   Bei dem Ueber=
gewicht der Hauptstadt, und bei dem entscheidenden
Einfluß der dortigen Vorgänge auf das ganze Land,
sollte dieses stets zu Neuerungen aufgelegte Proletariat
gar bald die unheilvollste Bedeutung gewinnen.

So vielen bedrohlichen Elementen gegenüber fehlten dem Staate die beiden Hauptbedingungen aller politischen Macht: Geld und eine zuverlässige Armee. Mit den Staatseinnahmen war so gewirthschaftet worden, daß schon 1787 ein Deficit von 198 Millionen im Budget figurirte, — in der Zeit von 1781—1787 hatte man 850 Millionen mehr ausgegeben als eingenommen, und diese gewaltigen Summen waren zum großen Theil für Luxusausgaben aller Art verschleudert, während das Nützliche und Nothwendige auf's Dürftigste abgefunden wurde: Brücken und Chausseen z. B. mit vier, die öffentlichen Bauten mit zwei Millionen Franken, und für wissenschaftliche Anstalten sollte gar eine Million genügen [1]).

Nicht besser als mit den Finanzen war es mit der Armee bestellt; es genügt zum Beweise der Angabe, daß Sold und Unterhalt der Truppen 44 Millionen, die Gehälter der Officiere dagegen 46 Millionen betrugen. Diese Officiere gehörten, vom Hauptmann aufwärts, sämmtlich dem Adel an, und 1781 wurden sogar vier Ahnen verlangt. Viele Regimenter waren Eigenthum fremder oder einheimischer Großen, die aus einer vom Kriegsminister aufgestellten Liste den Obristen, und dieser wieder alle anderen Officiere ernannte. — Auch

---

[1]) v. Sybel, Geschichte der Revolutionszeit. II. Ausgabe I. p. 40.

bei den übrigen Regimentern ernannte der Obrist die
Hälfte der Officiere. Da es 1171 Generale in der
Armee gab, kann man sich denken, wie groß die Anzahl
sämmtlicher Officiere sein mußte. Die erwachsenen
Söhne des vierahnigen Adels waren nicht in genügender
Zahl vorhanden, weshalb es nichts ungewöhnliches
war, junge Burschen von 14 bis 16 Jahren als Obristen an der Spitze von Regimentern zu sehen. Die
kärglich besoldeten Gemeinen waren schlecht disciplinirt,
weshalb man nach den schlimmen Erfahrungen im
siebenjährigen Kriege die Armee nach dem Preußischen
Vorbilde zu reformiren unternahm; da das aber
praktisch hauptsächlich auf Einführung der Fuchtelhiebe
hinauslief, so bemächtigte sich ein meuterischer Geist
schlimmster Art der Truppen[1]). Die Zustände waren
nach jeder Richtung hin unhaltbar geworden, Jedermann fühlte das Herannahen des Umsturzes; und
doch, wie nach den irdischen Gesetzen aus der zerstören-
den Verwesung alles Organischen, neue Triebe der
jungen Saat in üppiger Lebenskraft emporschießen, so
hatte sich auch in diese staatliche Fäulniß schon der Same
gesenkt, dem eine neue Zeit entsprießen sollte.

Im schroffen Gegensatze zu den verkommenen mora-

---

[1]) Ein Lieutenant, dem befohlen war einem Soldaten
50 Hiebe mit der flachen Klinge zu ertheilen, hielt nach dem
24. inne, und erstach sich dann selbst vor der Front des Regiments.

liſchen und politiſchen Zuſtänden, unter denen man lebte, hatte ſich bei den gebildeten Schichten der Geſellſchaft die idealſte Vorſtellung von dem ausgebildet, was nach dem geahnten Zuſammenſturz alles Beſtehenden ſich neu entwickeln ſollte. Die Köpfe waren durch die, ſeit der Mitte des Jahrhunderts erſchienenen Werke der ſogenannten Revolutionsſchriftſteller mit ſolchen Bildern erfüllt; vor allen war es Jean Jaques Rouſſeau, der durch die Gluth der Begeiſterung und den Zauber ſeiner Darſtellung Alles mit ſich fortriß. Das Weſen ſeiner Staatsanſchauungen läßt ſich kurz in folgenden Sätzen zuſammenfaſſen: Alles Uebel iſt Folge einer falſchen Cultur. Die Menſchen müſſen zu ihrer urſprünglichen Einfachheit zurückkehren, und mit allen geſelligen und politiſchen Einrichtungen vollſtändig reinen Tiſch machen. Auf die leere Tafel iſt ſodann ein neues Staatsgebäude zu errichten, hervorgehend aus der einzigen Quelle alles Rechts, dem allgemeinen Volkswillen. Könige und Regenten ſind nicht von Gottes Gnaden eingeſetzt, ſondern Diener des Volkes. Das Volk kann ſie entlaſſen, wenn es ſeinen Willen dahin erklärt. Das Buch von dem Geſellſchaftsvertrage (contract social), welches die Folgerungen aus dieſen Sätzen darlegte, war das Evangelium der Zukunft geworden, und daß daſſelbe in der That ſich auf geeignetem Boden verwirklichen laſſe, hatten ſo eben erſt die

brittischen Kolonien in Nordamerika bewiesen, welche,
sich von dem tyrannischen Mutterlande losreißend,
unter ihrer nach Rousseau's Idealen entworfenen Verfassung zu einem mächtigen Staatenbunde empor-
blühten. Frankreich hatte sich, aus herkömmlicher
Feindschaft gegen England zum Verbündeten der neuen
Republik gemacht, und die Söhne seiner edelsten
Geschlechter über das Meer gesandt um an Washing-
ton's Seite zu kämpfen. Heimgekehrt wußten diese
dann zu erzählen, wie ein freies Volk auf den Trümmern gestürzter Herrschaft sich einzurichten verstand.

In Frankreich hatte 1774 der zwanzigjährige
Ludwig XVI. den Thron bestiegen. Als er den Tod
seines Großvaters, Ludwig's XV., erfuhr, warf er sich
mit seiner jungen Gemahlin auf die Knie, und bat
Gott um Beistand: „Wir sind noch zu jung um zu
regieren!" rief er aus; — und wahrlich, auch ein starker
gereifter Mann hätte nicht ohne Zagen die entsetzliche
Erbschaft angetreten.

Den besten Willen brachte der neue König mit auf
den Thron. Sittenrein, von einfachen Gewohnheiten,
und erfüllt von dem Wunsche, seinem Volke ein Wohl-
thäter zu werden, hätte er in ruhigen Zeiten einen
ehrenvollen Platz unter den Regenten eingenommen;
aber für die gewaltige Aufgabe zu der er berufen war,
fehlte ihm Charakterfestigkeit und Kühnheit. Auch war
er nicht scharfsichtig genug, um alsbald zu erkennen,

daß die Weltlage für halbe Maßregeln nicht angethan
war, sondern daß rasch und gründlich durchgegriffen
werden mußte. Statt dessen begann er mit schwanken=
den Versuchen Einzelnes zu verbessern, und gab sich den
widersprechenden Rathschlägen seiner schnell wechselnden
Minister hin, um den hereinbrechenden Staatsbankerot
zu beschwören. Geschah ein Ansatz zur Aufhebung der
schreiendsten Mißbräuche des Feudalwesens, so bewirkte
Adel und Geistlichkeit durch ihren Einfluß schnell die
Zurücknahme des eben Bewilligten. Bei der Armee
wußte der gutmüthige König sich weder Liebe noch
Achtung zu verschaffen. Er trug niemals Uniform,
und wenn er in seltenen Fällen einmal einer Parade
beiwohnte, so geschah es im Hofkleide, den Hut unter
dem Arm. Wohlbeleibt, plump und ungeschickt in seinen
Bewegungen, wurde er den Parisern lächerlich, bald
fast verächtlich, und während er selbst auf diese Weise in
der öffentlichen Meinung sank, war seine jungen Ge=
mahlin, Maria Theresien's Tochter, so unglücklich, durch
leichten Sinn und Mangel an Vorsicht die übelsten
Nachreden und den schlimmsten Haß auf sich zu ziehen.
Man haßte sie wegen ihrer Deutschen Abkunft, und
äußerte laut den Verdacht, daß sie mit den Schätzen
des Landes ihren Bruder, den Kaiser, bereicherte.

So vereinigte sich alles, um auf das Haupt
Ludwig's XVI. den Fluch herabzuziehen, daß die Sün=
den der Väter an ihren Söhnen und Enkeln heim=

gesucht werden sollen. Immer weiter griff die Zer=
setzung aller Verhältnisse um sich, immer höher
thürmte sich die Schuldenmasse auf, — man sah dem
Augenblick entgegen, wo die Wogen über dem Throne
zusammenschlagen mußten. Da dämmerte, leider zu
spät, die Erkenntniß auf, daß die absolute Allein=
herrschaft nicht länger zu halten sei; man sah sich nach
Hülfe bei der Nation um. Zuerst wurde 1787 der
unglückliche Versuch gemacht, die sogenannten Notabeln
zu berufen¹), was aber nur die allgemeine Aufregung
steigerte, statt sie zu beruhigen. Streitigkeiten der
Regierung mit den Parlamentern, welche das Volk
immer noch als die einzigen Stützen seines Rechtes
gegenüber der Krone betrachtete, gossen Oel in das
Feuer. Die Parlamente widersetzten sich geradezu,
als man sie auflösen wollte. Gewalt zu brauchen schien
kaum räthlich, weil man der Armee nicht sicher war.
Die Erschöpfung aller Kassen zwang zu verzweifelten

---

¹) Eine ständische Versammlung mit berathender Stimme, in
der Zusammensetzung unserem jetzigen Herrenhause nicht unähn=
lich, mit starker Vertretung der hohen Geistlichkeit (7 Erzbischöfe
und 7 Bischöfe). Seit Heinrich IV. Zeiten hatte man sie nicht
einberufen. Im Februar 1787 erschienen diese 140 Herren in
Versailles. Da sie weder das Recht der Steuerbewilligung noch
der Gesetzgebung hatten, so konnten sie nichts durchsetzen und
wurden in Paris verlacht. Man nannte sie Jaherren, und bot
nickende Pagoden unter dem Namen der Notabeln auf den
Straßen feil.

Maßregeln. Am 16. Auguſt wurden die Zahlungen
aus königlichen Kaſſen theils eingeſchränkt, theils auf
ein Jahr lang ganz ausgeſetzt. Unruhen brachen aus,
ein neuer Miniſterwechſel trat ein, aber die Zuſtände
wurden nicht gebeſſert. Da ließ ſich der König durch
Necker, der bereits früher das Finanzminiſterium ver=
waltet hatte, dann entlaſſen war, und nun auf allge=
meinen Wunſch zurückberufen wurde, dazu bewegen,
die alten Stände des Reiches (états généraux), welche
1614 zum letzten Male beiſammen geweſen, wieder
einzuberufen. Mit unbeſchreiblichem Jubel wurde
dieſer Entſchluß begrüßt; es ſchien endlich das Zauber=
wort gefunden, welches den Fluch, der auf dem Lande
laſtete, zu bannen ſtark genug wäre. Die Wahlen ſetz=
ten das Land in fieberhafte Aufregung. Nach den
Ständen der Geiſtlichkeit, des Adels und der Bürger
und Bauern (dritter Stand) waren dieſe Verſammlun=
gen gebildet geweſen. Nach derſelben Gliederung wur=
den ſie auch jetzt gewählt, und traten am 5. Mai 1789
in Verſailles zuſammen; aber ſofort kam es zum Bruch
mit der Vergangenheit durch die Frage, ob, wie ſouſt
nach Ständen, oder nach Köpfen abzuſtimmen ſei, d. h.
da man dem dritten Stand eine doppelte Anzahl von
Vertretern bewilligt hatte, ob Adel und Geiſtlichkeit,
oder ob der dritte Stand die Entſcheidung haben ſollte.
In dem Streite hierüber, der durch zahlloſe aufregende
Flugſchriften geführt wurde, ſchlug die berühmte

Phrase des Abbé Sieyes durch: „Was ist der dritte
Stand? Nichts! — Was soll er sein? — Alles!"

Hätte der König sich jetzt aufrichtig und entschlossen
an die Spitze der Bewegung gestellt, und aus freiem
Antriebe das gefördert, was er doch nicht hindern
konnte, so wäre es vielleicht möglich gewesen, die unge=
heure Bewegung in ruhige und gesetzliche Bahnen zu
leiten. Statt dessen ließ Ludwig XVI. sich durch seine
Brüder und deren Anhang bewegen, der lauten Stimme
des ganzen Volkes entgegenzutreten. Am 23. Juni
1789 erschien er persönlich in der Sitzung der Abgeord=
neten, und schloß nachdem er eine Reihe von freisin=
nigen Verheißungen verkündet hatte, mit den Worten:
„Ich befehle Ihnen, meine Herren, sofort auseinander
zu gehen und sich morgen in den abgesonderten Be=
rathungsräumen Stand für Stand zur Wiederauf=
nahme Ihrer Arbeiten einzufinden." — Als der König
den Saal verließ, folgten ihm beinahe alle Bischöfe,
viele Pfarrer und ein großer Theil des Adels. Die
übrigen blieben zurück in offenbarem Ungehorsam gegen
den königlichen Befehl. Statt sie mit Gewalt aus=
einander zu treiben, schickte der König den Ober=Ceremo=
nienmeister Marquis Brezé, der mit unsicherer Stimme
nur die Worte vorbrachte: „Meine Herren, Sie haben
den Befehl des Königs vernommen!" — Mirabeau
erhob sich zur Erwiderung und sprach jene so berühmt
gewordenen Worte: „Sagt Eurem Herrn, daß

wir hier versammelt sind nach dem Willen des Volkes, und daß wir nicht weichen werden, es sei denn vor der Uebermacht der Bayonette [1])!"

Als dem Könige diese Antwort hinterbracht wurde, fand er nicht die Kraft, seinen Befehlen Gehorsam zu schaffen: „Wenn sie nicht gehen wollen," sagte er, „nun so mögen sie zusammenbleiben!" —

Damit hatte der That nach die Monarchie abgedankt, die Gewalt war in die Hände der Volksvertretung übergegangen. Auf abschüssiger Bahn rollten nun die Ereignisse mit wachsender Schnelligkeit weiter. In Paris brachen Unruhen aus, die am 14. Juli zum Sturme der Bastille führten. Die allgemeine Empörung nahm solchen Umfang an, daß das Land Gefahr lief einer vollständigen Anarchie anheimzufallen. Voll Zuversicht, eine solche Gefahr durch Aufopferung der verhaßten Standesvorrechte abwenden zu können, entschlossen sich die Mitglieder der Nationalversammlung dieses Opfer zu bringen. In hochherziger Selbstverleugnung wetteiferten Geistlichkeit und Adel, Städte und Provinzen mit einander, durch ihre Vertreter allen der Freiheit und Gleichheit widersprechenden Privilegien zu entsagen. In der Nacht vom 4. August erfolgten jene ewig denk-

---

[1]. So nach der volksmäßigen Ueberlieferung. Etwas anders lauten die Worte in dem amtlichen Bericht des Moniteur. Häusser, Franz. Rev. 146.

würdigen Beschlüsse, welche dem ganzen Wuste aller
verjährten Mißbräuche ein Ende machen sollten. Die
Leibeigenschaft wurde im ganzen Lande aufgehoben, guts=
herrliche Gerichtsbarkeit und Jagdberechtigung beseitigt,
alle Zehnten und Herrenrechte für ablösbar erklärt,
Gleichberechtigung aller Franzosen zu allen Aemtern,
gleiche Besteuerung aller Stände beschlossen, die Rechts=
ungleichheit in den verschiedenen Städten und Land=
schaften abgeschafft, Geschworenengerichte und unentgeld=
liche Rechtspflege in Aussicht gestellt, und auf diese
Weise das Volk mit einer Fülle von Freiheiten über=
schüttet, wie es in einer Monarchie niemals erhört
worden.

Leider hatten die Franzosen unter der langen Miß=
regierung, welche dem Sinken der Größe Ludwig's XIV.
folgte, nicht die politische Reife erlangen können, um
ein solches Uebermaß von Freiheit zu ertragen. Nach=
dem noch bis 1791 die Hoffnung einer gedeihlichen
Entwickelung der Dinge fortgedauert hatte, wurde vom
Auslande her die unter der Asche glimmende anarchische
Gluth zu hellauflodernder Flamme angefacht und an
die Stelle der Vernunftrepublik, die man errichten
wollte, trat eine Pöbel= und Schreckensherrschaft, wie
die Welt sie nie gesehen.

Obgleich nämlich Adel und Geistlichkeit in ihrer
Mehrzahl sich den Beschlüssen der Volksvertretung
willig oder unwillig gefügt hatten, so waren die könig=

lichen Prinzen, und in ihrem Gefolge ein ungeheurer
Schwarm von weltlichen und geistlichen Vornehmen,
über die Grenzen entflohen, und hatten sich namentlich
in den benachbarten Deutschen Provinzen niedergelassen,
um die Fürsten daselbst zu gewaltsamem Einschreiten
gegen die Revolution aufzustacheln, — was ihnen leider
nur zu gut gelang.

In Deutschland hatte die erste Kunde von den Vor=
gängen in Frankreich, die Erklärung der Menschen=
rechte, die Abschaffung der feudalen Lasten und die ver=
heißene Gleichheit und Brüderlichkeit der Menschen,
den größten Jubel im Kreise aller Gebildeten erregt.
Klopstock, der gefeiertste Dichter der Nation, gab seine
Begeisterung in einer schwungvollen Ode kund. Allein
nach Deutscher Art äußerte sich die Beistimmung mehr
in gefühlvollen Reden und Wünschen, als in Thaten,
und vor den gewaltsamen blutigen Auftritten, die bald
in Paris erfolgten, bebte man erschrocken zurück. Gern
hätten die Fürsten ihre Grenzen gegen die Pest der von
Westen eindringenden neuen Ideen vollständig ab=
gesperrt; denn sie erkannten gar wohl die Gefahr des
eigenen Hauses bei dem Brande des Nachbars. Durch
scharfe Verbote gegen aufreizende Schriften, durch
strenge Censur, verschiedentlich durch Einführung ge=
heimer Polizei, wollten sie der Ansteckung vorbeugen;
und wo sich thatsächliche Nachwirkungen des erwachten
Unabhängigkeitssinnes zeigten, schritt man zu gewalt=

samer Unterdrückung, wie wir an dem Beispiele von Lüttich gesehen haben. Zu seinem Bedauern aber wurde das Deutsche Reich bald in die Nothwendigkeit versetzt, von den französischen Vorgängen nicht blos in ablehnender Weise Notiz zu nehmen. Vom Elsaß her sollte die Rache für das Verbrechen kommen, welches man beging, als Deutschland diese schöne Provinz im Westphälischen Frieden an Frankreich abtrat. Mit dieser Landschaft und in derselben, waren nämlich eine Menge, umschlossener Gebiete und Gerechtsame geistlicher und weltlicher Deutscher Fürsten unter Französische Ober= hoheit gekommen, und bisher geschützt worden. Durch die Aufhebung aller gutsherrlichen Privilegien aber, und durch die Einführung der neuen Verwaltung und Gerichtsbarkeit in Frankreich, wurden die Rechte jener Fürsten theils ganz aufgehoben, theils wesentlich ge= kränkt. Zwar stellte 1790 die Nationalversammlung gewisse Entschädigungen deshalb in Aussicht, allein damit wollten die Beschädigten sich nicht begnügen; namentlich erhoben die geistlichen Fürsten ein großes Geschrei, und hätten am liebsten den Kaiser sogleich zu einer Kriegserklärung gedrängt. Während man darüber auf dem Reichstage zu Regensburg des Brei= teren verhandelte, war in Frankreich eine Krisis aus= gebrochen, welche die gesammte Lage der Dinge um= wandelte. Ludwig XVI. hatte sich thörichterweise zu einem Fluchtversuche bereden lassen, und das Ausland um

Vermittelung angerufen. Die Flucht, auf's ungeschick=
teste eingeleitet, war mißlungen (20. Juni 1791), der
König wurde gewaltsam nach Paris zurückgeführt und
als Gefangener gehalten, bis er am 14. September die
ihm vorgelegte, von der Nationalversammlung ent=
worfene neue Verfassung des Reichs beschworen hatte,
welche bis auf den heutigen Tag die wesentliche Grund=
lage aller constitutionellen Verfassungen in Europa
geblieben ist, und im weitesten Umfange alle die Bürg=
schaften der Volksfreiheit aufstellte, deren voller Ver=
wirklichung die Nationen noch immer vergebens ent=
gegen sehen [1]).

Während man in Wien und Berlin zu keinem festen
Entschlusse kommen konnte, was solchen Vorgängen
gegenüber zu thun wäre, hatten sich im westlichen
Deutschland bereits Dinge begeben, welche als aus=
gesprochene Feindseligkeiten gegen Frankreich gedeutet
werden mußten. Die ausgewanderten Prinzen und
Abligen hatten mit ihrem Anhange in den kleinen
Fürstenthümern, namentlich bei dem Kurfürsten von
Trier nicht nur freundliche Aufnahme gefunden, sondern
man gestattete ihnen auch, sich gewissermaßen als die
eigentlichen Vertreter der Nation zu behaben. Die
Grafen von Provence und Artois, des Königs Brüder,
hatten ihr Ministerium, ihren Generalstab, und bildeten

---

[1]) Häusser, Gesch. der Revolution I. 246.

aus dem Schwarm der Begleiter bewaffnete Kom-
pagnien, die in den Rheinischen Städten in Garnison
lagen, und sich mit vielem Geräusch und prahlerischen
Redensarten darauf vorbereiteten, als Sieger und
Befreier ihres Monarchen in Paris einzuziehen. Zwar
wußte man in der Hauptstadt Frankreichs sehr wohl,
daß ein solcher Dünkel mehr lächerlich als furchtbar
war, indessen gab es doch den republikanisch gesinnten
Massen und ihren Clubs erwünschten Vorwand, um
das Land mit Angst von einem feindlichen Ueberfall zu
erfüllen, und die gemäßigten Elemente der Bevölkerung
zum Schweigen zu bringen.

Zur selbigen Zeit (Frühjahr 1791) war Bischofswerder als Preußischer Bevollmächtigter bei Kaiser
Leopold, den er auf dessen Reise nach Italien begleitete.
Leopold war keineswegs geneigt, der Verbindung mit
Rußland zu Gunsten des Preußischen Nebenbuhlers zu
entsagen, dem er noch so eben im Reichenbacher Vertrage die mühsamen Erfolge so vieler Feldzüge hatte
opfern müssen[1]). Erst als er versichert war, daß
Preußen seine Ansprüche auf Danzig und Thorn aufgeben wollte, beschleunigte er den Abschluß des Friedens
mit der Türkei, ohne deshalb jedoch den Russen feindlich gegenüber treten zu wollen. Willkommen waren
ihm aber die Anträge Bischofswerders, soweit dieselben

---

[1]) Hüffer, Oesterreich und Preußen p. 19.

sich auf gemeinschaftliche Maßregeln gegen die Französische Revolution bezogen. Er durfte ehrenhalber die
Mißhandlungen, welche seine Schwester, die Königin
Marie Antoinette, erfuhr, nicht ruhig mit ansehen. Zu
einer sofortigen Kriegserklärung aber konnte er sich
nicht entschließen, sondern wünschte ein drohendes
Bündniß aller großen Mächte herbeizuführen, unter
dessen Druck die Gewalthaber in Paris zur Nachgiebigkeit gezwungen werden sollten. Friedrich Wilhelm II.
faßte diese Verhältnisse, seinem Naturell gemäß, mehr
von der persönlichen Gefühlsseite, als von dem rein
politischen Standpunkte auf; er erklärte die Sache
Ludwig's XVI. für die Sache aller Könige, und war
der Ueberzeugung, daß es ihm mit seiner Armee ebenso
leicht gelingen würde in Frankreich Siege zu erfechten,
wie es in Holland geschehen. Unter einer Französischen
Armee stellte man sich in Preußen immer noch die
Haufen vor, welche in Roßbach schmachvoll reißaus genommen, und so groß war des Königs Meinung von der
Ueberlegenheit seiner Truppen, daß er glaubte gleichzeitig gegen Frankreich und gegen Rußland Krieg führen zu können; denn als die Kaiserin Katharina ein für
alle Mal verweigerte, sich bei ihren Händeln mit den
Türken drein reden zu lassen, war man in Berlin schon
entschlossen gewesen, ein Heer gegen die Donau vorrücken zu lassen, und den König von Schweden durch
Subsidien zu einem neuen Angriff von Norden her

gegen das Czarenreich zu bestimmen. Noch mehr ermuthigt zu solchem Unternehmen fühlte man sich, weil auch der König von England gedroht hatte, den Krieg zu erklären, falls Rußland sich weigerte, den Tür= ken die gemachten Eroberungen zurückzugeben. Allein die Aussicht auf Englands Beistand wurde hinfällig, als das Parlament seine Unterstützung zu einem Kriege verweigerte, welcher das Land nicht nahe genug an= zugehen schien. Das Londoner Cabinet stellte seine Rüstungen ein und ließ die Czarin gewähren.

Obgleich nun durch diesen Abfall Englands die Tripelallianz wesentlich unwirksam geworden war, so wollte doch die große Partei, welche in Preußen noch immer der Politik Friedrich des Großen anhing, von einem Bündnisse mit Oesterreich nichts wissen. Dessen= ungeachtet kam dasselbe zu Stande. Kaiser Leopold hatte bei Bischofswerder eine persönliche Zusammenkunft mit Friedrich Wilhelm II. in Anregung gebracht, welche angenommen wurde, und die entscheidende Wendung klar machte, welche die gesammte Preußische Politik genommen, seit Herzberg's Einfluß beseitigt war. Im August 1791 kamen die beiden Monarchen mit ihren Thronfolgern bei dem Kurfürsten von Sachsen in Pilnitz zusammen. Ungebeten, und sogar sehr unwillkommen stellte sich auch der Graf v. Artois ein. Am 17. August einigte man sich zu einer Erklärung, welche eigentlich Niemanden befriedigte, und unmittelbar keine weiteren

Folgen hatte, als die Französische Nation noch mehr gegen die Verbündeten aufzubringen. Man sprach sich dahin aus: Ludwig des XVI. Sache müsse für die Sache aller Souveräne angesehen werden, von denen man erwarte, sie werden im Verein mit Oesterreich und Preußen Maßregeln treffen, um dem Könige von Frankreich seine volle Freiheit wieder zu geben. Für diesen Fall seien der Kaiser und der König von Preußen entschlossen, gemeinschaftlich zu haudeln; schon jetzt aber würden sie ihre Truppen in Bereitschaft halten, um zu geeigneter Zeit einzuschreiten. Damit war denn zwischen den beiden Deutschen Mächten der Bund geschlossen, über den, wie der ehrliche Gallus sagt[1] „die Politiker murreten und die Menschheit seufzete."

Wenn häufig wiederholt worden, das Pilnitzer Abkommen sei die Ursache des Krieges gewesen, so ist das irrig. Der Krieg brach aus, weil die Parteiführer in Frankreich, die Girondisten sowohl als die Jakobiner, ihn brauchten, um sich im Innern Raum zu verschaffen, und aus diesem Grunde trieb seit dem Tage von Pilnitz alles dem Kriege entgegen. Die gesetzgebende Versammlung zwang den König von Frankreich in drohendem Tone über die Unterstützung der Emigranten Klage zu führen, Ludwig XVI. wagte keinen Widerstand. Im Dezember 1791 theilte er mit: dem Kur-

---

[1] Brandenburgische Geschichte Bd. VI. p. 145.

fürsten von Trier sei erklärt, man werde ihn als Feind
betrachten, wenn bis zum 15. Januar 1792 das Heer
der Emigranten nicht aufgelöst wäre. Kaiser Leopold
und auch der Kurfürst selbst betheuerten hierauf ihre
friedfertigen Absichten. Zugleich aber wurde dem Kai=
serlichen Generalcommandanten in den Niederlanden,
Marschall Bender, Befehl ertheilt, den Kurfürsten zu
schützen, falls dessen Gebiet verletzt werden sollte. In
Paris aber zeigte man nachträglich an, daß nicht nur
die Deutschen Fürsten, sondern alle Mächte Europa's
sich verbinden würden um die öffentliche Ruhe aufrecht
zu halten. Als Antwort hierauf wurde jeder Franzose
(womit hauptsächlich der König selbst gemeint war) für
einen Verräther erklärt, der zu einem Eingriff des Aus=
landes in die inneren Streitigkeiten Frankreich's die
Hand bieten, oder anrathen würde, die Deutschen Für=
sten im Elsaß anders als durch Geld zu entschädigen.
Der Kaiser möge sich hierüber bis zum 4. März 1792
unzweideutig aussprechen, sonst würde man ihm den
Krieg erklären. — Diese Drohung beschleunigte den
Abschluß eines förmlichen Bündnisses zwischen Preußen
und Oesterreich, welches am 7. Februar 1792 zu
Stande kam [1]), und demzufolge man zwar an der Er=
haltung des Friedens zu arbeiten, jedoch, wenn dies

---

[1]) Der Text des Vertrages im Juniheft des politischen Jour=
nals von 1792 bei Hüffer 27. Häusser I. 333. (Dritte Ausgabe.)

erfolglos wäre, einander mit 20,000 Mann gegenſeitig zu unterſtützen verſprach. Rußland und Sachſen ſollten zum Beitritt aufgefordert werden. Der Pariſer Regie- rung ertheilte man die geforderte Auskunft dahin, daß die Coalition der Mächte im vorigen Jahre durch die Gefangenhaltung des Königs veranlaßt worden; jetzt, da Ludwig XVI. die Conſtitution freiwillig angenom- men, falle dieſer Grund fort, doch ſei wegen der anar- chiſchen Beſtrebungen der Jakobiner eine Wiederholung ähnlicher Vorkommenheiten zu befürchten, wenn ſchon der Kaiſer überzeugt wäre, daß die Mehrheit der Nation dem verbrecheriſchen Treiben fremd bleibe. Was übrigens die Emigranten betreffe, ſo habe man auf Oeſterreichiſchem Gebiete keine Bewaffnung derſel- ben geduldet, auch den Kurfürſten von Trier und die anderen Reichsſtände ernſtlich ermahnt, die gegen ſie erhobenen Beſchwerden abzuſtellen.

Nichtsdeſtoweniger fuhren die Ausgewanderten fort ſich in den Rheiniſchen Städten zu ſammeln und zu ordnen. Ihr Hauptquartier in Coblenz betrachteten ſie förmlich als Sitz des Franzöſiſchen Königthums, was von verſchiedenen Höfen durch Anknüpfung diplo- matiſcher Verbindungen mit den Prinzen anerkannt wurde. Ein Schwediſcher und auch ein Ruſſiſcher Geſandter fanden ſich ein. König Guſtav III. hatte den romantiſchen Plan gefaßt mit 20,000 Schweden die Emigranten nach Paris zurückzuführen, und den

Thron Ludwig XVI. wieder aufzurichten.   Er hoffte in
Frankreich als Befreier des Landes gefeiert zu werden,
wie einst Gustav Adolph in Deutschland.   Katharina's
Absichten waren nicht so romantisch; sie wünschte
Oesterreich und Preußen womöglich in einen Krieg mit
Frankreich zu verwickeln, um inzwischen ihre Absichten
in Polen und gegen die Türkei ungestört ausführen zu
können[1]).   Unter diesen Umständen konnte auch die
obenerwähnte Oesterreichische Note in Paris keinen
beruhigenden Eindruck machen.

An dem Tage, als dieselben übergeben wurde
(1. März 1792), war Kaiser Leopold nach kurzer Krankheit ganz unerwartet gestorben[2]).   Der Tod dieses
Fürsten war deshalb von großer Bedeutung, weil er in
der That den Frieden gewollt hatte, und denselben vermöge seiner großen politischen Gewandheit auch vielleicht
noch einige Zeitlang erhalten hätte.   Sein 24jähriger
Sohn Franz II., welcher ihm, zunächst als König von
Ungarn und Böhmen, folgte, war ein Mann von
mittelmäßigen Fähigkeiten und zweideutigem Charakter.

---

[1]) Ich zerbreche mir den Kopf, schrieb sie im Dezember 1791
an einen Vertrauten, um das Wiener und Berliner Cabinet in
die Französischen Angelegenheiten zu verwickeln, damit sie mich
bei den vielen Unternehmungen nicht hindern, die vor mir liegen.
v. Sybel, Rev.-Gesch. II. 151 (nicht 131 wie bei Hüffer) aus
Smitt Suworoff II. 389.

[2]) Man muthmaßte eine Vergiftung, was jedoch in keiner
Weise durch die Umstände bestätigt wird.

Eigensinnig, kleinlich, mißtrauisch, eifersüchtig auf seine Brüder, dabei pfiffig genug, wo es darauf ankam seine unbeschränkte Herrschaft gegen Eingriffe zu schützen, wußte er durch den Schein derber Biederkeit, den er anzunehmen pflegte, und durch die Leichtigkeit, mit der er den Zutritt zu seiner Person gestattete, sich auf wohlfeile Art bei der Mitwelt in den Ruf eines patriarchalischen Landesvaters zu setzen, wofür ihn dann die Nachwelt desto härter beurtheilte. Daß er eher zum Kriege neige als sein Vorgänger, galt für ausgemacht. Die Allianz mit Preußen erklärte er für das Beste, was sein Vater gethan. In Paris war es unterdessen gelungen, die letzte Wiener Depesche als ein Aufreizungsmittel zu gebrauchen, um das noch monarchisch gesinnte Ministerium zu stürzen. Die Partei der Gironde kam an's Ruder, und Dumouriez, dessen Name bald in Aller Munde sein sollte, erhielt die Leitung des Auswärtigen. Sofort änderte sich der Ton gegenüber den fremden Höfen; und man vernahm zum ersten Male die Sprache der Clubs in den diplomatischen Noten. König Franz wurde aufgefordert, kategorisch zu erklären, ob er alle gegen Frankreich feindselig abgeschlossenen Verbindungen auflösen, und seine Truppen ohne Säumen zurückziehen wolle. Andernfalls müsse man den Krieg als erklärt betrachten, weil man alsdann den gerechten Unwillen einer stolzen und freien Nation nicht würde zurückhalten können.

Der Wiener Hof antwortete in würdigem Tone. Man könne, hieß es, der Französischen Aufforderung nicht eher entsprechen, bis die Deutschen Fürsten im Elsaß entschädigt worden, und der Pabst für die Gewalt= samkeit Genugthuung erhalten, mit der man ihm Avignon entrissen[1]); auch müsse die Französische Re= gierung im Innern solche Maßregeln treffen, daß die anderen Staaten nicht mehr täglich dem Ausbruch von Unruhen entgegenzusehen genöthigt sind. Als Antwort hierauf trug Ludwig XVI., der jetzt ein willenloses Werkzeug in den Händen der Demokraten geworden war, auf Kriegserklärung gegen Oesterreich an, die auch am 20. April 1792 erfolgte.

Es gehörte der ganze Taumel der Leidenschaft und des Uebermuthes der Französischen Nation dazu, um in der Verfassung, in der man sich befand, ganz Europa herauszufordern. Die Armee war vollständig demora= lisirt, die Finanzen ruinirt, alle Festungen im erbärm= lichsten Zustande. Allein der Krieg war in der That für die Parteien in Frankreich das einzige Rettungs= mittel geworden, um aus den Zuständen herauszu= kommen, die sich mit jedem Tage unerträglicher gestal= teten. Die Republikaner hofften bei Gelegenheit des

---

[1]) Gleich zu Anfang hatte die Nationalversammlung die Besetzung von Avignon verfügt, welche dann sehr tumultuarisch, unter Verübung von allerlei Grausamkeiten erfolgt war.

ausbrechenden Kampfes das Königthum völlig zu beseitigen; die Freunde der Ruhe und der Ordnung erwarteten, daß ein Feldherr sich erheben würde, der die empörten Elemente im Innern zu Boden schlüge, — eine dritte Partei betrachtete den Krieg als Reinigungsmittel, um das Land von dem Gesindel zu befreien, welches in Paris das Wort führte. Allein ganz abgesehen von diesem Parteitreiben war der Krieg eine geschichtliche Nothwendigkeit geworden. Er konnte vielleicht noch verschoben, aber niemals beseitigt werden. Die neuen revolutionairen Ideen durften nicht Eigenthum eines einzelnen Volkes bleiben, sie gehörten der gesammten Menschheit, und mußten ihre Rundreise machen. Auf friedlichem Wege konnte das nicht geschehen, so lange die übrigen Staaten an ihren feudalen Einrichtungen festhielten, und nicht im entferntesten daran dachten, die Ideen von 1789 freiwillig bei sich zur Geltung zu bringen. Der Pilnitzer Vertrag und die Vorgänge in Koblenz haben den Eintritt der Ereignisse vielleicht um etwas beschleunigt[1]), allein auch ohne diese Vorgänge wäre es schnell genug zum Kriege gekommen. Erkannten doch die Revolutionsredner selbst es an, daß die Deutschen Fürsten, namentlich Kaiser Leopold, den Frieden zu erhalten wünschten, und daß Oesterreich nur in so weit kriegerische Maß-

---

[1]) Häusser I. 341.

regeln traf, als die unglückliche Lage Marie Antoinettens und die Sicherung der Belgischen Grenzen es unumgänglich zu fordern schienen. Brissot, einer der entschiedensten Beförderer des Krieges, hatte das noch am 16. Dezember 1791 bei den Jakobinern offen ausgesprochen [1]): „In Berlin wie in Wien," sagte er, „wünscht man den Frieden, weil man seiner bedarf; man will nur den Schein haben, als unterstütze man die Sache der Könige. Auch der Vertrag zu Pilnitz hatte keine andere Bedeutung."

Zehntes Kapitel.

Ausbruch des Krieges. Feldzug in der Champagne.

Kaum waren acht Tage seit der Französischen Kriegserklärung vom 20. April 1792 vergangen, als auch schon der Vortrab der von Rochambeau befehligten Nordarmee in die Niederlande einrückte. So demoralisirt waren diese Truppen, daß sie beim Anblick des ersten ihnen entgegenkommenden Oesterreichischen Corps sich schleunigst nach Valenciennes zurückzogen. Eine andere Abtheilung unter General Dillon löste sich ebenfalls, sobald die Oesterreicher erschienen, in wilder

---

[1]) Hüffer a. a. O. p. 30.

Flucht auf und ermordete ihren Anführer, der sie zum Stehen bringen wollte. Rochambeau nahm alsbald den Abschied. Sein Nachfolger, Luckner, bemächtigte sich zwar einiger Plätze, allein beim Herannahen der Oesterreicher hielt auch er nicht Stand, sondern führte seine Truppen nach Frankreich zurück. Hätten die Deutschen damals gerüstet auftreten können, ja hätte Oesterreich allein, statt der 28,000 Mann die es zusammengebracht, eines der großen Heere in Bereitschaft gehabt, die man so eben erst den Türken gegenübergestellt, so würde gar wohl ein rasch entschlossenes Vordringen selbst bis Paris nicht zu den Unmöglichkeiten gehört haben. Aber die Abneigung der Deutschen Fürsten gegen den Krieg hatte die Rüstungen verzögert. Nach den ersten Mißerfolgen der Franzosen trat beinahe Waffenruhe ein; nur langsam bewegte sich das Preußische Heer dem Rheine zu[1]). Indessen wirkte die drohende Gefahr doch soweit auf die Deutsche Umständlichkeit, daß man die Wahl Franz des Zweiten mehr als gewöhnlich beschleunigte. Schon am 14. Juli konnte die Krönung vor sich gehen, bei der man zum letzten Male den alten Byzantinischen Pomp dieses verwunderlichen Schauspiels erblicken sollte.

Auf dem Rückwege in seine Staaten traf der neue Kaiser mit Friedrich Wilhelm II. in Mainz zusammen;

---

[1]) Hüffer 32.

wo ein glänzender Kreis von Königen, Kurfürsten und sonstigen Größen sich eingefunden, die allesammt nicht ahnten, wie schnell es mit ihrer Herrlichkeit zu Ende gehen sollte.

In Preußen hatten die Rüstungen für den, in Gemeinschaft mit Oesterreich zu unternehmenden Feldzug bereits im Februar 1792 begonnen. Der alte Herzog von Braunschweig sprach sich für eine methodische Kriegführung mit einem starken Heere aus[1]), welches sich von den Niederlanden aus zunächst der Französischen Grenzfestungen bemächtigen sollte. Friedrich Wilhelm II. aber und seine Günstlinge stimmten für rasches Vordringen. Sie waren durch die Mißerfolge Rochambeau's und Luckner's jetzt vollständig überzeugt, daß „ein militärischer Spaziergang" sie nach Paris führen würde[2]). Man dachte noch immer an eine zweite Auflage der Holländischen Expedition. Bischofswerder ließ den Officieren sagen, „sie sollten nicht so viel Pferde kaufen. Die Komödie würde nicht lange dauern; im Herbste hoffte man wieder zu Hause zu sein."

Am 26. Juni 1792 erging das Preußische Kriegsmanifest. Der Zweck des Feldzuges wurde in der

---

[1]) Menzel 144.

[2]) Sehr anschaulich berichtet der erste Band von Massenbach's Memoiren über diese Vorgänge.

Hauptsache dahin angegeben: der Anarchie in Frank=
reich ein Ende zu machen, das Königthum wieder her=
zustellen und das Blendwerk mißverstandener Freiheit
zu zerstören, damit die sanften Bande der Anhänglich=
keit und des Vertrauens der Völker zu ihren Fürsten,
in deren Person sie sonst ihre väterlichen Freunde und
Beschützer gesehen, wieder angeknüpft würden.

In Mainz einigten sich der Kaiser und der König
von Preußen dahin, daß Herzog Ferdinand von Braun=
schweig den Oberbefehl über die gesammte Unterneh=
mung erhalten sollte, obgleich der König mit seinen
ältesten Söhnen bei der Armee gegenwärtig war. Es ist
unbegreiflich, daß man die Collisionen übersehen konnte,
zu der dieser Umstand führen mußte. Bei den ferneren
Vorbereitungen gestattete man leider den Emigranten
sich breit zu machen. Diese verblendeten Menschen
bestärkten noch die Verbündeten in ihren falschen Vor=
stellungen über die Französischen Zustände, und veran=
laßten durch ihren Einfluß die Abfassung jenes berüch=
tigten Manifestes welches am 21. Juli aus dem Haupt=
quartier in Coblenz erlassen wurde, und für welches
man den Herzog von Braunschweig, der dasselbe in der
That mißbilligte, dennoch nicht mit Unrecht verantwort=
lich gemacht hat, weil er nicht den Muth besaß, seine
Unterschrift schließlich zu verweigern. Alle Franzosen
wurden in diesem Schriftstück aufgefordert, unvor=
züglich zum Gehorsam gegen ihren König zurück=

zukehren. Die Mitglieder der Nationalversammlung
und alle Behörden sollten mit Leib und Leben für jede
Verletzung der Königlichen Familie verantwortlich sein,
und im Uebertretungsfalle ohne Gnade nach Kriegs=
recht gestraft werden. Sollte der Pöbel das Schloß der
Tuillerien stürmen, oder den König und dessen Familie
im Geringsten beleidigen, so werde man die Stadt
Paris gänzlich zerstören und vom Erdboden vertilgen,
die Verbrecher aber der verdienten Todesstrafe über=
liefern.‟

Nichts konnte den Leitern der Bewegung in Frank=
reich willkommener sein, als dieser unkluge Aufruf. In
Tausenden von Exemplaren verbreiteten sie denselben,
und bewirkten dadurch, daß auch diejenigen, welche sich
bis jetzt den Ereignissen möglichst fern gehalten hatten,
nunmehr mit glühendem Hasse gegen die verbündeten
Mächte erfüllt wurden, und sich zum Eintritte in die
Reihen der Vertheidiger des Vaterlandes drängten.
Denn nichts Geringeres schien im Plane der Feinde zu
liegen, als nach Wiederherstellung der alten unerträg=
Mißbräuche, alle die welche zur Befreiung des Landes
mitgewirkt hatten, dem blinden Hasse der Emigranten
und ihres Anhanges Preis zu geben.

Doppelt verderblich wirkten die Drohungen des
Manifestes, weil den großen Worten nicht der Nach=
druck der That auf dem Fuße folgte.

Durch kleinliche Versehen bei der Proviantirung

der Preußischen Armee wurde der Marsch derselben der=
maßen verzögert, daß man erst am 19. August an die
Französische Grenze gelangte. — Inzwischen hatten die
Pariser Zeit gehabt, bereits am 10. desselben Monats
die Tuillerien zu stürmen, und am 13. den König und
dessen Familie als Gefangene in den sogenannten
Tempel einzuschließen.

Die Französischen Soldaten waren bereits ganz
von republikanischer Gesinnung erfüllt. Der Versuch
Lafayette's, welcher die Ardennenarmee befehligte, seine
Schaaren für die Wiederherstellung des constitutionellen
Königthums zu gewinnen, fiel so unglücklich aus, daß
der General mit seinem Stabe entfliehen mußte. An
der Holländischen Grenze fiel er den Oesterreichern in
die Hände, die ihn in eine Festung einsperrten, und
damit auch die noch einigermaßen königlich gesinnten
Französischen Officiere sich gründlich zu Feinden machteu.

An Lafayette's Stelle übernahm nunmehr Dumouriez, der aus dem Ministerium ausgetreten war, den
Oberbefehl. Hätten die Verbündeten sich beeilt, von
der Verwirrung, die diese Vorgänge im Französischen
Lager veranlaßten, Vortheil zu ziehen, so wären viel=
leicht bedeutende Erfolge zu erringen gewesen; allein
der Herzog von Braunschweig war zu raschem Handeln
nicht zu bewegen, und überdies in der schlimmsten
Laune, als sich herausstellte, daß statt der 110,000
Mann, aus welchen seine Armee bestehen sollte, kaum

70—80,000 Mann beisammen waren. Seine bedäch=
tigen Maßnahmen, seine festgehaltene Absicht, eine der
Grenzfestungen nach der andern zu erobern, wurden
beständig von des Königs Ungeduld durchkreuzt, der
zum schnellen Vordringen antrieb. Man wußte, wie
Göthe sagt, nicht zu entscheiden bei wem die oberste
Gewalt sei, wer im zweifelhaften Falle zu entscheiden
habe [1]).

Dieser Mangel an Einheit des Oberbefehls war
nicht die alleinige Ursache des Mißlingens der ganzen
Unternehmung. Von allen Seiten vereinigten sich
Fehler und Unglücksfälle, um die Erfolge dieses Feld=
zuges in der Champagne zu vereiteln, der in seinen
Nachwirkungen noch verhängnißvoller werden sollte,
als in seinem Verlaufe.

Die ersten Anfänge zwar ließen das unglückliche
Ende noch nicht vermuthen; denn nachdem am
21. August die Preußen, durch 20,000 Oesterreicher ver=
stärkt, welche Marschall Clerfoyt ihnen zugeführt, vor
Longwy angelangt waren, erfolgte schon zwei Tage
später (23. August) die Uebergabe dieses festen Platzes
mit allen Waffen und Vorräthen an die Verbündeten.
Die Besatzung durfte sich zu Dumouriez's Armee be=
geben. Die Emigranten, welche in ihrer hochmüthigen
Verblendung sich durchaus als die Hauptpersonen bei

---

[1]) Göthe, Ausgabe von 1840. Bd. 25 p. 17.

dem ganzen Feldzuge betrachteten, hatten die Dreistig=
keit zu fordern, daß die eroberte Festung und alles was
man darin vorgefunden, ihnen als den Repräsentanten
der Französischen Monarchie zur Verfügung gestellt
würde; und es bedurfte ganz ernstlicher Worte, um
diesen Leuten ihren Standpunkt klar zu machen[1].
Inzwischen rückte ein zweites Oesterreichisches Corps unter
Hohenlohe über Mannheim heran, um Thionville zu
belagern und die linke Flanke der Preußen zu decken.
Nach der Einnahme von Longwy kam Verdun an die
Reihe, welches sich beinahe eben so schnell ergab. Am
2. September konnten die Alliirten einrücken. Die
Besatzung hatte auch hier freien Abzug erhalten. Die
Freude der Eroberer wurde einigermaßen gedämpft als
sie erfuhren, daß der Commandant Beaurepaire, von
den Einwohnern zur Capitulation gedrängt, sich in die
Versammlung des Magistrats begeben, und nachdem
er die Punktation der Uebergabe unterzeichnet, mit
einem Pistol sich erschossen habe. Dies gab zu erkennen,
wie Französisches Ehrgefühl und Vaterlandsliebe noch
nicht erloschen sei, und daß man die ersten raschen
Erfolge nicht der Feigheit und Gesinnungslosigkeit der
Gegner, sondern nur der überwältigenden Verwirrung
aller Verhältnisse zu danken hatte. Was aber bei
entschlossener Benutzung solcher Umstände hätte erreicht

---

[1] Häusser 369, Note.

werden können, wurde durch die verkehrten Maßregeln
vereitelt, die man Preußischer Seits für die Verpflegung
und Fortschaffung der Armee getroffen. Um nicht als
Eroberer sondern als Befreier Frankreichs aufzutreten,
wollte man sich selbst beköstigen. Die von weit her
nachgefahrenen Brodtransporte blieben unterwegs auf
schlechten durchweichten Straßen stecken, das Brod kam
zu spät, und dann verdorben und ungenießbar an, so
daß die Truppen gar bald an den nothwendigsten
Lebensbedürfnissen Mangel litten. Strömender Regen
hatte die Wege ungangbar, und dadurch das Vorrücken
der Armee äußerst beschwerlich gemacht. Sogar an
Trinkwasser fehlte es auf dem Marsche oft so sehr, daß
die Soldaten um sich zu erquicken die vom Regen
gefüllten Vertiefungen ausschöpfen mußten, welche die
Pferdehufe in dem lehmigten Boden zurückgelassen.
Bald stellte sich in Folge solcher Zustände die Ruhr
ein, an welcher ein so großer Theil der Mannschaften
erkrankte, daß die ärztlichen Kräfte nicht ausreichten,
und man viele Hunderte hilflos zurücklassen und dem
Erbarmen der Einwohner preisgeben mußte. Dazu
kam, daß die Emigranten sich selbst und die Alliirten
über die Stimmung in Frankreich gründlich getäuscht
hatten. Jubelnd sollte ihrer Meinung nach die Bevöl=
kerung den einziehenden Truppen entgegen eilen; man
hoffte die Französische Armee würde mit fliegenden Fahnen
in das Lager der Preußen übergehen, um in Gemein=

schaft mit denselben ihren gefangenen König zu befreien. In der That war der Empfang Friedrich Wilhelm's II. in Longwy anscheinend freundlich genug gewesen. Allein bei weiterem Vordringen wurde man nur zu bald gewahr, daß man sich in Feindes Land befinde. Den übelsten Eindruck machte es, daß Preußen und Oesterreicher die Vorräthe an Korn und Schlachtvieh, die sie bald überall in großer Menge „requirirten," mit Anweisungen auf die Kassen Ludwig's XVI. bezahlten, was wie Hohn und Spott aussah, obgleich es ganz ernsthaft gemeint war, ja noch mehr, — die Emigranten führten, wie Göthe als Augenzeuge erzählt, große Frachtwagen voll nach= gemachten Französischen Papiergeldes (Assignaten) bei sich, mit dem sie ihre Bedürfnisse bezahlten, bis der Betrug offenbar wurde, und das Mißtrauen und die Wuth des Volkes auf's Höchste sich steigerte.

Trotz aller dieser Fehler und Unfälle hätten dem= nach für den Augenblick günstige Erfolge erzielt werden können, weil die Franzosen unbegreiflicher Weise ver= säumt hatten den Gebirgsrücken des Argonnerwaldes militärisch zu besetzen, der sich mit vielen Schluchten und Engpässen, zwischen der Maas und Aisne auf dem über Chalons nach Paris führenden Wege hinstreckt. Nach der Aussage aller Sachverständigen wäre Dumou= riez in eine geradezu verzweifelte Lage gekommen, wenn die Preußen sich sofort dieses Gebirges bemächtigt hätten; allein wie sehr auch der König zu schnellem

Vorrücken drängte, und noch immer hoffte seinen
Siegesmarsch bis Paris auszudehnen, — der Herzog
war von seiner Bedächtigkeit nicht abzubringen, und
erklärte, daß man durch Absendung eines Corps zur
Besetzung der Argonnerpässe, die Hauptarmee nicht
schwächen dürfe. Die Franzosen gewannen dadurch
Zeit, das Versäumte nachzuholen, und während die
Alliirten acht Tage in der Nähe von Verdun verweilten,
um Vorbereitungen zum Ausmarsch zu treffen, besetzte
Dumouriez (4. und 5. September) die Argonnerpässe.
Zehn Tage später kam es zu einem Treffen bei Croix
aux Bois, wo eine Abtheilung Franzosen von Clerfayt
geschlagen wurde. Fünfzehnhundert Oesterreichische
Husaren konnten durch ihr bloßes Erscheinen ein
10,000 Mann starkes feindliches Corps in die Flucht
treiben. Dumouriez mußte bis St. Ménéhould an
der Aisne zurückweichen. Leider konnten die Alliirten
diesen Sieg nicht benutzen, weil sie wieder einmal
genöthigt waren, drei Tage lang auf ihre Proviant-
wagen zu warten. Dadurch gewann Dumouriez Zeit,
den General Kellermann zur Verstärkung an sich zu
ziehen, und die langen Hügelreihen zwischen St. Ménéhould und Valmy zu besetzen (19. September). Friedrich Wilhelm II. begriff gar wohl, was man versäumt
hatte; aber durch falsche Rapporte verleitet, welche
irrthümlich den Rückzug der Franzosen gemeldet, ließ
er die Armee links ab nach St. Jean la Tourbe führen,

um dem Feinde, den man auf der Flucht glaubte, den
Rückzug abzuschneiden. Zu spät wurde der Irrthum
am Morgen des 20. September erkannt, als man zu
größter Ueberraschung sich den Franzosen gegenüber
fand, welche in voller Schlachtordnung auf den Höhen
standen. Schnell besetzten die Preußen nun auch ihrer=
seits ein hochgelegenes Vorwerk, La Lune, und man
begann von beiden Seiten auf einander ein so furcht=
bares Kanonenfeuer zu eröffnen, daß von dem Gedröhn
die Regenwolken verjagt wurden. Als durch wohl=
gezielte Schüsse einige französische Pulverwagen in die
Luft gesprengt wurden, entstand die größte Verwir=
rung in den feindlichen Reihen; die Officiere hatten
Mühe ihre Truppen von der Flucht zurückzuhalten.
Im Preußischen Heere erkannte man allgemein, daß ein
Angriff, in diesem Augenblicke unternommen, zum
Siege, vielleicht zur Vernichtung des Feindes führen
könnte, allein der Herzog von Braunschweig hatte wie=
der Bedenken, und wußte dieselben auch dem Könige
mitzutheilen, welcher mit Ungestüm eine Schlacht ver=
langt hatte. So geschah weiter nichts, als daß das
zwecklose Kanonenfeuer bis um 5 Uhr Nachmittags
fortdauerte, was vielen Hunderten von Menschen ganz
unnützer Weise das Leben kostete.

Wenn diese Kanonade von Valmy auch an jenem
20. September 1792 nur viel Lärmen um nichts
machte, so hat sie dennoch eine ebenso große als traurige

Berühmtheit erlangt. Da auf das Schießen weiter kein Angriff in der Nähe erfolgte, so hielten die Franzosen sich überzeugt, es fehle den Preußen an Muth sich heranzuwagen. Hiedurch wuchs ihr eigener Muth, und sie betrachteten seit diesem Tage die Armee Friedrichs II. nicht mehr in dem Glanze der Unüberwindlichkeit, welche der Name des großen Königs noch über das Grab hinaus um die einst von ihm geführten Schaaren verbreitet hatte.

„Wir waren," sagt ein Preußischer Officier[1]), „in ihrer Meinung gefallen, — sie in der ihrigen gestiegen. Sie hatten die Feuerprobe bestanden. Sie hatten mehr von uns erwartet. Es war mehr verloren als eine Schlacht — die Meinung war dahin. Der 20. September 1792 hat der Welt eine andere Gestalt gegeben. Die Göttin des Sieges reichte uns den Kranz, und wir verschmähten ihn."

Während der Kanonade war ein Trupp Französischer Reiter in den Rücken der Preußischen Aufstellung gekommen, und hatte daselbst verschiedene Personen aus dem Gefolge des Königs und des Herzogs von Braunschweig, welche bei den aufgefahrenen Gepäckwagen Sicherheit gesucht, gefangen genommen und mit sich fortgeführt. Unter denselben war auch des Königs Cabinetssecretair Lombard, ein Mann von verhängniß-

---

1) Massenbach's Memoiren I. 94. 95. bei Menzel 157. Note.

voller Berühmtheit, dessen Name in den traurigsten
Tagen der Preußischen Geschichte nur zu oft genannt
werden sollte.

Dumouriez benutzte den Zufall, der ihm diese ein=
flußreiche Persönlichkeit zuführte, um mit dem Könige
Unterhandlungen anzuknüpfen. Es lag in seinem In=
teresse nicht minder als im Interesse der Preußen, den
Feindseligkeiten ein Ende zu machen. Dumouriez wollte
Zeit gewinnen, seine Stellung zu verbessern und seine
Armee durch Zuzüge zu verstärken, um mit desto größe=
rem Nachdruck die von ihm beabsichtigte Eroberung der
Niederlande auszuführen. Dazu war es für ihn von
höchster Wichtigkeit, die Preußen aus dem Lande zu
entfernen, und sie zugleich, indem er geheim mit ihneu
unterhandelte, den Oesterreichern verdächtig zu machen;
denn auf diese Weise wurde der Same der Zwietracht
zwischen den Verbündeten gestreut, und die Coalition
kounte möglicherweise gesprengt werden. Er schlug
deshalb einen einstweiligen Waffenstillstand vor, der
auch angenommen wurde; denn die Preußen ihrerseits
konnten unter den obwaltenden Verhältnissen nur
wünschen, einigermaßen mit Ehren aus einer Unter=
nehmung herauszukommen, die jetzt, nachdem man
mehr als ein Mal die günstigsten Augenblicke ungenutzt
gelassen, so gut wie gar keine Aussicht auf Erfolg mehr
bot. Von Tag zu Tag hatte sich der Zustand der
Truppen verschlimmert; die mangelhafte Ernährung,

26*

der Genuß des vielen unreifen Obstes, welches man aus Hunger verzehren mußte, hatte die Ruhr in erschreckender Weise immer weiter verbreitet. Das fortdauernd schlechte Wetter, die täglich grundloser werdenden Wege — Alles dräugte zu schleuniger Umkehr. Diese an sich schon höchst traurige Lage[1]) ward noch dadurch verschlimmert, daß die erbitterten Soldaten und Officiere, wie man wohl wußte, den Führern vorwarfen, durch Mangel an Entschlossenheit die Armee Friedrich's des Großen um den ererbten Ruhm der Unbesiegbarkeit gebracht zu haben.

Die Unterhandlungen mit Dumouriez[2]) wurden zwischen diesem und dem Obristen Mannstein zum Theil in persönlichen Zusammenkünften geführt, an denen auch der Französische General Kellermann, und ein gewisser zweideutiger General Heymann als Unterhändler Ludwig's XVI. Theil nahmen. Es stellte sich dabei heraus, wie wenig man noch immer in den Umgebungen des Königs die wahre Lage der Dinge

---

1) Ueber die Mühseligkeiten und Beschwerden der Soldaten während dieses Feldzuges bietet Laukhard's Selbstbiographie Bd. III. eine interessante Ergänzung zu Göthe's Mittheilungen. Was der sonst nicht eben achtungswerthe Mann erzählt, trägt gerade in diesem Abschnitte gar sehr das Gepräge der Wahrheit, um so mehr als er keine Veranlassung hatte, zu verschweigen oder zu entstellen was er gesehen.

2) Ausführlich nach archivalischen Quellen dargestellt von Häusser I. 380 ff.

erkannte; denn als Bedingung für ihren Abzug aus dem Lande stellten die Preußen die Forderung auf, daß Ludwig XVI. freigelassen und seine königliche Würde wieder aufgerichtet werden sollte, und daß ferner die Franzosen auf alle auswärtigen Eroberungen verzichten sollten.   Dumouriez dagegen trat immer deutlicher mit der Forderung heran, die Preußen müßten sich von dem Oesterreichischen Bündnisse losmachen und eine Allianz mit Frankreich schließen.

Während man auf solche Art herüber und hinüber verhandelte, waren die Dinge in Frankreich wieder um einen bedeutenden Schritt vorwärts gerückt. Am 21. September hatte der Nationalconvent das König= thum für abgeschafft erklärt, und es ließ sich vorher sehen, daß man dem unglücklichen Ludwig den Prozeß machen würde.

Der König von Preußen gerieth bei diesen Nach= richten in die heftigste Aufregung. Er befahl den Waffenstillstand zu kündigen und am 29. eine Schlacht zu liefern. Zugleich wurde der Herzog von Braun= schweig veranlaßt, in einem abermaligen, dem bern= fenen Coblenzer Schriftstücke an Heftigkeit der Sprache ähnlichen Manifeste, die Herstellung der königlichen Gewalt und die Sicherung der königlichen Familie von den Französischen Gewalthabern zu fordern.

In Paris hatte Danton mit großem Geschick die Oberleitung der militairischen Angelegenheiten über=

nommen. Von ihm erging an Dumouriez die Wei=
sung, vor allen Dingen den Französischen Boden von
den fremden Truppen zu befreien, und den Preußen, die
er nicht als natürliche Feinde betrachten wolle, den
Abzug zu erleichtern.. Da nun gleichzeitig im Haupt=
quartier Friedrich Wilhelm's II. die Nachricht eintraf,
daß England und Holland die geforderte Theilnahme
am Kriege gegen Frankreich abgelehnt hatten, und daß,
um das Mißgeschick voll zu machen, ein Französisches
Corps im Begriff stehe, in die Deutschen Rheinlande
einzubrechen, so mußten alle Gedanken an die Fort=
setzung eines Angriffskrieges gegen Frankreich aufge=
geben werden; um so mehr, als durch die eingerissenen
Krankheiten sich die Zahl der dienstunfähigen Mann=
schaften in schreckenvollster Weise vermehrten.

Bei dem Drange dieser Umstände kam denn am
30. September zwischen Dumouriez und dem Herzog
von Braunschweig ein im höchsten Geheimniß getroffe=
nes Abkommen zu Stande, die Feindseligkeiten beider=
seits einzustellen. Die Preußen versprachen Longwy
und Verdun zu räumen und sich bis an die Maas
zurückzuziehen.

Mit schwerem Herzen fügte der König sich in diese
Nothwendigkeit. Unter den größten Mühseligkeiten
und Entbehrungen trat die Armee den noch immer
gefahrvollen Rückzug an; denn man mußte sich sagen,

daß die Franzosen durch einen aus dem Hinterhalt
unternommenen Angriff gar leicht die ganze durch
Hunger und Krankheit erschöpfte Schaar hätten ver=
nichten können.

Göthe hat mit ergreifender Wahrheit die Auftritte
geschildert, bei denen er selbst zugegen war[1]). Am
2. Oktober gelangte die Armee an die Aisne. Ueber
zwei daselbst geschlagene Brücken zogen die Truppen in
düsterster Stimmung der Deutschen Grenze entgegen.
„Der König und sein Generalstab ritt von weiten her,
hielt an der Brücke eine Zeitlang still, als wenn er sich's
noch einmal übersehen und überdenken wollte; zog dann
aber am Ende den Weg aller der Seinen. Ebenso
erschien der Herzog von Braunschweig an der anderen
Brücke, zauderte und ritt herüber[2])."

Während des ganzen Weges wurden übrigens klüger
Weise die Verhandlungen wegen eines Separatfriedens
mit Französischen Abgesandten fortgesetzt, um desto
sicherer an die Grenze zu gelangen[3]). Dumouriez

---

1) p. 85.

2) Die Jacobiner rasten, als sie erfuhren, wie leicht Dumouriez die Preußen hatte davon kommen lassen. „Man hätte Friedrich Wilhelm II. und den Herzog von Braunschweig gefangen
nehmen und aufhängen sollen, damit den Königen die Lust ver-
gehe, Frankreich mit ihren Soldaten zu überschwemmen!" rief
Marat.

3) Häusser p. 394.

wurde dabei in ähnlicher Weise listig hintergangen, wie
er selbst vorher die Preußischen Unterhändler getäuscht
hatte. Man ließ die Möglichkeit eines Bündnisses mit
Frankreich durchschimmern bis man in Sicherheit war.
Sobald aber die Deutsche Grenze überschritten war,
erfolgte die bestimmte Erklärung, daß an keinen Frieden
zu denken sei, in welchen Oesterreich nicht mit ein=
begriffen werde.

Dies diplomatische Kunststück blieb indessen nicht
ohne üble Folgen. Die Feinde Preußens fanden
Glauben, wenn sie erzählten, Ferdinand von Braun=
schweig stehe im geheimen Bunde mit Frankreich; er
habe sich durch große Geldsummen und Geschenke
bestechen lassen[1]), und Preußen werde sich in Folge
dessen von dem Bündniß mit Oesterreich zurückziehen.
Die Freundschaft zwischen den beiden Deutschen Mäch=
ten, die so lange als erbitterte Feinde sich gegenüber
gestanden hatten, war noch zu neu, als daß man nicht
zum Argwohn gegen einander geneigt sein sollte. Die
Franzosen boten alles auf, das Mißtrauen zwischen den
den Verbündeten wach zu erhalten, und bezeigten sich
deßhalb auf alle Weise freundlich gegen Preußen und
gehässig gegen Oesterreich.

Obgleich vom Feinde unbelästigt, war der Rückzug
der Preußen über Luxemburg und Trier dennoch von

---

[1]) Hüffer p. 33.

unsäglichen Leiden und Entbehrungen begleitet[1]). Mit jedem Tage steigerte sich der Mißmuth der Soldaten und Officiere, je mehr sie gewahr wurden, wie zwecklos das Wohl vieler Tausende geopfert, welche Summen bei einem so schlecht ausgeführten Unternehmen vergeudet worden. An 12,000 Menschen sollen während dieses Feldzuges, bei weitem der größte Theil durch Krankheit, um's Leben gekommen sein. Die Wuth mancher höheren Officiere steigerte sich, wie Göthe erzählt, fast bis zum Wahnsinn als sie mit ansehen mußten, wie man durch geheime Verträge die Sicherheit des Rückzuges von denselben Menschen erkaufte, die man so eben in den Manifesten als die verworfensten Verbrecher bezeichnet hatte. Den Preußischen Kriegerstolz verletzte es auf's Tiefste, unter den Urkunden, welche über die Rückgabe von Longwy und Verdun aufgesetzt wurden, das königliche Siegel neben dem Siegel der Französischen Republik zu erblicken.

---

1) In Trier war bei Beginn des Feldzuges Lieutenant v. Fritsch mit einer kleinen Besatzung zurückgelassen worden. Die Franzosen dachten sich der Festung durch einen Handstreich zu bemächtigen, indem sie ein Streifcorps mit Geschützen dorthin schickten. Der wackere Fritsch machte einen Ausfall, und zwang die Franzosen, welche wahrscheinlich vermutheten, daß noch andere Streitkräfte gegen sie bereit seien, zum Rückzuge. Für diese Tapferkeit erhielt Fritsch von dem heimkehrenden Könige den Orden pour le mérite, und war auf diese Art vielleicht der einzige Officier, dem der verhängnißvolle Feldzug zu einer Freude verholfen hatte. Göthe p. 122.

Aber viel Schlimmeres sollte man alsbald erleben!
Der verhängnißvolle Rückzug aus der Champagne war
noch in vollem Gange, als man erfuhr, daß der Französische Commandant der Festung Landau, General
Custine, plötzlich mit einer Heerschaar den Rhein überschritten, und sich der großen in Speier zurückgelassenen
Oesterreichischen Magazine bemächtigt habe. General
Erbach, der dieselben unter seiner Aufsicht gehabt, war
nämlich beordert worden, der Hauptarmee nach dem
Elsaß zu folgen, und hatte deßhalb nur 2000 Mann
zur Bedeckung der großen ihm anvertrauten Vorräthe
zurücklassen können. Custine überrumpelte Speier,
machte die schwache Besatzung zu Kriegsgefangenen
und faßte alsbald den Plan, sich der Festung Mainz zu
bemächtigen, die als Schlüssel der Deutschen Rheinlande gelten konnte. Die gefüllten Magazine in Speier
und Worms setzten die Fanzosen, denen es selbst an den
nothwendigsten Ausrüstungsgegenständen gefehlt hatte,
in Stand, sich vollständig mit Waffen, Zelten und
Armaturstücken zu versehen, und nun erst in Gestalt
ordentlicher Truppen aufzutreten.

Die Sorge für die hochwichtige Festung Mainz
hatten die ausrückenden Alliirten einer geringen Zahl
kurfürstlicher Invaliden und Rekruten, und einer kleinen
Schaar buntscheckig zusammengesetzter Reichstruppen
anvertraut, — eine unbegreifliche Sorglosigkeit des sonst
übervorsichtigen Herzogs von Braunschweig, die nur

aus der übermüthigen Zuverſicht ſich erklärt, mit der
die Verbündeten ihren Kriegszug unternommen hatten,
ohne ſich die Möglichkeit einer ſo ſchmählichen Reti=
rade, wie er jetzt erfolgt war, auch nur träumen zu
laſſen.

Inzwiſchen brachten die Mainzer Vorgänge, und
was damit zuſammenhängt, die ganze Kläglichkeit der
damaligen Deutſchen Kleinſtaaterei zur widerlichſten
Erſcheinung. Kurfürſt Carl Friedrich Graf Erbach,
der beſtimmt war, der letzte Kurfürſt von Mainz zu
ſein, hatte die Gefahr, die ſeit dem Ausbruch der Fran=
zöſiſchen Revolution ſeiner Herrſchaft drohte, mit unbe=
greiflichem Leichtſinn unterſchätzt. Aufgeblaſen durch
ſeine Würde als Primas des Deutſchen Reiches, hatte
er große Politik treiben, und den Kaiſer zum Kriege
drängen wollen, um ſich und ſeinen geiſtlichen Mit=
fürſten Genugthuung für die Verluſte an Rechten und
Gütern zu ſchaffen, die ſie im Elſaß eingebüßt. Daheim,
in Mitten eines von intriguanten Weibern und Pfaffen
beherrſchten Hofes, hatte er in ſorgloſer Ueppigkeit
gelebt, zugleich mit den Flittern moderner Freigeiſterei
ſich ſchmückend. Ueber dieſem leichtfertigen Treiben
blieb alles Weſentliche vernachläſſigt. Zwar fehlte es
nicht an Warnungen einzelner beſonnener Leute, die
den Kurfürſten auf die Wehrloſigkeit des Landes und
auf den ſchlechten Zuſtand der Mainzer Feſtungswerke
aufmerkſam machten, deren man bei einem immerhin

nicht unmöglichen Angriffe doch bedürfen könnte; allein Carl Friedrich ließ es nach wie vor geschehen, daß die Gräben und Wälle, welche zum Schutz der Stadt, ja zum Schutz des ganzen Rheinlandes dienen sollten, theilweise in Lustgärten des Kurfürsten und seiner Großen umgewandelt wurden, während man doch das Deutsche Reich zu Beiträgen für die Verbesserung der Festungswerke anrief.

Einige Arbeiten, die nach dieser Richtung hin begonnen wurden, stellte man ein, als die Verbündeten ihren vermeinten Siegeszug nach Frankreich antraten. Den Uebermuth der Emigrirten begünstigte man hier fast ebensosehr wie in Coblenz[1]). Für die Hebung des Volkes war, seit der vorigen Regierung, so gut wie nichts geschehen. Die Landbewohner mußten hier, wie fast überall in den kleinen Staaten, für den Luxus des Adels und der Geistlichkeit die Mittel aufbringen, und waren durch den Druck, der auf ihnen lastete, sehr geneigt gemacht, den Verheißungen von Freiheit und Gleichheit zu lauschen, die trotz der geistigen Grenz=sperre aus Frankreich zu ihnen herübertönten.

In Paris kannte man diese Zustände sehr wohl aus den Gesandschaftsberichten und beschloß davon Nutzen

---

[1]) Wer sich über die Einzelheiten der Mainzer revolutionären Episode näher unterrichten will, findet eine Nachweisung der gleichzeitigen Literatur bei Häusser I. 404 und 428, Note.

zu ziehen. Die Kunde, daß Cuſtine Speier, und bald
darauf auch Worms ohne Widerſtand genommen, berei=
tete der Sorgloſigkeit des Kurfürſten ein ſchreckliches
Ende. Er und alle benachbarten kleinen Fürſten bis
tief in's Innere von Deutſchland hin, wurden von
Furcht und Entſetzen ergriffen. Am 4. Oktober ſchon
entfloh Carl Friedrich nach Würzburg. Alsbald folgte
ihm faſt der geſammte Adel und die höhere Geiſtlich=
keit, die keine andere Sorge kanute, als ihre Perſonen
und ihre Schätze möglichſt in Sicherheit zu bringen.
Der Rheinſtrom bedeckte ſich mit Schiffen, welche die
Koſtbarkeiten der Großen hinwegführten. Das Reichs=
archiv wurde nach Düſſeldorf geſchafft, wo die erbärm=
liche Kurpfälziſche Regierung ſich durch unterwürfiges
Betragen die Gunſt der Franzoſen zu erwerben ſuchte.
In Mainz wurde General v. Gymrich als Gouverneur
zurückgelaſſen, ein unfähiger, geſinnungsloſer Mann,
der ſchon am 5. Oktober einem zuſammengerufenen
Kriegsrathe vorſchlug, die Außenwerke der Feſtung
Preis zu geben. Der einzige Mann von Geſinnung,
der ſich dem widerſetzte, war der Obriſt Eikemeier,
welcher nachwies, daß es möglich ſei, ſich wenigſtens
eine Zeitlang ehrenvoll zu halten. Am 16. erfuhr
man, daß Cuſtine heranrücke, am 18. Oktober konnte
man das Heer deſſelben bereits von den Thürmen
beobachten. Es waren 15,000 Mann, die Furcht aber
ließ dieſe Zahl dreifach ſo groß erſcheinen. Am 19.

erschien ein Französischer Obrist und forderte zur Ueber=
gabe auf.   Schon am nächsten Tage beschloß der
Kriegsrath sich zu fügen, und am 21. Oktober capitu=
lirte die Festung.   Die Truppen erhielten freien Abzug,
— die großen Vorräthe an Proviant und Munition
mußten den Franzosen überliefert werden.

Die Nachricht von diesem unglaublichen Ereigniß
wirkte wie ein Donnerschlag.   Die Fürsten und Prä=
laten rings umher nahmen Reißaus, und ließen Land
und Leute im Stich.   Aus Würzburg und Bamberg,
aus Trier und Cöln, sogar aus Kassel und Darmstadt
flüchteten die geistlichen und weltlichen Herrscher; in
Regensburg bereitete der Reichstag sich zur Abreise auf
der Donan.   Keiner von diesen hatte, als es noch Zeit
war, daran gedacht, sich in tüchtigen Vertheidigungs=
zustand zu setzen, um das eigne Land und das gemein=
same Vaterland im Fall der Noth vertheidigen zu
können.   Für den frevelhaftesten Luxus, hie und da,
wie in Darmstadt, für zwecklose Soldatenspielereien
waren die Einkünfte vergeudet worden.   Es war ein
unverdienter Glücksfall, daß Custine es versäumte eine
Abtheilung seiner Truppen alsbald in das von dem
Kurfürsten von Trier im Stich gelassene Coblenz zu
werfen.   Diese Stadt wäre so wenig als der Ehren=
breitenstein zu halten gewesen, allein er ließ unbegreif=
licher Weise den aus der Champagne abziehenden
Alliirten Zeit, den Platz durch eine vorangeschickte

Schaar der braven Hessischen Truppen zu besetzen, bis
bald darauf auch der König von Preußen eintraf, der
in Coblenz sein Hauptquartier aufschlug. Frankfurt
dagegen wurde von den Franzosen besetzt und stark
gebrandschatzt, bis am 2. Dezember Hessen und Preußen
die Stadt wieder befreiten, und von den Eindringlingen
säuberten.

In Mainz hatten sich unterdessen seltsame Dinge
begeben. Die Französische Republik, oder vielmehr
das Jakobinerthum, errichtete hier eine kleine Filial-
gesellschaft, mit Freiheitsbäumen, Clubs und allem
revolutionairen Zubehör. Die Einwohner schienen von
den Verheißungen der Freiheit, Gleichheit und Brüderlichkeit, von der Parole: Krieg den Palästen, Friede
den Hütten, höchlich erbaut, bis sich zu ihrem Schaden
herausstellte, daß die fremden Beglücker die Gleichheit
in der Plünderung Aller einführten, und die Hütten
ebenso ausraubten wie die Paläste; — und dennoch
verschwinden vor den Augen der Nachwelt die Uebel,
welche diese im wilden politischen Rausche vollführte
Unternehmung über das Land brachte, gegen die Segnungen, welche dauernd zurückblieben. Die Deerete
der revolutionairen Eroberer fegten den alten feudalen
Plunder der Leibeigenschaft, der Frohndienste und
Zehnten, das zur wahren Landplage gewordene fürstliche Jagdrecht und ähnliche Dinge, die zwar während
einer kurzen traurigen Reactionsperiode nachher noch

einmal in ein Scheindasein zurückgerufen wurden, hin=
weg, und ganz Europa dankt es den Ideen von 1789,
daß diese Dinge, wenngleich oft spät genug, doch nun=
mehr für immer beseitigt und begraben sind.   •

Aber nicht blos nach der Rheinseite hin quoll der
Strom der Französischen Revolution über die Grenzen.
Ihre Südarmee hatte bereits im September Nizza und
Savoyen besetzt, und in zwei Französische Departements
verwandelt.   Die Nordarmee unter Dumouriez, nach
dem Abzng der Preußen auf 80,000 Mann verstärkt,
brach gegen Belgien auf, um dasselbe den Oesterreichern
zu entreißen, deren Feldherr, Herzog von Sachsen=
Teschen, am 6. November 1792 bei Jemappe, unweit
von Mons, in blutiger Schlacht besiegt wurde, worauf
fast das ganze Land, mit Ausnahme von Luxemburg,
sich unterwarf.   Auch Aachen wurde in Besitz genom=
men; und in Lüttich ereilte den Bischof jetzt die Strafe
für sein hinterlistiges Benehmen gegen die eigenen
Unterthanen.   Er wurde verjagt, und die von den
Oesterreichischen Executionstruppen vernichtete alte Ver=
fassung wiederhergestellt.

Das Alles waren bereits vollendete Thatsachen, als
endlich am 23. November das heilige Römische Reich
Deutscher Nation sich soweit aufraffte, um ernstliche
Kriegsrüstungen zu beschließen.   Es sollten 120,000
Mann auf die Beine gebracht werden, was doch im
besten Falle eine sehr unzureichende Angriffs= oder Ver=

theibigungsarmee gegen Frankreich abgegeben hätte.
Allein die Ausführung blieb noch weit hinter der Absicht
zurück. Carl Theodor von Baiern, durch den Besitz
Baierns und des Pfälzischen Kurfürstenthums, nächst
Oesterreich und Preußen der größte Territorialherr in
Deutschland, machte alle möglichen Außflüchte, um sich
der Theilnahme an einem Reichskriege zu entziehen.
Er wollte neutral bleiben, und hoffte für sich aus den
freundschaftlichen Beziehungen, in denen er zu den
Französischen Machthabern zu stehen wähnte, die größ=
ten Vortheile zu ernten. War er doch sogar mit der
revolutionairen Regierung in Mainz in diplomatische
Beziehungen getreten. Er hatte im Ganzen nur
9000 Soldaten unter den Waffen, und es beburfte der
strengsten kaiserlichen Befehle, um ihn zur Vermehrung
dieser Streitkräfte zu bewegen. Auch das wäre vielleicht
ohne Wirkung geblieben, wenn nicht England ihm Sub=
sidien versprochen hätte. Die kleinen Reichsunmittel=
baren in Frauken und Schwaben stellten wieder gerade
so buntscheckige und unbrauchbare Haufen Gesindels
zur Reichsarmee, wie dieselben im siebenjährigen Kriege
zum allgemeinen Gespött geworden, und wenn auch
Oesterreich und Preußen bereit waren, weit mehr als
ihre matrikelmäßigen Heerestheile in's Feld zu schicken,
so erwies sich auch dies noch als völlig unzureichend für
die umfassenden Ziele, die man erreichen wollte.

Schlimmer als alle jene Uebelstände der Deutschen

Heeresverfassung war der Umschwung, der sich in den
Anschauungen des Königs von Preußen und seiner
nächsten Umgebungen inzwischen vollzogen hatte. Frie=
drich Wilhelm II. war zu dem Feldzuge nach der
Champagne hauptsächlich durch die Hoffnung bewogen
worden, er werde das Französische Königthum retten
und Ludwig XVI. aus seiner gefahrvollen Lage befreien
können. Nach der Einkerkerung der königlichen Familie
im Tempel wäre es thöricht gewesen, noch ferner an
die Verwirklichung solcher Pläne zu denken; und mit
der Hinrichtung des Königs (21. Januar 1793) ver=
schwand der Hauptgegenstand des Krieges mit Frank=
reich. Der unglückliche Rückzug aus diesem Lande war
überdies nur zu sehr geeignet, den Kriegseifer des
Königs abzukühlen, so daß er eigentlich von da an
beschloß lediglich die ihm als Deutschen Reichsfürsten
obliegenden Pflichten zu erfüllen und namentlich zur
Wiedereroberung der Festung Mainz mitzuwirken. In
dieser Auffassung wurde er durch die Männer bestärkt,
die in dieser Zeit zu größtem Ansehen gelangten. Nach
Graf Schulenburg's Rücktritt war Graf Haugwitz zur
Leitung der auswärtigen Angelegenheiten berufen wor=
den, neben ihm übten Lucchesini und Lombard (letzterer
als Cabinets=Sekretair) entscheidenden Einfluß. Alle
drei hingen der verderblichen Vorstellung an, Preußen
müsse sich bei den Verwickelungen im Westen möglichst
neutral erhalten, und allerdings war die Wahl des

richtigen Weges so einfach nicht. Hätte man in die
Zukunft schauen, und die Schwere der Verwickelungen,
welche von Osten und Westen her gleichzeitig den
Preußischen Staat bedrohten, gegeneinander abwägen
können, so wären allerdings die Polnischen Angelegen=
heiten den Französischen gegenüber kaum in Betracht ge=
kommen; allein in der Zeit von der wir reden, war die
Aussicht, nach dem Untergange Polens das Russische
Reich dereinst zum unmittelbaren Grenznachbar zu
bekommen, so bedrohlich, daß sie bei den Erwägungen
des Berliner Cabinets auf's allererheblichste in die
Schale fallen mußte.

Elftes Kapitel.

Zweite und dritte Theilung Polens.

Zu der Zeit als die Tripelallianz zwischen Preußen,
England und Holland zu Stande kam, waren, wie wir
gehört haben, auch Schweden und Polen vermocht wor=
den, sich den Verbündeten anzuschließen, um Rußland
zum Frieden mit der Türkei zu zwingen. War auch
das Landgebiet der Polnischen Republik nach der ersten
Theilung noch immer bedeutend genug, um bei den
Europäischen Verwickelungen in Betracht zu kommen,
so hatten unter den Polnischen Staatsmännern die

einsichtsvolleren und mit wahrer Liebe für ihr Vater=
land erfüllten, sich schon längst klar gemacht, daß nur
eine vollständige Umgestaltung der Staatsverwaltung,
die Republik vor einer abermaligen Theilung den drei
mächtigen Nachbarn gegenüber bewahren könnte. Polen
mußte über eine starke Armee gebieten können, und die
Hauptquelle der beständigen inneren Zwisten durch
Errichtung des erblichen Königthums verstopfen, wenn
sein Fortbestehen nicht in jedem Augenblick gefährdet
sein sollte. Eine solche Kräftigung des unglücklichen
Reiches zu verhindern, lag vor allen Dingen in Ruß=
lands Interesse. Die Czarin hatte grade darum die
Garantie der alten Polnischen Verfassung übernommen,
um jede Besserung der unheilvollen Zustände zu ver=
hindern, an denen die Republik zu Grunde gehen sollte.
Dennoch hatte sie nicht verhindern können, daß 1787
sich der große Reichstag versammelte, welcher vier Jahre
lang tagte und die neue Verfassung berieth, ohne zu
ahnen, daß kein anderer Reichstag in Polen mehr ge=
halten werden sollte. Preußen zeigte sich den refor=
matorischen Bestrebungen dieser Versammlung geneigt,
obgleich die Hauptabsicht, welche man in Berlin bei
Abschluß des Polnischen Bündnisses gehabt, die Erwer=
bung von Thorn und Danzig, nicht in Erfüllung ge=
gangen war. Lucchesini, welcher seit dem April 1789
Preußischer Gesandter in Warschau war, erklärte im
Namen seines Königs, daß keine fremde Macht auf

Grund einer Gewährleistung der früheren Verfassung
die Republik hindern dürfe, sich eine neue bessere zu
geben [1]). Auf Grund dieser Aeußerung hielt man sich
der thätigen Unterstützung Preußens versichert, falls
Rußland eine gewaltsame Einmischung versuchen sollte;
und obgleich innerhalb des Reichstages selbst sich eine
mächtige Partei im Sinne der Kaiserin aussprach, weil
das Fortbestehen der alten Wirthschaft durchaus im
persönlichen Interesse des Polnischen Adels lag, so
gelang es doch, den König Stanislaus für die Preußische Auffassung zu gewinnen, wodurch der Bruch mit
Rußland entschieden war. Auf alle Weise suchte seitdem Lucchesini das Zustandekommen der Verfassung zu
fördern. Die Berathungen des Reichstages erregten in
ganz Europa die größte Theilnahme. Es schien als
sollten hier die neueren Freiheitsideen zu einer friedlichen und gedeihlichen Umwandlung des Staates
führen. Am 7. September 1789, während in Versailles die constituirende Nationalversammlung tagte,
wurde in Warschau der Ausschuß ernannt, welcher die
Verfassung entwerfen sollte. Am 5. Mai 1791 wurde
dieselbe publicirt und beschworen, und im ganzen Lande
mit Jubel aufgenommen. Polen war in eine erbliche
constitutionelle Monarchie verwandelt; die Krone sollte
nach Stanislaus Tode an die Nachkommenschaft des

---

[1]) Herzberg Recueil II. 483.

Kurfürsten von Sachsen fallen. — Die vollziehende
Gewalt wird dem Könige zugesprochen, der dieselbe
unter Beistand eines Ministerrathes von sechs Personen
ausübt. Eine Volksvertretung in zwei Kammern
(Senatoren und Landboten) bildet in Gemeinschaft mit
dem Könige die gesetzgebende Gewalt. Die Armee
soll ein Volksheer zur Vertheidigung des Landes sein.
Verbesserung der bäuerlichen Verhältnisse, allmähliche
Aufhebung der Leibeigenschaft wird in Aussicht gestellt.
Die katholische Religion bleibt die herrschende, den
Dissidenten aber ist volle Glaubensfreiheit zugesichert[1]). Das liberum veto bleibt auf ewige Zeiten
abgeschafft. —

Herzberg, der damals noch dem Namen nach Preußischer Minister des Auswärtigen war, bot vergeblich
Alles auf, um seinem Könige begreiflich zu machen, daß
Polen, durch eine weise Verfassung gekräftigt, dem
Preußischen Interesse gefährlich wäre. Friedrich Wilhelm II. sprach sich dessenungeachtet sehr befriedigt über
die Warschauer Vorgänge aus, und ließ durch seinen

---

[1]) Bezeichnend für den Zeitgeist ist es, daß man sich an die
beiden Französischen Philosophen J. J. Rousseau und Mably
gewendet hatte, um ihr Gutachten über eine neue Verfassung zu
hören. Rousseau schrieb zu dem Ende die wunderlich phan-
tastische Abhandlung Considerations sur le gouvernement de
Pologne, die sich in seinen Werken findet. Er wollte das liberum
veto für die Grundgesetze beibehalten, und nur in Verwaltungs-
angelegenheiten abgeschafft wissen.

Gesandten erklären, er preise den wichtigen Schritt, den die Polnische Nation gethan, und hoffe, daß derselbe zur Wiedergeburt ihres Staates führen werde. Dem Sächsischen Hofe wurde von Berlin aus feierlich zu der Thronfolge Glück gewünscht, obgleich der Kurfürst sich eher ablehnend gegen die ihm zugedachte Würde ver= hielt, und die Annahme der Krone an solche Bedin= gungen knüpfte, die in Polen voraussichtlich nicht ange= nommen werden konnten [1]). Bei der Pilnitzer Zusam= menkunft soll zwischen Kaiser Leopold und Friedrich Wilhelm II. verabredet worden sein, die Integrität des Polnischen Gebietes, und die Aufrechthaltung der neuen Verfassung für äußerst wünschenswerth zu erklären, und Rußland zum Beitritt zu dieser Erklärung auf= zufordern [2]).

Man darf glauben, daß der König von Preußen damals seine aufrichtige Meinung aussprach, und daß ihm einleuchtete, was auch heute noch bei vielen der einsichtigsten Politiker für unwidersprechlich gilt, daß nämlich ein starkes Polen eine schützende Vormauer Deutschlands gegen Rußland gebildet hätte, während die bisherige Zerrissenheit und Schwäche der Republik dahin führen konnte, daß ganze Land in die Hände der

---

[1]) Oginsky, Denkwürdigkeiten I. 98, bei Menzel 182.

[2]) Vom Entstehen und Untergang der Constitution vom 5. Mai 1791, daselbst I. 72, II. 198, bei Manso I. 317, Note.

eroberungsſüchtigen Kaiſerin Katharina zu liefern und
Preußen in eine bedrohliche Nachbarſchaft mit Rußland
zu bringen.

In der That hatte die Czarin kaum am 9. Januar
1792 zu Jaſſy ihren Frieden mit den Türken geſchloſſen,
als ſie auch ſchon mit der Erklärung hervortrat, daß ſie
die neue Polniſche Conſtitution nicht anerkenne, ſondern
auf Herſtellung der alten von ihr garantirten Verfaſſung dringen müſſe. Sie brachte zwei ihrer Haupt-
anhänger, Xavier Branicki und Felix Potocki dahin,
daß dieſelben am 14. Mai 1792 ſich zu Targovice an
die Spitze einer Conföderation ſtellten, und von ihren
Genoſſen eine Urkunde unterzeichnen ließen, in welcher
die Verfaſſung von 1791 als das Grab der Monarchie
bezeichnet und die Wiederherſtellung der alten Polniſchen
Wirthſchaft verlangt wurde[1]). Gleichzeitig erfolgte
eine förmliche Kriegserklärung Rußlands, und eine
Armee der Kaiſerin rückte in das Land ein. Die
Hauptabtheilungen des Polniſchen Heeres, welches übrigens bei weitem noch nicht die Stärke erreicht hatte,

---

[1]) Eine kurze überſichtliche Darſtellung der Polniſchen Geſchichte und der Verfaſſung der Republik, aus der man ſich über
dieſe Dinge im Allgemeinen belehren kann, findet man in dem
Artikel „Polen" der dritten Ausgabe von Rotteck's und Welker's
Staatslexicon Bd. XI. p. 497—566 von J. Caro, im übrigen
wird auf die bei der Darſtellung der erſten Theilung Polens angeführten Werke verwieſen.

die es verfassungsmäßig haben sollte, standen unter dem Prinzen von Würtemberg bei Grodno, und unter Joseph Poniatowski an den Grenzen der Ukraine. Bei dem letzten Corps befand sich Kosciuszko.

Der Reichstag entsandte den Grafen Ignaß Potocki nach Berlin, um auf Grund des Polnisch=Preußischen Vertheidigungsbündnisses Beistand zu fordern. Friedrich Wilhelm II. ließ indessen durch seine Gesandten erklä= ren, er habe an der Aufstellung der Constitution keinen Antheil und halte sich nicht für verpflichtet die Anhän= ger derselben zu schützen. Auf das hierauf von Sta= nislaus August eigenhändig an den König gerichtete Schreiben erfolgte am 8. Juni 1793 nochmals ein ablehnender Bescheid, der die Weigerung in so gewun= denen und geschraubten Ausdrücken zu rechtfertigen suchte, daß dies im Namen des Königs von Preußen verfaßte Schriftstück den übelsten Eindruck machte[1]).

Inzwischen hatte der Polnische Reichstag sich am 31. Mai vertagt und überließ in unbegreiflicher Ver= blendung den schwankenden König allen Eindrücken der Furcht, den die Russischen Drohungen auf ihn übten. Statt sich an die Spitze des Heeres zu stellen, wo er hingehörte, blieb er in Warschau, und während er in hochtönenden Proclamationen die Nation zu tapferer Selbstvertheidigung aufrief, empfahl er sich gleich=

---

[1]) Die wesentlichen Stellen u. a. bei Menzel p. 194.

zeitig der Gnade Katharina's, die er bat, ihren Enkel Constantin zu seinem Nachfolger zu ernennen. Die Czarin antwortete mit der Aufforderung, die alte Constitution wieder herzustellen, und den Anschluß des Königs an die Russenfreundliche Conföderation von Targowice auszusprechen. Eingeschüchtert gehorchte Stanislaus August, und obgleich ein Theil seiner Minister ihm vorstellte, daß hinreichende Mittel für eine kräftige Vertheidigung vorhanden wären, unterschrieb er die Conföderation, was in dem gegenwärtigen Augenblicke um so weniger Eile gehabt hätte, als kurz vorher Koscinszko über eine Abtheilung der Russischen Armee bei Dubienka einen glänzenden Sieg erfochten.

Des Königs Feigherzigkeit erfüllte die Nation mit unaussprechlichem Schmerze. Viele der edelsten Männer wanderten in's Ausland. Die Conföderirten waren am Ruder. Felix Potocki benahm sich wie ein Dictator. Am 21. Dezember wurde eine constituirende Commission niedergesetzt, welche den Polen „die Freiheit ihrer Väter" wiedergeben sollte. Ein Gesandter überbrachte der Czarin den Dank für „die Rettung Polens [1])."

Während dieser Vorgänge trat die Umwandlung immer deutlicher hervor, welche sich in den Anschauungen

---

[1] Caro, l. c. p. 522.

der Preußischen Regierung und namentlich des Königs
selbst vollzogen hatte. Die politischen Grundsätze, welche
bei den Polnischen Reichstagsverhandlungen sich geltend gemacht hatten, erinnerten zu sehr an die Französischen Freiheitsideen von 1789, um nicht den König
Friedrich Wilhelm II. mit Besorgniß und Widerwillen
zu erfüllen. Dazu kam, daß man über Rußlands
Absichten nicht in's Klare kommen konnte. Man erfuhr,
daß die Kaiserin unmittelbar nach dem Frieden zu Jassy
einem ihrer Günstlinge den Entschluß, gewaltsam einzugreifen, mit den Worten angezeigt hatte: „Wenn sich
Oesterreich und Preußen widersetzen, so schlage ich ihnen
Entschädigung oder Theilung vor." So kam Alles
zusammen, um die hochherzigen Gesinnungen des
Königs von Preußen zu erschüttern. Es liegt in der
menschlichen Natur, und findet auf Fürsten und Staaten
so gut wie auf einzelne Personen Anwendung, daß nur
in den seltensten Fällen uneigennütziger Edelmuth Bestand hat, wenn ihm das materielle Interesse oder ein
Widerspruch mit den Anschauungen, die man in besonderer Vorliebe hegt, entgegentritt. Hier vereinigte sich
Beides. Wie sollte der König ferner eine Nation
begünstigen, die sich dem gottlosen Revolutionstreiben
zuzuwenden schien, welches er zur selben Zeit in Frankreich mit dem Schwerdte zu bekämpfen auszog; und
wie sollte er sich für die Integrität eines Landes begei-
stern, dessen Zerstückelung ihm großen, langersehnten

Vortheil versprach und den endlichen Besitz von Thorn und Danzig in Aussicht stellte? Dazu kam, daß seine eigene Sicherheit zu fordern schien, die Quelle von Unruhen zu verstopfen, die dem Preußischen Staate von Osten her drohten, während er sich nach Westen hin in einen bedenklichen Krieg eingelassen hatte. Unter solchen Umständen konnte die Entscheidung nicht lange zweifelhaft sein. Die psychologische Erklärung dessen, was nun geschah, hat Häusser mit kurzen Worten treffend ausgesprochen[1]): „Es liegt in der Natur der Dinge, daß bei einer Umkehr, wie sie Preußen jetzt machte, von der Allianz mit Polen zur Theilung Polens, die Strömungen sich nicht etwa in einer neutralen Mitte halten, sondern die frühere Freundschaft schlägt um so rascher in Feindseligkeit um, je weniger man das Bewußtsein eigenen Unrechts unterdrücken kann. Vor einem Jahre hatte man der Polnischen Umwälzung beifällig zugenickt; jetzt fand die Preußische Regierung, daß der Polnische Reichstag um nichts besser sei, als die revolutionaire Versammlung in Frankreich." Eine Deklaration Sr. Preußischen Majestät vom 6. Januar 1793 verkündete, daß eine kluge Politik nicht gestatte, bei Eröffnung des neuen Feldzuges gegen Frankreich einen Feind im Rücken zu behalten, dessen unüberlegte Unternehmungen ihm Verlegenheiten bereiten könnten. Er habe

---

[1]) I. p. 354.

deßhalb beschlossen, eine hinreichende Truppenzahl in das Gebiet der Republik Polen einrücken zu lassen, um seine angrenzenden Provinzen zu decken.

Schon drei Wochen später (24. Jannar) überschritten aus Schlesien, der Neumark und aus Westpreußen drei Armeecorps unter Möllendorf's Oberbefehl die Polnische Grenze. Hier rief man in der Verzweiflung die Hilfe des Russischen Generals Igelström an, allein dieser hatte Befehl, die Preußen gewähren zu lassen. Man versuchte nun in Berlin, Oesterreichs Zustimmung zu einer Besitznahme Polnischer Landestheile zu erhalten, und erfuhr, daß der kaiserliche Hof nicht unzugänglich wäre, wenn man ihm ebenfalls eine Vergrößerung zukommen ließe. Bei dieser Gelegenheit brachte man das alte Baierische Tauschproject wieder zur Sprache, und während der Unterhandlungen erklärte Oesterreich sich sogar bereit, in eine Theilung Polens zu willigen, falls eine beiderseitige Gebietserweiterung in Deutschland damit Hand in Hand ginge. Man wies dabei auf die Fürstenthümer Ansbach und Baireuth hin, welche eben erst durch Verzichtleistung des letzten Markgrafen an Preußen gefallen waren, und deren Abtretung man ansprechen zu dürfen glaubte. Das fand man in Berlin geradezu „insolent[1].‟

Es wäre unbegreiflich, wie die beiden Hauptmächte

---

[1] Häusser p. 319.

Deutschlands sich beim Beginne eines zweiten Feld=
zuges gegen Frankreich in eine so kleinliche ländergierige
Politik verwickeln konnten, wenn beide sich nicht in dem
verderblichen Irrthum befunden hätten, als sei das
Mißlingen der Unternehmung von 1792 lediglich der
Ungunst der Witterung und der im Heere der Verbün=
deten ausgebrochenen Krankheit zuzuschreiben, während
nunmehr ein kurzer kräftiger Angriff genügen werde,
um mit den republikanischen Pöbelhorden schnell fertig
zu werden.   So standen die östlichen und westlichen
Angelegenheiten in Wechselwirkung.   Für den Zusam=
menhang der Darstellung jedoch erscheint es förderlich,
hier alsbald den weiteren Verlauf und das Ende der
Polnischen Theilung in aller Kürze soweit zu berichten,
als dieselbe für die Preußische Geschichte von Einfluß ist,
und erst alsdann zu den ferneren Unternehmungen der
Alliirten gegen Frankreich überzugehen. —

Der Untergang Polens ist längst als eine geschicht=
liche Nothwendigkeit anerkannt.   Während die Ger=
manen mit mehr oder weniger Bewußtsein dahin streb=
ten, ihre Cultur nach Osten hin auszubreiten, lernte
Rußland, welches Jahrhunderte lang gegen Asien vor=
gedrungen war, zuletzt begreifen, daß sein colossales
Reich auf diesem Wege niemals dazu gelangen könnte,
in die Europäische Staatenfamilie einzutreten; daß
schlimmere als Chinesische Zustände seiner harrten, wenn
es sich nicht dem Westen näherte, und dessen Bildung sich

aneignete. Peter des Großen Reisen, seine Studien
in Holland, sind symbolisch für die Richtung, die er
seinem Volke zu geben trachtete[1]. So lag Polen in
der Mitte zwischen zwei mächtigen einander entgegen=
strebenden Nationalitäten, und mußte durch die von
Osten und Westen vorrückenden Nachbarn erdrückt wer=
den; um so gewisser, als der unglücklichen Republik die
Grundlagen fehlten, auf denen allein ein Staat sich
erhalten und emporwachsen kann. Erscheint es doch
fast wie ein Wunder, daß ein Land, wo die „Polnische
Wirthschaft" herrschte, wo eine kriegerische Adelskaste
alle übrige Einwohner zur Knechtschaft herabgedrückt
hatte, wo das liberum veto und die gewaltthätige
Opposition der Conföderation zu Staatsgrundgesetzen
erhoben waren, überhaupt so lange zu bestehen vermochte.
Dazu kam noch der Nationalhaß zwischen Russen und
Polen, der hier von jeher fast noch heftiger entbrannte,
als es sonst auch bei sprach= und stammverwandten Na=
tionen, bei Dänen und Deutschen, bei Spaniern und
Portugiesen der Fall ist, weil bei den beiden slavischen
Völkern zu dem nationalen Widerwillen noch gegenseitiger
Religionshaß hinzukam, wobei man nicht vergessen
darf, daß im Innern von Polen sich Katholiken und

---

[1] Für die Russische Auffassung der Sache ist von hohem
Interesse: Ssolowjoff, Geschichte des Falles von Polen. Deutsch
von Spörer, Gotha 1865.

Diſſidenten befehdeten, und dem Auslande eine beſtän=
dige Handhabe zu verderblicher Einmiſchung darboten.

Alle dieſe zuſammenwirkenden unſeligen Verhält=
niſſe machen es erklärlich, wie ein Land von vierzehn
Millionen Einwohner zwei Mal ohne erheblichen
Widerſtand von den Nachbarn getheilt, und zuletzt
gänzlich von ihnen verſchlungen werden konnte. Eine
Thatſache ohne Beiſpiel in der Geſchichte! Aber wenn
auch, wie geſagt, die Nachwelt den endlichen Untergang
der Republik als geſchichtliche Nothwendigkeit anerkannt
hat, ſo brandmarkt ſie die Art und Weiſe, wie dieſe
Nothwendigkeit ſich vollzog, darum nicht minder als ein
politiſches Verbrechen; und laut verdammen muß man
die Gewaltthätigkeit und die Hinterliſt, mit welcher
Rußland, Oeſterreich und Preußen verfuhren, als die
unglückliche Nation zu dem einzigen Rettungsmittel
greifen wollte, welches ihr noch ein geordnetes Daſein
hätte ermöglichen können. Ohne Scham erklärten die
drei mächtigen Nachbarn, die Abſchaffung der Miß=
bräuche nicht dulden zu dürfen, an denen die Republik
zu Grunde ging; — indem ſie die Vernichtung der
Conſtitution von 1791 erzwangen, brachen ſie den
letzten Rettungsanker, der das Staatsſchiff vor dem
Zerſcheitern bewahren konnte. Am verwerflichſten iſt
das Benehmen des Preußiſchen Cabinetts, welches im
Anfang die beginnende Wiedergeburt des Nachbar=
landes freundlich und theilnehmend begrüßt hatte. Erſt

als man von der Beute, die man deu Russen nicht ganz
entreißen konnte, sich selbst den möglich größten Antheil
zuzueignen wünschte, überfielen Preußische Heere ein
Land, mit dem man in feierlich geschlossenem Verthei=
digungsbündnisse stand. In dem Besitzergreifungs=
patent hieß es: Man müsse der Verbreitung des jakobi=
nischen Giftes Schranken setzen! Aber welches Mittel
wäre dagegen wirksamer gewesen, als die Errichtung
der Erbmonarchie in Polen!

Das feige und verrätherische Benehmen Stanislaus
August's beschleunigte die Katastrophe. Ein abgedankter
Geliebter der Czarin war nicht der Mann, den man
auf dem Throne dulden durfte. Die Preußischen Trup=
pen waren kaum über die Grenze gerückt, als sie sich auch
bereits der Woiwodschaften Posen, Gnesen und Kalisch
ohne Widerstand bemächtigt hatten. Danzig allein ver=
suchte sich zu vertheidigen. Allein bereits am 3. April war
auch diese wichtige Handelsstadt erobert. Ueber die Gren=
zen des in Besitz zu nehmenden Gebietes hatte man sich
schon am 25. Januar mit Rußland durch einen förmlichen
Theilungsvertrag geeinigt[1]). Eine Bekanntmachung
Friedrich Wilhelm's II. erklärte die Einwohner der ver=
gewaltigten Districte für Preußische Unterthanen, und for=
derte sie auf, ihrem rechtmäßigen Herrn den Huldigungseid

---

[1]) Der Text desselben u. A. im politischen Journal von
1793, p. 76.

zu leisten. Es sei nöthig gewesen, hieß es, der Republik
Polen solchen Schranken zu setzen, welche ihrer inneren
Lage mehr angemessen seien, und ihr erleichtern würde,
sich eine feste Regierung zu verschaffen. Mit höhnen=
dem Uebermuthe ließ nun auch Rußland, welches sich
den Löwenantheil zugeeignet hatte [1]), die Huldigung
am Jahrestage der Verfassung von 1791 fordern. Ein
Reichstag, den man nach Grodno berief, sollte dem
Raube die gesetzliche Form geben. Durch Drohungen,
Einkerkerungen und Gewaltmaßregeln aller Art, beson=
ders durch die hinterlistige Vorspiegelung, man werde
die Preußischen Eroberungen zurückerhalten, wenn man
die Ansprüche der Kaiserin anerkannte, setzte der Russische
Gesandte es durch, daß die wenigen Senatoren und
Landboten, die sich eingefunden hatten, einen Abtretungs=
vertrag nach seinem Verlangen unterzeichneten (23. Juli).
Kaum aber war das geschehen, als auch der Preußische
Gesandte von Buchholz dasselbe für seinen Monarchen
verlangte. Der Widerstand war diesmal noch heftiger.
Der Russische Gesandte unterstützte durch Wiederholung
seiner Eigenmächtigkeiten den Preußischen Bundes=
genossen, und ließ die am meisten widerstrebenden Land=
boten durch Kosacken aus der Stadt bringen. Die

---

[1]) Der Russische Antheil umfaßte 4000 Quadratmeilen, der
Preußische kaum Tausend. Die Kaiserin selbst hatte auf die
Karte von Polen eigenhändig eine Linie gezogen, die 4553
Quadratmeilen abschnitt.

übrigen mußten sich am 23. September versammeln.
Sie hatten einander gelobt, durch Stillschweigen jeden
Beschluß unmöglich zu machen. Russische Truppen um=
stellten den Saal und erklärten, niemand herauszulassen,
bis man sich dem Willen der Kaiserin gefügt hätte. Durch
keine Drohungen ließen die Unglücklichen sich zum
Reden bewegen; schweigend saßen sie bis drei Uhr am
Morgen nebeneinander. Da stellte der Russisch gesinnte
Marschall Bielinski noch einmal die Frage, ob man
dem Geheiß der Kaiserin Folge leisten wollte. Als auch
hierauf alles stumm blieb, erklärte er das Schweigen
der Versammlung für Einwilligung, und ließ den Be=
schluß, den keiner gefaßt hatte, in das Protokoll ein=
tragen. — Das war die zweite Theilung Polens [1]).

Der Eifer, mit dem Katharina bei diesen verhäng=
nißvollen Vorgängen die Preußischen Absichten beför=
derte, war keineswegs uneigennützig, sondern wird durch
die Drohung Friedrich Wilhelm's II. erklärt: Er werde,
um seine Ansprüche durchzusetzen, nöthigenfalls sein
gegen Frankreich agirendes Heer bis auf 20,000 Mann
vermindern und mit einer großen Armee in Polen
erscheinen. Beide Eventualitäten waren der Kaiserin,
der alles daran lag, den König am Rheine beschäftigt
zu wissen, um in Polen freies Spiel zu haben, gleich
ungelegen, weshalb sie es vorzog, die von den Preußen

---

[1]) Caro a. a. O.

besetzten Districte ihnen Preis zu geben. Dieselben
wurden durch eine Linie abgegrenzt, welche von der
Mündung der Bzura in die Weichsel nach Norden bis
an die altpreußische Grenze, gegen Süden bis zur Pilica
sich erstreckte. Diese neue Erwerbung erhielt den
Namen Süd=Preußen.

Zwei Drittel ihres alten Gebietes hatte die Repu=
blik Polen durch die beiden Theilungen verloren. Der
Ueberrest, in welchem Stanislaus August Titularkönig
blieb, wurde durch eine erzwungene Allianz mit Ruß=
land (16. Oktober 1793) so ziemlich zu einer Provinz
dieses Reiches herabgedrückt. Alle Kriege beider Staa=
ten sollten gemeinschaftlich sein, Rußland den Feldherrn
ernennen, und das Recht haben, zu jeder Zeit Soldaten
in Polen einmarschiren zu lassen. Polen durfte ohne
Rußlands Vorwissen mit keiner anderen Macht Ver=
träge schließen, und versprach seine Armee bis auf
15,000 Mann zu reduciren. Warschau blieb bis auf
Weiteres von den Russen besetzt.

Als es zur Ausführung dieser Maßregel kam, und
als namentlich die Entlassung des größten Theiles der
Armee vor sich gehen sollte, kam die stille Gährung, von
der die ganze Nation erfüllt war, zum Ausbruch. Eine
geheimnißvolle Verschwörung hatte sich den Russischen
Spionen zum Troh über das Land verbreitet. General
Madalinski warf sich mit den Truppen, die er hätte
entlassen sollen, in die Stadt Krakau und vertrieb die

Russen aus derselben. Da kehrte auch Kosciuszko aus der Fremde zurück, wo er vergebens bemüht gewesen war Beistand für Polen zu werben. Schnell bildete sich eine Conföderation, welche diesen edelsten und tapfersten Feldherrn zum Generalissimus mit der Gewalt eines Dictators ernannte. Man erklärte die Verfassung von 1791 für wiederhergestellt (24. März 1794). Die unter Igelström heraneilenden Russen schlug Kosciuszko am 4. April bei Raclawice. Auf die Nachricht von diesem Siege verbreitete sich die Erhebung schnell über das ganze Land. Die Russen wurden aus Warschau vertrieben, wobei mehr als 2000 von ihnen der Volkswuth zum Opfer fielen; ein Nationalrath, als oberste Behörde, wurde eingesetzt und von König Stanislaus anerkannt, weßhalb auch ein großer Theil der fremden Mächte ihre Gesandten von Warschau nicht abberiefen. Man durfte auf glänzende Entwickelung eines solchen Anfanges hoffen; — allein nur zu bald kam das alte und unheilbare Uebel der Polen, ihre Unverträglichkeit und Unzuverlässigkeit zum Ausbruch, und lähmte alle Anstrengungen Kosciuszko's. Dieser hatte erkannt, daß mit dem Adel allein nichts durch= zusetzen wäre, wenn man nicht zugleich die Landbevöl= kerung für die vaterländische Sache in Begeisterung setzte. Er versprach derselben Erlösung aus der Leib= eigenschaft und Befreiung von ihren Lasten; dadurch machte er den Adel gegen sich rebellisch, und nur die fast

abgöttische Verehrung, welche Kosciuszko genoß, war im
Stande offene Empörung zu verhindern.

Dennoch aber wurde die Ausführung seiner groß=
artigen Pläne durch diese inneren Zwistigkeiten ver=
zögert und gelähmt.   Nutzlos verstrich so viel Zeit, daß
Ende Mai eine Preußische Armee von 50,000 Mann
unter General Favrart widerstandslos über die Schle=
sische Grenze einrücken konnte.   König Friedrich Wil=
helm II. mit seinen beiden ältesten Prinzen erschien
selbst in Person, und führte dem Namen nach den
Oberbefehl.

Die Preußen setzten sich alsbald mit dem Russischen
Corps des General Denisow in Verbindung. Kosciuszko
rückte im Eilmarsch heran, traf die Russen auf der
Straße von Krakau nach Warschau, und drängte sie
zurück (5. Juni). Als er aber andern Tages den errun=
genen Vortheil verfolgen wollte, fand er unvermuthet
bei Szcekoczyn[1]) die Preußen seinem linken Flügel
gegenüber aufgestellt.   Mit nur 13,000 Mann unter=
nahm er den Angriff gegen 40,000.   Er unterlag der
Uebermacht und mußte nach hartnäckigem Kampfe sich
auf Warschau zurückziehen.   Die Preußischen Kanonen
hatten besonders unter den mit Sensen bewaffneten
Bauern arg gewüthet, so daß diese Schaaren entflohen

---

[1]) Die Schlacht bei diesem Orte wird auch Schlacht bei
Raffka genannt.

und sich ferner nicht mehr bei der Armee einfanden. Inzwischen hatte auch die Stadt Krakau sich ohne Schwerdtstreich den Preußen ergeben (15. Juni), was in Warschau die größte Aufregung hervorrief. Daselbst bildete sich ein Pöbel= und Schreckensregiment aus, welches eine Zeitlang große Willkür und Grausamkeit übte, bis Kosciuszko in die Hauptstadt einrückte und Ordnung machte. Hinter ihm her waren die Preußen vorgedrungen, um in Gemeinschaft mit einem Corps von 9000 Russen Warschau von zwei Seiten zugleich zu belagern. Die Russische Hauptarmee war mit der Eroberung von Lithauen beschäftigt, welches sich auch bald unterwarf. Vor Warschau konnten die Verbün= deten keine Fortschritte machen, weil es ihnen an Schieß= bedarf fehlte, indem die Polen verschiedene Schiffe, welche Kanonen von Graudenz auf der Weichsel heran= bringen sollten, in den Grund gebohrt hatten. Bald trat dazu in der Preußischen Armee auch Mangel an Lebensmitteln ein, Krankheiten brachen aus, — der Zustand wurde unerträglich. Nachdem unter so erschwe= reuden Umständen die Belagerung viele Wochen lang fortgesetzt war, kam die Nachricht, daß in Südpreußen ein großer Theil des Adels und der Städte sich zu offe= nem Aufstande erhoben hätten. Durch das Zusammen= treffen so vieler Unfälle sah sich der König bewogen, am 6. September die Belagerung einzustellen, und einige Meilen südwestlich von Warschau die Armee, von welcher

verschiedene Corps zur Bekämpfung der Empörten
abgesendet werden mußten, hinter eilig aufgeworfenen
Verschanzungen in Sicherheit zu bringen. Wie zu
erwarten war, hielt Friedrich Wilhelm II. in einer so
unbequemen Lage nicht lange aus. Am 18. September
übergab er dem General Schwerin den Oberbefehl mit
der Weisung, sich möglichst lange in dem Lager zu
behaupten, und reiste über Breslau nach Berlin zurück,
wo er sich alsbald seinen üppigen Lebensgewohnheiten
völlig hingab. Das Russische Corps, welches bestimmt
war unter General Fersen in Gemeinschaft mit den
Preußen die Belagerung zu unternehmen, zog sich nach
Lublin zurück. Preußen hatte, von Rußland nur lau,
von Oesterreich gar nicht unterstützt, mit eigenen Kräf=
ten die Niederwerfung des Polnischen Aufstandes unter=
nommen, in der Hoffnung, nach dem Gelingen die
Bedingungen für die Theilung Polens seinen Wünschen
gemäß aufstellen zu können; allein dieser Versuch war
ebenso unglücklich abgelaufen wie jener erste Feldzug
gegen Frankreich.

Katharina von Rußland freute sich über diesen
Mißerfolg, der ihr gestattete, nunmehr in der Polnischen
Angelegenheit das entscheidende Wort zu sprechen. Sie
beorderte den wunderlichen, ebenso tapfern als genialen
Suwaroff mit 40,000 Mann in der Richtung nach
Warschau vorzurücken, und den Wirrnissen daselbst ein
schnelles Ende zu bereiten. Gleichzeitig trat auch Oester=

reich aus seiner bisherigen Zuschauerrolle heraus; denn da es voraussichtlich bald zur Theilung der Beute kommen mußte, wollte man dabei nicht leer ausgehen. Unter dem Vorwand, die eigenen Grenzen zu decken, rückte ein Oesterreichisches Armeecorps in Volhynien ein. Katharina ließ das ruhig geschehen, weil sie lieber dem Kaiser als dem Könige von Preußen eine Vergrößerung gönnte [1]).

Polens Schicksal eilte nun schnell seiner Erfüllung entgegen. Suwaroff schlug und vernichtete das Corps des General Sierakowski am 8. September 1794 bei Brzesc. Acht Stunden lang wurde mit der blanken Waffe gekämpft. Kaum 500 Polen retteten sich durch die Flucht, nur sehr wenige wurden Gefangene, die übrigen deckten mit ihren Leichen das Schlachtfeld. Suwaroff zog dem General Fersen entgegen, um sich mit ihm zu vereinigen. Dies zu hindern raffte Kosciuszko alle Truppen zusammen, deren er habhaft werden konnte. Am 10. Oktober traf er bei Maciejowice, zehn Meilen von Warschau, mit Fersen zusammen. An Truppenzahl waren die Russen den Polen überlegen. Diese aber hatten eine günstigere Stellung auf trockenem erhöhtem Boden, während die Russen in einer

---

[1]) Die hierauf bezüglichen Verhandlungen und Intriguen sind im 4. Kapitel des III. Bandes von Sybel und den Acten des Preußischen Staatsarchivs zusammengestellt.

sumpfigen Niederung standen, wo Roß und Mann bei
jedem Schritt einsanken. Mörderisches Feuer von bei=
den Seiten bedeckte schnell den Boden mit Todten.
Ungestüm stürzten die Polen hervor, um in's Hand=
gemenge zu kommen, aber die Russischen Geschütze
streckten so Viele von ihueu nieder, daß die Leichen
einen Wall bildeten, der den Sensenmännern den Weg
verlegte. Nach verzweifeltem Widerstande wandten die
Polen sich zur Flucht, 5000 Getödtete und 1500 Ge=
fangene zurücklassend. Kosciuszko, dem schon drei Pferde
unter dem Leibe erschossen waren, sprengte auf dem
vierten den Fliehenden nach, um sie zum Stehen zu
bringen, — durch einen Fehlsprung seines Rosses wurde
er zu Boden geschleudert. Den schwerverwundeten
Feldherrn, der sich in der Kleidung nur wenig von
einem gemeinen Soldaten unterschied, fanden die nach=
eilenden Russen. Einem Kosaken, der ihn ausplün=
dern wollte, gab er sich zu erkennen. Auf einer Bahre
von Lanzen trug man den Verwundeten in Fersen's
Hauptquartier. Wohl mochte der gefangene Dictator
fühlen, was mit seiner Person dem Vaterlande ver=
loren ging! Polen war nun verloren! Und nur zu
bezeichnend hat die Sage dem vom Pferde stürzenden
Kosciuszko den Ausruf in den Mund gelegt: Finis
Poloniae!
    Schnell rückten nunmehr die Russen zur Belagerung
von Warschau vor, um so schneller, weil man den

Preußen nicht Zeit laffen wollte, zur Theilnahme heranzueilen.

Am 4. November mit Tagesanbruch begann Suwaroff die Erstürmung von Praga. Bald war diefe Vorftadt Warfchau's genommen. Ein furchtbares Gemetzel begann. Nachdem 8000 Mann von der Polnifchen Befatzung niedergehauen waren, wurden von den wehrlofen Einwohnern 12,000 Männer, Weiber und Kinder hingefchlachtet. Eine Deputation des Nationalraths erfchien aus Warfchau, um zu capituliren. Suwaroff wies fie ab. Mit Infurgenten unterhandle er nicht. Da fand fich am folgenden Tage bittend der Stadtmagiftrat ein. Ihm verfprach er Sicherheit für Leben und Eigenthum der Bürger, und Vergebung für alles Vergangene[1]). Die Polnifche Armee war noch immer 45,000 Mann ftark, hatte 200 Kanonen und eine gefüllte Kriegskaffe. Dennoch gab man jeden Gedanken an ferneren Widerstand auf, um nicht in Warfchau eine Wiederholung der Greuelthaten von Praga zu erleben. Am 8. November 1794 hielt Suwaroff feinen Einzug. Die meiften der Infurgentenführer hatten fich der abziehenden Armee angefchloffen,

---

[1]) Die Häupter der Bewegung wurden deffenungeachtet nach Petersburg gefchafft und in Haft gehalten. Auch Kosciuszko erft durch Paul I. in Freiheit gefetzt. Er ging zuletzt nach der Schweiz, und ftarb in Solothurn an einem Sturz mit dem Pferde 1817.

dereu Trümmer einige Tage lang planlos im Lande umherirrten, und sich am 18. bei Radoszice den Rußen ergaben. König Stanislaus, der dreißig Jahre lang die Krone mit so wenig Ehre getragen, mußte sich nach Grodno zurückziehen. Kaiser Paul berief ihn nach Petersburg, wo er, persönlich zwar beliebt, aber wenig geachtet, 1798 gestorben ist.

Die Polnische Republik war vernichtet. Man schritt zur Theilung des entseelten Staatskörpers. Schon am 3. Januar 1795 hatten Oesterreich und Rußland zu Wien sich darüber verständigt, daß der größte Theil des Landes den beiden Kaiserhöfen verbleiben und nur ein kleiner Rest an Preußen abgetreten werden sollte. Bis zum 21. Oktober 1796 zogen sich die Verhand= lungen über die Theilungsgrenzen hin. Mißgunst, Neid und Habsucht sind die leitenden Genien bei diesem Geschäfte gewesen, dessen Einzelnheiten für den Diplo= maten interessant genug, für jeden Anderen aber nur widerwärtig sind[1]). Die schließliche Uebereinkunft wurde am 26. Januar 1797 vollzogen. Bei Brzesc

---

[1]) Zu der Darstellung im dritten Bande von Sybel's Revo=
lutionsgeschichte ist jetzt berichtigend und ergänzend die treffliche
Erzählung Hüffer's (Ergänzungsband p. 124 ff.) hinzugekommen,
p. 129 daselbst sind diese Polnischen Theilungsverhandlungen, die
widerwärtige Unterwürfigkeit gegenüber der Czarin, und die Art
und Weise wie die Deutschen Mächte sich zur Förderung der
Russischen Pläne gegen einander gebrauchen ließen, trefflich
charakterisirt.

trafen die Grenzen zusammen. Die Weichsel sollte
Preußen von Oesterreich, der Bug Oesterreich von Ruß=
land, der Niemen Rußland von Preußen trennen. Letz=
teres erhielt Warschau, wo der König schon am 9. Januar
eine Besatzung von 12,000 Mann hatte einrücken und
sich die Huldigung leisten lassen, die nach dem officiellen
Berichte unter allgemeinem Jubel stattfand [1])! Man
kann sich denken, von welcher Art dieser Jubel gewesen
ist. Preußen hat durch die beiden letzten Theilungen
Polens ungefähr 2000 Quadratmeilen mit zwei Millio=
nen Einwohnern erhalten. Rußland nahm für sich
6500 Quadratmeilen mit vier Millionen Einwohnern.
— Oesterreichs Antheil von 1794 betrug 834 Quadrat=
meilen. Ein Theil der neuen Preußischen Erwerbung
wurde zu Südpreußen geschlagen. Den Rest, mit
einem Theil der älteren Eroberungen verbunden, nannte
man Neuostpreußen. Heil und Segen hat die Zer=
stückelung der unglücklichen Republik den Theilungs=
mächten nicht gebracht. Waren auch die Polen nie=
mals im Stande einen wohlgeordneten Staat zu grün=
den, so ist dennoch die Lebenskraft und die Vaterlands=
liebe bei diesem Volke so unvertilgbar, daß bis auf den
heutigen Tag stets von Neuem die Versuche sich wieder=
holen, das untergegangene Reich aus seinen Trümmern
zu erwecken; — und weder die unter Rußlands eiser=

---

[1]) Politisches Journal von 1796, p. 752. 871.

nem Joche seufzenden Polen, noch die, welche unter dem milderen Seepter Oesterreichs und Preußens wohnen, oder die als Verbannte in der Fremde weilen, wollen daran glauben, daß das Ende Polens für immer gekommen sei.

<hr>

Zwölftes Kapitel.

Europäische Coalition gegen Frankreich.

Die Polnischen Angelegenheiten, von denen wir so eben eine Uebersicht gegeben, stehen in engstem Zusammenhange mit dem, was sich gleichzeitig im Westen an der Französischen Grenze begab. Wir kehren nunmehr zu den dortigen Verwickelungen zurück.

Ludwig des Sechszehnten Sache ist die Sache aller Könige! Dieser Nothschrei gab dem Gefühl der Besorgniß Ausdruck, welches Oesterreich und Preußen in Pilniß zusammenführte und den unglücklichen Feldzug in der Champagne zur Folge hatte; — und doch waren nicht die Könige und Fürsten die am meisten Bedrohten. Daß man sie Alle verjagen und die Europäischen Staaten in Republiken verwandeln sollte, damit hatte es gute Wege. Viel bedrohlicher wirkten die Französischen Ideen auf dem socialen Gebiete. Adel und Geistlichkeit, überhaupt die besitzenden Klassen der Gesellschaft waren

es, die Gefahr liefen. Das erkannte man alsbald in
England, deffen gerühmte freie Verfaffung doch wefent=
lich auf der absoluten Herrschaft der Geburt und des
Geldes beruht, und wo auch die Staatskirche bis auf
den heutigen Tag als eine Versorgungsanstalt für die
jungen Söhne der Lords und der Gentry betrachtet wird.

Die Stimmen, welche sich zu Gunften der Revo=
lutionsideen in Großbritannien erhoben, blieben ver=
einzelt, und dienten nur dazu, die Maffen gegen diefelben
zu fanatifiren; denn so monarchisch und aristokratisch
gefinnt ist diese Nation, so sehr hält die Bevölkerung
bis in die unterften Schichten hinab, an dem Alther=
gebrachten fest, daß es leicht war, die allgemeine Ueber=
zeugung hervorzurufen: Ein Krieg gegen Frankreich sei
ein Vertheidigungskampf für Kirche und König, und
zugleich für die geliebten Landessitten und Landes=
gewohnheiten.

Die Französischen Gewalthaber verkannten diese
Verhältniffe von Grund aus. Sie ertheilten einigen
ganz unbedeutenden Englischen Privatperfonen, die im
Namen republikanischer Verbindungen nach Paris ge=
kommen waren, feierlich Audienz, und versprachen ihnen
Unterstützung bei der angeblich in Aussicht stehenden
Erhebung des brittischen Volkes. Den Unwillen, den
das Bekanntwerden diefer Abgeschmacktheiten im Lande
erregte, benützte der jüngere Pitt, damals Leiter der
auswärtigen Angelegenheiten, sehr geschickt, um den

Franzosenhaß auf's Höchste zu steigern. — Als nun gar
Ende Januar 1793 die Nachricht von Ludwig's XVI.
Hinrichtung eintraf, erhielt der Französische Gesandte
sofort die Weisung, London binnen 24 Stunden und
England binnen 8 Tagen zu verlassen. Als Antwort
erfolgte in Paris schon am 1. Februar die Kriegs=
erklärung an England und Holland zugleich. In das
gesammte Europäische Staatensystem war damit die
Brandfackel geschleudert, die erst nach länger als
20 Jahren erlöschen sollte. Englischer Einfluß, und
das noch wirksamere Englische Gold, brachten eine
Coalition gegen die Französische Republik zusammen,
an der nächst Holland, Oesterreich und Preußen, bald
auch das Deutsche Reich, Spanien, Portugal und Sar=
dinien sich betheiligten. Auch die Kaiserin von Ruß=
land erklärte sich bereit, eine Flotte und 40,000 Mann
zu schicken, sobald die Engländer in Belgien eingerückt
sein würden. Gleichzeitig versprach sie künftig dem
Englischen Handel auf Kosten des Französischen bedeu=
tende Vortheile zu gewähren, wofür sie sich aber aus=
bedung, daß man ihren Absichten auf Polen kein Hin=
derniß in den Weg legte [1]). Im Sommer wurde dann
noch Neapels Beitritt erkauft, und der Plan zu einem
Angriff längs der ganzen Ausdehnung der Französischen

---

[1]) Der Wortlaut der im März abgeschlossenen Verträge bei
Martens, Recueil des traités V. 117 ff.

Grenzen entworfen. Die Preußen sollten Mainz zurück=
erobern, und von da aus einschreiten, den Oesterreichern
fiel der Angriff in den Niederlanden zu, England und
Holland wollten zu Lande und zu See gleichzeitig vor=
gehen. Die Truppen der kleinen Deutschen Fürsten wur=
den theils den Oesterreichern, theils den Preußen zuge=
theilt, der Landgraf von Hessen verkaufte seine Leute
wieder an England, indem er gestattete, dieselben
nöthigen Falls auch in Irland zu verwenden[1]).

So großartige Verabredungen schienen ebenso groß=
artige Erfolge zu sichern, um so mehr als gleichzeitig
innerhalb Frankreichs der Bürgerkrieg in helle Flam=
men ausgebrochen war. Die Vendée hatte sich für die
Sache der Bourbons erhoben, und in Paris wüthete
die Schreckensherrschaft, welche nothwendig binnen
Kurzem sich selbst vernichten, oder von einer andern
Partei vernichtet werden mußte.

Leider fehlte es den Verbündeten an Entschlossen=
heit, und noch mehr an einer kräftigen einheitlichen
Leitung, um das Zusammentreffen so vieler günstiger
Umstände zu benutzen, und durch einen schnellen Marsch
auf Paris den ganzen Krieg zu entscheiden. Der Herzog
von Braunschweig, welcher auch diesmal wieder die
Preußische Armee befehligte, ließ sich von seiner vor=

[1]) Daselbst 133.

sichtig methodischen Kriegführung nicht abbringen, ohne zu begreifen, daß gegenüber den ganz regellosen Aus= nahmezuständen die er bekämpfen sollte, nur ein geniales, alle alte Schulweisheit durchbrechendes Ver= fahren zum Ziele führen konnte.

Wir haben am Ende des vorletzten Kapitels die Franzosen im Besitze der Niederlande verlassen. Die Oesterreichische Armee war durch Ungunst der Witterung, durch Krankheit, und durch die Verluste im Kampfe so zusammengeschmolzen, daß man daran dachte über den Rhein zurückzugehen. Die dringendsten Vorstellungen Friedrich Wilhelm's II. waren nöthig, um die Aus= führung eines so unheilvollen Entschlusses zu hindern. Das Preußische Hauptquartier befand sich noch in Coblenz, wo man den aus der Champagne heimkehren= den Truppen die höchstnothwendige Erholung gönnte. Gegen Ende des Jahres 1792 brach der König auf, um vor allen Dingen das rechte Rheinufer vom Feinde zu säubern und Mainz wiederzuerobern. Am 2. Dezem= ber erstürmten Preußen und Hessen Frankfurt, wodurch Custine sich genöthigt sah, fast alle von ihm besetzten Plätze, mit Ausnahme Castells am Ende der Mainzer Brücke, und der kleinen Feste Königsstein zu räumen, welche letztere im März 1793 ebenfalls von den Preußen genommen ward. Während man sich nun zur Belage= rung von Mainz anschickte, wurde leider Oesterreichs und Preußens Zusammenwirken für das Eine was

Noth hat, durch die gleichzeitig zwischen ihnen fort=
laufenden Verhandlungen über die Polnischen Angelegen=
heiten gestört. Beide Mächte, die als Verbündete den
Franzosen gegenüberstanden, und auf innigste Eintracht
in diesem Kampfe angewiesen waren, traten im Osten
als eifersüchtige Nebenbuhler einander gegenüber. Die
Frage über die Entschädigungen, die man für die Mühen
und Kosten des Krieges sich sichern wollte, brachte das
alte Baierische Tauschproject wieder auf die Tages=
ordnung, dabei wollte keiner dem andern gestatten, sich
durch Polnische Annexionen zu vergrößern; — es kam
zu den kleinlichsten und unerquicklichsten Verhandlun=
gen, die mit einer ziemlich zweideutig gefaßten Verab=
redung endeten, wonach Preußen die Oesterreichischen
Absichten auf Baiern zu begünstigen versprach, falls
Oesterreich gestatten wollte, daß der König schon jetzt sich
in Besitz der begehrten Polnischen Landesgebiete setzte.
Die einflußreiche Umgebung Friedrich Wilhelm's II.,
welche noch immer diese Polnische Angelegenheit für bei
weitem wichtiger als die Französische ansah[1]), hatte
dem Könige die Ueberzeugung beigebracht, er müsse die
Hauptmacht seiner Truppen für den Osten verfügbar
halten. Deßhalb überließ er diesmal bei dem Kriege
gegen Frankreich den Oesterreichern die erste Stelle,
während Preußen auf den zweiten Platz zurücktrat.

---

[1]) Häusser I. 432.

In Frankfurt a/M. fanden lange Berathungen über
den Feldzugsplan statt, an denen für Preußen der
Herzog von Braunschweig, und des Königs Liebling,
Obrist Mannstein, für Oesterreich Feldmarschall=Lieute=
nant Graf Wartensleben Theil nahmen. Man kam
überein, vor allen Dingen Mainz wiederzuerobern, und
die Franzosen aus den Niederlanden zu vertreiben.
Die Oesterreicher sollten das von den Emigranten noch
tapfer vertheidigte Mastricht entsetzen, und daselbst sich
behaupten, bis Mainz wieder in Deutschen Händen sei.
Man hielt jedes weitere Vorgehen für gefährlich, so
lange man den Feind in dieser Hauptfestung im Rücken
hatte. Ein Preußisches Corps an der Mosel sollte die
Oesterreicher an der Maas, ein Oesterreichisches unter
Wurmser die Preußen am Mittelrheine unterstützen.

Oberfeldherr der Oesterreicher war Herzog Josias
von Coburg[1]). Dieser bedächtig ausgeklügelte Plan,
nach welchem vier Deutsche Armeen sich darauf be=
schränken sollten, eine Festung zu entsetzen, und auf die
Eroberung einer zweiten zu warten, wurde durch den
Einfluß des später so berühmt gewordenen jungen Erz=
herzogs Karl (Bruder des Kaiser Franz) und des
bewährten General Clerfayt, wesentlich verbessert.

---

[1]) Vergleiche die meisterhafte Lebensbeschreibung desselben von
A. von Witzleben. 3 Bände. Berlin 1859.

Beide drangen darauf, die Verschanzungen der Fran=
zosen an der Roer, von dereu mangelhafter Beschaffen=
heit und Vertheidigung man Kundschaft hatte, schleu=
nigst zu überfallen[1]). Das geschah! In der Nacht zum
1. März 1793 erfolgte bei Jülich und Dühren der
Uebergang über die Roer. Die Franzosen, unter dem
abentheuerlichen General Miranda, wurden aus ihrer
Stellung verdrängt, und in wilder Flucht der Heimath
zugejagt. Einige sollen erst vor Paris Halt gemacht
haben. Die verfolgenden Oesterreicher eroberten Lüttich
und Aachen zurück und entsetzten Mastricht. An Ge=
fangenen und Deserteuren verloren die Revolutions=
truppen 12,000 Mann und mußten mehr als 100 Ka=
nonen im Stich lassen.

Statt diesen glänzenden Erfolg zu benutzen, zögerte
Coburg nunmehr, um gehorsam den Frankfurter Ver=
abredungen, auf die Eroberung von Mainz zu warten.
In der Zwischenzeit wurde in Lüttich ein strenges
Strafgericht über die revolutionär gesinnten Einwohner
gehalten und 600,000 Gulden von ihnen erpreßt, das
Fürstbischöfliche allgemein verabscheute Regiment wieder
aufgerichtet, und jede Widersetzlichkeit mit dem Galgen
bedroht[2]). Man schien zu glauben, daß die Rückkehr

---

[1]) Menzel 214. Häusser I. 454.
[2]) Politisches Journal 1793, p. 415.

zu den alten verrotteten Zuständen eine dauernde
geworden sei.

Dumouriez, der sich nach Holland gewendet hatte
und im Begriff stand, das ganze Land zu unterwerfen,
wurde durch Miranda's Niederlage zur Umkehr gezwun=
gen. Er hatte von den Schreckensmännern in Paris
Befehl erhalten, die vorrückenden Oesterreicher anzu=
greifen. Bei Neerwinden kam es am 18. März zur
Schlacht, die aber unglücklich für die Franzosen ablief.
Der junge Herzog von Chartres [1]) und der Erzherzog
Carl standen hier einander gegenüber. Zwar erlitten
die Oesterreicher großen Verlust, aber noch größeren die
Franzosen, dereu Lage durch die einreißende Demorali=
sation der Armee fast verzweifelt wurde. Haufenweise
liefen die Soldaten davon. Nach wenigen Tagen hatte
Dumouriez kaum noch 20,000 Mann in seinem Lager.
Dazu kam, daß die Republikaner trotz ihren Freiheit
athmenden Proclamationen, sich in Belgien und Holland
nicht minder als in Deuschland, durch ihre Raubsucht
und ihren Uebermuth die gesammte Bevölkerung zu
Feinden gemacht hatten. Nachdem sie nun im Felde
geschlagen waren, blieb ihnen nichts übrig als eiliger
Rückzug. Für den Feldherrn war das eine Lebens=
frage, weil die Terroristen in Paris den ebenso grau=

---

[1]) Er war später von 1830—1848 unter dem Namen
Philipp König der Franzosen.

famen als wirkfamen Grundfaß aufgeftellt hatten, daß
ungefchicte, ober was in ihren Augen gleichbebeutend
war, unglückliche Generale ihre Mißerfolge dnrch die
Guillotine büßen mußten.

Diefem Schicffal zu entrinnen, faßte Dumouriez
den Entfchluß zum Feinde überzugehen. Er verfprach
den Oefterreichern, mit ihnen vereinigt, feine Armee
nach Paris zu führen, die Familie Ludwig's XVI. zu
befreien und deffen Sohn zum König ausrufen zu
laffen. Den Conventsbeputirten, die bereits abgefchickt
waren den verbächtigen General in deffen eigenem Lager
zu verhaften, kam Dumouriez zuvor, indem er vier von
ihnen feftnehmen ließ, während durch einen folgen=
fchweren Zufall der fünfte, Carnot, entkam, derfelbe,
der bald nachher als Kriegsminifter der Reformator der
Französifchen Armee werden follte.

Der Herzog von Coburg ging auf die Anträge des
feindlichen Generals ein, und während man darüber
hin und her verhandelte, wurde wiederum ein günftiger
Moment verfäumt, in welchem man die Verwirrung
des Französifchen Heeres hätte benußen und fchnell vor=
gehen können. Statt deffen bewilligten die Defter=
reicher Waffenftillftand, in der Hoffnung, es werde die
Französifche Armee während der Dauer deffelben mit
fliegenden Fahnen in das Defterreichifche Lager herüber
kommen. Allein Dumouriez hatte daffelbe Schicffal,
wie Lafayette vor ihm. Die Truppen ließen ihn im

Stich, er selbst mußte zu den Oesterreichern flüchten [1]).
Die im Französischen Heere durch diesen unerhörten
Vorgang entstehende Rathlosigkeit und Verwirrung ließ
der Herzog von Coburg auch diesmal wieder unbenutzt,
und verdarb bis zum Mai die Zeit mit Unterhand=
lungen über Zuzüge, die der inzwischen gelandete Her=
zog von York ihm an Englischen und Französischen
Truppen zuführen sollte. Erst gegen Ende des Monats,
als die Franzosen Zeit gehabt hatten, sich wieder zu
ordnen und Verstärkungen herbeizurufen, wurden die
Grenzen Frankreichs überschritten. Auch hier beschränkte
man sich indessen auf Unternehmungen, welche im Ver=
hältniß zu dem großen Ziele, das man hätte im Auge
haben sollen, kleinlich genug waren. Die Festung Condé
wurde belagert und am 11. Juni genommen. Am
28. Juli mußte sich Valenciennes den Oesterreichern
ergeben. Die Engländer, 22,000 Mann stark, ver=
brachten die Zeit mit der Belagerung von Dünkirchen,
welches sie für sich behalten wollten, wobei sie noch von

---

[1]) Dumouriez trieb sich nachher in allen Ländern herum, und
starb erst 1824 in London, wo er eine Englische Pension bezog.
Unter dem Titel la vie du General Dumouriez hat er 1795 in
Hamburg drei Bände Memoiren erscheinen lassen, die viel interessante Einzelheiten enthalten. Nicht ohne Ironie hebt er alle
Gelegenheiten hervor, welche die Oesterreicher ungenützt vorüber-
ließen, während es ihnen leicht gewesen wäre, dem Feldzuge von
1793 die günstigste Wendung zu geben.

15,000 Oesterreichern unterstützt wurden: Allein Ge=
neral Houchard, jetzt Oberbefehlshaber der Französischen
Nordarmee, entsetzte den Platz nach einem dreitägigen
mörderischen Gefechte bei Hondschoote (6.—8. Septbr.).

Während dieser Vorgänge in den Niederlanden
wurde nun auch Mainz von den Preußen, Sachsen und
Hessen unter General Kalkreuth's Oberbefehl belagert.

Man hatte sich die Eroberung dieses Platzes viel
zu leicht vorgestellt, und nicht einmal das nöthige Bela=
gerungsgeschütz mitgeführt, welches aus Holland und
aus verschiedenen Deutschen Festungen herbeigeschafft
werden mußte. Erst am 20. Juni konnte das Bom=
bardement beginnen. Ein am 6. Juli unternommener
Sturm mißglückte, und als sich die Kunde verbreitete,
daß zwei Französische Heerschaaren unter Houchard und
Beauharnais zum Entsatz der Festung heranrückten,
wurde der Ausgang des ganzen Unternehmens höchst
zweifelhaft. Zum Glück für die Belagerer gingen in
Mainz die Lebensmittel zu Ende, Mangel an ärztlicher
Pflege kam dazu, um die Besatzung zu entmuthigen.
Die in der Festung mit eingeschlossenen Conventsdepu=
tirten Merlin und Rewbel fürchteten für ihre persön=
liche Sicherheit, und drängten zur Capitulation. Den=
noch hätte der tapfere Commandant d'Oyré es auf's
Aeußerste ankommen lassen, wenn er nicht durch die
falsche Nachricht getäuscht worden wäre, Houchard und

Beauharnais hätten unterwegs eine totale Niederlage erlitten [1]).

Am 22. Juli wurde der Uebergabevertrag unter=zeichnet. Die Besatzung erhielt freien Abzug, mußte aber versprechen ein Jahr lang nicht gegen die Verbün=deten zu dienen. Die letztere-Bestimmung half den Eroberern nichts, denn die Franzosen benutzten diese Truppen nunmehr zum Kampfe in der Vendee, um daselbst den Aufruhr niederzuwerfen.

Mit dem Falle von Valenciennes und Mainz war nun abermals ein Zeitpunkt eingetreten, wo entschlosse=nes Vordringen zu schneller Entscheidung führen konnte, da die Französischen Rhein= und Moselarmeen fast auf=gelöst, und durch das gegen ihre Generale verhängte Strafgericht der Schreckensmänner, der Führer beraubt waren. Man hätte unter diesen Umständen Alles auf=bieten müssen, um den Parteikampf in Frankreich unheilbar zu machen, und die Zeit zu benutzen, bevor neue Revolutionsheere sich bilden konnten. In der That kam es zur Sprache, daß Holländer und Eng=länder Truppen zur See nach der Vendée schicken soll=

---

[1]) Die wegen der Capitulation unterhandelnden Bevollmäch=tigten der Alliirten sollen das sogar auf Ehrenwort versichert haben. Geschichte der vereinigten Sachsen und Preußen während des Feldzuges von 1793. Dresden und Leipzig 1795. — d'Oyré hat über die Vorgänge selbst eine Denkschrift veröffentlicht: Mémoire sur la defense de Mayence etc. 1793.

ten, indeſſen ließen dieſe Mächte ſich dazu nicht bewegen. Man mußte ſich nun damit begnügen, den Plan feſtzu= halten, wonach die Grenzfeſtungen eine nach der andern erobert werden ſollten. .

Dieſe mangelhafte Thätigkeit der Verbündeten hatte, neben der Unfähigkeit zur Entwerfung großartiger An= griffspläne, ihren Grund auch in dem Zerwürfniß zwiſchen Oeſterreich und Preußen, welches ſich von Tag zu Tag ſteigerte ſeit Kaiſer Franz, mit Recht darüber erzürnt, daß ſeine Miniſter von dem im Januar zwiſchen Rußland und Preußen abgeſchloſſenen Polniſchen Thei= lungsvertrage nichts erfahren hatten, den von uns bereits erwähnten Thugut an die Spitze der Regierung berufen hatte. Dieſer ſchon von Maria Thereſia begün= ſtigte, und zu den verſchiedenſten diplomatiſchen Ge= ſchäften benutzte Mann, war ein entſchiedener Preußen= feind. Das Oeſterreichiſche Hausintereſſe ſtand ihm bei jeder Gelegenheit höher als das Vaterländiſch=Deutſche. Während dieſer jedenfalls ſehr gewandte und thätige Miniſter von den Preußiſchen Geſchichtsſchreibern auf's Heftigſte angegriffen, und als ein verderbter, laſter= hafter, ſelbſt beſtechlicher Menſch geſchildert wird, ſind in neuer Zeit gewichtige Stimmen zu ſeiner Verthei= bigung laut geworden. Da aber die letzteren ihre Argu= mente hauptſächlich aus den Wiener Archiven beibrin= gen, während die Gegner ſich auf Berliner Dokumente beziehen, ſo dürfte leicht auch in dieſem Falle, wie ſo

oft, die Wahrheit in der Mitte liegen [1]). Schwer
gefehlt und gesündigt gegen das Vaterland haben in
der verhängnißvollen Zeit, von der wir reden, beide
Theile, so daß es kaum möglich sein wird, das Maß
der Verschuldung von einer und der andern Seite gegen
einander abzuwägen.

Beide Mächte wünschten den Frieden, um sich ungestört ihren Vergrößerungsplänen widmen zu können,
Preußen noch außerdem, weil der Schatz Friedrich's
des Großen erschöpft war und man nicht wußte, woher
man die Kosten für fortwährende Kriege schaffen sollte,
die im Westen und Osten gleichzeitig hätten geführt
werden müssen. Leider aber wählten beide Mächte
nicht den einzigen und zugleich ehrenvollen Weg, durch
einträchtiges und kräftiges Vorwärtsgehen den Feind
zum Frieden zu zwingen.

Bei dem Kriege gegen Frankreich hatte am Rhein

---

[1] Auf diesen wissenschaftlichen Streit, der leider von der einen
Seite mit zu großer persönlicher Gereiztheit geführt wird, beziehen
sich folgende Schriften: Hüffer, Oesterreich und Preußen, gegenüber der Französischen Revolution. Bonn 1868. Dagegen
v. Sybel, Oesterreich und Deutschland im Revolutionskriege.
Düsseldorf 1868. Hiegegen wiederum: Hüffer, Politik der
Deutschen Mächte bis zum Frieden von Campo Formio. Münster
1869. Ferner: v. Vivenot, Herzog Albrecht von Sachsen-
Teschen. Wien 1864. Derselbe: Thugut, Clerfayt und Wurmser.
Wien 1869. — Hermann, Gesch. des Russischen Staats, Bd. VI.
und Ergänzungsband, welcher die diplomatische Correspondenz aus
der Revolutionszeit enthält. Gotha 1866.

der Herzog von Braunſchweig wieder den Oberbefehl
über die Preußen; Wurmſer[1]), ein Elſaſſer von Ge=
burt, commandirte die Oeſterreicher daſelbſt. Er war
ein alter kräftiger Haudegen, mehr zu Huſarenſtreichen
als zur Kriegführung im Großen befähigt.

Anfangs liefen die beiderſeitigen Unternehmungen
günſtig genug ab. Der Herzog von Braunſchweig
ſchlug am 14. September 12,000 Franzoſen bei Pir=
maſens völlig in die Flucht, konnte aber den Sieg nicht
gehörig benutzen, weil gerade damals der König von
Preußen, welcher ſich nach Polen begab, einen großen
Theil ſeiner Truppen vom Rheine abberief, um den
General Möllendorf bei der Beſitzergreifung der neuen
Erwerbungen zu unterſtützen.

Dennoch gelang es, durch gemeinſames Zuſammen=
wirken der Oeſterreicher mit den zurückgebliebenen Preu=
ßen, die berühmte Weißenburger[2]) Linien zu beſetzen.
Wurmſer konnte ſich am 13. Oktober der wichtigſten
Puukte daſelbſt bemächtigen, worauf die Oeſterreicher
bedeutende Theile des Elſaß beſetzten. Faſt wäre

---

[1]) Biographiſche Notizen über ihn in der Einleitung bei
v. Vivenot, Thugut, Wurmſer und Clerfayt.

[2]) Dieſelben waren 1705 im Spaniſchen Erbfolgekriege von
Villars angelegt, um den Elſaß gegen einen Angriff von Norden
her zu decken. Eine Kette zuſammenhängender Verſchanzungen
lief von Weißenburg bis Lauterburg zickzackförmig neben dem
Lauterfluſſe her. — Jetzt ſind dieſe Linien größtentheils zerſtört.

auch Straßburg den Verbündeten in die Hände gefallen,
da die Bürger, der Schreckensherrschaft längst über=
drüssig, mit ihrem Landsmanne Wurmser sich heimlich in
Verbindung setzten, und die Festung für Ludwig XVII.
zu übergeben versprachen. Allein der General hoffte
dieselbe für seinen Kaiser selbst zu erobern, und wäh=
rend er deshalb in Wien anfragen wollte, versäumte er
den günstigen Augenblick; der Plan wurde verrathen
und 70 der Verschworenen, unter ihnen mehrere von
Wurmser's Verwandten, mußten das Blutgerüst bestei=
gen. Durch diesen Zwischenfall, noch mehr aber durch
eine Proclamation, welche der Oesterreichische General
an die Elsasser erließ, wurde im Preußischen Lager der
Argwohn rege, daß der Kaiser die Eroberungen in
Frankreich, die man zu machen hoffte, nicht für das
Deutsche Reich, sondern für seine Hausmacht behalten
wollte, was zu neuem gegenseitigen Argwohn und hef=
tiger Eifersucht Anlaß gab.

Der König von Preußen, den seine einflußreichen
Günstlinge ohnehin schon fortwährend bestürmten, die
Rheincampagne aufzugeben, und seine ganze Kraft den
Polnischen Angelegenheiten zu widmen, ließ sich nur
durch das eifrige Zureden der Höfe von London und
Petersburg davon abbringen, schon jetzt sein Bündniß
mit Oesterreich aufzulösen, und auf eigene Hand mit
den Franzosen Frieden zu schließen, denen nichts er=
wünschter sein konnte, als eine solche Trennung ihrer

Feinde. — Vor der Hand wurden die Kriegsunter=
nehmungen der Verbündeten in Elſaß fortgeſetzt,
allein die Uneinigkeit der beiden Oberbefehlshaber
ließen es zu keinen großen Erfolgen kommen, zumal der
Herzog von Braunſchweig bei ſeiner methodiſchen Art
der Kriegführung verblieb, während die Franzöſiſchen,
meiſt ganz unerfahrenen Generale, den Mangel an
ſtrategiſcher Wiſſenſchaft durch den ungeſtümen kriege=
riſchen Geiſt erſetzten, der ihrer Nation eigen iſt. Die
Gewißheit, daß jedes Mißlingen von den Pariſer
Machthabern wie ein Verbrechen geſtraft wurde, führte
von ſelbſt dahin, daß man in der Armee zur Erreichung
jedes grade vorliegenden Zieles die möglichſt große
Macht auf Einen Punkt richtete, und um die Zahl der
Opfer, die ein ſolches Anſtürmen forderte, ſich nicht
ängſtlich bekümmerte — Carnot, welcher die Art und
Weiſe der Franzoſen gründlich kannte, und bei der
Neugeſtaltung der Armee mit bewunderungswürdiger
Berückſichtigung ihrer natürlichen Anlagen verfuhr,
hatte alsbald begriffen, daß die maſchinenmäßge Dreſſur,
durch welche im ſiebenjährigen Kriege von den Preußen
ſo Großes geleiſtet worden, für ſeine Landsleute ſich
nicht ſchicke. Er faßte deshalb den genialen Plan, aus
Truppen verſchiedener Waffengattungen ſogenannte
Halbbrigaden zuſammenzuſetzen, um den Feind durch
einzelne überraſchende Angriffe in beſtändigem Schrecken
zu erhalten, und ihn zu ermüden, bis der günſtige

Augenblick zu einem großen überwältigenden Schlage
erschienen war[1]). Dazu kam, daß das Französische
Officiercorps sich aus jungen frisch aufstrebenden
Talenten bildete, denen keine Rücksicht auf Geburt und
Dienstalter den Weg zu den höchsten Ehrenstellen ver=
sperrte, während die Anführerschaft vieler Preußischen
Regimenter aus Männern bestand, die an Leib und
Seele Invaliden waren, sich kaum auf dem Pferde
halten konnten, und unter dem großen Friedrich sich
hauptsächlich den alten Kamaschendienst, und die An=
wendung der grausamsten Strafen für das geringste
Versehen angeeignet hatten[2]). Es liegt nicht in
unserem Plane, die Wechselfälle des Krieges am
Rhein und in den Niederlanden in ihren Einzelheiten
zu schildern, die größtentheils doch nur für einen
Militair von Fach verständlich und interessant sind.
Die folgenden kurzen Andeutungen mögen genügen[3]).
Fortwährende Streitigkeiten zwischen Wurmser und dem
Herzoge von Braunschweig vereitelten den Gewinn,
den man aus der Eroberung der Weißenburger Linien
hätte ziehen können. Der Herzog war zu kräftigen

---

[1]) Oesterreichische Militairzeitschrift 3. Heft und Preußisches
Militairwochenblatt 1818, p. 606 ff. bei Häusser I. 532.

[2]) Martens, Denkwürdigkeiten aus dem kriegerischen und
politischen Leben eines alten Officiers; eine Schrift, die ganz
gelesen zu werden verdient.

[3]) Nach Hüffer, Oesterreich und Preußen, p. 47.

Unternehmungen nicht zu bewegen, während Wurmser
doch dessen Unterstützung dringend beburfte, um seine
weit vorgeschobene Stellung im Elsaß zu behaupten.
Die Folge war, daß der Oesterreichische General, von
überlegenen Französischen Heeresmassen unablässig bedrängt, gegen Ende Dezember 1793 nach tapferem
Widerstande geschlagen, und zum Rückzuge auf das
rechte Rheinufer genöthigt wurde. Die Einschließung
der Festung Landau, von dem Kronprinzen von Preußen geleitet, mußte aufgegeben werden; nicht einmal
die Deutschen Grenzen ließen sich unversehrt behaupten.
Mangel an Lebensmitteln, deren die öden Gebirgs-
gegenden nicht genug darboten, Entfernung der Magazine, aus denen man sich verpflegen sollte, ansteckende
Krankheiten und Unfälle aller Art, hatten die verbündeten Truppen fast eben so hart betroffen, als im vergangenen Jahre während des Feldzuges in der Champagne; wogegen die Franzosen alle Hilfsmittel benutzen
konnten, die das reiche Land zwischen Rhein und Mosel
im Ueberflusse darbot. Die Oesterreicher hatten außerdem durch ihr hochfahrendes, oft grausames Betragen
die Einwohnerschaft des Elsaß auf's tiefste erbittert;
namentlich übten Croaten und Panduren die entsetz-
lichsten Schandthaten aus. Mord, Brand und Plünderung bezeichneten ihre Bahn, was wiederum grausame
Represfalien des Feindes veranlaßte. Einen der gefangenen Unholde ließ ein Französischer Officier lebendig

an einem Baume kreuzigen, wo er hängen blieb,
bis Oesterreichische Kanonenschüsse ihn erreichten und
tödteten.

Das Zusammentreffen so vieler Fehler und Unglücks=
fälle vereitelte zuletzt alle Unternehmungen der Ver=
bündeten, denen nichts übrig blieb, als sich in die Deut=
schen Winterquartiere zurückzuziehen. Am 30. Dezember
gingen die Oesterreicher bei Philippsburg über den
Rhein. Das Preußische Heer suchte Schutz und Ruhe
in der Nähe von Mainz. Nun konnten die Franzosen
ungestört nicht nur das ganze Elsaß wieder besetzen,
sondern sich auch über das ganze Gebiet der Rheinpfalz
ausbreiten.

Mißmuthig, und an ferneren günstigen Erfolgen ver=
zweifelnd, forderte und erhielt der Herzog von Braun=
schweig seine Entlassung[1]). „Ich habe," schrieb er
dem Könige am 6. Januar 1794, „keine Hoffnung,
daß ein dritter Feldzug glücklicher ablaufen wird. ——
Ich scheue den Krieg nicht, aber ich fürchte die Schande,
die schwer zu vermeiden ist, wenn die Fehler anderer
Generale mir zur Last gelegt werden. Klugheit und
Ehre fordern meine Entfernung. Gegenüber einer
großen Nation, die durch Schrecken und Begeisterung

---

[1]) Er hatte schon Mitte Dezember seinen Abschied eingereicht,
der König aber das Gesuch in sehr schmeichelhaften Ausdrücken
zurückgewiesen.

zu Heldenthaten geführt wird, müßte nothwendig ein
einheitlicher Wille und Befehl die Verbündeten leiten.
In Ermangelung dieser Einheit, ohne Grundsätze und
Methode, werden die Ergebnisse immer so sein, wie wir
sie leider bisher erlebt haben." Nur zu sehr recht=
fertigte der weitere Verlauf der Dinge diese Ansichten.
Zum Nachfolger des Herzogs wurde Möllendorf
ernannt. —

Durch die Erfolge des Feldzuges von 1793 war
das Selbstvertrauen und der Uebermuth der Franzosen
auf's Höchste gesteigert worden. „Alles Papier in
Paris würde nicht ausreichen, wollte man die Groß=
thaten unserer Soldaten aufzeichnen," sagte ein Officier
vor den Schranken des Convents[1]). Für das kom=
mende Jahr versprachen die Verhältnisse sich noch gün=
stiger zu gestalten. Die Parteien im Innern waren
niedergeworfen, an Toulon und Lyon hatte man mit
unmenschlicher Grausamkeit gezeigt, wessen die Städte
und Landschaften sich zu versehen hätten, die einen
Versuch der Empörung oder des Widerstandes gegen
die Schreckensherrschaft wagten. Die Armee war durch
Massenaushebung in's Ungeheure gewachsen. Bedeu=
tende Feldherrntalente hatten Zeit gehabt sich zu bilden
und hervorzuthun; man durfte statt an die Abwehr der
Verbündeten, nunmehr an einen Angriffskrieg gegen sie

---

[1]) Häusser I. 534. Moniteur von 1794, p. 415.

denken. Dagegen war im Lager der Feinde das Ein=
verständniß zwischen Preußen und Oesterreich so gut
wie zerstört. Seit Friedrich Wilhelm II. sich mit seiner
Hauptmacht nach Polen gewendet hatte, konnte die
Coalition als aufgelöst gelten. Preußen erklärte ganz
offen, man sei genöthigt, sich in Polen Entschädigung
für die Mühen und Kosten des Krieges zu sichern;
Oesterreich möge seinerseits in Frankreich dasselbe thun.
In der That war der König so weit gebracht, daß er
ohne fremde Geldhülfe sich auf keinen neuen Krieg ein=
lassen konnte. Bei der Erschöpfung aller Kassen wußte
man die Mittel nicht zu beschaffen. Von den Ver=
bündeten dachte nur Holland und England noch an
ernsthafte Fortsetzung des Kampfes gegen die Revolu=
tion. Lord Malmesbury wurde nach Berlin gesandt,
um wo möglich den König bei der Coalition festzuhal=
ten. Zu demselben Zwecke fand sich ein Russischer Bot=
schafter ein, um zugleich für die Absichten der Czarin zu
wirken, welche auf einen neuen Türkenkrieg dachte und
deshalb die Deutschen Mächte am Rhein beschäftigt
wissen wollte, um nicht durch deren Einmischung in
ihren Plänen gestört zu werden. Dagegen wünschten
die Günstlinge Friedrich Wilhelm's II. dringend, von
dem Oesterreichischen Bündnisse loszukommen, in
welchem sie die Quelle alles Uebels und aller Verlegen=
heiten erblickten. Sie brachten es dahin, daß der
König unumwunden sich außer Stande erklärte, seine

Armee auf eigene Kosten länger im Felde zu erhalten,
und dem Wiener Hofe vorschlagen ließ, die Verpflegung
der Preußischen Truppen dem Deutschen Reiche auf=
zubürden. Ein solches Ansinnen wurde natürlich zurück=
gewiesen. Die kleinen Fürsten, namentlich Baiern,
erhoben ein gewaltiges Geschrei über diesen Anspruch,
ohne zu bedenken, daß die Franzosen bei einem Einfall
in ihr Land sich viel mehr zueignen würden als man
jetzt den Preußen geben sollte.

Durch diesen Widerstand der Reichsfürsten noch
mehr gereizt, befahl der König mittelst Cabinetsordre
vom 11. März dem General Möllendorf, mit der
Preußischen Armee abzuziehen und nur das Reichs=
contingent von 20,000 Mann am Rheine zurückzulassen.
Die Ausführung dieser Maßregel wäre mit einer voll=
ständigen Auflösung der Coalition gleichbedeutend ge=
wesen. Eine solche Gefahr abzuwenden trat nunmehr
England nachdrücklich in's Mittel, wie das im vorigen
Jahrhundert fast jedes Mal geschah, wo es sich um den
Geldpunkt handelte. Lord Malmesbury hatte den
Grafen Haugwitz für sich gewonnen. Um diesen ein=
flußreichsten Minister dem Drucke der immer mächtiger
werdenden Französischen Friedenspartei zu entziehen,
schlug er vor, schleunigst noch weitere Unterhandlungen
mit den Seemächten, und zwar im Haag, eintreten
zu lassen.

Man ging hierauf ein; der Abmarsch der Truppen

wurde verschoben, und so sehr beeilte man sich unter
dem Drange der Gefahren, daß schon am 19. April
zwischen Haugwitz und den Bevollmächtigten von Eng=
land und Holland, jener Haager Vertrag zu Stande
kam, der seitdem eine für Preußen so traurige Berühmt=
heit erlangt hat[1]).   Preußen verpflichtete sich in dem=
selben, nach einem den beiden Seemächten übergebenen
Etat, eine Armee von 62,400 Mann auszurüsten, die
unter einem Preußischen Befehlshaber, nach einem
militairischen Einverständniß zwischen Preußen, Eng=
land und Holland, da, wo es das Interesse der
Seemächte erfordern würde, agiren und spä=
testens am 24. Mai in's Feld rücken sollte.   Dafür
versprachen Holland und England monatlich 50,000
Pfund Sterling, zur Ausrüstung aber alsbald 300,000
Lst., und bei der künftigen Rückkehr noch 100,000 Lst.
zu zahlen.   Außerdem monatlich etwa 11 Thaler auf
den Mann für Brod und Fourage.   Alle Eroberun=
gen sollten im Namen der Seemächte gemacht
werden, und nach dem Frieden zu angemessener Ver=
wendung kommen.   Commissarien von England und
Holland sollten im Preußischen Hauptquartier die Aus=
führung dieses Abkommens überwachen. — Die Armee
Friedrich's des Großen war durch den Haager Vertrag zu
einem Miethsheere herabgewürdigt, und Preußen von

---

[1]) Der Text in Marten's Recueil V. 283 ff.

dem Range einer Großmacht herniedergestiegen. — Das wurde keineswegs dadurch geändert, daß Möllendorf, im Gefühl gekränkter militairischer Ehre, durch einen Aufruf an sein Heer erklärte, diese Englischen Subsidien wären durchaus kein Miethsold, sondern ein Tribut, den man in so gefahrvollen Zeiten der Preußischen Macht entrichte, um sie bei der Coalition zu erhalten! — In England betrachtete man die Sache anders. Pitt rühmte sich im Parlamente[1]), daß man die Preußischen Truppen auf so billige Art zur Verfügung erhalten, da der Mann nur 13 Lst. jährlich koste, während jeder Englische Soldat 15 Lst. Handgeld erhalte, jeder Hesse und Hannoveraner 13 Lst. zu stehen komme. In der That bewilligten nicht nur beide Häuser die Subsidien, sondern votirten auch dem Könige eine Dankadresse für den vortheilhaften Vertrag.

Günstige Resultate im Felde wurden übrigens durch denselben nicht erzielt. Schon die Wortfassung gab zu Streitigkeiten und Zerwürfnissen Anlaß. England wollte die Preußen wie Miethstruppen behandeln und nach eigenem Ermessen verwenden; während der Stolz der Preußischen Armee, und namentlich der Feldmarschall Möllendorf, sich das nicht wollte gefallen lassen. Dieser General blieb bei der Behauptung stehen, er sei Anführer einer mitagirenden Macht, und könne als

---

[1]) Archenholz, Annalen der Brittischen Geschichte XII. 164.

solcher nicht gezwungen werden gegen seine militairische Ueberzeugung zu haudeln.

Den Operationsplan für den Feldzug von 1794, der natürlich erst nach dem Abschluß des Haager Vertrages beginnen konnte, hatte der Oesterreichische General Mack in Uebereinstimmung mit den Seemächten entworfen.　Nach demselben sollten die Oesterreicher unter Coburg in den Niederlanden gegen die Grenzfestungen operiren, und dann in Frankreich nach der Richtung der Hauptstadt vordringen.

Den Preußen war die Aufgabe zugetheilt, durch geeignete Märsche und Stellungen die Oesterreicher zu unterstützen, während England auf seiner Flotte ein Corps an die Küste der Vendée senden, und dort mit Oesterreich gemeinsam wirken sollte.　Da Möllendorf sich weigerte, seine Stellung zu verlassen, damit nicht Mainz der Französischen Rhein- und Moselarmee in die Hände falle, so war aus der Verkettung dieses Kriegsplanes schon alsbald ein Glied herausgerissen. Aber nicht, daß die Preußischen Truppen am Rheine blieben, sondern daß sie daselbst unthätig blieben, ist für den Ausgang des Feldzuges verhängnißvoll geworden[1]).　Einen Theil der Schuld trugen aber auch die Engländer, welche, als Möllendorf ihrem

---

[1]) Hüffer, Oesterreich und Preußen, p. 59—108.　v. Sybel, Revolutionsgeschichte III. 101 ff.

Andringen vorwärts zu gehen nicht Folge leistete, die versprochenen Subsidienzahlungen zurückhielten, und damit den Preußen einen Vorwand lieferten, sich auch ihrerseits bei Ausführung des geschlossenen Vertrages säumig zu zeigen. Zwar erfocht Möllendorf am 23. Mai in der sogenannten zweiten Schlacht bei Kaiserslautern (denn auch 1793 war hier gekämpft worden) einen bedeutenden Sieg über die Franzosen, die sich in Folge desselben nach den Vogesen zurückziehen mußten[1]), doch benutzte er den erlangten Vortheil nicht, und ließ sich durch kein Andringen der ihm beigegebenen Oester= reichischen Generale, des Herzogs von Sachsen=Teschen und des Prinzen Hohenlohe=Kirchberg, zu weiteren Unternehmungen bewegen.

Dadurch gewannen die Franzosen Zeit, Verstär= kungen an sich zu ziehen, und die verlorene Stellung wieder einzunehmen. Sie schritten am 12. Juli zum Angriff, wurden zwar an diesem Tage zurückgedrängt, wogegen sie am 13. bei Pfalzburg die Preußen schlugen, die nun bis an den Rhein zurückweichen mußten. Am 9. August ging auch Trier verloren, worauf die Zeit bis Mitte September wiederum thatenlos verstrich.

Während die Sachen am Oberrhein auf solche Weise

---

[1]) Bei Kaiserslautern sowohl als in verschiedenen anderen Gefechten wurde damals zuerst der Name Blücher mit besonderer Auszeichnung erwähnt. Der König ernannte den tapferen Husarenobristen damals zum Generalmajor.

verschleppt wurden, schien in Belgien noch immer die
Möglichkeit günstiger Erfolge sich darzubieten. Die
Verbündeten befanden sich sogar auf Französischem Gebiete noch im Besitz der Festungen Valenciennes, Condé
und Lequesnoy, und Kaiser Franz begab sich im April
1794 in Person nach dem Kriegsschauplatz, Thugut
und Colloredo begleiteten ihn. Man hoffte mit Hilfe
der Preußen eine Armee von 200,000 Mann zusam-
menzubringen, die Festungen auf dem Wege nach Paris
zu erobern, und dann in der Hauptstadt selbst die Revolution zu unterdrücken. Der Anfang der Kriegsunter-
nehmungen schien günstig genug. Die Oesterreicher
blieben in mehreren Gefechten siegreich; am 30. April
wurde die wichtige Festung Landrecies genommen.
Allein wiederum verstand man nicht die erlangten Vortheile zu benutzen. Der Herzog von Coburg, der unter
dem Kaiser den Oberbefehl behielt, schwächte sein Heer
durch Absendung verschiedener Corps, welche die Pläne
der Franzosen durchkreuzen sollten, von deren beabsichtigten Bewegungen man durch die Papiere eines gefangenen Generals Kunde erhalten hatte. Man nahm
sich Zeit zum Ueberlegen, während die Franzosen han-
delten und immer neue Streitkräfte an sich zogen.

Die verschiedenen Siege und Vortheile, welche die
Alliirten erlangten, vermochten schließlich die Räumung
Belgiens und des linken Rheinufers nicht abzuwenden.
Kaiser Franz hatte sich schon am 13. Juni nach Wien

zurückbegeben, ohne die gehofften Lorbeeren zu ernten. Zwei Wochen nachher, am 26., erfolgte bei Fleurus die Entscheidung. Der später vielgenannte General Jourdan, welcher die Französische Nordarmee commandirte, war von den Conventsdeputirten mit dem Tode bedroht, wenn er nicht alle erlittenen Schläge wieder gut machte. So entschloß er sich, nachdem die Franzosen bereits viermal vergeblich versucht hatten die Sambre zu überschreiten, zu einem fünften Angriff, indem er zugleich die Festung Charleroi bestürmte. Zum Entsatze dieses wichtigen Platzes eilte der Herzog von Coburg nun selbst herbei, um ein entscheidendes Treffen zu liefern. Leider verfuhr man auch diesmal so säumig, daß es erst am 26. zum Kampfe kam, nachdem die Festung sich ergeben hatte. Bei Fleurus wurde mit wüthender Erbitterung bis zum Abend gefochten. Die Oesterreicher waren im Begriff zu siegen, als der Herzog den Fall der Festung erfuhr, und sofort Befehl zum Rückzuge gab. Die Räumung Belgiens war die Folge dieses, durch die Lage der Dinge noch keineswegs gebotenen Befehls. Brüssel wurde den Feinden überlassen. Von Jourdan und Kleber verfolgt, wich Coburg über Lüttich bis Mastricht zurück, wo er den Uebergang über die Maas vertheidigen wollte. Die Franzosen ließen ihn einstweilen dort in Ruhe, weil sie Befehl erhalten hatten, die noch im Besitz der Feinde befindlichen Festungen um jeden Preis wieder zu gewinnen.

Dies zu beschleunigen drohten sie diejenigen Besatzun=
gen, die nicht binnen 24 Stunden nach erfolgter Auf=
forderung die Thore öffnen würden, bis auf den letzten
Mann niederzumetzeln. Doch brachte man, als Lan=
drecies erst nach sechs Tagen sich ergab, diese Grausam=
keit nicht zur Ausführung (18. Juli). Zehn Tage später
sollten die Häupter der Robespierreschen Schreckens=
herrschaft, welche jenen unmenschlichen Befehl erlassen,
ihr eigenes blutbeflecktes Leben unter der Guillotine
euden. Der Herzog von Coburg, der noch immer an
der Maas stand, konnte sich daselbst nicht behaupten,
als die Franzosen im Herbste zum Angriff übergingen.
Der Feldherr, körperlich und geistig gebeugt, nahm
seinen Abschied. Clerfayt, der ihm im Commando
folgte, vermochte sich den Franzosen gegenüber ebenso=
wenig zu halten, — Anfangs Oktober wich auch er auf das
rechte Rheinufer zurück. Ganz Belgien und das linke
Ufer des edlen Deutschen Stromes waren nun verloren.
Die Revolutionstruppen hielten am 6. Oktober in
Cöln, am 8. in Bonn, und gleich darauf auch in
Coblenz ihren Einzug. Die Preußen hatten inzwischen
noch einmal einen Angriff auf den ihnen gegenüber=
stehenden Flügel der Französischen Armee gewagt, und
am 20. September 1794 unter Hohenlohe und Blücher
einen dritten Sieg bei Kaiserslautern erfochten, doch
konnte, nach dem Rückzug der Oesterreicher, diese

Waffenthat natürlich keine bedeutende Folgen haben. Am 23. Oktober überschritten auch sie den Rhein.

Leichter noch als mit den Oesterreichern und Preußen, wurde die Französische Nordarmee unter Pichegru mit dem Herzoge von York und dem Prinzen von Oranien fertig, welcher das Englisch=Holländische Heer befehligte. Der harte Winter von 1794/95, welcher den Rhein und die sämmtlichen Flüsse und Canäle in Holland mit tragfähiger Eisdecke überzog, beraubte das Land seiner natürlichen Vertheidigungsmittel, und erleichterte die Unternehmungen der Franzosen, die nun kaum erheblichen Widerstand fanden. Die Engländer gingen mit den Hannoveranern bald über die Grenze nach Westphalen, die Holländische Armee gerieth in völlige Auflösung, Oranien schiffte sich mit Weib und Kind, und mit seinem ganzen Hofstaate in Scheveningen nach England ein. Zwei Tage darauf, am 19. Januar 1795, zogen die Franzosen in die Thore von Amsterdam. Holland wurde „batavische Republik," in der That aber Französische Provinz. Heer und Flotte erhielten Französische Befehlshaber, hundert Millionen Gulden ließen die Befreier sich von den neuen Verbündeten bezahlen, und außerdem bedeutende Landstrecken von Flandern, so wie Mastricht und Venloo förmlich abtreten.

Ueber die Ursachen des Rückzuges der verbündeten Heere, namentlich über die Räumung Belgiens ist

damals, und bis in die gegenwärtige Zeit viel gestritten
worden.   Man hielt dieselbe durch die kriegerischen
Ereignisse nicht gerechtfertigt, und sprach laut von Ver=
rath.   Oesterreicher und Preußen machten einander die
heftigsten Vorwürfe.   Man erinnerte sich daran, daß
Oesterreich längst bereit gewesen war die unbequemen,
entlegenen und schwer zu vertheidigenden Belgischen
Provinzen gegen Deutsches Land zu vertauschen, und
glaubte an ein geheimes Abkommen mit den Franzosen,
welche Entschädigungen durch Gebiete der geistlichen
Fürsten zugesagt hätten, wenn man ihnen am Rheine
das Feld räumte.   Die schlimmsten Vorwürfe und
Verdächtigungen trafen den Minister Thugut.   Eine
förmliche und beweisende Aufklärung über die geheim=
sten Beweggründe der Hauptpersonen wird schwerlich
jemals geführt werden können, weil man die Urkunden
über so zweideutige Dinge entweder vernichtet, oder
doch vor dem Auge desjenigen verbirgt, welcher der=
gleichen zu veröffentlichen geneigt wäre.

Anders, aber für das Urtheil der Nachwelt nicht
viel günstiger, standen die Dinge in Preußen.

Wenn man den Oesterreichern vorwerfen kann, daß
sie die Pflichten gegen Deutschland oftmals aus Rück=
sichten für die Habsburgische Hausmacht nicht erfüllten,
so wog doch das hohe Ansehn, welches die Deutsche
Krone dem Kaiser verlieh, zu schwer in der öffentlichen
Meinung, und die Vortheile, welche aus der, wenn gleich

sehr lockeren Unterthänigkeit der Reichsfürsten im Falle eines Krieges hergeleitet werden konnte, waren doch zu bedeutend, um nicht in Wien die Ueberzeugung aufrecht zu halten, daß es zugleich im Habsburgischen Hausinteresse liege, das Bestehen des Reiches und die Aufrechthaltung seiner Grenzen zu sichern.

Nicht so in Preußen. — Dieser Staat hatte seit 1740, ja schon seit 1701, wo Friedrich I. eine von dem Kaiser unabhängige Königskrone erwarb, seine Macht und Größe im Gegensatz zum Deutschen Reiche, sogar demselben zum Trotze erweitert. Fiel die Verfassung des Kaiserthums in sich zusammen, so standen neue Vergrößerungen für Preußen durch die Gebiete solcher Fürsten in Aussicht, die ohne den Hinterhalt, den sie in Wien fanden, sich nicht selbstständig zu erhalten vermochten [1]).

Zwar regte sich auch damals schon in Preußen hie und da ein Gefühl davon, daß man auch gegen Deutschland Pflichten habe; allein die Sorge für die Vergrößerung des eigenen Gebietes stand doch immer obenan. Weil man sich auf Kosten Polens bereichern, und nicht zugeben wollte, daß Oesterreich bei der Theilung dieses Landes zu große Stücke an sich riß, vernachläßigte man den Krieg gegen Frankreich.

Als nun im August 1794 die Belagerung von

---

[1]) Hüffer, Oesterreich und Preußen p. 125.

Warschau auf unerwartete Schwierigkeiten stieß, und gleichzeitig am Rheine sich Unfälle auf Unfälle häuften, wurde die ohnehin schon verminderte Kriegslust Friedrich Wilhelm's II. vollends abgekühlt. Die Friedenspartei in Berlin wagte sich lauter hervor, und auch Möllendorf, mißgestimmt durch die untergeordnete Stellung, welche der Haager Vertrag ihm den Seemächten gegenüber anwies, wurde seiner Feldherrnschaft überdrüssig. Allgemein sehnte man sich, aus Verwickelungen herauszukommen, die nichts als Enttäuschungen brachten, und dabei den Staatsschatz bereits bis zur Neige erschöpft hatten. Nur an den Gedanken konnte der König sich nicht gewöhnen, daß er mit den Pariser Blutmenschen in Unterhandlung treten müßte. War doch die Regierung in Frankreich trotz des Wechsels der Personen wesentlich noch dieselbe, gegen die man drei Jahre vorher in Coblenz jene verdammende und drohende Proclamation erlassen hatte! Nun sollte der König fast bittend vor jene Jakobiner hintreten, die er mit aller Kraft seiner Seele haßte und verachtete.

Auf Lucchesini's Rath wurde zuletzt ein Mittelweg eingeschlagen. Mit Barthélemy, dem Französischen Gesandten in der Schweiz, einem Manne von gemäßigter Gesinnung und einnehmenden Formen, wollte man Unterhandlungen anknüpfen, die zunächst sich auf Auswechselung der Gefangenen beziehen, und bei dieser Gelegenheit auch den Abschluß des Friedens zur Sprache

bringen wollte, und zwar eines Separatfriedens, weil
der Convent auf das allerbestimmteste erklärt hatte, daß
er nicht daran denke mit den sämmtlichen Feinden
Frankreichs gemeinsamen Frieden zu schließen. — Man
kann sich vorstellen, wie empört der Wiener Hof sein
mußte, als er von diesen Absichten Preußens Kunde
erhielt. Bestand doch dem Buchstaben nach die Coalition
gegen Frankreich noch fort, wenn sie auch in der That
und Wahrheit durch die Ereignisse bereits gelöst war.
Sie erfuhr aber das Schicksal aller solcher Verbindun=
gen, die bei günstigem Erfolge wohl eine Zeit lang
bestehen können, im Mißgeschick aber schnell auseinander
fallen, weil die Theilnehmer sich dann wechselseitig die
Verschuldung zuschieben, worauf die bisherige Freund=
schaft sich in Haß und Zwietracht verkehrt.

Die Preußische Friedenspartei wollte den Versuch
nicht unterlassen, das Deutsche Reich womöglich für
ihre Absichten zu gewinnen. Zu dem Ende setzte Möl=
lendorf den Kurfürsten von Mainz von den Absichten
seines Königs in Kenntniß. In der That stellte dann
auch der Primas durch seinen Gesandten in Regensburg
den Antrag, der Französischen Republik von Reichs=
wegen den Frieden auf Grund des früheren Besitz=
standes anzubieten. Der Kaiser aber erklärte sich am
28. Oktbr. voll Unwillen gegen eine solche Zumuthung[1]).

---

[1]) Hüffer a. a. O. p. 110. Vivenot a. a. O. I. 363.

Ein ehrenvoller Friede, sagte er, sei für Oesterreich und das Reich nur dann möglich, wenn kein Franzose mehr auf Deutschem Boden stände. — Nun beschloß Preußen für sich allein zu handeln. Prinz Heinrich, der von jeher an der Spitze der Franzosenfreundlichen Friedenspartei gestanden hatte, bot allen seinen Einfluß auf, und es gelang, den König dahin zu bewegen, daß er den Grafen Goltz, seinen ehemaligen Gesandten in Paris, nach Berlin kommen ließ, und denselben am 8. Dezember mit einer von dem Prinzen entworfenen Instruktion zu Barthélemy nach Basel schickte. Am 28. langte der Gesandte dort an. Es war der unglücklichste Zeitpunkt, den man wählen konnte, weil gerade damals der Uebermuth der Franzosen durch ihre glücklichen Erfolge in Holland und Belgien auf's höchste gestiegen war. Preußen von Oesterreich zu trennen konnte ihnen nur erwünscht sein, aber mit einem bloßen Separatfrieden wollten sie sich nicht begnügen, sondern verlangten Preußens Bundesgenossenschaft, und stellten als Bedingung derselben die Abtretung des linken Rheinufers. — Die Deutschen Fürsten sollten für ihre jenseit des Stromes liegenden Besitzungen entschädigt werden. Auf solche Ansprüche war der Berliner Hof nicht gefaßt; dennoch wollte man es nicht durch directe Ablehnung derselben zum Bruche treiben. Es wurde ein vermittelnder Vorschlag von Haugwitz angenommen, demzufolge man erklären sollte: Wenn das Deutsche Reich in die Abtretung willigte, würde Preußen sich nicht widersetzen; einstweilen könnten die Besitzungen in den Händen der Franzosen bleiben.

Unerwartet wurde Graf Goltz am 6. Februar 1795 durch eine tödtliche Krankheit hinweggerafft. Als sein Nachfolger traf Graf Hardenberg, der spätere Premierminister, am 18. März in Basel ein. Seine Instruction stimmte im Wesentlichen mit jenem Haugwitz'schen Vorschlage überein, doch fügte man die Forderung hinzu, es sollte innerhalb einer zu ziehenden Demarkationslinie der Norden Deutschlands für neutral erklärt werden; ferner dürfte Frankreich diejenigen Reichsstände, welche innerhalb dreier Monate Preußische Vermittelung nachsuchen würden, nicht als Feinde betrachten. Sollte Hannover, wegen seiner Abhängigkeit von England, die Neutralität nicht beobachten, so würde Preußen dieses Land nöthigenfalls in Verwahrung nehmen.

Mit größter Ausdauer und Zähigkeit setzte Hardenberg die Annahme dieser Punkte durch. Schon am 5. April 1795 konnte das Friedensinstrument unterzeichnet werden.

Wunderbar nimmt es sich aus, daß im Eingange der König von Preußen nicht blos als solcher, sondern auch als Kurfürst von Brandenburg und Reichsstand einen Frieden abschließt, welcher die herrlichsten Landstriche vom Deutschen Reiche losreißen sollte, wenn gleich im 5. Artikel gesagt wird, die Franzosen würden nur vorläufig im Besitz gelassen werden, und die endgültige Entscheidung über das linke Rheinufer bleibe einem künftigen allgemeinen Reichsfrieden vorbehalten[1]). Binnen 14 Tagen nach der Ratification sollten die Französischen Truppen die Preußischen Gebiete auf dem rechten Rheinufer räumen. Die Gefangenen werden ausgewechselt, und endlich wird das Verlangen Preußens genehmigt, daß die Deutschen Reichsstände, für welche der König sich verwenden würde, binnen drei Monaten nicht als Feinde betrachtet werden sollten.

In den geheimen Artikeln versprach Preußen nichts Feindliches gegen Holland, noch gegen ein anderes von den Franzosen besetztes Gebiet zu unternehmen, wogegen die Republik dem Könige für den Fall, daß das linke Rheinufer definitiv Französisch würde, eine Entschädigung garantirte. Unter den Reichsständen, für welche man Preußens Verwendung anzunehmen versprochen, sollte Oesterreich nicht mit begriffen sein. Auch der Zug der Demarkationslinie wurde angegeben, und festgesetzt, daß Französische Truppen dieselbe nicht überschreiten dürften, wogegen Preußen versprach die Neutralität

---

[1]) v. Sybel, III. 420. Hüffer 119. Der Tractat mit den geheimen Artikeln vollständig bei de Clercq Recueil des traités de la France I. 232, Häusser I. 595.

innerhalb derselben aufrecht zu erhalten[1]). Ueber die Demarkationslinie wurde am 17. Mai ein besonderer Vertrag geschlossen, in welchem noch bestimmt war, daß Preußen nöthigenfalls Hannover in Verwahrung nehmen, und Frankfurt a./M. weder Französische noch Oesterreichische Besatzung erhalten sollte. Dies die wesentlichsten Punkte. —

Hardenberg war von dem Werke, das er vollbracht, höchst befriedigt. „Ich halte," schrieb er am 6. April an Möllendorf[2]), „den Frieden für sicher, vortheilhaft und ehrenvoll. Wir werden einen verderblichen, kostbaren, über unsere Kräfte gehenden Krieg los, und können unsere Sachen in Polen gut beendigen. Im Falle Frankreich das linke Rheinufer behält, verlieren wir nichts, sondern müssen eine gute Entschädigung erhalten." Ehrenvoll scheint ihm der Friede, weil die dem Könige in Bezug auf die Reichsstände zugestandene Vermittelung dem Preußischen Staat ein Uebergewicht gegen den Wiener Hof verschafft. —

---

1) Diese Demarkationslinie ging von Ostfriesland über Münster an die Clevische Grenze, den Rhein hinauf bis Duisburg, schloß die Grafschaft Mark ein, und erreichte bei Limburg die Lahn, bei Höchst den Main. Weiter nach Osten umfaßte sie Hessen-Darmstadt und den Fränkischen und den Obersächsischen Kreis bis nach Schlesien. Hüffer 120.

2) Bei Häusser I. 596.

Ganz abgesehen davon, daß in dieser Auffassung
der Dinge von einer wahrhaft Deutschen Gesinnung
nicht die Spur zu finden ist, war es zugleich ein unver=
zeihlicher politischer Fehler, daß man in Preußen die
Warnung des großen Kurfürsten vergessen hatte: „Nie=
mals neutral zu bleiben; denn das ist in allen Fällen
das Schlechteste, was man thun kann." — Mit jener
Demarkationslinie glaubte man eine wunderbar geist=
reiche Erfindung gemacht zu haben, und doch sollte
durch dieselbe nur in Erfüllung gehen, was Friedrich
der Große in seiner Weisheit den Deutschen Fürsten
prophezeit hatte, die ihr eigenes Interesse selbstsüchtig
von dem der anderen Stände des Reiches trennen wür=
den. — Die Linie, hinter der man sich abgesperrt hatte,
glich in der That der Wand vor einer Polyphemshöhle,
in die sich Preußen einmauerte, und dafür nur den
Vortheil genoß, von dem Ungeheuer, das an der anderen
Seite lauerte, als Letzter verschlungen zu werden [1]).
Mit Recht hat Sybel diesen Frieden einen Akt des
Selbstmordes genannt, der unseren Staat zu politischer
Nichtigkeit verdammte.

Wenn auch nicht zur Rechtfertigung, doch zur Ent=
schuldigung dieses Baseler Friedens hat man sich darauf
berufen, daß Oesterreich, bereits bevor die Unterhand=

---

[1]) Vergleiche p. 248 dieses Bandes.

lungen begannen, durch einen geheimen Agenten dem
Französischen Dictator Robespierre Belgien und das
linke Rheinufer angeboten habe, wenn man dafür dem
Kaiser den Besitz von Baiern garantire.   Dieser ver=
rätherische Plan, der auf Thugut's Rechnung gesetzt
wird, würde allerdings viel verdammlicher sein, als die
Handlungsweise Preußens, weil der Kaiser nach seinem
Krönungseide nun und nimmermehr zu einer Zerstücke=
lung des Reiches die Hand bieten durfte[1]).   Allein
auch Hardenberg hatte sich ja nicht gescheut ganz unum=
wunden auszusprechen, er hatte die Abtretung der
Rheinlande für ehrenvoll und vortheilhaft, weil die
Franzosen dem Preußischen Staate ausreichende Ent=
schädigung zugesichert.

Erwiesen sind übrigens die gegen Thugut erhobenen
Verdächtigungen im strengen Sinne bis jetzt noch nicht;
noch weniger aber werden politische Fehler und Ver=
kehrtheiten auf dieser oder jener Seite dadurch aus der
Welt geschafft, daß man dem anderen Theile die größere
Schuld zuzuschieben versucht.   Was damals gesündigt
wurde, hat Deutschland durch zwanzig Unglücksjahre
schrecklich büßen müssen.   Möge niemals wieder der
Mangel an wahrhaft Deutscher Gesinnung bei Fürsten

---

[1]) Vergleiche die mehrfach angeführten Streitschriften von
Hüffer und v. Sybel.

und Völkern uns in solche Zustände zurückführen, wo
ein Frieden, wie der zu Basel, geschlossen werden
konnte.

Oesterreich und Preußen standen nun wieder eben
so feindlich einander gegenüber, wie nach dem Ende des
siebenjährigen Krieges. Preußen wiegte sich in dem
Gefühl der Sicherheit und Unangreifbarkeit, die es
durch seine Demarkationslinie gewonnen zu haben
glaubte, während Oesterreich mit größerer Energie
als vorher den Kampf gegen Frankreich fort=
setzte. Dazu wurde es durch England gedrängt, dessen
Subsidien der Kaiser nicht entbehren konnte, und
welches eben erst, indem es seine vertragsmäßigen
Zahlungen an Preußen eingestellt, sehr ernsthaft zu
erkennen gegeben hatte, daß das Londoner Cabinet für
sein Geld auch entsprechende Leistungen sehen wollte.
Clerfayt, zum Feldmarschall und Oberbefehlshaber
ernannt, rechtfertigte das in ihn gesetzte Vertrauen,
indem er die Franzosen in mehr als einem Treffen
schlug und über den Rhein zurückwarf. Mainz wurde
entsetzt; Mannheim zurückerobert, dann aber, gegen
das Ende des Jahres, Waffenstillstand geschlossen, weil
das Oesterreichische Heer für einen Winterfeldzug nicht
hinreichend ausgerüstet war. Nach Wien zurückgekehrt,
wurde der siegreiche Feldherr, der die Deutsche Krieges=
ehre wiederherzustellen schien, vom Volke in Triumph

empfangen. Am kaiserlichen Hofe dagegen bezeigte
man sich unzufrieden. Thugut verlangte, von den
Engländern gedrängt, ein weiteres unaufhaltsames Vor=
bringen gegen den Feind. Als Clerfayt zu seiner Recht=
fertigung auf den mangelhaften Zustand der Truppen
hinwies, erregte er den Unwillen einflußreicher Personen,
und bahnte dadurch dem jungen ehrgeizigen Erzherzog
Carl den Weg zu dem langersehnten Oberbefehl.
Clerfayt wurde entlassen. Der Erzherzog verrichtete an
der Spitze der Armee im Jahre 1796 glänzende
Waffenthaten. Die Franzosen, welche unter Moreau
und Jourdan wieder in Deutschland eingedrungen und
bis in die Nähe von Regensburg vorgerückt waren,
warf er wieder über den Rhein zurück; allein seiner
Siegeslaufbahn wurde durch Bonaparte ein Ende
gemacht, dessen glänzendes Gestirn inzwischen an dem
politischen Himmel aufgegangen war. Unter seiner
Führung hatten die Franzosen Italien niedergeworfen
und schickten sich jetzt an auf Wien loszumarschiren.
Die Bestürzung war daselbst so groß, daß sogar Kaiser
Franz begriff, es sei mit den gewöhnlichen Mitteln hier
nichts auszurichten. Er entschloß sich, einen Volkskrieg
zu erwecken, und rief seine gesammten Unterthanen zu
den Waffen. Gleichzeitig erregte Thugut in der von
Bonaparte auf die schimpflichste Weise zertretenen Re=
publik Venedig einen allgemeinen Aufstand, so daß die

Französische Armee zwischen zwei Feuern stand, und ohne das Genie ihres Generals einer so großen Gefahr kaum entronnen wäre. Dieser begriff sogleich, daß ihm vor allen Dingen ein Waffenstillstand nothwendig sei, daß er denselben aber nur erlangen könnte, wenn er die Miene der Siegesgewißheit annehme. Seiner unvergleichlichen Gewandtheit gelang das vollkommen. „Es sei Blut genug vergossen," schrieb er am 31. März 1797 dem Erzherzog Carl, „man möge doch erwägen, ob es kein Mittel gebe, sich friedlich zu einigen, und der Welt den Frieden zu bringen! Gern wolle er die traurigen Kriegslorbeern mit der Krone des Bürgers vertauschen, die der erwerbe, der dem Morden ein Ende mache." Zugleich war Bonaparte klug genug, seinen Mahnungen durch unaufhaltsames Vorrücken Nachdruck zu geben. Dadurch erlangte er in der That, daß am 7. April Oesterreichische Generale in seinem Lager bei Judenburg erschienen und den Waffenstillstand abschlossen. Schon am 18. kamen darauf zu Leoben die Präliminarien des Friedens zu Stande, dessen Bedingungen Bonaparte dictirte. Oesterreich trat Belgien und Mailand ab gegen das Versprechen, durch Venetianisches Gebiet entschädigt zu werden. Ein Congreß sollte dann „auf Grundlage der Integrität des Deutschen Reiches" den allgemeinen Frieden vermitteln. Mit Oesterreich dagegen wurde schon am 17. Oktober 1797 ein Separatfrieden zu Campo Formio, einem

Schloſſe in Friaul vereinbart[1]). Nichts half es, daß
Thugut alles daranſetzte, die Unterhandlungen in die
Länge zu ziehen, weil er hoffte es werde inzwiſchen ein
günſtiger Umſchwung die politiſche Lage Frankreichs
ändern und wenigſtens die Forderungen abwenden, die
noch über die Präliminarien von Leoben hinausgingen.
Bonaparte zeigte ſich ſchon damals im Beſitz der
vollen Ueberlegenheit, mit der er ſeinen Gegnern im
Cabinet ſowohl als im Felde zu imponiren verſtand.
Eigenhändig entwarf er am 11. September ein Ulti=
matum, über deſſen Annahme Oeſterreich ſich bis zum
1. Oktober erklären ſollte. Gleichzeitig hatte er in
Paris, durch Abſendung der Generale Augereau und
Bernadotte das Gelingen eines Staatsſtreichs (vom
18. Fructidor, 4. September) unterſtützt, welcher den
ihm gewogenen Theil des dort an die Stelle des Con=
vents getretenen Directoriums zu faſt unumſchränkter
Macht verhalf. Als deſſen ungeachtet die Oeſterreichi=
ſchen Bevollmächtigten, Cobenzl an ihrer Spitze, die
Annahme jenes Ultimatums hinausſchieben wollten,
griff Bonaparte zu einem jener theatraliſchen Mittel,
deren er ſich ſo oft mit größtem Erfolge bedient hat.
Auf dem Seſſionstiſche ſtand eine Schale, die Cobenzl

---

1) Im höchſten Grade intereſſant ſind die Mittheilungen über
die diplomatiſchen, auf denſelben bezüglichen Verhandlungen bei
Hüffer p. 259—488.

von der Kaiserin Katharina zum Geschenk erhalten,
und auf die er besonders stolz war. Mit allen Anzeichen
der Wuth ergriff der Sieger von Lodi das Gefäß und
warf es mit Gewalt zu Boden, daß die Splitter umher=
klirrten. „So," rief er „soll binnen drei Monaten Eure
Monarchie in Trümmern liegen, wenn Ihr Euch nicht
fügsam zeigt![1])" Mit diesen Worten verließ er den
Saal. Cobenzl verlor die Fassung. Der Neapoli=
tanische Marquis de Gallo, einer der Unterhändler,
folgte dem General unter den größten Höflichkeits=
beweisen, die denselben innerlich lachen machten, bis an
dessen Wagen. — Aller Widerstand war seit diesem
Augenblick gebrochen[2]). Der Kaiser nahm die Bedin=
gungen an, die Frankreich ihm vorlegte. Er trat
Belgien und das linke Rheinufer, mit Einschluß von
Mainz, an die Republik ab. In Italien sollte die Etsch
die Grenze des neuerrichteten Cisalpinischen Freistaates
bilden. Als Entschädigung wurde das Venetianische
Landgebiet mit der Stadt selbst den Oesterreichern
überwiesen. Corfu und die Jonischen Inseln nahmen
Frankreich für sich. — Zu Rastatt sollte ein Congreß

---

[1]) Nach Napoleons eigener Erzählung in Las Casas
Memoiren VI. 347.

[2]) Thugut soll besonders dadurch vollständig zur Nachgiebigkeit bewogen worden sein, daß man ihm mit Veröffentlichung von
Papieren drohte, die man in Paris gefunden, und aus welchen
seine Bestechlichkeit nachgewiesen werden konnte.

den Frieden mit dem Deutschen Reiche vermitteln, unter deſſen „Integrität‟ man, wie ſich nun zeigte, nicht die Unverletzlichkeit der Grenzen, ſondern lediglich das Fortbeſtehen deſſelben verſtanden hatte. In den geheimen Artikeln[1]) verſprach der Kaiſer dahin zu wirken, daß die Franzöſiſche Republik beim Reichsfrieden die von ihr geforderte Grenze erhalte. Sollte das Reich dennoch ſeine Zuſtimmung verweigern, ſo verſpricht der Kaiſer nicht mehr als ſein Contingent zu ſtellen. Dafür ſicherten ihm die Franzoſen außer dem Venetianiſchen Gebiet den Breisgau, das Erzbisthum Salzburg und das Baieriſche Gebiet rechts vom Inn zu. — Dieſe Beſtimmung war um ſo verwerflicher, weil gerade der Biſchof von Salzburg zu den wenigen Reichsſtänden gehörte, die ihren Verpflichtungen gegen das Vaterland ſtets mit größter Bereitwilligkeit nach= gekommen waren. Für die Fürſten, die auf dem linken Rheinufer Verluſte erlitten, ſollte, in Gemeinſchaft mit Frankreich, eine Entſchädigung in Deutſchland er= mittelt werden, d. h. man wollte die Kleinen und Ohnmächtigen den Größeren aufopfern.

Dem Könige von Preußen ſollten ſeine unbedeu= tenden linksrheiniſchen Beſitzungen zurückgegeben wer= den, wogegen beide Theile ſich dafür verbürgten, daß

---

1) Der Vertrag mit den geheimen Artikeln vollſtändig in Marten's Recueil VII. 208 ff.

derselbe keine neuen Erwerbungen mache.   Zwanzig
Tage nach dem Austausch der Ratification sollten die
kaiserlichen Truppen sich in die Erbstaaten zurückziehen,
die Franzosen jedoch erst dann die in Deutschland und
Italien besetzten Punkte räumen, wenn sie der Uebergabe von Mainz sicher wären.   Kehl, am rechten Rheinufer gegenüber von Straßburg, behielten sie für immer.

Der Kaiser genehmigte nicht nur dies Alles, sondern überhäufte noch dazu die Unterhändler mit kostbaren Geschenken.   Bonaparte erhielt einen Zug von
sechs der schönsten weißen Pferde, — es waren dieselben, mit denen er später als erster Consul seinen Einzug in die Tuillerien hielt.

Die Folgen dieses Friedens, der für Oesterreich selbst
noch erträglich genug lautete, waren für Deutschland
und Italien nicht minder verhängnißvoll als der Baseler
Friede.   Namentlich die Italiener hatten unsägliches
Elend unter der Fremdherrschaft zu dulden, die sie erst
nach siebzig Jahren durch Hilfe derselben Franzosen
abschütteln konnten, die ihnen 1797 dieses Joch
auferlegt.

Jämmerlich offenbarte sich bei den dann folgenden
Unterhandlungen über den Reichsfrieden in Rastatt die
engherzige Gesinnung der Deutschen Fürsten.   So wenig
begriffen sie, daß sogar die Sorge für ihre eigene Exi-
stenz ihnen zur Pflicht machte, dem Ganzen einige Opfer
zu bringen, so blind waren die von der Kriegsnoth und

Plünderung augenblicklich verschont Gebliebenen, daß sie bei der Bedrängniß ihrer minder glücklichen Nach= barn schadenfroh die Hände rieben. Auf die Klagen Rheinischer Stände über die Erpressungen der Franzö= sischen Truppen erwiderte Thugut: „Der König von Ungarn und Böhmen könne sich in diese Reichshändel nicht mischen!" Wohl hatte Bonaparte Recht zu sagen: „Wenn der Deutsche Reichskörper nicht existirte, so müßte man ihn zu Frankreichs Nutzen erschaffen!" —

Dreizehntes Kapitel.

Innere Angelegenheiten Preußens bis zum Tode Friedrich Wilhelm's II.

Für die Zustände im Innern des Preußischen Staa= tes war es verhängnißvoll, daß auf den Baseler Frieden noch eine Reihe von Jahren ungestörter Ruhe folgten. Im Genuß derselben wuchs die Selbsttäuschung, daß das Streben nach Neutralität um jeden Preis das rich= tige gewesen, weil das Land dadurch von dem Unge= mach des Krieges befreit blieb, dem die Nachbarn rings umher erlagen. Noch immer wähnte man im Besitze eines Theils der schiedsrichterlichen Gewalt zu sein, welche Friedrich der Große geübt hatte, — man nahm ein übermüthiges Wesen gegen die schwächeren Reichs=

ftände an. Schon bei der Besitzergreifung der Fürstenthümer Anspach und Baireuth versuchte der mit diesem
Geschäft betraute Graf Hardenberg[1]), die dortige
Reichsritterschaft der Preußischen Oberhoheit zu unterwerfen. Bald erhob er auch aus dem Burggrafentitel
der Kurfürsten von Brandenburg Ansprüche gegen die
Stadt Nürnberg. Es wurden nicht unbedeutende
Heeresmaffen gegen dieselbe herangeführt, die Vorstädte
(4. Juli 1796) besetzt, und die Bürger daselbst zur Huldigung gezwungen. Ja, als eben damals die Oesterreicher vor den Franzosen zurückwichen, und diese unter
Jourdan vom Niederrhein bis nach Franken vordran-
gen und die kleinen Gebiete daselbst in ärgster Weise
brandschatzten, unterwarf sich auch die innere Stadt
Nürnberg dem Preußischen Schutze, und nahm am
2. September Preußische Besatzung ein. Gerade an den
nächstfolgenden Tagen erfocht Erzherzog Carl bei Würzburg einen entscheidenden Sieg über die Jourdan'sche
Armee (3. und 4. September) und befreite Süddeutschland von den Franzosen[2]). Nunmehr trug man in
Berlin Bedenken, die ohnehin schon erbitterten Oesterreicher noch mehr zu reizen, und Haugwitz brachte den
König dahin, daß er dem von Hardenberg, dem Neben-

---

[1]) Ueber diese Vorgänge breiten klares Licht die Memoiren
des bekannten Ritter v. Lang.

[2]) Wegen der Fränkischen Verwickelungen vergleiche Menzel,
Zwanzig Jahre, p. 351 ff.

buhler des Ministers, geschlossenen Unterwerfungsver=
trage die Genehmigung versagte. Schon am 1. Oktober
zog sich die Preußische Besatzung wieder aus Nürnberg
zurück. Auch die Eingriffe gegen die Reichsritterschaft
ließen sich bei dem beharrlichen Widerstande derselben
und bei der Unterstützung, welche der Wiener Hof
und die Reichsgerichte ihnen gewährte, nicht aufrecht
halten; was Alles natürlich nicht dazu beitrug,
Preußens Ansehen in den Augen des Auslandes zu
erhöhen.

Wohl hätten diese Mißerfolge und das Scheitern
der so pomphaft gegen Frankreich begonnenen Unter=
nehmung dem Könige und seiner Regierung die Augen
darüber öffnen sollen, daß es einer gänzlichen Neu=
gestaltung der Staatseinrichtungen bedürfte, wenn man
die Rolle des großen Friedrich weiter spielen wollte.
Allein zu tief wurzelte in den Herzen des Officiercorps
sowohl als der Civilbeamten noch der Wahn, man habe
nur möglichst Alles beim Alten zu lassen, um mit den=
selben Mitteln auch dieselben Erfolge zu erreichen, wie
Friedrich der Große.

Zwar fehlte es im Einzelnen nicht an Anläufen zu
Verbesserungen aller Art, denen der wohlgesinnte und
freigebige Monarch selten die Mittel verweigerte, wenn
es sich um Hebung der Landescultur, Ansetzung von
Colonisten, Anlage und Erweiterung von Fabriken
u. s. w. handelte. Armen= und Arbeitshäuser wurden

errichtet, und auf dem Gebiete der Medizinalangelegen-
heiten bessere Zustände angebahnt, nachdem die Feldzüge in Frankreich die schauderhafte Vernachlässigung
dieses hochwichtigen Verwaltungszweiges offenbart hatten.   Tausende von Soldaten waren durch den schlechten Zustand der Feldlazarethe und durch die Unwissen-
heit der Feldscheerer um's Leben gekommen.

Der Hebung des Schulwesens ist bereits in einem
früheren Capitel gedacht worden.   Auch sonstige, unter
der vorigen Regierung fast grundsätzlich vernachlässigte
Bedürfnisse fanden jetzt allmählich Befriedigung.   Man
fing an Chausseen zu bauen.   Der tiefe Sandweg,
durch welchen Friedrich der Große während 46 Jahren
zwischen Berlin und Potsdam so unzählige Mal hin
und hergefahren war, wurde jetzt endlich unter Lang-
hans' Leitung in eine Kunststraße verwandelt.   Derselbe Baumeister errichtete in Berlin das unvergleich-
liche Brandenburger Thor, auf welchem der so berühmt
gewordene Siegeswagen sich befindet, dessen Rosse
Anfangs ihre Köpfe nach Westen gerichtet hatten, als
sollten sie den Triumph der Preußen nach Frankreich
tragen.

Alle diese und viele ähnliche gute und lobenswerthe
Einrichtungen konnten aber zur Hebung und Kräftigung des Staates im Großen und Ganzen wenig
oder nichts beitragen.   Dieser mußte seinem jähen
Sturze entgegeneilen, weil man es versäumte die

Hand an jene Grundübel zu legen, welche den Auf=
schwung der Nation unmöglich machten. Der Adel
blieb im Kriegs= und Friedensdienst die alleinherrschende
Kaste [1]). Bürger und Bauern wurden grundsätzlich
von aller Theilnahme an den öffentlichen Angelegen=
heiten ausgeschlossen; es geschah nicht das Geringste,
um den Gemeingeist in den Städten zu heben und das
alte Zopfthum auszurotten. Die Leibeigenschaft blieb
in ihrer ganzen Schroffheit bestehen, ja man erklärte es
für einen Fehler Friedrich's des Großen, daß er zu
geneigt gewesen, die Bauern gegen ihre Herrschaft in
Schutz zu nehmen, und die Prozesse derselben zu begün=
stigen. Zu abschreckendem Beispiel mußten unter der
Regierung Friedrich Wilhelm's II. ganze Dorfgemein=
den, die sich unfügsam gezeigt, Spießruthen laufen,
wobei selbst schwache Greise nicht verschont wurden [2]).

Das Alles wirkte um so verderblicher, als gleich=
zeitig das schlechte Beispiel, welches der Hof gab, eine

---

[1]) Der verstorbene August Kahlert, einer der gründlichsten
Kenner der socialen Zustände des 18. Jahrhunderts, erzählte dem
Verfasser, um die Kluft zu kennzeichnen, welche in seiner Jugend=
zeit Adel und Bürgerliche schied, daß eine alte Gräfin Burghaus,
wenn sie einmal einem besonders interessanten nichtabligen Gast
den Eintritt in ihr Haus gestattete, sich bei den andern Gästen
mit den Worten zu entschuldigen pflegte: Es ist ein ganz rein=
licher Mensch.

[2]) So erzählt Gallus als Augenzeuge. Geschichte der Mark
Brandenburg, Bd. VI. p. 281.

entsittlichende Wirkung über das Land, ganz besonders
aber über die Hauptstadt verbreitete.   Die Günstlinge,
Maitressen und Kammerdiener des Königs trieben einen
förmlichen Handel mit Gunstbezeigungen aller Art,
besonders in den letzten Jahren der Regierung, wo der
Monarch körperlich leidend war, und die meisten ihm
vorgelegten Sachen, ohne sie zu lesen, unterzeichnete.
Das machte sich ganz besonders Wöllner zu Nutze, um
auf dem Gebiete des Cultus seine verkehrten Ideen
von Jahr zu Jahr mit größter Hartnäckigkeit durchzu=
setzen.   Jeden Tadel seiner heuchlerischen Anordnungen
unterdrückte er mit der brutalsten Gewalt, und wenn
auf Anrufen der Gerichte die Verfolgten ein freisprechen=
des Erkenntniß erlangten, so verstand er es eine Cabi=
netsordre zu erschleichen, die im Wege des Machtspruchs
die Urtheile cassirte, und den braven Richtern harte
Verweise ertheilte, ohne daß diese jedoch sich von ihrer
Pflicht abwendig machen ließen.   Denn der Richter=
stand war es fast allein, welcher die Ehre des Staates
bei diesem allgemeinen Verfalle aufrecht erhielt.   Das
Volk blickte deßhalb mit unbegrenzter Ehrfurcht auf die
Justizbehörden, und war nach wie vor stolz auf die
Würde und Unabhängigkeit des Kammergerichts und
des Obertribunals.

Wie weit die Anmaßung und Ueberhebung Wöll=
ner's ging, wird durch sein Benehmen gegen Kant so
treffend gekennzeichnet, daß dies Eine Beispiel statt

aller anderen genügen kann: — Der Philosoph von
Königsberg, den schon die Mitlebenden als den größ=
ten Deutschen Denker, als den redlichsten Erforscher der
Wahrheit einstimmig anerkannten, war dem Herrn
Wöllner und Consorten ganz besonders zuwider, weil
die Verwerflichkeit ihres Treibens durch das Licht,
welches die Kantischen Schriften verbreiteten, nur desto
schärfer wahrgenommen wurde. Namentlich war es
die Abhandlung über „die Religion innerhalb der
Grenzen der bloßen Vernunft," welche den höchsten
Zorn des Ministers erregte.

Im Namen des Königs erging deßhalb 1793 ein
Rescript „An den würdigen und hochgelehrten, Unsren
lieben und getreuen Professor Kant in Königsberg,"
welches folgende Worte enthielt: „Wir haben Uns zu
Euch eines Besseren versehen, da Ihr selbst einsehen
müßt, wie unverantwortlich Ihr dadurch gegen Eure
Pflicht als Lehrer der Jugend und gegen Unsre Euch
sehr wohl bekannten landesväterlichen Absichten han=
delt. Wir verlangen des Ehesten Eure gewissenhafte
Verantwortung, und gewärtigen Uns von Euch, bei Ver=
meidung Unserer höchsten Ungnade, daß Ihr Euch der=
gleichen künftighin nicht werdet zu schulden kommen
lassen, sondern vielmehr Eurer Pflicht gemäß Euer
Ansehn und Euer Talent dazu anwenden, daß Unsre
landesväterliche Intention je mehr und mehr erreicht
werde, widrigenfalls Ihr Euch, bei fortgesetzter Reni=

tenz unfehlbar unangenehmer Verfügung zu gewärtigen
habt [1])." — Kant ergriff solchen Gegnern gegenüber den
klügsten Ausweg. Er versicherte, daß er sich überhaupt
aller Schriften und Vorträge über Religion enthalten
wolle. Der damals bereits 70 Jahr alte Philosoph
fühlte sich mit vollem Rechte nicht berufen, einem
Wöllner gegenüber zum Märtyrer zu werden. Sein
Lehrgebäude war vollständig aufgerichtet. Er konnte
schweigend zusehen wie die Finsterlinge gegen die
Mauern desselben anstürmten.

Wenn man auf diese Weise dem Größten der mit=
lebenden Denker entgegentrat, so kann man sich ohne
weiteres vorstellen, wie es den Kleineren erging, welche
den geringsten Versuch wagten, sich dem Minister und
seinem Religions= oder Censuredikt zu widersetzen.

Nicht besser als auf dem geistigen Gebiete stand es
auf dem materiellen. Durch die unglücklichen Feldzüge
gegen Frankreich waren die Finanzen zerrüttet. Der
Länderzuwachs in Polen brachte nicht den Vortheil, den
Friedrich der Große aus seinen Erwerbungen daselbst
gezogen. Es fehlte die Thatkraft, um die neuen Pro=
vinzen mit unausgesetzter Arbeit erfolgreich zu verwalten
und auszunutzen. Der König verschleuderte die schön=
sten Polnischen Domainen an seine Günstlinge, theils

---

[1]) Abgedruckt u. A. in Kant's vermischten Schriften. Ausgabe
der sämmtlichen Werke Bd. VI.

geschenkweise, theils für Spottpreise. Der Minister
Hoym wurde beschuldigt[1]), in Breslau ein förmliches
Bureau errichtet zu haben, wo er mit solchen Erwer=
bungen einträgliche Geschäfte getrieben. Bischofswerder,
Wöllner und die Maitressen waren es, an welche
die Beutesüchtigen sich wandten, um durch deren Ein=
fluß des Königs Freigebigkeit auf unwürige Weise zu
mißbrauchen[2]). Hätten die Begünstigten es sich zur
Aufgabe gemacht, die so gewonnenen Güter nach Deut=
scher Weise zu verbessern und einträglicher zu machen,
so wäre das zuletzt dem Staate zu gut gekommen;
allein davon war nicht die Rede. Das Leichtgewonnene
wurde eben so leichtsinnig weiter veräußert und ver=
gendet. Die öffentlichen Einkünfte hoben sich nicht,
neue Steuern konnten bei der bereits herrschenden
Ueberbürdung der Unterthanen nicht auferlegt werden;
man griff zu dem allerverhaßtesten Mittel, indem der
König in seinen letzten Lebensjahren das Tabaksmonopol
wieder einführte, dessen Aufhebung ihm einst Aller
Herzen gewonnen hatte. Jetzt erschien das Monopol
um so gehässiger, weil neben demselben alle die drücken=
den Abgaben bestehen blieben, welche man damals auf
die nothwendigsten Lebensbedürfnisse gelegt hatte, um
die Einnahmeausfälle zu decken.

---

1) Menzel l. c. p. 429.
2) Stein's Leben von Perz. I. 73.

So häuften sich von allen Seiten die Uebelstände, und gaben zu erkennen, daß Preußen der Staat war, der am wenigsten eines kraftvollen fürstlichen Selbstregiments entbehren konnte. Die Beamtenwirthschaft, die sich unter dem schwachen Friedrich Wilhelm II. breit machte, verfiel in ein schlaffes, vielfach bestechliches und feiles Treiben. Das feste Gefüge der Monarchie Friedrich des Großen lockerte sich in bedenklichster Weise. Die allerschlimmsten Befürchtungen aber mußten wach werden, als auch die Armee, auf deren Schultern das künstlich emporgehobene Gebäude ruhte, ihre alte Spannkraft verlor, und das Ausland wahrnahm, man habe es fortan nicht mehr mit den Siegern von Roßbach und Leuthen zu thun. Die Französischen Feldzüge seit 1792 hatten im höchsten Grade demoralisirend gewirkt. Die alten Officiere, die man aus übel angebrachter Rücksichtnahme in Dienst gelassen, waren unfähig sich in eine neue Lage der Dinge zu finden; sie konnten sich nicht an den Gedanken gewöhnen, daß die völlige Umgestaltung der bisherigen Einrichtungen geboten war, wenn man einem Feinde widerstehen sollte, dessen glänzende Erfolge nicht aus der althergebrachten Taktik, sondern aus einer berauschenden Freiheitsbegeisterung hervorgingen. Erst durch gewaltige zermalmende Schläge, ja durch eine der völligen Vernichtung fast gleichkommende Niederlage konnte in dem verknöchernden Staate, konnte in den veralteten Ein

richtungen der Armee der unter der Asche noch fort=
glimmende Lebensfunken zu neuer Flamme erweckt
werden, und glücklich dürfen wir uns preisen, daß
unserm Vaterlande diese harte, aber nothwendige
Leidensschule nicht erspart wurde.

· Bei der Schilderung der Regierungszeit Friedrich
Wilhelm's II. müssen wir an dieser Stelle auf das
Hauptwerk zurückkommen, dessen Vollendung sich an den
Namen dieses Regenten knüpft, obgleich, wie wir bereits
ausführlich vernommen [1]), das Verdienst der Arbeit
wesentlich Friedrich dem Großen, und den trefflichen
von ihm mit derselben beauftragten Männern gebührt.

Das neue allgemeine Landrecht für die Preußischen
Staaten wurde 1794 publicirt.

Von der äußeren Geschichte dieses Gesetzbuches haben
· wir gesprochen. Ueber den inneren Werth desselben
wurde (p. 97) das Urtheil eines der größten Juristen
mitgetheilt. — Daß dieses Preußische Gesetzbuch trotz
aller der politischen und socialen Umwälzungen, welche
seitdem den Staat erschütterten, trotz aller neu aufge=
tauchten juristischen und gesetzgeberischen Anschauungen,
in seinen wesentlichen Bestimmungen noch heut unser
Privatrecht regelt, und nach fast achtzigjährigem Be=
stehen noch immer zur Aufrechthaltung eines befriedi=
genden Rechtszustandes hinreicht, ist ein genügender Be=

---

[1]) p. 93 ff. dieses Bandes.

weis für die Vortrefflichkeit der Arbeit. Von Fehlern ist dieselbe natürlich nicht frei. Das Bestreben, dem Richter gewissermaßen als Wörterbuch zu dienen, in welchem er nur den einzelnen Fall aufschlagen soll, um seine Entscheidung zu finden, kann von gesetzgeberischem Standpunkte aus nicht gebilligt werden, und erklärt sich aus dem Widerwillen Friedrich's des Großen gegen die Einmischung der Wissenschaft in die Rechtspflege. Hätte gar noch das Verbot des Königs, daß Niemand sich unterstehen solle, Commentare über das Gesetzbuch, oder über einzelne Theile desselben zu schreiben[1]), Kraft behalten, so wäre damit die Möglichkeit für die innerliche Fortbildung des Rechts abgeschnitten gewesen. Natürlich konnte eine so despotische Beschränkung der wissenschaftlichen Forschung nicht Bestand halten; dennoch aber hat das allgemeine Landrecht in seinem ganzen Inhalte wesentlich die Signatur des Geistes bewahrt, die der große König demselben aufdrücken wollte. Wunderbar tritt in den Bestimmungen des Gesetzbuches jenes geistige Doppelleben zu Tage, auf welches wir, bei der Schilderung von Friedrich's Charakter, wiederholt hingewiesen haben. Als Theoretiker ein freisinniger Philosoph, war er als Regent ein despotischer Selbstherrscher. Den ersten Diener des Staates nennt er sich, während er doch der unum=

---

[1]) Siehe oben p. 74. 75.

schränkte Herr und Gebieter desselben war, und das bekannte Wort: „Der Staat bin Ich," mehr als irgend ein Monarch zur That machte. Daß dieselben Gegensätze sich in dem auf Friedrich's Befehl, und unter seiner besonderen Aufsicht bearbeiteten Gesetzbuche wiederfinden, ist um so natürlicher, als das ganze Jahrhundert sich in solchen Gegensätzen bewegte, die den zermalmenden Zusammenstoß zwischen den alten monarchischen Anschauungen und den neuen Freiheitsideen herbeiführten. In Frankreich machte das Volk mit den Redensarten Ernst, die man ihm, in sorgloser Sicherheit, so oft von oben herab entgegengerufen hatte. Allgemeine theoretische Gedanken in das Staatsleben einzuführen und zu verwirklichen, war der Grundzug, der durch die Französische Revolution geht und der, bis zur äußersten Consequenz getrieben, den schnellen Untergang der Republik herbeiführte.

Ein ganz verwandtes theoretisches Streben zeigt sich in vielen Abschnitten des Preußischen Landrechts. Der Sprachgebrauch desselben ist, wo es sich um den Staat und dessen allgemeine Einrichtungen handelt, so rein philosophisch gehalten, daß man nicht mit Unrecht behauptet hat[1]), es sei außer auf dem Titelblatte nirgends ersichtlich, daß das Gesetzbuch gerade für Preußen

---

[1]) v. Haller, Restauration der Staatswissenschaft. Zweite Auflage 1820. II. 195.

und nicht für irgend ein beliebiges anderes Land gegeben
sei.   Der Name und Titel des Königs kommt in dem
ganzen Werke nicht zum Vorschein.   Es wird stets nur
von einem abstracten Staatsoberhaupte gesprochen.
Daß die Würde und das Amt desselben erblich sei in
der Familie der Hohenzollern, ist nirgends gesagt, so daß
die Ausdrücke gerade so gut auf den Präsidenten einer
Republik passen würden. — Auf der anderen Seite
sind aber diesem „Oberhaupte" wiederum so ausge=
dehnte Rechte beigelegt, wie kein König sie jemals
besessen oder auch nur beansprucht hat.   Das Recht,
zur Bestreitung der Staatsbedürfnisse das Privatver=
mögen, die Personen; ihre Gewerbe, Producte oder
Consumtion mit Abgaben zu belegen, ist ein Majestäts=
recht.   Kein Unterthan des Staats darf, bei willkür=
licher Geld= oder Leibesstrafe, das Staatsgebiet ohne
Erlaubniß verlassen[1]), sogar die Frauen und Mädchen
können ohne diese Erlaubniß nicht in's Ausland hei=
rathen. — In einem Lande, wo diese Bestimmungen
folgerecht durchgeführt wären, würden die Unterthanen
sammt und sonders sich nicht von Leibeigenen unter=
scheiden lassen. — Auf der anderen Seite wird das
unbeschränkte Oberhaupt wiederum streng in gesetzliche

---

[1]) Allgemeines Landrecht II. XIII. 15 und II. XVII. 127,
139, 134.

Grenzen gewiesen. Machtsprüche ¹) wirken weder Rechte noch Verbindlichkeiten. Das Eigenthum kann durch keinen solchen königlichen Gewaltact eingeschränkt wer= den, und gegen den, der durch einen Machtspruch an der Verfolgung seines Rechts gehindert wird, findet keine Verjährung statt. Auch Gesetze, die der König erlassen, ohne vorher die (freilich von ihm selbst ernannte) Gesetzcommission zu Rathe zu ziehen, sind ungültig ²). Die Gesetze des Staates dürfen die natürliche Freiheit und Rechte der Bürger nicht weiter einschränken, als es für den Staatszweck nothwendig ist. — Diese und ähn= liche Aussprüche sind so weitreichender und allgemeiner Art, daß sie im einzelnen Falle vom Richter nicht in Anwendung gebracht werden können, und vielmehr in ein Lehrbuch als in ein Gesetzbuch gehören; dessen= ungeachtet wirkten sie günstig auf die Entwickelung des Rechtsbewußtseins im Volke, und man hat sich zu gehöriger Zeit wohl auf dieselben zu berufen verstanden; auch erhielt gerade diese Einleitung die freudige Zustim=

---

¹) Dieser Ausdruck wurde, auf Friedrich Wilhelm II. Befehl, bei der letzten Revision des Textes durch Umschreibungen ersetzt, z. B. Einleitung § 5. I. VIII. 32. I. IX. §§ 528. 29, während er in dem Register, welches nicht umgedruckt wurde, stehen ge= blieben ist.

²) Diese Bestimmung der §§ 6—12 der Einleitung ist in der letzten Fassung ebenfalls verschleiert worden.

mung des Publikums und erregte große Aufmerksamkeit
im Auslande.   Man erkannte nicht mit Unrecht in die=
sen Ideen die Quelle, aus der einst eine höhere Erhe=
bung des Preußischen Volkes sich herleiten könnte. Ver=
wunderlich bleibt es immerhin, und giebt einen neuen
Beweis für den Widerspruch, in welchem der Urheber
dieser Gesetzgebung unbewußt mit sich selber stand, daß
es gerade der Müller Arnold'sche Prozeß war, der den
nächsten Anstoß zu der Beschleunigung und schnellen
Beendigung der großen Arbeit gegeben; denn der
ganze Verlauf jener Begebenheit besteht aus einer Reihe
der allerwillkürlichsten Machtsprüche und Gewalt=
maßregeln, und endete mit der ebenso despotischen als
ungerechten Absetzung und Bestrafung der Gerichts=
räthe, die ihrer Pflicht und ihrem Eide lieber gehorchen
wollten, als den ungesetzlichen Befehlen des Monarchen!

Eben so auffallend erscheint es, daß das Gesetzbuch
eines aufgeklärten Staates, welches fünf Jahre nach
der denkwürdigen Epoche erschien, wo in Frankreich die
Menschenrechte proclamirt, die Bauern von den feudalen
Lasten befreit und die Gleichheit Aller vor dem Gesetze
ausgesprochen und zur That geworden war, daß, sagen
wir, gerade zu einer solchen Zeit das Landrecht mit
größter Schroffheit die alten Standesunterschiede auf=
recht erhält, und sogar das Institut der Leibeigenschaft
zwar dem Namen nach beseitigt, in der That aber fast
vollständig nach wie vor fortbestehen läßt. Denn die

Unterthanen eines Gutes dürfen daselbe ohne Erlaub=
niß der Herrschaft nicht verlassen, und können in vielen
Fällen sogar mit ihren Stellen an einen Dritten verkauft
werden. Die Herrschaft kann die auswärts geborenen
Kinder eines Unterthanen zurückfordern, darf faulen
und widerspänstigen Arbeitern das Heirathen verbieten
und braucht nicht zu gestatten, daß die Kinder der
Dienstleute ein Gewerbe erlernen, oder gar studiren.
Die Unterthanen dürfen durch Schläge zur Arbeit an=
gehalten werden, und noch in dem, 1803 erschienenen
Anhange zum Landrecht, wird die lederne Peitsche zu
diesem Behuf an die Stelle des Stockes gesetzt[1]). Dem
gegenüber tritt der Adel als erster Stand des Staates,
mit den ausgedehntesten Vorzügen und Ansprüchen im
Gesetzbuche auf. Der Adlige ist zu allen Ehrenstellen
im Staate, zu denen er sich geschickt macht, vorzüglich
berechtigt. Er allein darf Rittergüter besitzen, und das
Jagdrecht üben. Für ihn und seine Familie muß in
der Kirche besonders gebetet werden. Auf den Kreis=
und Landtagen sollen Bürgerliche in der Regel nicht
einmal als Stellvertreter zugelassen werden. Männer
von Adel können mit „Weibspersonen“ aus dem
Bauern= und niederen Bürgerstande keine Ehe zur
rechten Hand schließen. Dagegen ist den abligen und
den königlichen Räthen gestattet, sich Frauen geringen

---

1) Allg. Landrecht II. VII. §§ 151. 152. Anhang § 105.

Standes zur linken Hand antrauen zu lassen, die als=
dann ebensowenig wie ihre Kinder den Rang und
Stand des Gatten theilen, sondern ihren ursprünglichen
Namen fortführen. Bürgerliche Nahrung und Gewerbe
sollen Adlige nicht treiben, und verlieren ihre Standes=
rechte, wenn sie sich dadurch dem gemeinen Volke gleich=
stellen [1]). Der Adlige, der einen Bürgerlichen beleidigt,
zahlt Geldstrafe, der Bürgerliche, der einen Adligen
beleidigt, kommt in's Gefängniß. Duelle zwischen
Personen, die weder zum Adel noch zum Officierstande
gehören, werden wie Mordversuche betrachtet [2]).

Alle Vorrechte des Adels vererben sich nicht blos
auf die ehelichen, sondern auch auf die durch nach=
folgende Ehe legitimirten unehelichen Kinder eines
adligen Vaters. Da man nun seit Friedrich des
Großen Tode mit Verleihung des Adelstitels sehr ver=
schwenderisch umging, die Zahl der Mitglieder des
Adels sich also von Jahr zu Jahr in steigendem Ver=
hältnisse vermehrte, während die von uns bereits aus=
führlich erwähnte Steuerfreiheit derselben fortbestand,
so mußte auch die Bedrückung der nichtadligen Staats=
bürger, auf deren Schultern die dem Adel abgenom=

---

[1]) Vergleiche den ganzen IX. Titel des II. Theils und II. I.
835 ff. II. II. 555—91.

[2]) II. XX. 610. 611. 689., wo die Nichtadligen mit dem Aus=
druck: „dergleichen Leute" bezeichnet werden.

menen Lasten ruhten, stets höher und schwerer fühlbar
werden.

Die Städte; welche seit Friedrich Wilhelm I. in
vollkommener Unmündigkeit und Abhängigkeit von den
fiscalischen Behörden erhalten waren, und lediglich als
Einnahmequellen für den Staat angesehen wurden,
erhielten durch die Bestimmungen des allgemeinen Land=
rechts zwar ein schwaches Maß von Selbstregierung;
allein man blieb weit davon entfernt, die Bürger der=
selben für die Träger der Bildung und des Wohlstandes
im Lande zu halten, und die Kräfte auch nur ahnungs=
weise zu erkennen, die der Patriotismus der Städter
entwickeln könnte, wenn man ihnen Raum zu freier
Bewegung gestattete. Die Auffassung des Allgemeinen
Landrechts ist vielmehr eine vollständig materielle und
beschränkte. „Städte," heißt es daselbst [1]), „sind haupt=
sächlich zum Aufenthalte solcher Einwohner des Staates
bestimmt, welche sich mit Verarbeitung und Ver=
feinerung der Naturerzeugnisse und mit dem Handel
beschäftigen." Von dem Beruf des Gelehrten, des
Künstlers wird nicht gesprochen. Dafür sind die Städte
der ausschließliche Sitz des Handwerkes und der Zünfte,
die mit ihren veralteten Gerechtsamen sorgfältig geschützt
werden. Auf dem flachen Lande dürfen nur die den
Bauern unentbehrlichen Gewerbe des Schmiedes, des

---

[1]) II. VIII. 86.

Stellmachers und dergleichen betrieben werden. Ueberall tritt uns in diesen Bestimmungen eine Zuversicht auf das Fortbestehen des Hergebrachten entgegen, die für jene Tage, wo das Neue schon so vernehmlich an alle Thüren klopfte, fast unbegreiflich ist.

Auf diese Weise konnte denn der politische Theil des Landrechts der hereinbrechenden Staatsveränderung nicht widerstehen, sondern mußte gar bald stückweise abgetragen werden. Desto fester und gründlicher dagegen erwies sich der Bau des eigentlichen Privatrechts, welches den Hauptgegenstand einer jeden solchen Gesetzgebung zu bilden hat. — Die Mängel und Fehler von denen kein Menschenwerk frei ist, wurden in der Praxis nach und nach ausgeglichen. Der tüchtige Geist des Richterstandes durchbrach die Fesseln, welche die zu weitgetriebene Specialisirung der einzelnen Fälle ihm anlegen wollte, und lange Jahre hindurch fühlten die Preußischen Unterthanen sich glücklich unter dem Schutze, den ihre neuen Gesetze ihnen gegen Eingriffe und Bedrückungen nach allen Seiten hin gewährten. Mit Stolz blickten sie auf ihre Gerichte, namentlich auf das Kammergericht, zu dessen unbeugsamer Gerechtigkeit sie die vollste Zuversicht bewahrten. Man ließ sich in dieser Ueberzeugung nicht irre machen, wenn es den Umgebungen des Königs gelang, denselben zu einzelnen Gewaltschritten und offenbaren Ungerechtigkeiten zu bewegen, die mit Umgehung der Gerichte ausgeführt wurden.

An ſolchen Beiſpielen iſt die Geſchichte Friedrich Wil=
helm's II. nicht arm, und die Machtſprüche, welche dem
Namen nach aus dem Entwurf des allgemeinen Land=
rechts entfernt waren, ſpielten in Wahrheit dennoch eine
recht anſehnliche Rolle. Wer ſich der Neuerungsſucht
verdächtig machte, oder einflußreichen Perſonen be=
ſchwerlich wurde, mußte ohne weiteres in eine Feſtung
wandern, oder wurde aus dem Lande gewieſen. Viel
Aufſehen erregte der Fall des bekannten Zerboni di
Spoſetti. Er war Kriegs= und Domainenrath in
Petrikau (zu dem neuerworbenen Kaliſcher Diſtrict
gehörig), wo er wegen ſeiner Einſicht und Thätigkeit
großes Anſehn genoß. Dem damals allgemein ver=
breiteten Hange zu geheimem Geſellſchaftsweſen ergeben,
ſchloß er mit verſchiedenen anderen Perſonen eine Ver=
bindung zu dem Zwecke, mit allen geſetzlichen Mitteln
die von hohen Staatsbeamten begangenen Rechts=
widrigkeiten zu offenbaren, und namentlich für die
durch den Miniſter v. Hoym begünſtigte Verſchleuderung
der Polniſchen Domainen Beweiſe zu veröffentlichen,
und auf dieſe Weiſe einen Perſonenwechſel in den obern
Schichten der Beamtenwelt herbeizuführen. Er ſchrieb
zu dem Ende dem genannten Miniſter einen in über=
ſpanntem Tone moraliſcher Entrüſtung abgefaßten
Fehdebrief, der durch dritte Hand dem Könige bekannt
wurde, worauf dieſer alsbald befahl den Verfaſſer und
deſſen Genoſſen auf unbeſtimmte Zeit in eine Feſtung zu

33*

sperren. Ohne jedes gerichtliche Verfahren wurde Zerboni nach Glatz gebracht, wo er bis zum Tode Friedrich Wilhelm's bleiben mußte, und erst unter der folgenden Regierung zum Rechtswege verstattet wurde, der mit seiner vollständigen Freisprechung endete [1]).

Man sieht, es mußte noch manches Jahr vergehen, bevor der Rechtsschutz, mit dem das allgemeine Land= recht die persönliche Freiheit gegen willkürliche Gewalt sicher stellen wollte, zu thatsächlicher Geltung gelangen konnte. —

Der König, dessen Bildniß von den Emblemen der Gerechtigkeit umgeben, die erste Ausgabe des allgemei= nen Landrechts zierte, sollte nur kurze Zeit den Ruhm genießen, den dieses Werk ihm eingetragen, zu dessen Vollendung er so wenig und sicherlich nicht das beste gethan hatte.

Das unruhige Leben während der Französischen und Polnischen Feldzüge war nicht geeignet gewesen, seinem riesigen Körper die Kräfte zu ersetzen, welche die fort= während sinnlichen Ausschweifungen ihm entzogen.

---

[1]) 1810 wurde er zu diplomatischen Geschäften verwendet, 1815 zum Oberpräsidenten der Provinz Posen ernannt, bei deren Organisation er vorzügliche Dienste leistete. Zerboni zog sich 1824 in's Privatleben zurück und starb 1831. Vergleiche Acten= stücke zur Beurtheilung der Staatsverbrechen des Kriegs= und Domainenraths Zerboni. 1800. — Zerboni, über meine Schicksale und Gefangenschaft. 1801. —

1796 zeigten sich die Spuren der Brustwassersucht, die nach dem Gebrauch von Pyrmont zwar eine Zeit lang beseitigt schienen, bald aber mit doppelter Stärke sich erneuerten. Im August 1797 kehrte der König krank aus jenem Bade zurück. Am 29. September war er zum letzten Male in Berlin, um dem Empfange seiner Schwester, der Erbprinzessin von Baden bei= zuwohnen. Seitdem verweilte er in dem neuen Marmorpalais, das er sich am Heiligensee bei Pots= dam erbaut hatte. Um dem Kranken Erleichterung zu schaffen, wurden die außerordentlichsten Mittel in Be= wegung gesetzt; man mischte die Luft seines Zimmers mit Sauerstoffgas, um eine Atmosphäre zu erzeugen, wie sie in Wäldern und am Seestrande geathmet wird. Natürlich hatte das keinen Erfolg. Der Zustand ver= schlimmerte sich, und nahm in Folge des Genusses unverdaulicher Speisen, denen der Patient nicht ent= sagen wollte, schnell eine entscheidende Wendung. Am 15. November erschien der Kronprinz am Sterbelager. Am 16. früh entschlief der König. Nur der Kammer= diener war beim Tode gegenwärtig. In furchtbarer Angst beschwor der Sterbende diesen Mann, ihn nicht zu verlassen. Die Gräfin Lichtenau, welche ihn gepflegt hatte, meldete sich am letzten Tage krank, und erschien nicht mehr.

Kaum elf Jahre waren vergangen, seit ein anderer, größerer König, nur wenige tausend Schritte

von dem Sterbezimmer Friedrich Wilhelm's II. ent=
fernt, an derselben Krankheit, ebenso einsam im Beisein
eines einzigen Dieners entschlummert war. — Beide
Monarchen hatten eine zahlreiche Familie; — keinem
von beiden drückte eine liebende Hand die Augen zu.
Wie ähnlich, und doch wie verschieden sind diese Todten=
betten! Friedrich II., ganz und vollständig in dem
Einen Gefühl der Pflicht und seines hohen Berufes
aufgegangen, kein anderes Interesse kennend, als das
des Staates, den er groß gemacht, behielt in seinem
Herzen nur geringen Raum für die Bande der ver=
wandtschaftlichen und ehelichen Liebe. Kein Günstling,
keine Maitresse hat jemals während des halben Jahr=
hunderts dieser Regierung auch nur einen Augenblick
seiner kostbaren Zeit der Arbeit für den Staat entzogen,
den er in voller Ordnung, reich an Schätzen zurückließ.
Das letzte Wort, welches der Sterbende zu sprechen
versuchte, sollte ein Befehl für seine Truppen sein.
Wie anders der Nachfolger! In kurzer Zeit hatte er
durch nutzlose Kriege und unfruchtbare Erwerbungen,
durch Begünstigung unwürdiger Personen und zwei=
deutiger Frauen vergeudet, was Friedrich der Große
während 46 Jahren gesammelt. Von seinem letzten
Lager wurden Frau und Kinder verscheucht, weil sie die
Maitresse an der Seite des sterbenden Gatten und
Vaters nicht sehen mochten. Die Gaukler, die ihn mit
ihren Künsten umgarnt, die heuchlerischen Frömmler,

die ihn verleitet hatten, jede Aeußerung des Freimuthes und kühner Forschung zu unterdrücken, hielten sich fern. — Einsam und öde war es um den Todten, dem kein Gefühl erfüllter Pflicht, kein liebender Blick der Kinder die letzten Augenblicke voll geistiger und leiblicher Qual gelindert hatte!

Aeußerlich zwar hinterließ Friedrich Wilhelm II. das Landgebiet des Staates um 2000 Quadratmeilen durch die Polnischen Erwerbungen vergrößert. Aber der Zuwachs brachte kein Heil. Während die Stücke, welche Friedrich der Große einst von Polen an sich gerissen hatte, theilweise Deutsches Land waren, und zur unentbehrlichen Verbindung zwischen den vereinzelt gelegenen Preußischen Provinzen dienten, denen sie auch durch des Königs rastlose Arbeit bald an Cultur fast gleichgestellt wurden, — konnten Warschau und Kalisch niemals wahre Theile von Deutschland werden. Nur zu schnell fiel diese Eroberung von dem Staate ab, dem sie äußerlich angefügt war.

Preußens Großmachtsstellung war dahin. Zu spät hatte man eingesehen, daß der Kampf gegen die Französische Revolution nicht durchgeführt werden konnte. Neutral zu bleiben inmitten des allgemeinen Weltbrandes, schien das einzige Rettungsmittel, an das man sich anklammerte. Die nächste Zukunft sollte lehren, wie wenig zuverläßig dasselbe war.

Friedrich Wilhelm II. hinterließ sieben Kinder.

Friederike, die Tochter erster Ehe, wurde 1791 mit dem Herzog v. York, Georg's III. zweiten Sohn vermählt. Aus zweiter Ehe war der Kronprinz Friedrich Wilhelm entsprossen, geboren den 3. August 1770. Von seinen drei Brüdern starb Ludwig bereits 1796. Die beiden anderen, Wilhelm und Heinrich, werden uns noch später begegnen. Prinzessin Friederike Louise Wilhelmine war die Gemahlin des Prinzen von Oranien, späteren Königs von Holland. Friederike Christine Auguste heirathete den Kurprinzen, nachmaligen Kurfürsten Wilhelm von Hessen.

Vierzehntes Kapitel.

Erste Regierungsjahre Friedrich Wilhelm's III.

Der Kronprinz war bei des Vaters Tode siebenundzwanzig Jahr alt. Friedrich der Große hatte die Erziehung des einstigen Thronfolgers nie aus dem Auge verloren, und nach seiner knappen Weise eine äußerst geringe Summe zur Befriedigung der leiblichen und geistigen Bedürfnisse des Großneffen ausgesetzt. Der Vater des Prinzen, der selbst tief in Schulden steckte, konnte und wollte aus eigenen Mitteln nichts für seinen Erben hergeben, was die heilsame Wirkung hatte, daß sich schon in dem Knaben der strenge haus-

hälterische Sinn entwickelte, der ihn bis an's Ende
ausgezeichnet hat. Der junge Friedrich Wilhelm gehörte
zu den Naturen, die bereits in früher Kindheit alle
künftigen Eigenschaften des Mannes klar erkennen
lassen. Strenge Rechtlichkeit und ehrbare Gesinnung,
Pflichttreue und Wahrheitsliebe, ein frommer Sinn
und ein gerader, etwas hausbackener Verstand, der ihn
vor der mystischen Richtung des Hofes schützte; Freude
an einfachem Familienleben und an harmlosen kleinen
Vergnügungen finden wir in seinem Charakter vereinigt.
Diesen Vorzügen standen entsprechende Schattenseiten
gegenüber. Von früh auf zeigte der Prinz einen Wider=
willen gegen Alles, was die Schranken des Alltäg=
lichen überschreitet. Geniale Menschen stießen ihn ab.
Für Künste und Wissenschaften fehlte ihm das feinere
Verständniß, welches einem Regenten, der diese Rich=
tung zu schützen und zu fördern berufen ist, stets inne=
wohnen sollte. Angeboren war ihm die Vorliebe für
den Soldatenstand, und zwar ganz besonders für die
kleinen dienstlichen Seiten desselben. Auf wiederholten
ausdrücklichen Befehl Friedrich's des Großen mußten
die Umgebungen des Prinzen denselben hierin auf alle
Weise bestärken. So befestigte sich bei ihm die Hohen=
zollern'sche Anschauung, daß Soldatenehre die höchste
Ehre des Menschen sei, so stark wie bei irgend Einem
seiner Vorfahren. In dieser Beziehung schreibt die von
Friedrich dem Großen dem Erzieher des Prinzen ertheilte

Instruction Folgendes vor: „Man muß ihm bei jeder Gelegenheit sagen und auch von Andern hören lassen, daß jeder Mann von Familie, der nicht Soldat ist, ein elender Wicht bleibt. Er muß die Soldaten recht oft exerciren sehen; man kann 5—6 Cadetten zu ihm bringen und vor ihm exerciren lassen. Es kommt Alles darauf an, ihm für dies Handwerk Geschmack beizubringen."

Frühe schon zeigte sich in dem Benehmen des königlichen Knaben eine große Schüchternheit, die er auch später niemals überwinden konnte. „Man soll ihn necken und herausfordern," befahl der alte König, „damit er dreist wird. Man muß dahin wirken, daß er so lustig wie möglich wird." Ueberhaupt war Friedrich II. nicht karg mit seinem guten Rathe, obgleich ihn das Interesse für die geistige Entwickelung des künftigen Thronerben nicht freigebiger machte. Zwei Louisd'or monatliches Taschengeld bewilligte er mit der Bemerkung: „Man muß es in Silber umwechseln, damit es einen großen Haufen macht!"

Bei Friedrich's II. Tode war Friedrich Wilhelm 16 Jahr alt. Mit großem Scharfblick schilderte Mirabeau, der damals vielfach Gelegenheit hatte den Prinzen zu sehen, den Charakter desselben folgendermaßen [1]): „Alles an ihm deutet auf ein gutes Gemüth; doch hat

---

[1]) Histoire sécrète de le Cour de Berlin. p. 159.

er nichts Einnehmendes in seinem Wesen. Er ist linkisch, aber selbstständig, oft unhöflich, aber stets wahrhaft. Vor allen Dingen will er das Warum? wissen. Hart und zähe, bis zur Unbändigkeit, zeigt er sich auf der anderen Seite wieder gefühlvoll und warmer Anhänglichkeit fähig. Er versteht bereits zu achten und zu verachten. Gegen seinen Vater hegt er ein wegwerfendes Gefühl, beinahe Haß, den zu verbergen er sich keine Mühe giebt. Für Friedrich den Großen trägt er eine fast anbetende Verehrung absichtlich zur Schau."

Die Günstlings= und Maitressenwirthschaft am Hofe erfüllte den Jüngling, seit er zum Bewußtsein kam, mit sittlichem Abscheu, der sich in bitteren Haß verwandelte, als Friedrich Wilhelm II. seine Gemahlin und Kinder zwang, im Hause der Lichtenau zu erscheinen und daselbst einer Festvorstellung beizuwohnen, wo sie zugleich Zeugen davon sein mußten, wie der König die Kinder seiner verschiedenen Maitressen mit größter Zärtlichkeit liebkoste, während er sich gegen die Söhne seiner rechtmäßigen Gattin stets gleichgültig und kalt zeigte.

Ein fernerer hervorstechender Charakterzug Friedrich Wilhelm's war seine Neigung, Alles beim Alten zu lassen und so wenig wie möglich aus dem gewohnten Geleise zu weichen. Er faßte nicht gern einen Entschluß; hatte er sich aber einmal entschlossen, so fehlte es ihm nicht an Willenskraft, um das für recht erkannte energisch durchzusetzen. Sein Beharren am Herge=

brachten zeigt sich auch in der Treue, mit der er an den
Personen festhielt, denen er einmal sein Vertrauen
geschenkt. Leider war er kein Menschenkenner, und viele
unwürdige Männer vermochten sich, durch den Schein
der Biederkeit, den sie annahmen, in seiner Nähe zu
behaupten. Nur so ist es zu erklären, daß Leute solchen-
Schlages, wie z. B. der kriechende, heuchlerische Bischof
Eylert sich so viel Jahre lang seiner Gunst erfreuen
konnten, und daß er aus der Zahl der Räthe seines
Vaters die Lombard, Haugwitz und Lucchesini bei=
behielt.

Keinem von allen ihm nahe Stehenden bewies er
aber größeres Vertrauen als seinem Adjutanten, dem
späteren General v. Köckritz. Dieser immerhin redliche,
aber beschränkte Mann war aus der strengen Schule
Friedrich's des Großen hervorgegangen und hatte sich
vollständig in den kleinen Potsdamer Garnisondienst
eingelebt. Mit scharfen, aber wesentlich wahrheits=
getreuen Zügen hat Stein diesen einflußreichen Officier
folgendermaßen charakterisirt[1]): „Er war nur der
flachsten Ansichten fähig, wünschte nichts als Ruhe und
Frieden von Außen und Verträglichkeit im Innern,
um ungestört seine Spielpartie und Tabakspfeife
genießen zu können. Er war unfähig zu begreifen, daß

---

[1]) Stein's Leben von Pertz. I. 172.

in der Crisis, worin man sich befand, Nationalehre und Selbstständigkeit nur durch Kampf und Anstrengung erhalten werden konnten."

Dieser Widerwille gegen jede Störung der mühsam errungenen Ruhe inmitten des Sturmes, welcher Europa durchtobte, stimmte so sehr mit des Königs persönlichen Neigungen überein, daß seine Anhänglichkeit an Köckritz dadurch nur erhöht wurde.

Wir wissen, daß der junge Friedrich Wilhelm seinen Vater nach der Champagne begleitet, und auch dem Feldzuge von 1793 beigewohnt hatte. Hier waren ihm die kleinen Miseren des Krieges um so abschreckender entgegengetreten, als sich die ganze Unternehmung vollkommen nutzlos, ja schädlich erwies. Jedenfalls erkannte der Kronprinz von Preußen während dieser Feldzüge, welch ein namenloses, unersetzliches Elend der Krieg über Tausend und Tausend friedliebender Menschen verbreitet, er war Zeuge der Verluste, welche die Armee durch verheerende Krankheiten fast mehr noch als durch das Feuer des Feindes erlitt; er begriff die ganze Schwere der Verantwortlichkeit, welche den Urheber eines Krieges trifft, und ward von der Ueberzeugung durchdrungen, daß der Ruhm, mit welchem die sogenannten glorreichen Thaten in der Geschichte genannt werden, durch den Ruin ganzer Länder und Völker zu theuer erkauft ist. Deßhalb hielt er es für

die höchste Pflicht eines Regenten, die Segnungen des
Friedens seinen Unterthanen so lange wie möglich zu
erhalten.

Diese Friedensliebe des Thronfolgers stand mit sei=
nen angeborenen Neigungen in vollem Einklange. Ein
edles, ruhiges, geregeltes Familienleben war das Ele=
ment, in welchem er sein höchstes Glück fand. Die
Natur schien ihn nicht zu einem mächtigen Fürsten,
sondern vielmehr zu einem musterhaften, bürgerlichen
Hausvater bestimmt zu haben, und gerade nach dieser
dieser Richtung hin sollten die Kriegsfahrten von 1792
und 1793 gleichzeitig ein, sein ganzes Leben bestim=
mendes und beglückendes Ereigniß zur Folge haben.
In Frankfurt am Main traf er mit zwei Töchtern des
Herzogs von Mecklenburg=Strelitz zusammen, beide
durch Liebreiz und edle Geisteseigenschaften ausgezeichnet.
„Man konnte,“ sagt Göthe, „diese jungen Damen in
Mitten des Kriegsgetümmels für himmlische Erschei=
nungen ansehen!“ Wahre, gegenseitige Neigung ver=
band den Kronprinzen schnell mit der Prinzessin Louise,
während sein Bruder Ludwig sich mit der jüngeren
Schwester, Friederike, verlobte. Schon am Weihnachts=
abend 1793 erfolgte zu Berlin die feierliche Vermäh=
lung beider Paare.

Am 17. Novbr. 1797 bestieg Friedrich Wilhelm III.
den Preußischen Thron, den die Königin Louise mit
ihm theilte. Es war kein sicherer Ruhesitz, den das

junge Paar einnahm. Auf der Bahn gefahrvoller
Ereignisse schwankte das Staatsschiff dahin. Zwar
schien die Neutralität, welche Preußen in Folge des
Baseler Friedens erlangt hatte, den Riß zu verstopfen,
durch welchen das verschlingende Element in jedem
Augenblick den Bau überfluthen konnte, allein, wäh-
rend die Lenker des Fahrzeuges sich gewohnten täglichen
Geschäften hingaben, stieg ungeahnt aber stetig die
Gefahr, bis die Stunde des Verderbens über die
Ahnungslosen hereinbrach.

Der Jubel, mit dem die neue Regierung im ganzen
Lande begrüßt wurde, unterschied sich wesentlich von
dem gedankenlosen Zujauchzen, welches bei jedem Thronwechsel ertönt. Man glaubte das Wehen einer reineren
sittlichen Luft zu fühlen, vor deren Hauch die giftigen
Dämpfe der bisherigen Günstlings- und Maitressenwirthschaft verschwinden müßten. Namentlich war es
die junge Königin, zu welcher man mit einer an Anbe-
tung grenzenden Liebe und Verehrung aufblickte. Wenn
sie an der Seite ihres Gemahls durch die Straßen der
Hauptstadt fuhr, so begrüßte man das junge Königs-
paar wie eine seegenbringende Verkörperung häuslichen
Friedens und häuslichen Glückes. Unermüdlich wiederholte man im Gespräch kleine liebenswürdige Züge aus
dem Privatleben des neuen Herrschers, und freute sich
der schalkhaften Laune, mit der die Königin die Schranken der alten Etikette durchbrach.

In unbewußter Reinheit schien sie sich die Aufgabe gestellt zu haben, dem Lande als strahlendes Muster einer trefflichen Gattin und Mutter voranzuleuchten. Der König freute sich der Volksgunst seiner Gemahlin, die er selbst mit größter Innigkeit liebte und verehrte; er empfand keine Eifersucht, wenn in den Bewillkomm= nungs= und Glückwunschadressen der Königin fast immer noch mehr als seiner selbst gedacht wurde [1]).

Das erste Auftreten Friedrich Wilhelm's III. in seiner Regenteneigenschaft zeigt dieselbe eigenthümliche Mischung von Bescheidenheit und absolutem Herrscher= bewußtsein, welche durch sein ganzes Leben geht. ·Nach Außen und nach Innen sah er sich einer unendlich schwierigen Aufgabe gegenübergestellt, der er sich kaum gewachsen fühlte, und die ihm das Bedürfniß nach zuverlässiger, verständiger Hilfe lebhaft aufdrängen mußte. In seinem bisherigen Adjutanten, dem bereits erwähnten Köckritz, glaubte er den Mann gefunden zu haben, auf den er sich stützen, dem er das vollste Vertrauen schenken konnte. Noch am Tage seiner Thronbesteigung schrieb er demselben in den rührendsten Ausdrücken einen ausführlichen Brief [2]), in welchem er ihn beschwor, sein treuer, unbestechlicher Freund zu

---

[1]) Jahrbücher der Preußischen Monarchie von 1798, Januar= Heft p. 18, ist ein solches Beispiel statt vieler.

[2]) Vollständig abgedruckt u. A. in Förster, Preuß. Geschichte I. 466 ff.

bleiben, und ihn vor den Täuschungen zu bewahren, denen ein Fürst unterworfen sein muß, weil Jedermann sich bemüht, vor dem Mächtigen sich anders zu zeigen als er ist. Durch des Freundes Mund wünscht er die wahre öffentliche Meinung zu vernehmen, die nur verfälscht an den Thron bringt. Der König weiß, daß in alle Zweige der Staatsverwaltung sich viele Mißbräuche eingeschlichen haben, er will deshalb eine Commission zur Prüfung derselben unter dem Vorsitze von Köckritz ernennen, der sich in dieser Stellung die größten Verdienste um den Staat und den Dank aller Patrioten erwerben wird.

Wenige Tage später (23. November 1797) erging ein eigenhändig abgefaßtes Rundschreiben des Königs an sämmtliche höhere Behörden[1]), welches man ganz lesen muß, um ein Bild des treuen, redlichen Eifers zu empfangen, mit welchem der neue Regent an seine Herrscherarbeit ging. Er fordert eine Liste der theils schlechten, theils unbrauchbaren Beamten, die sich unter der vorigen Regierung auf Schleichwegen in alle Collegia gedrängt, um die Einen entfernen, die Anderen auf eine ihren Fähigkeiten entsprechende Art verwenden zu können; denn der Staat sei nicht reich genug, um unthätige und unfähige Glieder zu besolden. Nur wenn

---

[1]) Jahrbücher der Preußischen Monarchie, Januar 1798. p. 20. 21.

die Vorgesetzten ihren Untergebenen gehörig auf den
Dienst paßten, dürfte man hoffen, daß mit Gottes Hilfe
das Ganze gehörig zusammengehalten und verwaltet
werden könnte. In den weitesten Beamtenkreisen erregte
dieser Erlaß gewaltige Aufregung. Jeder wollte sich
gern auf seinem Posten behaupten. Höchst widerwärtig
machte sich der Eifer breit, mit welchem der Cultus=
minister Wöllner sich den Anschein gab, die edlen Ab=
sichten des neuen Herrn auf's Lebhafteste zu unterstützen.
Durch Specialbefehl vom 5. Dezember forderte er alle
Untergebenen des geistlichen Departements auf, die
Consistorien und die Prediger zu überwachen, ob sie sich
auch genau nach den Vorschriften des Religionsedicts
richteten. Außer den gewöhnlichen Conduitenlisten
sollten besondere Berichte über die Moralität jedes
Einzelnen vorgelegt werden. Auf diese Art hoffte er
sein Religionsedict auch unter der neuen Regierung
sicher gestellt zu haben [1]).

Allein darin hatte er sich verrechnet. Schon am
11. Januar 1798 wurde er durch eine Cabinetsordre
bedeutet, daß es unbegreiflich sei, wie er aus jener ersten
königlichen Weisung habe Anlaß nehmen können, das
Religionsedict einzuschärfen, vor dessen Erlaß es viel
mehr Religion und weniger Heuchler im Lande gegeben
als jetzt. Zwangsgesetze seien dem Geiste der christ=

---

[1]) Menzel, Zwanzig Jahre rc. p. 503.

lichen Religion und besonders dem Geiste der Reformation entgegen; das möge er sich gesagt sein lassen.

Wöllner, weit entfernt diesen so deutlich ertheilten
Wink zu verstehen, hatte die Unverschämtheit, die Cabinetsordre selbst in seinem Departement zu verkünden.
Darauf erfolgte dann im März, zum Jubel des ganzen
Landes, die Entlassung des allgemein gehaßten und
verachteten Cultusministers.   Auch seine Haupthelfers-
helfer, Hilmar und Hermes, wurden pensionirt.
Bischofswerder war bereits eine Woche früher mit
einem Ruhegehalt von 1200 Thalern verabschiedet.

So waren die Häupter der unheilvollen Partei
beseitigt, die den schwachen Charakter Friedrich Wilhelm's II. zum Verderben des Preußischen Staates
elf Jahre lang ausgenutzt hatten.   Die Gräfin Lichtenau, welche unter dieser ganzen Schaar bei weitem
den größten Einfluß geübt, war durch einen Machtspruch
des neuen Königs gleich nach dem Regierungsantritt
desselben festgenommen, und ihrer Güter und Schätze
beraubt worden, die sich übrigens lange nicht so groß
auswiesen, wie man im Publikum geglaubt hatte. Als
es nicht gelang, der Dame ein nach den Gesetzen straf-
bares Vergehen nachzuweisen, so wurde ihr eine Pension
von 4000 Thalern ausgesetzt, die sie in Glogau verzehren sollte.   Ihre späteren, nicht sehr sauberen Schicksale sind für uns ohne Interesse.

Wöllner's Nachfolger wurde der Präsident von
34*

Massow, welcher mit dem Titel eines Justizministers
zugleich die Aufsicht über die höchsten Gerichtshöfe des
Landes erhielt[1]). In Schlesien blieben die Cultus-
angelegenheiten dem Präsidenten v. Seidlitz, in den
Fränkischen Fürstenthümern dem Grafen Hardenberg
überlassen, da diese Provinzen und Landestheile nach
Art königlicher Statthaltereien verwaltet wurden; —
eine Zersplitterung, die natürlich für das Gedeihen von
Kirche und Schule nicht eben förderlich war.

Durchgreifende Veränderungen wurden überhaupt
1797 in keinem Zweige des Staatswesens versucht[2]);
allerdings richtete man, dem Sinne Friedrich Wilhelm's III. entsprechend, alles so sparsam und ordentlich
wie möglich ein, aber in der Hauptsache blieb es wie
bisher. Graf Haugwitz behielt die Leitung der auswärtigen Angelegenheiten, neben ihm als einflußreicher Rathgeber der geheime Cabinetsrath Lombard,
ein Mann von niederer Herkunft, geistreich und
geschäftsgewandt, doch liederlich, leichtsinnig und
träge[3]). Gentz, der die leitenden Persönlichkeiten aus

---

[1]) Ein ehrliches, abgemagertes altes Männlein, nennt ihn
Lang in seinen Memoiren II. 19.

[2]) Häusser II. 144.

[3]) Mit unverschämter Offenheit sagt er selbst von sich:
paresseux parcequ'il souffrait toujours, et sans ambition
parcequ'il etait paresseux. Materiaux pour servir à l'histoire
des années 1805—1807. Lombard ist Verfasser dieser durchweg
interessanten anonymen Schrift.

vertrautem Verkehr kannte, und mit ungemeinem
Scharfsinn beurtheilte, sagt, daß Lombard der Sache
nach Minister des Auswärtigen war, indem Haugwitz
nichts ohne dessen Zustimmung that. Diesem Ver=
hältniß entsprach auch Lombard's Benehmen. Er
beschied den Minister, wenn er mit ihm zu reden hatte,
ohne Weiteres in seine Wohnung, wo denn Haugwitz
nicht unterließ sich einzufinden [1]).

Wie Friedrich der Große mit Hilfe subalterner
Secretaire fast alle Geschäfte in seinem Cabinette
besorgt hatte, so behielt auch Friedrich Wilhelm III.
dieses System um so mehr bei, als dasselbe seiner
Scheu vor persönlicher Berührung mit Menschen ent=
sprach, die nicht zu seiner täglichen Umgebung gehörten.
Waren die Cabinetsräthe schon unter Friedrich II. viel
einflußreicher gewesen, als der König selbst es ahnte,
so mußte unter einem minder energischen und scharf=
sichtigen Regenten diese Cabinetsverwaltung sich zu
einer förmlichen Camarilla gestalten, was denn auch,
während der ganzen Dauer dieser Regierung, mit Aus=
nahme der kurzen Stein'schen Epoche, der Fall war.
Unter solchen Umständen durfte man es als ein Glück
betrachten, daß in der ersten Zeit ein durchaus ehren=
werther, wohlwollender und einsichtiger Mann, der

---

[1]) Gentz, Memoires et lettres, publiés par Schlesier.
Stuttgart 1841, p. 258.

Geheimerath Menken, der in diesem Cabinet die inneren
Angelegenheiten zu bearbeiten hatte, auf die Ent=
schließungen des Monarchen Einfluß übte, bis ihn
leider sehr bald seine geschwächte Gesundheit nöthigte,
die Geschäfte aufzugeben.

An die so nothwendige völlige Umgestaltung und
Neubelebung der, nach nunmehr veralteten Grundsätzen
fortarbeitenden Staatsmaschine, war unter diesen Um=
ständen nicht zu denken. Zu sehr stand vom Throne
bis zu den untersten Schichten der Bevölkerung die
Ueberzeugung fest, Preußen besitze noch immer, als
Erbtheil des großen Königs, einen so unerschöpflichen
Vorrath an Ruhm und Ansehen, daß die Nachkommen,
ohne sich zu beunruhigen, von demselben zehren könnten.
Durch eine solche Anschauung wurden die leitenden
Persönlichkeiten in ihrer Friedenspolitik bestärkt; denn
die Mißerfolge der Französischen Kriege, die man
elementaren Unglücksfällen zuschrieb, hatten weder den
König noch seine Generale davon überzeugt, daß die
Armee nicht mehr die alte Unbesiegbarkeit besitze.
Keiner Macht auf Erden traute man die Kühnheit zu,
den gefürchteten Preußischen Staat anzugreifen. Moch=
ten auch immerhin Vorahnungen und Befürchtungen
ganz entgegengesetzter Art bei einzelnen Einsichtigeren
sich regen, so wagte niemand sie zu äußern.

Wie an Friedrich Wilhelm II. bei dessen Thron=
besteigung einst Mirabeau mit guten, nie befolgten

Rathschlägen herangetreten war, so richtete an den
Nachfolger, der später zu trauriger Berühmtheit ge=
langte, damals noch einer freisinnigen Geistesrichtung
huldigende Gentz ermahnende Worte[1]). Allein was
er anrieth, waren nur einzelne Verbesserungen. Die
Grundlagen des Staates hielt er für unerschütterlich,
die Armee für vollkommen, die Friedenspolitik erklärte
er für die einzig richtige. Das größte Heil erwartete er
von der Freigebung der öffentlichen Meinung durch die
Presse. — In der That wurde den Schriftstellern auf
Befehl des Königs in der ersten Zeit ziemlich freier Spiel=
raum gelassen, doch sehr bald (durch Verordnung vom
6. März 1788) der alte Censurzwang wieder eingeführt,
weil der König befürchtete, es könnten die politischen
Erörterungen in Druckschriften zu Verwickelungen mit
dem Auslande führen; und die mit so großer Sorgfalt
erstrebte Aufrechthaltung des Friedens gefährden. Gegen
rein wissenschaftliche Forschung auf weltlichem und
geistlichem Gebiete dagegen, wurde, auch wenn sie des
Königs theologischen Ansichten widersprachen, große
Duldsamkeit geübt; es offenbarte sich in den hierauf
bezüglichen Erlassen an verschiedene Schriftsteller eine
wahrhaft liebenswürdige Bescheidenheit des jungen
Königs, der die Grenzen seiner Einsicht und Bildung
auf diesem Felde wohl kannte, und sich nur gelegentlich

---

1) Gentz' Werke, herausgegeben von Schlesier. III. p. 12—32.

einen harmlosen Spott über gelehrte Bestrebungen gestattete, deren Werth seinem, durchaus auf's praktische Leben gerichteten Sinne nicht begreiflich war. Bekannt ist der Erlaß, durch welchen 1799 dem großen, durch die Theologen aus Jena verdrängten Fichte der Aufenthalt in Berlin gestattet wurde: „Wenn es wahr ist, daß Fichte mit dem lieben Gott in Feindseligkeit begriffen ist, so mag das der liebe Gott mit ihm abmachen. Mir thut das nichts!" In allem was der König sprach und that, gab sich ein rein menschliches Wohlwollen zu erkennen, welches nur da sich verleugnete, wo jemand die unbegrenzte Vorstellung, die er vor der absoluten Macht des Herrschers hatte, oder die strenge Ordnung, die er überall aufrecht erhalten wollte, anzutasten schien. Aus diesem Gesichtspunkte erklärt sich der sonderbare Erlaß in Betreff der Studenten, vom 23. Juli 1798, deren Ausschreitungen und Zweikämpfe nicht mehr, wie bisher, durch Geldstrafen und Relegation, sondern durch Gefängniß und bei den Nichtadligen durch körperliche Züchtigung bestraft werden sollten, — was übrigens niemals zur Anwendung gekommen ist. Die Studenten waren dem Könige wegen ihrer Ungebundenheit, und wegen Mangels an Ehrfurcht, den einzelne an den Tag legten, von jeher zuwider, was, wie wir sehen werden, später zu sehr betrübenden Folgen geführt hat.

Fanden daher, namentlich in den ersten Regierungs-

jahren die Universitäten wenig Gnade vor seinen
Augen, so war ihm auch die speculative und ästhetische
Richtung zuwider, welche die Berliner Akademie der
Wissenschaften eingeschlagen. Am 10. April 1798[1])
wurde diese Anstalt durch einen Französisch abgefaßten
Erlaß angewiesen, sich mehr mit solchen Dingen zu
beschäftigen, die zur Befriedigung der Bedürfnisse und
des Genusses im gemeinen Leben, und zur Hebung der
Volkswirthschaft beitragen.

Mit größerer Vorliebe richtete sich des Königs
Sorgfalt auf die niederen Unterrichtsanstalten, beson=
ders auf die Garnisonschulen, deren Hebung er sich
angelegen sein ließ, so weit die beschränkten, zu Gebote
stehenden Mittel ausreichten; doch machten sich auf
diesem Felde immer noch die Ansichten Friedrich des
Großen geltend, es müsse jeder Staub möglichst inner=
halb seiner natürlichen Grenzen gehalten, und dem
Sohne des Bauern und des kleinen Bürgers, vor allem
aber dem Sohne des Soldaten, eine Erziehung gegeben
werden, die ihn davon abhalte, über die Stellung
seiner Eltern sich erheben zu wollen[2]). In diesem
Sinne und zu diesem Zwecke wurden u. A. die Franke=
schen Stiftungen in Halle, und das Bunzlauer Waisen=
haus mit bedeutenden Zuschüssen bedacht. In Schlesien

---

[1]) Jahrbücher der Preußischen Monarchie 1798. p. 186.

[2]) Jahrbücher der Preußischen Monarchie 1799. II. 161.

sollten die Einkünfte des aufgehobenen Jesuitenordens,
und des, an die Stellen desselben getretenen priester=
lichen Schulmanninstituts, für Gymnasien und Bürger=
schulen verwendet werden, was der dortige Minister
Hoym sich besonders angelegen sein ließ, ohne daß
jedoch die Absicht vollständig erreicht worden wäre.

Eigenthümlich war die Stellung, welche der König
den Deutschen Schriftstellern und Dichtern gegenüber
einnahm. Da ihm selbst ein geläuterter Geschmack auf
diesem Gebiete abging, und er nur an solchen Werken
Gefallen fand, die entweder einen unmittelbar nütz=
lichen Zweck, oder leichte Erheiterung des Augenblicks
verfolgten, so war er bescheiden genug, sich kein eigenes
Urtheil anzumaßen [1]), weßhalb er bei Begünstigungen,
die er einzelnen Schriftstellern zu Theil werden ließ, die
Königin um Rath fragte, die z. B. dem damals belieb=
ten wässerigen Romanschriftsteller Lafontaine eine Pen=
sion von 800 Thalern erwirkte, während sie dieselbe
Gunst dem von ihr verehrten Jean Paul nicht zuwen=
den konnte, dessen überschwengliche Gefühlsergüsse dem
Könige ebenso zuwider waren, wie der barocke Humor,
mit dem sie untermischt sind.

---

[1]) Es wird erzählt, der König habe sich einmal widerwillig
bereden lassen, Romeo und Julie von Shakespeare im Theater
zu sehen. Sein Urtheil war: Wenn das Stück von dem großen
Goethe wäre, könnte es nicht langweiliger sein.

Dagegen war es ein Tribut, den man der allge=
meinen Volksstimme darbrachte, daß Johannes v. Müller,
dessen Geschichtswerke heutzutage fast niemand mehr
liest, der aber damals für den Deutschen Tacitus galt,
mit einem Ehrensolde von 3000 Thalern als Preußischer
Historiograph nach Berlin gerufen wurde. Auch an
Schiller erging die Aufforderung, in die Residenz des
Königs überzusiedeln. Es wurden ihm 6000 Thaler
jährlich, und freie Hofequipagen angeboten. Der Dich=
ter lehnte jedoch diesen Ruf ab, weil er befürchtete, in
eine seine Freiheit beschränkende Abhängigkeit von dem
Hofe zu gerathen[1]).

Weit mehr als diese gelehrten und künstlerischen Be=
ziehungen lag dem Könige seit dem Tage seiner Thron=
besteigung ein Wunsch am Herzen, der als ein eigen=
thümlich Hohenzollern'scher bezeichnet werden kann. Er
wollte auch seinerseits den von vielen seiner Vorfahren
vergeblich gemachten Versuch erneuern, die beiden großen
Parteien der Protestanten, die Lutheraner und die
Reformirten, zu vereinigen. Er hielt dieses Ziel auf
dem Wege für erreichbar, daß eine gemeinsame Form
des äußeren Gottesdienstes ersonnen würde, welche kei=
nem der beiden Sonderbekenntnisse widerspräche, und
beiden ermöglichte, unter Beibehaltung ihrer abwei=

---

[1]) Näheres in dem betreffenden Jahrgange des Schiller-
Körner'schen Briefwechsels.

chenden Glaubensmeinungen, nach Außen hin eine
einige ungetrennte Kirche darzustellen. Auf Grund
einer 1798 von dem würdigen Oberconsistorialrath
Sack eingereichten Denkschrift, erging an die Staats=
minister v. Massow und Thulemeyer die Ordre[1]),
„einige ernsthafte und tolerant denkende Männer" mit
den Vorarbeiten zu diesem wichtigen Geschäfte zu beauf=
tragen.

Wir werden später erfahren, wie viel Mühe und
Arbeit, wie viel Freude und bitterer Aerger dem Könige
aus diesen wohlgemeinten Absichten erwachsen sollten!
Statt des Beifalls, den er für seine kirchlichen Bestre=
bungen erwartete, erregte er bei der überwiegenden
Zahl seiner Unterthanen nur Mißvergnügen und Unzu=
friedenheit. Man wollte, nachdem das Religionsedict
eben erst glücklich beseitigt war, sich um so weniger einer
neuen Art von Gewissenszwang unterwerfen; denn auf
dem Gebiete des Glaubens sind die Menschen geneigt,
jede, selbst auf unbedeutende Kleinigkeiten gerichtete
Vorschrift für einen bedrohlichen, mit aller Kraft abzu=
wendenden Zwang anzusehen.

Zur Entschädigung erntete der König desto größeren
Beifall auf materiellem Gebiete, als er am 25. De=
zember 1797 das in den letzten Tagen seines Vorgängers
wieder eingeführte allverhaßte Tabaksmonopol nun

---

[1]) Cabinets-Ordre vom 18. Juli 1798.

gänzlich aufhob und den Ausfall durch Sparsamkeit in allen Verwaltungszweigen, und Erhöhung einiger indirecten Steuern zu decken suchte. Solche und ähnliche Maßregeln wurden mit Dank und Freude im Publikum aufgenommen; wie denn überhaupt zwischen dem Könige und seinem Volke ein fast herzlich zu nennendes gegenseitiges Verhältniß sich herausbildete. Alle Welt gab sich dem Genusse des Augenblicks hin, und freute sich der gegenwärtigen Friedensruhe, ohne an die politischen Gewitterwolken zu denken, die drohend am Horizont aufstiegen. Das Volk im Norden von Deutschland beschäftigte sich damals viel mehr mit ästhetischen als mit staatsrechtlichen und staatspolitischen Fragen. Es waren die klassischen Zeiten unserer Literatur. Goethe stand im Zenith seines Ruhmes, während Schiller's Sonne von Tag zu Tage höher emporstieg. Wallenstein erschien 1800, Maria Stuart 1801, die Jungfrau von Orleans 1802, Tell 1804. Von dem Jubel, mit welchem diese Stücke begrüßt wurden, ist heut kaum eine Vorstellung zu machen. Als Schiller 1803 einer Einladung nach Berlin gefolgt war, um einer Aufführung des Wallenstein beizuwohnen, nahm das Interesse an seiner Erscheinung die Gedanken des Publikums ausschließlich in Anspruch; — glücklich wurde der gepriesen, dem es gelungen war, das Kleid des Dichters zu berühren.

Gleichzeitig mit den Meisterwerken der Dichtung

traten 1798 Haydn's Schöpfung und 1800 die Jahres-
zeiten desselben Componisten an's Licht, Beethoven's
schwungvollste Tondichtungen gehören derselben Epoche
an; auch Mozart's Opern, welche wenige Jahre früher
erschienen waren, und eine ganz neue Aera in der Musik
begründet hatten, hielten noch immer das Interesse aller
Kenner und Liebhaber gefesselt.

Die kritischen Kämpfe, welche aus den Xenien von
Schiller und Goethe (1797) entsprangen, beschäftigten
das gebildete Deutschland weit lebhafter, als alle kriegerischen und staatlichen Wirren.   Die Zeitschrift Athe-
näum, in welcher die Gebrüder Schlegel seit 1800 den
Kampf gegen die gefeiertsten Dichter und Schriftsteller
eröffneten und ihre romantische Schule der klassischen
Goethe-Schiller'schen gegenüberstellen wollten, indem sie
ihren Genossen Ludwig Tieck auf einen künstlich erbauten
Parnaß erhoben, und die Welt, mit den dramatischen
Dichtungen Englands und Spaniens bekannt machten,
— ihre Zänkereien mit Matthisson und Kotzebue, —
das Alles wurde mit gespannter Aufmerksamkeit verfolgt und den einzelnen Zwischenfällen dieser litera-
rischen Fehden so große Wichtigkeit beigelegt, als stände
das Heil der Welt auf dem Spiele.   Daneben hatten
die Gelehrten und Denker vollauf zu thun mit den Lehren der Philosophen Kant und Fichte, deren schwerver-
ständliche Schriften dem größeren Publikum durch popu-

laire Umschreibungen und durch öffentliche Vorträge
zugänglich gemacht wurden.

Wenn wir in dem Briefwechsel zwischen den bedeu-
tendsten Personen jener Zeit mit Verwunderung wahr-
nehmen, wie Schiller und Körner, Goethe und Zelter,
Jacobi u. s. w. während des Weltumsturzes der Französischen Revolution fast ausschließlich Gedichte, Thea-
teraufführungen und kleinliche Begebenheiten aus ihren
nächsten Kreisen besprechen; von den politischen Vorgängen aber so wenig Notiz nehmen, als lägen dieselben „draußen fern in der Türkei," — ja, wenn in
Goethe's Erzählung von dem Feldzuge nach der Champagne kaum irgend wo eine Andeutung davon zu finden
ist, daß der Kampf um das Bestehen oder den Untergang des Deutschen Vaterlandes begonnen habe, — so
kann man sich nicht wundern, daß die vereinzelten
Stimmen der wenigen Einsichtigen und Weitersehenden,
die sich vernehmen ließen, spurlos in der Menge verhallten.

Daß übrigens bei der Schreibseligkeit der Deutschen
es an einer umfangreichen Tagesliteratur über die
Französische Revolution nicht fehlte, versteht sich von
selbst. Aus einer Durchsicht derselben wird aber klar,
wie unfähig die Zeitgenossen waren, die welterschüt-
ternde Bedeutung und die großen, zuletzt segensreichen
Folgen vorauszusehen, welche diese während ihrer Dauer

so furchtbaren und abschreckenden Ereignisse hervor=
bringen sollten.

Man stritt über die Berechtigung des Volkes, seine
Regierungsform zu ändern und das angestammte
Herrschergeschlecht zu verjagen, über die Machtbefug=
nisse der Könige und über die beste Staatsverfassung;
aber immer in rein theoretischer Weise, oder man ergoß
sich in unmäßiger Bewunderung oder Verdammung der
großen Ereignisse und der leitenden Persönlichkeiten.
Daß aber in der That sich der Bruch zwischen der alten
Zeit und einem neuen, in seinen Einzelnheiten aller=
dings noch nicht entwickelten Staats= und Volksleben
für ganz Europa unwiderruflich sich vollzogen habe,
und daß derselbe auch in den bis jetzt scheinbar uner=
schüttert gebliebenen Ländern sich weiter vollziehen
müsse, durchschaute man nicht. Noch weniger schlug
die Regierung den einzig möglichen Weg ein, um künf=
tige Revolutionen im eigenen Hause zu verhüten, wie
klar auch derselbe durch Vernunft und Erfahrung für
Preußen vorgezeichnet war: den Weg nämlich, dem
Volke freiwillig das zu gewähren, was es hoffen konnte
durch eine gewaltsame Umwälzung zu erreichen. Erst
nachdem die schwere Strafe für das Versäumte über
die kurzsichtigen Deutschen Herrscher und ihre Unter=
thanen gekommen war, that man gezwungen, was früher
freiwillig hätte geschehen sollen. Da zeigte es sich dann,
was die Deutschen vermochten, wenn sie einmüthig

gegen das Ausland zuſammenhielten und im Innern
ſich aufrichtig beſtrebten, mit den Mißbräuchen der feu=
dalen Zeit zu brechen und die befreite Bevölkerung zur
Theilnahme an der Rettung des Vaterlandes zu begei=
ſtern; vor allen Dingen aber die Armee aus einem
Soldheere in ein Volksheer umzuwandeln!

Was als Rettungsmittel ſich wirkſam bewies zu
einer Zeit, wo Heil und Rettung faſt unmöglich ſchien,
hätte bereits ſeit 1792 als Vorbeugungsmittel zur An=
wendung kommen müſſen. Dazu aber wurden wenig
Anſtalten gemacht. Man wandelte ſorglos auf der
Grundlage völlig unhaltbarer Zuſtände weiter, nicht
blos gegenüber der offen von Frankreich drohenden
Gefahren, ſondern auch gegenüber der unter der Aſche
glimmenden Wuth und Verzweiflung des zerriſſenen
Polenreiches. Befahl doch der König bei der Huldi=
gungsreiſe im Sommer 1798, auch „ſeinen guten Bür=
gern von Warſchau‟ kund zu thun, er wünſche, daß das
zwiſchen ihnen und dem neuen Herrſcher geſchloſſene
Bündniß durch die ihm bezeigte Liebe und Treue, und
von Seiten des Königs durch väterliches Wohlwollen
immer enger geknüpft werde. — Die ihm von dem
Oberpräſidenten von Südpreußen angebotene militai=
riſche Begleitung lehnte Friedrich Wilhelm III. mit den
Worten ab: „Er ſei gewohnt in ſeinen alten Provinzen
ſich nur von der Liebe ſeiner Unterthanen begleiten zu
laſſen und beſorge nicht, in den neuen Landestheilen

andere Gesinnungen zu finden." Ueberall wiegten Fürst und Volk sich in Hoffnungen von Glück und Frieden. „Der gutdenkende Patriot," heißt es in einem der Huldigungsberichte[1]), „ahnet eine schöne Zukunft, wo er unter dem Scepter eines solchen Monarchen die Früchte seines Fleißes in Ruhe und Eintracht mit seinen Mitbürgern wird genießen können."

Fünfzehntes Kapitel.

Ueberſicht der auswärtigen Angelegenheiten von 1797—1803.

Gegen Ende des Jahres 1797 sollte, wie wir hörten, ein Congreß zu Rastatt den Frieden zwischen dem Deutschen Reiche und der Französischen Republik zu Stande bringen[2]), nachdem kurz vorher zwischen Oesterreich und Frankreich zu Campo Formio ein Separatabschluß erfolgt war.

Die Stände des heiligen Römischen Reiches, Geistliche und Weltliche, vom Kaiser herab bis zu der ohnmächtigen Reichsritterschaft und bis zu den kleinsten

---

1) Diese Berichte über die gesammte Huldigungsreise findet man ausführlich in den Jahrbüchern der Preußischen Monarchie 1798. August. p. 442—476. 491—510. Die angeführten Worte p. 500.

2) Vergleiche den Schluß des 12. Kapitels.

unmittelbaren Reichsſtädten und Reichsdörfern, waren
durch ein zahlreiches Corps von Geſandten und Geſandt=
ſchaftsbeamten vertreten, die alle mit ſo vielen Präten=
ſionen und diplomatiſchen Künſten neben und gegen
einander agirten, als wüßten ſie nicht, daß das Deutſche
Reich bereits aufgehört hatte ein lebensfähiger Staats=
körper zu ſein, und daß es ſich gegenwärtig nur um
einen, im letzten Stadium des Todeskampfes ſich auf=
löſenden Organismus handelte. Nachdem Preußen in
Baſel, Oeſterreich in Campo Formio, Baden, Baiern,
Würtemberg und viele andere Reichsſtände ſich durch
offene und geheime Verträge bereits der Frauzöſiſchen
Willkür und Uebermacht im Voraus gebeugt hatten, wie
konnte man da noch auf ein wirkſames Ergebniß der
Verhandlungen hoffen!

Eine jammervollere Verſammlung als dieſer Con=
greß mag kaum jemals getagt haben. „Nichts als
betrogene Betrüger, vom Kaiſer herab bis zu den
kleinſten Reichsſtänden!“ ruft Häuſſer aus[1]); und das
iſt in der That nicht zu viel geſagt. — Der Kaiſer kün=
digte den Verſammelten an, ſie ſollten über einen
anſtändigen und billigen Frieden auf Grundlage der

---

[1]) Häuſſer II. 148. — Die äußerliche Erbärmlichkeit der
Vorgänge, die kleinlichen Wichtigthuereien und Geheimnißkräme=
reien der Geſandten, ihre Unterwürfigkeit gegen die Franzöſiſchen
Miniſter und deren Kammerdiener ſind ſehr anſchaulich geſchildert
in den Memoiren des bekannten Ritter von Lang I. 300 ff.

Integrität des Reiches und ſeiner Verfaſſung unter=
handeln, und doch hatte dieſer ſelbe Kaiſer in den
geheimen Artikeln von Campo Formio, die er ver=
ſchwieg, ſo eben erſt die Abtretung des ganzen linken
Rheinufers, von der Schweizer Grenze bis nach Belgien
den Franzoſen zugeſagt, und ſich zum Lohn dafür das
Venetianiſche Gebiet, und Stücke von Baiern ver=
ſprechen laſſen.   Daß dabei ausbedungen war, es
ſollten die kleinen Preußiſchen linksrheiniſchen Beſitzun=
gen nicht abgetreten werden, erhöhte die Größe des
Verraths, weil man durch dieſe Clauſel lediglich beab=
ſichtigt hatte, dem Preußiſchen Staate jeden Anſpruch
auf Entſchädigung abzuſchneiden, wie ſolche den übrigen
betroffenen Deutſchen Fürſten vorbehalten waren.
Schlimmer als alles aber war das Zugeſtändniß, daß
die Franzoſen bei Zutheilung der in Deutſchland ſelbſt
zu ermittelnden Entſchädigungen eine einflußreiche
Stimme haben ſollten.

Auf der anderen Seite war Preußen gerade ebenſo
bemüht, jede Vergrößerung Oeſterreichs zu hindern
und erklärte, um dieſen Preis gern auf eigene Gebiets=
erweiterung Verzicht leiſten zu wollen.   Unter ſolchen
Umſtänden hatten die Franzoſen leichtes Spiel, wenn
ſie die Eiferſucht der beiden Großſtaaten immer heftiger
anſtachelten, die Kleineren aber durch allerlei Vor=
ſpiegelungen an ſich ketteten, und durch das Verſprechen
von Gebietserweiterung ſich zu gehorſamen Vaſallen

erzogen. Zu weſentlicher Förderung und Beſchleunigung
dieſer Intriguen trug es bei, daß im November ganz
plötzlich der General Bonaparte, den Schauplatz ſeiner
italieniſchen Siege verlaſſend, in Raſtatt erſchien. Er
trat hier ganz unbefangen in einer Weiſe auf, als wäre
er bereits Frankreichs Herrſcher. Wie er in Italien,
ſicher der Genehmigung des Directoriums, nach ſeinem
Gutdünken über die Länder geſchaltet, Verträge ge=
ſchloſſen, Frieden bewilligt und verweigert hatte, ſo
ſetzte er auch auf dem Congreß mit überraſchender
Schnelligkeit ſeine Abſichten durch. Der Glanz ſeiner
Siege, der Eindruck unbeugſamer Willenskraft, die
Kunſt der Ueberredung, die ihm im höchſten Maße eigen
war, verfehlten ihre Wirkung nicht. Bereits acht Tage,
bevor am 9. Dezember die förmliche Eröffnung des
Congreſſes ſtatt faud, hatte er mit dem Oeſterreichiſchen
Miniſter Cobenzl am 1. deſſelben Monats eine Con=
vention zu Staude gebracht, derzufolge die Feſtungen
Ehrenbreitenſtein, Philippsburg, Königſtein, Ulm,
Ingolſtadt und Würzburg von den Kaiſerlichen ge=
räumt, und der Kurfürſt von Mainz aufgefordert wer=
den ſollte, ſeine Hauptſtadt den Franzoſen zu über=
geben. Im Weigerungsfalle würden die Truppen der
Republik dieſe Hauptfeſtung mit Gewalt erobern[1].

---

[1] Der Text dieſer militairiſchen Convention in Marten's
Recueil VII. p. 225.

Dem Congreß zeigte man dies landesverrätherische Ab=
kommen in unbefangenster Weise mit den Worten an:
Der Kaiser habe in Folge des Vertrages von Campo
Formio seine Truppen nach dem Inn und dem Lech
zurückgezogen.

Schon am 14. Dezember wurde Mainz durch
Capitulation den Franzosen übergeben. Man kann
sich denken, wie der Uebermuth derselben sich nunmehr
steigerte. Ganz Deutschland zitterte vor einer neuen
Invasion, — man fürchtete mit Recht, daß jetzt auf
dem rechten Rheinufer die Bildung Französischer
Tochterrepubliken nach der Weise vor sich gehen würde,
wie das in Rom, in der Schweiz und in Holland
geschah. In der That entstanden schon am 23. Januar
1798 vier neue Departements in der Rheinpfalz, unter
Einführung Französischer Gesetze und Verwaltungs=
formen, während doch gleichzeitig das Land wie ein
feindliches ausgeplündert und mit unerschwinglichen
Kriegskontributionen belegt wurde.

Der Kaiser ließ das alles ruhig geschehen, und legte
nur um den Schein aufrecht zu halten, wirkungslose
Proteste ein, wofür ihm dann zur Belohnung gestattet
wurde, bereits im Januar von dem Venetianischen
Gebiete Besitz zu nehmen. Gleichzeitig erstürmten noch
die Franzosen die Brückenschanze von Mannheim, und
erklärten, fortan nur auf der Basis unterhandeln zu
können, daß der Rheinstrom die Grenze zwischen

Deutschland und Frankreich bilde. Alle Einwendungen
wurden schroff zurückgewiesen, und am 2. März ein für
alle Mal ausgesprochen: „Die Republik erwarte, daß
man ohne Umschweif und Ausflüchte sich über die vor=
geschlagene Friedensbasis erkläre!" Das hatte den
gewünschten Erfolg. Die weltlichen Fürsten, Preußen
an der Spitze, erwiderten, daß sie aus Liebe zum Frie=
den dies schmerzliche Opfer zu bringen bereit seien,
dafür aber entschädigt zu werden erwarteten[1]). Die
geistlichen Fürsten wichen einer Erklärung aus, weil
voraussichtlich diese Entschädigungen der anderen nur
auf ihre Kosten erfolgen konnten.

Am 11. März sprach die Friedensdeputation aus,
daß sie in die Abtretung des linken Rheinufers willige.
Verschiedene Bedingungen, die man beifügte, wurden
von den Franzosen nicht weiter beachtet; dieselben aeeep=
tirten vielmehr das Zugeständniß, als wäre es unbedingt
erfolgt. Nun ging es an ein Feilschen und Markten
über die Entschädigungen, die nach den geheimen
Artikeln von Campo Formio nur mit Genehmigung
der Franzosen zugetheilt wurden; „man hatte die
Räuber zu Vormündern im Hanse des Beraubten
gemacht[2])!" Daß die Säkularisation der geistlichen

---

[1]) Haller, Geschichte der Rastatter Friedensunterhandlungen
VI. 98., bei Häusser II. 166.

[2]) Menzel, Zwanzig Jahre. p. 563.

Gebiete die Mittel zur Ausgleichung hergeben mußte,
schien selbstverständlich, obgleich die Erkenntniß nahe
lag, daß eine gewaltsame Beraubung und Vernichtung
so vieler bedeutender Reichsstände, mit dem Umsturz der
ganzen Reichsverfassung fast gleichbedeutend sei, und
der Kaiser also die Pflicht gehabt hätte, sich einer solchen
Maßregel zu widersetzen. Die Franzosen schnitten aber
auch hier alle Bedenklichkeiten durch ihre Erklärung
vom 15. März kurz ab, indem sie ohne Weiteres aus=
sprachen, die Säkularisation sei eine ebenso nothwendige
Basis des Friedens wie die Rheingrenze. Damit war
der Knoten zerhauen, und das Signal zur Plünderung
gegeben [1]). Jeder größere Reichsstand machte sich seinen
Plan, irgend ein Bisthum oder einen Fetzen davon;
der kleinere irgend eine Abtei, der geringste Edelmann
irgend einen Schafhof an sich zu reißen. Es regnete
Liquidationen der Schäden, die jeder auf dem linken
Rheinufer erlitten haben wollte. Vergebens suchten
die geistlichen Gesandten das Gewissen der anderen rege
zu machen, und auf den Fluch hinzudeuten, den die
Aneignung der Gott geweihten Güter nach sich ziehen
müßte. Als das keinen Eindruck machte, hörte die
Einigkeit der geistlichen Herren auf; jede Klasse der=
selben suchte die Entschädigungen der anderen zuzu=
schieben. Die Erzbischöfe wollten die Bisthümer, die

---

[1]) Lang, Memoiren I. 333.

Bischöfe die Klöster und Abteien preisgeben. Ja, der Primas des Reichs erklärte sogar, alles und jedes Andere fahren lassen zu wollen, wenn man nur dafür sorgte, daß Mainz als Siß eines Deutschen Patriarchen unversehrt bliebe. Dazwischen versuchten die Oesterreicher immer wieder auf's Neue, das ihnen in Campo Formio zugesicherte Stück von Baiern zu erlangen, was aber die Franzosen verweigerten, und wogegen auch Preußen mit aller Macht sich widersetzte. Das alles gab ein ekelerregendes Bild der Habsucht und der Mißgunst Aller gegen Alle. Von einem großen politischen Gedanken zeigte sich nirgends eine Spur. Die höchstgestellten Personen krochen vor den Französischen Ministern und den Kammerbienern, kein Schleichweg schien zu enge oder zu verächtlich, um nicht auf demselben sein Glück zu versuchen. Ein so widerwärtiges Schauspiel erklärt sich zum Theil daraus, daß das ganze Zeitalter von der Ueberzeugung durchdrungen war, das größte Heil, welches einem Fürsten oder einem Lande widerfahren könnte, sei Zuwachs an Gebiet und an Zahl der Unterthanen, das zweitgrößte aber bestehe darin, daß man den Nachbar hindere, sich in ähnlicher Weise zu vergrößern. Die Eifersucht zwischen Oesterreich und Preußen, welche wesentlich zur Verschlimmerung so bedauerlicher Zustände beitrug, ließ sich leider nicht beseitigen. Zwar hätte man in Berlin eine Annäherung an den Kaiserstaat gern gesehen, allein daß erste Zeichen des Vertrauens, welches man fordern mußte, die Mittheilung der geheimen Artikel von Campo Formio, konnte natürlich nimmermehr gewährt werden, weil dieselben geradezu feindselige Bestimmungen gegen Preußen enthielten, dem man jede Art von Entschädigung zu versagen sich verpflichtet hatte, während den Oesterreichern die größten Gebietserweiterungen in Italien zugesagt, und in Deutschland, auf Kosten Baierns in Aussicht gestellt waren. Auch betrachteten beide Mächte die Säcularisation mit verschiedenen Augen. Oesterreich hätte dieselben gern umgangen, während Preußen, wenn es sich überhaupt vergrößern wollte, auf die geistlichen Gebiete hingewiesen war.

Abgesehen von allen diesen Hindernissen eines schließlichen Einvernehmens, scheiterten aber die Friedensunterhandlungen an der Wendung, welche die europäischen Zustände überhaupt nahmen, so daß der Ausbruch des Krieges mit jedem Tage wahrscheinlicher wurde.

Im Dezember 1797 war Bonaparte von Rastatt nach Paris geeilt und daselbst wie ein Triumphator empfangen worden. Er überzeugte sich aber bald, daß es noch nicht an der Zeit sei, zur Verwirklichung der ehrgeizigen Pläne zu schreiten, die er im Stillen hegte. Das regierende Directorium seinerseits konnte sich nicht darüber täuschen, daß der junge ruhmreiche General einen täglich wachsenden Einfluß auf die Armee und das gesammte Volk gewinne und daß man suchen müsse,

einer so gefährlichen Persönlichkeit um jeden Preis sich
zu entledigen. Man dachte alles Ernstes daran, ihn
zu einem Eroberungszuge nach England zu bewegen;
doch war Bonaparte zu klug, um sich zu einem so aus=
sichtslosen Unternehmen verleiten zu lassen. Dagegen
hatte er schon früher den scheinbar nicht minder aben=
teuerlichen Plan gefaßt, Malta und Egypten zu
erobern, um dadurch Englands Seeherrschaft auf dem
Mittelmeere zu brechen und dessen Handel zu schädigen,
seinem Vaterlande aber einen Ersatz für das zu gewin=
nen, was Frankreich in Westindien verloren hatte. Für
den Augenblick gewährte ihm die Ausführung einer
solchen Unternehmung das Mittel, sich fern zu halten,
bis der Augenblick gekommen wäre, wo er mit Sicher=
heit den Versuch wagen könnte, die unfähige Regierung
in Paris zu stürzen und selbst das Staatsruder zu
ergreifen, zu dessen fester Leitung er die Befähigung in
sich fühlte.

Das Directorium seinerseits wünschte ebenso drin=
gend den gefürchteten General entfernt zu sehen, als
dieser selbst eine vorübergehende Abwesenheit seinen
Plänen zuträglich fand. So wird es begreiflich, daß
man den erprobtesten Feldherrn mit 36,000 Mann
auserlesener, geübter Truppen auf unberechenbare Zeit
über's Meer sandte, während in nächster Nähe die schwer=
sten kriegerischen Verwickelungen in Aussicht standen.

Dem Auslande schien es, als habe Frankreich durch

diesen unbegreiflichen Vorgang sich selbst entwaffnet; es wuchs der Muth an einen neuen Angriff zu denken, um für die Beleidigungen und die verächtliche Behandlung Rache zu nehmen, die man von den übermüthigen Republikanern hatte ertragen müssen.

Vor Allen war es England, welches die Mittel der Ueberredung und des Goldes in Bewegung setzte, um gegen Frankreich eine zweite große Coalition zu Stande zu bringen; denn nicht nur erschien die Egyptische Unternehmung den Brittischen Handelsinteressen auf's äußerste gefährlich, sondern man war auch in London mit Recht entrüstet über die bewaffnete Hilfe, welche Frankreich den damals zu offenem Bürgerkriege empörten Irländern zugesagt und geleistet hatte.

Nun konnten aber die politischen Verhältnisse für das Zustandekommen eines großen antifranzösischen Bündnisses kaum günstiger liegen als gerade jetzt.

In Rußland herrschte seit Katharinas Tode (17. November 1796) dereu Sohn Paul I., bei seiner Thronbesteigung 42 Jahr alt, und bis dahin von seiner Mutter mit argwöhnischen Augen bewacht, und von jeder Theilnahme an der Regierung fern gehalten. Mit guten natürlichen Anlagen, und nicht geringer wissenschaftlicher Bildung ausgestattet, hatte dieser Fürst, dem für seinen Thatendrang der Raum verschlossen war, sich einem launenhaften Wesen ergeben, welches sich zeitweise fast bis zur Verrücktheit steigerte. Jetzt zu

unumschränkter Macht gelangt, wollte er die Welt
umgestalten, und von den bösen Neuerungen säubern,
die er für einen Außfluß der von ihm auf's tiefste ver=
abscheuten Französischen Revolution ansah. Unter sei=
nen vielen Thorheiten nahm eine ausschweifende Vor=
liebe für den Maltheserorden nicht die letzte Stelle ein;
er erblickte in demselben eine große geistige Macht, die
im Stande wäre die bedrohte alte Ordnung Europas
aufrecht zu erhalten.

Als nun Bonaparte auf seinem, von wunderbarem
Glücke begleiteten Zuge nach Egypten, am 10. Juli
1798 in Folge der Unentschlossenheit des Großmeisters
Ferdinand v. Hompesch, besonders aber durch die Ver=
rätherei der Ritter Französischer Zunge, Malta erobert,
und mit Französischen Truppen besetzt hatte, ließ Kaiser
Paul sich von einer Anzahl Ritter, die sich nach Peters=
burg geflüchtet hatten, zum Großmeister und Protector
ihres Ordens erwählen, und hoffte durch diese neue
Würde nun noch mehr befähigt zu sein, die Welt nach
seinen abenteuerlichen Plänen umgestalten zu können.
Sein Haß gegen die Französische Revolution steigerte
sich auf's höchste, und machte ihn geneigt, auf Englands
Coalitionspläne bereitwillig einzugehen. Beide Mächte
vereint, versuchten nun auch Preußen und Oesterreich
in das Bündniß zu ziehen. Nach Berlin wurde Fürst
Repnin gesandt, um im Russischen, Lord Grenville,
um im Englischen Interesse zu wirken. Man forderte

Preußens Beistand zunächst für die Befreiung Hollands, zu welchem Zwecke Rußland eine Armee von 45,000 Mann, England seine Flotte und Subsidien anbot. Das Berliner Cabinet war jedoch nur zu der sehr verklausulirten Erklärung zu bewegen, daß man für's erste aus seiner Defensive nicht heraustreten, jedoch in gewissen, genau bezeichneten Fällen, z. B. wenn ein Angriff auf Hannover oder gegen die Preußischen Provinzen in Franken geschähe, zum Angriffskrieg übergehen wolle [1]).

Die Franzosen, denen Alles daran gelegen war, Preußen in seiner Neutralitätspolitik zu bestärken, weil sie der Feinde ohnehin schon genug abzuwehren und zu bekämpfen hatten, schickten den gewandten und beredten Sieyes nach Berlin, welcher den Russisch=Englischen Absichten entgegenarbeiten sollte.

Es war eine harte Zumuthung für Friedrich Wilhelm III., diesen „Königsmörder," der durch sein berüchtigtes Votum bei Ludwig's XVI. Verurtheilung „la mort sans phrase" in den Augen aller monarchisch Gesinnten ganz besonders verabscheuungswürdig erscheinen mußte, mit den Ehren eines bevollmächtigten Ministers an seinem Hofe zu empfangen. Allein so mächtig wirkte die Furcht vor jedem Anlaß, der die theuer erkaufte Neutralität stören konnte, daß man sich

---

[1]) Aus archivalischen Notizen bei Häusser II. 208.

das ruhig gefallen ließ, und Sieyes Ursache hatte,
sowohl mit der Aufnahme, die ihm zu Theil ward, als
auch mit dem Erfolge seiner Sendung vollkommen
zufrieden zu sein[1]).

Bessere Wirkung als in Berlin, hatten die Bemü=
hungen der Verbündeten in Wien, als sie dort das
kaiserliche Cabinet für die neue Coalition zu gewinnen
strebten. Die Unterwerfung Italiens durch die Fran=
zosen, der Uebermuth, mit dem dieselben den König
von Neapel und die regierenden Häupter in Toscana
und Sardinien, so wie den Pabst selber behandelt hat=
ten, die Errichtung Französischer Tochterrepubliken auf
der Halbinsel, und die Gefahr, welche den Oester=
reichischen Erblanden drohte, ließen keinen Zweifel
daran aufkommen, daß man sich zum Kampfe rüsten
müßte. Ganz besonders aber wirkte bei dem Kaiser
noch die Erbitterung darüber, daß die ihm zugesagte
Vergrößerung in Baiern nun dennoch vereitelt werden
sollte. Glaubte man doch der Erfüllung dieses lang=
gehegten Wunsches gerade jetzt recht sicher zu sein, weil

---

[1]) „Der König von Preußen," schrieb er an Talleyrand,
„faßt die schlechteste aller Entschließungen; die, sich für keine zu
entscheiden. Das ist sehr bequem für Frankreich, es kann während
dieser Preußischen Betäubung mit den Anderen fertig werden.
Die ganze Weisheit des Berliner Hofes besteht darin, mit Aus=
dauer und Hartnäckigkeit eine passive Rolle zu spielen." — Bei
Häußer II. 192.

Kurfürst Carl Theodor, noch in hohem Alter mit einer jungen Erzherzogin vermählt, sich willig gezeigt hatte, zur Schädigung seines verhaßten Erben und Nachfolgers, Maximilian Joseph von Zweibrücken, Oesterreichs Absichten zu begünstigen. Da starb Carl Theodor plötzlich vom Schlage getroffen, am 12. Februar 1799. Sofort erkannten die Franzosen, daß es klug sei, den neuen Kurfürsten gegen die Begehrlichkeit des Wiener Hofes zu schützen; man kounte sich dadurch zu gleicher Zeit Baiern und Preußen zu Freunden machen. War doch Friedrich der Große 1778 in's Feld gerückt, um Baierns Zerstückelung zu verhüten, und auch jetzt noch galt es in Preußen für eine hochwichtige Angelegenheit, zu hindern, daß Oesterreich sich auf Baierns Kosten vergrößere.

Selbstredend mußte daher Maximilian Joseph sowohl dem Oesterreichischen Interesse, als auch der neuen Coalition entgegen sein. Dessenungeachtet schien es für ihn gerathen, sich augenblicklich noch auf dem Wege zu halten, den sein Vorgänger eingeschlagen, weil sonst, bei der Reizbarkeit Kaiser Paul's, die Oesterreicher mit Russischer Hilfe das hätten erreichen können, was die Franzosen ihnen vorenthielten. In solchen Gesinnungen wurde denn Maximilian Joseph auch von dem Könige von Preußen bestärkt, der sich bei diesen Verwickelungen von demselben Grafen Görtz berathen ließ, den wir zwanzig Jahre früher als erfolgreichen

Unterhändler in den Baierischen Angelegenheiten kennen . gelernt haben.

Ungestört hielt der neue Kurfürst in München sei=
nen Einzug, was die Oesterreicher um so mehr ruhig
mit ansehen mußten, weil Maximilian Joseph mit
Kaiser Paul durch Verschwägerung in naher Verwandt=
schaft stand [1]).

Friedrich Wilhelm III. benutzte seine freundschaft=
liche Beziehung zu dem Kurfürsten, um eingedenk
des Berufes der Hohenzollern, überall für die prote=
stantischen Glaubensgenossen einzutreten, nun endlich
den Jahrhunderte alten Bedrückungen ein Ende zu
machen, welche die Reformirten in der Pfalz zu ertra=
gen gehabt. Man erwirkte von Pfalzbaiern eine Reli=
gionsdeclaration, welche den Verfolgten freie Ausübung
des Gottesdienstes nach ihrer Ueberzeugung zusicherte [2]).

Inzwischen wurde in Rastatt immer weiter verhan=
delt. Die Franzosen zeigten sich täglich übermüthiger;
die kleineren Deutschen Fürsten, theils durch geheime
Separatverträge gebunden, theils durch Versprechungen
geködert, waren uneiniger und den Fremden gegenüber

---

[1]) Der Erbgroßfürst Alexander war mit einer Schwester der
neuen Kurfürstin von Baiern, einer geborenen Prinzessin von
Baden vermählt.

[2]) Der Text der am 9. März 1799 erlassenen Declaration in
Haeberlin's Staatsarchiv IV. 15. p. 346 ff. bei Menzel, „Zwanzig
Jahre" p. 570.

unterwürfiger als je. Die Dinge nahmen erst eine
andere Wendung, als man erfuhr, daß 45,000 Russen
sich der Deutschen Ostgrenze näherten.

Zwar versuchten die Pariser Machthaber auch diesen
Ereignissen gegenüber ihre Allgewalt zu beweisen. Sie
erklärten der Reichsdeputation, man würde es für eine
Feindseligkeit ansehen, wenn sie nicht sofort den Rück=
marsch der Verbündeten bewirkten (2. Januar 1799),
und setzten zugleich dem Kaiser eine kurze Frist, um
dieses Ansinnen zu erfüllen. Allein Oesterreich ertheilte
hierauf gar keine Antwort. Man war in Wien zum
Kriege entschlossen, ja derselbe hatte bereits von beiden
Seiten begonnen, als am 12. März die Kriegserklä=
rung Frankreichs gegen Oesterreich und Toscana erfolgte.

Am 1. März schon hatten Jourdan und Bernadotte
den Rhein überschritten. Gleichzeitig rückten die Oester=
reicher über den Inn und den Lech heran und näherten
sich der Donau. Eine zweite Oesterreichische Armee
unter dem Schweizer Hotze, der in der ganzen Welt,
gegen Türken und Polen, sich herumgeschlagen und
dann bei den Kaiserlichen Dienste genommen hatte [1]),
stand in der Schweiz den Franzosen unter Massena
gegenüber, in den Gebirgen von Graubündten und am
Luciensteig, wo der Rhein seinen Lauf nach dem Boden=

----

[1]) Seine Lebensbeschreibung vom Verfasser der kriegerischen
Ereignisse in Italien.   Zürich 1853.

ſee zu nimmt. Mit wechſelndem Glücke ward hier blutig gefochten. In Deutſchland bemächtigte Berna=
dotte ſich Mannheims, Jourdan drang über den Schwarzwald nach Oberſchwaben vor. Am 24. März erfolgte bei Stockach der Zuſammenſtoß. Erzherzog Karl entſchied in Perſon die lange ſchwankende Schlacht zu Gunſten der Oeſterreicher. Die Franzoſen wichen über den Rhein zurück. Der Wiener Hofkriegsrath, der von jeher die Erfolge der Heere vereitelte, hinderte auch diesmal durch unzeitige Einmiſchung die Benutzung des Sieges. Auch in Italien kam es in denſelben Tagen zu blutigen Treffen, bei denen im Ganzen die Franzoſen unterlagen, gegen deren Zwingherrſchaft ſich die italieniſche Bevölkerung zu erheben begann.

Trotz alledem tagte noch immer in Raſtatt der Friedenscongreß, bis endlich am 20. April der Kaiſer erklärte, daß er die dortigen Geſandten nicht mehr als ſolche anerkenne, und die Stadt aufgehört habe, die Sicherheit eines Congreßortes zu genießen. Eine blutige Schandthat ohne Gleichen ſollte beweiſen, wie ernſthaft das gemeint war.

Als die Franzöſiſchen Geſandten ſich bei dem Befehlshaber der kaiſerlichen Truppen ſicheres Geleit erbeten, wurde ihnen daſſelbe in zweideutigen Aus=
drücken weder gewährt, noch geradezu verweigert. Unvorſichtigerweiſe wählten ſie die ſpäte Abendſtunde des 28. April zur Abreiſe. Nicht weit von der Stadt

wurden ihre Wagen von Ungarischen Husaren über=
fallen, und zwei von ihnen, Roberjot und Bonnier,
nach furchtbaren Mißhandlungen, durch Säbelhiebe
getödtet. Der dritte, Jean Debry, entkam dadurch, daß
er sich todt stellte. Die Urheber dieser eben so schänd=
lichen als unnützen Grausamkeit sind niemals ermittelt
worden. Da jedoch die Oesterreichische Regierung eine
förmliche gerichtliche Untersuchung nicht anstellte, auch
die Schuldigen straflos ließ, und sich mit allgemeinen
Redensarten voll moralischer Entrüstung begnügte, so
bleibt.der Verdacht bestehen, daß hochgestellte kaiserliche
Beamte den Mord veranlaßt haben. Wahrscheinlich
hatte man es nur auf die Papiere der Gesandten ab=
gesehen, vielleicht auch ihnen, für ihr insolentes Beneh=
men während des Congresses, eine körperliche Züch=
tigung zugedacht, wo dann die rohen Husaren bei der
Ausführung ihren Auftrag überschritten. Allein Klar=
heit wird in dieser Sache niemals zu erlangen sein[1]).

Inzwischen war Erzherzog Carl, der durch seinen

---

[1]) Auch nicht durch die neueste Schrift über den Rastatter
Gesandtenmord von Mendelssohn = Bartholdy, der sich bemüht,
die Schuld von den Oesterreichern auf die Emigranten abzuwälzen.
— Vergleiche Häußer II. 221. — Jomini, hist. des guerres de
la Revolution XI. 143. E. M. Arndt, Reise durch Frankreich, I.
300. — Das Protokoll über die verübten Grausamkeiten ist
abgedruckt bei Förster, Preußische Geschichte I. 518 ff. — Zur
Widerlegung Mendelssohns erschien: v. Reichlin = Meldegg, der
Rastatter Gesandtenmord. Heidelberg 1869. — Heidelberger
Jahrbücher, Augustheft 1869. p. 604.

Sieg bei Stockach das rechte Rheinufer von den Franzosen gesäubert hatte, in die Schweiz vorgerückt, und
erkämpfte sich neue Lorbeeren in der Schlacht bei Zürich
(4. Juni 1799), wo Massena ihm gegenüber stand. Der
ganze östliche Theil des Landes fiel in Folge dieses
Sieges in die Hände der Oesterreicher. Auch in Italien
erlitten die Franzosen Eine Niederlage nach der anderen,
seitdem der wilde geniale Suwaroff die Russische
Coalitionsarmee dorthin geführt hatte. Die Früchte
der Bonaparteschen Siege gingen ebenso schnell verloren, als sie gewonnen worden. Vergebens machte
das Directorium in Paris die unerhörtesten Anstrengungen, um diese Verluste wieder einzubringen. Mittelst allgemeiner Volksbewaffnung wollte man eine
Million Soldaten auf die Beine bringen. An die
Stelle der geschlagenen Generale, die man abberief,
wurde der junge Joubert als Oberbefehlshaber nach
Italien gesandt. Bei Novi hoffte er, am 15. August,
den Verbündeten die Früchte ihrer Siege durch eine
entscheidende Schlacht zu entreißen, — aber bald nach
dem Beginne des Kampfes traf ihn die tödtliche Kugel.
Moreau, der an seine Stelle trat, vermochte dem An-
bringen Suwaroffs nicht zu widerstehen. Nach sechs-
zehnstündigem verzweifeltem Kampfe waren die Franzosen überwunden. Fast ein Drittel ihrer Armee lag todt
auf dem Schlachtfelde. In Folge dieses Sieges ging
die ganze Lombardei, Piemont und die Festungen

Mantua und Turin verloren. Nur Genua und Nizza leistete noch Widerstand. Die Cisalpinische Republik war aufgelöst. Während Russen und Oesterreicher der Französischen Herrschaft im Süden so schwere Wunden schlugen, schien der Augenblick gekommen, wo ein gleich= zeitiger Angriff im Norden, den Sturz der Revolutions= herrschaft vollenden könnte. Die Verbündeten hofften den König von Preußen für ein solches. Unternehmen zu gewinnen. Panin kehrte nach Berlin zurück, wo auch Lord Grenville sich als Gesandter befand. Aus Wien war Graf Dietrichstein erschienen, auch Louis Bonaparte, des Consuls Bruder zeigte sich vorüber= gehend in Berlin, ohne jedoch irgendwie beglaubigt zu sein [1]).

Diese, von allen Seiten auf die Entschließungen des Königs gerichteten Bemühungen umgaben den Berliner Hof mit einem vorübergehenden Scheine von hoher Bedeutung, so daß den Aeußerungen der leitenden Persönlichkeiten daselbst, und den unbedeutendsten Vor= gängen in der Umgebung des Monarchen, von allen politischen Agenten mit der größten Geschäftigkeit nach= gespürt wurde.

Die Englischen und Russischen Unterhändler machten in Berlin mit ihren Vorstellungen auf viele einflußreiche Personen Eindruck. Der Herzog von Braunschweig

---

[1]) Politisches Journal von 1800, p. 1055.

wurde bewogen, eine Denkschrift auszuarbeiten, welche die Zweckmäßigkeit und Ausführbarkeit eines Angriffes darstellte, der mit Hilfe des an der Demarkationslinie aufgestellten Truppencorps, gegen die batavische Republik unternommen werden könnte. Einen Augenblick lang schwankte Friedrich Wilhelm III. und gab sogar die Erklärung ab, er wolle, wenn es das Wohl des Staates durchaus verlange, der Convention beitreten; — „aber," fügte er hinzu, „eine innere Stimme sagt mir, daß ich Unrecht thue, mein Wort und den Frieden zu brechen [1])." Als sogar Köckriß zum Kriege rieth, soll der König, schmerzlich bewegt ausgerufen haben: „Auch Sie verlassen mich! Aber es ist Unrecht, den Frieden zu brechen, weil Frankreich jetzt von allen Seiten bedroht, und in diesem Augenblicke gerade unglücklich ist!" Für des Königs Charakter ist das in höchstem Grade bezeichnend. Seinem redlichen Gemüthe schien es die härteste Zumuthung, daß er die Moral des bürgerlichen Lebens bei Seite setzen sollte, selbst wenn das Interesse des Staates eine Rücksichtnahme auf die=selbe nicht gestattete. Köckriß war nicht der Mann dazu, durch energische Vorstellungen den König zur Aufopferung solcher Anschauungen zu bewegen. „Ew. Majestät sind Herr und Meister!" soll er geantwortet haben; „Ihre Ueberzeugung ist uns Befehl!" Von

---

[1]) Massenbach, Memoiren III. 91—128.

einer Preußischen Invasion Hollands war nicht mehr
die Rede. Sogar als Kurfürst von Brandenburg
widersprach Friedrich Wilhelm III. den Beschlüssen des
Regensburger Reichstages, als man daselbst die Wieder=
aufnahme des Krieges gegen Frankreich verlangte. Die=
sem Proteste schlossen Sachsen, Hannover, Braunschweig
und Hessen sich an, und ließen ihre Truppen ruhig auf der
Demarkationslinie stehen, als Ende August ein Corps
von 20,000 Franzosen den Rhein überschritt, und in
der Gegend von Heidelberg, Bruchsal und Heilbronn
Städte und Dörfer in gewohnter Weise brandschatzte
und plünderte, bis sie durch die Kunde vom Anmarsche
eines kaiserlichen Heeres zurückgetrieben wurden.

Unterdessen machte Rußland und England den
Versuch, auch ohne Preußens Mitwirkung die Franzosen
aus Holland zu vertreiben. Im August landete die
Englische Flotte mit 20,000 Mann am Helder; im
September erschien ein Russisches Hilfsheer. Den
Oberbefehl führte der Herzog v. York, anfangs mit
scheinbarem Glücke, allein am 19. September wurden
die Verbündeten bei Bergen, am 6. Oktober bei Castri=
cum von General Brune geschlagen. York war froh,
daß eine eilig abgeschlossene Capitulation ihm gestattete,
sich wieder einzuschiffen, und die Englischen und Rus=
sischen Truppen abziehen zu lassen.

Kaiser Paul zeigte sich über diesen Mißerfolg um so mehr
erzürnt, als auch in der Schweiz die durch unglaubliche

Anstrengungen Suwaroff's errungenen Vortheile in Folge der Streitigkeiten desselben mit den Oesterreichischen Generalen, und der verkehrten Anordnungen des Wiener Hofkriegsrathes vereitelt wurden. Es kam so weit, daß Suwaroff (18. Oktober) in einem Kriegsrathe erklärte, man könne von den Oesterreichern nur Verrath, aber keine Hülfe erwarten. Da nun der Czar noch aus anderen Gründen mit der Wiener Politik unzufrieden war, und namentlich das Streben derselben nach Gebietserweiterung in Italien mißbilligte, so fand er sich bewogen, auf die Nachricht von einem Siege, den die Franzosen über eine Russische Abtheilung bei Zürich am 26. September erfochten hatten, dem Kaiser Franz in dürren Worten seinen Rücktritt von der Coalition anzukündigen (22. Oktober 1799).

Wenige Tage vorher war Bonaparte aus Egypten zurückgekehrt, und landete am 9. Oktober in Fréjus. Er hatte sich überzeugt, daß der Moment gekommen sei, wo er das Directorium stürzen, und sich selbst zum Haupte der Regierung machen könnte. Der Staatsstreich am 18/19. Brumaire (9. und 10. November), mit größter Klugheit eingeleitet, und mit Waffengewalt ohne Blutvergießen glücklich zu Ende geführt, gelang wie alles, was der General bisher unternommen. Er ließ sich zum ersten Consul ernennen, und mit einer Gewalt bekleiden, deren vollkommene Unumschränktheit durch einige constitutionelle Formen nur leicht ver-

hüllt war. Die Franzosen, der langen grausamen
Schwankungen ihrer revolutionären Zustände über=
drüssig, begrüßten eine feste Regierung mit Jubel, die
unter jeder Form, sei es auch unter der einer militairi=
schen Dictatur, willkommen sein mußte.

Im Auslande war man seit einem Jahrzehnt zu
sehr an einen schnellen Wechsel der Dinge in Frankreich
gewöhnt, um die Tragweite des neuesten Ereignisses
auch nur ahnen zu können. Die Europäischen Höfe
begrüßten mit Genugthuung einen Mann, dessen That=
kraft in das bedrohliche Chaos der Revolution Ord=
nung zu bringen versprach, und der damit begann, nach
allen Seiten hin seine friedliebenden Absichten auf's
Nachdrücklichste zu verkünden.

Damit war es ihm für den Augenblick auch sicher=
lich Ernst; er bedurfte zunächst der Ruhe, um sich auf
seinem Platze zu befestigen. In dem ihm eigenthüm=
lichen schwunghaften Style schrieb der erste Consul an
Georg III. von England und an den Kaiser Franz, die
er Beide aufforderte, ihm in dem Bestreben, ferneres
Blutvergießen zu hindern, beizustehen. Von England
lautete die Antwort fast ironisch, indem Lord Grenville
darauf hinwies, die sicherste Bürgschaft für künftige
friedliche Zustände würde die Zurückberufung der Bour=
bons sein. Entgegenkommender ließ sich Thugut im
Namen seines Kaisers vernehmen. Er erklärte sich
zum Abschluß des Friedens bereit, worauf Bonaparte

durch Talleyrand erwidern ließ, daß er gern die Ver=
abredungen von Campo Formio erneuern und vor=
läufig Waffenstillstand schließen wolle.

Nach Berlin wurde Duroc gesandt, um in höflich=
ster Form den Regierungswechsel anzuzeigen und bei
dieser Gelegenheit den König wo möglich auf die Fran=
zösische Seite zu ziehen, oder wenn dies nicht zu
erreichen war, wenigstens in der bisherigen Neutra=
litätspolitik zu bestärken. Friedrich Wilhelm III. wurde
aufgefordert, den Frieden zwischen Frankreich und Ruß=
land zu vermitteln, wozu er sich auch bereit erklärte.

Allein der Wiederausbruch des Krieges im Früh=
jahr 1800 war nicht abzuwenden. Oesterreich ging auf
die gestellten Bedingungen nicht ein, England hatte
durch Subsidien in Baiern und Würtemberg die Aus=
rüstung von Truppen veranlaßt, und Bonaparte wollte
vor allen Dingen in Italien die von den Oesterreichern
und Russen im vergangenen Jahre errungenen Vortheile
denselben wieder entreißen. Dies auszuführen behielt
er sich persönlich vor, während Moreau mit einer be=
trächtlichen Armee bei Kehl und Diesenhofen den Rhein
überschritt und nach einer Reihe glücklicher Gefechte die
Oesterreicher, jetzt nicht mehr von Erzherzog Carl befehligt,
bis hinter die Donau zurückdrängte. Fast ganz Süd=
deutschland kam dadurch in die Hände der Franzosen.
Der Kaiser, um seine Armee wieder in Stand zu setzen
und die ebenso schmachvolle als unerwartete Niederlage

derselben rächen zu können, schloß am 20. Juni 1800 einen Subsidienvertrag mit England. Aber fast am nämlichen Tage trafen Unglücksbotschaften aus Italien ein, welche für den Augenblick jeden Gedanken an Widerstand beseitigen mußten.

Bonaparte, der es meisterlich verstanden, die Feinde über seine eigentlichen Absichten zu täuschen, hatte von den verschiedensten Seiten her unbemerkt eine Armee von 40,000 Mann am Genfer See zusammengezogen, welche er über den großen St. Bernhard nach Italien zu führen beschloß. Durch die bewunderungswürdigsten Anstalten bewirkte sein kühner, erfinderischer Geist das Gelingen eines solchen Planes. In den fünf Tagen vom 16. bis 20. Mai wurde der Uebergang bewerkstelligt. Das Vordringen in Italien geschah mit gleicher Klugheit und gleichem Glücke.

Am 1. Juni zog Bonaparte in Mailand ein und erklärte die Cisalpinische Republik für wiederhergestellt. Am 14. Juni kam es bei dem Dorfe Marengo, zwischen Tortona und Alessandria, zur entscheidenden Schlacht. Anfangs war das Glück auf Seiten der Oesterreicher, welche bereits Siegesboten nach Wien abfertigten, als Dessaix, einer von Bonaparte's Egyptischen Kriegsgefährten, durch seine rechtzeitige Ankunft den Sieg der Franzosen entschied, während er selbst an diesem Tage den Heldentod starb. Die Niederlage der Oesterreicher artete in wilde Flucht aus, und wirkte so entmuthigend auf das Heer, daß der greise Feldherr Melas froh sein mußte, einen Waffenstillstand bewilligt zu erhalten, dessen Bedingungen die ganze Lombardei den Franzosen überlieferten.

Gern hätte der Kaiser jetzt Frieden geschlossen, allein in Folge des so eben mit England eingegangenen Vertrages durfte Oesterreich ohne seinen Verbündeten nicht verhandeln. Unter diesen Umständen kam Alles darauf an, Zeit zu gewinnen und die Franzosen durch diplomatische Künste hinzuhalten. Es wurde deshalb ein Officier, Graf St. Julien, ohne ausreichende Vollmachten zu vorläufiger Besprechung nach Paris gesandt. Dieser ließ sich durch Talleyrand überlisten, und zur Unterzeichnung eines Abkommens verleiten (28. Juli), demzufolge die Festsetzungen von Campo Formio auch für den künftigen Frieden die Grundlage bleiben, der Rhein Frankreichs Grenze bilden, und die Festungen auf dem rechten Ufer geschleift werden sollten. — Die Oesterreicher hatten während dessen eifrig an ihren Rüstungen gearbeitet. Den von St. Julien geschlossenen Vertrag erkannten sie nicht an, und wiesen den Ueberbringer der Urkunde an der Grenze zurück. Als man zum Kampfe bereit zu sein glaubte, begab sich Kaiser Franz selbst zur Armee (6. September), welche dem Namen nach von dem 18jährigen Erzherzog Johann befehligt wurde. Sogleich aber zeigte es sich, daß die Vorbereitungen noch nicht vollendet waren. Man erwirkte deshalb (20. Sep=

tember) von Moreau eine Verlängerung des Waffen=
stillstandes um 45 Tage, mußte aber dafür die Reichs=
festungen Ingolstadt, Ulm und Philippsburg den Fran=
zosen überlassen.

In der Armee war ein vollständiger Wechsel der
Befehlshaber, nicht immer mit glücklicher Wahl, durch=
geführt worden. Thugut, den man für den Urheber
des unglücklichen Krieges ansah, mußte das Ministe=
rium des Auswärtigen an Cobenzl abtreten. Die
45 tägige Frist verlief, doch nur zu bald ward der nun
beginnende Kampf durch die gänzliche Niederlage ent=
schieden, welche Moreau der kaiserlichen Armee (3. De=
zember) durch die Schlacht bei Hohenlinden beibrachte.
Das geschlagene Heer mußte sich in die Erblande zurück=
ziehen. Zu spät wollte man jetzt dem Erzherzog Carl
noch einmal den Oberbefehl übergeben; allein derselbe
erklärte, daß mit dem gänzlich entmuthigten und zer=
rütteten Heere nichts mehr auszurichten und der Friede
unbedingt geboten sei. Die Feinde standen nur noch
20 Stunden von Wien entfernt. Um jeden Preis
mußte man zuerst Waffenstillstand erkaufen (zu Stayer
den 25. Dezember); doch der Preis dafür war kein gerin=
ger. Würzburg, Braunau und mehrere andere Festungen
mußten überliefert werden. Die Oesterreichische Armee
wurde gezwungen, nach dem Willen der Franzosen
solche Stellungen einzunehmen, die denselben bei Wie=
dereröffnung der Feindseligkeiten am gelegensten waren.

Mit schamloser Grausamkeit fuhren die Sieger fort, das ganze Süddeutschland auszuplündern. England überzeugte sich unter diesen Umständen, daß es dem Verbündeten, um dessen vollständigen Ruin abzuwenden, die Eingehung eines Separatfriedens gestatten müßte.

Graf Cobenzl und Joseph Bonaparte, des Consuls ältester Bruder, die bereits während des Waffenstillstandes in Lüneville in Lothringen zusammengekommen waren, sollten daselbst über die Bedingungen verhandeln. So verzweifelt war Oesterreichs Lage, daß jeder Widerspruch gegen die übermüthigen Forderungen der Franzosen wirkungslos sein mußte.

Am 9. Februar 1801 erfolgte die Unterzeichnung, und zwar, auf Bonaparte's ausdrücklichen Befehl, zugleich im Namen des Deutschen Reiches. Zu den Bestimmungen von Campo Formio, welche die Grundlage bildeten, wurde hinzugefügt, daß nach den in Rastatt vereinbarten Grundsätzen, das Reich die erblichen (also nicht die geistlichen) Fürsten, für dereu Verluste auf dem linken Rheinufer zu entschädigen hätte. Bei der Austheilung und Zumessung dieser Entschädigungen behielten die Franzosen sich eine der That nach entscheidende Stimme vor.

So groß war in Deutschland das Verlangen nach Frieden um jeden Preis, das das Reichsgutachten zur Annahme desselben in einer einzigen Sitzung (6. März)

zu Stande kam. Eine Schnelligkeit, die in der gesamm=
ten Reichstagsgeschichte ohne Beispiel dasteht! Und
doch bedeutete dieser Frieden nichts Geringeres, als die
Losreißung von 1200 Quadratmeilen Deutschen Reichs=
bodens, und den Verzicht auf jede Entschädigung für
die unberechenbaren Erpressungen, welche die Franzosen
in Deutschland verübt hatten.

War der Abschluß des Friedens mit überraschender
Schnelligkeit erfolgt, so dauerten die Verhandlungen
über die Entschädigungen der Fürsten desto länger.
Weitläufig wurde zuerst über die geschäftliche Form
gestritten, unter der die Ermittelungen erfolgen sollten.
Nach langem Haber stimmte endlich die Mehrheit
einem von Preußen und Baiern gemachten Vorschlage
zu, wonach der Kaiser ersucht werden sollte, die Erle=
digung des Friedenswerkes einzuleiten, und die sich erge=
benden Resultate dem Reiche zur Berathung mitzu=
theilen (30. April).

Die meisten Schwierigkeiten waren von den geist=
lichen Fürsten erhoben, welche sich nicht darein finden
wollten, daß die weltlichen Stände auf ihre alleinigen
Kosten Ersatz für ihre Verluste finden sollten. Gestützt
auf die nicht ganz klare Fassung des Friedensinstru=
ments[1]), ließen sie Gutachten und Proteste verbreiten,

---

[1]) Es war darin gesagt, das Reich habe collectivement die
Kosten zu tragen, woraus gefolgert wurde, daß alle Klassen der
Stände zu den Entschädigungen beitragen müßten.

ohne aber damit Eindruck zu machen. Der Schwer=
punkt der ganzen Entschädigungsfrage lag übrigens
nicht in Regensburg, sondern in Paris, und als bald
nachher eine Aussöhnung Kaiser Paul's mit Bonaparte
erfolgte, zugleich in Petersburg.

Es ist oben erwähnt, daß der König von Preußen
auf Anregung des ersten Consuls es übernommen hatte,
den Frieden zwischen Rußland und Frankreich zu ver=
mitteln. Das wurde aber bald unnöthig, weil der
Czar, dessen launischer Charakter schnell von einem
Extrem in das andere übersprang, gerade in Folge sei=
nes Abscheus vor der Französischen Revolution, ein
glühender Verehrer und Bewunderer des Mannes
geworden war, in welchem er den Bezwinger und
Beendiger der verhängnißvollen Umwälzung erblickte.
Dazu kam noch, daß gemeinschaftlicher Haß gegen
England Beide zu gemeinschaftlichem Handeln antrieb.

Malta war (5. September 1800) den Franzosen
durch eine Großbrittannische Flotte wieder entrissen
worden. Kaiser Paul forderte als Protector des Ordens
die Herausgabe der Insel. Als dies verweigert wurde,
schloß der Czar sich um so enger an Bonaparte an, als
dieser es verstand, demselben in geschickter Weise auf
jede Art zu schmeicheln. Nicht nur hatte er die Rus=
sischen Kriegsgefangenen wohl versorgt und neu geklei=
det in ihre Heimath gesandt, sondern auch nach der
Schlacht von Marengo den Degen, welchen Pabst

Leo X. einst dem Johanniter-Großmeister zur Vertheidigung der Insel Rhodus geweiht, als Geschenk nach
Petersburg geschickt. Das hatte eine Erklärung Paul's I.
zur Folge, wonach derselbe in eigenhändigem Schreiben
sich erbot, im Verein mit dem ersten Consul den Ungerechtigkeiten der lediglich von Eigennutz geleiteten Englischen Regierung ein Ziel zu setzen.

Bonaparte ergriff diesen Vorschlag mit beiden Händen und wies darauf hin, daß man nur einen bereits
1780 zwischen den nordischen Mächten geschlossenen
Vertrag gegen das Durchsuchungsrecht der Engländer
auf dem Meere zu erneuern brauchte; und in der That
gelang das über Erwarten schnell. Im Dezember 1801
kamen Verträge zwischen Rußland, Schweden und
Preußen zu Stande, mit dem ausgesprochenen Zwecke,
die eigenmächtige Gesetzgebung, welche England an-
maßlich über alle seefahrenden Nationen übte, nicht
länger zu respectiren[1]).

Dänemark, welches sich inzwischen mit England
verglichen hatte, wurde dessenungeachtet durch Russische
Drohungen ebenfalls zum Beitritt gezwungen, mußte
aber für die unfreiwillige Theilnahme an diesem Bündnisse noch schwer büßen. Eine Englische Flotte lief durch
den Sund in die Ostsee ein. Am 3. April 1801 kam

---

[1]) Der Text dieser Verträge bei Marten's Recueil Supplem.
II. 415 und politisches Journal von 1801 p. 333.

es bei Kopenhagen zu einer blutigen Schlacht, in welcher die tapferen Dänen so große Verluste erlitten, daß sie froh sein konnten, als Admiral Nelson ihnen Waffenstillstand bewilligte. Derselbe segelte darauf ostwärts, um auch Schweden und Rußland für deren Auflehnung gegen die Englische Seeherrschaft zu züchtigen, — als plötzlich die Nachricht von einem Ereigniß der folgenreichsten Art diesen ganzen Streitigkeiten ein Ende machte.

Kaiser Paul war in der Nacht zum 24. März 1801 ermordet worden.

Seine an Tollheit grenzende Aufregung hatte eine Höhe erreicht, welche Jedermann am Hofe in beständiger Furcht für Leib und Leben hielt. — Gerade jetzt ging er mit den ausschweifendsten politischen Plänen um. Er hatte den Gesandten in Berlin und Kopenhagen Befehle ertheilt, diese Höfe sofort zu verlassen, und sann auf abenteuerliche Unternehmungen, deren Einzelheiten nie bekannt geworden sind.

Sein ältester Sohn bestieg unter dem Namen Alexander I. den Russischen Thron. Derselbe hatte den Mord seines Vaters zwar nicht ausdrücklich gebilligt, aber doch „zugelassen!" — Um sich in seiner durch so blutige That vor der Zeit erlangten Herrschaft zu befestigen, glaubte er vor allen Dingen des Friedens zu zu bedürfen. Am 17. Juni schloß er mit England eine Convention ab, welche dem nordischen Bündnisse ein

Ende machte, die Brittischen Prätensionen aber, mit geringer Milderung, auch für die Zukunft in Geltung ließ.

Preußen hatte bei diesen Vorgängen eine eigenthümliche Rolle gespielt. Der Beitritt zu den Verträgen der nordischen Seemächte wurde, auf eine Anfrage von London, in Berlin zwar nicht förmlich abgeleugnet, aber auch nicht eingeräumt. Erst auf eine zweite dringende Vorstellung des Englischen Gesandten erfolgte ein unumwundenes Eingeständniß, mit dem Zusatze: Der Berliner Hof sehe sich durch die eingegangenen Verpflichtungen genöthigt, die Sache der neutraten Seemächte durch solche Maßregeln zu unterstützen, wie es der Drang der Umstände erfordern würde.

Unter diesen „Maßregeln" war denn nichts Geringeres verstanden, als die Besitznahme von Hannover. Friedrich Wilhelm III. entschloß sich nur mit größtem Widerwillen und unter dem Drucke des Russischen Einflusses zu einer solchen Erklärung. Kaiser Paul hatte erklärt, seine eigenen Truppen in das Kurfürstenthum zu schicken, falls Preußen dies seinerseits zu thun verweigere. Dem gerade damals als Gast in Berlin anwesenden Sohne Georg's III., dem Herzoge von Cambridge, wurde versichert, daß die Besetzung des Hannöverschen Landes in keiner feindlichen Absicht, sondern nur zu dem Zwecke geschehen solle, um die Russen

und Franzosen von einem gleichen Unternehmen abzu=
halten. Man schenkte in London diesem Vorgeben um
so leichter vollen Glauben, weil die Englische Regie=
rung sich gegen Preußen, gerade aus Sorge für Han=
novers Sicherheit, besonders rücksichtsvoll benommen
und ein mit Beschlag belegtes Preußisches Fahrzeug
sofort wieder frei gegeben hatte.

Am 30. März 1801 erging eine Bekanntmachung
des Ministers v. Schulenburg=Kehnert, welche die Be=
setzung von Hannover, Oldenburg und Bremen ankün=
digte, in der ausgesprochenen Absicht, den Engländern
die Mündungen der Elbe, Ems und Weser zu ver=
schließen. Gleichzeitig wurde den Hannöverschen Be=
hörden jede Verbindung mit dem Könige von Groß=
brittannien untersagt; man bemächtigte sich der Kur=
fürstlichen Kassen und legte dem Lande die Verpflegungs=
kosten der Preußischen Besatzungstruppen auf.

Dieses ebenso auffallende als gewaltsame Verfahren
zog indessen nicht so schwere Folgen nach sich, als man
hätte erwarten sollen. Theils weil Georg III. sein
Land noch lieber in den Händen der Preußen, als in
denen der Russen und Franzosen sah, die daselbst nach
ihrer Art geplündert und gebrandschatzt hätten; theils
auch weil die Besetzung nicht lange dauerte, sondern
die Preußen das Land gutwillig wieder räumten, sobald
(1. Oktober 1801) der Präliminar=Frieden zwischen
Frankreich und England in London zu Stande kam,

dem dann, 25. und 27. März 1802, der Definitiv=
Frieden zu Amiens folgte. Anfang Dezember war die
alte Regierung bereits vollständig wieder eingesetzt. ·

Unter diesen Umständen war es ein Glück, daß
Friedrich Wilhelm III. Bonaparte's Anerbieten zurück=
gewiesen hatte, welcher vorschlug die Hannöverschen
Länder dauernd mit Preußen zu verbinden, um dadurch
den Zuwachs an Macht und Einfluß zu compensiren,
welchen Oesterreich nach den Bestimmungen des Lüne=
viller Friedens im Reiche erlangen mußte, wenn die
jüngere Toscanische Linie des Lothringisch=Habsbur=
gischen Hauses für den Verlust ihres Großherzogthums
innerhalb Deutschlands entschädigt wurde.

Hannover war ein Danaergeschenk, welches Preußen
von Frankreich empfangen sollte. Daß man bei spä=
teren Gelegenheiten nicht dieselbe Kraft zeigte, die Be=
gierde nach des Nächsten Gut zu unterdrücken, ist für
unser Vaterland nur zu verhängnißvoll geworden! —

Während dieser Vorgänge betrieben die Fürsten,
welche für ihre Verluste am linken Rheinufer Entschä=
digungen beanspruchten, ihre Angelegenheiten mit größ=
tem Eifer in Petersburg und Paris. Der Kaiser von
Rußland forderte und erhielt, als Gewährleister des
Teschner Friedens, das Recht in dieser Sache mitzu=
sprechen. Die entscheidende Stimme aber hatte natür=
lich zuletzt Bonaparte. Derselbe übertrug dem Fürsten
Talleyrand die Oberleitung der Verhandlungen. Da

Dieser aber in der Deutschen Geographie wenig bewandert war, so lag die Entscheidung thatsächlich in der Hand eines Unterbeamten, des Elsassers Mathieu, in dessen enger Dachstube die Deutschen Provinzen zerschnitten wurden [1]).

Preußischerseits war Lucchesini nach Paris geschickt worden, dem es gelang für seinen Souverain äußerst günstige Bedingungen zu erwirken. Am 23. Mai 1802 konnte er mit dem Französischen Ministerium einen geheimen Vertrag abschließen, demzufolge die Bisthümer Paderborn und Hildesheim, das Eichsfeld, Erfurt, Untergleichen, die Stadt und ein Theil des Bisthums Münster, nebst den Abteien Essen, Elten und Werden, die Reichsstädte Goslar, Mühlhausen und Nordhausen und das Stift Quedlinburg nebst anderen kleinen Erwerbungen Preußen zugesprochen wurden [2]). Dieselben waren im Vergleich mit den Verlusten des Staates auf dem linken Rheinufer unverhältnißmäßig groß. An die Stelle von 50 Quadratmeilen mit 127,000 Einwohnern, welche man aufgeben mußte, wurden 170 Qua-

---

[1]) Der ältere Hans v. Gagern, der sich als Vertreter des Nassauischen Fürstenhauses in Paris befand, läßt uns durch seine Aufzeichnungen (Mein Antheil an der Politik I. 96 ff.) einen tiefen Blick in den Abgrund von Erniedrigung thun, in welchen sich die Deutschen Fürsten wetteifernd stürzten, um einander die Beute streitig zu machen.

[2]) Ueber Lucchesini's Sendung vergleiche Häusser II. 341 ff.

dratmeilen mit faſt 600,000 Einwohnern erworben.
Der Ueberſchuß der jährlichen Einkünfte betrug dritte-
halb Millionen Rheiniſche Gulden. Zugleich wurden
dem naheverwandten Oraniſchen Hanſe, gegen Verzicht
aller Anſprüche auf Holland, die Abteien Fulda und
Corvei nebſt angrenzenden Ländereien überwieſen, mit
der Bedingung, daß dieſe Beſitzungen im Außſterbefall
an Preußen fallen ſollten, welches dagegen alle Einrichtungen anerkennen mußte, die Bonaparte in Ober-
Italien getroffen[1]). Es war ein Zuſammenwirken
günſtiger Ereigniſſe, dem Preußen einen ſo vortheilhaften Abſchluß verdankte. Der Kaiſer von Rußland
nämlich, mit Würtemberg, Baden und Baiern nahe
verwandt und verſchwägert, wünſchte dieſen Fürſten-
häuſern beſonders reichliche Entſchädigungen zuznwen-
den. Daß Baiern gegen Oeſterreich verſtärkt würde,
lag ebenſowohl im Preußiſchen als im Oeſterreichiſchen
Intereſſe. Deſſen ungeachtet erhoben ſich bei den Verhandlungen Schwierigkeiten, indem der Ruſſiſche Ge-
ſaudte in Paris, aus Gründen, die bis jetzt nicht aufgeklärt ſind, den Abſichten ſeines eigenen Monarchen

---

[1]) Der Vertrag iſt niemals vollſtändig veröffentlicht worden.
Der das Haus Oranien betreffende Theil deſſelben bei Schöll,
hist. des traités VI. 254 ff. Den Inhalt giebt im Allgemeinen
an: Le Febvre, Geſchichte der Cabinette Europas ꝛc., deutſch von
Dietzmann I. 235. Häuſſer II. 375. Menzel, Zwanzig Jahre,
p. 597.

entgegenarbeitete[1]). Dies war Veranlassung, daß
Friedrich Wilhelm III. und Alexander I., auf Hardenberg's Anregung, sich zu einer persönlichen Zusammenkunft entschlossen, wo man sich über die Mittel zur
Förderung der Sache verständigen wollte. Beide
Monarchen trafen am 15. Juni 1802 in Memel ein,
wohin auch die Königin Louise ihrem Gemahl gefolgt
war. Durch ihre Schönheit und Liebenswürdigkeit
bezauberte sie den sehr empfänglichen Kaiser in solchem
Grade, daß seit dieser Zeit zwischen beiden Herrscher-
familien ein inniges Freundschaftsbündniß entstand, in
Folge dessen der Czar versprach, die Preußischen Absichten auf jede Weise zu unterstützen, wenngleich er sich
augenblicklich noch nicht zu förmlich bindenden Erklärungen herbeiließ.

Ein so intimes Verhältniß zwischen Rußland und
Preußen schien der Französischen Regierung bedenklich.
Der erste Consul beeilte sich deshalb, in jenem Vertrage
vom 23. Mai schleunigst die Preußischen Forderungen
zu bewilligen, theils um den König möglichst nahe an
sich zu fesseln, theils um ihn bei dem Czaren, hinter
dessen Rücken diese Abmachungen erfolgten, verdächtig
zu machen. Auch mit Baiern, Würtemberg, Baden
und Hessen erfolgte nunmehr bald in Paris eine geheime
Verständigung; die gesammte Deutsche Entschädigungs-

---

[1]) Le Febvre I. 223, bei Menzel 596.

angelegenheit war binnen Kurzem soweit geordnet, daß
man einen vollständigen Vertheilungsplan dem Kaiser
Alexander noch während seiner Anwesenheit in Memel
zur Einsicht und Genehmigung übersenden konnte. Da
die Verwandten des Russischen Hauses Alle reichlich
bedacht waren und der Kaiser sich geschmeichelt fühlte,
indem man ihn gewissermaßen als obersten Schieds=
richter über Deutschland behandelte, so ertheilte er
bereits am 3. Juni die Genehmigung des vorgelegten
Planes. So war von den Mächten des Auslandes
Alles bereits im Voraus angeordnet, ehe noch das
Deutsche Reich, über dessen Schicksal entschieden ward,
dazu gekommen war, eine eigene Meinung von sich zu
geben. Erst am 2. August berief der Kaiser eine Depu=
tation zur schließlichen Berichtigung des Friedens=
geschäftes. Am 24. wurden die Sitzungen eröffnet.
Da der Französisch=Russische Vertheilungsplan bereits
von Preußen und den obengenannten Schützlingen
Rußlands im Voraus genehmigt war, so hatten der
erste Consul und Alexander I. die Sache vollständig in
Händen. Beide erklärten gemeinschaftlich der Reichs=
deputation: Es handele sich überhaupt nur um Aus=
führung des Lüneviller Friedens. Da Kaiser und Reich
während des Jahres, welches seitdem vergangen, nicht
im Stande gewesen sich zu einigen, so sei der Deutsche
Reichskörper dadurch in einen Zustand der Auflösung
gerathen, welcher den übrigen Europäischen Staaten

Gefahr drohe. Deshalb seien zwei ganz unabhängige
Mächte, Rußland und Frankreich, in edelmüthigster,
uneigennützigster Absicht eingeschritten, um, nach Anlei=
tung des Vertheilungsplanes, das Gleichgewicht Deutsch=
lands wieder herzustellen [1]). Der Plan selbst wurde
am 18. August mit der Weisung übergeben: Es sei der
Wille des Kaisers von Rußland und des ersten Consuls,
daß keine Abänderung desselben stattfinden dürfe und
die Deputation sich jeder Verzögerung des Abschlusses
zu enthalten hätte.

Kaiser Franz, der sich auf diese Art in der beleidi=
gendsten Weise bei dem ganzen Geschäfte außer Thätig=
keit gesetzt sah, protestirte gegen ein solches Verfahren,
und wollte den Vertheilungsplan lediglich als einen
Vorschlag betrachtet wissen, namentlich weil er noch
immer hoffte, das von ihm in Besitz genommene Bisthum
Passau und einige andere Gebiete zu behalten, welche
Bonaparte dem Kurfürsten von Baiern zugesichert hatte.
Der erste Consul aber schnitt diese Weiterungen durch
einen kühnen Schachzug ab, indem er Lucchesini dahin
brachte, daß dieser am 5. September, ohne vorher in
Berlin angefragt zu haben, eine Convention zwischen
Frankreich, Baiern und Preußen unterzeichnete, in
welcher diese drei sich verpflichteten, mit Waffengewalt
einzuschreiten, wenn nicht binnen 60 Tagen Passau und

---

[1]) Politisches Journal von 1802. p. 812.

das Land rechts vom Inn an Baiern ausgeliefert wäre.
Friedrich Wilhelm III. war zwar über das eigenmäch=
tige Vorgehen seines Gesandten äußerst erzürnt, geneh=
migte aber dessenungeachtet das Abkommen, als Er=
gänzung des Vertrages vom 23. Mai[1]).

Neben dieser Passauer Angelegenheit fühlte sich
Kaiser Franz besonders dadurch beunruhigt, daß die
vollständige Entschädigung seiner aus Italien vertrie=
benen Agnaten, welche nach Artikel V. des Lüneviller
Friedens in Deutschland erfolgen sollte, in dem Ver=
theilungsplan nicht berücksichtigt war. Er erhob des=
halb dringende Beschwerde in Paris und in Petersburg;
und weil um diese Zeit dem ersten Consul bereits neue
Verwickelungen mit England drohten, auch Rußland
sich mit Bonaparte's Vorgehen in Italien nicht überall
einverstanden erklärte, so schien es räthlich, die Deutschen
Wirren schleunigst zu beenden. Deshalb wurde durch
einen am 26. Dezember 1802 zwischen Cobenzl und
Joseph Bonaparte abgeschlossenen Vertrag dem Groß=
herzog von Toscana und dem Herzog von Modena
eine Vergrößerung ihrer Dotationen in Deutschland
bewilligt, und der Kaiser darüber beruhigt, daß er seine
Verwandten nicht aus eigenen Mitteln zu unterstützen
brauchte. Diesem Umstande ist es wesentlich zuzu=

---

[1]) Menzel 604.

schreiben, daß die Verhandlungen nun schnell zu Ende gelangten.

Am 25. Februar 1803 erfolgte der viel berühmte und berüchtigte Reichsdeputationshauptschluß. Derselbe enthält im Wesentlichen folgende Bestimmungen: Für Preußen blieb es, mit unbedeutenden Aenderungen, bei dem, was der oben mitgetheilte, sehr vortheilhafte Vertrag vom 23. Mai festsetzte; während Oesterreich, was die Quadratmeilen und Einwohnerzahl betrifft, nicht so gut abschnitt. Statt 469 ☐ Meilen in den Niederlauden und 400 in Italien, welche es abtrat, erhielt es 500 ☐ Meilen an Venetianischem Gebiete und 92 ☐ Meilen durch die Bisthümer Trient und Brixen. Der Großherzog von Toscana wurde Kurfürst von Salzburg. Er bekam das Erzbisthum dieses Namens, nebst anderen Landschaften, zusammen 200 ☐ Meilen statt der 400, die er in Toscana verlor. Würtemberg, Baden und Hessen-Kassel wurden zu Kurfürstenthümern erhoben und empfingen ebenfalls beträchtliche Gebietserweiterungen. Von allen geistlichen Reichsständen blieben nur drei bestehen: Der Kurfürst Erzkanzler, der, nachdem seine Hauptstadt Mainz an Frankreich abgetreten war, künftig in Regensburg residiren sollte. Außer diesem der Deutsche Ordensmeister und der Großprior des Maltheserordens, welche beide Letzteren ihre Erhaltung dem Umstande verdankten, daß die kriege-

riſche Beſtimmung dieſer geiſtlichen Ritterſchaften ihnen
eine beſondere Wichtigkeit beizulegen ſchien.   Alle übrigen Bisthümer, Abteien, Klöſter u. ſ. w. wurden ſäcu-
lariſirt und weltlichen Fürſten zugetheilt, denen die Verpflichtung oblag, die beraubten Perſönlichkeiten auf
Lebenszeit anſtändig zu verſorgen.   Von den freien
Reichsſtädten waren die linksrheiniſchen, Aachen, Köln,
Worms und Speier, an Frankreich abgetreten.   Innerhalb Deutſchlands vertheilte man 42 derſelben unter
weltliche Fürſten.   Nur ſechs der reichſten, welche es
verſtanden hatten, ihr Geld in Paris an richtiger Stelle
anzubringen, Hamburg, Lübeck, Bremen, Frankfurt,
Augsburg und Nürnberg, behielten ihre Selbſtſtändig-
keit und wurden zum Theil durch angrenzendes geiſt-
liches Beſitzthum vergrößert. —

Es iſt ohne Weiteres klar, daß die bisherige Verfaſſung des Deutſchen Reiches, die verſchiedenen Collegien der Kurfürſten, Fürſten und Stände durch eine ſo
tiefeingreifende Veränderung in ihren Grundlagen er-
ſchüttert war.   Zwar gab es auch jetzt noch einen Kaiſer
und ein Reich; aber da von den Staaten nur die
größeren beſtehen blieben, welche ſich ſchon längſt ſo gut
wie vollkommen ſouverain betrachtet hatten, ſo war
von einem inneren Zuſammenhange noch kaum etwas
übrig.   Die Keime der völligen Auflöſung entwickelten
ſich unter dem beſchleunigenden Einfluß der gleichzeitigen politiſchen Begebenheiten ſo ſchnell, daß auch der

Form nach das wirkliche Ende des tausendjährigen Reiches sehr bald hereinbrach.

Wie man sich in der kurzen Zwischenzeit einzurichten suchte, und den großen Körperschaften, welche das einstürzende Gebäude noch äußerlich zusammenhielten, namentlich dem Reichstage und dem Reichskammergerichte ein kurzes Scheindasein fristete, — das Alles ist um so weniger hier zu erörtern, als die kurzlebigen Nothbehelfe, zu denen man griff, auf die Geschichte des Preußischen Staates keinen irgend erheblichen Einfluß geübt haben.

Die Gesammtheit dieser Vorgänge aber ist von der Art, daß man bei dem Untergange der Deutschen Verfassung ein sichtbares Einschreiten der rächenden Nemesis zu gewahren glaubt, die in der Weltgeschichte so oft mit eiserner Faust in die Geschicke der Völker greift. — Kaum zehn Jahre waren verflossen, seit Preußen und Oesterreich mit Heeresmacht aufbrachen, um sich unberufener Weise in die Angelegenheiten des Französischen Volkes zu mischen. Sie wollten dasselbe verhindern, den schmählichen Druck abzuschütteln, den Adel und Geistlichkeit geübt und den die anderen Klassen mit fast übermenschlicher Geduld Jahrhunderte lang getragen. Man erblickte in diesen weltgeschichtlichen Begebenheiten nichts, als eine Bedrohung der königlichen Gewalt und eine Beleidigung des unglücklichen Ludwig XVI., dessen Sturz und blutiges Ende die verbündeten Monarchen beschleunigten, indem sie ihm zu Hilfe eilten; und doch hatte dieser König, wie achtbar und wohlwollend er als Privatmann sein mochte, durch sein zweideutiges, unaufrichtiges Benehmen das Unheil über sein eigenes Haupt heraufbeschworen. Der Anmarsch der fremden Heere, die er durch geheime Sendboten herbeigerufen, während er sich den Schein gab, die Errungenschaften der Revolution freudig und aufrichtig anzunehmen, führte sein Verderben herbei. Schmachvoll endete die Unternehmung der Coalition; — denn jetzt war der Mann, in dessen gewaltiger Gestalt jene Revolution sich verkörpert hatte, mit seiner unwiderstehlichen Willenskraft Gebieter von Deutschland geworden und vollführte hier, was die Verbündeten in Frankreich vollführen zu können gewähnt. Er stürzte das Deutsche Reich und dessen verrottete Verfassung über den Haufen, indem er aus der Hälfte der Deutschen Fürsten sich eine Vasallenschaar erschuf, die ihm dienstbar sein mußte, um die andere Hälfte niederzuwerfen.

Und doch war das erst der Anfang der Schmach und Schande, die er über Deutschland, vor allem über Preußen gebracht hat!

Sechszehntes Kapitel.

1803—1806.

Es ist schwer zu ermitteln, ob und wie weit die gewaltigen Ereignisse der nun folgenden Jahre bereits jetzt in Bonaparte's Geist geplant und vorausgesehen waren. Soviel steht fest, daß er sehr früh schon sich als den einzigen Mann in Europa betrachten durfte, der fast ohne Widerstand durchzusetzen vermochte, was er beschlossen.

Durch allgemeine Volksabstimmung hatte er sich zum lebenslänglichen ersten Consul ernennen lassen (20. Juni 1802); und wenn bei der Inscenesetzung dieses Schauspiels auch vieles Unregelmäßige mitunterlief, so stimmte das Ergebniß doch mit den Wünschen der großen Mehrheit des Französischen Volkes überein, welches nach den unsäglichen Stürmen der Revolution mit Leidenschaft eine feste innere Ordnung des Staatslebens herbeisehnte, und in Bonaparte den einzigen Mann erkannte, welcher ein solches Verlangen zu befriedigen im Stande sei. Schon wenige Wochen nach jenem 20. Juni, der die Republik dem Wesen nach in eine Monarchie verwandelte, folgte (28. August 1802) ein Senatusconsult des Inhalts, daß der erste Consul das Recht haben sollte, seinen Nachfolger selbst zu

ernennen. Gleichzeitig wurden aus der Verfassung
alle Bestimmungen entfernt, welche seiner absoluten
Gewalt noch einigermaßen hemmend im Wege standen.
So gebot Bonaparte's Wort von nun an über das
mächtigste, an Hilfsquellen reichste Volk Europas.
Dem entsprechend beschloß er, auch nach Auswärts seiner Suprematie in der gesammten Welt volle Geltung
und Anerkennung zu verschaffen. Die einzige Nation,
welche den Willen und die Kraft besaß, sich diesen Absichten nicht zu fügen, war die Brittische; gegen sie richtete sich daher der glühendste Haß des eifersüchtigen
Imperators.

Der alte Kampf zwischen Frankreich und England,
der seit Jahrhunderten auf so vielen Schlachtfeldern
ausgefochten war, sollte von Neuem beginnen. Bonaparte beschloß für diesen Zweck von den Europäischen
Staaten so viele wie möglich zu seinen Werkzeugen zu
machen. In Bezug auf Deutschland namentlich ging
seine Absicht dahin, die westlich gelegenen Länder auf's
engste an das Französische Interesse zu knüpfen, und auf
diese Art den Widerstand der übrigen unmöglich zu
machen. Bestimmte Formen erlangte dieser Plan erst
drei Jahre später, im Allgemeinen aber war er bereits
1803 gefaßt[1]).

---

[1]) Vergleiche die sehr merkwürdige eigenhändige Aufzeichnung
Bonaparte's bei Gagern, mein Antheil an der Politik, I. 112., wo

Unmittelbar nach Abschluß des Friedens mit Eng= land traten die Anzeichen hervor, daß derselbe nicht von Dauer sein würde. Zuerst waren es kleinliche Anlässe, welche Reibungen herbeiführten. Der erste Consul fand sich durch die Angriffe beleidigt, welche gegen ihn in den Englischen Zeitungen Tag für Tag wiederholt erschienen. Ohne Verständniß für die Brittische Preß= freiheit, legte er jede dieser Veröffentlichungen der dor= tigen Regierung zur Last, und ließ sich zu Erwiderungen hinreißen, die er eigenhändig für den Moniteur (das amtliche Blatt in Frankreich) aufsetzte. Das gesammte Englische Volk wurde darin als eine Räuberbande bezeichnet, und die Politik des Parlaments mit dem Verfahren in Tunis und Algier auf die gleiche Stufe gestellt. Die Europäischen Staaten rief er in ihrer Gesammtheit zum Kampfe gegen das Inselreich, um den Einfluß desselben vom Continente fern zu halten.

Hiernach war der Ausbruch eines neuen Krieges nur noch eine Zeitfrage. — Den äußerlichen Anlaß gab England selbst, indem es die Räumung von Malta verweigerte; voraussehend, die Franzosen würden sich

---

die Errichtung des Königreichs Westphalen bereits angedeutet ist; mit diesem vereint sollten Baiern, Baden und Würtemberg das Französische Interesse vertreten; Preußen, Oesterreich, Sachsen und Hessen auf der anderen Seite bestehen bleiben.

der Insel bemächtigen, sobald dieselbe, wie die Friedens=
bestimmungen forderten, für neutral erklärt und von
der Englischen Besatzung verlassen wäre. Man berief
sich dabei mit Recht auf den Umstand, daß der erste
Consul sich auch in anderer Beziehung nicht an die
Friedensbestimmungen gehalten, sondern in Italien,
der Schweiz und den Niederlanden eigenmächtig Anord=
nungen getroffen habe, welche Frankreichs bedrohliches
Uebergewicht in nicht zu duldender Art verstärkten.
Bonaparte suchte zwar seine Schritte zu rechtfertigen
und machte darauf bezügliche Vergleichsvorschläge, die
aber keine Beachtung fanden. Im Gegentheil erklärte
England am 18. Mai 1803 den Krieg.

Der Kampf zwischen beiden Mächten, welcher nun
beginnen sollte, hatte das eigenthümliche, daß keine
derselben im Stande war, der anderen wirksam bei=
zukommen. Die gesammte Macht Bonaparte's war
unwirksam gegen Englands Seeherrschaft, und England
wiederum konnte ohne Festländische Bundesgenossen
keinen Angriff gegen Frankreich unternehmen.

Da war es natürlich, daß der erste Consul sein
Ange auf die einzige verwundbare Stelle richtete, welche
der Fetud auf dem Continente besaß, nämlich auf das
Kurfürstenthum Hannover. Zwar war dieses Deutsche
Erbland politisch von jeher außer allem Zusammen=
hange mit England geblieben. Es hatte seine eigene,

vom Parlamente vollkommen unabhängige Regierung,
mit der, als einer ſelbſtſtändigen Macht, verhandelt
wurde. Dies ging ſoweit, daß Frankreich im Oeſter=
reichiſchen Erbfolgekriege die Engliſche Neutralität aner=
kannte, während Georg II. als Kurfürſt von Hannover
in Perſon an der Spitze einer Armee gegen die Truppen
Ludwig's XV. zu Felde zog. Der erſte Conſul aber
war nicht der Mann, den dergleichen diplomatiſche
Spitzfindigkeiten beirren konnten. Er beſchloß, Han=
nover zu beſetzen. Dabei aber kam unmittelbar der
Preußiſche Staat in Mitleidenſchaft. Das Kurfürſten=
thum lag innerhalb der durch den Baſeler Frieden gezo=
genen Demarkationslinie, welche man in Berlin als
das Bollwerk betrachtete, hinter welchem man in Ruhe
den Kämpfen auf der anderen Seite derſelben zuſehen
konnte.

Napoleon, dem für jetzt an einem Bruche mit
Preußen durchaus nichts gelegen war, welches er viel=
mehr auf alle Weiſe an ſein Intereſſe zu knüpfen, wo
möglich in förmliche Bundesgenoſſenſchaft zu locken
wünſchte, hätte nichts dagegen gehabt, wenn Friedrich
Wilhelm III. ſelbſt Hannover in Verwahrung genom=
men hätte. Doch mußte dies aber, ſo verlangte er,
unter der Bedingung geſchehen, daß England die Neu=
tralität der Preußiſchen Flotte anerkannte, wo er dann
hoffte, mittelſt Preußiſcher Schiffe den Franzöſiſchen

Seehandel während des Krieges sicher betreiben zu können [1]).

In der That ließ der König sich bewegen, einen solchen Vorschlag in London zu machen. Allein das Parlament verwarf denselben. Damit war dann, bei der Neutralitätspolitik, die man in Berlin festhielt, die Sache beseitigt, — man ließ lieber die Franzosen tief in Deutschland eindringen, als daß man sich zu einem kräftigen Schritte entschloß, der diesmal, für's erste wenigstens, mit sicherem Erfolge ausgeführt werden konnte. Und doch war es nicht allein die Friedensliebe des Königs, welche ihn gebannt hielt.

Sein gesunder Verstand ließ ihn erkennen, daß Preußen in seiner gegenwärtigen Verfassung zu schwach sei, um in einen großen Kampf einzutreten. Die Mängel seiner noch immer auf längst veralteten Grundlagen ruhenden Armee waren ihm nicht verborgen, aber er besaß nicht Entschlossenheit genug, um die nothwendigen Aenderungen gegen den passiven Widerstand seiner unfähigen Umgebungen durchzusetzen [2]). Dabei war der König noch immer überzeugt, mit Bonaparte

---

[1]) In diesem Sinne hat er sich später gegen Haugwitz ausgesprochen. Memoires inédits p. 26. Lombard's Materialien p. 85. 98.

[2]) Interessante Aufschlüsse über diese Verhältnisse giebt Massenbach in seinen Denkwürdigkeiten III. 251.

auf so gutem Fuße zu stehen, daß dieser ohne Preußens
Vorwissen gewiß keinen entscheidenden Schritt thun
würde. Der Irrthum wurde erst klar, als der in Hol=
land stehende Geueral Mortier Befehl erhielt, mit sei=
nem etwa 12,000 Mann[1]) starken Corps in Hannover
einzurücken (Mai 1803). Nur schlecht ausgerüstet,
ohne Zelte, ohne gehörigen Vorrath an Munition,
gelangte diese Französische Truppe an die Grenzen des
Kurfürstenthums. Die brave Hannöversche Armee,
unter Feldmarschall Wallmoden, war den Feinden an
Zahl weit überlegen, auch bereit sich dem Einmarsch
derselben kräftig zu widersetzen. Allein weder Georg III.
noch das kurfürstliche Ministerium wünschte sich auf einen
Kampf einzulassen. Die bringendsten Anträge des Feld=
marschalls, der die Soldaten auf Kriegsfuß setzen wollte,
waren zurückgewiesen worden. Der König verlangte,
man solle die Truppen wo möglich einschiffen und nach
England hinüberführen. Als Wallmoden mit Vor=
stellungen nicht nachließ, erhielt er die berüchtigt gewor=
denen Anweisungen, welche die trostlose Schlaffheit des
Junkerregiments in Hannover trefflich kennzeichnen:
Man müßte Alles vermeiden, was Ombrage und Auf=
sehen erregen könnte; auch in keinem Falle den Truppen

---

[1]) Napoleon gab in seiner bald zu erwähnenden Unterredung
mit Lucchesini, die Stärke auf 16,000 an.

gestatten zu feuern, sondern nur im dringendsten Noth=
falle das Bayonet mit Moderation zu gebrauchen [1]).

So ließ man, nachdem es kaum zu ein Paar unbe=
deutenden Gefechten gekommen war, die Franzosen ohne
Widerstand einrücken.

Am 3. Juni schloß Mortier zu Suhlingen mit der
Regierung eine Convention, derzufolge die Hannöver'sche
Armee nach Auslieferung der Geschütze und Munition
sich in's Lauenburgische zurückziehen, das ganze Land
aber in Französische Verwaltung übergehen sollte. Von
den Truppen wurde das Versprechen verlangt, während
des Krieges nicht gegen Frankreich zu dienen, wofern
sie nicht gegen etwa von England zu machende Fran=
zösische Gefangene ausgewechselt würden. Alles das
vorbehaltlich der Genehmigung des ersten Consuls.

Diese letzte Bedingung verheimlichte man von der
einen Seite aus Furcht, von der anderen aus Arglist
dem Feldmarschall Wallmoden, der deshalb einen schon
jetzt verbindlichen Vertrag voraussetzte, und sich beeilte,
die Festung Hameln und alle Kriegsvorräthe des Lan=
des dem Feinde zu überliefern. Napoleon schämte sich
nicht, diese Täuschung bestens auszunutzen. Denn als
das Parlament von der vorbehaltenen Auswechselung

---

[1]) Ueber die vergeblichen Versuche, diese Erlasse abzuleugnen,
vergl. Ompteda, die Ueberwältigung Hannovers. 1862. p. 153.
und Häusser II. 450. Note 1.

seiner eigenen Truppen nichts wissen wollte, erklärte er
an den Vertrag nicht mehr gebunden zu sein. Er werde
Hannover nun ganz nach Kriegsrecht behandeln. Wall=
moden, auf's äußerste empört, dachte noch einmal an
Widerstand. Allein die Niederträchtigkeit der ganzen
Verhandlung hatte in der Armee eine so böse Stim=
mung erregt, daß man nicht wagen durfte, sie gegen
den Feind zu führen.

Am 5. Juli mußte man sich (auf einem in der Elbe
geankerten Schiffe kamen die Bevollmächtigten zusam=
men) zu einem neuen Vertrage verstehen, der Alles nach
Bonaparte's Verlangen ordnete. Nur geringe Milde=
rungen in Bezug auf die Entwaffnung des Heeres,
welches ursprünglich für kriegsgefangen erklärt werden
sollte, waren zu erlangen.

In der That behandelte Mortier das Kurfürsten=
thum wie ein erobertes Land, das er mit äußerster
Strenge in Contribution setzte. Zwar zeigte Berna=
dotte, der ihn 1804 als Nachfolger im Commando
ablöste, etwas mehr Menschlichkeit, allein es wurde
dennoch berechnet, daß das Land, dessen sämmtliche
Jahreseinkünfte noch nicht fünf Millionen betrugen,
während der $\frac{2}{4}$ Jahre der Französischen Besetzung außer
unermeßlichen Naturallieferungen 26 Millionen Thaler
hatte zahlen müssen. Dabei wurden die Hannoveraner
mit dem Bonaparte'schen Polizei= und Spionierwesen
beglückt, alles alte Deutsche Herkommen verhöhnt und

abgestellt, und so gleichsam das Vorspiel zu alle dem
aufgeführt, was die Franzosen über ganz Deutschland
zu verhängen beschlossen hatten [1]).

· Kaiser und Reich sahen dem ruhig zu. Kaum
ermannte man sich zu einer Beschwerde oder einem
unfruchtbaren Proteste, weshalb auch die Franzosen in
ihrem Uebermuthe immer weiter gingen. Ohne jeden
Rechtstitel besetzten sie Theile des Hamburger Gebietes,
erhoben Zwangsanleihen in dieser reichen Stadt, und
sperrten die Mündungen der Weser und Elbe den Englischen Schiffen, worauf diese zur Vergeltung durch eine
förmliche Blokade die Ausfuhr auf beiden Flüssen unmöglich machten, und damit den Deutschen, namentlich auch
dem Schlesischen Handel tödtliche Wunden schlugen.
Die Schlesier konnten ihre Leinwand nicht mehr nach
Spanien und Amerika führen; der Ruin jenes einst so
blühenden Gewerbes schreibt sich aus diesen Tagen her.

Damit Preußen, dessen Interesse bei diesen Vorgängen so schwer verletzt war, sich nicht zu irgend einer
unbequemen Kraftäußerung ermanne, fuhr man in
Paris fort, dem Könige auf alle Weise durch Redensarten zu schmeicheln. Bonaparte ließ durchblicken, es
liege in seinem Plane, in Norddeutschland eine stärkere
Macht, als Gegengewicht gegen Oesterreich, zu begrün-
den, weshalb er geneigt sei, das Preußische Gebiet zu

---

[1]) Häusser a. a. O. 466.

erweitern. Wenn es ihm gelang, diesen Staat, der noch immer ein Heer von 200,000 Mann in's Feld stellen konnte, zum Bundesgenossen zu erhalten, so war Frankreich gegen einen möglichen Angriff der Russen und Oesterreicher gedeckt, und konnte seine gesammte Macht ungestört dem Kampfe mit England zuwenden. Daraus erklärt es sich, daß der Französische Gesandte am 4. Juni 1803 in Berlin den förmlichen Antrag zu einem solchen Bündnisse überreichte.

Friedrich Wilhelm III. gerieth dadurch in nicht geringe Verlegenheit. Persönlich war er eigentlich dem ersten Consul geneigt, und von höchster Bewunderung für dessen glänzende Feldherrn= und Regenteneigen= schaften erfüllt. Um so mehr erklären es die Franzosen bis auf den heutigen Tag für einen großen Fehler, daß er sich nicht sofort zur Bundesgenossenschaft mit Bona= parte entschloß[1]), welche für Preußen den Weg zur Oberherrschaft in Deutschland, vielleicht zur Kaiser= würde für das Hohenzollern'sche Haus eröffnet hätte. Auf der anderen Seite aber darf man mit Recht behaupten, daß eine solche Gefügigkeit gegenüber den Französischen Wünschen wohl nur der erste Schritt zu einem glänzenden Vasallenthum gewesen wäre. — Einfach zurückweisen aber ließ sich das Ansinnen des

---

[1]) Le Febvre I. 314—324, bei Menzel 640. Häusser II. 470 ff.

mächtigen Herrfchers der Franzofen gerade damals um
fo weniger, als deffen bedrohliche Macht durch die Be=
fetzung Hannovers den Preußifchen Grenzen in bedenk=
liche Nähe gerückt war. Der König von Preußen
befchloß deshalb zu Unterhandlungen zu fchreiten. Der
erfte Conful befand fich in Brüffel. Dorthin wurde
Lombard mit einem eigenhändigen Schreiben Friedrich
Wilhelm's abgefchickt, um darüber in's Klare zu kom=
men, was eigentlich beabfichtigt wäre. Bonaparte ver=
ftand es, den Gefandten durch zuvorkommende Auf=
nahme vollftändig zu bezaubern. Mit anfcheinender
Genugthuung hörte er die Anträge deffelben an, welche
dahin gingen, daß Preußen, wo möglich in Ueberein=
ftimmung mit Rußland, während des bevorftehenden
Krieges neutral bleiben und dafür forgen wollte, daß
Frankreich von keiner Macht des Feftlandes angegriffen
würde, wogegen Bonaparte feinen, dem Deutfchen
Handel verderblichen Maßregeln in Bezug auf die freie
Flußfchifffahrt entfagen wollte.

Die Antwort, welche Lombard auf diefe Anträge
erhielt, war fehr gefchraubter Natur; es wurde nichts
in Ausficht geftellt, als daß bei dem zukünftigen Frieden
über Hannover nur im Einverftändniffe mit dem Könige
verfügt werden follte.

Preußens Stellung war nicht beneidenswerth. Die
Unterhandlungen mit Frankreich brachten keinen Ge=
winn, fondern erregten nur bei den Ruffen und Ofter=

reichern Verdacht. Man fühlte sich mit seiner Neutra=
litätspolitik inmitten der Europäischen Völkerfamilie
durchaus vereinsamt. Da tauchte der Gedanke auf,
den alten Fürstenbund wieder in's Leben zu rufen. Carl
August von Weimar, der sich früher für diese Idee thätig
bewiesen, sollte auch jetzt in derselben Richtung wirken,
wozu er auch sich bereit erklärte. Er saudte den berühm=
ten Johannes v. Müller, der gerade in Weimar war,
nach Berlin, um zu erforschen, welche Stellung man
dem Oesterreichischen Staate einzuräumen gedächte.
Ein besonderes Ergebniß hatte das nicht, doch erfolgte
bei dieser Gelegenheit der bereits oben erwähnte Ueber=
tritt des gefeierten Historikers in den Preußischen
Staatsdienst.

· Während diese unfruchtbaren Unterhandlungen im
Gange waren, erscholl plötzlich die Kunde von einer
Gewaltthat ohne Gleichen, die Bonaparte verübt hatte.
In Paris war eine Verschwörung zur Wiederherstellung
der Bourbons und Beseitigung des ersten Consuls ent=
deckt worden. Das Haupt des Complotts glaubte man
in dem letzten Sprossen der Condés, dem Herzoge von
Enghien, der sich in Ettenheim im Badischen, umgeben
von einem Schwarm von Emigranten, aufhielt. Am
14. März 1804 ging eine Abtheilung Französischen
Militairs ohne Weiteres über den Rhein, besetzte Etten=
heim und führte den Herzog von Enghien gefangen
über Straßburg nach Vincennes, wo ein Kriegsgericht

gehalten und der Prinz, dem man nicht gestattete sich persönlich an den ersten Consul zu wenden, auf Befehl des General Savary ohne weiteres erschossen wurde.

Ob dieser tragische Ausfall, wie Bonaparte behauptet, dem übertriebenen Diensteifer des Generals, oder dem Willen des ersten Consuls direct zuzuschreiben ist, bleibt dahingestellt. An allen Europäischen Höfen erregte die That den größten Abscheu. In Berlin dachte man einen Augenblick daran, die Unterhandlungen mit Frankreich abzubrechen. Als aber Bonaparte seine Empfindlichkeit über eine solche Kritik seiner Handlungen sogleich zu erkennen gab, indem er Truppenverstärkungen in Hannover ankündigen ließ, beruhigte sich der König und suchte den gefürchteten Mann dadurch zu begütigen, daß der Preußische Gesandte in Regensburg Befehl erhielt, gegen jeden Schritt zu stimmen, den das Reich auf Andringen Rußlands und Schwedens wegen der in Ettenheim verübten Gebietserweiterung beschließen möchte. In der That wurde, da auch das zunächst betheiligte Baden eingeschüchtert war, jede mißliebige Aeußerung verhindert. Der Reichstag schien überhaupt in dem Vorgefühle der nahenden völligen Auflösung das Bewußtsein für die großen, ganz Deutschland bedrohenden Ereignisse verloren zu haben. Man beschäftigte sich eifrig mit den Rang- und Stimmverhältnissen der neuen Kurfürsten, mit den Beschwerden der von verschiedenen Regenten unterdrückten Reichs-

ritterschaft und ähnlichen Dingen, als ob eine Ent=
schließung über solche Angelegenheiten bei dem Drange
der gewaltigen, im Anzuge begriffenen Umwälzung von
irgend welcher Bedeutung gewesen wäre!

Durch das Alles wurde Bonaparte mit vollem
Rechte in der Ueberzeugung bestärkt, daß er sich bei der
Verwirklichung seiner Absichten, seien sie noch so weit=
reichend, keinerlei Zwang aufzulegen brauchte. Er ließ
sich von seinem Senate die erbliche Kaiserwürde antra=
gen, die er mit den Worten annahm: „Er hoffe, Frank=
reich werde die Ehre, mit der es sein Geschlecht umgebe,
niemals bereuen." Am Pfingstsonntage, 20. Mai 1804,
wurde das neue Kaiserthum ausgerufen. Die Ver=
fassung des Reichs, die man zum Schein bestehen ließ,
erhielt solche Aenderungen, daß der absoluten Macht
des neuen Herrschers nichts mehr im Wege stand. Die
Anerkennung der fremden Mächte ließ nicht auf sich
warten. England, Rußland und Schweden waren die
einzigen, welche eine Ausnahme machten. Bereits am
27. Mai beglückwünschte Friedrich Wilhelm III. den
Kaiser Napoleon I. durch ein eigenhändiges schmeichel=
haftes Schreiben, welches mit den Worten schloß: „Sie
werden in meiner Art zu denken und zu handeln stets
dieselbe Offenheit und das Vertrauen auf Ihre Gesin=
nungen wiederfinden, welche ich mir stets angelegen sein
ließ, Ihnen zu beweisen." Als Pfand dieses gegen=
seitigen Vertrauens erfolgte am 4. Juni die Unterzeich=

nung einer Uebereinkunft, durch welche Preußen sich
verpflichtete, keinen feindlichen Truppen den Durchzug
durch das nördliche Deutschland zu gestatten, wogegen
Napoleon die Neutralität Preußens zu garantiren und
die Besatzung von Hannover nicht zu verstärken ver=
sprach.

Daß Oesterreich die Anerkennung des neuen Kaisers
bis zum 14. August verzögerte, hatte seinen Grund in
dem Bestreben, eine neue Form zu finden, unter welcher
Kaiser Franz der nunmehr voraussichtlich bevorstehen=
den Auflösung des Deutschen Reiches mit möglichstem
Anstande zusehen könnte. Am genannten Tage wurde
die Welt mit der Nachricht überrascht, Franz II. habe
sich bewogen gefunden, sich selbst und seinem Hanse die
Würde eines Oesterreichischen Kaisers beizulegen. Gleich=
zeitig mit diesem Entschluß wurde die Anerkennung
Napoleons in Wien verkündet.

Von diesem Tage an rollen die Geschicke Deutsch=
lands und Preußens mit stets wachsender Schnelligkeit
ihrer Erfüllung entgegen.

Daß ein neuer Krieg im Anzuge sei, war unzweifel=
haft. Der Bruch zwischen Frankreich und Rußland
kündigte sich an. Kaiser Alexander fühlte sich tief
gekränkt, seit er gewahr wurde, daß Frankreich ihm
zwar dem Namen nach eine entscheidende Mitwirkung
bei Feststellung der Deutschen Angelegenheiten zugestand,
in der That aber verfuhr, ohne auf ihn Rücksicht zu

nehmen, wie denn auch die Besetzung Hannovers erfolgt war, ohne Rußland zu befragen. Das Verlangen des Petersburger Hofes, der Reichstag solle für die Etten=heimer Affaire und die Ermordung Enghien's Rechen=schaft fordern, war wirkungslos verhallt, und hatte in Paris nur Erbitterung erzeugt, die zu offenem Bruche führte. Im August 1804 erfolgte die Abberufung der beiderseitigen Gesandten.

Mit Rücksicht auf diese drohenden Verwickelungen wollte Napoleon den Bruch mit Preußen vermeiden, und ergriff mit Eifer eine sich gerade darbietende Gele=genheit, um dem Könige ein Zeichen der Hochachtung zu geben, indem er auf dessen Verwendung den Eng=lischen Geschäftsträger Rumbold freiließ, den er in einem Anfalle von Wuth über die Brittische Politik hatte in Haft nehmen lassen (2. November 1804). Dies traf mit dem Zeitpunkte zusammen, wo Pitt auf's Neue das Staatsruder ergriff, welches er nach Abschluß des Friedens von Amiens niedergelegt hatte. Diesem unversöhnlichen Feinde der Französischen Revolution gelang es, zwischen Oesterreich und Rußland unter dem Schleier des tiefsten Geheimnisses eine Verbindung zu Stande zu bringen (4. November 1804), die den Grund zu einer dritten Coalition gegen Frankreich legen, und die stets bedrohlicher werdenden Uebergriffe des neuen Kaiserreichs in Schranken halten sollte. Die beiden Mächte versprachen einander 350,000 Mann auf die

Beine zu bringen, um die Wiedereinsetzung der vertrie=
benen Italienischen Fürsten, für Oesterreich aber die
Erwerbung der Baierischen Landestheile zu bewirken,
welche schon so oft den begehrlich ausgestreckten Händen
des Kaisers entschlüpft waren. Am 11. April 1805
schloß England selbst sich den Verbündeten an, mit der
ausgesprochenen Absicht: „Eine Staatsordnung in Eu=
ropa herzustellen, welche den Französischen Anmaßungen
ein Ziel setzte." Käme es zum Kriege, so sollte nicht
eher Frieden geschlossen werden, als bis Frankreich in
seine alten Grenzen zurückgedrängt sei. Jeder der Theil=
nehmer verpflichtete sich, nicht ohne Genehmigung aller
Andern vom Kampfe zurückzutreten. Schweden schloß
sich diesem Bündnisse an, dessen Armee man nun auf
die Stärke von 500,000 Mann zu bringen hoffte[1]).

---

[1]) Der junge König von Schweden, Gustav IV., war von
glühendstem Hasse gegen das Treiben der Revolution, und ganz
besonders auch gegen Napoleon durchdrungen, der ihn durch beleidigende Aeußerungen gereizt hatte. Die Anerkennung, welche
dem Usurpator von den alten Fürstenhäusern entgegengebracht
wurde, erfüllte Gustav IV. mit Verachtung gegen diese Regenten,
namentlich gegen den König von Preußen. Als er erfuhr, Friedrich Wilhelm III. habe den neu gestifteten Orden der Ehrenlegion
angenommen, und dafür dem Kaiser Napoleon den schwarzen
Adlerorden übersandt, schickte der König von Schweden die In-
signien dieses Ordens mit einem in heftigen Ausdrücken abgefaßten Schreiben nach Berlin zurück. Das ganze spätere Leben dieses
Schwedenkönigs hat übrigens bewiesen, daß bei ihm, wie die Engländer zu sagen pflegen, „eine Schraube lose war."

Schwedens Beitritt zur Coalition war, obgleich man sich in Berlin den Anschein gab, diese Macht zweiten Ranges geringschätzig zu behandeln, dennoch für Preußen von bedrohlichster Bedeutung. In den Neuvorpommerschen Häfen konnten nun Englische Truppen landen, und die Sperrung der Elbe und Weser durch Oeffnung der Pommerschen Strommündungen unwirksam gemacht werden. Dann war der Krieg in unmittelbarer Nähe nicht abzuwenden, und die sorgsam gehütete Preußische Neutralität ferner unhaltbar. Napoleon zögerte nicht, die neu entstandene Coalition durch immer größere Eigenmächtigkeiten förmlich zum Kampfe herauszufordern.

Am 17. Mai 1805 ließ er sich zum König von Italien erwählen und setzte sich am 26. Mai in Mailand mit eigenen Händen die eiserne Krone der alten Deutschen Könige auf.

Alle Welt war jetzt überzeugt, daß Preußen nunmehr aus seiner Neutralität heraustreten und sich entweder für die eine oder die andere Partei entscheiden mußte; weshalb auch sowohl Napoleon als die gegen ihn verbündeten Mächte jetzt den König und die einflußreichsten Personen seiner Umgebung zu einem Entschlusse zu bewegen suchten. Kaiser Alexander schickte im Januar 1805 seinen Adjutanten Winzingerode nach Berlin, um durch Versprechung von Gebietserweite-

rungen, und gleichzeitig durch Drohen[1]) mit einem
Einfall an der Schwedisch-Pommerschen Grenze zu
wirken; doch wurde der Erfolg dieser Sendung schon
dadurch vereitelt, weil man den bereits mit England,
Schweden und Oesterreich erfolgten Abschluß verschwieg,
um das Geheimniß nicht zu verletzen, welches die Verbündeten einander gelobt hatten. Friedrich Wilhelm III.
ließ erklären, er werde unwandelbar bei seinem Neu-
tralitätssystem verharren. Auch in Wien versuchte
Preußen friedliche Gesinnungen zu erwecken; und man
kann nicht leugnen, daß die Gründe, welche Hardenberg geltend machte, in Betracht der Zustände in
Preußen nur zu gewichtig waren. Er erinnerte daran,
wie schmählich 1792 der Versuch abgelaufen war, Frankreich zu bekämpfen, welches sich damals im Zustande
innerer Auflösung befand. Was, fragt er, kann man
jetzt erwarten, wo sieggewohnte Heere unter Anfüh-
rung eines unüberwindlichen Feldherrn zu bekämpfen
sind? Und wo, vor allen Dingen, ist der Mann, der
das allgemeine Vertrauen in dem Grade besitzt, daß
man ihn an die Spitze eines solchen Unternehmens
stellen könnte?

---

1) Aus dem Briefwechsel zwischen Gentz und Johannes von
Müller (Mannheim 1840) p. 117 ergiebt sich, daß man in Wien
den Plan ersonnen hatte, Preußen durch Russische Drohungen
zum Beitritt zur Coalition zu zwingen.

Die Verbündeten ließen sich indessen von solchen Betrachtungen nicht aufhalten. Durch immer neue Eigenmächtigkeiten Napoleons wurden sie zum Kriege gezwungen, auch wenn sie denselben hätten vermeiden wollen. Er vereinigte Genua, Parma und Piacenza mit Frankreich, ertheilte seiner Schwester Elise das Fürstenthum Piombino, dem er auch bald Lucca hinzufügte, und begann mit einem Worte schon jetzt, Europa wie eine große Versorgungsanstalt für die Familie Bonaparte zu behandeln, was er ja bekanntlich später im großartigsten Maßstabe durchgeführt hat.

Rußland und Oesterreich waren zum Widerstande entschlossen. In Wien wollte man den Feldzugsplan vereinbaren; allein sofort wurde klar, daß beide Mächte nicht im Stande waren, ihre Armeen in solcher Stärke ausrücken zu lassen, wie es auf dem Papiere stand. Große Schwierigkeiten bereitete auch die Wahl des Feldherrn. Erzherzog Carl wäre die geeignete Persönlichkeit gewesen, doch gestattete die Eifersucht des kaiserlichen Bruders seine Ernennung nicht. Der wegen seiner Gefügigkeit bei den Engländern beliebte General Mack wurde an die Spitze gestellt; und nur zu bald zeigte der Erfolg, wie unzweckmäßig die Wahl eines Mannes war, der allenfalls zu einem Generalquartiermeister, aber nicht zum Feldherrn taugte.

Die Oesterreicher begannen ihre Operationen damit, daß sie in Baiern eindrangen, um den Kurfürsten zum

Anschluß an die Coalition zu nöthigen. Maximilian
Joseph aber, mit Recht argwöhnisch, daß es sich auch
diesmal wieder um eine Zerstückelung seines Landes
handle, entwich mit seinen Truppen nach Würzburg
und rief Napoleons Hilfe an. Am 24. August schloß
er mit Frankreich ein Schutz= und Trutzbündniß, wofür
ihm Gebietserweiterung versprochen wurde. Baden
folgte diesem Beispiele und stellte am 1. Oktober, durch
einen zu Ettlingen geschlossenen Vertrag, sein Contin=
gent den Franzosen zur Verfügung. Etwas mehr
Schwierigkeiten machte der hochmüthige Kurfürst Frie=
drich von Würtemberg, den überdies das wegwerfende
Benehmen einiger durch sein Land ziehender Franzö=
sischer Generale in Wuth gesetzt hatte. Als indessen
Napoleon sich am 2. Oktober persönlich in Ludwigsburg
einfand, verstand er es, den kleinen Despoten und dessen
Gemahlin (eine Englische Prinzessin) durch geschicktes
Benehmen binnen wenig Minuten so zu bezaubern, daß
Beide ihn für den größten Mann aller Zeiten erklär=
ten[1]). Würtemberg stellte ihm nun ebenfalls sein Con=
tingent zur Verfügung, so daß noch vor Beginn des
Kampfes den Oesterreichern ein großer Theil der Unter=

---

[1]) Eine noch lebende alte Dame, welche am Würtembergischen
Hofe erzogen worden, war bei dem Empfang Napoleons Seitens
der Kurfürstin zugegen. Sitzend und mit steifer vornehmer
Miene empfing die Königliche Hoheit „diesen Menschen," wie sie

stützung entzogen war, auf die sie sich in Süddeutsch=
land Rechnung gemacht hatten.

· Wie einst bei seiner Rückkehr aus Egypten und bei
dem Uebergange über die Alpen, so verstand Napoleon
es auch jetzt, die Gegner über seine wahren Absichten
vollständig zu täuschen. Mit dem Gedanken eines
Angriffs auf England beschäftigt, hatte er die unglaub=
lichsten Anstrengungen gemacht, eine Flotte und ein
großes wohlgerüstetes Landungheer in Boulogne zu
versammeln. Ob er im Ernste an die Ausführung
eines so abenteuerlichen Projectes dachte, ist zweifelhaft.
Jedenfalls überzeugte er sich allmählich von der Unaus=
führbarkeit seiner Absichten, und beschloß nunmehr diese
gewaltigen Streitkräfte gegen die Coalition seiner Feinde
auf dem Festlande in's Feld zu schicken. Um des Er=
folges ganz sicher zu sein, beschloß er, die 80,000 Mann
Oesterreicher unter Mack's Befehl anzugreifen und zu
vernichten, bevor das ·Russische Hilfsheer Zeit hätte
herbeizukommen. Mit bewundernswürdiger Umsicht
bestimmte er die Märsche der einzelnen Corps, die sich
zur bestimmten Zeit an der oberen Donau zusammen=
finden sollten. Indem er die Besatzungstruppen aus

.

ihn nannte. Kaum aber hatte Napoleon seine ersten, sehr ge-
schickten Schmeicheleien vorgebracht, als die hohe Dame auch
schon vollständig gewonnen war und sich mit „Sr. kaiserlichen
Majestät" auf das leutseligste unterhielt.

Hannover und die in Holland stehenden Regimentr
herbeirief, war es möglich 170,000 Mann zusammen-
znbringen.   Die Marschrouten wurden so gelegt, daß
das Ziel der Unternehmung möglichst verborgen blieb;
er ließ das Gerücht aussprengen, es handle sich nur um
ein bei Straßburg aufzustellendes Observationscorps.
So vollkommen gelang die Täuschung, daß die Oesterreicher sich noch mit der Hoffnung schmeichelten, angriffs-
weise verfahren zu können, als die verschiedenen Französischen Heerestheile ihnen schon ganz nahe waren.
Selbst die Einsichtsvollsten gaben sich so sehr der Verblendung hin, daß Gentz noch am 27. August 1804 an
Johannes v. Müller schreiben konnte[1]): „Bonaparte,
das sehen wir jetzt, raset nur in Worten und Thaten,
so lange er weiß, daß er es mit Sicherheit thun kann.
Krieg will er nicht.   Die Welt im Frieden erobern
und die Waffen führen, während Andere die Hände in
den Schooß legen, das ist seine Sache!"

Bald genug sollte man die Folgen einer so groben
Selbsttäuschung gewahr werden.   Je näher die Entscheidung rückte, um so größer wurden die Bemühungen
beider Parteien, Preußen mit seiner Armee aus der
verhängnißvollen Neutralitätspolitik aufzurütteln und
zu sich herüberzuziehen.   Im September erschien Oester-
reichischerseits Graf Meerveldt in Berlin, um noch im

---

[1]) Gentz und Johannes v. Müller's Briefwechsel p. 86.

letzten Augenblick den König zur Theilnahme am Kriege
zu bewegen. Auch Duroc fand sich wieder ein, um im
Namen Napoleons Hannover, als Preis einer Fran=
zösischen Allianz, anzubieten. Man wies das nicht
unbedingt ab, sondern verhandelte darüber, ob Preußen
das Land in Verwahrung, oder förmlich in Besitz neh=
men sollte; Couriere flogen hin und her, jedoch bevor
es zum Abschlusse kam, wurde durch ganz unerwartete
Vorgänge die Stimmung in Berlin umgewandelt und
der König dahin gebracht, die Anträge beider Parteien
zurückzuweisen und sich fester als je an seine Neutra=
litätspolitik anzuklammern.

Am 19. September nämlich zeigte Kaiser Alexander
an, er werde 100,000 Mann auf dem Wege durch
Südpreußen und Schlesien zu den Oesterreichern stoßen
lassen. Obgleich er dazu Preußens Einwilligung erbat,
so war das doch nur eine leere Form, und der Tag des
Einmarsches bereits festgesetzt. Durch diese eigenmäch=
tige Verletzung seiner Neutralität fühlte Friedrich Wil=
helm III. sich um so tiefer beleidigt, weil er glaubte
von Rußland mit ebenso viel Ueberhebung behandelt
zu werden, wie Oesterreich kurz vorher gegen Baiern
bewiesen[1]); auch mußte er befürchten, daß Frankreich
die Gewährung des Russischen Vertrages für eine offene
Feindseligkeit erklären würde. Diese Erwägungen riefen

---

[1]) Menzel, Zwanzig Jahre p. 659.

den Entschluß hervor, die Armee auf Kriegsfuß zu setzen
und gegen die Weichsel vorrücken zu lassen. Haugwitz
wurde nach Wien gesandt, um von dieser Maßregel
Kenntniß zu geben, was denn bewirkte, daß man eiligst
den Russischen Kaiser ermahnte, von einem Entschlusse
abzustehen, der Preußen leicht in das Französische Lager
treiben könnte. Allein Napoleon sorgte selbst dafür,
daß dies nicht geschah, indem er eine Rücksichtslosigkeit
beging, welche den König noch weit mehr verletzte, als
das Russische Verfahren. Ein Französisches Corps
unter Bernadotte marschirte, um seinen Weg an die
Donau abzukürzen, durch Anspach, ohne sich an die
Protestation der dortigen Preußischen Behörden zu
kehren. Zwar traf sogleich ein Brief Napoleons ein,
welcher den Vorfall entschuldigen und als eine unbe=
deutende, leicht zu übersehende Kleinigkeit darstellen
sollte; allein Friedrich Wilhelm III. fühlte sich auf's
Tiefste beleidigt, um so tiefer, weil sein Gemüth durch
die von Russischer Seite erfahrene Behandlung noch in
Aufregung war. Und doch lag der Anspach'sche Fall
ganz anders. In Betracht, daß die in das Kriegsgebiet
hineinragenden Fränkischen Fürstenthümer sich schwer
in strenger Neutralität würden behaupten lassen, hatte
man bereits bekannt machen wollen, der Durchmarsch
aller Theile solle hier, sofern sie ihre Bedürfnisse baar
bezahlten, gestattet sein. Auf Hardenberg's Vorstellung
jedoch, der seine Statthalterschaft schonen wollte, unter=

blieb das, und Anſpach und Baireuth wurden als neu=
trales Gebiet angeſehen. Napoleon mochte nun in der
That glauben, daß man es nicht ſo genau nehmen, und
ſich mit ſeiner Entſchuldigung zufrieden ſtellen würde;
aber er irrte. Der König war ſo erzürnt, daß er in
einem Miniſterrath am 7. Oktober erklärte, ohne eine
eklatante Genugthuung laſſe ſich der Krieg mit Frauk=
reich nicht mehr vermeiden. So tief wurzelte das Ge=
fühl dieſer Kränkung in ſeinem Herzen, daß er noch
viel ſpäter, als ganz andere, unendlich ſchwerere Leiden
über ihn verhängt waren, die Anſpach'ſche Angelegen=
heit immer wieder zur Sprache brachte [1]).

In Wien ſowohl als in Petersburg erkannte man,
daß jetzt der Moment gekommen ſei, um Preußen in
das gemeinſchaftliche Intereſſe hineinzuziehen. Durch
Napoleons Verfahren war die Beleidigung der Ruſſen
bei dem Könige faſt vergeſſen gemacht. Eine ſchon
früher angeregte Zuſammenkunft der Monarchen von
Rußland, Oeſterreich und Preußen, welche in Krakau
ſtattfinden ſollte, wurde nach Berlin verlegt. Am

---

1) Menzel 665. Häuſſer II. 613. — Napoleon erzählt in
ſeinen Memoiren: (Las Cases IV. 263.) Dans toutes nos
rencontres depuis, quelques grands que fussent les intérêts
du moment, il les laissait toutes de côté, pour revenir à me
prouver, que j'avais bien réellement violé son territoire à
Anspach. Il avait tort; mois enfin il en était persuadé, et
son ressentiment était celui d'un honnète homme.

25. Oktober fand sich Alexander I. daselbst ein.   Statt
des Kaisers erschien am 30. dessen Bruder, Erzherzog
Anton.   Am 3. November wurde in Potsdam ein
Abkommen geschlossen, wonach Preußen vermittelnd
zwischen Napoleon und den Verbündeten aufzutreten
versprach.   Ein allgemeiner Congreß sollte berufen
werden, um einen von allen Seiten gesicherten Europäischen Friedenszustand aufzurichten.   Würden die
Grundlagen, die man für denselben aufstellte, nicht
binnen vier Wochen von Napoleon genehmigt, so versprach Preußen mit 180,000 Mann in's Feld zu rücken.
Zu diesem Zwecke wollte Rußland Englische Subsidien
vermitteln und (laut eines geheimen Artikels) Englands
Einwilligung in einen Tausch, oder in die Abtretung
Hannovers bewirken.

Die Zusammenkunft der Monarchen schloß mit einer
Scene, welche Alexander's nervös sentimentalem Wesen
entsprach.   Als man am Abend des 3. November in
nächtlicher Stunde sich trennen wollte, verlangte der
Czar, man möchte den eben geschlossenen Herzensbund
am Sarge Friedrich's des Großen bekräftigen.   Dem
Könige waren dergleichen empfindsame Auftritte von
Grund aus zuwider, doch konnte er dem Gaste die
Bitte nicht abschlagen.   Bei Fackelschein wurde die
Gruft der Potsdamer Garnisonkirche geöffnet.   Unter
rührenden Betheuerungen ewiger Anhänglichkeit und
Freundschaft umarmte Alexander den König und auch

die Königin Louise, deren Schönheit auf sein empfäng=
liches Herz gewaltigen Eindruck gemacht hatte. Dann
reiste er zum Kampfplatz, wo aber keine Lorbeeren sei=
ner warteten.

Unterdessen waren an der Donau die Geschicke
Oesterreichs bereits entschieden. Die Nichtachtung der
Anspach'schen Neutralität hatte es Napoleon möglich
gemacht, seine sämmtlichen Armeecorps so vorrücken zu
lassen, daß der nichts ahnende Mack, welcher in der
Nähe von Ulm Stellung genommen, vollständig um=
zingelt wurde. Durch die geniale Art, mit welcher die
Franzosen ihre Märsche ausgeführt, war es ihnen
gelungen, den Feind nicht nur über die Richtung der=
selben, sondern auch über die Zahl der anrückenden
Truppen vollständig zu täuschen. Mack erfuhr nichts,
als was ihm durch Spione hinterbracht wurde, die
sämmtlich in Napoleons Solde standen, und ließ sich
von denselben die unglaublichsten Märchen aufbinden.
Preußens Neutralität hielt er für eine so sichere Mauer,
daß ihm die Möglichkeit, er könne von der Fränkischen
Seite her angegriffen werden, gar nicht einmal einfiel.
Er benahm sich, mit Einem Worte, von Anfang bis zu
Ende nicht anders, als wenn man ihn dazu hingestellt
hätte, eine treffliche Oesterreichische Armee von 80,000
Mann zu Grunde zu richten. Uebrigens waren auch
die leitenden Persönlichkeiten in Wien so vollständig
der Verhältnisse unkundig, daß sogar Genz, der sich an

der Quelle aller einlaufenden militairischen und diplo=
matischen Nachrichten befand, noch am 6. Oktober alles
Ernstes in Bezug auf Napoleon an Müller schrieb [1]):
„Soviel Schaam und Verlegenheiten erlebte der Thea=
termonarch noch nie! Die Nachricht von der Zusam=
menkunft der Monarchen bringt ihm vielleicht einen
Schlagfluß bei!"

Das Ende war denn auch solcher Selbsttäuschung
entsprechend. Die einzelnen Abtheilungen des in
unzweckmäßigen Stellungen verzettelten Oesterreichischen
Heeres wurden in den Tagen vom 8. bis 14. Oktober
eine nach der andern geschlagen und gesprengt. Mack,
der sich mit 23,000 Mann nach Ulm zurückgezogen
hatte, capitulirte und übergab, in Folge einer neuen
Kriegslist der Franzosen, die Festung schon am 20. Ok=
tober, obgleich er, nach dem Inhalt der Capitulation,
bis zum 25. hätte auf die Ankunft der Russen warten
können [2]).

In Wien war bei Eintreffen der Schreckensbotschaft
von diesen Vorfällen die Kopflosigkeit gerade so groß,

---

[1]) a. a. O. p. 116.

[2]) Er wurde später von einem Kriegsgerichte zum Tode ver=
urtheilt, aber begnadigt, und erschien, vollständig rehabilitirt 1819
wieder in Marschallsuniform bei Hofe. Die Behandlung dieses
Mannes, der durch Ungeschick und Dummheit die Monarchie an
den Abgrund des Verderbens brachte, bildet ein interessantes
Gegenstück zu der Art und Weise, wie der gute Kaiser Franz mit
Silvio Pellico und hundert anderen Ehrenmännern verfuhr.

wie eben noch der verblendete Uebermuth. Dem Vorrücken der Franzosen wurde kein Widerstand entgegen-
gesetzt; ja als sie, vor Wien angelangt, den die große
Donaubrücke bewachenden Officieren vorspiegelten, es
wäre Waffenstillstand geschlossen, gingen diese in die
Falle, so daß die Hauptstadt, aus welcher der Hof mit
Allem, was daran hing, bereits nach Mähren entflohen
war, am 13. November den Feinden ohne Widerstand
überliefert wurde.

Kaiser Franz traf in Olmütz mit seinem Bundesgenossen, dem Czaren, zusammen. Napoleon selbst
befand sich in Brünn. Beide feindliche Heere standen
einander nahe gegenüber. Die Franzosen boten Alles
auf, um entweder sogleich Frieden zu schließen, oder es
zur entscheidenden Schlacht zu bringen, bevor mit dem
15. Dezember der Termin ablief, an welchem Preußen,
in Folge der Potsdamer Convention, im Falle war,
seine Truppen zu den Verbündeten stoßen zu lassen.

Napoleon wünschte eine persönliche Zusammenkunft
mit Kaiser Alexander, welche dieser aber ablehnte.
Unterhandlungen, die man anknüpfte, zerschlugen sich,
weil Russischer Seits, als Vorbedingung des Friedens,
die Räumung Deutschlands und Italiens von den
Franzosen verlangt wurde. „Die Leute müssen verrückt sein," sagte Napoleon zu seinen Umgebungen,
„wenn sie die Räumung Italiens verlangen, und mich
nicht einmal aus Wien herausbringen können."

Wenn behauptet worden[1]), Preußen habe in diesem Augenblick die Entscheidung des Feldzuges, ja das
Schicksal von Europa noch einmal in Händen gehabt,
weil durch Hinzutritt seiner 150,000 Mann starken
Armee zu den Truppen der Alliirten Napoleons Wohl
und Wehe in Frage gestanden, so ist das kaum übertrieben. Allein der Moment ging unbenutzt vorüber.
Man kam in Berlin zu ganz anderen Entschlüssen.

Obgleich der Potsdamer Vertrag den Wendepunkt
der so lange hartnäckig aufrecht erhaltenen Neutralitätspolitik bezeichnete, so war man doch nur unter gewissen
Bedingungen und Voraussetzungen der großen Coalition gegen Frankreich beigetreten. Dessenungeachtet
sollte man meinen, verstand es sich von selbst, daß der
Systemwechsel auch einen Wechsel der leitenden Persönlichkeiten zur Folge haben mußte. Dem war aber
nicht so. So gut wie der König durch Gründe bewogen
war, seine Meinungen zu ändern, konnte ja auch das
Ministerium sich zu den neuen Grundsätzen bekennen.
Der Widerwille Friedrich Wilhelm's III. gegen neue
Gesichter in seiner Umgebung kam dazu, — die Leitung
der auswärtigen Angelegenheiten blieb nach wie vor in
den Häuden von Haugwitz und Lombard, wenn gleich
Hardenberg, dem vertretungsweise auf kurze Zeit das

---

[1]) Le Febvre a. a. O. II. 199. 202.

Ministerium übertragen gewesen, bei den wichtigen Entscheidungen mit zu Rathe gezogen wurde.

Die Kriegspartei in Berlin machte sich nun von Tage zu Tage lauter. An der Spitze derselben stand die Königin Louise. Lebhaft fühlte sie die Schmach der unbedeutenden Stellung, auf die Preußen durch seine Unthätigkeit herabgedrückt war, und glühend haßte sie zugleich den Französischen Usurpator, der ihren Gemahl mit so beleidigender Rücksichtslosigkeit behandelt hatte.

Gleiche Gesinnungen hegte Prinz Louis Ferdinand. Er war der ältere von den überlebenden Söhnen des jüngsten Bruders Friedrich's des Großen, geboren den 18. November 1772, damals also dreiunddreißig Jahr alt. Reich mit allen Gaben des Leibes und der Seele ausgestattet, talentvoll, tapfer und ehrliebend bis zur Leidenschaft, dabei ein großer Freund der Damen, den sogenannten „noblen Passionen" im höchsten Maße ergeben, bewahrte er in Mitten gewaltiger Ausschweifungen dennoch stets ein Interesse für alles Edle und Schöne. Als Beschützer der Künste, als Kenner und Meister in der Musik, zog er Alles, was durch Geist und Talent sich auszeichnete, in seine Nähe. Diese Interessen aber standen bei dem Prinzen erst in zweiter Linie, gegenüber dem glühenden Gefühl für die Ehre des Preußischen Vaterlandes und der Preußischen Armee. Zu welcher Rolle im Staate wäre ein so begabter, dem Throne

nahe stehender junger Mann berufen gewesen, wenn
sich ihm ein seinen Fähigkeiten entsprechender Wirkungs=
kreis eröffnet hätte! Allein er erlag dem Schicksal der
meisten königlichen Prinzen, die von jeder bedeutsamen
Theilnahme an der Regierung ausgeschlossen, im Gar=
nisondienst ihr Leben verbringen müssen [1]). Louis Fer=
dinand wurde bald der Mittelpunkt einer Schaar von
thatendurstigen jungen Officieren, welche mit maßlosem
Dünkel auf Napoleon herabsahen, dessen Armee bei
dem ersten Zusammenstoß mit Preußens unbesiegbaren
Schaaren schmählich vernichtet werden mußte! Das
leicht bewegliche Berliner Publikum theilte die Zuver=
sicht dieser Kreise. Eine allgemeine Kriegsbegeisterung
wurde laut und gab sich durch allerlei Demonstrationen
in Gegenwart des Königs zu erkennen [2]), der nach sei=
ner ruhig besonnenen Weise und bei seiner Friedens=
liebe, so lange wie möglich dem Andringen der öffent=
lichen Stimme widerstand.

Inzwischen folgten im Süden von Deutschland die
großen Ereignisse einander mit erschreckender Schnellig=
keit. Ulm war gefallen, Wien in den Händen der

---

[1]) Stein's Urtheil und Berichte über den Prinzen findet man
bei Pertz I. 186 ff.

[2]) Müller an Gentz den 18. Oktober 1805. a. a. O.
p. 119.

Franzosen. In Mähren stand täglich die große Ent=
scheidungsschlacht in Aussicht; doch glaubte man in
Berlin zu wissen, daß Napoleon nicht vor dem 15. De=
zember angreifen würde. Diese Frist, welche mit dem
Tage übereinstimmte, bis zu welchem Preußen nach
dem Potsdamer Vertrage sein Vermittleramt üben
sollte, beschloß der König innezuhalten. Er wollte
Napoleon auffordern, einen allgemeinen Friedenscon=
greß nach den am 3. November verabredeten Grundlagen
zu berufen. Wurde der Vorschlag verworfen, dann
sollte das inzwischen vollständig gerüstete Preußische
Heer zu den Verbündeten stoßen.

Mit dieser Botschaft wurde Haugwitz betraut, der
sich selbst und auch die Anderen überredet hatte, daß er
bei dem Französischen Kaiser gut angeschrieben wäre
und ihn am besten zu leiten vermöchte! — Er sollte sich
in Napoleons Hauptquartier begeben, und vor dem
15. Dezember, so rechnete man, wieder in Berlin sein,
um den erhaltenen Bescheid zu überbringen. Bis dahin
würde kein Zusammenstoß stattfinden. Napoleon aber
rechnete anders. Er beschloß den Unterhändler hinzu=
halten, bis die Entscheidung gefallen war. Siegte er,
so bedurfte er Preußens Vermittelung nicht; unterlag
er, so konnte dieselbe von Vortheil sein. Unter allerlei
Vorwänden wußte man Haugwitz's Reise zu verzögern.
In Iglau ließ man ihn, vorgebend der Kaiser werde

dorthin kommen, zwei Tage lang warten[1]). Am
28. November erhielt er die erste Audienz. Napoleon
war von dem Inhalte des Potsdamer Vertrages zwar
im Allgemeinen wohl unterrichtet, ohne jedoch den
genauen Termin (15. Dezember) zu kennen, an welchem
Preußen loszuschlagen versprochen hatte. Bei seiner
nicht ganz unbedenklichen Lage[2]), gegenüber einer an
Zahl stärkeren Armee, und in Norddeutschland durch
45,000 Mann Engländer, Russen und Schweden an
der Holländischen Grenze bedroht, mußte ihm Alles
daran liegen, einen feindseligen Entschluß Preußens für
den Augenblick zu verhindern, und überhaupt das Berliner Cabinet über seine Entschlüsse in Ungewißheit zu
halten. Er begann damit, die erste dem Grafen Haugwitz ertheilte Audienz, trotz eigener Ermüdung und zur
Qual für den völlig erschöpften Gesandten, vier Stunden lang auszudehnen, und ihn unter allerlei nichts
entscheidenden Gesprächen bis Mitternacht bei sich zu
behalten, um ihn zu hindern, schon jetzt nach Hause zu
berichten. Damit bewirkte er zugleich, daß der eitle,
leicht zu täuschende Haugwitz sich durch ein so ungewöhnliches Verfahren auf's äußerste geschmeichelt fühlte.

---

[1]) Der Baierische General, späterer Fürst Wrede, hatte den
Auftrag Haugwitz durch diese Lüge zu täuschen. Er führte das
recht con amore aus.

[2]) Menzel p. 671.

Demselben war zwar in seiner Instruction die bestimmte
Weisung gegeben, sich sogleich mit Festigkeit gegen
Napoleon im Sinne der Potsdamer Convention zu
erklären, allein er umging das um so lieber, als er
bereits unterweges erfahren hatte, wie der Kaiser, voll
Zorn über Preußens Annäherung an die Verbündeten,
die Drohung ausgestoßen: „Der König soll mir's ver=
gelten [1])!" —

Folgenden Tages wurde dem Grafen angedeutet,
er möge sich nach Wien zu Talleyrand begeben, um mit
demselben geschäftlich zu verhandeln, weil es hier, in
der Nähe von Brünn, bald so unruhig hergehen würde,
daß man für die Sicherheit seiner Person nicht einstehen
könnte. Haugwitz reiste ab. Drei Tage darauf,
2. Dezember, wurde die Schlacht bei Austerlitz geschla=
gen. Früh um 7 Uhr griffen die Verbündeten an, —
noch vor der Mittagsstunde war der große Kampf
entschieden. Napoleons glänzender Scharfblick hatte
überall die rechte Zeit und den rechten Ort zum Angriff
sofort herausgefunden, während den Alliirten die Ver=
wirrung im Oberbefehl, und die grobe Täuschung
Alexander's I. über den Zweck der feindlichen Bewe=
gungen verderblich wurde. Die größte Tapferkeit ihrer
Truppen konnte eine völlige Niederlage nicht abwenden.
Fast 30,000 Oesterreicher und Russen deckten das

----

[1]) Häusser 641.

Schlachtfeld, während die Franzosen kaum mehr als 7000 Mann verloren. 180 Kanonen, der ganze Train und das Gepäck der Feinde fielen in ihre Hände.

Bei dem Czaren folgte auf übergroße Siegesgewiß= heit eine ebenso große Niedergeschlagenheit und Muth= losigkeit. In Gesellschaft des Kaiser Franz eilte er mit der Hauptmasse der noch geretteten Truppen der unga= rischen Grenze zu. An Wiederaufnahme des Kampfes war nicht zu denken. — Während der Flucht ließ der Deutsche Kaiser sich von seinem Verbündeten bereden, persönlich bei Napoleon um Frieden zu bitten. Am 4. Dezember empfing ihn der Imperator bei Nasiedlo= witz auf freiem Felde, umgeben von einem glänzenden Generalstabe, während Franz II. mit wenigen Beglei= tern „in seiner gewöhnlichen mitleidswürdigen, jetzt mehr als je verfallenen Gestalt[1])“ vor ihm erschien. Als erste Bedingung eines vorläufigen Waffenstillstands und des nachherigen Friedens verlangte Napoleon den Abzug der Russen, denen eine bestimmte Frist für ihre Rückkehr nach einzelnen Punkten gesetzt wurde. Kaiser Franz willigte ein, und auch Alexander war froh, sich aus der Sache zu ziehen. Mit einem Corps von 25,000 Mann eilte er der Polnischen Grenze zu. Von dem ihn verfolgenden Davoust befreite er sich durch die,

---

[1]) Genz an Müller l. c. p. 154.

damals noch unwahre Versicherung, daß der Waffen=
stillstand bereits geschlossen sei.

Die Coalition hatte damit ihr Ende erreicht. Den
König von Preußen aber betrachtete Alexander noch
immer als seinen Verbündeten, und stellte demselben
seine in Mecklenburg und Schlesien eingerückten Trup=
pen, deren Herbeikunft er, in voreiliger Siegesgewiß=
heit zur Schlacht drängend, nicht abgewartet hatte,
unter Benningsen's Oberbefehl zur Verfügung, obwohl
er den König gleichzeitig von den in Potsdam einge=
gangenen Verpflichtungen ausdrücklich entband.

Preußens Lage war seitdem voll der unentwirr=
barsten Widersprüche. In dem Bestreben, es mit Kei=
nem zu verderben, hatte man es mit Allen verdorben.
Die unselige Selbstüberhebung, in der man glauben
konnte, Napoleon werde den Augenblick des Kampfes
verschieben, bis Haugwitz Zeit gehabt hätte, seine Ver=
mittelungsanträge vorzubringen, war Schuld, daß jetzt
nur die Wahl blieb, entweder dem allgewaltigen Sieger
sich zu unterwerfen, oder in völliger Vereinsamung,
ohne alle Bundesgenossen einen Krieg gegen Frankreich
zu beginnen, den man in Gemeinschaft mit Rußland
und Oesterreich zu unternehmen Bedenken getragen.
Dabei war das ganze Gewicht der diplomatischen Unter=
handlungen den Händen eines Haugwitz anvertraut!

Gegen diesen unglückseligsten Mann sind wegen sei=

nes nunmehrigen Verfahrens von allen Seiten die
schwersten Vorwürfe erhoben worden; und allerdings
ist das, was er that, unverantwortlich; allein seine
Handlungsweise wird erklärlich, fast verzeihlich, wenn
wir hören werden, daß man ihn, troß seiner Wiener
Abmachungen, nicht nur nicht fallen ließ, sondern die
Ergebnisse seiner Sendung annahm, und ihn selbst noch
weiter dazu benußte, um auf den durch ihn gewon=
nenen verderblichen Grundlagen ferner fortzuschreiten.

Bei den Conferenzen mit Talleyrand brachte
Haugwiß von seinen eigentlichen Aufträgen, die der
schlaue Franzose gut genug kannte, kein Wort vor; auch
hatte sich die Lage der Dinge durch die Austerlißer
Schlacht so wesentlich verändert, daß seine mitgebrach=
ten Anweisungen für einen solchen Fall nicht im min=
desten paßten. Nach strenger Form hatte der Gesandte
nur noch die Wahl, entweder seinen Auftrag als erloschen
anzusehen, oder neue Instructionen abzuwarten. Allein
Napoleon gestattete keins von beidem. Am 7. Dezember
ließ er den Grafen zu sich nach Schönbrunn kommen,
wo er seine Residenz aufgeschlagen. Haugwiß begann
mit einem Glückwunsche zu dem errungenen Siege!
„Das ist eine Gratulation,“ soll Napoleon erwidert
haben, „deren Adresse das Schicksal verändert hat[1]).“

---

[1]) So erzählt u. A. W. Scott in seinem Leben Napoleons.
Haugwiß, in den gedruckten Fragmenten seiner Memoiren, ist

Doch schien es ihm noch nicht an der Zeit, dem Groll, den Preußens zweideutiges Benehmen in ihm erregt hatte, freien Lauf zu lassen. Erst mußte der Friede mit Oester= reich geschlossen, und die Russen so weit entfernt sein, daß er von denselben nichts mehr zu besorgen hatte. Dennoch äußerte er sich in harten, leider nur zu sehr gegründeten Worten über das Benehmen des Berliner Hofes. „Es wäre ehrenvoller für Euch gewesen," rief er aus, „mir offen den Krieg zu erklären. Ihr hättet damit doch Euren Verbündeten einen Dienst geleistet. Mir wenigstens sind offene Feinde lieber, als falsche Freunde. Ihr aber wollt aller Welt Bundesgenossen sein!"

Das Ende war ein Vorschlag, welcher den Preu= ßischen Staat dem Imperator gegenüber so ziemlich auf die gleiche Stufe mit Würtemberg und Baiern stellte. Napoleon bot Gebietsvergrößerung als Preis eines unbedingten Schutz= und Trutzbündnisses, und drohte im Weigerungsfalle nicht undeutlich mit einem Angriff auf Schlesien und Erregung eines Aufruhrs in den Polnischen Provinzen. Auf einer gerade daliegenden Landkarte soll der Kaiser auf Oesterreichisch Schlesien gedeutet und gefragt haben: „Würde Euch das an= stehen?" „Niemals," erwiderte Haugwitz, „würde der

---

darüber sehr erzürnt, ohne die Thatsachen geradezu in Abrede zu stellen. Menzel 673 Note.

König von Preußen eine Oesterreichische Provinz an=
nehmen wollen!" Es kam dann Hannover an die Reihe.
Der Gesandte, der entweder den Krieg oder die An=
nahme der ihm gestellten Bedingungen zu wählen hatte,
glaubte das Letztere um so mehr vorziehen zu müssen,
als die Befürchtung nahe lag, Napoleon könnte bei
dem bevorstehenden Friedensschlusse mit Oesterreich die
Provinz Schlesien als Tauschobject anbieten, und den
Preußen zu diesem Zwecke entreißen, was bei dem
schlechten Vertheidigungszustande daselbst keine großen
Schwierigkeiten gehabt hätte. So entschloß sich Haug=
witz am 15. Dezember, gerade an dem Tage, wo man nach
dem Potsdamer Vertrage im Verein mit Oesterreich und
Rußland den Kampf beginnen sollte, zu Schönbrunn ein
Schutz= und Trutzbündniß mit Frankreich zu unter=
zeichnen, welches abzuschließen er auch nicht im aller=
entferntesten bevollmächtigt war. Dasselbe forderte,
außer der wechselseitigen Garantie des beiderseitigen
Besitzstandes, noch die Abtretung von Anspach an
Baiern, gegen eine zu gewährende Vergrößerung von
Baireuth. Dafür sollte Preußen Hannover und die
sämmtlichen Deutschen Besitzungen des Königs von
England erhalten. Schließlich wurde, in Erinnerung
an die alten Gleichgewichtsideen, die Gewährleistung
der Unantastbarkeit des Türkischen Reiches hinzu=
gefügt.

Wohl niemals hat ein bevollmächtigter Minister so

offenbar das gerade Gegentheil von dem vollzogen, wozu er von seinem Hofe beauftragt war. Auch fühlte der arme Graf sich durchaus nicht wohl bei der Sache. Er ließ während des ganzen Verlaufs der Unterhand=lungen seinen König in vollständiger Ungewißheit über das, was eigentlich vorging, und selbst nachdem man bereits zum Abschlusse gekommen, berichtete er nur, daß sich die getroffenen Verabredungen nicht anders als mündlich mittheilen ließen, wie er das bei seiner Rück=kehr darthun werde. In Berlin befand man sich in einer leicht erklärlichen, von Tag zu Tage steigenden Unruhe. Als nun gar die Schreckensbotschaften von den Vorgängen in Oesterreich einander überstürzten, wurde man völlig rathlos, und schickte den General Phuhl ab, um zu erfahren, was denn eigentlich mit Haugwitz vor=gehe. Dieser traf den Gesandten bereits unterweges. Am 25. Dezember 1805 langten Beide in Berlin an. Der Schönbrunner Vertrag wurde dem Könige und seinen Räthen vorgelegt. Der erste Eindruck war natürlich der eines maßlosen Unwillens und Erstaunens. Preußen sollte Hannover aus Napoleons Händen als Geschenk nehmen, und damit durch die That anerkennen, daß jedes Land, welches die Franzosen mit Waffengewalt in Besitz genommen, denselben auch ohne Einwilligung des rechtmäßigen Landesherrn zur Verfügung stände.

Man berieth hin und her, was zu thun sei, und verfiel auf alles Mögliche, nur nicht auf das, was unter

den gegebenen Umständen allein ehrenwerth gewesen
wäre.   Wie die Dinge lagen, mußte der König erklä=
ren: „Ich widerstrebe dem nicht, was Napoleon durch
Glück und Uebermacht erzwungen!   Aber in Nord=
deutschland beharre ich bei der Neutralität.   Keinen
Fußbreit Preußischen Landes trete ich ab, nehme auch
keinen Fußbreit fremden Landes an.   Hannover bleibt
militairisch besetzt, bis ein künftiger Frieden das Schick=
sal dieses Kurfürstenthums entscheiden wird.   Nehmt
Ihr diese Erklärung nicht an, so rufe ich mein Volk
und mein Heer zum Widerstande auf, und vertheidige
meine Ehre und mein Recht bis auf den letzten Bluts=
tropfen [1])!"

Das konnte freilich nicht die Sprache eines Staates
sein, dessen Angelegenheit in den Händen der Lombard's
und Haugwitze lag! am wenigsten, als sogleich die Nach=
richt eintraf, zu Preßburg sei der Friede zwischen Frankreich
und Oesterreich geschlossen, in Folge dessen das Haus
Lothringen alles, und noch mehr abtreten mußte, was
es durch die Verträge von Campo Formio und Lüne=
ville, als Entschädigung für den Verlust der Nieder=
lande, Toscana's und der Lombardei erhalten sollte.
Sogar Tyrol wurde ihm genommen, und mit anderen
Gebieten an Baiern gegeben, auch Baden und Würtem=
berg war mit einem Theil des Raubes begnadigt. Nun

---

[1]) Gentz a. a. O. p. 228.

sollte Preußen, durch die Annahme von Hannover,
sich auf dieselbe Stufe mit diesen vaterlandsverräthe=
rischen Fürsten stellen! Napoleon war Herr und Meister
in Deutschland. Nach Belieben schaltete er mit den
Landschaften des heiligen Römischen Reiches. Es ist
sehr glaublich, daß Haugwitz, wie er versichert, dem
Könige anheimgestellt hat, den Schönbrunner Vertrag
zu verwerfen und ihn selbst zu entlassen. Allein dazu
kam es nicht. Weder verwarf man den Vertrag, noch
nahm man ihn unbedingt an, sondern erklärte, die Be=
stimmung desselben nur unter gewissen Bedingungen
genehmigen zu wollen, welche Napoleon, so verkündete
Haugwitz, sich gefallen lassen würde, wenn man ihn,
den Grafen Haugwitz, nach Paris schickte, um dem
Kaiser „den er um den Finger wickeln könne“ die Sache
in angemessenster Weise vorzustellen. Darauf ging man
ein. Der König von Preußen erklärte, Hannover vor
erfolgter Einwilligung Georg's III. nicht in Besitz, son=
dern nur vorläufig in militairische Verwahrung nehmen
zu wollen, bis ein künftiger Frieden ihm das Eigen=
thumsrecht davon zuspreche; auch müßte zur Abrun=
dung dieser Erwerbung noch Hamburg, Lübeck und
Bremen hinzugefügt, dem Herzog von Braunschweig
die Kurwürde ertheilt, und das Bündniß mit Frankreich
dahin beschränkt werden, daß es kein Schutz= und
Trutzbündniß, sondern eine einfache Freundschafts=
verbindung sei.

Wahrlich, es gehörte ein hoher Grad von Verblen=
dung dazu, um sich einzubilden, Napoleon werde sich
seine Vorschläge so ohne Weiteres auf den Kopf stellen
laffen! — und doch lebte der Berliner Hof dieses
Glaubens.

Es ist nicht unwahrscheinlich, daß Napoleon dieses
gute Zutrauen auf seine Gefügigkeit absichtlich bestärkte,
um Preußen in vollständige Sicherheit einzuwiegen;
denn als man ihm vorläufig von der nur bedingungs=
weise erfolgten Ratification Mittheilung machte, schwieg
er darüber, und ertheilte auch seinem Gesandten Laforest
in Berlin keine Anweisungen. Man ging nun daselbst
mit unbegreiflicher Sicherheit immer weiter. Am
27. Januar 1806 wurde bekannt gemacht, daß Preußen
unter Napoleon's Zustimmung, Hannover einstweilen
in Administration und Verwahrung nehme. Wenige
Tage darauf rückten Preußische Truppen in das Land;
der dirigirende Minister, Graf Münster, trat unter
Protest zurück. In Berlin war man so fest davon
überzeugt, es sei nun alles in bester Ordnung, daß man
die, in Folge des Potsdamer Vertrages mobil gemach=
ten Truppen wieder auf den Friedensfuß setzte. Am
26. Januar machte der Minister Hardenberg der Ber=
liner Kaufmannschaft bekannt, es sei mit Frankreich der
Frieden hergestellt, man könne ohne Besorgniß fortan
jetzt in gewöhnlicher völkerrechtlicher Weise mit fremden

Ländern Handel treiben [1]). Haugwitz hatte sich in=
zwischen nach Paris begeben; aber wie groß war seine
Enttäuschung, als er bei der ersten Audienz, die er nach
längerem Warten am 6. Februar erhielt, von Napoleon
sofort mit den heftigsten Vorwürfen überschattet wurde.
„Preußen hat kein Recht," rief der Kaiser „etwas zu
vollziehen, was noch nicht ratificirt ist. Die Akten die
Sie mir überbringen, nehme ich nicht an. Will Preu=
ßen jetzt Hannover behalten, so soll es theuer dafür
bezahlen. Ihr König weiß nicht was er will. Einige
Unbesonnene drängen ihn zum Kriege. Ich sage Ihnen,
das wird nicht gut enden! [2])"

Den Schönbrunner Vertrag erklärte Napoleon jetzt
für aufgehoben und wirkungslos. Haugwitz wurde,
ganz in ähnlicher Weise wie kurz vorher in Wien, durch
Drohungen, die mit persönlichen Schmeicheleien unter=
mischt waren, dahin gebracht, am 15. Februar 1806
einen neuen Vertrag zu unterzeichnen, der wie man sich
denken kann, nicht zu Gunsten von Preußen abgeändert
war. Von einer Entschädigung für Anspach war nicht
mehr die Rede; Preußen mußte seine Cleveschen Be=
sitzungen an das eben errichtete Großherzogthum Berg
abtreten, welches Murat erhielt. Als neue, verderb=

---

1) Politisches Journal von 1806. p. 130.
2) Le Febvre II. 246.

lichſte Laſt wurde die Verpflichtung auferlegt, bis zum
Frieden alle Häfen des Königreichs, ſo wie die Flußmündungen der Ems, Elbe und Weſer den Engländern
zu verſperren.   Weigere man die unbedingte Annahme
dieſes neuen Vertrages, ſo ſollten die 45,000 Mann,
die unter Marſchall Augereau noch in Deutſchland ſtanden, ſofort in Preußen einmarſchiren.   Mit beleidigender Eile griff man der Zuſtimmung des Königs vor,
indem Bernadotte Anspach im Namen von Baiern
beſetzte, und die Preußiſche Beſatzung von Weſel
gezwungen wurde, die Feſtung ſo unvorbereiteter Weiſe
zu räumen, daß alle Kriegsvorräthe den nachrückenden
Franzoſen in die Hände fielen.   Allein, da man bereits
ſo voreilig die Armee auf den Friedensfuß geſetzt hatte,
war an Widerſtand nicht zu denken.   Am 9. März
unterzeichnete der König den Pariſer Vertrag ohne jeg-
liche Abänderung.   Wohl durften die Franzoſen nach
ſolcher Demüthigung erklären: Der Nachfolger Friedrich des Großen ſei nunmehr auf die beſcheidene Stufe
eines Kurfürſten von Brandenburg hinabgeſunken! —
Seitdem ſtand in der Seele des Imperators der Entſchluß feſt, den Preußiſchen Staat, deſſen zweideutige
Politik er vielmehr böſem Willen als ſchwacher Uneut-
ſchloſſenheit zuſchrieb, auf's tiefſte zu erniedrigen, wo
nicht gänzlich zu vernichten.   Wie Tiberius einſt beſon-
dereu Reiz darin faud, gerade die Söhne der edelſten

alten römischen Geschlechter in Schmach und Schande zu bringen, so schmeichelte es dem Rachegefühl Napoleons, einen Staat mit Füßen zu treten, der vor kaum einem halben Jahrhundert den Französischen Heeren so schmachvolle Niederlagen bereitet hatte!

Für den Augenblick wurde Preußens Bedrängniß dadurch auf's Höchste gesteigert, daß England sich natürlich die Besetzung Hannovers nicht ruhig gefallen ließ. Eine Denkschrift, die das Berliner Cabinet, gleichsam zu seiner Entschuldigung nach London gesandt hatte, machte daselbst den allerschlechtesten Eindruck. Auf die in derselben enthaltenen Worte: Preußen habe die von Seiner Französischen Majestät eroberten Deutschen Provinzen des Kurhauses Braunschweig erworben, erwiderte Georg III., daß nichts in der Welt ihn bewegen würde, auf seine Erblande zu verzichten. Der Hannöversche Gesandte wurde aus Berlin abberufen, und die Sperrung der Flußmündungen erwiderte England thatsächlich, durch Wegnahme vieler Hunderte Preußischer Handelsschiffe und durch Ausstellung von Kaperbriefen. In einem Manifest am 20. April wurde das Verfahren des Königs von Preußen als Verletzung der heiligsten Grundsätze der Ehre und Redlichkeit bezeichnet, auf denen die Sicherheit jeder bürgerlichen Gesellschaft beruhe. Da blieb denn, von dem mächtigen Bundesgenossen bedrängt, dem Preußischen Ca-

binette nichts übrig, als England den Krieg zu erkären
(11. Juni 1806). Aber was wollte das bedeuten, von
Seiten eines Staates, dem kein einziges Kriegsschiff zu
Gebote stand! Es war, wie Häusser treffend bemerkt,
ein Krieg, den Preußen nicht führen konnte, den es nur
zu leiden hatte. Mußte man sich doch gefallen lassen,
daß nun auch der König von Schweden die Ostseehäfen
in Blokadezustand erklärte und Preußische Schiffe weg=
nehmen ließ. Leicht hätte man dafür an Schwedisch=
Pommern Rache nehmen können, doch die Furcht vor
Rußland, Schwedens Verbündeten, hielt die tief
daniedergedrückte Preußische Regierung davon ab, die
Beleidigung des ohnmächtigen Schwedischen Monarchen
gebührend zurückzuweisen. Eine solche Unfähigkeit des
Widerstandes gegen die schwächsten Beleidiger mußte
natürlich Napoleons Rücksichtslosigkeit noch erhöhen.
Er hatte einen besonderen Haß auf Hardenberg gewor=
fen, in welchem sein Scharfblick schon längst denjenigen
unter des Königs Ministern erkannt hatte, welcher das
Gefühl für Preußens wahre Ehre noch am lebendigsten
in sich wach erhielt. Diesen Mann überschüttete er deshalb
mit maßlosen Schmähungen und Verleumdungen; er
warf ihm vor im Englischen Solde zu stehen, und ließ
im Moniteur unter Verfälschung des wahren Wort=
lautes Schriftstücke Hardenberg's abdrucken. Derselbe
vertheidigte sich muthvoll durch Veröffentlichung des

wirklichen Sachverhaltes [1]). Dessenungeachtet hielt der König es für gerathen, den Zorn seines allmächtigen Bundesgenossen nicht zu reizen, und Hardenberg wurde auf unbestimmte Zeit beurlaubt.

Bei so viel Schmählichem, was man erdulden mußte, klammerte man sich an den Trost, daß wenigstens der Umfang des Staates durch die Erwerbung von Hannover gewonnen habe; und dennoch war auch das nur ein geringer Ersatz für den tödtlichen Schlag, welcher den Preußischen Handel und die Gewerbthätigkeit des Landes in Folge der Englischen Kriegserklärung getroffen hatte. Nun sollte auch jener letzte Trost verbittert werden.

Napoleon hatte durch den nach Pitt's Tode in England erfolgten Ministerwechsel Hoffnung erhalten, mit dieser Macht Frieden zu schließen, und gar bald verbreitete sich in Berlin das Gerücht, daß ein so erwünschtes Ergebniß mit der Rückgabe von Hannover erkauft werden sollte, wo man dann in Paris die Absicht hatte, Preußen dafür anderweit, etwa durch Hessenkassel'sche Landestheile, zu entschädigen. Nicht genug damit, wurde noch gleichzeitig von Lucchesini gemeldet, es seien auch die Preußisch=Polnischen Provinzen dem Kaiser

---

1) Politisches Journal von 1806. p. 357. 434. Auch bei Schöll, hist. des traités VIII. 23. Häusser 676. Menzel 697.

Alexander angeboten worden, man spreche von der
Wiederherstellung des Königreichs Polen zu Gunsten
des Großfürsten Constantin, um durch solche Aussichten
Rußland zur Aussöhnung mit Frankreich geneigt zu
machen[1]). Und doch, was wollte selbst das Alles
bedeuten im Vergleich mit den Eigenmächtigkeiten, die
Napoleon sich gegen den Rest der noch fortbestehenden
gesammten Deutschen Reichsverfassung gestattete, indem
er, ohne Preußen zu fragen oder auch nur vorher in
Kenntniß zu setzen, seinen berüchtigten Rheinbund
stiftete.

Aus Gagern's Mittheilungen haben wir oben bereits
erfahren, daß er schon längst mit dem Plane umging,
das südwestliche Deutschland in vollständige Abhängig=
keit von Frankreich zu bringen. Bei den Bündnissen,
die er bereits mit Baiern, Würtemberg und Baden
geschlossen, war das jetzt ohne Schwierigkeit zu bewirken.
Noch überschwemmten seine Armeen, die in Folge des
Preßburger Friedens aus den Oesterreichischen Erb=
landen zurückgezogen waren, unter allerlei Vorwänden
die übrigen Deutschen Staaten und spielten daselbst die
Herren. Die durch Napoleons Gnade mit Königs=
kronen und Kurhüten geschmückten Monarchen suchten
sich für die Schmach des ihnen auferlegten Vasallen=
jochs durch schrankenloseste Ausübung der ihnen nach

---

[1]) Lombard's Memoiren 155.

Innen gelassenen Souverainität zu entschädigen. Die ritterschaftlichen und sonstigen reichsunmittelbaren Besitzungen wurden eingezogen und als landesherrliches Eigenthum behandelt, die alten Landesverfassungen für aufgehoben erklärt, weil Souverainität und ständische Einrichtungen mit einander unverträglich wären.

Bei alle dem hielt noch immer in Regensburg der Deutsche Reichstag seine Sitzungen, und wartete in Geduld, was Napoleon über das Schicksal des Gesammtvaterlandes beschließen würde. Dalberg, der Kurerzkanzler und Primas des Reiches, entblödete sich nicht, den Französischen Kaiser demüthig zu bitten, er möge „der Regenerator Deutschlands" werden! Nahm er doch, um diesem Mächtigen zu schmeicheln, den Oheim desselben, Cardinal Fesch, zum Coadjutor und Nachfolger an. Was half es, wenn der Kaiser und die Kurfürsten sich durch eine solche Maßregel auf's äußerste überrascht und gekränkt bezeigten; es war unabänderlich beschlossen, daß ein fremder, der Deutschen Sprache völlig unkundiger Mann, künftig als Erzkanzler die Kaiserwahlen leiten, und die Archive des Reiches übernehmen sollte, dessen Urkunden er nicht einmal lesen konnte [1]).

Doch dazu kam es nicht; denn es war beschlossene Sache, daß das Deutsche Reich auch nicht einmal dem Namen nach fortbestehen sollte. Ganz im Stillen hatte

---

[1]) Häußer 688.

Napoleon bereits am 17. Juli die Urkunde des Ver=
trages, der den Reichsverband zerriß, den Gesandten
der betreffenden Fürsten zur Unterschrift fertig vorgelegt.
Eine Berathung über den Inhalt gestattete er gar nicht,
sondern verlangte binnen 24 Stunden die Einwilligung,
welche auch von Allen bedingungslos ertheilt wurde.
Hatte er doch sogar bald nachher genug abzuwehren,
um alle die kleinen Herren loszuwerden, die sich zudring=
lich um Aufnahme in den schmählichen Bund bewarben,
als einziges Mittel, der ihnen sonst drohenden Media=
tisirung zu entgehen. In verstärktem Maße wieder=
holten sich bei diesem Anlaß die Bestechungskünste und
die wegwerfendsten Zeichen der Selbsterniedrigung,
deren sich die Deutschen Fürsten schon damals nicht
geschämt hatten, als es galt, irgend einen Antheil an der
Beute der verweltlichten geistlichen Güter zu erhaschen [1]).

So schnell wurde diese Sache abgewickelt, daß schon
am 1. August 1806 der Französische Gesandte dem
Reichstage die fertige Akte des Rheinbundes übergeben
konnte. Der Inhalt derselben besagte im Wesentlichen
Folgendes: Die Könige von Baiern und Würtemberg,
die souverainen Fürsten von Regensburg, Baden, Hessen=
Darmstadt, Nassau, und andere größere Fürsten des

---

[1]) Einen Einblick in die dunklen Gänge, auf denen man sich
nicht schämte zu wandeln, gewährt Gagern's Antheil an der Politik
I. 160 ff.

südwestlichen Deutschlands hätten den Entschluß gefaßt,
unter einander einen Bund zu bilden, um sich gegen
die Ungewißheit der Zukunft sicher zu stellen. Sie hät=
ten deshalb aufgehört, Glieder des Deutschen Reiches
zu sein. Frankreich, an der Aufrechthaltung des Frie=
dens wesentlich betheiligt, habe sich verpflichtet gefühlt,
für die Wohlfahrt seiner Verbündeten zu sorgen. Nach
den durch die drei Coalitionen herbeigeführten Ereig=
nissen könne der Kaiser Napoleon das Deutsche Reich
als solches nicht mehr anerkennen, doch werde er mit
den einzelnen, jetzt souverainen Fürsten auf demselben
Fuße wie mit den anderen Europäischen Mächten ver=
handeln. Lediglich in friedlichen Absichten habe er den
Titel „Protector des Rheinbundes" angenommen, um
beständig zwischen den Stärkeren und Schwächeren
Ruhe und Eintracht zu vermitteln.

Uebereinstimmend hiermit erklärten die betreffenden
Fürsten am nämlichen Tage, sich ihrer bisherigen Ver=
pflichtungen gegen das Reich los und ledig. Sie hät=
ten zwar den leeren Schein einer erloschenen Verfassung
beibehalten können, hielten es aber ihrer Würde und
der Reinheit ihrer Absichten angemessener, eine
offene und freie Erklärung ihres Entschlusses abzugeben.

Die eigentliche Conföderations=Akte erklärte alle
bisherigen Reichsgesetze für kraftlos und nichtig. Eine
Bundesversammlung in Frankfurt sollte über die Strei=
tigkeiten der Mitglieder entscheiden. Der Primas, Dal=

berg, erhielt diese Stadt als Eigenthum. Nach seinem Ableben ernennt Napoleon, als Protector, seinen Nach=folger. Die Hauptsache aber, auf die es besonders abgesehen war, bestand darin, daß alle Mitglieder in beständiger Allianz mit Frankreich bleiben, und jeden Continentalkrieg als dessen Bundesgenossen mit auszu=fechten hätten. Die Contingente waren ein für alle Mal im Voraus bestimmt. Frankreich hatte 200,000 Mann, Baiern 20,000, Würtemberg 12,000, Baden 8000, Berg 5000, Darmstadt 4000, Nassau, Hohen=zollern und verschiedene kleinere Fürsten zusammen 4000 Mann zu stellen.

Kaum waren diese Urkunden nach Wien gelangt, als Kaiser Franz den einzigen Schritt that, der ihm unter diesen Umständigen übrig blieb. Er erklärte am 6. August 1806 das Band, welches ihn bisher an den Deutschen Reichskörper geknüpft, für aufgelöst; und indem er die Kaiserkrone niederlegte, entband er alle Fürsten und Stände des ihm geleisteten Eides, sprach aber zugleich auch seine Deutschen Provinzen aller dieser Verflichtungen ledig, um sie im Verein mit seinen son=stigen Ländern fortan als Kaiser von Oesterreich zu beherrschen [1]).

In Preußen war bereits seit länger als 50 Jahren

---

[1]) Die Urkunden sind abgedruckt u. A. im Corpus juris Con=foederatonis Germanicae von G. von Meyer. Frankfurt 1822.

der Zusammenhang mit dem Reiche so gelockert und
von den Staatsangehörigen so wenig empfunden, daß
das Ereigniß daselbst fast spurlos vorüberging. Man
empfing die Nachricht gleichsam wie die Todesbotschaft
von Einem, den man längst zu den Abgeschiedenen
gezählt. Dessenungeachtet empfand man die neue Be=
leidigung, die darin lag, daß alles dies abgemacht wor=
den, ohne sich um Preußen zu kümmern oder dessen
Zustimmung einzuholen. Die Kriegspartei nahm auch
davon Anlaß, sich täglich lauter und dringender bemerk=
lich zu machen. Von allen Seiten stürmte man auf
den König ein, um ihn aus einer Thatenlosigkeit zu
reißen, welche den Staat um jedes Ansehen in Deutsch=
land und in Europa gebracht. Einstimmig war man
überzeugt, daß die Charakterlosigkeit der Personen,
welche das Cabinet bildeten und mit denen der Monarch
fast ausschließlich sich berieth, die Hauptschuld an dem
Verderben trugen. Am eindringlichsten ließ sich in die=
sem Sinne ein Mann vernehmen, von dem wir künftig
noch viel und ausführlich zu berichten haben werden.
Nach dem 1804 erfolgten Tode des verdienstvollen
Ministers Struensee war der Freiherr v. Stein, bis
dahin Oberpräsident von Westphalen, im Dezember
jenes Jahres an dessen Stelle berufen. Nur ungern
und zögernd nahm er die ihm zugedachte Ehre an, und
widmete seine Talente und seine unermüdliche Arbeits=
kraft den materiellen Interessen des Staates, die seiner

Sorge anvertraut waren.   Politischen Einfluß hatte
der König ihm nicht zugedacht, auch jeden persönlichen
Verkehr mit dem geraden, gewaltsam auf sein jedes=
maliges Ziel losgehenden Mann, so viel wie möglich
vermieden.

Dessenungeachtet fühlte sich Stein in der Zeit, in wel=
cher durch die Kriegserklärung an England der Handel
Preußens tödtlich getroffen wurde, vermöge seines Amts=
eides verpflichtet, dem Könige die Ueberzeugung auszu=
sprechen, daß das Verderben, dem der Staat entgegen=
eile, nur durch eine Aenderung der Cabinetsregierung
abgewendet oder aufgehalten werden könnte.   Er ent=
warf zu dem Ende einen Aufsatz, den er, da sich Nie=
mand finden wollte, der die Ueberreichung desselben
wagte, in die Hände der Königin legte, welche das
Schriftstück ihrem Gemahl übergab.   In stärkeren
Worten ist wohl niemals einem Fürsten das Verderb=
liche seiner gesammten Regierungsweise vorgehalten
worden [1]).   Stein wies zuvörderst die Verkehrtheit der
ganzen Cabinetseinrichtung nach, welche den Monarchen
in vollständiger Abgeschiedenheit von seinen Ministern
hatte, die nur durch den Mund der Cabinetsräthe ihre
Mittheilungen an den Thron gelangen lassen können.
Diese Cabinetsbehörde entbehre jeder Verfassung, jeder
Verantwortlichkeit, jeder Verbindung mit den Verwal=

---

[1]) Stein's Leben von Pertz, I. 330 ff.

tungsbehörden und jeder Theilnahme an der Ausfüh=
rung der königlichen Befehle. Diese in der ganzen
Einrichtung des Cabinets liegenden Mängel würden
doppelt unheilvoll durch die Persönlichkeiten, aus denen
dasselbe zusammengesetzt wäre. Beyme sei zwar von
Hause aus ein achtungswerther Mann gewesen, ent=
behre aber jeder Kenntniß der inneren Staatswirth=
schaft. Er sei übermüthig und absprechend, und das
Verhältniß mit der Lombard'schen Familie habe seine
Sittenreinheit untergraben und ihn träge gemacht.
„Lombard ist," so fährt Stein fort, „ein physisch und
moralisch gelähmter und abgestumpfter Mensch, der sich
stets nur mit frivolen Dingen beschäftigt. Durch seinen
Umgang mit den Maitressen des vorigen Königs ist sein
moralisches Gefühl erstickt, und er vollkommen gleich=
giltig gegen das Gute und Böse geworden. In die
Hände dieses Polisson sind die diplomatischen Verhält=
nisse unseres Staates in einer Zeit gelegt, die in der
Geschichte nicht ihres Gleichen hat. Der Minister
Haugwitz, der dem Cabinet am nächsten steht, ist ein
Mensch, dessen Leben eine ununterbrochene Folge von
Verschrobenheiten und Verderbniß darstellt. Auch Er
nahm an den Gelagen der Lichtenau Theil, verstrickte
sich in alle Thorheiten und Betrügereien dieser Clique,
und ist gebrandmarkt mit dem Namen eines listigen
Verräthers seiner täglichen Gesellschafterin; — ein
Mann ohne Wahrhaftigkeit, und ein abgestumpfter

Wüstling. Die Folge einer von solchen Personen geleiteten Cabinetsregierung ist das Mißvergnügen aller
Unterthanen, und Abänderung unumgänglich geboten."
Es folgen neue Vorschläge zu Verbesserungen, die wir
übergehen, weil sie in keinem Stücke befolgt wurden.
Der Aufsatz schließt mit den Worten: Wer die Geschichte
der Auflösung Venedigs, des Falles der Französischen
und Sardinischen Monarchie liest, der wird in den von
mir geschilderten Thatsachen Gründe finden zur Rechtfertigung der schlimmsten Erwartungen. — Der König
antwortete auf diese Darlegung gar nichts. Die inhalt-
schweren Worte verhallten wie die Stimme eines Pre-
digers in der Wüste.

Aber in immer weitere Kreise verbreitete sich die
Unzufriedenheit und die Ueberzeugung, es müsse etwas
geschehen, um den Staat zu retten. Im August 1806
verbanden sich die nächsten Agnaten des königlichen
Hauses mit einigen hochgestellten Staatsbeamten, und
ließen durch Johannes Müller eine Denkschrift aus-
arbeiten, welche den König zur Aenderung seiner bisherigen Politik aufforderte. Unterzeichnet waren die
Brüder des Königs selbst, die Prinzen Heinrich und
Wilhelm, ferner der Prinz von Oranien, Prinz Louis
Ferdinand, die Generale von Rüchel und Phuhl, und
der Minister Stein. Unter Vermittelung des Herzogs
von Braunschweig wurde das Schriftstück dem König
am 2. September überreicht, hatte aber keine weitere

Folge, als daß den unberufenen Verfaſſern die Aller=
höchſte Mißbilligung zu erkennen gegeben wurde. Es
lag in dem Charakter des Königs, daß er durch ſolche
Verſuche eher verhärtet als erweicht wurde.

Auch unter dem größeren Publikum erhoben ſich
überall laute Ausbrüche der Unzufriedenheit. Der
ſpäter vielgenannte Maſſenbach, und Heinrich v. Bülow,
Bruder deß berühmten Bülow von Dennewitz, beſchäf=
tigten ſich mit Aufdeckung der Mängel im Heeresweſen,
und mit Vorſchlägen zur Verbeſſerung deſſelben, allein
ſie ernteten wenig Dank[1]). In begeiſterten Schriften

---

[1]) Bülow, der allerdings in ſehr vorlauter und zudringlicher
Weiſe ſich vernehmen ließ, ſollte für verrückt erklärt werden. Auf
Rußlands und Oeſterreichs Andringen, die ſich durch ſeine Schilde=
rung des Feldzuges von 1805 beleidigt fühlten, ſetzte man ihn in's
Gefängniß, wo er 1806 ſtarb. Seine Lebensbeſchreibung erſchien
1807 in Köln von einem Ungenannten. Maſſenbach, der als
Obriſt und Generalquartiermeiſter bei Jena mitfocht, und ſich
nach der Schlacht ſehr kopflos benahm, hatte in ſeinen Denk=
würdigkeiten (5 Bände) ſich als Mann von Geiſt und Beobach=
tungsgabe bewieſen. Später ließ er ſich durch die Noth ſeiner
äußeren Verhältniſſe zu unwürdigen Schritten verleiten, und
wurde wegen Majeſtätsbeleidigung zum Tode verurtheilt, aber zu
lebenslänglichem Feſtungsarreſt begnadigt. Seine Freilaſſung
erfolgte erſt 1826 unter ſehr merkwürdigen Umſtänden. Friedrich
Wilhelm III. lag in Folge eines Beinbruchs von Schmerzen
geplagt danieder. In einer ſchlafloſen Nacht beſchloß er, ſeinem
ärgſten Feinde zu vergeben. Er erinnerte ſich Maſſenbach's, dem
er vorwarf, derſelbe habe ihm die Liebe ſeiner Unterthanen durch
Verleumdungen entziehen wollen. Eigenhändig ſchrieb er, ohne
jemandem etwas davon zu ſagen, den Befehl zur Freilaſſung des
Gefangenen. Eylert, Charakterzüge I. 246.

streute der biedere Ernst Moritz Arndt gegen Napoleon den Samen des Hasses aus, der später so reiche Früchte getragen, und gab die Fürsten, welche sich zu Dienern und Schergen der Fremdherrschaft gemacht, in den stärksten Ausdrücken der allgemeinen Verachtung preis [1]). „Als Knechte und Sclaven,“ rief er ihnen zu, „steht Ihr neben dem fremden Unterdrücker, als Sclaven habt Ihr Eure Nation geschändet! Aber der Tag der Rache wird kommen, schnell und unvermeidlich! und ohne Thränen wird das Volk die unwürdigen Enkel besserer Väter vergehen sehen!“

Mit engherzigster Furcht suchte die Regierung solche Aeußerungen zu unterdrücken. Die Censoren machten die gewaltigsten und zugleich die albernsten Anstrengungen. In einer Schrift über Russische Zustände war gesagt: Die Kosacken reiten auf schlechten Pferden. Der Censor strich das Wort schlechten, so daß es nur hieß: Die Kosacken reiten auf Pferden [2]). Trotz alle dem drang die Ueberzeugung von der Fehlerhaftigkeit der Staatseinrichtungen immer tiefer in das Volk. Man fing an einzusehn, daß auch die viel bewunderte

---

[1]) Besonderes Aufsehen machte die Flugschrift: Geist der Zeit. Auch Arndt hat schlechten Dank geerntet. Er wurde der „Demagogie“ verdächtigt, 1820 suspendirt, und erst beim Regierungsantritt Friedrich Wilhelm's IV. seiner Lehrthätigkeit in Bonn zurückgegeben.

[2]) Menzel 721.

Armee leider nicht in dem trefflichen Zustande war, wie man sich einbildete. Bekleidung und Verpflegung der Soldaten waren knapp und unzureichend; die Gemeinen mit unnützem Gepäck auf dem Marsche überladen. Die Leute selbst durch Prügel und unerträglichen Kamaschendienst um alles Ehrgefühl gebracht. Die höheren Officiere meist alt und verbraucht, die Jüngeren voll Uebermuth und Dünkel, ohne durch eigene Thaten dazu berechtigt zu sein. Augenzeugen können nicht stark genug den widerlichen Eindruck schildern, den die eben aus den Cadettenhäusern entlassenen Lieutenants auf jeden besonnenen Mann hervorbrachten. Ihre Prahlereien, ihre rohe Gewaltthätigkeit, die sie meist straflos gegen den Bürger ausübten, war grenzenlos. In den kleinen Garnisonstädten durften anständige Damen sich nicht auf der Straße sehen lassen, ohne von diesen Bürschchen insultirt zu werden. Dabei war in den Heereseinrichtungen das Wesentlichste vernachlässigt. Die Festungen im schlechtesten Zustande, von alten invaliden Commandanten bewacht. Die Uebergänge über die Elbe standen dem Feinde offen, nach einer unglücklichen Schlacht konnte er ungehindert in die Hauptstadt gelangen, wo man mit unbegreiflicher Sorglosigkeit die ganze Masse des unschätzbarsten Kriegsmaterials ohne Schutz zurücklassen mußte, wenn es zum Ausmarsch kam. Wer auf diese handgreiflichen Uebelstände aufmerksam zu machen wagte, erhielt zur Antwort: Wozu brauchen wir Festungen? Unsere Festung ist die Armee, hinter deren unangreifbaren Reihen wir dem Feinde Trotz bieten[1]).

Symbolisch für die Gesammtheit dieser Verkehrtheiten, hat sich im Gedächtniß des Volkes die Art und Weise erhalten, wie die Gensd'armerieofficiere in Berlin ihre Säbel, mit denen sie die Franzosen zusammenhauen wollten, auf den Thürschwellen wetzten. Ebenso das Wort des General von Rüchel: „Feldherrn wie der General Bonaparte hat die Preußische Armee viele aufzuweisen!" Eylert erzählt[2]), er habe beim Ausmarsch einen Obristen sagen hören: es thue ihm leid, daß man der Heldenarmee Friedrich des Großen im Kampfe mit den Franzosen Degen, Gewehre und Kanonen gebe. Knüppel würden hinreichen, die Hunde zurückzuschlagen! So wurden denn alle, von den verschiedensten Seiten eingehenden Mahnungen zur Abstellung der gröbsten Uebelstände mit Hochmuth zurückgewiesen.

Der König allein scheint die Kräfte des Staates nicht überschätzt zu haben. Trübe Ahnungen erfüllten ihn, und bis zum letzten Augenblicke hätte er gern dem Andringen seiner kriegslustigen Umgebungen Widerstand geleistet. Aber auch Er wurde von dem überfluthenden

---

[1]) Lombard, matériaux p. 167.
[2]) a. a. O. I. 225.

Strome der aufbrausenden öffentlichen Meinung mit fortgerissen.

Noch sollte ihm, bevor die Katastrophe hereinbrach, einen Augenblick lang die Sonne der Hoffnung leuchten. Das Ministerium Fox hatte, wie wir hörten, im Juni 1806 Friedensunterhandlungen mit Frankreich ange= knüpft. Allerdings forderten die Engländer als erste Bedingung die Rückgabe von Hannover. Auf Napo= leon's Befehl erklärte Talleyrand, das würde keine große Schwierigkeiten machen. Da gleichzeitig auch mit Rußland Unterhandlungen angeknüpft waren, so konnte man sich der Hoffnung auf einen allgemeinen Frieden hingeben. Um nun Preußen zur Abtretung des ihm eben erst eingeräumten Kurfürstenthums zu bewegen, zeigte sich Napoleon besonders freundlich gegen diesen bisher so verächtlich behandelten Staat. Er ließ an= deuten, es würde ihm nicht zuwider sein, wenn Preußen sich an die Spitze eines norddeutschen Bundes stellte, der die, nicht zum Rheinbunde getretenen Staaten um= faßte, und in welchem es einen dem erloschenen Kaiser= thum entsprechenden Rang behaupten könnte. Mit Freuden ging man in Berlin auf solche Andeutungen ein, und machte allerhand Pläne, wie das im Einzelnen durchzuführen wäre. Wenn man die deßhalb mit Hessen=Cassel und Sachsen angeknüpften Unterhand= lungen liest, glaubt man zuweilen, es handle sich nicht um 1806 sondern um 1866! Auf einem Congresse in

Dessau wollte man sich schließlich einigen; jedoch bevor es dazu kam, fielen die letzten Tropfen der Schmach in das volle Gefäß, und ließen es überströmen.

Am 28. Juli traf die Nachricht ein, Bernadotte habe Nürnberg für Baiern in Besitz genommen und nähere sich mit seinem Corps der Preußischen Grenze, während gleichzeitig zahlreiche Französische Truppen im Großherzogthum Berg sich versammelten. Durch ein Decret von demselben Tage wurde die Festung Wesel zum Französischen Reiche geschlagen; man sprach davon, daß Napoleon im Begriff stehe, noch andere Stücke vom Preußischen Staate loszureißen und seinen Verbündeten zu übergeben. Die Friedens= unterhandlungen mit England hatten sich nämlich aus Gründen, die zu entwickeln uns hier nicht obliegt, völlig zerschlagen.

Am 9. August verließ der Englische Bevollmächtigte Paris und ging nach London zurück. Gleichzeitig erfuhr man jetzt durch Lucchesini, der noch immer Preußischer Gesandter bei Napoleon war, mit amtlicher Gewißheit, was bisher nur als dunkles Gerücht gegol= ten, daß Napoleon in der That beim Beginn der Unter= handlungen Hannover den Engländern angeboten und die Absicht ausgesprochen hätte, Preußen durch andere Landgebiete, vielleicht in Hessen=Cassel, zu entschädigen. Obgleich nun diese Nachricht sich auf Verhältnisse bezog, die jetzt, nach Abbruch der Englischen Verhandlungen, keine thatsächlichen Folgen mehr hatten, so erschöpfte doch die Art und Weise, wie Napoleon dem Preußischen Staat willkürlich Provinzen zu nehmen und zu geben gedachte, endlich des Königs Geduld. Sogar Lombard und Haugwitz traten jetzt zur Kriegspartei über, weil sie sich überzeugt hatten, daß ihre Friedenspolitik nur unter der Bedingung noch einige Zeitlang aufrecht zu erhalten wäre, wenn man sich entschlösse, jede Aeuße= rung der täglich lauter werdenden öffentlichen Meinung mit eiserner Strenge zu unterdrücken, was bei der mil= den Gesinnung des Königs nicht durchzusetzen war [1]).

Eine Gewaltthat ohne Gleichen, die in diesen Tagen bekannt wurde, steigerte die allgemeine Erbitterung zu solcher Höhe, daß fortan Niemand mehr den nahen Ausbruch des Krieges bezweifelte. Durch seine Spione hatte Napoleon von den aufregenden Schriften Kunde bekommen, die in Deutschland gegen ihn verbreitet wurden. Er befahl, wie bei solchen Gelegenheiten seine Art war, ein abschreckendes Beispiel zu statuiren, wo es ihm dann nicht darauf ankam, ob der Unglückliche, den es gerade traf, schuldig oder unschuldig war. Ein Menschenleben mehr oder weniger hatte in seinen Augen überhaupt keine Bedeutung. Diesmal traf seine Rache in der That einen Unschuldigen, den Nürnberger Buch= händler Palm, dem weiter nichts zur Last fiel, als daß

---

[1] Lombard materiaux. 166.

er eine Flugschrift: „Deutschland in seiner tiefsten Er=
niedrigung," die er weder verlegt, noch gedruckt, ja
vielleicht nicht einmal gelesen, in einem Bücherballen
an andere Buchhändler versendet hatte.   General Ber=
thier ließ ihn verhaften, nach der Festung Braunau
abführen und daselbst durch ein Kriegsgericht zum Tode
verurtheilen, worauf er am 26. August erschossen wurde.
Die dazu commandirten Soldaten feuerten so unge=
schickt, daß eine dreimalige Salve nöthig war, um den
Unglücklichen zu tödten.   Der Ingrimm, den die Nach=
richt von dieser Grausamkeit erregte, war um so größer,
weil jede öffentliche Aeußerung desselben aus Furcht vor
den Franzosen unterdrückt werden mußte.

So häufte sich der Zündstoff von allen Seiten bis
zum Zersprengen.   Der König gab seinen Widerstand
gegen die öffentliche Meinung auf, und befahl am
9. August 1806 die Mobilmachung der Armee. Preußen
mußte nunmehr allein in den Kampf treten, den es im
vergangenen Jahre unter viel günstigeren Bedingungen
in Gemeinschaft mit Rußland und Oesterreich hätte
beginnen können.

Noch einmal, im letzten Augenblicke wandte sich
Friedrich Wilhelm III. nach Wien um Beistand.   Er
betheuerte bei seinem königlichen Worte, daß er den
Krieg, den er zu unternehmen im Begriff stehe, so lange
fortsetzen werde, bis Deutschland von den Franzosen

geräumt, und gegen künftige Angriffe derselben gesichert
wäre. Dazu erbat er Oesterreichs Mitwirkung.

Es war zu spät. Kaiser Franz hatte nach dem
Preßburger Frieden erkannt, daß eine ganz neue Organisation seiner Staaten nothwendig wäre, um die Ver-
·luste, die das Jahr 1805 gebracht, allmählich zu ersetzen
und sich auf einen künftigen Krieg vorzubereiten. Graf
Stadion, ein Mann von edelster, reinster Gesinnung,
hatte die Leitung der Geschäfte übernommen und wirkte
nach allen Seiten belebend und bessernd auf die Staatseinrichtungen. Wohl sah er ein, daß Deutschland,
ja daß Europa fallen müßte, wenn Preußen unter-
läge, aber der Zustand der Oesterreichischen Finanzen
machte es dem Wiener Hofe unmöglich, für jetzt aus
der Neutralität herauszutreten. Die Armee war noch
nicht schlagfertig. Stadion mußte sich als Erwiderung
bei dem Hilferuf des Preußischen Gesandten auf den
Ausruf beschränken: „Warum habt Ihr im vorigen
Jahre nicht schon dieselbe Sprache geführt wie jetzt!"
— Von Oesterreich war für den Augenblick nichts
zu hoffen.

Auch mit England knüpfte man Unterhandlungen
an, welche, nachdem die Mobilmachung erfolgt war,
nicht ungünstig aufgenommen wurden. Allein der Bevollmächtigte, Lord Morpeth, welcher unter gewissen
Bedingungen mit Preußen Frieden und Freundschaft

schließen sollte, langte erst am 12. Oktober bei dem Könige an, als dieser sich bereits in seinem Haupt= quartier befand. Auch hier war es zu spät. Hilfe konnte nicht mehr rechtzeitig geleistet werden [1]).

Zu spät endlich wurde auch Rußlands Hilfe ange= rufen. Erst im September schickte man den General Krusemark nach Petersburg. Kaiser Alexander erklärte sich zwar sofort zu jeder Mitwirkung bereit; drei Armeen werde er, die eine nach Schlesien, eine zweite nach Galizien, die dritte nach Italien senden, und Nie= mandem gestatten neutral zu bleiben [2]); allein wie= viel Zeit mußte vergehen, bis diese Heere mit dem Preußischen zusammentreffen konnten!

So waren denn als einzige Bundesgenossen, auf die man noch allenfalls rechnen durfte, Hessen=Kassel und Sachsen übrig; doch knüpften auch diese beiden das Versprechen des Beistandes an so egoistische, klein=

---

[1]) Es scheint, daß bei dieser Gelegenheit Haugwitz an Zwei= deutigkeit und Hinterlist das äußerste geleistet hat, was ihm in seiner ganzen unglückseligen Laufbahn vorgeworfen werden kann. Er verzögerte die Audienz des Lord Morpeth beim Könige wahr= scheinlich in der Absicht, um bei günstigem Ausfall der erwarteten Schlacht, den Engländern Hannover vorzuenthalten, und sie auf anderweite Entschädigungen hinzuweisen. Vergleiche Sir Robert Adair, memoir of a mission to the court of Vienna. 1844. p. 477. — Durch diese Intriguen haben die Lenker der Preu= ßischen Politik gezeigt, wie sehr sie die von Stein gebrauchte Benennung „Polisson" verdienten.

[2]) Genz, mémoires et lettres. 269.

staatliche Bedingungen, daß nicht viel Erfreuliches zu
erwarten stand. Hessen wünschte Waldeck und Lippe
zu annectiren, Sachsen zeigte sogar Lust, einen eigenen
Sächsisch-Deutschen Bund unter seiner Aegide zu bilden; doch stießen zuletzt noch 20,000 Manu Sächsische
Truppen zu dem Preußischen Heere, während der Kurfürst von Hessen sich im letzten Augenblick noch für
neutral erklärte, mit der Absicht, sich es bei dem, der
zuletzt Sieger bleiben würde, zum Verdienst anzurech-
nen, daß er nicht gegen ihn gekämpft. Den gerechten
Lohn erntete der Kurfürst gar bald dadurch, daß er
unter den Deutschen Fürsten der erste wurde, auf den
Napoleon seinen Lieblingsspruch anwandte: „Er hat
aufgehört zu regieren!"

Als letzten Versuch, vor Ausbruch des Kampfes,
beliebte das Preußische Cabinet noch eine directe Sendung an Napoleon. Lucchesini, der sich in Paris unbe-
liebt gemacht, wurde abberufen. General Knobelsdorf
ging Anfangs September dorthin, um seine Stelle
einzunehmen. Bereits unterweges traf er auf gewaltige Französische Heeresmassen, die sich gegen die Säch-
sisch-Preußischen Grenzen in Bewegung setzten. Am
7. September hatte er bei Napoleon die erste Audienz.

Was man mit Knobelsdorf's Sendung eigentlich
bezweckte, ist nicht recht klar. Vielleicht galt es, Zeit
zu gewinnen, bis Rußlands Armee herbeikäme, vielleicht, und das ist das Wahrscheinlichere, hoffte Haug-

wiß auf irgend einen unberechenbaren Zwischenfall, der
den Krieg noch hinausschöbe.   Napoleon aber erklärte
unumwunden, er werde Preußen sofort mit überlegener
Macht angreifen, wenn dasselbe nicht ohne allen Ver=
zug entwaffne, für welchen Fall er auch jetzt noch bereit
sei, das alte Freundschaftsbündniß wiederherzustellen.
Seinem Gesandten La Forest in Berlin befahl er, die
Möglichkeit eines Ausgleichs durchblicken zu lassen und,
wenn die Nachricht vom Anmarsch der Franzosen ein=
träfe, sich unwissend zu stellen.   Die Oberleitung der
verschiedenen Corps, die, ähnlich wie 1805 an der
Donau, diesmal an der Saale zusammentreffen sollten,
hatte Berthier in München.   Auch die Hilfstruppen
der Rheinbündler fanden sich an den ihnen bezeichneten
Orten ein.   In Würzburg war das Französische Haupt=
quartier.   Am 28. September traf der Imperator
selbst in Mainz ein; am 3. Oktober war er in Würzburg.

In drei Abtheilungen sollte der Marsch nach Sach=
sen vor sich gehen.   Es mochten im Ganzen 200,000
Mann gegen Preußen in Bewegung sein, während
Preußen selbst nur etwa 130,000 Mann beisammen
hatte, zu denen noch 20,000 Sachsen kamen. — Daß
man in den östlichen Provinzen 30—40,000 Mann
auf Friedensfuß zurückgelassen, war ein unverzeihlicher
Fehler, und bewies wie wenig man die ganze Größe
der Entscheidung begriff, welche so unmittelbar bevor=
stand.

Bei Naumburg sammelte sich die Hauptarmee. Zu allen Mängeln der Ausrüstung, und der durch ihre Schwerfälligkeit stets gehinderten Magazinverpflegung, kam, als größtes Uebel, die Unsicherheit des Oberbefehls. Höchstcommandirender sollte der Herzog von Braunschweig sein, der, jetzt 71 Jahr alt, noch immer für einen Feldherrn ersten Ranges galt, obgleich die Erfahrungen in den neunziger Jahren diese Meinung längst hätten erschüttern sollen. Friedrich Wilhelm III. war von verschiedenen Seiten angegangen worden, selbst den Oberbefehl, wenigstens dem Namen nach, zu übernehmen, und sich im Einzelnen bei seinen tüchtigsten Generalen Raths zu erholen. Allein des Königs Bescheidenheit, und die geringe Meinung, die er selbst von seinem Feldherrntalent hegte, bewogen ihn dazu, ein solches Ansinnen zurückzuweisen. Am 25. September war er in Begleitung der Königin Louise nach Naumburg gekommen. Die ersten Eindrücke, welche das hohe Paar daselbst empfing, waren nicht erfreulicher Art. Der Herzog war mit keinem seiner Unterfeldherrn zufrieden, und hatte sowohl gegen Möllendorf, als gegen Hohenlohe, Rüchel und Kalkreuth die erheblichsten Ausstellungen zu machen; ja er erklärte, es wäre am besten, wenn der Frieden sich erhalten ließe, denn wie sollte man mit solchen Leuten gegen Napoleon Krieg führen!

Von der Verwirrung, die im Hauptquartiere

herrſchte, bekommt man einen Begriff durch die ebenſo
treue als geiſtvolle Schilderung eines Augenzeugen.
Genß nämlich war vom Oeſterreichiſchen Miniſterium
dahin abgeſandt, ohne beſtimmten Auftrag, um zu
beobachten und Bericht zu erſtatten, weil man ſich in
Wien noch immer nicht davon überzeugen konnte, daß
es mit den plötzlichen kriegeriſchen Entſchlüſſen Preußens nunmehr wirklicher Ernſt geworden ſei.   Er
wurde vom Könige und der Königin, ſo wie von allen
einflußreichen Perſonen mit größter Zuvorkommenheit
empfangen, und ſchrieb an jedem Tage ſeine Erleb-
niſſe, und den Lauf der Geſpräche mit den Miniſtern
und Generalen möglichſt wortgetreu wieder¹).   Als
Reſultat ergiebt ſich Einmal das allgemeinſte Mißtrauen
gegen die Befähigung des Oberfeldherrn, und zweitens
eine arge Täuſchung über die Tüchtigkeit der Armee,
namentlich der höheren Officiere, und über die Abſichten
der anderen Europäiſchen Mächte.   Am 5. Oktober
ſagte Haugwitz zu Genß: „Unſere Abſicht iſt, den Krieg
mit Nachdruck zu führen.   Stehen wir erſt dem Feinde
gegenüber, ſo werden im ſchlimmſten Falle auch ein
Paar verlorene Schlachten uns nicht zum Rückzuge
bewegen.   An Verbündeten wird es uns nicht fehlen.
Von Rußland haben wir Alles zu hoffen.   Mit Eng-

---

¹) Dieſes Franzöſiſch abgefaßte Tagebuch iſt zum erſten Male
vollſtändig abgedruckt in den memoires et lettres inedites.

land steht die Ausgleichung bevor, ein Unterhändler ist bereits auf dem Wege hieher." So voll Hoffnung blickte der Leiter der Preußischen Politik in die Zukunft, während doch in der That die Sachen fast verzweifelt standen.

Anfänglich hatte man den Plan gefaßt, angriffs= weise gegen Napoleon zu verfahren. Man glaubte denselben überraschen zu können, bevor er vollständig schlagfertig wäre. Lucchesini versicherte bei seiner Rück= kunft aus Paris, er wisse gewiß, daß Napoleon nicht angreifen, sondern warten werde bis man ihn angreife. Diese Absicht mußte bald aufgegeben werden, als man über das Anrücken des Feindes aufgeklärt wurde. In Erfurt, wohin man am 4. das Hauptquartier verlegte, wurde Kriegsrath gehalten, wobei die widersprechend= sten Ansichten einander durchkreuzten. Hohenlohe, beeinflußt durch seinen Adjutanten Massenbach, behaup= tete, die Franzosen wollten durch das Baireuthische nach Sachsen vordringen, weßhalb man auf das rechte Ufer der Saale hinübergehn, und sie dort angreifen müßte. Andere riethen den Feind in Thüringen abzuwarten. Man entschied sich für nichts, — oder was dasselbe war, für eine große Recognoscirung, d. h. wie Klausewitz sagt[1]), zu einem Akt der Verlegenheit, der den man= gelnden Unternehmungsgeist verdecken, und doch den

---

[1]) Hinterlassene Werke V. 125., bei Häusser 733.

Schein geben sollte, als geschehe etwas. Der König
verwarf diesen Vorschlag, und befahl am 7. Oktober,
die Armee zwischen Gotha, Erfurt und Weimar so auf=
zustellen, daß die Truppen in Einem Tage sich da sam=
meln könnten, wo es nöthig sein würde.

Napoleon, der am 6. in Bamberg angekommen
war, erhielt daselbst am 7. ein Preußisches Ultimatum,
welches Knobelsdorf in Paris hatte überreichen sollen,
woselbst es aber erst nach des Kaisers Abreise einge=
troffen war. Das Schriftstück forderte nichts geringeres,
als die unverzügliche Räumung von Süddeutschland,
die Rückgabe der Festung Wesel, und anderer Landes=
theile. Die Antwort werde bis zum 8. Oktober er=
wartet. Begleitet war das Ultimatum von einem
Briefe des Königs an Napoleon, worin, wie Genß
urtheilt, viel zu weitläufig, zu familiär, und doch mit
zu vielen Drohungen untermischt, dieselben Forderun=
gen wiederholt waren [1]). Napoleon behandelte solche
Zumuthungen, auf die er sich noch dazu in Folge der
eingetretenen Verspätung binnen 24 Stunden erklären
sollte, geradezu verächtlich. In seinem an die Armee er=
lassenen Aufrufe und seinen Bulletins zeigte er sich beson=
ders erbittert gegen die Königin Louise, von der er wußte,

---

[1]) Napoleon beantwortete ihn erst am 12., doch gelangte diese
Antwort zu spät in die Hände des Königs, weil man den
Ueberbringer unbegreiflicher Weise im Hohenloheschen Haupt=
quartier zurückgehalten hatte.

daß sie den König zu seinen kriegerischen Entschlüssen angefeuert habe. Eben so unzarte als abgeschmackte Beschuldigungen gegen diese edelste Frau kehren in den damaligen kaiserlichen Proclamationen immer wieder. Seinen Truppen aber rief Napoleon, nach Empfang des Ultimatums zu: „Man verlangt von uns, daß wir beim Anblick ihrer Armee Deutschland räumen! Aber Keiner ist unter uns, der anders als auf dem Wege der Ehre nach Frankreich heimkehren wird!"

Auch der König von Preußen wollte ein Manifest an sein Heer erlassen. Lombard entwarf ein solches. Doch enthielt seine Arbeit neben manchen brillanten Stellen so viel Unschickliches, daß Geutz dringend gebeten wurde, dieselbe zu verbessern. Auch der König machte viele eigenhändige Bemerkungen, wodurch die Sache sich so verzögerte, daß der Aufruf zu spät im Drucke erschien, um rechtzeitig verwendet zu werden. Aber was hätte auch das beststylisirte Manifest auf eine Armee für Wirkung üben können, deren Oberfeldherr offenbar seiner Aufgabe nicht gewachsen war! — Geutz, der am 8. Oktober zum Herzog von Braunschweig berufen wurde, entwirft von dem einst so hoch gefeierten fürstlichen Greise folgendes Bild: „In seinem ganzen Wesen, seiner Haltung, seinem Blicke, in seinen Bewegungen und seinen Reden kam etwas Unsicheres, Schielendes, Ohnmächtiges zum Vorschein. Er war in einer Aufregung, die keineswegs von dem Bewußtsein seiner

Stärke zeugte. Im Laufe des Gespräches über seine
Pläne wiederholte er beständig die Worte: Voraus=
gesetzt, daß keine großen Fehler begangen werden; —
und als Geuß sich die Freiheit nahm zu bemerken: alle
Welt hoffe, daß das unter seiner Leitung nicht geschehen
werde, — rief er aus: „Ach Gott, ich kann kaum für
mich selbst einstehn, wie soll ich für die Anderen ein=
stehen!"

Das war nicht die Stimmung eines Feldherrn vor
der Entscheidungsschlacht. Vermehrt wurde die Zer=
fahrenheit und das Schwanken der leitenden Persön=
lichkeiten noch durch das Ungeschick des Ministers Haug=
wiß, der in dieser hochwichtigen Zeit, wo jede Minute
von folgenschwerster Bedeutung war, die kleinlichsten
Sachen mit weitschweifigster Breite betrieb. Ueber die
Art, wie man den Französischen Gesandten La Forest
behandeln sollte, der sich unberufen in Erfurt einge=
funden, konnte man erst nach mehrfachen langen Be=
sprechungen einig werden. Viel Zeit wurde auch mit
den Sitzungen des Kriegsraths verdorben, an welchem
außer dem Könige und seinem Adjutanten Kleist, von
Generalen nur der Herzog von Braunschweig und
Möllendorf Theil nahmen, und denen Haugwiß und
Lucchesini beiwohnten, die von Kriegsangelegenheiten
ganz und gar nichts verstanden, wobei man versäumte,
die vielen einsichtsvollen und erfahrenen Officiere zu
hören, die sich in unmittelbarer Nähe befanden.

Während man in Erfurt die Zeit mit erfolg=
losen Berathungen verzettelte, handelte Napoleon desto
eifriger[1]) und traf die zweckmäßigsten Anstalten, das
Preußische Heer zu umgehen. Der linke Flügel der
der Franzosen sollte den Main überschreiten und gegen
Coburg vorrücken, der rechte von Baireuth aus nach
Hof zu sich bewegen. Hier stand Tauenzien mit einem
abgesonderten Corps, welches nach einem Anfangs
glücklichen Gefechte gegen die feindliche Vorhut sich
zurückziehen mußte. Tauenzien berichtete im Augen=
blick des ersten günstigen Erfolges in solchen Ausdrücken
an den König, daß man im Hauptquartier an einen
bedeutenden Sieg über die Franzosen glaubte. Haug=
witz wollte sofort ein pomphaftes Manifest in die Welt
schicken und konnte nur mit Mühe durch Gentz von
einem so albernen Vorhaben zurückgehalten werden.
Dennoch bestand er darauf, wenigstens nach Dresden
zu schreiben, und schloß sich drei Stunden lang ein, um
einen Bericht abzufassen, der weder zu wenig noch zu
viel Hoffnung erweckte. So jämmerlich war es mit den
Geistesfähigkeiten dieses Mannes bestellt! Schon am
nächsten Tage erfuhr man, daß Tauenzien, statt gesiegt
zu haben, mit einem Verlust von 600 Mann und
12 Officieren zurückgeworfen war.

Noch schlimmere Botschaften sollte der folgende

---

[1]) Häusser 733.

Morgen bringen. Prinz Louis Ferdinand stand mit 8000 Mann Preußen und Sachsen bei Rudolstadt. Nach Tauenzien's Unfall hielt er es für nothwendig, den Posten bei Saalfeld zu besetzen, wo bedeutende Magazine sich in der Nähe befanden. In völliger Unkunde über die Stellung des Feindes, und während ausgesandte Adjutanten vergebens den Herzog von Braunschweig suchten, um Verstärkung zu fordern, fand der Prinz sich plötzlich einer überlegenen Schaar unter Lannes gegenüber. Es kam um 10 Uhr früh zum Gefecht, welches erst Nachmittags um vier mit einer völligen Niederlage der Sachsen und Preußen endete[1]). Vergebens suchte der Prinz die fliehenden Schaaren zum Stehen zu bringen; zuletzt, in der allgemeinen Verwirrung mit fortgerissen, wollte er einen Zaun überspringen, das Pferd blieb an demselben mit dem Fuße hängen. Ein Französischer Quartiermeister, Guindet, versetzte ihm einen Hieb über den Kopf, und tödtete durch einen Stich in die Brust den Prinzen, als derselbe sich zur Wehre setzte. Erst nach beendetem Gefechte wurde der Leichnam aufgefunden.

Ueberwältigend war der Eindruck, den die Nach=

---

[1]) Eine ausführliche Schilderung der Schlacht bei Jena u. A. in dem vortrefflichen, 1855 in 4 Bänden erschienenen Werke: v. Höpfner, der Krieg von 1806 und 1807. Viele bezeichnende Einzelheiten in Betreff der Hauptpersonen auch im ersten Bande von Förster's Preußische Geschichte p. 712 ff.

richt von diesem Unglück hervorbrachte. Auch die= jenigen, welche noch immer mit Siegeszuversicht erfüllt gewesen, verloren jetzt die Freudigkeit der Hoffnung. Allgemein' beklagte man den Verlust eines Prinzen, welcher bei seinen Schwächen und Fehlern doch stets als Vertreter großer vaterländischer Ideen gegolten hatte, die man bei den meisten der leitenden Persönlich= keiten so schmerzlich vermißte.

Im Hauptquartier wurde die Unentschlossenheit und Rathlosigkeit durch die Trauernachricht auf das Höchste gesteigert. Unter den Officieren der Armee nahm das Mißtrauen gegen den Oberfeldherrn in dem Maße zu, daß, wie wir gleich hören werden, ein Ereigniß ein= treten konnte, welches in der gesammten Geschichte der Preußischen Armee ohne Beispiel war, und ohne ein zweites Beispiel geblieben ist.

Am 11. Oktober war das Hauptquartier nach Wei= mar verlegt worden, ohne daß irgend Jemand sagen konnte weshalb. Bei der allgemeinen Unordnung schien es, der Herzog von Braunschweig habe alle Be= sinnung verloren, und wolle nur irgend etwas vor= nehmen, um Zeit zu gewinnen. Gentz befand sich am Abend dieses Tages bei General Kalkreuth. Während er sich mit ihm über die beklagenswerthe Lage der Armee unterhielt, ließ sich eine Anzahl von Officieren melden, die gewissermaßen als Deputation ihre Cama= raden auftraten und den General beschworen, den

König dahin zu bringen, daß er dem Herzoge den Ober=
befehl nähme und Kalkreuth an dessen Stelle setzte.
„Excellenz," so sprach der Wortführer, „der König hat
bereits die Hälfte seiner Krone verloren. Die andere
Hälfte steht auf dem Spiele, wenn der Herzog das Com=
mando behält. Wir fürchten das Aeußerste, wofern der
König nicht über die Gefahr aufgeklärt wird, in der er
sich befindet. Wir gehen nicht von der Stelle, bis
Sie selbst sich bereit erklären, den Oberbefehl zu über=
nehmen!"

Der General verfuhr einem so unerhörten Autrage
gegenüber, wie es Pflicht und Schuldigkeit gebot. Er
stellte den Officieren das Ungesetzliche und Unmögliche
ihres Verlangens vor, und als sie dennoch auf ihrem
Willen beharrten, befahl er ihnen, sich sofort zu ent=
fernen, womit der Auftritt ein Ende hatte, ohne unmit=
telbare Folgen nach sich zu ziehen[1]). Als der General
wieder mit Gentz allein war, gestand er demselben, daß
auch er dieses Lager bei Weimar für eine vollständig
kopflose Maßregel halte, die noch schlimmer sei als
Alles was Mack im vergangenen Jahre durch seine
Einschließung in Ulm verschuldet. Es stehe zu fürch=
ten, daß die Soldaten, die man hier nicht einmal
ordentlich verpflegen könne, erschöpft in die Schlacht
gingen, und dann ihre Schuldigkeit nicht thun könnten.

---

[1]) Gentz berichtet das als Augen= und Ohrenzeuge, p. 331.
a. a. O.

Solchen Anfängen entsprach denn auch der fernere
Verlauf der Dinge.   In den Anordnungen des Ober=
feldherrn zeigte sich dieselbe Verkehrtheit und Kopflosig=
keit, welche bei der Leitung der politischen Angelegen=
heiten im Cabinette herrschte.   Märsche und Gegen=
märsche wurden befohlen, ohne daß man den Zweck
derselben begriff.   Die Verpflegungsmaßregeln waren
so schlecht getroffen, daß einzelne Truppentheile förm=
lich Hunger leiden mußten.   Eine Erquickung an
Branntwein, die der König spenden wollte, konnte
nicht ausgetheilt werden, weil es an Fässern und
Flaschen fehlte.

Während man die ganze Armee zwischen Weimar
und Jena versammelte, hatte Napoleon Zeit gehabt,
gegen dieselbe nach allen Seiten hin vortheilhafte
Stellungen einzunehmen.   Dennoch, so behaupten die
Sachverständigen [1]), hätte ein tüchtiger Feldherr damals
hoffen dürfen, durch einen allgemeinen entschlossenen
Angriff, eine Schlacht mit günstigem Erfolge zu liefern.
Allein der Herzog beschloß dem Kampfe noch auszu=
weichen, und nach der Unstrut abzuziehen, um später
dem Feinde zwischen der Saale und der Elbe entgegen=
zugehen.   Während die Hauptarmee sich zu diesem
Marsche anschickte, sollte der Fürst von Hohenlohe mit
seinem Heere bei Jena stehen bleiben, um die Flanke

---

1) v. Höpfner, der Krieg von 1806 und 1807.

der Abziehenden zu decken, und ihnen alsdann zu folgen. Leider wurde auch dieser Plan nicht mit der erforderlichen Schnelligkeit und Umsicht ausgeführt, sondern man verlor mit Berathungen und anderweitem unnützen Zagen die Zeit, so daß die Preußische Armee am 14. Oktober in zwei getrennten Massen, die eine bei Jena, die andere drei Meilen nördlich bei Auerstädt, mit den Franzosen in Kampf gerieth.

Lannes hatte am 13. mit dem von ihm befehligten Theile der Franzosen Jena erreicht, und besetzte den im Norden der Stadt belegenen Landgrafenberg. Fürst Hohenlohe, dessen Truppen in bester kampflustigster Stimmung waren, beschloß den Feind aus dieser hochwichtigen Stellung zu vertreiben. Da traf, abgesandt vom Herzog von Braunschweig, Massenbach ein, und brachte den Befehl, unter keinen Umständen weder ein Gefecht zu beginnen, noch dem Feinde Gelegenheit zum Angriff zu geben.

Obgleich nun dem Herzoge unmöglich bekannt sein konnte, daß beim Eintreffen dieser Ordre die Franzosen eine Position genommen hatten, aus der sie unter allen Umständen vertrieben werden mußten, so traute sich Hohenlohe dennoch nicht, einem so unbedingt ertheilten Befehle zuwider zu handeln. Dadurch gewannen die Franzosen Zeit und Gelegenheit die Verbindung beider Preußischen Heere abzuschneiden. Das war bereits geschehen, als am Abend des 13. der neue Befehl kam, die Uebergänge bei Dornburg und Kamburg zu besetzen, damit der Feind sich nicht zwischen beide Armeen dränge. Diese wichtigen Punkte befanden sich bereits in den Händen der Franzosen; und weil man ihnen auch die Stellung auf dem Landgrafenberge überlassen hatte, von wo aus die Gegend rings umher übersehen werden konnte, so hatte sich Hohenlohe der Möglichkeit beraubt zu erforschen, was in der Entfernung vorging. Ohne zu ahnen, daß die Geguer Alles zu einer Schlacht für den nächsten Morgen in Bereitschaft setzten, legte der Fürst sich ruhig schlafen, weil er glaubte nur geringe Feindesmassen sich gegenüber zu haben.

Lannes dagegen hatte die Vorzüge seiner Stellung sofort erkannt und benutzt. Er bat um Verstärkung, und schon am Nachmittage des 13. Oktober traf Napoleon selbst, über Jena kommend, auf dem Landgrafen= berge ein und wollte seinen Augen nicht trauen, als er wahrnahm, wie die Preußen diese wichtige Höhe ihm ohne Kampf überlassen hatten. Die ganze Nacht über ließ er an der Herbeischaffung der Geschütze arbeiten. Das geschah in so großer Nähe bei den Preußischen Vorposten, daß die Patrouillen meldeten, man höre ein Geräusch, als führten die Franzosen Kanonen auf den Berg. Hohenlohe, der während dessen in dem Dorfe Capellenberg schlief, erfuhr nichts von alledem. Am Morgen des 14. waren die Französischen Regimenter bereits vollzählig an Ort und Stelle. Napoleon er=

theilte seine Befehle und redete dann die Soldaten an: „Die Preußische Armee," rief er, „ist bereits abge= schnitten, wie die des General Mack heut vor einem Jahre. Sie kämpft nur um sich durchzuschlagen und ihre Verbindungen wiederzugewinnen. Fürchtet Euch nicht vor der berühmten Cavallerie des Feindes; setzt ihm die Bayonette Eurer geschlossenen Quarees ent= gegen!"

Schon donnerten die ersten Kanonenschüsse, als Hohenlohe sich noch in tiefster Ruhe in seinem Haupt= quartiere befand. Durch Eilboten erweckt, wurde er von einem dichten Nebel gehindert zu sehen, was eigent= lich vorging.

Der erste Angriff[1]) traf das Tauenzien'sche Corps von 8000 Mann Sachsen und Preußen, welches vor den Dörfern Cloßwitz und Lützeroda aufgestellt war. Nach zweistündigem tapferen Widerstande wurde dasselbe zurückgeworfen; doch gelangten die Mannschaften noch in ziemlicher Ordnung zu dem Haupttheere, bei dem sie Schutz suchten. Fürst Hohenlohe hatte sich erst gegen 10 Uhr, als der Nebel durchsichtig wurde, davon über= zeugt, daß ihm eine Schlacht gegen ein überlegenes Französisches Heer bevorstehe. Er saudte nach Weimar, um den General Rüchel, der daselbst noch mit 18 Ba=

---

[1]) Die folgende kurze Schilderung der Schlacht hauptsächlich nach Häusser II. 743 ff.

taillonen und 18 Schwadronen stand, zum eiligsten
Beistande aufzufordern. Unterdessen war ein zweites
kleineres Corps, welches von Holzendorf befehligt wor=
den, durch die Dazwischenkunft neuer feindlicher Trup=
pen von der Verbindung mit dem Gros der Armee ab=
geschnitten worden, und mußte sich nach Apolda zurück=
ziehen, so daß es an dem ferneren Kampfe nicht mehr
Theil nehmen konnte.

Der Zusammenstoß Hohenlohe's mit den von Ney
commandirten Feinden erfolgte bei dem Dorfe Vierzehn=
heilige. Beim Beginne ließ sich der Kampf nicht un=
günstig für die Preußen an; man hoffte, wenn Rüchel
rechtzeitig herbeikäme, den Sieg zu erringen. Indessen
verstärkte sich der Feind durch die Mannschaften, welche
nach dem Rückzug der Tauenzien'schen und Holzendorf=
schen Corps verfügbar geworden waren. Dadurch
wuchs die Uebermacht so, daß nur durch einen schnellen
Rückzug, während dessen man mit Rüchel zusammen=
zutreffen hoffte, noch Rettung möglich schien. Als aber
von allen Seiten immer neue Französische Regimenter
anrückten, konnte selbst die größte Tapferkeit des Für=
sten und seiner braven Preußischen und Sächsischen
Truppen die Niederlage nicht abwenden, zumal es bald
an Schießbedarf mangelte, und das reitende Geschütz
an die Franzosen verloren ging. Man war genöthigt,
den Rückzug anzuordnen, der leider bald in wilde Flucht
ausartete. Jetzt erst traf Rüchel ein, welcher wenige

Stunden früher vielleicht noch eine günstige Wendung hätte bewirken können. Muthig führte er seine Schaaren in's Feuer, obgleich die Hohenlohe'schen Regimenter bereits fliehend entgegenkamen. Bald erhielt der General selbst eine schwere Verwundung, doch das Blut mit seinem Tuche stillend, führte er die Reiterei tapfer vorwärts. Die Franzosen wichen zurück, aber leider nur zum Schein, und in der Absicht die Preußen an die hinter ihnen stehende Heeresmassen herankommen zu lassen, und sie dann von allen Seiten zu überflügeln und zu erdrücken. Nach längerem Kampfe wurde das Rüchel'sche Corps besiegt, und in die allgemeine Flucht mitverwickelt. Eine Abtheilung Sachsen, die, auf dem Wege nach Weimar, noch tapferen Widerstand geleistet hatten, mußte ebenfalls bald den Kampf aufgeben. Von der ganzen Armee sammelten sich nur einzelne Schaaren, die den Weg nach Weimar, oder querfeldein nach Buttelstädt antraten. Die Schlacht war verloren. Aber auch das Geringe, was noch hätte gerettet werden können, mußte Preis gegeben werden, weil Fürst Hohenlohe, theils von den Anstrengungen des Kampfes, theils aus Schmerz über die erlittene Niederlage in dumpfe Schwermuth versunken, unfähig war die nöthigen Anordnungen zu treffen. Als nun gar verfolgende Französische Schaaren sich zeigten, und mit ihren Geschützen viele Flüchtlinge tödteten, die sich bereits in Sicherheit geglaubt hatten, da stob alles in wildester Unordnung

auseinander. An ein Aufhalten war nicht mehr zu
denken, die Soldaten warfen ihre Gewehre fort, und
liefen in der Richtung nach Weimar weiter. Vergebens
verrichteten auch jetzt noch einzelne Officiere, z. B. der
Dragonermajor v. Oppen, und der Major Schorlee
vom Regiment Treuenfels Wunder der Tapferkeit, um
wenigstens einige Ordnung in das Chaos zu bringen.
Es war zu spät.

Und doch bildete das bisher Erzählte nur die kleinere
Hälfte des Unheils, welches der 14. Oktober 1806 über
Preußen bringen sollte. Schon in dem Augenblick als
Rüchel zu Hohenlohe's Unterstützung herbeieilte, traf ihn
ein Bote des Königs, welcher berichtete, daß in Auerstädt
die Sachen sehr schlecht stehen, und Hülfe dringend
nöthig sei. Da aber Stunden vergehen mußten, bevor
der General den dortigen Kampfplatz erreicht hätte, so
zog derselbe es mit Recht vor, sich dem Hohenlohe'schen
Corps zuzuwenden, in dessen Nähe er sich befand. Auch
hätte er bei Auerstädt ebensowenig ausgerichtet als
in Jena.

Die Hauptarmee, bei welcher sich der König und
der Herzog von Braunschweig befanden, war nämlich
am 13. von Weimar aufgebrochen und spät Abends in
Auerstädt angekommen. Es waren 47 bis 48,000 Mann,
die sich hier versammelten. Man hatte noch immer den
Plan, bei Freiburg und Lauchau über die Unstrut zu
gehen. Auf den Höhen von Kösen sollte Schmettau

die Bewegungen decken. Daß ein ganzes Französisches Armeecorps unter Davoust in der Nähe stand, davon hatte man ebensowenig eine Ahnung, als dieser von der Stellung der Preußen. Der Französische General war mit 30,000 Mann auf dem Wege nach Apolda, um der Hohenlohe'schen Armee in den Rücken zu fallen. Als er der Preußen gewahr wurde, besetzte er am Morgen des 14. die Saalübergänge bei Kösen. Um sechs Uhr früh ließ der Herzog von Braunschweig ausrücken. Derselbe Nebel, welcher bei Jena die Aussicht gehindert hatte, senkte sich auch hier herab und zwar so undurchdringlich, daß General Blücher mit seinen Husaren mitten unter die Feinde gerieth, weil er die kaum 50 Schritt vor ihm stehende Französische Infanterie für einen Heckenzaun gehalten hatte.

Langsam, und durch allerlei Terrainschwierigkeiten getrennt und gehindert, rückten die Preußen in einzelnen Abtheilungen vor, was ihneu hier ebenso wie bei Jena zum Verderben gereichte. Blücher's Reiter prallten an einem Französischen Quaree zurück. Vergebens suchte der tapfere General, dem das Pferd erschossen war, mit der Standarte in der Hand die Fliehenden aufzuhalten. Jetzt rückte die Division Wartensleben heran und drängte den Feiud nach Haffenhausen in die dortigen Hohlwege zurück. Der Besitz des Dorfes wurde entscheidend. Ein blutiger Kampf um dasselbe begann, unter großem Verluste der Preußen. Da wollte das

Unglück, daß der Herzog von Braunschweig einen
Schuß in das linke Ange erhielt, durch welchen auch
das rechte ihm furchtbar aus dem Kopfe getrieben
wurde. Auch General Schmettau war tödtlich ver=
wundet. Damit hörte jede Einheit des Oberbefehls
auf. Die Kräfte der Regimenter, die gemeinsam wir=
kend noch vielleicht einen Erfolg erzielen konnten, zer=
splitterten sich unter der unzusammenhängenden Füh=
rung ihrer Obristen. Prinz Wilhelm, des Königs
Bruder, übernahm den Befehl über die Reiterei; auch
er wurde verwundet. Die Zahl der Feinde verstärkte
sich in jeder halben Stunde durch Zuzüge von allen
Seiten. Bei den Preußen waren so viele Officiere
erschossen und verwundet, daß eine Anzahl Regimenter,
deren Reihen selbst sehr gelitten hatten, sich ohne alle
Führung befanden. Dabei ging auch hier, wie in Jena,
den Truppen der Schießbedarf aus. Es blieb nichts
übrig, als den Rückzug nach Weimar zu versuchen.
Der Abmarsch der Truppen ging in ziemlicher Ordnung
von Statten, bis dieselben bei Buttelstädt auf die in
wilder Flucht von Jena her anstürzenden Schaaren
trafen. Bis dahin hatte der König noch die Hoffnung
gehabt, die Schlacht für blos abgebrochen zu halten,
und dieselbe anderen Tages von Neuem, vielleicht mit
mehr Glück beginnen zu können. Nun aber vermisch=
ten die Rückziehenden von Auerstädt sich mit den Flücht=
lingen von Jena, und von diesem Augenblick an hörte

jede Ordnung auf. Die von Hunger und Erschöpfung nicht minder als von panischem Schrecken überwältigten Soldaten stürzten unterweges in die Häuser und auf die Felder, um Lebensmittel zu suchen. So vollständig war jede Ordnung und jeder Zusammenhang vernichtet, daß von einer Preußischen Armee hier überhaupt nicht mehr die Rede sein konnte. Sogar die Verluste in der Schlacht lassen sich nicht angeben, weil die Truppen sich nachher nicht wieder zusammenfanden, die Fehlenden also nicht gezählt werden konnten. In Napoleons Bülletin heißt es: „Der Erfolg dieser Schlacht besteht in 30—40,000 Gefangenen, 300 Kanonen und 30 Fahnen. Unter den Gefangenen sind mehr als 20 Generale. Man rechnet bei den Preußen 20,000 Todte und Verwundete." — Diese ungeheuren Zahlen mögen kaum übertrieben sein.

Der König von Preußen entkam, von Blücher und einigen Schwadronen Husaren und Dragonern geleitet. Er hatte unterwegs ein Handgemenge mit einem Piquet Französischer Husaren zu bestehen und befand sich, den Degen in der Hand, mitten im Gefechte. In dem Dorfe Sömmerda wurde Halt gemacht. Hier schrieb Friedrich Wilhelm III. eigenhändig die Antwort auf jenen Brief Napoleons, den er erst beim Beginn der Schlacht erhalten hatte. Der König bat um Waffenstillstand. Napoleon verweigerte denselben. Er war von diesem Tage an Gebieter der Schicksale Preußens.

Wir brechen hier unsere Erzählung ab.

Der folgende Band wird die Wege zu zeigen haben, auf welchen die Vorsehung unser zerschmettertes Vaterland wieder aufrichtete. Wenn jemals in der Geschichte, so hatte sich 1806 der Spruch bewährt: Wer nicht vorschreitet, der geht zurück. In den zwanzig Jahren seit Friedrich's Tode war man durch träges Beharren bei den jetzt veralteten und abgestorbenen Einrichtungen in den Abgrund des tiefsten Elends gerathen. Aber noch ein anderer Spruch sollte sich fortan bewähren: Die Götter haben sich vergebens bemüht, Heil und Unheil zusammenzuschmelzen; nur die Enden beider konnten sie aneinander knüpfen!

Der Augenblick des allertiefsten Verfalls der Preußischen Monarchie bezeichnet zugleich den Beginn eines neuen besseren Daseins, dem das Volk mit Anspannung aller seiner edelsten Kräfte seitdem entgegenging.

Ende des fünften Bandes.

Druck von Robert Nischkowsky in Breslau.

Verbesserungen.

Pag. 43 Zeile 1 v. oben statt: sondern   lies: und.

- 188 · 11 · unten · von · · vor.
- 198 · 5 · · · Salzbrunn · Salzburg.
- 334 · 6 · oben · Friedrich · Frankreich.
- 338 Note · par · pour.
- 346 Zeile 14 v. oben · Dalwig · Dalberg.
- 348 Note · Clerfoyt · Clerfayt.
- 413 Zeile 12 v. unten · Gymrich · Gymnich.
- 584 · 5 · · · Oesterreichischem lies: Französischem.

Lightning Source UK Ltd.
Milton Keynes UK
UKHW020236091218
333599UK00007B/301/P